Klaus Plake

Handbuch Fernsehforschung

Klaus Plake

Handbuch Fernsehforschung

Befunde und Perspektiven

VS VERLAG FÜR SOZIALWISSENSCHAFTEN

VS VERLAG FÜR SOZIALWISSENSCHAFTEN

VS Verlag für Sozialwissenschaften
Entstanden mit Beginn des Jahres 2004 aus den beiden Häusern
Leske+Budrich und Westdeutscher Verlag.
Die breite Basis für sozialwissenschaftliches Publizieren

Bibliografische Information Der Deutschen Bibliothek
Die Deutsche Bibliothek verzeichnet diese Publikation in der Deutschen Nationalbibliografie;
detaillierte bibliografische Daten sind im Internet über <http://dnb.ddb.de> abrufbar.

ISBN 978-3-531-14153-4   ISBN 978-3-663-10254-0 (eBook)
DOI 10.1007/978-3-663-10254-0

1. Auflage April 2004

Alle Rechte vorbehalten
© Springer Fachmedien Wiesbaden 2004
Ursprünglich erschienen bei VS Verlag für Sozialwissenschaften/GWV Fachverlage GmbH,
Wiesbaden 2004

Lektorat: Barbara Emig-Roller

www.vs-verlag.de

Umschlaggestaltung: KünkelLopka Medienentwicklung, Heidelberg

Gedruckt auf säurefreiem und chlorfrei gebleichtem Papier

Inhalt

Vorwort

Ein Handbuch der Fernsehforschung zu erstellen ist angesichts des Umfangs der Forschungsliteratur, die Jahr für Jahr erscheint, keine leichte Aufgabe. Selbstverständlich kann dieses Vorhaben nicht mit dem Anspruch verbunden werden, alle wichtigen Arbeiten, ja nicht einmal alle wichtigen Forschungsentwicklungen zu erfassen. Jeder, der bei seinen wissenschaftlichen Recherchen eine breite Perspektive wählt, wird sich auf Strukturen beschränken müssen. Für ein wissenschaftliches Lehrbuch ist ein Vorgehen erforderlich, das den Zugang zu einem Wissensgebiet erleichtert, das also Erkenntnisse und Wissensbestände nach eigenen Kriterien zusammenfasst, womit Lesbarkeit und Verständlichkeit sowie die Gewinnung eines Überblicks im Vordergrund stehen sollten. Der Selektionsmodus, der sich in dieser Rekonstruktion der Fernsehforschung ausdrückt, ist somit kein Bewertungsmodus.

Die Fernsehforschung begründet ein Sachgebiet, und zwar unter dem pragmatischen Aspekt, dass sich viele in der Wissenschaft als Lehrende und Studierende mit diesem Medium auseinandersetzen, andere an der Produktion von Fernsehen mitwirken und wieder andere das Fernsehen journalistisch begleiten. Fernsehen ist darüber hinaus eine gemeinsame Erfahrung der meisten Menschen, die Anschlusskommunikation auslöst und Fragen nach den Entstehungsbedingungen der Kommunikate, nach Gemeinsamkeiten und Stilen, ja nach der Triftigkeit und Zuverlässigkeit von Weltsichten aufkommen lässt. Diese Interessen bündeln Themen, grenzen sie von anderen ab und führen dazu, dass Erkenntnisse zu Einheiten verdichtet und interne Zusammenhänge sichtbar gemacht werden können.

Fernsehforschung konstituiert sich auch von ihrer Epistemologie her als ein zusammenhängendes Arbeitsgebiet. Obwohl zunächst aus der ‚Massenkommunikationsforschung' hervorgegangen, hat der Bedeutungszuwachs des Mediums Fernsehen zur intensiven wissenschaftlichen Auseinandersetzung mit seinen ökonomischen, technischen, gesellschaftlich-institutionellen und rechtlichen Rahmenbedingungen, mit den Programmen, mit der Zusammensetzung des Publikums und mit der Rezeption sowie allgemeinen gesellschaftlichen und politischen Vorbedingungen und Folgen geführt. Dabei ergab sich eine zunehmende Konzentration auf einzelne Themen und Forschungsfragen, die heute zuweilen für die in der Wissenschaft Tätigen den medienspezifischen

Zusammenhang außer Acht den geraten ließen. Zu den ausgezeichneten Synopsen zu einzelnen Schwerpunkten der Medienforschung bezüglich übergreifender Paradigmen und Anwendungsbereiche gibt es hinsichtlich einer medien-, speziell fernsehspezifischen Aufarbeitung der Forschung keine Entsprechung.

Dazu mag beigetragen haben, dass die Entwicklung der Fernsehforschung in Deutschland in die Phase der Konstitution der Kommunikationswissenschaft als empirisch-sozialwissenschaftliche Disziplin fiel. Gesucht waren Konzepte, Methoden und allgemeine Ansätze, die für die Medienforschung schlechthin nutzbar sind. Mit der Vorlage eines begrifflich-theoretischen Instrumentariums konnte ein Forschungsgegenstand abgegrenzt werden, der eine Einheit begründete. Zu den Methoden und Konzepten kam mit dieser übergreifenden Perspektive der Objektbereich als gemeinsames Anwendungsfeld hinzu.

Vieles deutet darauf hin, dass dieser Prozess zu einem vorläufigen Abschluss gekommen ist. Auch bei der Kanonisierung des Wissens zeichnen sich Entwicklungen ab, die konsensfähig sind. Daher könnten Kategorisierungen, mit denen die Besonderheiten von Medien oder Mediengattungen erfasst werden, an Bedeutung gewinnen. Ein möglicher Zielpunkt wäre eine theoretisch verankerte Systematik der Medien, die eine heute noch vorhandene Widersprüchlichkeit oder Inkonsistenz von Befunden in einen übergreifenden und erklärenden Zusammenhang zu bringen vermag. Nichtsdestoweniger ist es wichtig, auch heute schon die zum Fernsehen gesammelten Erkenntnisse zu sichten. Über bislang heterogen erscheinende Forschungsbereiche hinweg können so Parallelen deutlich werden, ergeben sich Neubewertungen von Wissensbeständen, die bislang noch gar nicht unter einer medienspezifischen Perspektive gesehen wurden.

Die Fernsehforschung hat sich keineswegs linear, kontinuierlich und akkumulativ entwickelt. Widersprüche wurden nicht aufgeklärt, Themen und Forschungsschwerpunkte wurden aufgegeben, Erkenntnisse gerieten in Vergessenheit. In einer zusammenfassenden Darstellung sollte deshalb die historische Perspektive nicht aus dem Blickfeld geraten. Eine Berücksichtigung der Tiefendimension kann dafür sorgen, dass Fehler und Erfolge im kollektiven Gedächtnis bleiben. Mit der Rekonstruktion von Entwicklungslinien soll deutlich werden, ob Ergebnisse kompatibel sind und ob sich mit neuen Methoden Fortschritte gegenüber früheren verbinden.

Die diachrone Anordnung des Materials erscheint auch geeignet, den Zugang für diejenigen zu erleichtern, die sich erst in dieses Forschungsgebiet einarbeiten wollen. Es wurde daher ein Weg gewählt, der es ermöglicht, anhand von Beispielen aus der Forschungsgeschichte diese selbst nachzuvollziehen. Gleichzeitig soll vor dem historischen Forschungshintergrund der aktuelle Erkenntnisstand einsehbar gemacht und eine Orientierung für die persönliche

Erarbeitung solcher Wissensbestände vermittelt werden, die nicht mehr be-rücksichtigt werden konnten, weil ansonsten der Umfang des Handbuchs seine verlags- und käuferbedingten Grenzen überschritten hätte.

Ich danke Helga Dudda, Martina Elsner, Maria-Luise Harms, Daniel Jansen, Jochen Rimek, Birgit Schuhmacher, Dr. Wolfgang Schulz, Kerstin Wensorra und Prof. Dr. Udo Zölzer für Anregungen, Hilfen, freundliche Ratschläge und ermunternden Zuspruch.

Hamburg, den 12. Januar 2004   Klaus Plake

Geschichte des Fernsehens

1.1 Vom Experimentierstadium zur Entwicklung eines neuen Mediums

Die technischen Voraussetzungen für die elektronischen Medien wurden bereits gegen Ende des 19. Jahrhunderts geschaffen. 1895 erfand Guglielmo Marconi die geerdete Sendeantenne, die es ermöglichte, elektrische Impulse drahtlos zu übertragen. Sehr schnell konnte die Reichweite, die zunächst drei Kilometer betrug, vergrößert werden. Schon 1899 wurde eine Funkverbindung zwischen Frankreich und England erstellt. Noch vor der Jahrhundertwende gründete Marconi in England und in den USA Firmen zur kommerziellen Ausnutzung seiner Erfindung. 1901 gelang die Übermittlung eines Morsekodes von Großbritannien nach Kanada.

Die Möglichkeit der Kommunikation ohne Kabel, dazu noch über größere Distanzen, erregte besonders das Interesse des Militärs; im Ersten Weltkrieg kam die neue Technik auf beiden Seiten der Frontlinien zum Einsatz. Ebenfalls in diese Zeit fällt die Entwicklung von Elektronenröhren, die bei Sende- und Empfangsanlagen die Leistungsfähigkeit vervielfältigten und damit als Grundstein für die Rundfunktechnik betrachtet werden können. 1920 begann in den USA die *Radio Corporation of America* (*RCA*) mit regelmäßigen Rundfunksendungen. Von 1922 an wurden dort bereits Werbezeiten für das laufende Radioprogramm verkauft. In Deutschland war zunächst die Nutzung der „drahtlosen Telefonie" zu Unterhaltungszwecken verboten. Die von allen Seiten angefeindete Regierung der Weimarer Republik fürchtete die Macht, die mit der Möglichkeit des privaten Empfangs von Radiosendungen den Programmveranstaltern zukommen könnte (Dahl 1983, 22ff.). Das Jahr 1923, in dem dieses Verbot aufgehoben wurde, markiert den Beginn des Hörfunk-Zeitalters. Drei Jahre später zählte man innerhalb der Reichsgrenzen eine Million Rundfunkteilnehmer. (Hans-Bredow-Institut 1988/1989, 3) Bis zur Verstaatlichung des Rundfunks im Jahre 1932 waren an den regionalen Sendegesellschaften auch private Kapitalgeber beteiligt. (Wilke 2003, 164)

Das Medium Fernsehen hatte nicht nur die drahtlose Übertragung elektrischer Impulse, sondern auch die ‚Bildfeldzerlegung', das heißt die Umwandlung einer komplexen visuellen Erscheinung in das Nacheinander von Einzelinformationen, zur Voraussetzung. In den 80er Jahren des 19. Jahrhunderts entwickelte Paul

Nipkow ein Verfahren, mit dem es möglich wurde, ein Bild in Helligkeitswerte umzusetzen und diese in eine Folge von Stromstößen zu verwandeln. Dabei wurden mit Löchern versehene rotierende Scheiben verwendet, durch die der Lichtstrahl auf das Objekt fiel. Da die Löcher spiralförmig angeordnet waren, konnte das Bild in einzelnen waagerechten Zeilen abgetastet werden. Das durchgelassene oder reflektierte Licht, das in elektrische Impulse verwandelt wurde, war Grundelement der Bildinformation. 1919 ließ der Ungar Dénes von Mihály eine Fernsehanlage, den „Telehor", patentieren, die ebenfalls mit einem mechanischen Bildzerleger ausgestattet war; im Gegensatz zur Nipkowscheibe handelte es sich dabei um Spiegel, die an zwei Achsen angebracht waren und in schwingende Bewegungen versetzt wurden. Die Leistung des Geräts war zunächst äußerst bescheiden; nur einfache Gegenstände konnten auf einer Mattscheibe sichtbar gemacht werden.

Hörfunk und Fernsehen ermöglichten es, ebenso wie die neuen Verkehrsmittel, räumliche Distanzen zu überwinden. Die technische Entwicklung wurde durch das Ubiquitätsideal vorangetrieben. (Bleicher 2001, 497) Schon im 19. Jahrhundert befreiten sich die Menschen immer mehr von den Zwängen, die mit dem Geburts- und Wohnort sowie mit lokalen Traditionen verbunden waren. Ortsunabhängigkeit wurde, wenn man an den Eisenbahnbau denkt, zum Synonym des Fortschritts. Allerdings ging damit nicht nur mehr Freiheit, sondern auch mehr Verfügbarkeit einher. Durch neue Verkehrsmittel konnten entfernte Provinzen in die politische Kontrolle einbezogen werden. Die immer schneller werdenden Transportmittel und der Ausbau der Infrastruktur waren ein wichtiger Faktor im Prozess der Nationenbildung. Die Entwicklung der Nachrichtentechnik im 20. Jahrhundert stellte einen weiteren Schub in diese Richtung dar. Auch sie führte dazu, dass Distanzen überwunden werden konnten, und zwar – denkt man an Hörfunk und Fernsehen – nicht nur in räumlicher, sondern auch in kultureller Hinsicht. Wenn schon die zunehmende räumliche Mobilität mit Hilfe moderner Verkehrsmittel auch die Überwindung mentaler Schranken bewirkte, so erst recht die elektronischen Medien, die Informationen in Wort und Bild überall verfügbar machten. Paul Nipkow bezeichnete als Ziel der von ihm eingereichten Patentschrift für ein „Elektrisches Teleskop", „ein am Ort A befindliches Objekt an einem beliebigen Ort B sichtbar zu machen." (Leder 1998, 32; zit. nach Bleicher 2001, 497).

Der Durchbruch zum elektronischen Fernsehen ist auf den Petersburger Vladimir Zworykin zurückzuführen, der nach der Oktoberrevolution in die USA auswanderte. 1923 setzte er eine Abtaströhre ein, mit der ihm die Übertragung eines Schattenbildes gelang. Die Weiterentwicklung dieser Technik kam allerdings dadurch ins Stocken, dass seine Vorgesetzten bei der *Westinghouse Electric Company* an der kommerziellen Verwertbarkeit seiner Erfindung zweifelten und ihm andere Aufgaben übertrugen. Stattdessen ließ die Konzernleitung das mechanische Fernsehen weiterentwickeln, das sie 1928 der Öffentlichkeit vorstellte. (Flichy 1994, 230) Die Anerkennung durch die Fachwelt erreichte Zworykin erst 1929, als er, inzwischen zur RCA übergewechselt, den „Kinescope", den ersten elektronischen Bildschreiber, auf den Markt brachte. 1933 folgte das „Ikonoscop", die erste einsatzfähige elektronische Kamera, die die Aufnahmetechnik revolutionierte (Zielinski 1989, 156). Bereits 1928 wurde in den USA das erste Fernsehspiel, „Der Bote des Königs", von der *General Electric Company* übertragen (Faulstich/Rückert 1993, 396). Im gleichen Jahr strahlte die RCA erste Testsendungen aus. Zwei Jahre später wurde in New York mit der täglichen Sendung eines halbstündigen Fernsehprogramms begonnen, das die private Nutzbarkeit des neuen Mediums demonstrieren sollte.

Dem Schotten John Logie Baird gelang 1927 die Übermittlung optischer Informationen von London nach Glasgow. Dabei nutzte er allerdings nicht die schon vom Radio her bekannte Technik des Funks, sondern das Telefonnetz; das ‚Kabelfernsehen' gestattete eine höhere Empfangsqualität. Obwohl Baird noch mit Nipkowscheiben arbeitete, war es ihm möglich, Bilder live zu übertragen anstatt, wie bisher üblich, auf Zelluloid abfotografierte Film konserven zu zeigen. Das neue Medium verwandelte sich auf diese Weise vom Fernkino zum Fern*sehen*. Baird hatte auch unternehmerische Fähigkeiten. 1925 gründete er die erste Fernsehgesellschaft der Welt. Nachdem ihn die BBC anfangs daran gehindert hatte, den Sendebetrieb aufzunehmen, kam es später zu einer Kooperation, die die Ausstrahlung des ersten Fernsehprogramms in Großbritannien ermöglichte. (Flichy 1994, 229f.) Im Jahr 1930 führte Baird den ersten „Großbildschirm" im Format von 1,6 mal 0,6 Meter der Öffentlichkeit vor, der aus 2100 winzigen Lämpchen bestand. Noch im selben Jahr wurde das Gerät in Berlin und Paris gezeigt. (Abramson 2002, 172) 1931 gelang ihm die erste echte Live-Berichterstattung von Sportereignissen. (Zielinski 1989, 134/156)

Die Funkausstellung in Berlin im Jahre 1928 stand ganz im Zeichen der TV-Technik. In Deutschland hatte man – wie auch in anderen Ländern – sowohl die mechanische wie auch die elektronische Entwicklungslinie verfolgt. Zunächst dominierte die mechanische Variante. Die Firma Telefunken stellte anlässlich der Funkausstellung ein in Zusammenarbeit mit dem Leipziger Physiker August Karolus konstruiertes Fernsehsystem vor, das auf der Technik der Nipkow-Scheibe basierte. Parallel dazu präsentierte von Mihály, der Erfinder des Telehors, eine verbesserte Version der Bildzerlegung. Auch von Mihály, den die Reichspost unterstützte, bevorzugte mechanische Systemteile, weil es ihm um eine robuste und preiswerte Fernsehtechnik ging, auch wenn die Bildqualität zu wünschen übrig ließ. Die von ihm im Jahre 1929 gegründete Telehor AG „propagierte den televisionären *Volksempfänger* und besetzte damit diesen Begriff,

lange bevor Goebbels ihn für die nazistische Rundfunk-Ideologie annektierte"
[kursiv i. O.] (Zielinski 1989, 136f.). 1930 wurden in Deutschland die ersten
Fernsehempfänger für den Privatgebrauch im Handel angeboten. Auch diese
Geräte waren mit der Nipkowscheibe ausgestattet. (Faulstich/Rückert 1993, 397)

Mit den 30er Jahren setzte sich die elektronische Variante durch, nachdem
sich ihre Überlegenheit gegenüber dem elektromechanischen Fernsehen immer
deutlicher abzeichnete. Während bei der Lochscheibentechnik aufgrund mecha-
nischer Trägheit der Systemteile die Bildqualität nicht wesentlich gesteigert
werden konnte, ließen die elektronischen Systeme mit einer erheblichen Erhöhung der Zeilenzahl bei der Bildwiedergabe den Eindruck natürlicher Bewegungen entstehen. (Vgl. Schäffner 2000, 178) Vorarbeiten dazu fallen noch in die
Zeit vor der Jahrhundertwende, als nämlich 1897 Ferdinand Braun die Katho-
denstrahlröhre der Fachwelt vorstellte, wobei ein aus der Kathode „herausge-
schlagener" Strahl an der Stelle, an der er auf den phosphoreszierenden Schirm
der Röhre auftrifft, als leuchtender Punkt erscheint. Brauns Assistenten Max
Dieckmann und Gustav Glage meldeten 1906 einen „Bildschreiber" zum Patent
an, der nach dem Prinzip der Braun'schen Röhre arbeitete. Damit war der
Grundstein für die Entwicklung eines modernen Fernsehempfangsgerätes gelegt.
1925 bauten Manfred von Ardenne und Siegmund Loewe die Loewe-Mehrfach-
röhre, die erste integrierte Schaltung überhaupt. (Braun 1992a, 163) Für kurze
Zeit gab es eine Zusammenarbeit zwischen Zworykin und von Ardenne. 1930
führte von Ardenne einem Kreis von Fachleuten in seinem Labor die erste voll-
elektronische Fernsehanlage vor. Mitte der 30er Jahre kam es endgültig zur
Wende vom mechanischen zum elektronischen Fernsehen. Erst mit dieser Wei-
chenstellung konnte sich – nach einer relativ langen Inkubationszeit – das Fernsehen zum Massenmedium entwickeln. (Hickethier 1993, 165) Außerdem setzte
sich die drahtlose Übertragung gegenüber dem Kabel durch, zumal nun mit der
Nutzung der Ultrakurzwellen eine Technik zur Verfügung stand, die für Störungen weniger anfällig war. (Hickethier 1998a, 28f.)

Im internationalen Wettlauf um die Entwicklung des Mediums Fernsehen
ging es der Regierung des Dritten Reiches darum, nationale Überlegenheit zu
demonstrieren. Auch das Fernsehen wurde der Kontrolle des Propagandaministe-
riums unterstellt; unter dem Vorsitz des Reichssendeleiters Eugen Hadamovsky
wurde 1935 eine Fernseharbeitsgemeinschaft mit dem Ziel gegründet, alle an der
neuen Technik beteiligten Gruppen der Reichsrundfunkkammer einzugliedern
und damit die Vorgaben nationalsozialistischer Politik und Ideologie durchzusetzen. (Winker 1996, 45ff.) Um dem für den Herbst des Jahres 1935 vorgesehenen
Versuchsbetrieb in England zuvorzukommen, begann die Reichs-Rundfunkgesellschaft bereits im März desselben Jahres mit der Ausstrahlung von
Fernsehsendungen (Winker 1996, 59ff.), und zwar zunächst an drei Abenden in

der Woche mit einer Dauer von eineinhalb Stunden. Da die serienmäßige Produktion von Empfangsgeräten nur zögerlich anlief, wurden in Berlin – zunächst von der Post, später vom NS-Rundfunk – für den Gemeinschaftsempfang öffentliche „Fernsehstellen" bzw. „Fernsehstuben" eingerichtet, in denen das Programm kostenlos verfolgt werden konnte. Offenbar schwebte den Machthabern des nationalsozialistischen Deutschlands als Modell für die Zukunft nicht der private häusliche Empfang, sondern ein öffentliches, kinoähnliches Fernsehen als Medium der Zukunft vor. Im Herbst 1935 kam es zur Einrichtung einer Großbildstelle für fast 400 Zuschauer; mit Hilfe eines Projektionsgerätes wurde das Bild auf eine Fläche von 3 mal 4 Metern vergrößert. (Hans-Bredow-Institut 1988/1989, 6)

Die Olympiade 1936 war das Ereignis, das die Nationalsozialisten mit einer perfektionierten Organisation der Rundfunk- und Pressearbeit, vor allem aber auch mit einem bis dahin unvergleichlichen Materialeinsatz, als Medienspektakel inszenierten. Die Zahl der öffentlichen Fernsehstuben stieg auf 28. (Vgl. Bleicher 2001, 498) Im Stadion wurde eine riesige Kamera von der Firma Telefunken, die sogenannte Fernsehkanone aufgebaut, die es ermöglichte, an den öffentlichen Fernsehempfangsstellen das Wettkampfgeschehen direkt zu verfolgen. Dabei kam das Iconoskop Zworykins zum Einsatz. Die Reichs-Rundfunkgesellschaft hatte zwei Reportagewagen produzieren lassen, die mit aufgesetzten Kameras ausgestattet waren. Die Bilder wurden allerdings nicht live ausgestrahlt, sondern zunächst als Film aufgenommen und unmittelbar danach elektronisch abgetastet. Die Verzögerung gegenüber einer echten Live-Sendung betrug bei dieser als „Zwischenfilmverfahren" bezeichneten Technik lediglich eine Minute. (Braun 1992a, 164) 150 000 Menschen sollen in der Zeit der Olympiade zumindest gelegentlich dem Fernsehen zugeschaut haben. (Keller 1983, 75)

Nach der Olympiade ging es mit der Entwicklung der TV-Technik eher schleppend voran. Die Führung des Dritten Reiches setzte auf das Radio als Propagandainstrument, weil die Empfänger kostengünstiger hergestellt werden konnten und der Hörfunk universal einsetzbar war. Möglicherweise befürchtete man auch, dass die Miniaturisierung der NS-Größen auf das Bildschirmformat privater Empfangsgeräte einen negativen Propagandaeffekt haben könnte, während für die öffentliche Vorführung mit großformatigen Bildern der Kinofilm die billigere und optisch zufriedenstellendere Alternative darstellte. Gerade der von den Nationalsozialisten institutionalisierte Gemeinschaftsempfang musste das Fernsehen in Konkurrenz zum Kino bringen. Da das Bedürfnis nach individueller TV-Rezeption nicht erfüllt wurde, fehlte es auch an der Akzeptanz durch die Öffentlichkeit, was – wie Elsner und Müller meinen – ebenfalls dazu beigetragen hat, dass sich das Fernsehen als neues Medium nicht durchsetzen konnte (Elsner/Müller 1988; zit. nach Bleicher 2003, 9). Hitler interessierte sich – zumindest was die zivile Anwendung anbetraf – nur wenig für das Fernsehen. (Winker 1996, 55) Die Förderung des neuen Mediums war daher zögerlich. Neben dem Volksempfänger als preiswertem Rundfunkgerät wurde zwar auch der „Volksfernseher" auf den Markt gebracht, jedoch nur in geringen Stückzahlen. Bis zum Ausbruch des Zweiten Weltkrieges kam es zur Produktion von ganzen 500 Einheiten.

Der Krieg erschwerte auch in den USA nach anfangs stürmischen Erfolgen die Weiterentwicklung des Fernsehens. 1940 gab es bereits 23 TV-Stationen. (Schäffner 2000, 179). Von diesen wurden bei Kriegseintritt die meisten aufgrund von Personal- und Materialknappheit wieder geschlossen. Auch der Verkauf von Empfangsgeräten ging nur langsam voran. Einige Fernsehbegeisterte bauten sich ihr Empfangsgerät selbst, um die Versuchssendungen empfangen zu können (Ohlmann 1996, 746).

In Deutschland wurde der Sendebetrieb mit dem Überfall auf Polen zunächst ganz eingestellt, kurze Zeit später aber unter Kriegsbedingungen wieder aufgenommen. Ab 1940 wandelte sich das Fernsehen mehr und mehr zum Medium für die Truppenbetreuung. An der ‚Heimatfront' wurden Empfangsgeräte in Lazaretten aufgestellt. Die eigens für Soldaten produzierten Programme hatten vorwiegend unterhaltenden Charakter. Die Organisatoren luden auch Soldaten in die Fernsehstudios, um die Bindung des Publikums vor den Bildschirmen mit dem Programm, seinen Mitwirkenden und Veranstaltern zu verstärken. (Winker 1996, 286) Eine besonders beliebte Sendung stand unter dem Motto „Verwundete spielen für Verwundete" (Winker 1996, 329). Aber auch zur Luftaufklärung wurde die Fernsehtechnologie eingesetzt. Im November 1943 zerstörten Brandbomben den Berliner Fernsehsender. Für kurze Zeit gelang es, den Sendebetrieb über Kabel aufrecht zu erhalten, bis noch im selben Jahr die Fernsehgeschichte in Deutschland ein vorläufiges Ende fand.

1.2   Institutionengeschichtliche Aspekte des Fernsehens in der Nachkriegsära

Zum Aufbau nationaler Fernsehnetze kam es erst in den 50er Jahren. In den USA stieg zwischen 1950 und 1960 die Zahl der kommerziellen Sender von 98 auf 515. (Sterling 1984, 16ff.) Die verschiedenen Stationen schlossen sich zu den „Networks" *NBC*, *CBS* und *ABC* zusammen. 1960 gehörten rund 95 % aller Fernsehstationen zu den drei großen Programmgesellschaften. Seit 1954 gab es in den USA auch eine größere Zahl von UHF-Stationen.

In Deutschland übernahm der NWDR, der in der britischen Besatzungszone nach dem Vorbild der *BBC* gegründet worden war, eine Pionierrolle bei der

Entwicklung des Fernsehens. Auf dem Heiligengeistfeld in Hamburg wurden 1949 die ersten technischen Versuche gestartet, 1950 nahm der NWDR in einem der dort noch existierenden zwei Hochbunker zu Versuchszwecken einen Fernsehsender in Betrieb. (Hickethier 1998a, 68f.) Aus den Testsendungen des NWDR entwickelte sich ein immer umfangreicher werdendes Programm, das im Bereich der früheren britischen Besatzungszone empfangen werden konnte. Am 25.12.1952 begann der NWDR den täglichen Programmbetrieb. In den Ländern, die bis 1949 der amerikanischen und französischen Militärregierung unterstanden hatten, waren weitere Rundfunkanstalten des Öffentlichen Rechts entstanden, die ebenfalls Fernsehsender und -studios einrichteten. 1953 wurde der „Fernsehvertrag" geschlossen, der die Anteile der in der „Arbeitsgemeinschaft deutscher Rundfunkanstalten" (ARD) zusammengeschlossenen Sendebetriebe am Gemeinschaftsprogramm „Deutsches Fernsehen" festlegte. Am 1. November 1954 strahlten alle ARD-Sender zum ersten Mal ein gemeinsames Fernsehprogramm aus. (Flottau 1972, 4) Zu diesem Zeitpunkt lag die Zahl der Fernsehgeräte bei 61 500, 10 Jahre später war die 9-Millionen-Grenze erreicht. (Eurich 1983, 529)

In der Sowjetischen Besatzungszone war den elektronischen Medien als Mittel der ‚Volksaufklärung' und Propaganda große Bedeutung zugemessen worden. Noch in den vierziger Jahren hatte sich die sowjetische Stadtkommandantur für den Aufbau eines Fernsehzentrums in Ost-Berlin eingesetzt. 1951 reisten deutsche Techniker nach Moskau, wo man schon wenige Monate nach Kriegsende den Sendebetrieb wieder in Gang gebracht hatte. (Hoff 1998a, 96ff.) Am 21.12.1952 wurde von Berlin-Adlershof aus ein Versuchsprogramm gestartet, nachdem im Westteil der Stadt der NWDR mit der Ausstrahlung eines Fernsehprogramms begonnen hatte. Die Zahl der Empfangsgeräte zu diesem Zeitpunkt wird auf ca. 70 geschätzt; 1954 waren in der DDR 2231 Fernsehgeräte zugelassen. (Hoff 1998a, 105/108) Obwohl auch im Osten Deutschlands von der privaten Fernsehnutzung ausgegangen wurde, stand dort zunächst der Gemeinschaftsempfang im Vordergrund, da sich nur wenige ein Fernsehgerät leisten konnten. Die Einrichtung von öffentlichen „Fernsehkabinetten" setzte in der Übergangszeit die Tradition der Fernsehstuben fort. Ebenso wie der Hörfunk war das Fernsehen zentral gesteuert und unterlag staatlicher Aufsicht, und zwar sowohl durch den Ministerrat als auch durch das Zentralkomitee der SED. 1956 hatte das Fernsehen der DDR seine Testphase abgeschlossen und begann als „Deutscher Fernsehfunk" (DFF) mit der Ausstrahlung eines regulären Fernsehprogramms. (Hoff 1998b, 183)

Die föderative Struktur des Hörfunks und des Fernsehens in der Bundesrepublik, so wie sie sich in den 50er Jahren herausbildete, stellte eine Reaktion auf den Zentralismus der nationalsozialistischen Vergangenheit dar. Sie wurde durch die in der Verfassung verankerte Kulturhoheit der Länder zusätzlich gestützt. Nicht nur im Osten, sondern auch im Westen Deutschlands wurden dem Fernsehen durchaus auch politische Funktionen zugeschrieben. Im Wettkampf der Systeme wollte sich die Bonner Republik mit informierenden und unterhaltenden TV-Programmen weltoffen und modern präsentieren, also die Vorteile einer freiheitlichen Lebensweise auch den Bürgern im anderen Teil Deutschlands vor Augen führen. Darüber hinaus ging es darum, mit Berichten über politische und administrative Vorgänge den Bürgern der Bundesrepublik die Arbeitsweise demokratischer Institutionen vorzuführen, zumal in der Generation, die in der Zeit des Nationalsozialismus aufgewachsen war, nur sehr bruchstückhafte Kenntnisse auf diesem Gebiet vorlagen. (Elsner/Müller/Spangenberg 1993, 44f.)

Allerdings war die föderative, dezentrale Struktur des Fernsehens nicht unumstritten. Wenn auch in der Bundesrepublik ein Staatsfernsehen als Propagandainstrument einer Partei, wie es sich in der DDR etabliert hatte, nicht zur Diskussion stand, so wünschte sich doch die von der CDU geführte Bonner Koalition einen größeren Einfluss auf das neue Medium. Im Zusammenhang mit den Plänen zur Errichtung eines zweiten Fernsehprogramms wurde der Konflikt zwischen der Bundesregierung und den Ländern akut. 1960 kam es zur Gründung der „Deutschland-Fernsehen-GmbH", einer privaten Firma, in der nach Vorstellung der Regierung neben den Ländern auch der Bund Kontrollrechte wahrnehmen sollte. Für den Bund unterschrieb der Kanzler Konrad Adenauer den Vertrag, als Treuhänder für die Länder, die später beitreten sollten, unterzeichnete Bundesfinanzminister Fritz Schäffer. Daraufhin klagten die Länder Hamburg, Hessen, Niedersachsen und Bremen. Der Streit wurde 1961 vom Bundesverfassungsgericht so entschieden, dass die Zuständigkeit der Länder für Hörfunk und Fernsehen erhalten blieb. Als Ausnahmen wurden der Deutschlandfunk und die Deutsche Welle aufgrund ihrer Aufgabenstellung, nämlich der Verbreitung besonderer Programme außerhalb des Bundesgebietes, als Sendeanstalten unter Bundesrecht zugelassen. Den Bemühungen der Bundesregierung, sich an einem zweiten Fernsehprogramm zu beteiligen, wurde somit der Boden entzogen. Nach der Auffassung der Karlsruher Richter sollte lediglich das Fernmeldewesen und damit auch die Errichtung und Unterhaltung der für das Fernsehen erforderlichen technischen Systeme in die Kompetenz des Bundes fallen. Diesem wurde jedoch das Recht abgesprochen, die organisatorischen oder rechtlichen Voraussetzungen für die Produktion von Fernsehsendungen zu schaffen oder sogar auf deren Inhalt Einfluss zu nehmen.

Nach der Feststellung der Verfassungswidrigkeit einer Bundesbeteiligung waren es nun die Länder, die eine neue TV-Anstalt gründeten. Das Zweite Deutsche Fernsehen begann am 1. April 1963 mit der Ausstrahlung eines eigenen Programms. ARD und ZDF standen nun als Fernsehanstalten der Länder im gegenseitigen Wettbewerb. Allerdings verpflichtete der Staatsvertrag das erste und das zweite Programm, sich in der Programmplanung abzusprechen, was zu komplizierten Koordinationsverhandlungen führte. (Bleicher 2001, 503) Nichtsdestoweniger versuchten beide TV-Anbieter, jeweils auf Kosten des anderen Zuschauerzahlen zu maximieren, so dass der Kampf um die Quote längst vor der Einführung des dualen Rundfunksystems, also der Zulassung privater TV-Veranstalter, zum Fernsehalltag gehörte. Entsprechend legte das ZDF den Beginn der Hauptnachrichtensendung auf 19.00 Uhr, um aktueller sein zu können und mit einem früheren Beginn des Abendprogramms das Publikum an sich zu binden. (Bleicher 2001, 503)

Die Durchbrechung eines Monopols, das mit dem alleinigen ARD-Programm zuvor zwar nicht rechtlich, aber doch faktisch bestanden hatte, wurde von den für das Fernsehen verantwortlichen Politikern und von der Öffentlichkeit durchaus als Notwendigkeit empfunden. „Das Schlagwort ‚Kontrastprogramm', aber auch die Forderung nach einer ‚Schutzzone' für politische Sendungen (...) bestimmten die publizistische Diskussion der 60er Jahre". (Bleicher 2001, 502f.) Mit den Dritten Programmen, die Mitte der 60er Jahre einzelne Sendeanstalten der ARD starteten, erhöhte sich der Spielraum der Optionen; 1967 konnten bereits 75 % der Bevölkerung die Sendungen des „Regionalfernsehens" empfangen. Die Frage, ob das Modell einer Quasi-Konkurrenz auf öffentlich-rechtlicher Basis erfolgreich war, mag zu unterschiedlichen Beurteilungen führen. Es setzte jedenfalls eine Dynamik frei, die als Vorlauf zur Einführung des dualen Systems im Jahre 1984 angesehen werden kann. Der Ruf nach „Schutzzonen" und „Kontrast" zeigt, dass sich auch damals schon das Fernsehen zwischen den Polen des Kultur- bzw. Bildungsauftrages einerseits und dem Zwang zur Publikumsnähe andererseits bewegte.

1.3   Technik und internationale Politik: Das Farbfernsehen

Technische Neuerungen in den fünfziger und sechziger Jahren hatten vielfältige Konsequenzen für die Organisation des Fernsehens und für die politischen Verhältnisse in Europa. In den USA wurde bereits in den vierziger Jahren mit der Entwicklung des Farbfernsehens begonnen. Ein von der *Columbia Broadcasting Systems (CBS)* entwickeltes Verfahren, bei dem rotierende Farbfilter sowohl zur Aufnahme wie zur Wiedergabe eingesetzt wurden, kam in den Vereinigten Staaten für kurze Zeit versuchsweise zum Einsatz. Die Konkurrenzfirma *Radio Corporation of America (RCA)* setzte dagegen auf das elektronische Farbfernsehen, das gegenüber der von *CBS* eingesetzten Technik weniger geräuschvoll und mit dem verbreiteten monochromen Fernsehen kompatibel sein sollte. Zunächst wurden die Kameras mit drei Aufnahmeröhren für jeweils eine der Farben blau, grün und rot ausgestattet. 1950 stellte die *RCA* der Öffentlichkeit auch eine neuartige Empfangsröhre vor, nämlich die für die Fernsehgeschichte bahnbrechende „Schattenmasken-Röhre". Im gleichen Jahr wurde das *National Television System Commitee (NTSC)*, ein bereits 1940 zur Entwicklung gemeinsamer Fernsehnormen gegründetes Gremium (Abramson 2002, 289f.), von der für den Rundfunk zuständigen Bundesbehörde, der *Federal Communications Commission*, beauftragt, „möglichst schnell ein einheitliches amerikanisches Farbfernseh-System zu erarbeiten" (Gööck 1989, 185). An dem Projekt waren 30 Firmen und über 100 Physiker und Elektrotechniker beteiligt, die nach drei Jahren ihre Tätigkeit erfolgreich abschließen konnten. Der Verlauf der Forschungen wurde in einer 4000-seitigen Dokumentation festgehalten. Am 17.12.1953 erfolgte die Freigabe des *NTSC*-Systems für den Sendebetrieb.

Das französische *SECAM*-Verfahren, das eine Verbesserung des *NTSC*-Systems darstellte, ist auf den Techniker und Industriellen Henri de France zurückzuführen. Seine innovative Leistung bestand darin, dass die für das Farbfernsehen nötigen zwei Farbsignale nicht mehr wie bei der amerikanischen Version mit *einer* Trägerschwingung übertragen wurden. Mit der ersten Fernsehzeile kam vielmehr ein Farbsignal in der Farbbildröhre an, mit der nächsten Zeile ein zweites. Da aber beide Farbinformationen gleichzeitig benötigt wurden, ließ der Erfinder des französischen Verfahrens das erste Signal mit Hilfe einer Verzögerungsleitung speichern, so dass es nach Übermittlung des zweiten zur synchronen Nutzung zur Verfügung stand. Nach diesem Prinzip der zeitlich versetzten Übertragung ist auch das Verfahren benannt: *Séquentiel couleur à mémoire (SECAM)*.

Die Entwicklung eines weiteren Verfahrens, des sogenannten *PAL*-Systems, verbindet sich mit dem Namen des Fernsehpioniers Walter Bruch, der, zunächst gegen das Widerstreben seines Arbeitgebers, der Firma Telefunken, mehr oder weniger heimlich mit einer Fortentwicklung der bestehenden Systeme begonnen hatte. Dabei ging er ebenfalls vom *NTSC*-Verfahren aus, dessen schwerwiegendsten Mangel, nämlich die bei schwierigen Übertragungsstrecken auftretenden „Phasenfehler", er zu überwinden suchte. Für den Zuschauer bedeutete das Farbfernsehen der USA, dass er ständig die Farbzusammenstellung an seinem Gerät neu einstellen musste, um die passende Tönung für das jeweilige Sujet zu erreichen. Das Ziel Bruchs bestand darin, derartige Nachkorrekturen überflüssig zu machen. (Bruch 1967, 108ff.) Ebenso wie beim französischen Verfahren speicherte Bruch die Farbinformationen mit Hilfe einer Verzögerungsleitung. Seine Verbesserung bestand darin, durch Spiegelung der Farbmodulation die unerwünschten Verzerrungen der Phasenwinkel aufzuheben, so dass ein sich selbst korrigierendes System entstand. Am 3.1.1963 präsentierte Bruch das *PAL*-System (*Phase Alternation Line*) der internationalen Fachwelt.

Mit dem 25.8.1967 wurde das Farbfernsehen in der Bundesrepublik eingeführt. Die westeuropäischen Länder außer Frankreich übernahmen das *PAL*-Verfahren, während sich der Ostblock für *SECAM* entschied, so dass es zu einer „Teilung der europäischen Rundfunkwelt" kam. (Kaiser 1992, 399) In der DDR verband sich die Einführung des Farbfernsehens mit der Einrichtung eines zweiten Programms. Vom 30.10.69 wurde das Zweite Programm des DFF vom gerade neu gebauten Fernsehturm im Berliner Stadtzentrum in Farbe ausgestrahlt. (Hoff 1998c, 312) Parallel dazu und passend zum 20. DDR-Jahrestag der Republik wurde der Color 20, das erste Farbfernsehgerät der DDR, angeboten. Die Farbsendungen des westdeutschen Fernsehens gab das Gerät in Schwarzweiß wieder. (Weber 1999, 146)

Wie hochgradig die Frage nach dem besseren Farbfernsehen politisiert war, zeigte sich auch daran, dass das von Moskau abtrünnige Rumänien die Übernahme des *SECAM*-Systems verweigerte und während des Prager Frühlings sich das tschechoslowakische Institut für Rundfunk- und Fernsehforschung gegen *SECAM* aussprach (Bruch/Riedel 1987, 88f.), so dass sich die Opposition gegen die Moskauer Zentrale auch in der Rundfunkpolitik manifestierte. Was die Verhältnisse in der Bundesrepublik Deutschland anging, so wurde es umgekehrt von der internationalen Fachwelt für unwahrscheinlich gehalten, dass die Bundesrepublik auf dem Verfahren Walter Bruchs beharren würde, da sich damit die Teilung Deutschlands verschärfe. Tatsächlich trat aber nach der Einführung des *PAL*-Farbfernsehens die erwartete dauerhafte Entfremdung nicht ein, da Transcoder zum Einsatz kamen, die den Austausch zwischen den Systemen gestatteten.

Auch die Satellitentechnik trug dazu bei, die Spaltung Europas in zwei TV-Lager zu überwinden. Bei den ersten kommerziell genutzten Satelliten der 60er Jahre ging es vornehmlich um Nachrichtenübermittlung; Intelsat I, dem der Name „Early Bird" gegeben wurde, diente „als Relaisstation mit einer Leistung von nur wenigen Watt für den Telefonverkehr" und der „Übertragung eines Fernsehprogramms zwischen den USA und Europa." (Walitsch 2002, 340). Mit der Intelsat II-Serie wurde bereits ein weltweites System von drei über dem Atlantik, dem Pazifik und dem Indischen Ozean stationierten Satelliten geschaffen. Die Satelliten der 70er Jahre erreichten eine derartige Kapazität, dass sie auch mit Tausenden von Telefongesprächen noch nicht ausgelastet waren, sondern außerdem noch Möglichkeiten zur Übertragung von Farbfernsehsendungen boten.

1.4   Die Einführung des „dualen Systems"

Den Fortschritten der Technik zum Trotz erreichte das Fernsehen die deutschen
Zuschauer bis in die 80er Jahre auf terrestrischem Wege, das heißt über die
Hausantenne. Während der sozialliberalen Ära kam die Verkabelung eher
schleppend voran, und zwar weil man in der SPD wohl erkannt hatte, dass eine
neue Diffusionstechnologie „auch der Kommerzialisierung des Rundfunks den
Weg bereitete" (Hickethier 1998a, 418f.). Dieser Trend ergab sich bereits aus
den weitaus größeren Kapazitäten eines Kabelnetzes für die Verbreitung von
Hörfunk- und Fernsehprogrammen und der damit sich ergebenden Frage, ob alle
Kanäle von öffentlich-rechtlichen Anstalten betrieben werden sollten. Auch
wurden bereits zu diesem Zeitpunkt der Rundfunkbegriff und damit das öffentlich-rechtliche Rundfunkmonopol problematisch. So entstand beispielsweise ein
Streit um die Frage, ob es sich bei dem über das Telefonnetz verbreiteten Bild-
schirmtext um Rundfunk handle. (Steinmetz 1999, 177) Eine von der Bundesregierung eingesetzte Kommission für den Ausbau des technischen Kommunikationssystems (KtK) schlug in ihrem Ende 1975 vorgelegten Bericht „wegen des
Fehlens eines ausgeprägten und drängenden Bedarfs" anstelle eines bundeswei-
ten Breitbandkabelnetzes die Einrichtung lokaler Pilotprojekte vor. (Ratke 1984,
139) Diese Empfehlung stieß auf die Kritik von Seiten der Wirtschaft, insbesondere der Verleger, die lieber ohne Umwege in die Domäne der elektronischen
Medien vorgedrungen wären. Während die CDU/CSU bundesweit für eine rasche Breitbandverkabelung und für die Zulassung privat-kommerzieller Programmanbieter eintrat, bildeten sich zahlreiche Bürgerinitiativen zur Verhinderung eines dualen Rundfunksystems.
   Am 14.11.1980 fassten die Ministerpräsidenten der Länder einen förmlichen
Beschluss, für die Dauer von drei Jahren an ausgewählten Orten sogenannte
„Kabelpilotprojekte" zu verwirklichen, und zwar in Berlin, Mannheim/Ludwigs-
hafen, Dortmund und München. Obwohl abzusehen war, dass mit einer Realisierung eines privaten Programmangebots Realitäten einträten, die nicht rückgängig
zu machen wären, wurde von den Landesregierungen der Eindruck erweckt, als
ob es Optionen gäbe und abgewartet werden sollte, ob sich das duale Nebeneinander von öffentlich-rechtlichen und privaten Anbietern bewährte. Dementsprechend wurden die Projekte durch sozialwissenschaftliche Begleitstudien ergänzt,
und zwar mit dem Ziel, im Rahmen der sich ergebenden quasi-experimentellen
Situation die Auswirkungen der neuen Rundfunkordnung auf das Verhalten der
Rezipienten festzustellen und Daten für die Politikberatung nach Abschluss der
Pilotphase zu sammeln. 1984 nahmen SAT.1 und RTL plus im Rahmen dieser
staatlich lizenzierten Großversuche den Betrieb auf. Da das Kabelnetz zunächst
zu geringe Kapazitäten aufwies, wurden die Programme der privaten TV-Veran-

stalter auch terrestrisch sowie über Satellit verbreitet. (Steinmetz 1999, 182) Das Interesse blieb zunächst gering; um neue Interessengruppen zu erschließen, sah sich die Landesregierung von Rheinland-Pfalz sogar veranlasst, das Projekt über den Raum Ludwigshafen hinaus zu erweitern. (Hickethier 1998a, 418f.) Das 1984 von der bayerischen Staatsregierung verabschiedete Medienerprobungsgesetz, das die gesetzliche Grundlage für das Kabelpilotprojekt München darstellte, verabschiedete sich bereits von dem Konstrukt des Großversuchs und gab eine landesweite Verbreitung des Kabelfernsehens als Ziel vor. (Hans-Bredow-Institut 1989, 52)

Verlegt wurde das Kupferkoaxialkabel, das zwar an die technische Perfektion der Glasfaser nicht heranreichte, das aber bereits über genügend Kapazität für eine Fülle von Fernseh- und Hörfunkkanälen verfügte. Nichtsdestoweniger hatten schon die Pilotprojekte – wenigstens teilweise – Verbindung zu den lichtleitenden Glasfaserkabeln. Diese sollten die Kabelinseln in den Regionen miteinander verknüpfen. Die in den 70er und 80er Jahren verlegten Netze bildeten unter anderem die technische Grundlage für die individuelle Verteilung von Fernsehprogrammen, also für das Abonnementfernsehen (Pay-TV). Die Entwicklung zu ,dienstintegrierenden', nicht nur auf den Fernsprechverkehr oder für das Fernsehen spezialisierten Netzen wurde durch die Verlegung des Glasfaserkabels gefördert.

Mit der Verkabelung wurden in der Bundesrepublik die technischen Voraussetzungen für die ,duale Rundfunkordnung' geschaffen, das heißt für die Zulassung privater Programmanbieter neben den öffentlich-rechtlichen Rundfunkanstalten. Ein vielseitiges, marktreguliertes Angebot hatte es bis dahin wegen der Knappheit von Sendeplätzen nicht geben können. Durch die Verlegung von Breitbandkabeln entfiel dieser Engpass, der zuvor das Monopol der pluralistisch verfassten öffentlichen Anstalten gerechtfertigt hatte. Auch in anderen europäischen Ländern machte sich der Trend zur Deregulierung und Teilprivatisierung der Rundfunksysteme bemerkbar. Für die Bundesrepublik stand schon mit den Fernsehurteilen des Bundesverfassungsgerichts von 1961 und 1971 fest (Vgl. Kap. 11), dass privater Rundfunk nicht gegen geltendes Recht verstößt. Entscheidend sei, so die Karlsruher Richter, nicht die Organisationsform, sondern die Rundfunkfreiheit. Mit dem ,Dritten Fernsehurteil' des Bundesverfassungsgerichts von 1981 wurde darüber hinaus die Zulässigkeit eines Gesetzes bestätigt, das der Landtag von Rheinland-Pfalz beschlossen hatte und mit dem erstmals in der Geschichte der Bundesrepublik private Veranstalter zugelassen wurden. Die notwendige Vielfalt der Meinungen könne, so hieß es in dem Gerichtsurteil, nicht allein durch mitsprachliche Kontrolle der gesellschaftlich relevanten Gruppen gesichert werden, wie dies bei den öffentlich-rechtlichen Sendern der Fall sei, sondern auch – alternativ zu diesem Modell – durch ein vielseitiges Angebot,

also durch Markt- und Wettbewerbsstrukturen. (Vgl. Meyn 1994, 193f.) Von nun
an galt Meinungsvielfalt als gegeben, wenn gewinnorientierte Anbieter mit anderen im Wettbewerb standen.

Mit der Einführung des Privatfernsehens im Jahre 1984, dem medienpolitischen „Urknall" (Schäffner 2000, 193), mussten sich die öffentlich-rechtlichen
Rundfunkanstalten neuen Herausforderungen stellen, und zwar sowohl im Hinblick auf das Programmangebot als auch bezüglich der institutionellen Strukturen. Mit dem Wandel vom „Gebührenfernsehen" zum „Marktfernsehen" hatte
generell die Unterhaltung an Bedeutung gewonnen, wobei auch solche Sendungen, die der Information und der Aufklärung dienen sollten, zusätzlich am Kriterium der Popularität, das heißt der Einschaltquote gemessen wurden. (Groebel
1995, 23f.) Die öffentlich-rechtlichen Anstalten reagierten auf die Angebote der
Privaten ihrerseits mit unterhaltenden Formaten, unter anderem mit Serien und
Mehrteilern; die Ausstrahlung zahlloser Gameshows, und zwar besonders solcher, die Liebe und Partnerschaft thematisierten, gehörte ebenfalls zu den Maßnahmen, mit denen um Zuschaueranteile gekämpft wurde, wobei vor allem die
von der Werbung favorisierten jungen Zielgruppen angesprochen werden sollten.
(Hallenberger 1994, 65) Aber weder die öffentlich-rechtlichen noch die kommerziellen Anbieter konnten ihre Programme uneingeschränkt nach dem Kriterium der Publikumsgunst ausrichten. Mit dem „Staatsvertrag zur Neuordnung des
Rundfunkwesens in Deutschland", der am 1.12.1987 in Kraft trat, wurde den
privaten Rundfunkbetreibern die Auflage erteilt, im Rahmen von Vollprogrammen die Bereiche Information, Kultur und Bildung angemessen zu berücksichtigen. Der Vertrag sah außerdem vor, dass die Einhaltung der für die
privaten Veranstalter gültigen Bestimmungen durch eine nach Landesrecht organisierte Stelle, das heißt durch Landesmedienanstalten, zu überwachen sei. Die
Landesparlamente konkretisierten den Staatsvertrag durch die Mediengesetze,
die „in unterschiedlicher Form und zu unterschiedlichen Zeiten" beschlossen
wurden (Hickethier 1993, 229).

Aufgrund der hohen Anlaufkosten konnten sich nur sehr kapitalkräftige Unternehmen als private Fernsehveranstalter behaupten. Im wesentlichen waren es
zwei Anbieter, die sich auf dem Markt durchsetzten, nämlich SAT.1, zu dessen
Gesellschaftern der Axel-Springer-Verlag, der Filmrechtehändler Leo Kirch und
die Firma Holzbrinck gehören, und RTL mit Beteiligungen der UFA als einer
Tochter des Bertelsmann-Konzerns, der Westdeutschen Allgemeinen Zeitung
und der *Compagnie Luxembourgeoise de Télédiffusion (CLT)*. Mit dem Bertels-
mann-Konzern und der *CLT* auf der einen und der Kirch-Gruppe sowie dem
Unternehmen Axel Springer auf der anderen Seite entstanden zwei miteinander
konkurrierende ‚Senderfamilien'. Nichtsdestoweniger kooperierten Bertelsmann
und Kirch durch gemeinsame Beteiligungen am *Pay-TV*-Kanal Premiere. Weite-

re TV-Veranstalter, zum Teil auch aus dem Ausland, die über Satellit ihr Publikum erreichen, konnten sich mit Spartenprogrammen Publikumsanteile sichern. Zu erwähnen sind außerdem lokale Anbieter, die auf den Frequenzen anderer Fernsehveranstalter sogenannte ‚Fensterprogramme' ausstrahlen.

Die in den 80er Jahren vollzogene Einführung des dualen Systems stellt nur eine Seite eines umfassenden Wandels dar. Die institutionellen und inhaltlichen Veränderungen müssen im Kontext mit dem technischen und wirtschaftlichen Wandel gesehen werden, der das ‚Dispositiv Fernsehen' neu positioniert hat.

„Contemporary television is characterised by several features that signal the end of the broadcasting model of electronic communication associated with the national networks: increased channel availability (through cable and satellite distribution), niche networks aimed at the highly differentiated audiences, technologies of viewer discretion and interaction (VCR, remote control, 'Web TV'), extended signal range – particularly across national borders – due to satellite transmission, and centreless networks, such as the internet". (Brügger/Kolstrup 2002, 25)

Zu diesen Entwicklungen, die das Ende des ‚Rundfunks' im ursprünglichen Wortsinn mit sich gebracht haben, kommt als weitere technische Innovation die Digitalisierung hinzu. Mit der Umwandlung von analogen TV-Signalen in binäre Zeichen, also 0 und 1, ergibt sich nicht nur eine Verbesserung der Empfangsqualität. Vielmehr kommt es mit der Datenkompression auch zu einer besseren Ausnutzung der Verteilungskapazitäten. Darüber hinaus wird der Weg in das interaktive Fernsehen und die Integration von verschiedenen Medien und Informationssystemen zu Multimedia-Plattformen vorgezeichnet. Im Schlusskapitel sollen diese Entwicklung sowie ihre gesellschaftlichen Voraussetzungen und Folgen mit dem Ziel nachgezeichnet werden, Perspektiven für das Fernsehen der Zukunft zu gewinnen.

Zusammenfassung

Mit Beginn des 20. Jahrhunderts revolutioniert die drahtlose Kommunikation per Funk die Nachrichtentechnik. Die zahlreichen Anwendungsmöglichkeiten des neuen Mediums werden frühzeitig erkannt und führen dazu, dass es im Zentrum der öffentlichen Aufmerksamkeit steht, was aber auch – besonders in Europa – zu Restriktionen von staatlicher Seite führt. Das Radio kann sich in sehr kurzer Zeit als Massenmedium etablieren. Das Fernsehen braucht eine längere Zeit zu seiner Durchsetzung, wobei unterschiedliche Techniken und Formen der Nutzung miteinander konkurrieren. Nach dem Ende des Zweiten Weltkrieges beginnt in den USA und später auch in Europa das Fernsehzeitalter. Die politische

Spaltung Europas wirkt sich auch auf das Fernsehen aus, das in der Zeit des Kalten Krieges zum Informations- und Propagandainstrument ausgebaut wird. Mit nachlassender Ost-West-Spannung, der Ausweitung der Übertragungsmöglichkeiten sowie – in einigen Ländern – der Zulassung von privaten Programmanbietern gewinnt die Unterhaltung an Bedeutung. Die gegenwärtige Entwicklung ist durch grenzüberschreitende Verbreitung, durch wirtschaftliche Konzentration sowie eine Integration von Programmbetrieb und verschiedenen Telekommunikationsdiensten gekennzeichnet.

Literatur:

Abramson, Albert: The History of Television, 1880 to 1941. Jefferson N.C. 1987; hier zitiert nach der deutschen Übersetzung: Die Geschichte des Fernsehens. Übers. und hrsg. von Herwig Walitsch. München 2002
Die umfangreiche und detaillierte Darstellung eignet sich zur vertiefenden Lektüre und zum Nachschlagen von Fakten. Der Verfasser hat nicht nur gründliche Archivarbeit geleistet, sondern auch noch die letzten lebenden Fernsehpioniere befragt. Das reich illustrierte Werk ist aus der Sicht des Ingenieurs geschrieben. Die Zeichnungen aus Patentschriften und die Beschreibung von Erfindungen setzen zum Teil technische Grundkenntnisse voraus. Das umfangreiche Nachwort des Herausgebers der deutschsprachigen Ausgabe beschreibt die Entwicklungen in den Jahren von 1942 bis 2000. Gerade die jüngere und jüngste Geschichte wird selten bearbeitet und ist deswegen besonders nützlich.

Kreuzer, Helmut; Thomsen, Christian W. (Hg.): Geschichte des Fernsehens in der Bundesrepublik Deutschland 5 Bde. München 1994
Das umfangreiche Sammelwerk, das die Arbeit des DFG-Sonderforschungsbereichs „Bildschirmmedien" an den Universitäten Siegen und Marburg dokumentiert, lässt kaum einen Aspekt der Fernsehgeschichte unberücksichtigt, soweit es die Bundesrepublik vor der Wende betrifft. Zum Zeitpunkt der Publikation konnte das DDR-Fernsehen als Bestandteil einer gemeinsamen Fernsehgeschichte nicht mehr im erforderlichen Umfang einbezogen werden.

Hickethier, Knut: Geschichte des deutschen Fernsehens. Unter Mitarbeit von Peter Hoff. Stuttgart/Weimar 1998
Der Schwerpunkt der Darstellungen ist die Programmgeschichte. Darüber hinaus werden auch theoretische Aspekte wie zum Beispiel die Entwicklung des ‚Dispositivs Fernsehen' einbezogen. Das Fernsehen der DDR wird in ausführlichen Gegenüberstellungen berücksichtigt. Der Zeitrahmen umfasst auch die aktuelleren Phasen der Fernsehgeschichte.

Zielinski, Siegfried: Audiovisionen. Kino und Fernsehen als Zwischenspiele in der Geschichte. Reinbek 1989
Die chronologisch durchs 20. Jahrhundert führende Darstellung schlägt einen Spannungsbogen von der Entstehung des Kinos über dessen Auseinandersetzung mit dem neuen Medium Fernsehen bis zu Vorherrschaft des Fernsehens. Zielinski verfolgt die These, dass Fernsehen und Kino ihre kulturelle Bedeutung in der Verschmelzung mit den neuen elektronischen Medien verlieren.

2 Theoretische Grundlagen der Fernsehkommunikation

2.1 Kommunikation als Handlung

Unter Kommunikation kann sowohl eine allgemeine Eigenschaft des Verhaltens von Lebewesen als auch ein bestimmter Verhaltenstyp bzw. eine (intendierte) Handlung verstanden werden. Indem Individuen miteinander umgehen, teilen sie sich ihre Vorstellungen und Absichten mit, und zwar schon allein deswegen, weil einzelne Akte in einem Kontext stehen, sodass sich aus den jeweiligen Zusammenhängen Rückschlüsse auf Bedürfnisse, Motive und Ziele des sozialen Gegenübers ergeben. Soziales Verhalten weist also über den Kontext hinaus, in dem es sich gerade vollzieht. Anschlusshandlungen werden geplant, indem das Tun von anderen beobachtet wird. Mit dem Verhalten verbindet sich eine Bedeutung für andere, die sich auf künftiges Verhalten einstellen können. Kommunikation ist „der Prozess der Bedeutungsvermittlung zwischen Lebewesen" (Burkart 2002, 30), und zwar unabhängig davon, ob dies absichtlich oder unabsichtlich geschieht. In sozialen Situationen können Aktionen eines Gegenübers ‚verstanden' werden, wobei es sich immer auch um Konstruktionen des Beobachters handelt. Aus dem Kontext, in dem einzelne Akte stehen, aus Mimik und Gestus, aus der ‚Körpersprache' und aus der Art der Durchführung bekannter Verhaltensmuster ergeben sich Hinweise auf den Sinn und Zweck eines Tuns. Es ist nicht möglich, dass Akteure miteinander Kontakt haben, ohne zu kommunizieren. (Watzlawick/Beavin/Jackson 2000)

Von dieser kommunikativen Eigenschaft, die allem Verhalten von Lebewesen zukommt, sind spezielle Akte zu unterscheiden, die vorwiegend oder ausschließlich als Mitteilung ausgeführt werden. Die einfachste Form kommunikativer Handlungen besteht darin, dass durch Stilisierungen, durch Hervorheben bestimmter und Vernachlässigung anderer, ursprünglich zweckdienlicher Verhaltenselemente dem anderen etwas mitgeteilt wird. Diese Akte haben Zeichenfunktion. Sie verweisen auf ein Künftiges oder außerhalb der Situation Befindliches. Auch Tiere, die in einem kooperativen Lebenszusammenhang stehen, können sich – ebenso wie Menschen – durch Signale auf Futterquellen oder Gefahren aufmerksam machen. Signale gelten als Unterklasse von Zeichen, nämlich als solche, die eine spezifische Bedeutung haben, während andere Zeichen einen interpretativen Spielraum aufweisen. (Kübler 1994, 13f.) Kommunikation im engeren Sinne bezieht sich nicht auf (bedeutsame) Lebensäußerungen, sondern auf eine spezifische Gattung von Handlungen, nämlich solche, die mit einer Orientierungsintention verbunden sind. (Rusch 1994, 66) Hinzu kommt, dass diese ‚verständlich' sein müssen, also eingeordnet werden können in ein Interpretations- und Definitionssystem, das eben diese Formen von Handlungen vorsieht. Es ist also, wie Luhmann und Fuchs formulieren, „die Kreation eines zusätzlichen Raumes von Möglichkeiten erforderlich, in dem die Kommunikation als Selektion begriffen werden kann." (Luhmann/Fuchs 1989, 11).

Das Leben in komplexen sozialen Zusammenhängen erfordert eine Verhaltenskoordinierung der Individuen und Gruppen. Um die nötigen Anpassungen im Zuge fortgeschrittener Arbeitsteilung zu ermöglichen, sind fortlaufende Orientierungsleistungen unerlässlich. Dabei reicht der Hinweischarakter von Handlungsmustern, die sich im Zusammenhang mit anderen funktionalen Bestimmungen herausgebildet haben, nicht aus. Die Verständlichkeit ergibt sich nicht mehr aus der Andeutung einer Handlung, des Zieles, der Motivation, der damit verbundenen Laute, der Physik der Bewegung im Umgang mit Gegenständen, also aus den ‚Resten' der Handlung, die durch Symbole zum Ausdruck gebracht werden. Vielmehr verselbständigen sich die Zeichen und werden in der Relation von Objekt und Zeichenträger beliebig. Es kommt zur Ausdifferenzierung von Orientierungs*handeln* als einem speziellen Typus von Akten, nämlich der gezielten, wechselseitigen Mitteilung von Wahrnehmungen, Einsichten, Emotionen und Intentionen. Im gleichen Kontext entwickeln sich mehr oder weniger abstrakte Symbolsysteme. Das am meisten elaborierte Symbolsystem ist die Sprache.

George Herbert Mead (1863-1931) unterscheidet in dem klassischem Werk „Geist, Identität und Gesellschaft" zwischen nichtsignifikanten und signifikanten Gesten (Mead 1973 (im Org. 1934), 84ff.). Bei der ersten Kategorie geht es um Bedeutungselemente von Handlungen, ohne dass diese intentional auf eine Mitteilung hin ausgerichtet wären. Aufgrund ihres demonstrativen Gehaltes lösen Aktionen in einem sozialen Kontext Reaktionen bei anderen Lebewesen aus, die auf die Handlungen selbst, die sie begleitenden Haltungen (*attitudes*) und auf noch folgende Handlungen bezogen sind. Die signifikanten Gesten dagegen oder, wie Mead sie auch nennt, signifikanten Symbole verweisen auf eine Idee oder eine Vorstellung. Sie werden bewusst eingesetzt, um diese Idee oder Vorstellung bei den Interaktionspartnern zu provozieren.

Die signifikanten Gesten, insbesondere die vokalen signifikanten Gesten, sind nach Mead für die wechselseitige Koordination von Handlungen deswegen besonders effektiv, weil sie in dem Ausführenden Haltungen hervorrufen, die den Reaktionen derer, an die sie gerichtet sind, tendenziell gleichen. Damit wird das Tun des sozialen Gegenübers prognostizierbar. Eine sprachliche Mitteilung ist an einen anderen gerichtet, und zwar im Vertrauen darauf, dass es eine gemeinsame Bedeutung gibt. Signifikante Symbole stellen Parallelitäten her und gleichen Unterschiede aus. Dazu ist aber ein Prozess des Aushandelns notwendig. Die Interaktionspartner verständigen sich über die Bedeutungen dessen, was an sie von einem sozialen Gegenüber herangetragen wird, was wiederum Aktionen des anderen hervorruft. Kommunikation kann in diesem Sinne auch als soziales System angesehen werden. (Vgl. Kübler 1994, 18f.)

Wenn man bedenkt, dass die an einem sozialen Geschehen Beteiligten eine jeweils individuelle Biographie aufweisen und dass die sozialen Hintergründe und personellen Verflechtungen nicht die gleichen sind, so wird man die Bedeutung eines Symbolsystems für das soziale Zusammenleben vor allem in der Generalisierung der zu definierenden sozialen Konstellationen und in der Koordination von Bedürfnislagen und Affekten sehen müssen. Die Bedeutung von Wörtern ist zwar für die Interaktionspartner nicht identisch; es genügen jedoch Übereinstimmungen, um sinnvolles sozialen Handeln zu ermöglichen oder – mit anderen Worten – um sich auf das einzustellen, was der andere vermutlich tun wird. In der Tradition des Pragmatismus und des Symbolischen Interaktionismus ist die Bedeutung erkennbar als ein Tun. Das heißt, dass „Sprache ein System von geteilten Bedeutungen ist, was wiederum bedeutet, dass Sprache ein System geteilten Verhaltens ist." (Stryker 1977, 262). Sprache wäre demnach an ihrem Kooperationspotenzial zu erkennen.

In der semiotischen Forschungstradition wird eine Beziehung zwischen Symbol, Referent und Gedanke hergestellt: Das Symbol bezieht sich auf eine Vorstellung (Gedanke), diese wiederum hat eine Sache oder ein Objekt (Referent) zum Gegenstand. Es besteht aber keine direkte Verbindung zwischen dem Bezeichnenden und dem Bezeichneten. Symbol und Gedanke, das heißt Zeichen und Bedeutung, sind durch Konventionen und Begrifflichkeiten gegeben, weshalb auch zum Teil in den Modellen der Kommunikation auf den Referenten ganz verzichtet wird. Mit Recht weist Doelker (1989, 117ff.) in der Fortsetzung der Gedankengänge de Saussures (1857-1913) darauf hin, dass eine derartige Beliebigkeit für das Verhältnis von Zeichen und Bedeutung zwar in der gesprochenen Sprache gegeben ist, nicht aber bei bildlichen Zeichen. Aber auch wenn Bilder als Abbilder eines Sachverhalts – also eines Referenten – wahrgenommen werden, implizieren sie, wie Doelker betont, eine Mitteilungsabsicht.

In face-to-face-Zusammenhängen beobachten sich Kommunikator und Kommunikant. Neben der sprachlichen Mitteilung des Kommunikators stehen in dieser sozialen Konstellation noch andere Informationen zur Verfügung, die zu einer passenden Deutung von Sprache beitragen. Möglicherweise ist der Gestik des anderen zu entnehmen, dass er sich einem Gegenstand von gemeinsamen Interesse, so wie es sich in der Situation ergeben mag, zuwendet. Auch wenn die

Lautäußerung als Mitteilung erfasst wird, geht mit ihr die Wahrnehmung einer subjektiven Befindlichkeit einher, auf die sich das Gegenüber einstellt. Das „Erlebnis der Lautfolge in der ‚face-to-face-Situation' kann also mithelfen, konkrete Intersubjektivität zu begründen." (Luckmann 1980, 108). In der direkten persönlichen Kommunikation tritt Sprache nicht isoliert auf, sie wird erlebt, ist also Teil eines Gesamteindrucks, der sich für den Angesprochenen mit vielen anderen Hinweisen verbindet. Da die Rollen von Kommunikator und Kommunikant getauscht werden, ergibt sich ein ständiger Abgleich von Bewusstseinszuständen, die es mit zunehmender Interaktionserfahrung immer leichter werden lassen, die Bedeutung des Gesagten zu erkennen.

2.2   Die Sprache des Fernsehens

Dem über Medien wie Presse, Hörfunk und Fernsehen verlaufenden Kommunikationsprozess fehlt diese Möglichkeit wechselseitiger Abstimmung. Eine Folge davon könnte sein, dass eine solche Art der Kommunikation offener und weniger vorhersagbar ist. (McQuail 1975, 167) Umgekehrt ist aber auch der Schluss naheliegend, dass die Medienkommunikation, um überhaupt verständlich zu sein, ein gemeinsames Symbolsystem zur Voraussetzung hat, das einen wesentlich höheren Formalisierungsgrad aufweist als die lebensweltliche Kommunikation.

Der über Massenmedien verlaufende Kommunikationsprozess basiert also auf einer ‚Sprache', an die besondere Anforderungen zu stellen sind. Gerade weil ein beständiges Feedback über Bedeutungen von Handlungen nicht gegeben ist, da Sender und Empfänger von Mitteilungen keinen unmittelbaren Kontakt zueinander haben, kommt es darauf an, sich eines Kommunikationssystems zu bedienen, das von allen verstanden wird. Es genügt nicht ein beiläufig gesprochener Satz, eine bestimmte Geste oder ein gewisser Unterton, um dem Anderen klar zu machen, wie eine Mitteilung gemeint ist. Das heißt nicht, dass die Botschaften von Massenmedien nicht auch sehr unterschiedlich interpretiert werden könnten. Die Bedeutungsgehalte der Symbole müssen sich allerdings insoweit gleichen, dass nicht permanent Missverständnisse ausgelöst werden, also die Reaktionen auf Mitteilungen unkalkulierbar werden und möglicherweise den Mitteilungsabsichten des Kommunikators zuwiderlaufen.

Im Gegensatz zu den Printmedien, die verbale Botschaften nur als Schriftzeichen übermitteln und eine nur punktuelle Bebilderung vornehmen können, ist bei den audiovisuellen Medien Sprache in der Regel das gesprochene Wort; beim Fernsehen verbindet sich der akustische Eindruck mit dem visuellen des bewegten Bildes, das heißt mit der optischen Präsentation des Sprechers und/oder der Darstellung einer Situation. Indem die Akteure visuell wahrgenommen werden können, verbinden sich signifikante Symbole und gestischer Ausdruck, Sprache und ‚Körpersprache'. Handlungen und Situationen ergeben einen Bedeutungs- kontext, in den verbale Äußerungen eingebettet sind, „was das Verständnis der Äußerungen wesentlich erleichtert bzw. verbessert." (Rusch 1994, 78). Das heißt aber auch, dass Aktionen mit verbalen Äußerungen übereinstimmen und somit plausibel sein müssen. Dies ist der Fall, wenn der Ankündigung einer Handlung ‚Taten' folgen oder umgekehrt Taten mit sprachlichen Interaktionen einherge- hen, die damit verbundene Motive sichtbar machen. Es wird also eine zusätzliche Interpretationsebene geschaffen, was in der Regel zur Folge hat, dass das Fern- sehen leichter und müheloser als andere Medien rezipiert werden kann.

Damit ergibt sich für TV-Akteure, für Sprecher, Moderatoren, Schauspieler, Regisseure und Produzenten das Problem der Konsistenz; Diskrepanzen zwi- schen beiden Bedeutungssystemen schaffen Verwirrung und lassen Zweifel an der Objektivität von Mitteilungen aufkommen. Sofern es also im Fernsehen um eine möglichst sachliche Berichterstattung geht, werden alle Bedeutungsele- mente, die sich auf die Person des Informanten beziehen, die also ungewollte Diskrepanzen zwischen Sprache und Körpersprache sowie zwischen Sprache und situativen Hinweisen aufkommen lassen, auf ein Minimum reduziert: der Nach- richtensprecher sitzt an einem Tisch, der ihn zur Hälfte verdeckt, und liest einen Text ab. Die Neutralisierung anderer Zeichensysteme ist erforderlich, weil der Nachrichtensprecher nicht seine eigene Meinung wiedergeben soll, sondern sich an dem zu orientieren hat, was an Mitteilungen vorbereitet wurde. Informatio- nen, die sich auf die Intentionen des Sprechers beziehen, könnten von dieser Funktion ablenken. Soll dagegen mehr von der Persönlichkeit eines TV-Akteurs gezeigt werden, so werden derartige Zeichensysteme nicht aus dem Kommuni- kationsprozess verdrängt, sondern in die Planung einer Sendung als bewusstes Ausdrucksmittel aufgenommen.

Darüber hinaus artikulieren sich Fernsehbotschaften in ästhetischen Codes, denen die Eigenschaft von Symbolsystemen zukommt. Sie können andere Sym- bole ergänzen, indem sie mit ihrem Bedeutungsgehalt in Zweifelsfällen eine bestimmte Interpretation nahe legen; sie stellen unter Umständen aber auch eine eigenständige Linie der Kommunikation dar. Die Sprache des Spielfilms zum Beispiel, die bestimmte dramaturgische Elemente, aber auch die Kameraführung, Schnitte, Musik usw. umfasst, ist wichtig für das Verständnis der erzählten Handlung. In der Sprache des Films sind Botschaften enthalten, die aus den Handlungen der Akteure nicht hervorgehen, ja möglicherweise in einer bewusst erzeugten Spannung zu dem erzählten Geschehen stehen. Ähnliches gilt für an- dere Genres des Fernsehens; die Kenntnis des ästhetischen Codes macht Spra- che, Handlungen und Situationen verständlich, hält Überraschungen bereit, die ihrerseits einen vorgegebenen Rahmen nicht überschreiten und somit interpretierbar bleiben. Ebenso, wie zu informativen Programmen die Sachlichkeit gehört, die Kargheit der Ausstattung, die Konzentration auf die Beobachterrolle, auf Sprache anstelle von Aktion, so gehört beispielsweise zur Spielshow die Dramatik des Wettkampfs, die durch das Präsenzpublikum noch gesteigert wird, eine Folge von Prüfungen mit wachsendem Schwierigkeitsgrad, die scheinbare Objektivität des Moderators, die Ermittlung eines Gewinners und das Finale. Die verschiedenen Bedeutungssysteme und Ebenen der Kommunikation machen zusammen jeweils spezielle TV-Genres aus.

Nicht nur der Spielfilm, sondern auch andere Formate haben also eigene ästhetische Codes, die zum Teil auf Traditionen außerhalb des Fernsehens zurückgehen. Die Symbolik des im Fernsehen gezeigten Spielfilms ist aus der Geschichte des Kinos und darüber hinaus des Schauspiels herzuleiten; Spiele und Shows greifen auf das Varieté und auf das Revuetheater zurück; informative Programme basieren in ihrem Sprachstil und in ihren ästhetischen Ausdrucksmitteln, was ja auch in Bezeichnungen wie Nachrichten, Reportage, Dokumentation, Magazin usw. deutlich wird, auf Formen des Journalismus, die sich im Bereich der Printmedien entwickelt haben, zurück. Das Fernsehen trägt zu einer Popularisierung dieser Codes bei. Zwar ist es eine allgemeine Erfahrung, dass ästhetische Formen, die zunächst auf einen eng umgrenzten Adressatenkreis hin entworfen wurden, diffundieren; das Fernsehen jedoch beschleunigt diesen Prozess, indem Medientraditionen nebeneinander, häufig sogar als Bestandteile eines Programms, präsentiert werden.

Für den Zuschauer heißt das, dass er diese ästhetischen Codes, zum Beispiel die im Spielfilm verwendeten Ausdrucksmittel, beherrschen muss. Auch die Kommunikation über den Bildschirm ist nicht voraussetzungslos. Sicher stellen die Printmedien, was ja auch in ihrem Prestige zum Ausdruck kommt, die höheren Anforderungen an den Rezipienten, indem sie Kompetenzen verlangen, die nur in konzentrierten, spezifischen Lern- und Bildungsprozessen zu erwerben sind. ,Lesefähigkeit' braucht aber auch der Fernsehzuschauer. Bedeutungssysteme, die den TV-Formaten eigen sind, müssen dekodiert werden, was in der Regel langjährige Rezeptionserfahrungen erfordert. Sprache und Narrationsformen des Fernsehens, das heißt die einzelnen Bilder, die visuellen Schemata und ästhetischen Strukturmerkmuster, deren Entwicklung immer noch fortdauert, sind vor allem durch Wiederholungen gekennzeichnet, wodurch dem Zuschauer der Eindruck des Vertrauten vermittelt wird, obwohl dem Medium die durch die Konkretion bedingte Variation eigen ist; durch Wiederholungen entstehen Konstanten, die der prinzipiellen Flüchtigkeit des Gezeigten entgegenwirken. (Klippel/Winkler 1994) Die Eingewöhnung in den Umgang mit derartigen Zeichen und symbolhaften Stilelementen vollzieht sich in unserer Gesellschaft im Rahmen einer früh einsetzenden Mediensozialisation.

2.3   Fernsehen als Medium der Kommunikation

Wenn das Fernsehen als Medium bezeichnet wird, dann ist damit gemeint, dass die gesamte technische und soziale Apparatur, die zur Wahrnehmung von Fernsehbotschaften, von ‚Sendungen' erforderlich ist, als Vermittlerin, als Bindeglied zwischen den Teilnehmern an einem Kommunikationsprozess begriffen werden kann. Im Gegensatz zur persönlichen Kommunikation, die zwischen zwei oder mehreren Partnern im direkten Kontakt, in Interaktionssituationen ‚von Angesicht zu Angesicht' stattfindet, handelt es sich um Mitteilungen, die über weite Distanzen, außerhalb der Sicht- und Hörweite des anderen gemacht werden, so dass Hilfsmittel nötig sind, um diese Kluft zu überwinden. Fernsehen ist eine spezielle, technisch und sozial organisierte Form der symbolischen Mitteilung. Da nicht beide Seiten über die gleichen Hilfsmittel zur Überwindung räumlicher Distanzen verfügen, können nicht – wie bei der persönlichen und telefonischen Interaktion – die Rollen des Kommunizierenden und des Adressaten der Kommunikation gewechselt werden. Es eröffnen sich zwar zunehmend Möglichkeiten zur Interaktion, zur Einflussnahme des Zuschauers auf der Ebene von Meinungsäußerungen und Programmauswahl, doch bleiben solche rückläufigen Botschaften auf bestimmte Inhalte und Möglichkeiten beschränkt. Nur ausnahmsweise kommt es zum Wechsel der Rollen von Kommunikator und Kommunikant. Der Sendebetrieb, die auf den Zuschauer ausgerichtete einseitige Kommunikation, wird auf diese Weise nicht in Frage gestellt.

Das bedeutet, dass eine Rückmeldung des Angesprochenen entfällt; die Kommunikationssituation ist asymmetrisch. (Doelker 1989, 116) Auch nonverbales Ausdrucksverhalten steht für ein Feedback nicht zur Verfügung. Wenn man daran denkt, welche Bedeutung allein dem Kopfnicken oder Kopfschütteln des Gegenübers in der face-to-face-Kommunikation zukommt, (Rosenfeld/Hancks 1981, 194) ergibt sich damit ein im Verhältnis zur direkten Interaktion ganz anderer Kommunikationsverlauf, es sei denn, dass sich die Akteure des Fernsehens vor der Kamera mit anderen unterhalten, also mit einem Publikum im Saal oder mit sogenannten ‚Gästen'. Auch das Interview kann dazu dienen, eine dyadische, durch Rollentausch zwischen Kommunikator und Rezipient gekennzeichnete Beziehung herzustellen. Ist ein solches Gegenüber nicht vorhanden, so fehlt die wechselseitige Bezugnahme und Steuerung sowie die damit verbundene Möglichkeit, an die Kommunikation des anderen anzuknüpfen.

Trotzdem verläuft der Strom der Mitteilungen nicht *nur* in eine Richtung. Einige Informationen über das Publikum erreichen die Fernsehveranstalter, Produzenten, Regisseure, Aufnahmeleiter, Moderatoren und Schauspieler auf indirektem Wege, zum Beispiel über Briefe oder Anrufe der Zuschauer, aber auch über die wissenschaftliche Zuschauerforschung. Diese Informationen sind wichtige

Orientierungsmittel bei der Gestaltung von TV-Produktionen sowie bei der Entwicklung von neuen Formaten. Dem häuslichen Rezipienten als dem Adressaten der Medienkommunikation stehen zwar nicht dieselben Mittel zur Verfügung wie dem Kommunikator, um auf empfangene Botschaften reagieren zu können; er ist aber keineswegs machtlos. Gerade unter heutigen Marktbedingungen sind Daten über Einstellungen und Wünsche des Publikums von größter Wichtigkeit. Die Kommunikation ist also nicht deswegen asymmetrisch, weil die Zuschauer nicht ernst genommen würden, sondern weil sie schwer erreichbar sind, das heißt weil es nur mit großem Aufwand möglich ist, ein Feedback von dem Publikum ‚vor den Bildschirmen' zu bekommen, das verallgemeinerbare Aussagen zulässt. Während im Falle der face-to-face-Beziehungen eine asymmetrische Kommunikation auf Statusunterschiede hinweist, sind es bezüglich der Massenmedien technische Eigenarten sowie spezielle soziale Nutzungsmuster im Umgang mit den Medien, die eine symmetrische Kommunikation verhindern.

Die wichtigste Botschaft des Zuschauers ist die Sehbeteiligung. Sie stellt die Währung dar, an der sich der Wert einer Sendung bemisst. „Aufmerksamkeit in ihrer Quantifizierung als Quote wird gegen Geld der werbetreibenden Industrie eingetauscht." (Bleicher 2001, 509). Die Quote ist eine mittelbare und inhaltlich nicht spezifizierte Rückmeldung an die TV-Organisation. Sie ist die Information, die den Kommunikator regelmäßig, systematisch und in kurzen Abständen erreicht. Botschaften, die von einer repräsentativen Auswahl der Zuschauer an die Programmveranstalter übermittelt werden, unterscheiden sich also schon in der Art ihrer Kodierung von Informationen in gegenläufiger Richtung. Die Mitteilungen des Fernsehnutzers erfolgen im binären Code des Sehens oder Nichtsehens. Damit ergeben sich weite Interpretationsspielräume, die einerseits durch professionelle Erfahrung, andererseits durch wissenschaftliche Forschungen gefüllt werden müssen. Es gibt jedoch auch Vorteile dieser Art der Reduktion. Wäre die TV-Kommunikation tatsächlich zweiseitig, wie dies einigen Theoretikern der Interaktivität vorschwebt, dann wären die Organisatoren, die Verwalter und Eigentümer des Mediums, mit der Auswertung der Informationen überfordert. Kommunikation im Rahmen der Quote dagegen heißt, dass sich die Produzenten Informationen über die Zuschauer in dem Maße beschaffen, wie sie diese benötigen und verarbeiten können.

Asymmetrie der Kommunikation bedeutet auch, dass das Fernsehen für den Rezipienten unverbindlich bleibt. Dieser nimmt zwar an einem Kommunikationsprozess teil, jedoch in eingeschränkter Weise, nämlich als ein Kunde, der persönlich nicht in Erscheinung tritt. Der Zuschauer braucht sich daher nicht selbst zu äußern. Er muss nicht zu dem Stellung nehmen, was an Informationen und Meinungen an ihn herangetragen wird. Gerade das Entbundensein von solchen Verpflichtungen, die mit der persönlichen Kommunikation einhergehen, trägt zur Attraktivität des Fernsehens bei. Fehlende Interaktivität muss also in der Wahrnehmung der Beteiligten nicht ein Mangel sein. Während die lebensweltliche Kommunikation die Befolgung von Basisnormen verlangt, sodass zum Beispiel elementare Regeln der Höflichkeit nicht verletzt werden dürfen, kann der Rezipient der TV-Kommunikation derartige Verpflichtungen völlig außer Acht lassen; er muss nicht aufmerksam zuhören, wenn ein anderer ihm etwas mitzuteilen hat, und auch in seinem körperlichen Gestus darf er sein Desinteresse in jeder Weise zum Ausdruck bringen. Auch andere Sanktionsrisiken gelten nur im realen Handeln, nicht aber für den Beobachter:

> „Das Subjekt ist als Zuschauer frei, zu Mord und Totschlag, Liebe und Eifersucht, Erfolg und Selbstsicherheit, Angst und Mitgefühl in der je theatralisierten Version eine Stellung einzunehmen. Es kann dabei die gewohnte Form seines moralisierenden Urteilens replizieren; es kann aber auch, in gewusster Distanzierung von dem, was in seinem Alltag unangefochten gelten muss, sich gleichsam spielerisch, probend und in dem Sicherheit gebenden Meta-Bewusstsein der Unernsthaftigkeit auf Handlungsmuster einlassen, die es ‚in Wirklichkeit' nicht gelten lassen würde. (Weiß 2001, 180)

Für das bereits erwähnte Studiopublikum, das im Fernsehen eingesetzt wird, um eine direkte Ansprache der Zuschauer „vor den Bildschirmen" zu simulieren, gelten selbstverständlich andere Regeln. Es hat nicht nur elementare Verhaltensnormen einzuhalten, zum Beispiel sein Interesse und (damit ein sichtbarer Grund für die Aufrechterhaltung der Kommunikation vorhanden ist) seine Zustimmung zu bekunden, sondern gelegentlich auch aktiv an einem inszenierten Geschehen mitzuwirken. Für den häuslichen Rezipienten gilt demgegenüber, dass er die Kommunikation nach eigenem Ermessen, ohne Sanktionen befürchten zu müssen, abbrechen kann. Das Studiopublikum dient dazu, Defizite der Medienkommunikation, also die Abwesenheit eines realen Gegenübers, zu kompensieren; (Burger 1990, 34) der Zuschauer kann solche Gespräche rezipieren, ohne auf die Annehmlichkeiten des unbeteiligten Zeugen verzichten zu müssen.

Im Gegensatz zu den Druckerzeugnissen verändert sich das Publikum von Hörfunk und Fernsehen ständig in der Zusammensetzung. Der Kauf von Zeitungen, Zeitschriften und Büchern, ob es sich nun um Einzelexemplare oder um Abonnements handelt, setzt eine definierbare Einstellung voraus. Der einzelne hat für seine Kaufentscheidung gute Gründe. Die Abnehmer von Druckerzeugnissen gleichen damit dem Stammpublikum von Einzelhandelsgeschäften. Leserschaften verändern sich mit anderen Worten nur langfristig, wobei von Verlegern und Autoren eine Fülle von Erfahrungen gesammelt werden können, um auf veränderte Publikumsbedürfnisse zu reagieren. Beim Fernsehen dagegen ist − von *Pay-TV* und ähnlichen Diensten abgesehen − ein rascher Wechsel von einem Angebot zum anderen ohne besonderen Aufwand möglich. Auch ist die Prüfung alternativer Angebote nicht mit zusätzlichen Kosten verbunden. *Zapping* ist eine

Form der raschen und unverbindlichen Information über den Markt. Selbst wenn diese Informationssuche dauerhafte Vorlieben für Genres und Formate nicht ausschließt, so kann doch der Anbieter nicht davon ausgehen, dass sein Produkt als Ganzes übernommen wird. Unterstellt man also eine Zuwendung auf Zeit, so ergibt sich für einzelne Sendungen ein schneller Wandel des Publikums. Die Sehdauer stellt sich für einen bestimmten Programmveranstalter nur als Summe intervallartiger Sehbeteiligungen dar. Für die Fernsehveranstalter muss daher das Publikum für jede einzelne Sendung, ja für jede einzelne Sendeminute neu bestimmt werden.

Diese Zusammenhänge dürfen allerdings nicht zu der Schlussfolgerung veranlassen, dass es sich – was das Fernsehpublikum betrifft – um eine atomisierte Masse handele. Das Medium Fernsehen hat weder die Massengesellschaft zur Voraussetzung, noch führt es zur ‚Vermassung' (Vgl. Kap. 2.5). Das Publikum ist dispers und anonym in dem Sinne, dass TV-Botschaften von verstreut lebenden, vom Kommunikator nicht identifizierten Rezipienten empfangen werden. Dabei ist zu berücksichtigen, dass Fernsehen auch in Gruppensituationen stattfindet. Im Gegensatz zu den Printmedien, die von isolierten Individuen rezipiert werden, ist es möglich, dass mehrere Personen sich gleichzeitig einem audiovisuellen Medium wie dem Fernsehen zuwenden. (Hunziker 1988, 20) Das bedeutet, dass auch die Dekodierung von Fernsehbotschaften möglicherweise in der Gruppe erfolgt oder jedenfalls in einen lebensweltlichen Zusammenhang eingebettet ist (Vgl. Kap. 2.6), so dass ein als ‚Masse' bezeichnetes Publikum in Wirklichkeit aus einem komplizierten Netzwerk primärgruppenhafter Beziehungen besteht. Die immer stärker werdenden Bemühungen um die Zuschauerbindung erhöhen die Ausrichtung von Fernsehbotschaften an den Merkmalen sozialer Entitäten.[1] Darüber hinaus ermöglichen neue Verbreitungswege und -techniken die Identifizierbarkeit des Einzelnen; mit der Zusammenstellung von Informations- und Unterhaltungs'diensten' nach individuellen Kundenwünschen verliert das für die Rundfunktradition typische Merkmal der Anonymität an Bedeutung, erhalten Gruppen und Individuen ein Profil.

2.4   Wirkungsansatz und Fernsehforschung

Die Erforschung der mit dem Fernsehen verbundenen Kommunikationsprozesse macht es erforderlich, dass gedankliche Ordnungsschemata erarbeitet werden, die Verbindungen zwischen Einzelerkenntnissen herstellen. Es geht darum, De-

---

1   Gleiches gilt selbstverständlich auch für die Printmedien und für den Hörfunk. (Vgl. Burger 1930, 30f.)

finitionen, Daten und Regelmäßigkeiten in einen Zusammenhang zu bringen, der den Erklärungswert punktueller Einsichten erhöht. Ziel solcher Bemühungen ist es, das Vorhandene zu beschreiben und zu ordnen, seine Entstehung zu erklären und zukünftige Entwicklungen vorherzusagen. Darüber hinaus sollen durch logische Schlussfolgerungen und hypothetische Verknüpfungen erfolgversprechende Strategien für die Suche nach forschungsrelevanten Gegebenheiten ermöglicht werden. Begriffs- und Aussagensysteme, die derartiges leisten bzw. einer derartigen Modellvorstellung subsumierbar sind, werden als Theorien bezeichnet.

Theorien unterscheiden sich nach dem Grad der Abstraktion, der sachlichen Stringenz und der Komplexität ihrer Aussagen. Die Kommunikationswissenschaft und die benachbarten wissenschaftlichen Disziplinen haben noch keine komplexeren Ordnungsschemata hervorgebracht, die es gestatten würden, die vorliegenden Erkenntnisse in einen umfassenden Zusammenhang zu bringen. Das Fehlen einer empirisch fundierten Gesamttheorie (Maletzke 1988, 2) mag darauf zurückzuführen sein, dass der Forschungsgegenstand selbst ständigen Veränderungen unterliegt und dass die Integrationsbemühungen der Wissenschaft durch immer neue Gegebenheiten in der Objektwelt erschwert werden. Immerhin ist es möglich, einzelne Forschungstraditionen als sachlich abgrenzbare Einheiten auszumachen, denen gemeinsame Annahmen zugrunde liegen. Diese Aussagenkomplexe sowie die damit zusammenhängenden grundlegenden Annahmen sind heute allerdings noch nicht so differenziert und stringent, wie es für Theorien erforderlich ist. Sie müssen daher als Theorie*ansätze* bezeichnet werden. Im Folgenden sollen zunächst solche Theorieansätze dargestellt werden, die sich auf das Verhältnis zwischen Medium und Mediennutzer beziehen.[2]

In der Kommunikationswissenschaft findet sich häufig eine Gegenüberstellung des sogenannten *Wirkungsansatzes* und des *Uses-and-Gratifications-Approaches*. Mit dem Wirkungsansatz wird von technischen, personellen, organisatorischen und inhaltlichen Aspekten des Mediums ausgegangen, um nach den Veränderungen zu fragen, die diese bei dem Rezipienten bewirken; mit dem Uses-and-Gratifications-Approach stehen der Rezipient, die konstitutiven Bedingungen seiner Wahrnehmung, die Entschlüsselung von Medienbotschaften, und zwar auch im sozialen Zusammenhang kleiner Gruppen, sowie die Rückwirkungen vom Rezipienten auf das Medium im Vordergrund. Es geht also um Forschungsinteressen, die sich auf jeweils spezifische Ausgangspunkte zurückführen lassen, nämlich zum einen auf die Frage „Was machen die Medien mit

---

2 Davon zu unterscheiden ist eine andere Perspektive, bei der nach den gesellschaftlichen Vorbedingungen und Folgen des Mediums sowie dem systemischen Verhältnis zu anderen sozialen Teilbereichen und den Funktionen im gesamtgesellschaftlichen Kontext gefragt wird. Im ersten Fall geht es also um die Mikro-, im zweiten um die Meso- und Makroebene der Theoriebildung. (Vgl. Kübler 2000, 70)

den Menschen?", zum anderen die Frage „Was machen die Menschen mit den Medien?". (Palmgreen u. a. 1985) Die beiden Positionen verbinden sich mit unterschiedlichen Methodologien, die sich zum Teil aus den theoretischen Konzepten, zum Teil aber auch einfach aus den Traditionen der Forschung ergeben. Der Wirkungsansatz geht mit szientifischen, positivistischen, quasi-naturwissenschaftlichen Verfahren einher, beim Uses-and-Gratifications-Approach kommen auch qualitative Methoden zum Zuge. Wegen ihrer Bedeutung für die Fernsehforschung sollen beide Positionen im Folgenden genauer dargestellt werden.

Der Wirkungsansatz fasst Forschungen zusammen, die vom *Stimulus-Response*-Modell des Behaviorismus ausgehen. Grundlegend ist dabei die Vorstellung, dass äußere Reize im Organismus bestimmte somatische und psychische Vorgänge bewirken und damit im Verhalten spezifische, objektivierbare Reaktionen auslösen. Der Behaviorismus, der sich erkenntnistheoretisch am Positivismus orientiert, verzichtet darauf, die durch Introspektion und Verstehen nachvollziehbaren inneren Vorgänge für die Erklärung von Verhaltensänderungen zu berücksichtigen. Gegenstand erfahrungswissenschaftlicher Untersuchungen sind lediglich offen sichtbare, messbare Erscheinungen. Diese werden auf einzelne, isolierbare Ereignisse zurückgeführt und als deren Wirkung erklärt. John Broadus Watson (1878-1958) als der wichtigste Programmatiker des Behaviorismus war der Meinung, dass eine entwickelte psychologische Theorie in der Lage sein müsse, von einem Respons aus den Stimulus zu bestimmen und bei gegebenen Stimuli den Respons vorherzusagen. Voraussetzung sei dabei, so Watson, dass — wie bei den Objekten der Naturwissenschaft — die Erscheinungen eine relative Konstanz aufwiesen, was er aber aufgrund allgemeiner Gesetzmäßigkeiten der Anpassung des Organismus an die Umwelt unterstellte.

Für die Medienforschung bedeutet dieser Ansatz, dass Kommunikationsinhalte als Reiz aufgefasst werden, mit denen der Kommunikator eine Wirkung beim Rezipienten hervorruft. Gleiche Botschaften führen zu gleichem Verhalten; gezielt induzierte mediale Stimuli bewirken als Respons eine Verhaltensänderung in eine gewünschte Richtung. Auch Harold Dwight Lasswell (1902-1978) ging von einem derartigen Zusammenhang zwischen Stimulus und Respons aus, als er 1927 seine Dissertation zum Thema „Propaganda technique in the world war" vorlegte. Propaganda war für ihn eine „Technik zur Verbreitung von Stimuli, die die erwünschte Reaktion erzeugen (...) und zur Verhinderung von Stimuli, die unerwünschte Reaktionen erzeugen." (Lasswell 1927; zit. nach Merten 2002a, 252).

Lasswells Formulierung macht den theoretisch-methodologischen Ansatz der klassischen Kommunikationsforschung deutlich. In einem vereinfachten Modell folgt der Botschaft (Stimulus) direkt das Verhalten (Respons), indem der Rezipient sich überzeugen lässt oder ein vorgemachtes Verhalten nachahmt (S-R-Modell). In der komplizierteren Version ist der Organismus des reizaufnehmenden Subjekts keine ‚black box' wie im klassischen Behaviorismus; vielmehr werden Persönlichkeitsvariablen und sozial relevante Merkmale wie Alter, Geschlecht, Konfession usw. mit berücksichtigt (S-O-R-Modell). (Vgl. Kunczik 1977, 116; Burkart 2002, 196)

Die Kritik am Wirkungsansatz bezieht sich sowohl auf die behavioristischen Grundlagen wie auch auf das davon abgeleitete Modell der Kommunikation. Inzwischen hat sich herausgestellt, dass

> "behavior cannot be adequately accounted for by stimulus-response connections even when such a conception is enlarged to include chains of internal associations that mediate the external stimulus and the overt response". (Kendler 1984, 12)

Insbesondere in der Kognitionspsychologie sind mentale Vorgänge keine zu vernachlässigende Größe; vielmehr stehen sie im Zentrum der Aufmerksamkeit. Verhalten wird nicht mehr als ein Vorgang gesehen, der von außen hervorgerufen wird, indem eine Entwicklung gewissermaßen eine Maschine in Gang setzt. Der Organismus gilt als ein aktives System; er produziert Ereignisse, die zu Verhalten führen.

Das bedeutet für den Kommunikationsprozess, dass nicht dem Inhalt der Botschaft eine bestimmte Wirkung folgt, dass also der Inhalt selbst ein Verhalten hervorruft, sondern dass von einem somatischen, psychischen und mentalen Geschehen auszugehen ist, das die Aufnahme und Verarbeitung von Symbolen steuert. Kognitive Vorgänge werden nicht als irrelevant tabuisiert, sondern sind selbst Gegenstand der Forschung, da der bloße Abgleich von Stimulus und offenem Verhalten auch für das Verstehen und Erklären von Kommunikationsprozessen nicht genügt.

Die von den Medien übermittelten Botschaften gleichen nach heutigen Erkenntnissen nicht physischen Substanzen, die einen Adressaten isoliert und in einem fertigen Zustand, gewissermaßen in einem Container erreichen, aus ihm entnommen werden und eine bestimmte Reaktion hervorrufen (Transfer-Modell). Entscheidend ist der Dekodierungsvorgang und die Kommunikationssituation, in der die Rezeption erfolgt. „Kommunikation *ist* Wirkung", so stellt Winfried Schulz in diesem Zusammenhang fest. (1982, 51) Schulz kritisiert den physikalischen und mechanistischen Wirkungsbegriff der älteren Kommunikationsforschung, der so nicht haltbar sei. Das Transfer-Modell ähnelt nach seiner Meinung auffällig den Vorstellungen über technische Abläufe, wie sie im Alltagswissen vorherrschen. Die Wirkungsforschung konzentriere sich auf einen bestimmten Beobachtungsausschnitt, indem sie eine intendierte Wirkung mit einem erreichten Ergebnis vergleiche. Die behavioristisch orientierte klassische Kommunikationsforschung habe sich als *Inhaltswirkungsforschung* herausgebildet, was eine Verkürzung eines komplexen Vorganges darstelle. (1982, 53)

Auch nach Ansicht von Merten (1994b, 296ff.) ist das am Behaviorismus orientierte Stimulus-Response-Modell nicht haltbar. Problematisch ist für ihn bereits der Begriff des Stimulus, der im Zusammenhang mit Kommunikationsprozessen als eine Art kinetischer Energie definiert werde. Demgegenüber vertritt Merten die Ansicht, dass Symbole nicht mit Stimuli gleichgesetzt werden könnten, da sie prinzipiell vieldeutig seien. Er weist darauf hin, dass Freiheitsgrade bei der Verwendung von Zeichen unerlässlich sind, um Kommunikation möglich zu machen. Symbole beeinflussen demnach den Umfang möglicher Reaktionen auf Seiten der Beteiligten, legen diese aber nicht fest. Anders als im Stimulus-Response-Modell unterstellt, gäbe es auch keinen Zusammenhang zwischen der Intensität bzw. Dauer des Reizes und der Reaktion. Selbst wenn davon ausgegangen würde, dass Symbole nicht durch ihren Inhalt, sondern nur in Verbindung mit der Situation zur Wirkung kämen, gelte auch für diesen erweiterten Zusammenhang, dass die Dauer einer Kommunikationssituation nicht über die Veränderung von Einstellungen und Verhalten entscheide.

Mit Bezug auf das Fernsehen hält Elisabeth Noelle-Neumann (1979) allerdings am Wirkungsansatz fest und weist darauf hin, dass TV-Sendungen – im Gegensatz zu Druckerzeugnissen – häufig in Gemeinschaft mit anderen, also zum Beispiel mit Familienangehörigen, gesehen werden. Das Argument, die Rezeption medialer Botschaften erfolge selektiv, wobei Informationen und Meinungen, die der eigenen Anschauung zuwiderliefen, ignoriert würden, lässt sich nach ihrer Ansicht nur bedingt auf die für das Fernsehen typische Rezeptionsweise anwenden, da das Individuum weniger Möglichkeiten habe, das auszuschließen, was einer schon vorhandenen Meinung nicht entspricht. Außerdem weist Noelle-Neumann auf die tägliche Sehdauer hin, die nicht ein besonderes Maß an Selektivität vermuten lasse, vielmehr den Schluss nahe lege, dass konträre, mit den persönlichen Wünschen und Vorlieben nicht übereinstimmende Informationen und Meinungen zur Kenntnis genommen würden, während demgegenüber die zeitlich eher konzentrierte Rezeption von Printmedien auf eine bewusste Zuwendung hinweise. Noelle-Neumann macht außerdem darauf aufmerksam, dass das Fernsehen als ein besonders glaubwürdiges Medium gilt. In diesem Zusammenhang sei zu bedenken, dass Bildinformationen beim Publikum den Eindruck erweckten, selbst Zeuge eines Geschehens zu sein, so dass die damit vermittelten Botschaften nicht hinterfragt würden. Außerdem erreiche das Fernsehen den Zuschauer besonders rasch, möglicherweise noch bevor sich dieser eine Meinung zu einem Thema gebildet habe, was ebenfalls einen hohen Grad der Wirksamkeit von TV-Botschaften erkennen lasse.

Dass das Fernsehen bei den Zuschauern Wirkungen hervorruft, wird heute ernsthaft nicht bestritten. Allerdings stellt sich die Frage, wie intensiv und wie nachhaltig diese Wirkungen sind, ob zum Beispiel das Bild der sozialen Wirklichkeit oder Wahlentscheidungen durch TV-Botschaften beeinflusst werden können. Die Trennlinie in der Forschung verläuft gegenwärtig eher zwischen denen, die starke Fernseheffekte vermuten und solchen, nach denen das Medium nur einen geringen direkten Einfluss auf Einstellungen und Verhalten hat und höchstens im Zusammenhang mit anderen Faktoren wirksam wird. Auch ist die behavioristische Verhaltenstheorie nicht länger Grundlage für den wirkungstheoretischen Ansatz. Vielmehr wird anerkannt, dass die Effekte des Fernsehens darin bestehen können, bei den Betrachtern kognitive Prozesse auszulösen. Das heißt, dass Medieninhalte nicht zu direkten Einstellungsänderungen führen müssen; längerfristige Vorgänge der Problemlösung und des Umgangs mit komplexen Situationen werden gleichermaßen berücksichtigt. Die Forschung entfernt sich damit immer weiter vom ursprünglichen Stimulus-Response-Schema, wobei auch die Annahme, dass auf gleiche Reize gleiche Reaktionen erfolgen, aufgegeben wird. Der Rezipient setzt sich mit Themen auseinander, die von den Medien ins Gespräch gebracht werden. Solche Themen können in der Tat unausweichlich sein in dem Sinne, dass in den Medien eine beständige Berichterstattung und Kommentierung erfolgt. Damit ist jedoch noch nicht unterstellt, dass eine Überzeugung in eine vorgegebene Richtung stattfindet. Der Umgang mit den Medien ist also nach vorherrschender Meinung komplexer. Informationen, auch solche, die das Fernsehen verbreitet, werden längere Zeit gespeichert und verarbeitet, bis sie in Verbindung mit anderen Erfahrungen und Erkenntnissen verhaltensrelevant werden. (Becker/Kosicki 1995)

Nichtsdestoweniger wird das S-R-Modell nach wie vor nicht nur in der allgemeinen Öffentlichkeit, sondern auch in der Wissenschaft vertreten. Bussemer (2003, 187) vermutet sogar, dass es mit der gegenwärtig zu beobachtenden Re-Biologisierung der Sozialwissenschaften zu einer Renaissance des S-R-Modells kommen könnte. Nach Winter (1995, 10ff.) hängt das Festhalten am Wirkungsmodell mit einem Kontrollbedürfnis zusammen, das bei Medienforschern und ihren Auftraggebern festzustellen sei. Die Publikumsforschung zum Beispiel habe das Ziel, für die Fernsehanbieter Daten zu liefern, die das Verhalten der Individuen oder ‚Haushalte' kalkulierbar erscheinen ließen. Auch Forschungen zur ‚Wirkung' von Wahlkampagnen zeigten die Einbindung der Medien- und Kommunikationswissenschaft in „Macht-Wissen-Dispositive" (1995, 13). Gleiches gelte für die Gewaltwirkungsforschung und ihre pädagogische Nutzbarmachung, die darauf angelegt sei, unter dem Vorwand des Schutzes Normalitätsstandards zu definieren. Allerdings wird bei Winters Kritik am Wirkungsansatz nicht immer deutlich, ob das Erkenntnisinteresse bzw. der Verwertungszusammenhang einschlägiger wissenschaftlicher Disziplinen und Forschungsrichtungen gemeint ist oder ob darüber hinaus die Möglichkeit der Produktion verallgemeinerungsfähigen empirischen Wissens infrage gestellt wird. Das interpretative Paradigma könnte, wenn der Individualisierungs- und Milieuaspekt zu sehr hervorgehoben wird, zu dem Schluss führen, dass systematisierbare Erkenntnisse überhaupt unmöglich seien, da diese unzulässige – die lebensweltlichen Grenzen überschreitende – Verallgemeinerungen voraussetzten. Damit ginge es nicht mehr um die Erarbeitung differenzierter, komplexer Theorien und Modelle; vielmehr stünde der Anspruch auf nomologische Aussagen zur Disposition. Kommunikationsforschung müsste möglicherweise auf Fallanalysen sowie auf die Dekonstruktion *scheinbarer* Zusammenhänge reduziert werden.[3]

2.5   Fernsehen und Meinungsführer

Der Wirkungsansatz war in der Kommunikationstheorie ursprünglich mit kulturpessimistischen Gesellschaftstheorien verwoben, denen zufolge durch die Erosion der ständestaatlichen, vorindustriellen Sozialordnung eine zunehmende Bindungslosigkeit eingetreten sei, sodass sich die Gesellschaftsmitglieder nicht mehr an gemeinsamen Werten orientierten, sondern ihre persönlichen Interessen zum Maßstab nähmen, wodurch es nur noch zu befristeten, als Zweckbündnisse zu verstehenden Zusammenschlüssen käme. Wilhelm Heinrich von Riehl (1823-1897) hatte schon in der Mitte des 19. Jahrhunderts in stark vereinfachender Weise den Zerfall der agrargesellschaftlichen Lebensformen beschrieben (1851). Besonders einflussreich war Ferdinand Tönnies (1855-1936) mit seinem Klassiker „Gemeinschaft und Gesellschaft" (1887). Nach seiner Darstellung führt die soziale Entwicklung in der Moderne dazu, dass zwischenmenschliche Verhältnisse nicht mehr „um ihrer selbst willen" akzeptiert und als schicksalhaft begriffen werden (Gemeinschaft), sondern auf der Grundlage von Tauscherwägungen (Gesellschaft) zustande kommen.

Die Vorstellung, dass die moderne Sozialentwicklung zur Bindungslosigkeit und Vermassung führe, hat den Geist einer ganzen Epoche geprägt. Weitreichende Folgerungen ergeben sich mit diesem Gesellschaftsbild auch für die Analyse von Kommunikationsprozessen. Wenn es zuträfe, dass sich die Gesellschaft von einer vielgestaltigen Ordnung in eine amorphe Masse verwandelt

---

3   Ob überhaupt das S-R-Modell die frühe Medienwirkungsforschung zutreffend beschreibt, stellen Esser und Brosius in Frage. Hinsichtlich der Inhalte und der Persönlichkeit der Rezipienten/Nutzer seien durchaus komplexere Zusammenhänge bedacht worden; allerdings hätten noch nicht die empirischen Instrumente zur Verfügung gestanden, theoretisch anspruchsvolleren Themenstellungen nachzugehen. Siehe Esser/Brosius 2000, bes. 56ff.

hätte, dann wäre auch damit zu rechnen, dass die ‚Massen'medien bei ihren Adressaten nicht individuell-spezifische, sondern gleichartige Wirkungen entfalteten. Soziale Mächte würden den Einzelnen demnach ohne die Kontrolle und Mitwirkung der Gemeinschaft erreichen. Die in einem atomistischen Nebeneinander lebenden Einzelpersonen beeinflussten sich nicht gegenseitig und es entfaltete sich keine die medialen Reize konterkarierende Dynamik.

Einer der wichtigsten Kritiker der Tönnies'schen Zerfallsdiagnose war der amerikanische Soziologe Talcott Parsons (1902-1979). In seiner Arbeit „The Structure of Social Action" vertrat er schon 1937 die Ansicht, dass es in der Realität zahlreiche Mischformen zwischen den von Tönnies entworfenen Idealtypen der Gemeinschaft und der Gesellschaft gäbe, die die Nützlichkeit des Begriffspaares als eine „basis of a classification of social relationships" (Parsons 1937, 694) fraglich erscheinen ließen. Die von ihm entwickelten *pattern variables* machten deutlich, dass innerhalb rationaler, funktional spezifischer Systeme gemeinschaftliche Orientierungen und Beziehungsmuster verwirklicht werden. Die überragende Bedeutung, die Parsons in den USA, aber auch im Nachkriegseuropa für die Gesellschaftstheorie hatte, führte dazu, dass das Ineinandergreifen von persönlichen und unpersönlichen, affektiven und affektneutralen, informellen und formellen Strukturen zu einem wichtigen Bezugspunkt der empirischen Forschung wurde. Das Konzept der Massengesellschaft hatte damit seine Attraktivität eingebüßt. ‚Masse' erschien von nun an nur noch als eine besondere Erscheinungsform sozialer Kollektive bei gleichzeitiger Stabilisierung durch ein Netzwerk primärgruppenhafter Beziehungen.

Auch in der Kommunikationsforschung wurde die Primärgruppe als wichtiger Handlungs- und Orientierungszusammenhang entdeckt. Paul Lazarsfeld, Bernard Berelson und Hazel Gaudet (1944) stellten auf der Grundlage einer Untersuchung zum Wahlverhalten der amerikanischen Bevölkerung fest, dass die Entscheidung für oder gegen einen Kandidaten nicht direkt durch Presse und Rundfunk beeinflusst wurde, sondern durch Personen und Gruppen im persönlichen Umfeld des stimmberechtigten Bürgers. Für die Medien war demnach der Einzelne nur über das Zwischenglied primärgruppenhafter Kontakte erreichbar. Es handele sich, so die Autoren dieser klassischen Untersuchung, nicht um einen einstufigen, sondern um einen *zweistufigen Kommunikationsprozess*, in dem die von Medien übermittelten Botschaften in den Gesprächen am Arbeitsplatz oder mit Freunden sowie in der Familie aufgegriffen, selektiert, gedeutet und bewertet würden. Dabei kommt den sogenannten *Meinungsführern* eine Schlüsselfunktion zu, da sie die anderen von ihrer Kompetenz profitieren lassen und den weniger Aktiven in ihrer Gruppe Ratschläge erteilen.

Die Wahlstudien von Lazarsfeld, Berelson und Gaudet wurden zu einer Zeit durchgeführt, als das Fernsehen erst dabei war, sich als Leitmedium durchzusetzen. (Vgl. auch Kap.10.3) Entsprechend lassen sich die allgemeinen Schlussfolgerungen, die aus den Ergebnissen der Untersuchung abgeleitet wurden, eher auf Printmedien und den Hörfunk anwenden. Im Hinblick auf Bücher und Zeitungen gilt zum Beispiel, dass die Distribution nicht nur von den Produzenten, das heißt von den Verlagen organisiert wird, sondern dass darüber hinaus im privaten Umfeld eine Verbreitung stattfindet. Die Zahl der Leser ist also größer als die Zahl der Abonnenten und Käufer, wobei davon auszugehen ist, dass die persönliche Weitergabe von Druckerzeugnissen in Situationen erfolgt, die der Meinungsbildung förderlich sind. Wenn Bücher und Zeitungen im Familienkreis etwa oder unter Kollegen weitergereicht werden, geschieht dies im allgemeinen nicht kommentarlos. Der Empfänger bekommt möglicherweise schon einen Hinweis darauf, was ihn erwartet. Wenn zum Beispiel ein bestimmter Artikel zur Lektüre empfohlen wird, so bedarf dieser Hinweis einer Begründung. Die Kommunikation über das Medium fällt mit dem Weitergeben und Zurückgeben des Informationsmaterials zusammen. Für den *Opinion Leader* eröffnet sich damit die Chance, die Verbreitung von Druckerzeugnissen zu steuern und den Rezipienten so einzustimmen, dass er Medienbotschaften selektiv wahrnimmt.

Das bedeutet, dass die Rezeption von Druckerzeugnissen nicht gleichzeitig und kollektiv erfolgt, wie dies beim Fernsehen häufig der Fall ist. Dass einige bei der Information und Meinungsbildung durch Zeitungen und Bücher gegenüber ihren Freunden, Bekannten und Familienangehörigen einen Vorsprung haben, ergibt sich bei den Printmedien schon aus den unterschiedlichen Zeitpunkten der Lektüre. Dabei wird sich der besonders Interessierte schon frühzeitig in den Besitz einer Botschaft bringen, die er sodann, nach eigenem Gutdünken und nachdem er sich selbst eine Orientierung verschafft hat, an jene weitergibt, von denen er annimmt, dass sie von ihm beeinflusst werden könnten.

Anders verhält es sich beim Fernsehen. In der Situation des Zuschauens verbinden sich persönlich-direkte und mediale Kommunikation. Wie auch in der Tradition der *Cultural Studies* hervorgehoben wird, ist das Fernsehen Bestandteil des Alltags. TV-Texte erreichen den Rezipienten nicht über den Umweg der Opinion Leaders. Die Realität des Fernsehens ist vielmehr durch die Simultanität von persönlicher Kommunikation und medialer Kommunikation gekennzeichnet, wobei gelegentlich Verknüpfungen hergestellt werden. Für potenzielle Opinion Leader ergeben sich aufgrund dieser Situation weniger Möglichkeiten, überlegenes Wissen geltend zu machen. Die persönliche Stellungnahme unterbricht den Fluss der medialen Kommunikation. Außerdem hat bei zeitgleicher Fernsehnutzung keiner einen Vorsprung, das heißt es ergeben sich weniger Möglichkeiten, durch Vorwissen die Deutung dessen, was noch gezeigt wird, zu beeinflussen, auch wenn es Seherfahrungen gibt, die in beschränktem Maße kategoriale Einordnungen und Bewertungen zulassen. Wird jedoch außerhalb der Rezeptionssituation in Alltagsgesprächen auf frühere Seherfahrungen Bezug genommen, so bedarf es gemeinsamer Erinnerungen. Unter heutigen „Viel-Kanal-Bedingungen" (Jarren/Krotz 1998, Jarren 2000) verkleinern und vervielfältigen sich die Rezipientengruppen, so dass der potenzielle Opinion Leader seltener bei seinen Gesprächspartnern auf gemeinsame TV-Erlebnisse Bezug nehmen kann.

Das Fernsehen gibt somit wenig Gelegenheit, sich als Meinungsführer zu profilieren. Wohl aber entsprechen die über dieses Medium verbreiteten Botschaften und Erzählungen kulturellen Mustern, die in der lebensweltlichen Kommunikation aufgegriffen werden. Zumindest auf diese Weise ist es möglich, sich über TV-Erfahrungen auf einer allgemeinen Ebene auszutauschen und sich gegenseitig in seinen Anschauungen zu bestätigen.

2.6   Der Uses-and-Gratifications-Approach

Für den Behaviorismus sowie den davon abgeleiteten Wirkungsansatz der Kommunikationsforschung gilt, dass das Individuum nur passiv in Erscheinung tritt, nicht aber als selbständige und aktive Instanz. Der *Uses-and-Gratifications-Approach* stellt das Ergebnis einer kritischen Auseinandersetzung mit linearen Transfermodellen des Kommunikationsprozesses dar. Im Vordergrund steht der aktive Umgang des Rezipienten mit dem Medium. Nach Katz und Foulkes (1962) sind es die sozialen und psychischen Eigenschaften von Individuen und Gruppen, die für den Umgang mit den Medien bestimmend sind. (S. Kübler 2000, 62f.) Das heißt, dass das Medienpublikum nicht als ein passives, einflussloses Objekt gilt, das durch die Medien geformt wird, sondern vielmehr aktiv ist, indem es sich die Inhalte sucht, die es braucht, das heißt, die von Nutzen sein könnten. Dabei wird keineswegs ausgeschlossen, dass es aufgrund von medial übermittelten Botschaften zu Einstellungs- und Verhaltensänderungen kommen kann. In der Sicht des Uses-and-Gratifications-Approach bleiben jedoch die meisten dieser Reize wirkungslos. Nur diejenigen ,Stimuli', die für ihre Adressaten von besonderer Bedeutung sind, weil sie zu ihrer sozialen Situation, zu ihren Rollen, ihren Erfahrungen, ihren Aktivitäten und Lebensentwürfen passen, werden ausgewählt und ,verarbeitet'. Der Uses-and-Gratifications-Approach hat somit zur Voraussetzung, dass das Individuum selbst beeinflussen kann, welche medialen Einflüsse zur Wirkung kommen und welche ignoriert werden sollen.[4]

Eine wichtige Grundlage des Uses-and-Gratifications-Approach ist die strukturfunktionalistische Gesellschaftstheorie, die vom sozialen Handeln ausgeht und

---

4   Als erste bedeutende Arbeit, die die Forderung nach einer Umorientierung im Sinne des Uses-and-Gratifications-Approach formuliert, gilt eine theoretische Skizze von E. Katz (1959). Zur Übernahme dieses Ansatzes in der Fernsehforschung siehe Halloran (1964).

nach der Bedeutung fragt, die ein soziales Geschehen für die Existenz abgrenzbarer gesellschaftlicher Einheiten hat. Dabei muss zwischen Funktionen und Dysfunktionen unterschieden werden; funktional ist soziales Handeln dann, wenn es das soziale System stabilisiert, dysfunktional, wenn es das gesellschaftliche Gleichgewicht stört und einen unkontrollierbaren und unvorhersehbaren Wandel herbeiführt. (Vgl. Kap. 11.8)

Der Uses-and-Gratifications-Approach greift auf den Strukturfunktionalismus zurück, um zu erklären, warum sich der Einzelne einem Medium zuwendet. Ziele und Zwecke, aber auch Widerstände und Konflikte, mit denen sich der Handelnde konfrontiert sieht, sind nach strukturfunktionalistischer Vorstellung sozial konstituiert. Je nach dem Ort in einem sozialen Beziehungsgefüge ergeben sich spezielle Interessen, wobei die Möglichkeiten, seinen Bedürfnissen und Zielen entsprechend zu leben, sozial vorgegeben sind. (Elliot 1974) Wenn es also unterschiedliche Sichtweisen gibt, an Dinge heranzugehen, wenn Wahrnehmung und Handeln durch Wünsche strukturiert werden, so hat dies mit Funktionen zu tun, denen der Einzelne in sozialen Zusammenhängen nachzukommen hat, sowie mit den ungleich verteilten Mitteln zu ihrer Realisierung. Auch die Frage nach den Kommunikationsbedürfnissen, der Art des Umgangs mit dem Medium, wird mit Positionen in der Sozialstruktur und sozialen Rollen als der Summe von Rechten und Pflichten erklärt.

Darüber hinaus unterstellt vor allem der ältere Uses-and-Gratifications-Approach, dass sich die aus der Rollen- und Funktionsverteilung der Gesellschaft resultierenden Bedürfnisse mit allgemeinen „biophysiologischen und entwicklungspsychologischen Gegebenheiten" (Maletzke 1988, 27) verbinden. Dabei wird die soziale Einbettung basaler Bedürfnisse betont. Rosengren (1974) weist darauf hin, dass Bedürfnisse wie zum Beispiel *safety needs, love needs, esteem needs* oder *needs for self-actualization* nur zum Teil auf genetische Anlagen zurückgeführt werden können, zum Teil aber auch sozial verankert und strukturell erzeugt sind. Das bedeutet, so Rosengren, dass biologische Antriebe nicht in jedem Individuum gleichermaßen verhaltenswirksam werden. Die Besonderheiten, die jede Gesellschaft hinsichtlich ihrer Strukturen und Institutionen aufweise, führten vielmehr dazu, dass diese Grundbedürfnisse in jeweils spezifischer Kombination mit sozialen und psychischen Variablen zusammenwirkten.

Zwischen Gratifikationen, Bedürfnissen und Funktionen wird im Rahmen des Uses-and-Gratifications-Approaches nur selten unterschieden; Medien sollen *social* und *psychological needs* befriedigen, wobei von den Gratifikationen auf die Bedürfnisse geschlossen wird. Die Funktionen wiederum können auf die Gesellschaft wie auf das Individuum bezogen sein. Auf welche Weise die gesellschaftliche und die individuelle Ebene miteinander verbunden sind, bleibt im klassischen Uses-and-Gratifications-Approach ungeklärt.

Kubey und Csikszentmihalyi warnen mit Blick auf das Fernsehen vor einer kurzschlüssigen Auflistung von Bedürfnissen und weisen darauf hin, dass „most any television viewer has many different simultaneous needs that might be gratified by a wide variety of television content available on the screen at any given time" (1990, 29). Demnach gäbe es für den Zuschauer eine Multifunktionalität der Zuwendung zu einer Sendung, sodass seine Bedürfnisse in einem weder für den Zuschauer noch für den Beobachter reportierbaren Mischungsverhältnis zum Zuge kämen. Nach Meinung von Kubey und Csikszentmihalyi wird mit dem Uses-and-Gratifications-Approach der rationale Begründungszusammenhang zu stark betont, indem von spezifischen Zielen und Zwecken ausgegangen werde, die zur Entscheidung für bestimmte Programme führten.

Die Annahme, dass es ein „von seinen eigenen Wünschen, Bedürfnissen und Interessen gesteuertes Subjekt" gibt, das „über die Gründe seiner Handlungen – mithin auch über seine Mediennutzung – adäquat Auskunft geben" könnte, ist also durchaus problematisch. (Vorderer/Schramm 2002, 124) Aber auch wenn der Einzelne nicht in der Lage ist, seine Befindlichkeiten zu erfassen, sehen sich möglicherweise Zuschauer veranlasst, bei sozialwissenschaftlichen Erhebungen auf präzise Fragen scheinbar präzise Antworten zu geben, so dass die Meinungsforschung Artefakte produziert, die mit den Ursachen des TV-Konsums kaum etwas zu tun haben, dafür aber möglicherweise Rationalisierungen darstellen oder aber – in Befragungen – an der sozialen Erwünschtheit orientiert sind. Für die empirische Forschung ist festzustellen, dass die von den Befragten vorgebrachten Begründungen für die Mediennutzung zu umfangreichen, aber beliebigen und gesellschaftlich nicht relevanten Bedürfniskatalogen führen.

Gerade im Hinblick auf das Fernsehen ergibt sich aus dem Uses-and-Gratifications-Approach eine bedenkliche Konsequenz: Die vermeintliche Begründung für eine Programmentscheidung erweckt den Eindruck, dass jedes Angebot, sofern es denn nachgefragt wird, auch zu rechtfertigen sei. Medienpolitisch erfüllt der Uses-and-Gratifications-Approach, sofern er sich an dem älteren Bedürfniskonzept orientiert, eine ungewollte legitimatorische Funktion. Selbst der exzessivste TV-Konsum erscheint gerechtfertigt, da er offensichtlich zur Bedürfnisbefriedigung führt. Scheinbar sind jedes Programm und jede Nutzung sinnvoll. Damit liegt die Schlussfolgerung nahe, dass Zuschauer, unter anderem auch Kinder, fernsehen ‚können', weil sie offensichtlich die Programme auswählen, die zu ihrer speziellen Bedürfnislage passen, womit konkrete Programminhalte „unter Berufung auf die Zuschauerinteressen (...) kaum mehr zu kritisieren" (Vorderer 1992, 30) sind.

In der Geschichte der Forschungen, die unter der Kategorie des Uses-and-Gratifications-Approaches zusammengefasst werden, (dazu Rubin 2000) ist ein Bild von Lesern, Hörern und Zuschauern entstanden, die in Hinblick auf die

Medienangebote selektiv vorgehen, wobei physiologische, psychische und soziale Bedürfnisse als gegeben, also nicht im Kontext der Medienkommunikation entwickelt angenommen werden. Die Medienangebote stehen bereit, um von Rezipienten unter Berücksichtigung ihrer Interessen wahrgenommen zu werden. Das Verhältnis des Konsumenten zum Medium ist demnach ebenso einseitig und statisch wie im Rahmen des Wirkungsansatzes das Verhältnis des Mediums zu seinem Adressaten.

Eine Weiterentwicklung kündigte sich bereits in einer Untersuchung an, die Blumler und McQuail (1968) zur Rolle des Fernsehens bei den britischen Unterhauswahlen im Jahr 1964 durchführten:

> "By emphasizing the gratifications that people derive from consumption of media materials, and the uses to which they put them in the circumstances of their own lives, this approach draws attention to the significance of what the audience member contributes to the interaction between him and the mass medium." (1968, 11f.)

Im Rahmen einer Panel-Befragung konnten sie zeigen, dass engagierte und politisch skeptische Wähler jeweils unterschiedliche Programme bevorzugten, dass also Interessenlage und Motivation hinsichtlich der Auswahl von Fernsehsendungen von großer Bedeutung waren. Wahlwerbung und Wahlberichterstattung trafen auf ein schon in sich strukturiertes Publikum, das in unterschiedlicher Weise vom Fernsehen Gebrauch machte. Das Fernsehen entfaltete seine Wirkung im Rahmen eines komplexen Zusammenhanges von Variablen, wobei sozialstrukturelle Verankerung und Motive zusammenwirkten. Wahlwerbung und Wahlberichterstattung konnten nur dann zur Wirkung kommen, wenn ein hohes Interesse an den Wahlen vorlag und der Wähler genügend Zeit investierte, um sich vom Fernsehen informieren zu lassen.

Die Untersuchung machte deutlich, dass die Botschaften des Fernsehens das Wahlverhalten beeinflussen können, aber dass es eine Fülle von Voraussetzungen, nicht zuletzt auch in Hinblick auf die schon vorhandenen Einstellungen gibt, die auf die Rezeption Einfluss nehmen. Damit kam es in der Kommunikationswissenschaft zu einem intensiveren Theoriediskurs, wobei es besonders um eine Auseinandersetzung mit den Werken von George Herbert Mead (1934) und Alfred Schütz (1899-1959) (1932; 1962; 1964; 1966) ging. Wie Mead ausführt, reagiert der Mensch nicht auf vereinzelte Stimuli; vielmehr handelt er in einem symbolischen Kontext, der immer schon eine Selektion von Reizen und eine Deutung von Situationen voraussetzt. Um Symbole interpretieren zu können, müssen die am Handeln Beteiligten kompatible Erwartungen haben, die sich durch das Hineinversetzen in die Rolle des anderen und dessen Erwartungen an das eigene Selbst ergeben (*role taking*), wobei davon ausgegangen wird, dass in einem Prozess wechselseitiger Zuschreibung und Abgrenzung die Beteiligten in der Lage sind, ihre eigenen Vorstellungen und Bedürfnisse einzubringen (*role making*). Schütz weist mit der von Max Weber (1864-1920) und Edmund Husserl (1859-1938) ausgehenden Handlungstheorie auf die Bedeutung der Intersubjektivität hin, die dazu führt, dass sich handelnde Subjekte ihre Welt selbst erschaffen. Sie ermöglicht gemeinsame Situationsdefinitionen und lässt eine als selbstverständlich empfundene Lebenswelt entstehen. Für Schütz gibt es keine andere Realität als die, die durch Bedeutungszuweisungen im alltäglichen Miteinander geschaffen wird.

Für das Fernsehen bedeuten Symbolischer Interaktionismus und Handlungstheorie, dass der Umgang mit den Medien im Zusammenhang mit einem sozialen Prozess des Aushandelns von Bedeutungen gesehen werden muss. Fernsehzuschauer leben in einem bestimmten gesellschaftlichen Kontext, der durch Familienangehörige, Freunde, Arbeitskollegen usw. definiert ist. Diese Konstellation hat eine Entsprechung auf symbolischer Ebene, sodass ein sinnhaftes Universum zustande kommt. Welcher Gebrauch in diesem Zusammenhang vom Fernsehen gemacht wird und wie die Botschaften des Fernsehens in Handlungssituationen eingebaut werden, ergibt sich aus dem symbolischen und sozialen Gefüge der Interaktion. Interaktionen sind also mit Bedeutungen verknüpft, die sich die Akteure immer wieder neu erarbeiten, wobei sie sich gegenseitig eine soziale Identität zuschreiben. Auch die Kommunikate des Fernsehens sind nicht vorgegeben, sondern sind das Ergebnis von Interpretationen. Diese werden so vorgenommen, dass sich ein Deutungszusammenhang ergibt, der wiederum mit vorhandenen Handlungsstrukturen kompatibel sein muss.

Insbesondere hat Renckstorf (Vgl. 1977; Renckstorf/Wester 1992; Renckstorf 1996) den Uses-and-Gratifications-Approach um diese theoretischen Aspekte erweitert. Der von ihm entwickelte Nutzenansatz verlagert die Forschungsperspektive von der individualpsychologisch vorgehenden Analyse der Einstellungen und Prädispositionen und der strukturfunktionalistisch statischen Analyse von Rollen und Gruppennormen auf die *situations*spezifische Abarbeitung von Interessen und Bedürfnislagen im Rahmen kommunikativer Beziehungen. (Renckstorf 1977, 14). Mediennutzung wird zum Bestandteil eines komplexen Vorganges, der die Verwertung von medialen Botschaften mit anderen Konstitutionsbedingungen des sozialen Handelns und der Realitätswahrnehmung verknüpft, wobei das soziale Handeln primärer Bezugspunkt bleibt. Damit wird von einem aktiven, reflexiven Subjekt ausgegangen, das sich selbst kreativ in soziale Beziehungen einbringt und von gesellschaftlichen sowie kulturellen Vorgaben — einschließlich der Medienangebote — Gebrauch macht, was eine Habitualisierung in bestimmten Bereichen des Alltagslebens nicht ausschließt. Der Nutzenansatz erweitert den Rahmen des ‚interpretativen' Paradigmas, weil der mediale Kommunikationsprozess in den Zusammenhang der Alltagswirklichkeit und der Situation eingebunden wird. Gerade das Fernsehen ist Bestandteil der

Lebenswelt und muss im Kontext mit anderen Gewohnheiten, Ritualen und Praktiken gesehen werden. Die Kritik, dass der Uses-and-Gratifications-Approach
das handelnde Individuum aus dem Blick verliert und dass deswegen „soziologische und kulturwissenschaftliche Theorien über Alltag, Interaktion und Textan-
eignung" (Gehrau 2002, 21f.) hinzugezogen werden müssten, gilt auch und gerade für das Fernsehen. Livingstone stellt in treffender Weise fest:

> „ ...Television does not only offer role models for action, which may be variously in-
> terpreted, but it also offers images and frameworks for everyday understanding ...".
> (1990, 28)

Hasebrink und Doll (1990) haben die theoretischen Postulate des Uses-and-Gratifications-Approach mit weiteren Überlegungen zur Struktur und Verfügbarkeit
des Programmangebots sowie zur Rezeptionssituation in einem Modell der Programmauswahl zusammengebracht. Wie Zuschauer mit Programmangeboten
umgehen, das heißt welche Programme sie bevorzugen, ergibt sich damit nicht
nur aus individuellen Einstellungen bzw. dem Nutzen von Sendungstypen, sondern auch aus Einflüssen der Gruppe. Darüber hinaus wird davon ausgegangen,
dass nicht alle Programme von den Zuschauern beachtet werden und dass auch
die Informationen in der Programmpresse ungleich verteilt sind. Ebenso wirkt
sich die Erreichbarkeit von Programmangeboten auf das Auswahlverhalten von
Fernsehzuschauern aus.

Hasebrink und Doll weisen außerdem darauf hin, dass sich die Relevanz von
Nutzenaspekten aus der Situation ergibt, Nutzen also nicht als statische Größe
bei der Programmauswahl betrachtet werden darf, sondern dass vielmehr den
Sendungstypen unterschiedliche Nutzenaspekte zugeschrieben werden, deren
Relevanz sich situativ verändert. Scherer und Schlütz (2002) untersuchten das
Nutzungsverhalten von Fernsehzuschauern und Internetnutzern, wobei situative,
zu bestimmten Zufallszeitpunkten erhobene Gratifikationen mit abstrakten Grati-
fikationserwartungen verglichen wurden. Es zeigte sich, dass zwischen beiden
Variablen signifikante, jedoch schwache Korrelationen bestehen. Dabei korrelierten die auf Unterhaltung bezogenen Variablen höher als die auf Informationssuche bezogenen, was den Schluss zulässt, „dass die Angabe in Befragungen,
man nutze üblicherweise bestimmte Medien, um sich zu orientieren bzw. um
darin Informationen zu suchen, wenig mit der tatsächlichen Mediennutzungssitu-
ation zu tun hat, sondern vielmehr einen Reflex auf bestimmte gesellschaftliche
Erwartungen darstellt." (2002, 148)

Abb. 1 Modell der Programmauswahl

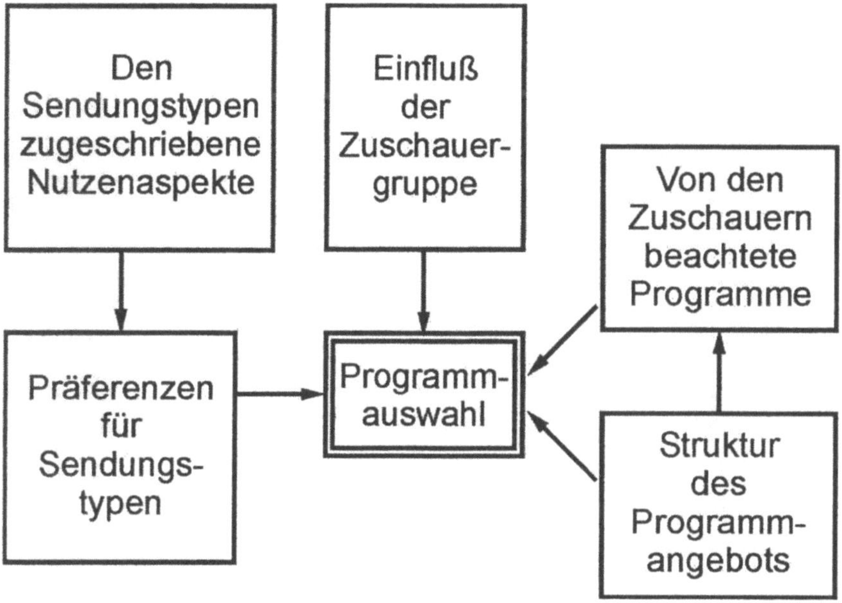

Den Sendungstypen zugeschriebene Nutzenaspekte	Einfluß der Zuschauer- gruppe	
		Von den Zuschauern beachtete Programme
Präferenzen für Sendungs- typen	Programm- auswahl	
		Struktur des Programm- angebots

(nach Hasebrink/Doll 1990)[5]

2.7 Der dynamisch-transaktionale Ansatz

Der Wirkungsansatz einerseits und der Uses-and-Gratifications-Approach bzw. der Nutzenansatz andererseits gehen von verschiedenen Richtungen des Kommunikationsprozesses aus. In einem Fall steht der Kommunikator bzw. die Botschaft im Vordergrund, im anderen Fall der Rezipient und seine Art des Umgangs mit dem Medium. Der Stimulus-Response-Ansatz verfolgt den Vorgang, wie der Reiz zum Empfänger kommt, der Nutzenansatz, wie sich der Empfänger dem Medium zuwendet. Während das Transfermodell die Initialzündung der Kommunikation bei den Medieninhalten und deren Produzenten ansiedelt, sind es beim interpretativen Paradigma *aktive* Leser, Zuhörer und Zuschauer, die aus persönlichen und sozialen Motiven unter den vorhandenen Angeboten auswählen. Beide Ansätze beleuchten verschiedene Seiten eines komplexen Geschehens, wobei die Widersprüchlichkeit der Aussagen nicht zuletzt durch Verabsolutie-

---

5 Hasebrink/Doll 1990, 23; in Anlehnung an Webster/Wakshlag 1983, 433

rung der Perspektiven zustande kommt. Auch der Nutzenansatz ist einseitig und kann „die *Charakteristik* des gesamten Medienwirkungsprozesses" (kursiv im Orig.; Halff 1998, 28) nicht erfassen.

Von daher ist es naheliegend, durch Modifikation von Annahmen und theoretische Erweiterungen beide Zugangsweisen miteinander zu verbinden. Schon Davison (1959; Vgl. Merten 1994b, 324; Kübler 2000, 78) wies darauf hin, dass es sich bei Kommunikationsprozessen um Transaktionen handelt, an denen Kommunikator *und* Rezipient als Verhandlungspartner beteiligt sind. Dieser Gedanke wird von Werner Früh und Klaus Schönbach (1982; 1984; Früh 1991, Früh 1994) fortgeführt. Der von ihnen entwickelte *dynamisch-transaktionale Ansatz* ist nicht als bloße Kombination der früheren Paradigmen zu verstehen, sondern erschließt neue Perspektiven. Diese beziehen sich vor allem auf eine Revision der zuvor angenommenen Kausalitätsbeziehungen, das heißt des Verhältnisses von unabhängigen und abhängigen Variablen, sowie auf die Berücksichtigung der Zeitdimension. Dass konkrete Kommunikationsverläufe nur unzulänglich allein mit Konzepten und Annahmen des einen oder anderen Ansatzes zu erfassen sind, veranschaulichen die Autoren mit folgenden ‚Szenarien':

„Bei Familie X ist es üblich, beim Abendessen den Fernseher laufen zu lassen. Meistens trifft es sich so, dass während des Abendessens die Sendung ‚heute' ‚mit halbem Ohr' verfolgt wird. Der Aufmacher ist eines Abends eine Hausbesetzerdemonstration in Berlin: Steine fliegen in Schaufensterscheiben, Polizisten schießen mit Tränengas. Der Lärm lässt die Familie nur aufhorchen. Sie sieht sich das Spektakel an und bekommt dabei die Stichwörter ‚Demonstration', ‚Berlin', ‚Kämpfe mit der Polizei' mit, lässt sich aber beim Abendessen nicht weiter stören. Am nächsten Tag liest Herr X während der Frühstückspause am Arbeitsplatz die ‚Bild'-Zeitung, die mit der Schlagzeile ‚Blutige Demonstration in Berlin' aufmacht. Ihm fallen die Fernsehnachrichten des vergangenen Abends ein: Offenbar handelt es sich um eine wichtige Sache, von der man doch etwas erfahren sollte.

Szenario I: Er verfolgt an diesem und den folgenden Tagen die knappe Berichterstattung der ‚Bild'-Zeitung. Zwei- oder dreimal wird diese Demonstration Thema eines kurzen Meinungsaustausches mit Kollegen und der Familie, dabei kommt große Übereinstimmung in Kenntnissen und Einstellungen zum Ausdruck. Nach drei Tagen ist das Interesse an der Demonstration erloschen.

Szenario II: Die Familie hat selbst lange in Berlin nach einer Wohnung gesucht und erfährt durch die Berichterstattung von ‚heute' und ‚Bild' beiläufig, wie viele Wohnungen in Berlin leerstehen. Ihre subjektive Betroffenheit führt dazu, dass man die nächste Ausgabe des ‚Stern' kauft: sie kündigt auf der Titelseite einen Bericht über Wohnungsnot in Deutschland am Beispiel Berlins an. Darin vermutet Familie X nicht nur eine Information über die Berliner Demonstration, sondern auch über deren Hintergründe, Ursachen und mögliche Folgen. Vielleicht lesen Familienangehörige jetzt auch in der abonnierten Lokalzeitung einen Kommentar, der sonst nicht beachtet worden wäre. Dort findet man plausible Erklärungsmuster nicht nur für die Berliner Unruhen, sondern auch für Wohnungsnot. Das Informationsbedürfnis ist jetzt weitgehend befriedigt; es werden keine weitere Anstrengungen mehr unternommen, Zusätzliches zu erfahren (...)". (Früh/Schönbach 1982, 76f.)

Die „heute"-Sendung einzuschalten war nach Meinung der Autoren nicht Gegenstand eines subjektorientierten, sinnbezogenen Handelns. Auch das plötzliche Aufmerken sei nicht eine motivgesteuerte Verhaltensweise, sondern eher ein „physiologisch erklärbarer Reflex" gewesen. (Früh/Schönbach 1982, 77) Der Bericht habe also die Zuschauer unvorbereitet erreicht. Die TV-Sendung führe dazu, dass für die Familienmitglieder die Demonstrationen in Berlin zum Be-

standteil ihres Bewusstseins wurde. Dieser Abschnitt des Kommunikationsge-
schehens sei daher mit dem Wirkungsansatz angemessen zu erfassen.

Anders verhalte es sich mit der Informationssuche in der „Bild-Zeitung"
(Szenario I) und in der Illustrierten „Stern" (Szenario II). Offenbar gehe es hierbei um ein zweckgerichtetes Handeln, das mit Alltagserfahrungen und Bedürfnislagen in der Familie zu tun habe und folglich besser im Sinne des Nut-
zungsansatzes erklärt werden könne. Der ursprüngliche Effekt der Information
habe zu einer Motivgenese beigetragen, die auf die nachfolgenden Rezeptionen
einwirke.

Damit ergibt sich für Früh und Schönbach folgende Schlussfolgerung:
„Ursache und Wirkung, abhängige und unabhängige Variable sind in einem
oszillatorischen Wechselspiel aufs Engste miteinander verwoben" (1982, 78).
Was Wirkungs- und Nutzungsansatz alternativ erfassen, ergänzt sich also nicht
nur im alltäglichen Kommunikationsgeschehen, sondern ist so eng miteinander
verknüpft, dass die Oszillation auch einen Grenzwert erreichen kann, von dem an
die Änderung der einen Variablen mit der simultanen Änderung der anderen
einhergeht. Der dynamisch-transaktionale Ansatz baut auf dem Grundgedanken
auf, dass die vom Kommunikator kommenden Reize und die motivationalen
Handlungen des Rezipienten einen einzigen Zusammenhang bilden. Der Stimulus verändert sich mit dem Verstehen. Er hat nicht eine bestimmte objektive
Qualität, sondern erhält seine Bedeutung erst durch Interpretation. Im Zeitablauf
stehen nach diesem Ansatz die von außen kommenden stimulierenden Reize mit
der Interpretation und ihrer Veränderung sowie mit der selektiven Informationsaufnahme in einer so engen Beziehung, dass nicht mehr zwischen Ursache und
Wirkung unterschieden werden kann.

Zwischen Wissen und Aktivation besteht also nach Früh und Schönbach ein
enger Zusammenhang. Innerhalb des kognitiven Systems des Rezipienten gibt es
Wechselwirkungen von sehr hoher Dichte. Informationen erhöhen das Wissen
und verstärken die Suche nach neuen Informationen. „Der Wissenszuwachs
selbst ist motivierend". (1982, 79) Hinzu kommt, dass mit dem Mehr an Wissen
die einlaufenden Informationen besser verstanden werden, was wiederum mit
erhöhter Informationssuche einhergeht. „Rezeptionsfähigkeit und Rezeptionsbe-
reitschaft sind untrennbar miteinander verbunden: was dabei Stimulus, was Reaktion ist, lässt sich nicht mehr ausmachen". (Früh/Schönbach 1982, 79)

Die dargestellten Szenarien zeigen, dass es sich um Vorgänge handelt, die
verschiedene Stadien durchlaufen, wobei markante Wendepunkte festzustellen
sind. Zum Beispiel müssen Entscheidungen getroffen werden, ob die Informationssuche fortzuführen oder abzubrechen ist, welches Medium zukünftig berücksichtigt und welches Thema in den Vordergrund gerückt werden soll. Früh und
Schönbach (1982, 8ff.; Früh 1991, 75ff.) entwerfen komplizierte Erweiterungen

ihres Grundmusters, um dem dynamischen Anspruch ihres Modells gerecht zu werden. Dabei macht es offenbar Schwierigkeiten, kurzfristige und langfristige Veränderungen in ein gemeinsames Konzept zu bringen. Einerseits handelt es sich um wechselseitige Einwirkungen, die so kurzfristig verlaufen, dass sie ‚oszillieren', oder, um im Bild zu bleiben, eine gleichbleibende Spannung erzeugen; andererseits kommt es zu Wirkungsverläufen, die die Konstellation der Kommunikation grundlegend verändern. In welcher Weise solche strukturellen Wandlungen auf die mikrosozialen Prozesse Einfluss nehmen und diese wiederum in die Dynamik eines umfassenderen Wirkungszusammenhang einbezogen sind, bedarf weiterer Klärung.

Für das Fernsehen gilt in besonderer Weise, dass Rezipienten und Kommunikatoren aktiv *und* passiv zugleich sind. Auch der Kommunikator ist nicht nur aktiv; wichtig für ihn ist die Resonanz von Botschaften, die sich aus den für ihn kaum manipulierbaren Eigenschaften des Publikums ergeben; er muss also auf Stimuli reagieren, die von den Zuschauern kommen. Für das Fernsehen kann davon ausgegangen werden, dass Zuschauerreaktionen, die sich in der Sehbeteiligung ausdrücken, auch kurzfristige Auswirkungen haben. Während bei Zeitungen und Zeitschriften die Absatzzahlen als Indikator von Zufriedenheit nur Rückschlüsse auf das Produkt als ganzes zulassen, sind es bei der telemetrischen Erfassung der Zuschauerzahlen einzelne Teile, also Programme, Sendungen oder Formate, auf die sich die Messung richtet. Wenn solche Daten innerhalb kürzester Zeit vorliegen, macht es Sinn, flexibel auf Akzeptanz oder Verweigerung zu reagieren, wohingegen bei Periodika längerfristige Veränderungen des Kaufverhaltens analysiert werden müssen. Besonders in Bezug auf das Fernsehen sind Kommunikationsinhalte längst kein Datum mehr; vielmehr orientieren sie sich an vermuteten Wünschen und Reaktionen der Zuschauer, die ihrerseits mit ihrer Nachfrage, das heißt auch, mit ihrer Reaktion auf die Inhalte, neue Fakten produzieren, nach denen sich die TV-Veranstalter richten. Das Fernsehen erzeugt ‚Wirkungen' bei den Rezipienten, aber offenbar nicht so, dass sie völlig kalkulierbar wären; vielmehr kommt es zu Handlungen auf Seiten des Publikums, die der Kommunikator nicht ignorieren kann und die bei ihm zu Impulsen für neue Entscheidungen werden. Insbesondere mit der Durchsetzung des Marktfernsehens kann zwischen abhängigen und unabhängigen Variablen – wer wirkt auf wen? – immer weniger unterschieden werden. Dazu gehört auch die Frage, ob die Zuschauer das Programm haben, das sie haben wollen, oder ob die sozialisierende Wirkung des TV-Angebots bereits für entsprechende Präferenzen gesorgt hat. Das dynamisch-transaktionale Modell löst Widersprüche auf, die bei den klassischen Ansätzen durch die Einseitigkeit der Perspektiven entstehen. Allerdings haben Transaktionstheorien bislang noch wenig Eingang in die empirische

Forschung gefunden, was vielleicht auch auf Probleme der Operationalisierung zurückzuführen ist.

2.8   Fernsehen als Produktion von Kultur: Die Cultural Studies

Der Begriff *Cultural Studies* bezeichnet einen in erster Linie in Großbritannien entwickelten sozialwissenschaftlichen und kommunikationstheoretischen Ansatz, der in Deutschland zunächst wenig beachtet wurde. Dies muss deshalb überraschen, weil die Forscher, die sich dieser Richtung zuordnen lassen, von den philosophischen Traditionen eines undogmatischen Marxismus, wie sie zum Beispiel von der Frankfurter Schule repräsentiert werden, ausgehen. Weitere Verbindungslinien ergeben sich zum französischen Strukturalismus sowie zur Semiotik. Im Gegensatz zu amerikanischen Theorieansätzen stehen nicht isolierte Zusammenhänge zwischen Kommunikatoren und Rezipienten im Vordergrund; vielmehr ist die Analyse von Botschaften, die an ein disperses Publikum übermittelt werden, nur Teil einer wissenschaftlichen Auseinandersetzung, die – darüber hinausgehend – die komplexen Beziehungen zwischen Ökonomie, Politik und Kultur zum Gegenstand hat. Im Gegensatz zur gesellschaftlichen Systemanalyse oder zur Strukturforschung werden diese Zusammenhänge an ihren Manifestationen in der Lebenswelt, das heißt in den Bereichen der alltäglichen Erfahrung untersucht.

Für dieses Forschungsprogramm ist ein szientifisches, quantitativ präzisierendes, auf Objektivierbarkeit angelegtes Vorgehen ungeeignet. Die Cultural Studies, die ihre Wurzeln u. a. in der Geisteswissenschaft, speziell der Literaturwissenschaft haben, sind ‚ganzheitlich' orientiert in dem Sinne, dass sie vom subjektiven Erleben ausgehen, das in der Komplexität der Einflussfaktoren und Wechselwirkungen rekonstruiert werden soll. Daher werden die Cultural Studies auch als Alternative zu der in den USA betriebenen *Mainstream*-Forschung verstanden, die pragmatische Ziele verfolgt, also, zumindest zum Teil, partikularen Verwertungsinteressen nachgeht und dabei in ihrer Methodologie szientifisch-positivistisch orientiert ist, das heißt Erscheinungen von ihren gesellschaftlichen Konstitutionsbedingungen isoliert und als objekthaft betrachtet.

Was den Kulturbegriff betrifft, so setzen sich die Cultural Studies von jener Tradition ab, die eine Bewertung zwischen verschiedenen Ebenen der Kulturproduktion vornimmt. Kultur ist „that which is shaped." (Jensen 1984, 107) Vor allem die Abwertung der populären Kultur als Trivialkultur wird nicht geteilt. Somit geht es auch und gerade um die Gewohnheiten des Alltags. Populäre Kultur gilt als widerständig, obwohl sie von der Kulturindustrie produziert wird. Ihr emanzipatorischer Gehalt ergibt sich durch eine spezifische, auf die soziale Lage und die Lebensweise bezogene Rezeption und Deutung. (Hügel 2002, 55ff.) Ausgehend von einer ethnographischen Betrachtungsweise steht das im Mittelpunkt, was gemeinsame Erfahrungen sozialer Gruppen zum Ausdruck bringt. Dabei wird zwar die „Seinsgebundenheit des Denkens" (Vierkandt 1982, im Org. 1931), nicht aber dessen Reduktion auf materielle Determinanten akzeptiert. (Vgl. Jäckel/Peter 1997) Politisch-ökonomische Faktoren, so Raymond Williams als einer der Begründer dieser Schule, üben Druck aus und setzen Grenzen, ohne komplexe Aktivitäten umfassend kontrollieren zu können. (Williams 1974, 130) Aus der Sicht der Cultural Studies hat Kultur, gerade auch unter dem Aspekt des Alltagshandelns, eine eigene Dynamik. Die Erkenntnis, dass Menschen in einem symbolischen Universum handeln, das heißt dass sie Wirklichkeit konstruieren und durch Kommunikation stabilisieren, soll nach dem methodologischen Programm der Cultural Studies in der Strukturanalyse Berücksichtigung finden. (Jäckel/Peter 1997)

Dass der Cultural-Studies-Approach in Birmingham entstanden ist, hat sicherlich gute Gründe, da in der alten englischen Industriestadt die Traditionen der ‚working class' lebendig sind und soziale Ungleichheiten besonders hervortreten. Führende Vertreter dieses Ansatzes sind im Arbeitermilieu aufgewachsen. (Streeter 1984) Das dortige *Center for Contemporary Cultural Studies* musste nur von den Verhältnissen vor Ort ausgehen, um zu zeigen, dass Lebenswelt und kollektive Erfahrungen eine Einheit bilden. Damit ergibt sich auch eine Brückenfunktion von der Mikro- zur Makroperspektive, von der Interaktion zur Struktur. Die Cultural Studies überschreiten den durch den Symbolischen Interaktionismus definierten Rahmen, da ein Schwerpunkt der Arbeiten bei dem Verhältnis zwischen den Kulturen, dem Fortwirken von Klassenunterschieden und der Bedeutung materiell-ökonomischer Faktoren liegt. Auch der Uses-and-Gratifications-Approach erscheint kritikwürdig, weil er bei den situationalen Bedingungen des Einzelnen stehen bleibt und nicht genügend den übergreifenden Mechanismen der Macht und der gesellschaftlich-strukturellen Konstitution von ‚Belohnungen' Rechnung trägt. (Streeter 1984, 77) Übernommen wird allerdings die „Vorstellung von einem aktiven Zuschauer, der in Auseinandersetzung mit der Zeichenstruktur der medialen Botschaften Bedeutungen schafft" (Winter 1995, 83).

Auf die Medien bezogen kommt es in der Sicht der Cultural Studies darauf an, den hegemonialen Anspruch medialer Diskurse nicht auszusparen. Dabei wird dem Fernsehen eine besondere Bedeutung zugeschrieben: „Television is perfect: ideology slips through its channels surreptitiously" (Cashmore 1994, 45). Weil das Fernsehen die Dinge so darstellt, dass sie familiär erscheinen, begegnen die Zuschauer dem Medium nicht mit Misstrauen. Nichtsdestoweniger versuchen dominante Gruppen, mit der Produktion von Fernsehtexten interessenbestimmte Sichtweisen der Wirklichkeit durchzusetzen.

Allerdings gilt auch in der Sicht der Cultural Studies das Publikum nicht als passiv. Ganz im Gegenteil wird von einem konstruktiven Akt der Rezeption ausgegangen. Der Vorgang der Dekodierung von TV-Botschaften erfordert eine aufmerksame Zuwendung, wobei der "Text" im Mittelpunkt steht, den sich die Rezipienten erarbeiten und mit Bedeutung versehen. Zuschauen ist mit dem Lesen vergleichbar; Bilder und Sprache, so macht der Cultural-Studies-Approach deutlich, stehen in einem Erzählzusammenhang und können als Code mit spezifischen Spielräumen und Grenzen des Verstehens begriffen werden. Dabei ist die alltägliche Lebenswirklichkeit wichtig; Rezeption bedeutet, dass sich der Zuschauer den Fernsehtext deutend erschließt und mit ihm, unter anderem auch im Kontext der häuslichen Kommunikation, ‚interagiert', um ihn sodann in seinen Alltag zu übernehmen. (Krotz, 1995, 247; Mikos 1994b, 99; Hepp 1998, 31)

Gemeinsam also ist den Cultural Studies die handlungstheoretisch-konstruktivistische Orientierung. Damit ist gemeint, dass der Mensch nicht durch die Sinnesorgane mit Abbildern der Wirklichkeit versorgt wird; vielmehr erschafft sich der Einzelne seine Welt aufgrund eigener begrifflich-kategorialer Ordnungsleistungen, wobei allerdings eine Stabilisierung dieser Entwürfe durch permanente Kommunikation vonnöten ist. Auch das Fernsehen trägt zu dieser Vergewisserung bei. In kulturwissenschaftlicher Perspektive ist das Zuschauen keine isolierte Handlung, sondern in alltägliche Kommunikationsprozesse eingebunden. So findet beim Fernsehen eine Kommunikation der Rezipienten untereinander statt, und zwar in der Weise, dass sie Botschaften des Mediums aufgreifen, fortsetzen oder assoziativ mit anderen Themen vermengen. Dies gilt besonders für sogenannte ‚offene' Programme, für Serien zum Beispiel, die den Zuschauer gefangen nehmen und zur Parteinahme auffordern. (Cashmore 1994, 46) Entsprechend werden auch bei empirischen Untersuchungen häufig qualitative Verfahren bevorzugt, um die Vielfalt der Deutungen und der situativen Kontexte erfassen zu können.

Unterschiedliche Antworten finden sich allerdings innerhalb des Cultural-Studies-Ansatzes bezüglich der Frage, ob es eine offizielle Lesart von TV-Texten gibt, ob Texte den Zuschauer möglicherweise so binden, dass hegemoniale Interessen zum Zuge kommen. Mit Blick auf die Erkenntnisse der Semiotik stellt John Fiske (1990, 111ff.) fest, dass Fernsehbilder bestimmte, gesellschaftlich bevorzugte Lesarten nahe legen, abweichende Entschlüsselungen (*aberrant decoding*) von TV-Botschaften jedoch aufgrund der unterschiedlichen kulturellen Traditionen des Publikums an der Tagesordnung sind. Da die Kommunikatoren dazu neigten, die durch Klasse und Kultur geprägten Erfahrungen der Rezipienten außer Acht zu lassen, mache schon der Kodierungsvorgang abweichende Entschlüsselungen unausweichlich. In der Cultural-Studies-Forschung hat sich die Vorstellung von einer Vieldeutigkeit (*Polysemie*) der ‚Texte' durchgesetzt.

Das Hegemoniekonzept weist jedoch darauf hin, dass TV-Texte nicht den Interessen aller gesellschaftlicher Gruppen gleichermaßen entsprechen. Eine bestimmte Lesart, die auf partikulare Werte – zum Beispiel die des weißen Mittelstandes – abgestellt ist, wird nahe gelegt, kann aber nicht erzwungen werden. Wer auf Seiten der Produzenten seine standortgebundene Sichtweise zu direkt in Fernsehbotschaften zum Ausdruck bringt, wird ein größeres Publikum nicht erreichen. Um das Interesse der Zuschauer gegenüber den Programmen sicherzustellen, müssen die Kommunikatoren Zugeständnisse in Hinblick auf gegenläufige Erfahrungen machen. Nichtsdestoweniger bringen, wie Hall (1980) betont, die von den professionellen Mitarbeitern des Mediensystems erstellten Texte herrschende Ideologien zum Ausdruck, die im Decodierungsprozess akzeptiert oder durch oppositionelle Lesarten ersetzt werden. (Kritisch dazu: Abercrombie/Longhurst 1998, 15ff.; Ruddock 2001, 147ff.)

Mit Recht stellt Krotz (1992, 428) fest, dass ein Medienereignis wie die alljährliche Oscarverleihung in Los Angeles im Hinblick auf seine kulturellen, wirtschaftlichen und politischen Hintergründe sowie die Produzenten- und Nutzerinteressen mit Hilfe einer quantitativ objektivierenden Vorgehensweise nicht zu erfassen ist. Der Cultural-Studies-Approach zielt mit seiner ethnographischen Vorgehensweise auf komplexe Zusammenhänge ab, die bei einem quasi naturwissenschaftlichen Forschungsdesign ausgeklammert werden müssten. Die Rekonstruktion von Interessenlagen und damit einhergehenden kulturellen Affinitäten, von gesamtgesellschaftlich-strukturellen Gegebenheiten in Verbindung mit der Medienkommunikation, mit der Produktion und Rezeption von Texten füllt also eine Lücke, auch wenn die Ergebnisse dieser Forschungen nicht gleichermaßen wie die mit quantitativen Verfahren erhobenen Daten den Ansprüchen auf intersubjektive Überprüfbarkeit gerecht werden können.

Krotz verweist auf die Integrationsleistungen der Cultural Studies, die das analytische Potenzial disparater Forschungsgebiete nutzen. Dazu gehören auch solche Arbeiten, die auf die Gesellschaftsstruktur, etwa auf die in Einkommens- und Vermögensverhältnissen sich ausdrückende soziale Ungleichheit, bezogen sind. Allerdings kann dieses Anliegen, in der Interpretation von Fernsehtexten und in der lebensweltlichen Kommunikation die Makrostrukturen sozialer Ungleichheit wiederzufinden, angesichts der Komplexität moderner Sozialsysteme nur mit Abstrichen zum Erfolg führen. Gleichzeitig werden mit der Einbeziehung dieser Perspektive die Grenzen der Cultural Studies deutlich. So zeigte sich in der von Charles Brunsdon und David Morley (1978) durchgeführten Untersuchung zur BBC-Fernsehsendung *Nationwide*, dass eine systematische Relationierung von TV-Interpretationen und Klassenzugehörigkeiten in der britischen Gesellschaft nicht möglich ist. (Vgl. auch Morley 2002, 75ff.) Erst recht stellt sich für die Gegenwart die von Krotz (1995, 262) aufgeworfene Frage, „wie sich gesellschaftliche Individualisierungstendenzen auf die immer kollektiv bezogen gedachte Rezeptionsvorstellung der Cultural Studies auswirken". Wenn sich heute unter dem Vorzeichen von Bildungsexpansion, sozialer Mobilität und Verrechtlichung der Arbeitsverhältnisse ein Ende der Großgruppengesellschaft abzeichnet (Beck 1986), dann sind hiervon auch jene traditionellen Milieus betroffen, von deren Analyse die Cultural Studies ihren Ausgang genommen haben. Es wird also zunehmend unwahrscheinlicher, dass eines der wichtigsten Anliegen der Cultural Studies realisiert werden kann, nämlich die Mikroebene der Lebenswelt mit der Makroebene gesellschaftlicher Strukturverhältnisse analytisch zu verbinden.

Zusammenfassung

Die inzwischen klassisch gewordenen Ansätze der Kommunikationstheorie tragen den Besonderheiten des Fernsehens in unterschiedlichem Maße Rechnung. Auch die Kritik dieser Ansätze berücksichtigt nur zum Teil die medienspezifischen Eigenarten, zum Beispiel die Verschiedenartigkeit der Rezeptionssituationen. Die Ansicht, dass das Fernsehen das Publikum „direkter" erreicht als andere Medien, kontrastiert mit der Vorstellung des Fernsehens als integralem Bestandteil der Lebenswelt. Forschungen, die auf die Wirkungen von Programmangeboten gerichtet sind, verzichteten zunächst auf die Erfassung situativer Bedingungen der Kommunikation. Im Rahmen des ‚interpretativen Paradigmas' haben sich wichtige neue Einsichten ergeben, die deutlich machen, dass Kommunikate, ‚Fernsehtexte', zwar nicht beliebig gedeutet werden können, dass sie aber in die Sinnbezüge des Einzelnen und der Gruppe − entsprechend der sozialen Lage, des Lebensstils und des Milieus − eingebunden sind und an der kollektiven Konstruktion der Wirklichkeit teilhaben. Schon die Frage nach den „Wirkungen" des Fernsehens ist einseitig und sollte durch die Frage nach dem Umgang mit dem Fernsehen ergänzt werden. Wirkungen können nur erforscht werden, wenn kulturelle Kontexte und alltägliche Praktiken Berücksichtigung finden. Derartige lebensweltliche Analysen sind allein mit quantitativen, standardisierten Methoden nicht zu leisten. Schwierigkeiten ergeben sich auch bei der Erfassung des Verhältnisses von Fernsehen und Zuschauer, das zunehmend durch wechselseitige Abhängigkeiten geprägt ist. Geht man davon aus, dass kurzfristig und langfristig eine gegenseitige Beeinflussung von Medium und Publikum stattfindet, dann muss diese Dynamik in der Entwicklung von Forschungsdesigns stärker einbezogen werden.

Literatur:

Früh, Werner: Medienwirkungen: Das dynamisch-transaktionale Modell. Theorie und empirische Forschung. Opladen 1991
Der Band zielt auf eine Fundierung des dynamisch-transaktionalen Ansatzes ab. Dazu erfolgt eine Auseinandersetzung mit grundlegenden erkenntnistheoretischen Fragestellungen. Außerdem werden Beispiele für die Anwendung des Ansatzes in der empirischen Forschung gezeigt.

Früh, Werner: Realitätsvermittlung durch Massenmedien. Die permanente Transformation der Wirklichkeit. Opladen 1994
Die These einer permanenten kognitiven Transformation von Informationen im Rezeptionsprozess, die über eine bloße Selektion weit hinausgeht, wird empirisch durch Inhaltsanalysen und Rezipientenbefragungen überprüft.

Knieper, Thomas/Müller, Marion G. (Hg.): Kommunikation visuell. Das Bild als Forschungsgegenstand – Grundlagen und Perspektiven. Köln 2001
Der Sammelband umfasst aktuelle Beiträge zur Wahrnehmung der Bildmedien im kulturellen und sozialen Kontext. Neben der Analyse klassischer Positionen der Bildästhetik werden auch die derzeitigen Möglichkeiten der Bildmanipulation dargestellt. Die Bedeutung von Schlüsselbildern für das Verständnis von Informationen und der Nachweis visueller Anteile des kollektiven Gedächtnisses sind ebenfalls Gegenstand der Untersuchungen.

Morley, David: Television, Audiences and Cultural Studies. London/New York 2002
Das Buch gibt einen Überblick über die Erträge wichtiger Studien, die im Rahmen der Cultural Studies durchgeführt wurden. Der Schwerpunkt liegt dabei auf Prozessen des Gendering und seiner Bedeutung für den Umgang mit dem Fernsehen in häuslichen Gemeinschaften. Außerdem wird die Verknüpfung von Privatsphäre und Politik nachgewiesen.

3 Das Fernsehen zwischen Wirklichkeit und Fiktion

3.1 Sinnliche Wahrnehmung und Kommunikation

Intelligente Lebewesen teilen ihre Sinneseindrücke einander mit, weil aus der Kommunikation ein Überlebensvorteil erwächst. Sie warnen sich gegenseitig, wenn der Einzelne früher als seine Artgenossen auf eine Gefahr aufmerksam geworden ist. Sie verständigen sich über die Bedeutung, die Objekte im Hinblick auf ihre vitalen Interessen haben könnten, also zum Beispiel für die Versorgung mit Nahrung oder den Schutz vor Feinden. Kommunikation dient dazu, Sinneseindrücke weiterzugeben, um andere an dem Nutzen teilhaben zu lassen, der aus der eigenen Wahrnehmung erwächst. Darüber hinaus geht es um Selbstbehauptung, um die Abwehr von Konkurrenten, und zwar sowohl unter den eigenen Artgenossen wie auch unter artfremden Lebewesen. Eine weitere Funktion der Kommunikation ist die Koordination von Aktivitäten, die arbeitsteilige Organisation mit dem daraus erwachsenden Effizienzvorteil; sofern einzelne Tätigkeiten nicht mehr direkt veranlasst werden, sondern, einem abstrakten Schema folgend, in einen zeitlich und sozial komplexeren Zusammenhang gebracht werden sollen, haben sie ein System der Mitteilungen zur Voraussetzung, das ebenfalls von der Situation abstrahiert, künftige Gegebenheiten bezeichnet und in eine das soziale Gefüge vorwegnehmende sprachliche Ordnung bringt.

Kommunikation, die auf die Koordination von Aktivitäten innerhalb der Gruppe gerichtet ist, hat die Kommunikation über die Wahrnehmung, die Interaktion der Beteiligten und die Kommunikation selbst zum Gegenstand. Die weiterreichenden Konsequenzen subjektiver Wahrnehmung machen es vorteilhaft, diese intersubjektiv, etwa durch die Wiederholung von Zeichen, zu überprüfen, ja die Kommunikation selbst zu reflektieren. Je mehr ein Symbolsystem entwickelt ist, das vom Bezeichneten unabhängig ist, also dieses nicht mimetisch umschreibt, um so mehr muss sichergestellt werden, dass auch die Bedeutungsfelder bzw. Vorstellungen, für die das Symbol steht, übereinstimmen. Es geht darum, die eigenen Sinneseindrücke und deren Symbolisierung durch ‚Kommunikationskommunikation' zu veröbjektivieren, um so das Ineinandergreifen von Interaktionen zu präzisieren. Das gilt besonders dann, wenn es sich um verallgemeinernde Begriffe und Aussagen handelt.

Das Ergebnis von Kommunikation kann nämlich auch genau das Gegenteil von Orientierung, nämlich unangepasstes, unkoordiniertes Verhalten, ja schließlich sogar psychische und soziale Desorganisation sein. Derartig negative Folgen beruhen darauf, dass Informationen mit den vorhandenen Kategorien der Deutung nicht auf einen Nenner gebracht werden können oder Symbole sich auf unterschiedliche Vorstellungen beziehen. Kommunikation führt zu sozialer Handlungsunfähigkeit, wenn Informationen und Meinungen keinen adäquaten Umgang mit der Wirklichkeit zulassen oder wenn Mitteilungen ‚falsch‘, das heißt anders als vom Kommunikator beabsichtigt dekodiert werden. Die Wirklichkeit, über die sich Menschen verständigen, existiert mit anderen Worten nur als versprachlichte Wirklichkeit. Daher ist die Realitätswahrnehmung in Frage gestellt, wenn die Handelnden nicht über signifikante Symbole mit gemeinsamen Bedeutungen verfügen.

Ob es überhaupt möglich ist, auf der Grundlage unserer sinnlichen Erfahrung Aussagen über eine bewusstseinsunabhängige Wirklichkeit zu machen, ist durchaus strittig. Schon Giambattista Vico (1668-1744) hat gegenüber dem naiven Realismus Zweifel angemeldet und behauptet, dass der Mensch nur das erkennen könne, was er selbst erschaffen hat. Damit wird der Vorstellung widersprochen, dass das Wissen eine vom wahrnehmenden Subjekt unabhängige Realität repräsentiert. Immanuel Kant (1724-1804) teilt diesen Skeptizismus im Hinblick auf die Abbildtheorie der Wahrnehmung. Auch für ihn kann der Mensch das ‚Ding an sich‘ nicht erfassen. Mit den durch die Sinne ausgelösten Erfahrungen verbinden sich aber nach Kant apriorische Erkenntnisformen, Raum und Zeit nämlich, nach denen wir die Empfindungen ordnen. Erkenntnis kommt nach seiner Meinung nicht, wie John Locke (1632-1704) behauptet hat, allein durch Sinnlichkeit zustande, sondern auch durch den Verstand, der die chaotischen Sinneseindrücke in ein kategoriales und begriffliches Schema bringt. Der Verstand braucht die Sinne, hat in den Sinneseindrücken sein Material; umgekehrt brauchen die Sinne nach Kant den Verstand, da ohne Verstandestätigkeit die Sinneseindrücke unverständlich blieben.

Merkert (1992) macht mit einem Zitat von Erich Rothacker deutlich, dass Welterfahrung ohne Weltausdeutung, und zwar nach Maßgabe von Zweckmäßigkeiten, unmöglich ist. Rothacker schildert eine fiktive Landschaft, von der sich der Leser vorstellen soll, dass sie noch nie ein Mensch betreten habe,

> „etwa ein Meeresufer, teils felsig, teils sandig. In den Felsen gibt es Grotten und Höhlen, dahinter steigt teils ein Gebirge an, teils liegen Ebenen da mit Sträuchern und Baumgruppen. Im Gebirge gibt es Zonen mit wildreichem Wald, mit Quellen und kleinen Bächen, vielleicht bricht auch ein Fluss durch ein Tal zum Meere, und im Meer schwimmen die Fische ...“ (Rothacker 1975, 62; zit. nach Merkert 1992, 65).

Aus dieser Schilderung wird ersichtlich, dass es sich bei den beschriebenen Objekten nicht um ontologische Gegebenheiten handelt, sondern um eine Wirklichkeit, die von den vitalen Interessen des Menschen bestimmt wird. Durch „produktive Ausdeutung" (Merkert) wird aus einem Loch im Gestein eine Höhle, werden Tiere, die man jagen kann, zu „Wild", werden Gewässer zu Flüssen und Bächen und Erdformationen zu Gebirgen, Bergen und Buchten. Diese Landschaften gab es auch schon, bevor ein menschliches Auge sie erblickt hat. Aber wir können sie nicht wahrnehmen, ohne sie durch unsere Verstandestätigkeit und Phantasie, durch Kategorien und Begriffe zu einer Wirklichkeit zu formen, die bei allem Bemühen um Objektivität immer anthropomorph und lebenspraktisch ist.

Ob es sich bei der wahrgenommenen und kommunizierten Wirklichkeit um eine Deutungszutat, um eine Formung durch Ausdeutung handelt oder um eine ganz eigene Wirklichkeit, die von der Wirklichkeit ‚an sich' grundsätzlich getrennt und unabhängig ist, wird im Zusammenhang mit dem *Radikalen Konstruktivismus* noch weiter zu untersuchen sein. An dieser Stelle lässt sich aber bereits feststellen, dass Sinneswahrnehmungen den Eindruck der Unmittelbarkeit, also einer sich selbst mitteilenden Wirklichkeit erzeugen. In der Verbindung mit Kommunikation ergibt sich der Glaube an die Objektivität des Wahrgenommenen. „Weil Menschen offenbar sehr ähnlich gebaute Wahrnehmungsapparate besitzen und ständig miteinander interagieren, ähneln sich auch die Interaktionseinheiten (genannt Gegenstände)" (S. J. Schmidt 1994,12). Die Vorstellung von einer Deckungsgleichheit der Erfahrungen aufgrund von identischen Objekten ist also nicht voraussetzungslos, sondern ist kommunikationsabhängig. Realitätsadäquat erscheint eine Aussage, wenn „ein inneres Bild vor dem inneren Auge in Erscheinung tritt" (Doelker 1989, 57). Dabei kommt den kulturell vermittelten Gewohnheiten im Umgang mit Zeichensystemen eine beträchtliche Bedeutung zu. Selbst sehr abstrakte Codes können den Eindruck vermitteln, dass sie für eine bestimmte Wahrnehmung von Wirklichkeit treffend sind. So ist es zum Beispiel möglich, dass vage Andeutungen, die auf eine symbolträchtige, stilisierte Art gemacht werden, Wirklichkeit in der Vorstellung desjenigen generieren, der solche Mitteilungen rezipiert.

Für die Fernsehforschung stellt sich die Frage, ob ein Medium, weil es eine hochentwickelte Technik nutzt, als besonders ‚realistisch' wahrgenommen wird. Auch wenn zum Beispiel ein Werk der Literatur als eine eindringliche Wiedergabe von Erlebnissen, von inneren und äußeren Erfahrungen, zum Beispiel als ‚Dichtung' gesehen wird, so bleiben doch die subjektiven Zutaten dem Leser bewusst, ja tragen zum Reiz der Rezeption bei. Anders verhält es sich bei den visuellen Medien:

„Bei der Abbildung von Wirklichkeit gibt es einen Automatismus: die mechanisch-technische Wiedergabe von Realität. Wir meinen damit die ‚automatische' Abbildung durch Medien von der Daguerreotypie über Film bis zu Video. Wie auch immer das Prozedere eines ‚Abklatsches' von Wirklichkeit – über chemische, optische oder elektromagnetische Verfahren – abläuft, haben wir es mit einer direkten Aufzeichnung zu tun, ohne den Durchgang durch Hirn und Hand eines Kreators." (Doelker 1989, 61)

Die Redeweise vom Fernsehen ‚als Fenster zur Welt', die ja gerade in der Frühzeit des Mediums sehr verbreitet war, deutete bereits darauf hin, dass in dieser Abbildfunktion die Differenz zum Hörfunk und zur Presse, ja auch zu noch älteren Medien gesehen wurde. Ebenso spricht die hohe Glaubhaftigkeit, die Zuschauer dem Bildschirm-Medium immer noch attestieren, dafür, dass sich Fernsehen mit dem Erlebnis der Wirklichkeitsnähe verbindet, ja dass es als Substitut für die Realitätswahrnehmung genutzt wird. Vor allem das Fernsehen lässt vergessen, dass es sich um eine „Beobachtung von Beobachtern" (Luhmann 1996, 18f.) handelt, dass sich also das Objekt der Berichterstattung nicht unserer Wahrnehmung darbietet, sondern durch den technischen Apparat der Bild- und Tonübertragung sowie die Auswahl und Beschreibung von Journalisten zusammengesetzt und zugänglich gemacht wird. Luhmanns Feststellung „Was wir über unsere Gesellschaft, ja über die Welt, in der wir leben, wissen, wissen wir durch die Massenmedien" (1996, 9) lenkt den Blick auf die Frage, was von anderen für uns beobachtet und reportiert wird, das heißt, wie sich das fernsehspezifische Konstrukt der Welt zusammensetzt. Für eine derartige Klärung sollen aber zunächst verschiedene Ebenen der Wirklichkeit voneinander abgegrenzt werden.

3.2   Ebenen der Wirklichkeit

Unsere Sinneswahrnehmungen vermitteln uns den Eindruck, dass sie sich auf etwas beziehen, was außerhalb unserer Wahrnehmung liegt. Geht man davon aus, dass diese Objektwelt existiert, so ist diese (erste) Welt von der (zweiten) Welt der Vorstellungen, der Sinneswahrnehmungen und der damit verbundenen symbolischen Bedeutungen zu unterscheiden. Unser Weltbild ergibt sich aus der Summe von Wissen und Erkenntnissen, von kollektiven Deutungen und Bewertungen. Als Drittes käme die Lebenswelt hinzu, die Vorstellung von Wirklichkeit, die sich aus alltäglichen Interaktionen ergibt. Merkert (1992, 62ff.) unterscheidet in diesem Sinne drei Ebenen der Wirklichkeit:

1.   Die Welt als eine unabhängig von unserer Sinneswahrnehmung existierende Realität. Diese erfahren wir nur aus der Negation heraus, nämlich als etwas, was nicht geht, was nicht sein kann, als die Grenze von Deu-

tungen, dann nämlich, wenn diese den Sinneseindrücken oder der Logik widersprechen.

2.   Die Welt als ein soziales Konstrukt. Damit sind die ausgedeutete, begrifflich-symbolisch erfasste, in Wissens- und Erklärungszusammenhänge eingebundene Natur und die kulturellen Formen ihrer Umwandlung und Bearbeitung sowie die damit in Verbindung stehenden sozialen Rollen- und Institutionengeflechte gemeint.

3.   Die Welt als Lebenswirklichkeit des handelnden Subjekts. Der einzelne wächst im Rahmen der Sozialisation in die sozial vorgeformten Beziehungsgefüge, in die differenten Normensysteme und kulturellen Techniken, in die Orientierungssysteme und Symbolwelten seiner Gesellschaft hinein und formt sie in alltäglichen Interaktionen nach seinen Bedürfnissen um. Im Zusammenhang mit Handeln und Erleben entsteht so aus sozialen Vorgaben einerseits und innovativer Ausgestaltung andererseits die Vorstellungswelt des Alltags.

Wie das von Merkert angeführte Rothackerzitat deutlich macht, lässt sich Wirklichkeit nur als ausgedeutete, symbolisierte Außenwelt erfahren. Selbst die dem menschlichen Einwirken gänzlich entzogenen Wahrnehmungsobjekte, fremde Galaxien etwa, werden aufgrund eines sozial-kulturellen Bedeutungszusammenhanges erfasst, der sowohl die Aufmerksamkeit als auch die Perspektive, die Art des ‚Sehens' und des begrifflichen Einordnens steuert. Wie die Wahrnehmung selbst, so unterliegt gleichfalls das Wahrgenommene und als wirklich Erachtete dem Einfluss der Gesellschaft. Also erscheint Wirklichkeit immer nur in dem unter (2) oder (3) aufgeführten Sinn. Zu der Welt als einem sozialen Konstrukt (2) gehören auch die Bilder, Kategorien und Aussagen, die über die Medien vermittelt werden. Darüber hinaus sind Medien Teil der Lebenswirklichkeit des handelnden Subjekts (3).[6]

Über die unter (1) aufgeführte Wirklichkeit lässt sich wenig aussagen. Für viele handelt es sich schlicht um ein Postulat, um eine *terra incognita*, eine bloße Vermutung oder einen Gegenstand, über den grundsätzlich keine Aussagen getroffen werden können. Werner Früh dagegen betont, „dass Wahrnehmung keine völlig autonomen Kreationen" (1994, 23) hervorbringt. Früh behauptet, dass die Außenwelt in unsere Wahrnehmung hinein„regiert", dass es also eine zwingende, von den Objekten und nicht nur von den Wahrnehmungsorganen auferlegte Sichtweise gibt. Diese Auffassung wird in der philosophischen Diskussion heftig bestritten. Vor allem der Radikale Konstruktivismus, der sich auf Erkenntnisse

---

6   Zu der Unterscheidung zwischen medialer und wahrgenommener medialer Wirklichkeit siehe Doelker 1989, S. 65f.

der Naturwissenschaften stützt und zunehmend auch die theoretisch-methodologische Diskussion in der Medien- und Kommunikationswissenschaft beeinflusst hat, lehnt die Vorstellung ab, dass die Wahrnehmung eine äußere Wirklichkeit wiedergebe.

3.3   Grundannahmen des Radikalen Konstruktivismus

Mit dem Begriff des „Radikalen Konstruktivismus" werden diverse Strömungen der Erkenntnistheorie bezeichnet, denen die Annahme gemeinsam ist, „dass wir die Welt, in der wir leben, durch unser Zusammenleben konstruieren". (S. J. Schmidt 1992b, 9) Gemeint ist damit nicht, dass Menschen aufgrund von Interessen, Emotionen und Werthaltungen nur einen bestimmten Ausschnitt der Wirklichkeit wahrnehmen. Vielmehr wird davon ausgegangen, dass das, was als Wirklichkeit angesehen wird, vollständig zustande kommt aufgrund der Leistungen kognitiver Systeme. Vorstellungen von der Wirklichkeit sind somit das Ergebnis „autonom erzeugten Empfindens, Wahrnehmens und Wissens." (Rusch 1999, 8).

Von besonderer Bedeutung für die Entwicklung des Radikalen Konstruktivismus waren die Erkenntnisse der Kognitionstheorie, so dass man daher auch von einem „kognitionstheoretischen Konstruktivismus" (Knorr-Cetina 1989) sprechen kann. Schon für Jean Piaget (1896-1980) verarbeitet das Individuum seine Erfahrungen mit physischen und sozialen Objekten nicht in der Weise, dass es Abbilder erzeugt, sondern mit Hilfe von Denkfiguren, die es ihm ermöglichen, sich in seiner Umwelt zurecht zu finden. Welt- und Gesellschaftsbilder, die vom Subjekt im Laufe seines Entwicklungsprozesses entworfen werden, dienen dazu, Erfahrungen zu koordinieren. Die Vorstellung, dass es sich bei der Veränderung von Konstrukten um Erkenntnisfortschritte in dem Sinne handle, dass sie durch die Gegenstände selbst aufgezwungen würden, wird von Piaget abgelehnt. Nichtsdestoweniger kommt für ihn die Elaboration begrifflicher Strukturen durch die Interaktion mit dem Objekt zustande. Nach Piaget sind daher kognitive Systeme „mit einem Subjekt- und Umweltpol auszustatten." (Nicolaisen 1994, 73).

Wesentliche Impulse verdankt der Radikale Konstruktivismus auch der Neurophysiologie. Deren Forschungsinteresse hat sich in neuerer Zeit von den Sinnesorganen weg auf das Gehirn zubewegt. (S. J. Schmidt 1987b, 144ff.) Die entscheidende Wende in der Entwicklung dieser Wissenschaft verbindet sich mit der Feststellung, dass im menschlichen Organismus die Rezeptoren zur Reizaufnahme ja nur elektrische Impulse weiterleiten, um erst im Gehirn zu Wahrnehmungen zu werden, und zwar durch Zuweisung von Bedeutungen. Nicht das

Auge ,sieht' demnach, sondern das Gehirn. Die Wahrnehmungsorgane können nicht mehr, als Umwelteinflüsse in einer für das Nervensystem verständlichen Weise zu kodieren. Damit wird selbstverständlich die Natur des Gegenstandes oder des Ereignisses, das Ursache der Reizung gewesen ist, nicht transportiert. Das Gehirn, so der Neurophysiologe Gerhard Roth (1986), geht bei der Bedeutungszuweisung selbstreferenziell vor, das heißt die übermittelten Signale werden mit stammesgeschichtlich entwickelten Programmen und langfristigen Lernprozessen gekoppelt.

Auch die Biologen Humberto R. Maturana und Francisco J. Varela haben wichtige Beiträge zur Entwicklung des Radikalen Konstruktivismus geliefert. Nach ihrem Ansatz sind alle Kognitionen auf Überlebensbedingungen des Organismus zurückzuführen. Damit sind auch Kognitionen selbst erkennbar. „Wenn wir", so heißt es bei Maturana, „Kognition als ein Phänomen ansehen, das von unserem biologischen Sein produziert wird bzw. daraus hervorgeht, dann kann Kognition zu einem empirischen Problem gemacht werden." (1992, 89) Zentral ist für Maturana und Varela der Begriff der Autopoiese, der die Eigenschaft lebender Systeme meint, selbsterzeugend, selbstreferenziell, selbstorganisierend und selbsterhaltend zu sein. (Vgl. S. J. Schmidt 1992b, 22) Autopoietische Systeme halten ihre Organisation konstant und produzieren zirkulär sich selbst. Sie sind autonom, indem sie sich von der Umwelt abgrenzen und nicht mit dieser in einer konstanten Beziehung stehen, sodass also Umweltveränderungen und Systemveränderungen asynchron verlaufen.

Der Organismus bzw. das Nervensystem sind für Maturana und Varela autopoietische Systeme. Kognition ist dagegen nicht ein System, sondern ein Medium, mit dem lebende Systeme operieren. Kognitionen umfassen die möglichen Zustände des Systems, das heißt sie bilden kontingente Modelle für weitere Befindlichkeiten, also gewissermaßen Vorstellungen von dem, was ist und was sein könnte. Das Nervensystem verfügt über einen besonders ausgedehnten Bereich der Kognition. Obwohl autopoietische Systeme autonom sind, werden zwischen Organismus und Nervensystem Verbindungen geschaffen, sodass im Falle von Störungen strukturelle Kopplungen zwischen dem Organismus und dem kognitiven Apparat zustande kommen und beide sich abstimmen können, um strukturerhaltende Homöostase herbeizuführen. Auf diese Weise kommt es zur Bildung eines Systems auf höherem Niveau. Nichtsdestoweniger verhalten sich beide Teile entsprechend ihrer eigenen Logik, das heißt ihrer durch Autopoiese definierten Gesetzmäßigkeit. Maturana gebraucht das Bild von einem Flugzeug, das in dichtem Nebel nur nach den auf seinen Instrumenten ablesbaren Werten gesteuert wird. Der ohne Sicht fliegende Pilot bewahrt seine Maschine vor Kollisionen, indem er strukturspezifizierte Zustände erzeugt, also Grenzwerte einhält, die sich in eine bestimmte Konfiguration einfügen lassen. (1994, 105)

Der Radikale Konstruktivismus greift diese Erkenntnisse auf und betont, dass das Nervensystem nicht eine äußere Realität wiedergibt, sondern Kognitionen der verschiedensten Art erstellt, die das Überleben des Organismus sichern. Da diese Kognitionen nicht in dem Sinne wahr sind, dass sie sich durch die Wirklichkeit bestätigen lassen, gelten sie nur als mehr oder weniger günstig oder zweckmäßig. Je weiter sich das Gehirn im Verlaufe der Evolution entwickelt hat, um so mehr Vorstellungen können produziert werden, was deshalb von Vorteil ist, weil sich unter diesen mehr gangbare, ,viable' Konstrukte befinden. Auch diese ,Bilder' sind nicht in dem Sinne angepasst, dass sie sich einer äußeren Realität besser annähern. Der Radikale Konstruktivismus schließt eine äußere Realität nicht aus, betont aber, dass alle Aussagen über die Wirklichkeit auf Tätigkeiten des Nervensystems und des Gehirns beruhen und in deren ,Sprache' abgefasst sind.

Nach Ansicht des Radikalen Konstruktivismus ist das Bild, das wir von der Realität haben, im doppelten Sinne trügerisch: das, was der Mensch für Realität hält, ist das Produkt des Zusammenspiels von Sinneswahrnehmung und Gehirntätigkeit. Unsere Realitätsvorstellungen, auf die wir unser Handeln beziehen, beruhen auf Ordnungschemata, deren Zustandekommen wir nicht nachvollziehen können, weil wir über keinen objektiven Vergleichsmaßstab, das heißt keine Bezugsgröße außerhalb der Wahrnehmung und der konstruktiven Tätigkeit unseres Gehirns verfügen. Nichtsdestoweniger verbindet sich mit diesen Modellen der Eindruck der Realität. Die vermeintliche Spiegelbildlichkeit unserer Wahrnehmung ist Voraussetzung für Verhaltenssicherheit. Wie Watzlawick (1976) in einer bekannten Veröffentlichung gezeigt hat, führen Zweifel an der Repräsentativität unseres Weltverständnisses, das heißt an der „Wirklichkeit der Wirklichkeit", zu heftigen Irritationen.

Von diesem Ansatz ausgehend ergibt sich der Schluss, dass Massenmedien der Willkür von Erkenntnis eine weitere Dimension hinzufügen. Die „Erfahrungen aus zweiter Hand" (Gehlen), die von den Medien vermittelt werden, sind ja ebenso konstruiert wie die Eindrücke, die sich aufgrund der alltäglichen Sinneswahrnehmungen ergeben. Zur Autopoiese des Erlebens kommt die Autopoiese der medialen Information hinzu. Die ,Objektivität' der persönlichen Realitätswahrnehmung und der Darstellung von Realität in den Medien kann grundsätzlich nicht überprüft werden. Die Illusionen einer ,wirklichen' Wirklichkeit verstärken sich aber gegenseitig: Je mehr der Eindruck besteht, dass die medial vermittelten Berichte wahr sind, um so mehr wird man auch an eine sinnlich erfassbare und abbildbare Wirklichkeit glauben, die diesen Meldungen zugrunde liegt.

3.4 Fernsehen und technologischer Realismus

Besonders der TV-Bildschirm vermittelt den Eindruck, dass eine außerhalb des Mediums existierende Realität eingefangen werde. Auch wenn Kritiker das Fernsehen als illusionär bezeichnen, so gilt doch für die Zuschauer, dass sie „das audiovisuell Gezeigte für die pure Realität halten" (Burkart 2002, 311). Mit dem Anspruch, Wirklichkeit zu vermitteln, wird auch für das Fernsehen geworben. (Winter/Eckert 1990, 87) Durch das Fernsehen ergibt sich eine Ontologisierung der Welterfahrung. Das Fernsehen ist Wahrnehmung und Kommunikation über Wahrnehmung in einem. Es ist das Medium der sich selbst bestätigenden Sinnlichkeit. Von den Rezipienten wird die technische Ausstattung, die zur Produktion von TV-Bildern gehört, die elektronische Kamera zum Beispiel, als eine Erweiterung der Sinnesorgane empfunden. Mit ihrer Hilfe − so scheint es − können wir die begrenzte Sichtweite unsere Augen überwinden, weitersehen, als es sonst möglich wäre. Mit Hilfe der Kamera ist es möglich, etwas wahrzunehmen, was ohne Veränderung der Position im Raume unsichtbar wäre. Die Dinge rücken näher heran und wir kommen den Dingen näher, etwa so, als wenn wir auf ein Fenster zugehen und die Straße beobachten würden. Die Erfahrung aus zweiter Hand wird beim Fernsehen − anders als bei der Zeitung − von den meisten als Erfahrung aus erster Hand empfunden.

Das Ersatzsehen am Bildschirm bewirkt nicht zuletzt eine Stabilisierung der Wirklichkeitserfahrung, weil dem technischen Equipment eine beinahe grenzenlose Präzision zugetraut wird. Wenn elektronische Kameras und Sendeanlagen Bilder von fremden Gestirnen übertragen, dann kann auf der Erde alles so gezeigt werden, dass es bis ins Detail deutlich wird. Selbst bei komplexeren, möglicherweise gar nicht visualisierbaren Zusammenhängen ist das Fernsehen mit dem Informations- und Meinungsaustausch von Journalisten, Experten, Zeitzeugen usw. zur Stelle. Im Vordergrund steht das Sichtbarmachen, stehen präzise Bilder, dazu das Kommentieren und Erklären sowie, wenn dies nicht ausreicht, das Deuten. Die Schlussfolgerung, dass Wirklichkeitserfahrung weitgehend kontingent ist, gehört eben nicht zum Aussagerepertoir der Fernsehkommunikatoren, sondern ist ein Eindruck, den Techniker, Journalisten, Nachrichtensprecher und Marketingexperten nach Möglichkeit zu vermeiden trachten. Auch die Zuschauer erwarten vom Fernsehen eindeutige Botschaften, Gewissheiten also, die geeignet sind, die Unzulänglichkeiten der Primärerfahrung zu kompensieren. „Wie schon die Fotografie", so stellt S. J. Schmidt (1999, 142) unter Berufung auf Spangenberg (1997) fest, „fördert(e) auch das Fernsehen die medientechnische Gestaltung von Objektivität und Unmittelbarkeit und die Ausschaltung von Vermittlungs- und Interpretationsinstanzen (...)".

Diesem Bedürfnis entspricht das Medium mit organisatorischer und technischer Perfektionierung. Durch weltweite Vernetzung der Nachrichtenagenturen, durch Verbesserung der Sendeanlagen, der Kabelnetze und Empfangsgeräte, durch zunehmende Mobilität der Journalisten und Aufnahmeteams, durch die Flexibilisierung und Pluralisierung der Programme, die eine Anpassung von Sendeterminen an den Geschehensablauf gestatten, wird der Eindruck größtmöglicher Unmittelbarkeit erzeugt. Auch mit der Verwendung von Amateuraufnahmen, die durch die zunehmende private Nutzung von Videokameras zustande kommen, wird Authentizität evident gemacht. Dazu trägt nicht zuletzt das Aktualitätsparadigma bei. Mit der Schnelligkeit der Nachrichtenübermittlung verbindet sich der Anspruch, gewissermaßen das Leben im Vollzug des Geschehens eingefangen zu haben. Auch für die Zuschauer hat das Interesse an dem Neuesten und Allerneuesten in den seltensten Fällen damit zu tun, dass sie danach streben, ihr aktuelles Handeln unmittelbar umzustellen, sich den geänderten Gegebenheiten anzupassen. Dies mag in Spezialbereichen, bei Wettermeldungen oder Börsennachrichten, der Fall sein. Ansonsten geht es bei der Aktualität mehr darum, Informationen in einem originären Zustand zu empfangen, gewissermaßen mit dem Stempel des Ereignisses selbst, jedenfalls ohne die verzerrende Einflussnahme von Dritten. Besonders ‚echt' ist unter diesem Blickwinkel die Live-Aufnahme, ein Ideal, das durch Fortschritte in der Nachrichtentechnik, aber auch durch die Ausrichtung der Wirklichkeit auf die mediale Berichterstattung immer öfter erreicht wird.

Der Konstruktivismus übt am Fernsehen berechtigte Kritik. Wenn schon unsere Wahrnehmung kein Abbild der Welt ist, sondern — so die Position des Radikalen Konstruktivismus — nur das Ergebnis einer eigenen Art von Empirie, nämlich des Kognitionsapparates, dann gilt dies erst recht nicht für das im Fernsehen Gezeigte. Kritisiert wird die naive Abbildtheorie und damit die Vorstellung, dass durch das Fernsehen eine äußere Realität eingefangen werden könne. Objektivität ist nicht mehr als ein „strategisches Ritual". (Tuchmann 1971) Auch die Fülle von Bild- und Textinformationen, die von den elektronischen Medien bereitgehalten werden, bringt die Rezipienten der Wirklichkeit nicht näher. Während alle Bemühungen der Produzenten und Organisatoren darauf gerichtet sind, dem Zuschauer die Wirklichkeit als greifbar nahe erscheinen zu lassen, weist der Konstruktivismus nach, dass sich auch die audiovisuellen Medien vorwiegend auf sich selbst beziehen. "Während für den Realisten das Ereignis *vor* den Medien kommt und von diesen selektiv abgebildet wird, ist für den Konstruktivisten das Ereignis erst das *Ergebnis* der Operationen der Medien (...)" (Weber 1999, 201). Gerade das Fernsehen trägt zur Illusion der Dualität bei, und zwar weil es, wie Luhmann (1927-1998) feststellt, eine „eigentümliche Evidenz" für sich in Anspruch nehmen kann, die auf die „realzeitliche Gleichzeitigkeit des Filmens"

im Verhältnis zum Geschehensablauf zurückzuführen ist. (1996, 79) Eine Annäherung an das Objekt ist für Luhmann damit jedoch nicht verbunden.

Das Fernsehen ist „zum Verkörperer des Realitätsprinzips der modernen Gesellschaft" (S. J. Schmidt 1994, 17) geworden. Illusionswirkungen ergeben sich
nach Schmidt sowohl durch Besonderheiten des Angebots als auch der Rezeption:

> „Durch die Integration von Sprache, Körpersprache, Kostümsprache, Ausstattung,
> Architektur, Musik, Licht, Einstellung usw., durch die Wiederholung von Situations-
> stereotypen (wie Kanzleramt und Bundestag) wird ein semiotisch überdeterminiertes
> Wahrnehmungsangebot geliefert, in dem das Bild dominiert. – Auf der Rezeptions-
> seite verhindern Vielfalt und Schnelligkeit der Einzelbilder deren genauere ‚Verar-
> beitung' (...) Da dem geübten Zu-seher auch komplizierteste Kamera- und Schnittma-
> növer schon als natürliche Wahrnehmungsformen erscheinen, also nicht länger auf
> Konstruktivität verweisen, und da Texte und Bilder sich gegenseitig zu beglaubigen
> scheinen, erscheint ihm das Fernseh-Medienangebot als authentisches Bild der Wirk-
> lichkeit." (1994, 16f.)

Auch dort, wo die Fernsehwirklichkeit einer erlebten Wirklichkeit zum Ver-
wechseln ähnlich sieht, in der Berichterstattung über ein aktuelles Ereignis zum
Beispiel, handelt es sich bei dieser Sichtweise nicht um eine Wiedergabe, sondern um eine Wirklichkeit sui generis. Hat also die Darstellung der Wirklichkeit
mit der äußeren Wirklichkeit gar nichts zu tun? Folgt die Produktion von Fernsehbildern nur ihren eigenen Gesetzen? Ist die reportierte Realität völlig autopoietisch? Der bei der Fernsehrezeption vermittelte Eindruck der Unmittelbarkeit,
der vorwiegend auf den Errungenschaften der Nachrichtentechnik, aber auch auf
einer flexiblen, leistungsfähigen Medienorganisation und journalistischer Perfektionierung beruht, dieser *technologische Realismus* ist nach konstruktivistischer
Meinung Ergebnis einer Täuschung. Daher haben auch die Kriterien von Wahr
und Falsch keine Geltung mehr.

Tatsächlich ist die (naive) Abbildtheorie, was das Fernsehen betrifft, schon
deshalb unzureichend, weil das Medium selbst immer auch Teil der erlebten
Wirklichkeit ist. Die Vorstellung, dass über ein Objekt berichtet werde, das ohne
das Fernsehen genau so wie mit dem Fernsehen vorhanden sei, Gegenstand und
‚Medium' also strikt getrennt werden könnten, ist irreführend. Vielmehr erbringt
die Kommunikationsforschung immer mehr Hinweise darauf, dass das Verhältnis von Medien und Wirklichkeit neu definiert werden muss. Schulz (1989a)
stellt, auf die Entstehung des modernen physikalischen Weltbildes anspielend,
eine nach seiner Meinung zeitgemäßere „kopernikanische" Auffassung einer
veralteten „ptolemäischen" gegenüber. Entsprechend der „ptolemäischen"
Sichtweise werden Massenmedien als „passive Mittler der Realität" begriffen.
Sie dienen der Überbrückung langer Distanzen zwischen dem Ereignis als Objekt
und dem Rezipienten als wahrnehmenden Subjekt. Zwischen beiden lässt sich

nach dieser traditionellen Vorstellung eine klare Trennung herstellen. Medien sind – so Schulz – nach der überkommenen „ptolemäischen" Lehrmeinung nicht, auch nicht teilweise, identisch mit der Gesellschaft, sondern ein außerhalb des üblichen sozialen Geschehens existierender, im Wesentlichen als „Technik" begriffener Apparat. Der „kopernikanische" Standpunkt dagegen relativiert die Möglichkeit objektiver Realitätsabbildung. Die Weltbilder der Medien können an einer reinen, von ihnen selbst unbeeinflussten Realität nicht überprüft werden. Sie sind vielmehr Teil der Wirklichkeit, über die sie berichten. Sie wirken mit an der allgemeinen Weltbildkonstruktion, wobei neben äußeren Gegebenheiten auch interne Verarbeitungsregeln zum Zuge kommen. In welchem Umfang ein solches Bild der Realität, bei dem es sich ja immer auch um eine Einschätzung handelt, richtig oder falsch ist, lässt sich nach Schulz′ Ansicht prinzipiell nicht klären. Für ihn gibt es nur plausible, das heißt als Handlungsbasis taugende Entwürfe. Das bedeutet, dass sich „durch u. U. großen empirischen Aufwand oder durch nachträgliche Rekonstruktion historischer Situationen mitunter sichere Anhaltspunkte über die Angemessenheit einer bestimmten Wirklichkeitsinterpretation finden" (Schulz 1989a, 143) lassen.

Von einem „ptolemäischen" Medienbegriff geht jedoch die journalistische Standesethik aus, nach der zwischen wahren und falschen, zwischen gut und schlecht recherchierten Meldungen durchaus unterschieden werden kann. Während die konstruktivistische Medientheorie herausstellt, dass Selbstorganisation und Selbstreferentialität die Medienbotschaften bestimmen, ist für die Berufsgruppe der Kommunikatoren eine am Gegenstand selbst zu bemessende Objektivität das entscheidende Qualitätskriterium. Der Journalist hat einer „Aufklärungspflicht" nachzukommen, hat sichtbar zu machen, was ohne ihn verborgen bliebe. Ethische Fragen beginnen bei den „Grenzen der Darstellung von Wirklichkeit" (Flemmer 1988, 66), während die Wirklichkeit selbst meistens nicht zur Diskussion steht. Dass je nach dem Gegenstand der Berichterstattung auch reale Folgen zu erwarten sind, führt zwar zu Reflexionen über die Verantwortung des Journalisten, nicht aber über das, was unter Wirklichkeit zu verstehen ist. Unter publizistischem Aspekt erscheint die hemmungslose, sensationalistische Darstellung menschlicher Grenzsituationen mit Recht suspekt. Dabei wird das Problem darin gesehen, dass es dem Fernsehen gelänge, „der Wirklichkeit noch näher, hautnäher auf die Spur zu kommen" (Flemmer 1988, 67) und damit die Rechte der Persönlichkeit zu missachten. In der beruflichen Praxis ist es nach wie vor selbstverständlich, von einer vorgegebenen äußeren Realität und von der Wahrheitspflicht des Journalisten auszugehen. Ohne die Prämisse der „Objektivität' machen professionelle Gütekriterien, ja macht die Arbeit des Journalisten – zumindest nach gängiger Auffassung – keinen Sinn. (Weischenberg 1995, 159/

443) In der Sicht aktueller Medientheorien dagegen ergibt sich die in den Medien dargestellte Wirklichkeit aus der journalistischen Berufspraxis, ist also ein Ergebnis der Arbeitsbedingungen. (Gamson 1992, 387; Frerichs 2000, 147ff.) Die Journalisten selbst sind der Ansicht, unverrückbare Wahrheiten aufzudecken, also mehr zu tun als „viable" Konstrukte zu erstellen:

> „ (...) television news is most accurately conceived as a medium for presenting useful reports (e .g. organizational, personal, and political) as though they were derived for their truth, objectivity and adequacy." (Altheide 1976, 174)

3.5   Pseudoereignisse und Rekonstruktionen

Für das Verhältnis von Fernsehen und Gesellschaft gilt, dass jedes soziale Geschehen durch die Anwesenheit von Kameras, soweit die Akteure entsprechend informiert sind, beeinflusst wird. Vieles, was Nachrichtenredakteure für publikationswürdig halten, fände ohne audiovisuelle Berichterstattung erst gar nicht statt. Handlungen und soziale Prozesse erhalten also durch das Fernsehen, durch ein Millionenpublikum als „Zeuge" einen neuen Sinn. Mit dem Fernsehen als Leitmedium tritt der ursprüngliche und einem imaginären Publikum demonstrierte Zweck einer öffentlichen Aktion in Konkurrenz zu ihrem Showwert. Besonders Personen und Gruppen, die darauf angewiesen sind, dass sie in den Medien erwähnt werden, müssen sich ‚in Szene setzen'. Sie dürfen selbst bei privaten Vorkommnissen das Echo in der Öffentlichkeit nicht unberücksichtigt lassen. Die Abhängigkeit von der Publizität, die heute für die Verantwortlichen in der Wirtschaft und in der Politik, in Kunst und in der Wissenschaft festzustellen ist, fügt allen Handlungen einen Nebensinn hinzu.

In Anlehnung an Boorstin (1961) verwendet Kepplinger (1989, 10ff.; 1992, 51f.) in diesem Zusammenhang den Begriff des *Pseudo-Ereignisses*; die Schaffung von Pseudo-Ereignissen bezeichnet er als *instrumentelle Inszenierung*. Dabei handelt es sich um Aktionen, die zum Zweck der Berichterstattung zustande kommen. Mit Pseudoereignis ist also jener keineswegs seltene Fall gemeint, dass die Wirklichkeit das ist, was wegen der Anwesenheit der Medien und wegen einer eventuellen Publikation sowie der zu erwartenden positiven Folgen getan wird. Das Geschehen hat in erster Linie die Funktion der Berichterstattung. Die Akteure produzieren ein Szenario, um sich selbst oder ihr Anliegen in der Öffentlichkeit bekannt zu machen oder ihr schon vorhandenes Image zu beeinflussen. Das Ereignis als solches ist zweitrangig. Die Aktionen haben möglicherweise noch weitere Funktionen. Diese sind aber nicht bedeutend genug, um das Geschehen von sich aus hervorzurufen. Handlungsleitendes Motiv ist die publizistische Wirksamkeit, auch wenn die Beteiligten alles daransetzen, die

Öffentlichkeit darüber im Unklaren zu lassen. Das Verhältnis von Akteur, Pseudo-Ereignis, Kommunikator, Publikation und Publikationsfolgen stellt Kepplinger wie folgt dar:

Abb.2: Instrumentelle Inszenierung

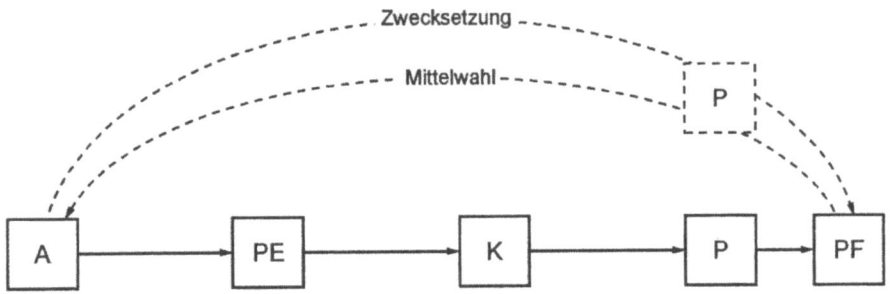

A: Akteur
PE: Pseudo-Ereignis
K: Kommunikator
P: Publikation
PF: Publikationsfolgen

(Kepplinger1989, 11)

Offensichtlich sind solche Inszenierungen in erster Linie in Hinblick auf visuelle Medien, speziell das Fernsehen, wirksam. Für den Showeffekt sind Bilder erforderlich. Diese stehen bei der TV-Berichterstattung im Vordergrund, so dass sich auch der gesprochene Text an den gezeigten Aufnahmen orientiert. Der Rezipient, eben der *Zuschauer*, geht von optischen Eindrücken aus. Das Fernsehen ist nicht hintergründig genug, um den Wahrheitsgehalt des Gezeigten in Frage zu stellen. Ein schriftlicher Bericht dagegen, auch wenn er durch Bilder ergänzt wird, hat Wahrnehmungen *und* Bewertungen des Journalisten zum Inhalt. Die Doppelbödigkeit eines inszenierten Geschehens kann also durch verschriftliche Darstellung besser vermittelt werden, während Bilder, denen der Betrachter im Allgemeinen einen unmittelbaren Wahrheitscharakter zuschreibt (Bilder lügen nicht!), im Rahmen vertexteter Zusatzinformation zu hinterfragen wären; dem Fernsehbild müssten also Rezeptionsanweisungen hinzugefügt werden, um Hintergründe deutlich zu machen, um mit anderen Worten eine Distanz zwischen Berichterstattung und reportiertem Geschehen zustande kommen zu lassen, während beim Pressebericht eine derartige Distanzierung mit dem Text selbst erfolgt.[7] In Druckerzeugnissen kann die ganze Aktion und ihr Szenario Gegenstand einer ironischen Betrachtung sein, in die auch der Bericht über das wegen der erhofften Publikationsfolgen inszenierte Ereignis eingebracht wird. Anders bei der TV-Berichterstattung: „Das menschliche Auge kann nicht zweifeln". (Frey/Kempter/Frenz 1996, 36; nach Weiß 2001, 222) Das Vertrauen in das Gezeigte ist also unmittelbar vorhanden und muss nachträglich in eine kritische Haltung überführt werden. Ob eine derartige Hinterfragung überhaupt erfolgt, hängt von Voreinstellungen des Journalisten ab. Generell sind Pseudo-Ereignisse nur dann realisierbar, wenn Journalisten bereit sind, sich auf sie einzulassen.

Die für derartige Inszenierungen verantwortlichen PR-Experten, Medienberater, *spin doctors* usw. sowie ihre Protagonisten schreiben ihre Drehbücher nicht neu, sondern nutzen vorhandene Handlungsmuster für ihre Zwecke. Sie orientieren sich am alltäglichen Rollenspiel, um dieses nach professionellen Gesichtspunkten zu perfektionieren. Damit wird der Eindruck erweckt, als ob die Berichterstattung der Medien nur ein Attribut einer in sich bedeutsamen Handlung wäre. Dass die Akteure bemüht sind, über das artifizielle Zustandekommen eines Ereignisses, das heißt die öffentliche Präsentation als vorrangiges Motiv, hinwegzutäuschen, ergibt sich aus den Nutzungsinteressen der Rezipienten, die Informationen über authentische Ereignisse erwarten. Die Möglichkeiten der Zuschauer, zwischen Pseudo-Ereignissen und Ereignissen zu unterscheiden, sind allerdings wegen der zeitlichen, räumlichen und oft auch sozialen Distanz gering.

Ein Erfolg derartiger Bemühungen zur Aufdeckung von Inszenierungen ist also eher unwahrscheinlich, zumal ein verstecktes Zusammenspiel zwischen Ereignismanagern und Programmgestaltern nahe liegt. Sowohl das erwartete Publikumsinteresse als auch das Fehlen anderer berichtenswerter Ereignisse bieten für TV-Veranstalter genügend Anlass, bei der Veröffentlichung eines Pseudo-Ereignisses mitzuwirken, obwohl auf diese Weise das Medium von dem Arrangeur des Pseudo-Ereignisses und seiner Klientel in den Dienst genommen wird. Darüber hinaus sind Pseudo-Ereignisse so zum Handlungsritual geworden, dass sie auch zur Informationsroutine gehören. Die Regelmäßigkeit einiger Pseudo-Ereignisse lässt vergessen, dass sie im Hinblick auf Imagepflege veran-

---

7 In der Regenbogenpresse ist selbstverständlich von einer derartigen Distanzierung wenig zu spüren, was jedoch auf die Voreinstellung der Journalisten und ihrer Auftraggeber zurückzuführen ist. Kommerzielle Interessen der Verlage und Publizitätsinteresse der Akteure führen zu einer symbiotischen Beziehung, die durch distanzierende Berichterstattung nicht in Frage gestellt werden darf. Es ist allerdings bezeichnend, dass derartige Reportagen ohne Illustration nicht auskommen. Mögliche Zweifel der Leser werden durch die Bebilderung zerstreut.

staltet werden. Nichtsdestoweniger nutzen gerade politische Akteure die Inszenierung von Ereignissen als ein Mittel „zur Steuerung der Medienberichterstattung, zur Sicherung der Medienpräsenz, zur Erringung von Aufmerksamkeit, zur Beeinflussung der gesellschaftlichen Tagesordnung an politischen Themen und an Problemansätzen sowie zur Beeinflussung von Selbst- und Fremdbildern (Images)" (Tenscher 1998, 189).

Pseudo-Ereignisse, Verlobungen im Bereich des Showbusiness zum Beispiel oder volkstümliche ‚Treffen' der Parteien vom Typ des ‚Politischen Aschermittwoch', beginnen und enden als Gegenstand der Berichterstattung. Ihr primärer, vor der Öffentlichkeit verborgener Handlungssinn besteht im Zeigen. Ob die inszenierte Aktion in Hinblick auf den öffentlich vorgegebenen Handlungssinn erfolgreich verläuft, ist nebensächlich. Allerdings sind Pseudo-Ereignisse deswegen nicht einfach „Theater". Theaterstücke (und auch Spielfilme) werden in einer von der Lebenswelt getrennten Situation produziert. Sie sind, von ‚Pannen' und anderen Zwischenfällen abgesehen, die dann um so mehr ins Gewicht fallen, total planbar, so dass eine Aufführung beliebig oft wiederholt werden kann. Das Pseudo-Ereignis ist zwar auch inszeniert, jedoch in ein nichtinszeniertes Handlungsgeflecht einbezogen. Es ist insofern authentisch, als es – bis zum pünktlichen Eintreffen des Kamerateams am Ort des Geschehens – generalstabsmäßig organisiert sein kann und trotzdem anders verläuft, als es seine Regisseure vorhergesehen haben. Es ist somit immer mit Störungen zu rechnen, die durch die nichteingeweihten Beteiligten verursacht werden. Die Veranstalter des Geschehens, Imageberater, Pressesprecher und Manager, aber auch die Akteure selbst, die als ‚Quasi-Schauspieler' über viel Erfahrung mit derartigen Auftritten verfügen, gehen mit Nicht-Schauspielern im gleichen situativen Kontext um. Improvisationen, Abweichungen vom Plan, werden daher auf Seiten des Ereignismanagements nötig. Das Pseudo-Ereignis ist nicht nur ‚Show'. Das Unechte verbindet sich mit dem Echten, die Bühne mit dem Leben, die inszenierte Aktion mit der Alltagsroutine. Nur in dem Extremfall, dass an dem gesamten Geschehen ausschließlich nach Plan handelnde Akteure beteiligt sind, kommt eine reine Spielhandlung, kommt Theater zustande.

Die Aussicht auf massenmediale Berichterstattung prägt die soziale Realität allerdings auch dann, wenn andere Handlungsziele als der Publikationseffekt im Vordergrund stehen. Kepplinger (1989, 13) macht einen Unterschied zwischen Pseudo-Ereignissen und ‚mediatisierten' Ereignissen. Im Gegensatz zu Pseudo-Ereignissen werden die mediatisierten Ereignisse durch die Berichterstattung nicht verursacht, wohl aber in ihrem Ablauf und in ihrer Ausgestaltung beeinflusst. Bei den mediatisierten Ereignissen ist davon auszugehen, so Kepplinger, dass sie den Anforderungen der Medien entsprechend gestaltet werden. Genau das ist mit der oft gehörten Klage gemeint, dass Redner bei den Debatten des

Deutschen Bundestages, die vom Fernsehen übertragen werden, ,zum Fenster hinaus' sprechen. Was und wie etwas gesagt wird, ist weniger an der Sache, an Expertisen, an den Verhandlungsergebnissen in den Ausschüssen oder an den Ministerialvorlagen orientiert, sondern vielmehr an der Wirkung auf den Wähler, den die Politiker über den Bildschirm zu erreichen hoffen. Diese vor allem durch das Fernsehen beeinflussten ,Ereignisse' sind allerdings nur Ausdruck einer allgemeinen Entwicklung, die als Mediatisierung, das heißt als „Verschmelzung von Medienwirklichkeit und sozialer Wirklichkeit" (Sarcinelli 1998a, 678) immer weiter um sich greift. Krotz (2001) zeigt in einer Analyse zur Mediatisierung des kommunikativen Handelns, wie das Fernsehen den häuslichen Rahmen überschreitet und inzwischen Bildschirmgeräte auch an öffentlichen Plätzen präsent sind, wo sie nicht nur individuell genutzt werden, sondern auch zu fernsehbezogenen Interaktionen führen, sodass das Fernsehen – die Privatsphäre überschreitend – Sinnkonstruktionen hervorbringt und Sozialität entstehen lässt.

Von Pseudo-Ereignissen und mediatisierten Ereignissen sind ,Rekonstruktionen' zu unterscheiden. Da sich Menschen anders verhalten, wenn sie wissen, dass ihr Tun im Fernsehen gezeigt wird, fühlen sich TV-Berichterstatter veranlasst, Handlungsabläufe, deren Zeuge sie wurden oder von denen sie erfahren haben, vor laufender Kamera nachspielen zu lassen, und zwar so, dass die Wiederholung das authentische Geschehen wiedergibt. Derartige Inszenierungen, die sich auf einen tatsächlich oder vermeintlich so stattgefundenen Vorgang beziehen, machen Sinn, wenn es darum geht, eine Wirklichkeit darzustellen, die dem Fernsehen als unverfälschte, nicht mediatisierte Wirklichkeit verschlossen bleibt, und zwar entweder, weil das Fernsehen bei dem Ereignis nicht zugegen war oder weil sich diese Wirklichkeit durch das Fernsehen verflüchtigt bzw. durch Wünsche der Akteure, die wissen, dass sie ihr Handeln einem Millionenpublikum zugänglich machen, zerstört oder – gemessen an einem vermuteten Handlungsverlauf – verzerrt wird.

Im Gegensatz zu den Pseudo-Ereignissen sind bei Rekonstruktionen nicht die Image-Berater und deren Protagonisten, sondern die Journalisten und Produzenten die Veranlasser des Geschehens. In welchem Maße das nachgestellte Ereignis der Wirklichkeit, die es darstellen soll, gleichkommt, ist zuweilen eine hypothetische Frage, zumal wenn diese Wirklichkeit nicht direkt beobachtet wurde. Dem Fernsehzuschauer gegenüber wird der Eindruck erweckt, dass es sich um die unmittelbar erfahrene Realität handle. Entscheidend für die Veröffentlichung ist, ob das nachgestellte Bild der Wirklichkeit von Journalisten und Produzenten für richtig und genau genug gehalten wird; in diesem Fall gilt die Rekonstruktion als nicht deklarierungsbedürftig.[8]

Trotzdem gibt es Indikatoren, die den Unterschied zwischen einer Rekonstruktion als der ‚besseren Wirklichkeit' von dem authentischen Handlungsverlauf erkennen lässt. Während des Golfkrieges im Jahre 1991 zum Beispiel hatte das amerikanische Militär eine totale Informationssperre verhängt, sodass das Kriegsgeschehen selbst von den Kamerateams vor Ort nicht aufgenommen werden konnte. Im Gegensatz zu diesem Informationsmangel war das Informationsbedürfnis der Öffentlichkeit enorm, weshalb sich Journalisten offenbar zu Rekonstruktionen veranlasst sahen, wie aus der folgenden Äußerung des WDR-Intendaten Fritz Pleitgen hervorgeht:

> „Als Profi kenne ich natürlich diese Bilder (...), wo plötzlich Maschinengewehre und -pistolen loslegen und überhaupt kein Gegner da ist. Wenn ein Gegner da gewesen wäre, hätte der Kameramann nicht so ohne Angst und in aller Ruhe diese Aufnahmen machen können. Das sind Bilder, die nachgestellt wurden, die möglicherweise einer Situation ziemlich nahe kommen – *aber die vorrollenden Panzer und alle diese Dinge, die uns dort angeboten (!) wurden, waren natürlich zum großen Teil Operette.*" (Pleitgen 1991, 18; zit. nach Gödde 1992, 282; kursiv bei Gödde)

Informationssendungen unterscheiden sich von Unterhaltungssendungen dadurch, dass in ihnen keine Schauspieler auftreten. Nichtsdestoweniger wird auch bei Rekonstruktionen Laien die Aufgabe von Schauspielern übertragen, und zwar insofern, dass sie sich selbst spielen sollen. Anders als bei den Pseudo-Ereignissen sind es in den Hauptrollen keine Semiprofessionellen, die zusammen mit Laien in den Nebenrollen oder als Statisten auftreten. Vielmehr werden die Laien, die nachempfindend Episoden ihres Lebens darstellen sollen, zu Protagonisten gemacht. Dabei arbeiten sie unter erschwerten Bedingungen, was manchmal durch eine mangelhafte *performance* zutage tritt: Sie sollen etwas nachspielen, was ihnen ‚beim ersten Durchgang' als Rolle gar nicht bewusst geworden ist, was ihnen daher auch nicht als etwas Fremdes, das man sich aneignen könnte, gegenübertritt. Gleichzeitig ist dieses Geschehen im Augenblick der Reproduktion auch nicht mehr Bestandteil ihrer Ich-Identität, der man unkontrolliert Ausdruck geben könnte. Also ist es notwendig, die Szene, möglicherweise auch unter Hinzuziehung der Protagonisten als die ausgewiesenen Experten, die ja das Ereignis schon erlebt haben bzw. ohne das Hinzukommen des Fernsehens erlebt hätten, zu ‚stellen' oder sogar ein improvisiertes Drehbuch anzufertigen.

Indem in der Rekonstruktion nur typische Interaktionssequenzen und Situationen dargestellt werden, also alle Besonderheiten und Zufälligkeiten entfallen, wird der Anspruch, unverfälschtes soziales Leben darzustellen, verfehlt. Der

---

8   Ähnliche Effekte können im Studio erzielt werden, wenn Schnitte so erfolgen, dass eine bestimmte Struktur als Bild der Wirklichkeit erscheint.

Zwang, die Wirklichkeit so wiederzugeben, dass sie nicht als unwahrscheinlich gilt, dazu der Zeitmangel der Produzenten und die antizipierte Ungeduld der Zuschauer, bewirken die Konzentration auf das Typische, speziell das Rollentypische. Das Bild der Wirklichkeit wird unter dem Einfluss des Fernsehens von Zufällen bereinigt; Rekonstruktionen arbeiten das heraus, was ins Klischee passt. Vor den Augen des Zuschauers entsteht eine Quasi-Wirklichkeit, weder Wirklichkeit noch Schauspiel, mit Journalisten als Regisseuren und Laienschauspielern, die ihr Leben darstellen sollen, dabei aber dramaturgischen Vorgaben folgen müssen. Gerade der Zwang, für den Zuschauer glaubhaft und plausibel zu sein, also nacherlebendes Verstehen zu ermöglichen, führt unter Umständen an dem Handlungssinn und Handlungsverlauf früherer realer bzw. hypothetischer Ereignisse vorbei.

Rekonstruktionen kommen nicht nur deshalb zustande, weil das Fernsehen bei einem Ereignis nicht dabei war, sondern auch weil ein aktuelles Geschehen nicht fernsehgerecht ist. Tatsächlich verhalten sich medienunerfahrene Akteure nicht so, dass eine effektvolle Bildführung möglich wäre. Daher ist professionelle Hilfe vonnöten, die aber normalerweise nur als Korrektur des Live-Events verabreicht werden kann. Die Geschwister, die über viele Jahre getrennt waren, die Eltern, die ihr entführtes Kind wiedersehen, der Lebensretter, der die vom Schock genesende junge Frau im Krankenhaus besucht, sie alle sollen, schon damit die an das Publikum übermittelten Zeichen interpretierbar sind, sich situations- und rollenadäquat verhalten. Zum Beispiel müssen sie sich vor der Kamera so bewegen, dass sie deutlich zu sehen sind; Hauptpersonen haben im Mittelpunkt zu stehen und sich von Nebenfiguren und Statisten zu unterscheiden, die Beleuchtung muss stimmen, die Akteure dürfen sich nicht ins Wort fallen usw.. Allerdings sind die ‚Mitspieler', die das Schicksal zu Hauptfiguren eines dramatischen Geschehens werden ließ, in der Regel keine Prominenten. Daher kann beim Nachstellen des Ereignisses auf ein diskretes Arrangement nicht verzichtet werden. Die Anwesenheit des Fernsehens löst möglicherweise bei den TV-Unerfahrenen Befangenheit aus, die nur durch mehrfaches Wiederholen abgebaut werden kann. Auf diese Weise entfernt sich die Rekonstruktion von dem ‚natürlichen' Vorgang. Aber auch die ohne weitere Vorkehrungen abgefilmte Wirklichkeit hätte – aufgrund der Anwesenheit der Fernsehkameras – mit dem spontanen Handlungsverlauf nicht allzu viel gemeinsam.

Die Rekonstruktion als Objekt der Fernsehberichterstattung kann professionell unbefriedigender sein als das mediatisierte Geschehen. In beiden Fällen können Ungeschicklichkeit, Peinlichkeit, Befangenheit und Geltungsdrang zum Zuge kommen. Sofern sich der Journalist zwischen diesen ‚Wirklichkeiten' zu entscheiden hat, kommt es daher zu schwierigen Abwägungsprozessen.

Im Gegensatz zu den medienunerfahrenen Laien, die aufgrund unvorhergese-
hener – und daher zu rekonstruierender – Ereignisse in das Zentrum des öffentlichen Interesses gerückt sind, muss den Prominenten kein Nachhilfeunterricht bei
der Präsentation ihrer Person und ihres Wirkungsbereichs gegeben werden. Sie
sind es gewohnt, im Mittelpunkt zu stehen und vor Publikum zu agieren. Die
Situationen, in denen sie in Erscheinung treten, sind arrangiert, anstatt dem Zufall überlassen zu sein. Das Fernsehen kommt in der Regel nicht plötzlich, sondern hat sich angemeldet. Selbst für das spontane Statement gibt es noch die
Routine, das heißt die mit Pressereferenten und Medienberatern für eben solche
Anlässe eingeübte Strategie. Nichtsdestoweniger kann es sich bei den Auftritten
der Prominenten um Rekonstruktionen handeln, und zwar dann, wenn bei dem
Ereignis selbst Kameras nicht zugelassen waren oder der Selbstdarstellung letzte
Feinheiten fehlen. Tatsächlich werden an die Prominenten höhere Anforderungen gestellt. Die Perfektion der Darstellung, die üblich ist, wenn Prominente
bei Inszenierungen vor der Kamera agieren, wird zum Maßstab der Rekonstruktion. Was dem unerfahrenen Laien erlaubt ist, ja als Beleg des Authentischen
gilt, eine sprachliche Eigentümlichkeit, ein unkontrollierter Gesichtsmuskel, eine
unvorteilhafte Frisur, ist für den Politiker oder Schauspieler im Rampenlicht des
Fernsehens ein unverzeihlicher Fauxpas. Daher müssen auch feinste stilistische
Besonderheiten beachtet werden: Das Händeschütteln der Staatsmänner fällt –
wie Gumbrecht feststellt – vielleicht erst nach zahlreichen Wiederholungen
‚fernsehgerecht' aus. (1988, 248) Auch der Prominente muss posieren, wobei es
– ebenso wie bei dem medienunerfahrenen Laien – darum geht, eine Situation,
ein Lächeln, eine Dankesgeste, ein Gespräch authentisch wirken zu lassen;
gleichzeitig müssen diese – der tatsächlichen oder vermeintlichen Bedeutung
entsprechend – theatralisch zur Geltung gebracht werden. Es sind also widersprüchliche Anforderungen, die an den Prominenten bei der Rekonstruktion
eines Ereignisses gestellt werden. Was ihm abverlangt wird, ist eine Gratwanderung zwischen natürlicher Unbefangenheit mit der Gefahr, banal zu wirken, und
würdevoller Gestik, die steif und konventionell erscheinen kann.

Doelker (1979, 75f.) rechtfertigt derartige Interventionen des Fernsehens für
den Fall, dass es auf diese Weise gelingt, größere Lebensechtheit vorzuführen.
Da die Kamera durch ihre Anwesenheit eine Situation verändern könne, müsse
es erlaubt sein, durch ‚Regie' die ursprüngliche ‚Frische' wiederherzustellen.
Allerdings sieht er auch die Gefahr eines solchen Vorgehens, nämlich dass die
Reportage zum Spielfilm wird. Sein Vorschlag, nachgespielte, inszenierte Sequenzen mit einem Hinweis zu versehen, findet in der Praxis keine Resonanz, da
ja durch Problematisierung der Authentizität auch das Interesse des Publikums in
Frage gestellt würde. Es sind also, ohne dass der Zuschauer irgendwelche Hinweise und Kontrollmöglichkeiten hat, die verschiedensten Abweichungen zu

einer Wirklichkeit ohne Kamera möglich: Unterbrochene Handlungen können fortgesetzt, hypothetische unter Fernsehbedingungen realisiert, vollzogene wiederholt und vielleicht auch variiert, neue Handlungssequenzen bis zum Stegreifspiel hinzugefügt werden. Die Unterscheidung zwischen Pseudo-Ereignissen, mediatisierten Ereignissen und Rekonstruktionen erweist sich dabei als eine idealtypische, die nur in Grenzfällen das komplexe Verhältnis zwischen Wirklichkeit und Fernsehwirklichkeit eindeutig erfasst, zumal der Prozess der Mediatisierung unaufhaltsam fortschreitet.

Für den Rezipienten bleiben die Vorgeschichte und die Rahmenhandlung des reportierten Geschehens im Dunkeln. Wie sich Journalisten Zugang zu einem Milieu verschaffen und welche Rollen während der Dreharbeiten übernommen werden, geht aus den im Fernsehen gezeigten Inhalten nicht hervor. Gleiches gilt für die entscheidende Frage, wieso die an einem Vorgang Beteiligten bereit sind, über sich berichten zu lassen, welche Motive sie veranlassen, an der Aktion ‚Fernsehaufnahme' mitzuwirken. Der Zuschauer geht von den Beweggründen aus, die sich aus der vorgeführten Handlung ergibt. Falls die Akteure für eine Rekonstruktion erst gewonnen werden mussten, da das eigentliche Geschehen für die Fernsehkameras nicht zugänglich war, ergeben sich Merkwürdigkeiten, die sich einer schlüssigen Interpretation entziehen. Auch die professionelle Vorgehensweise und die ethischen Codes der Journalisten, die durch ihre bloße Anwesenheit auf ein soziales Geschehen Einfluss nehmen, sind für den Zuschauer nicht nachvollziehbar. Für ihn ist die Darstellung auf dem Bildschirm so, als wäre sie die Welt, wobei allerdings Inkonsistenzen zutage treten: es kommt zu sachlichen und logischen Frakturen, die nur durch subjektive Interpretationsleistungen überbrückt werden können.

Diese Überlegungen machen bereits deutlich, dass auch das genuine Ereignis ein Konstrukt darstellt. Inwieweit der Journalist als Handelnder von den Beteiligten in ein Geschehen einbezogen wird, er eine Rolle zugewiesen bekommt, die den Gruppenprozess umformt, kann von ihm selbst wie auch von den anderen höchstens erahnt werden. Handelt es sich um die Rekonstruktion eines Ereignisses, das er selbst beobachtet hat, so werden doch seine Wahrnehmung und seine Erinnerung selektiv sein. Möglicherweise täuscht er sich auch im Hinblick auf die Authentizität des Handlungsverlaufs, der selbst dann medial beeinflusst sein kann, wenn die Beobachtung verdeckt bleibt. Auch Rekonstruktionen nehmen bereits auf vermeintliche Wahrheiten Bezug, auf Vermutungen über ‚natürliche' Verläufe, die es aufgrund der Allgegenwärtigkeit von Kameras immer weniger geben kann.

3.6   Sich selbst erfüllende Behauptungen

Wenn es richtig ist, dass Medien in der Informationsgesellschaft eine unverzichtbare Orientierungsfunktion übernehmen, dann haben sie damit Einfluss auf
das, was Merkert als zweite und dritte Ebene der Wirklichkeit bezeichnet (s.Kap.
3.2). Welcher Art auch immer die Konstrukte sein mögen, die über Presse, Kabel
oder Funk weitergeleitet werden, wie angemessen oder unangemessen sie sich
zum Vorfindbaren verhalten, so bleibt der Einzelne doch genötigt, sich eine
Meinung zu bilden. Zum Beispiel können Meldungen, dass bestimmte Le-
bensmittel Schadstoffe enthalten und möglicherweise Krankheiten auslösen, von
Fernsehzuschauern, die gelegentlich derartige Waren kaufen, nicht einfach ignoriert werden. Das Publikum reagiert auf solche Nachrichten, und zwar durch
Änderung der Einkaufs- und Ernährungsgewohnheiten. Massenmedien sind, wie
Schulz (1989, 141ff.) es formuliert, „Weltbildapparate"; im kollektiven Prozess
der Generierung von Wirklichkeit kommt ihnen eine Schlüsselrolle zu. Besonders das Fernsehen hat an der Entstehung von Welt*bildern* einen hervorragenden
Anteil.

Schon mit der Feststellung von Realität wird Einfluss genommen auf das,
was sich sodann als soziales Handeln entwickelt. Nach dem Thomas-Theorem
(Thomas/Thomas 1973, 333ff.; im Orig. 1928) sind Situationen, die Menschen
als real definieren, in ihren Folgen real. Die Wirklichkeit verhält sich plastisch
gegenüber der Behauptung von Wirklichkeit. Aussagen, die für besonders glaubhaft gehalten werden, zum Beispiel die abendlichen Fernsehnachrichten, sind
dabei besonders wirksam.

Unter einer *self fulfilling prophecy* (Merton) ist ein Zustand zu verstehen, der
durch eine Vorhersage herbeigeführt wird. Ein wirtschaftlich erfolgreiches Unternehmen kann zum Beispiel durch die Aussage, dass ein Firmenzusammen-
bruch kurz bevorstehe, zumal wenn dieser Befund in den Medien verbreitet wird,
in den Bankrott getrieben werden. Auch die völlig willkürliche Behauptung einer
bevorstehenden Benzinknappheit kann dazu führen, dass Autobesitzer bei nächs-
ter Gelegenheit ihren Tank auffüllen und so eine durch das Angebot schließlich
nicht mehr zu deckende Nachfrage bewirken. Paul Watzlawick stellt dazu fest:
„Eine aus einer selbsterfüllenden Prophezeiung resultierende Handlung schafft
erst die Voraussetzung für das Eintreten des erwarteten Ereignisses und erzeugt
in diesem Sinne recht eigentlich eine Wirklichkeit, die sich ohne sie nicht ergeben hätte" (Watzlawick 1976, 92). Der Grund für diese Art von Wirksamkeit der
Medien besteht in dem Glauben, dass – auch ohne eigenes Zutun – der vorher-
gesagte Zustand eintreten wird. Die so Informierten stellen sich auf eine Wirklichkeit ein und lösen Interaktionsprozesse aus, die schließlich in die vorherge-
sagte Konstellation einmünden. Die sich selbst erfüllende Prophezeiung macht in

besonders eindringlicher Weise deutlich, dass sich die Wirklichkeit gegenüber Konstrukten plastisch verhält.

Konstrukte entfalten ihre Wirkung immer dann, wenn es wenig empirisches Wissen bezüglich möglicher oder wahrscheinlicher Handlungsverläufe gibt, wenn also andere Erkenntnisse der Behauptung eines künftigen Ereignisses oder Zustandes nicht entgegenstehen. Die prognostizierende Behauptung bezieht sich zwar auf eine noch nicht eingetretene Wirklichkeit, knüpft aber an Elemente eines vergangenen oder gegenwärtigen Geschehens an, die auf das vermeintlich wahrscheinliche Eintreten einer zukünftigen Entwicklung hin ausgedeutet werden. Die Wirklichkeit wird durch die Prophezeiung geformt, weil es in der Gegenwart wenig verlässliche Anzeichen dafür gibt, was kommen wird, weil es wenig ,objektive', also von Meinungen und Vorstellungen unabhängige Faktoren gibt, die auf den Verlauf der Ereignisse Einfluss nehmen und weil auch aktuelle Belege Interpretationsspielräume aufweisen, das heißt entsprechend der Behauptung auszuformen sind.

Nicht die Zukunft selbst beeinflusst ein gegenwärtiges Geschehen, sondern die in das Handeln eingehenden, jedoch durchaus aktuellen Vorstellungen über das, was kommen könnte. Die Akteure tragen zur Erfüllung der Prophezeiung bei, weil sie sich im Augenblick des Handelns von bestimmten Motiven oder Emotionen lenken lassen. Es wird also nicht durch sich selbst erfüllende Prophezeiungen die lineare Kausalität von Wenn-dann-Beziehungen außer Kraft gesetzt, weil – wie Watzlawick meint – die Zukunft auf die Gegenwart einwirke bzw. weil das Verhältnis von Ursache und Wirkung verkehrt werde. (Vgl. Girgensohn-Marchand 1992, 96) Darüber hinaus gibt es Effekte von Konstrukten nicht nur in Hinblick auf prognostizierte Ereignisse oder Zustände, sondern auch auf Aussagen über die Gegenwart. Die – frei erfundene – Aussage zum Beispiel, dass eine bestimmte Haartracht Mode sei, mag trendbewusste Zeitgenossen dazu veranlassen, sich eben diese Frisur zuzulegen. Insofern erfasst der Begriff der „sich selbst erfüllenden Prophezeiung" nur einen Spezialfall eines allgemeineren Zusammenhangs. Auch bei einer komplexen, vielfältig zu beschreibenden und auszulegenden Gegenwart ist es möglich, dass sich die Realität nach dem Konstrukt, das heißt nach der Beschreibung und Analyse imaginierter Zustände, formt. Die „sich selbst erfüllende Prophezeiung" ist nur eine spezielle Variante konstruktabhängiger gesellschaftlicher Effekte; verallgemeinernd könnte man von „sich selbst erfüllenden Behauptungen" sprechen. Diese entfalten ihre Wirksamkeit, indem die Adressaten meinen, dass sie sich durch spezielle Aktionen auf ein Geschehen einstellen müssten. Tatsächlich ist diese Wirklichkeit weder so vorhanden noch ereignet sie sich zwangsläufig in der Zukunft. Aber weil der Zustand unabwendbar erscheint oder vermeintlich schon eingetreten ist, werden entsprechende Maßnahmen eingeleitet und so erst die Übereinstimmung zwischen Wirklichkeit und beschreibender Aussage herbeigeführt.

Auch das Fernsehen stellt in vielfältiger Weise Behauptungen über die Wirklichkeit auf. Bei den an die Rezipienten herangetragenen Informationen kann es sich schon deswegen nicht um Abbilder der Realität handeln, weil diese viel zu komplex ist. Vielmehr geht es bei dem, was auf dem Bildschirm gezeigt wird – mehr noch als bei den vielfältigeren und abstrakteren Informationen der Printmedien – um vereinzelte Ausschnitte eines umfassenden Geschehens. Der Zuschauer muss darauf vertrauen, dass die von den Journalisten vorgenommene Selektion die entscheidenden, handlungsleitenden Elemente beinhaltet und lediglich unwichtige Merkmale unerwähnt lässt. Eine implizite, sich selbst erfüllende Behauptung des Fernsehens kann schon darin bestehen, dass der Eindruck erweckt wird, die gezeigten Bilder repräsentierten einen allgemeinen Zustand. Für den Journalisten rechtfertigt sich ein Bericht möglicherweise nicht durch Repräsentativität, sondern durch Relevanz. Selbst wenn Relevanzbegründungen mitgeliefert werden, so bleibt es doch dem Zuschauer überlassen, die Verbreitung von bedeutsam erscheinenden Ereignissen abzuschätzen. Eines der häufigsten Missverständnisse besteht wohl darin, dass von der Relevanz auf die Repräsentativität geschlossen wird. Die Ausschnitte aus der Wirklichkeit, die im Fernsehen gezeigt werden, gelten als hinreichende Beschreibung des Ganzen. Möglicherweise sind jedoch die Gründe, bestimmte Ereignisse herauszugreifen, ganz andere: Es kann sich zum Beispiel um Gegebenheiten handeln, die die Fernsehjournalisten als besonders bedrohlich, ethisch verwerflich oder auch nur aufgrund ihrer Kuriosität ausgewählt haben. Wenn diese verschiedenen journalistischen Absichten nicht wahrgenommen werden, dann bleibt nur der Schluss auf die Repräsentativität, das heißt die Vermutung, dass ein allgemeiner Zustand, ein allgemeiner Trend dargestellt werde. So erscheint die mögliche Gefahr als aktuelle Katastrophe, die Zukunft als Gegenwart, die partielle als die ganze Wahrheit.

Die vom Fernsehen übermittelten Behauptungen über den gegenwärtigen oder künftigen Zustand der Welt verändern die Wirklichkeit auf zweierlei Weise: Sie können entweder eine Angleichung an das Konstrukt bewirken oder aber Energien mobilisieren, die verhindern, dass das Konstrukt zutrifft. Auch im Falle der *self destroying prophecy* wird den Tatsachenbehauptungen der Medien geglaubt; ein bedrohliches Wirklichkeitsbild kann dazu führen, dass Kräfte aufgeboten werden, die der Entwicklung eine andere Richtung geben. Auf der Grundlage von Wirklichkeitskonstrukten kommt es zu kollektiven Handlungen, die darauf gerichtet sind, den vermeintlich gegebenen oder zu erwartenden Zustand einzudämmen bzw. die befürchteten Konsequenzen abzuwehren. Die *self fulfilling prophecy* ist allerdings häufiger als die *self destroying prophecy*, da Widerstand gegen vermeintlich bestehende oder sich anbahnende zukünftige Verhältnisse nur punktuell geleistet werden kann. Das bedeutet für das Fernsehen, dass nur in einzelnen Bereichen Veränderungen der dargestellten Wirklichkeit möglich sind. Wenn das Fernsehen nicht nur Informationen über vereinzelte Tatbestände und Entwicklungen vermittelt, sondern umfassend am Zustandekommen von Weltbildern beteiligt ist, dann ist auch der so vermittelte Eindruck ‚überwältigend'. Im allgemeinen ist daher die Welt, die wir mit den Augen des Fernsehens wahrnehmen, als gegeben zu akzeptieren, was nichts anderes bedeutet, als dass wir uns auf das Konstrukt einstellen und es durch unsere Handlungen bestätigen.

3.7   Programmkategorien

Wie eine Aussage im Fernsehen gemeint ist, das heißt, auf welche Weise auf die sozial ausgedeutete oder lebensweltlich erfahrene Wirklichkeit Bezug genommen wird, ergibt sich aus der Art des Programms. Ob es eine fiktive Welt ist, die dargestellt werden soll, oder ob es sich um eine Dokumentation mit dem Anspruch der Richtigkeit mit Bezug auf ein tatsächliches Geschehen handelt, folgt aus der Definition des Genres oder des Formats. Ohne derartige Klassifizierungen kann der Fernsehtext nicht ‚gelesen' werden, wobei Programmankündigung von ebenso großer Bedeutung sind wie stilistische Merkmale, die dem ‚Text' eigen sind.

In der medialen Kommunikation ersetzen Programmkategorien Signale über den Sinn einer Aussage, die in der persönlichen Kommunikation durch Gesten und Symbole, durch Körpersprache, Tonfall, Mimik und spezielle Sprachspiele übermittelt werden. In der face-to-face-Interaktion wird nicht nur ein bestimmter Wortsinn kommuniziert, sondern auch die Absicht, die der Kommunikator mit seiner Kontaktaufnahme verbindet und die auf das Verhältnis der Aussage zur lebensweltlichen Wirklichkeit schließen lassen. Häufig erschließt sich die Funktion eines persönlichen Gesprächs schon aus der Situation, in der es stattfindet. Ein paar Bemerkungen im Vorübergehen können nicht ganz ernst gemeint sein, Vereinbarungen, die bei einer derartigen Gelegenheit getroffen werden, haben keinen Vertragscharakter. Für Liebeserklärungen werden romantische Ort aufgesucht; akademische Prüfungen finden in Hochschulen und Universitäten statt. Aber auch innerhalb einer solchen Bandbreite gibt es eine Vielschichtigkeit, die gelegentliche Vergewisserungen angezeigt erscheinen lassen. Die Gesprächspartner können sich gegenseitig durch Tonfall, durch Gesten und Körpersprache, durch stilistische Mittel, durch einen bestimmten Sprachcode, zum Beispiel durch die Verwendung von Jargon- und Dialektausdrücken, über den Sinn der

Kommunikation informieren. Was eine Tatsachenbeschreibung, was eine ironische Übertreibung oder ein Scherz sein soll, ergibt sich aus sprachlichen und nichtsprachlichen Elementen der Kommunikation. Wenn trotzdem die Gefahr des Missverständnisses besteht, das heißt, wenn die verschiedenen Andeutungen über den Sinn einer Äußerung nicht genügen, dann besteht in der direkten Kommunikation immer noch die Möglichkeit der Nachfrage.

Im Falle der medialen Kommunikation dagegen ist eine derartigen Rückkoppelung ausgeschlossen oder sie wird nicht realisiert, weil der Aufwand zu groß ist. Wenn sich nicht nur einzelne, sondern viele Rezipienten vergewissern möchten, wie etwa eine TV-Botschaft gemeint ist, so scheitert die Erfüllung des Anliegens schon an den begrenzten technischen Möglichkeiten. Ob sich tatsächlich eine Giftgaswolke dem Sendegebiet nähert oder ob es sich um ein raffiniertes Dokumentarspiel handelt, kann nicht durch einen Anruf bei dem Fernsehveranstalter geklärt werden, da das Telefonnetz dem Ansturm nicht gewachsen wäre. Nichtsdestoweniger ist es nicht unbedenklich, die Interpretation eines TV-Textes dem Rezipienten zu überlassen. Missverständnisse, die sich bei der Rezeption von auditiven und audiovisuellen Medien ergeben, lösen möglicherweise aufgrund ihres Verbreitungsgrades schwerwiegende soziale Folgen aus. Im Falle der elektronischen Kommunikationsmittel muss es daher andere Möglichkeiten geben, um den Sinn des Gehörten und Gesehenen so deutlich zu machen, dass sich Rückfragen erübrigen.

Dies geschieht, indem die Kategorisierung der Programme die Funktion der Kommunikation und damit die Realitätsebene klarstellt. Im Fernsehen wird durch die Bezeichnung des Formats deutlich gemacht, was als Bericht und was Satire, was als Nachricht oder als Spielhandlung, was als Tatsachenbeschreibung bzw. Zitat und was als persönliche Meinungsäußerung gemeint ist. Wird ein ‚Spielfilm' gezeigt, dann ist es offensichtlich, dass Personen und Handlungen höchstens zufällig die Realität wiedergeben. Demgegenüber macht schon die Bezeichnung einer Sendung als ‚Dokumentation' deutlich, dass „Fremdreferenz" (Luhmann 1996, 24ff.) beansprucht wird. Programmkategorien, Genre- und Formatbezeichnungen zielen also darauf ab, das Verhältnis zur Wirklichkeit genauer zu qualifizieren. Sie sollen über den unterstellten Wahrheitsgehalt aufklären, weil erst dann der Zuschauer weiß, ob sich aus dem Gesehenen Handlungszwänge ergeben. Wer darüber aufgeklärt wird, dass es sich bei einer Darstellung um eine ‚Satire' handelt, der muss, ja darf als Betroffener nicht beleidigt sein. Auch sollte er den Autor oder Produzenten nicht wegen falscher Darstellungen zur Verantwortung ziehen. ‚Nachrichten' dagegen sind ernst zu nehmen, weil nicht nur die Öffentlichkeit, sondern auch jeder Einzelne unmittelbar oder mittelbar von dem gemeldeten Geschehen betroffen sein könnte.

Von daher ist es auch selbstverständlich, dass neue Formate nicht nur gewöhnungsbedürftig sind, sondern auch zunächst heftige Irritationen auslösen. Dies gilt zum Beispiel für diverse Formen des ‚Infotainments', für ‚Boulevardmagazine' zum Beispiel, bei denen zuweilen nicht klar ist, welche Relevanz einzelnen Berichten zugemessen werden sollte, bei denen also dem Zuschauer selbst zugemutet wird, zwischen ernstzunehmenden und unterhaltenden Informationen zu unterscheiden. Auch in Hinblick auf andere Formate, zum Beispiel das sogenannte Reality-TV, dient die Wirklichkeit „als Materialzulieferung für eine Collage von Ausnahmesituationen" (Wegener 1994, 42), sodass eine Differenzierung zwischen Erzählformen wie Reportage bzw. Dokumentation einerseits und TV-Drama andererseits nicht möglich ist, was sowohl Ablehnung als auch Faszination auslöst.

Im Folgenden sollen Programmgruppen nach dem ‚gemeinten' Verhältnis zur Wirklichkeit zusammengefasst werden, um so die Grundlage für ein neues Kategorienschema zur Klassifizierung von Fernsehsendungen zu entwickeln.

3.8   Zu einer konstruktivistischen Theorie der Programme

In der Fernsehprogrammforschung werden Klassifikationen nach inhaltlich-systematischen Kriterien und nach Kriterien der Zuschauerwahrnehmung vorgenommen. Zu der ersten Gruppe von Klassifikationen gehören auch solche, bei denen – wie zum Beispiel bei der Programmcodierung der Gesellschaft für Konsumgüterforschung in Nürnberg (GfK), die im Auftrag der öffentlich–rechtlichen Rundfunkanstalten tätig ist – ein wirtschaftliches Interesse im Vordergrund steht. (Brandl 2002, 21) Schwierigkeiten ergeben sich bei Sendungen, die unterschiedliche Aspekte, möglicherweise auch unterschiedliche Einzelbeiträge aufweisen. Aufgrund der Komplexität der Inhalte und aufgrund einer vielschichtigen Wahrnehmung und Interpretation des Publikums wurden mehrdimensionale Schemata entwickelt, sodass nicht mehr einzelne Sendungen, sondern deren Teile Grundlage der Codierung sind. (Brandl 2002, 22)

Bei den rezipientenorientierten Programmklassifikationen wird nicht von theoretisch oder historisch abgeleiteten Kriterien oder Evidenzgesichtspunkten der Forscher, sondern von Ähnlichkeitszuschreibungen durch Testpersonen ausgegangen. Selbstverständlich stimmen diese zumindest teilweise mit Gattungsbezeichnungen überein, die von TV-Unternehmen und Sendeanstalten verwendet werden; allerdings zeichnet sich, wie Rusch feststellt, der größte Anteil, nämlich ca. 80% der von Fernsehzuschauern genannten Gattungsbezeichnungen, durch eine hohe Individuenspezifik aus. (1993, 299) Durch Clusterbildung können Kategorienschemata gebildet werden, die zeigen, welche Eigenschaften von

Fernsehsendungen für das Publikum so relevant sind, dass sie zu Definitionsmerkmalen werden. Bei diesen Forschungen ergab sich, „dass in erster Linie funktionale und affektive, nicht aber produktanalytisch zu gewinnende Merkmale die zentralen und durchgängigen Diskriminatoren darstellen", (Rusch 1993, 303) wobei wiederum – bezogen auf Unterhaltungssendungen – der Grad der emotionalen Erregung im Vordergrund stand. Die so entwickelten Ordnungsschemata sind von großer Bedeutung für den Umgang mit dem Medium Fernsehen, für die Planung des Medienkonsums, für die Kommunikation über Sendungen und insbesondere ihre Bewertung in Hinblick auf die erwarteten ‚gattungsspezifischen' Eigenschaften; sie sind aber selbstverständlich nicht logisch stringent. Außerdem weist ein solches Kategoriensystem weder Vollständigkeit noch Trennschärfe auf.

Unter dem Aspekt der vorangestellten konstruktivistischen Erwägungen (Kap. 3) ist die Bezugnahme zur Wirklichkeit ein zentrales Merkmal von Fernsehsendungen. Damit soll nicht ausgesagt sein, dass es sich um ‚tatsächliche' Entsprechungen oder Nichtentsprechungen handelt; vielmehr geht es um die Positionierung, die Fernsehproduzenten und -veranstalter mit ihrem Produkt bzw. ihrer Sendung gegenüber der Wirklichkeit vornehmen.[9]

---

9   Ähnliches gilt für die von den Fernsehveranstaltern sowie in der öffentlichen Berichterstattung über das Fernsehen verwendeten Bezeichnungen. Zum Teil wird dabei an eine Terminologie angeknüpft, die sich in anderen Medien, vor allem in der Presse eingebürgert hat. „Nachrichten", „Reportage", „Dokumentation", „Magazin" usw. sind Begriffe, die aus dem Bereich der Presse kommen. Andere Kategorien wie zum Beispiel „Fernsehspiel" und „Show" verweisen darauf, dass die Ursprünge dieser Formate im Bereich von Theater und Varieté zu suchen sind (Vgl. Kap. 2.2); bei der Bezeichnung „Bühnenstück" wird unterstellt, dass es sich noch um Theater handelt, das Fernsehen also lediglich als Mittel der Übertragung genutzt wird, während beim „TV-Drama" nicht eine bestimmte Aufführungspraxis gemeint ist, sondern die Ähnlichkeit zu der entsprechenden Literaturgattung herausgestellt werden soll. Darüber hinaus sind in den Programmbereichen, in denen das Fernsehen die Bühnentradition fortsetzt, neue, auf die Bedingungen des Mediums zugeschnittene Formate entstanden, wie zum Beispiel die „Spielshow" und die „Talkshow". Die geringsten Schwierigkeiten macht es, den Kinofilm auf das Fernsehen zu übertragen. Der Kinofilm ist zum „Spielfilm" geworden. Dem entspricht, dass sich die Fernsehproduktion eines Spielfilms von der Kinoproduktion kaum unterscheiden lässt; auch Mischfinanzierungen nehmen an Bedeutung zu.
Die üblichen Bezeichnungen für TV-Formate beziehen sich somit auf Inhalte oder auf die Art der Darbietung oder auf die Herkunft bzw. auf die mediale Tradition. Hinzu kommen Begriffe, die mit der Funktion oder den Adressaten der Sendung zu tun haben. Zum Beispiel gibt es Jugend- und Kinderprogramme; auch die Qualifikation einiger (Musik-)Sendungen als „volkstümlich" ist adressatenbezogen, auch wenn damit eher die ältere Bevölkerung gemeint ist. Historische, formale und inhaltliche Aspekte überschneiden sich also bei der Kategorisierung von TV-Sendungen. Wünschenswert wären demgegenüber Kategoriensysteme, die von einer gemeinsamen Bedeutungsdimension ausgehen, die darüber hinaus trennscharf und in sich geschlossen sind. Der Vorteil bestünde in der präzisen Zuordnung von Sendungen, verbunden mit Fortschritten in der Beschreibung und Analyse, die sich aus der Ordnung von Merkmalsgruppen ergeben. Das im weiteren Verlauf der Darstellung entwickelte Schema kann selbstverständlich nur ein Ansatzpunkt sein.

Im Folgenden sollen drei Kategorien unterschieden werden (Vgl. Abb. 3), nämlich

1.   Fiktion
2.   Wiedergabe der Wirklichkeit
3.   Eigenwirklichkeit.

1.   Alle Sendungen und Programme, deren Inhalte im Hinblick auf zentrale Elemente, zum Beispiel Schauplätze, Personen und Handlungen, erfunden, das heißt von Autoren und Programmmachern nach eigenem Gutdünken zusammengestellt werden, sind der ersten Kategorie zuzuordnen.

2.   Im Gegensatz dazu nehmen Reportagen, Nachrichten, Dokumentationen usw. auf Vorgänge Bezug, die außerhalb des Systems Fernsehen stattfinden, und zwar unabhängig davon, ob sie diese Wirklichkeit abbilden, adäquat darstellen oder frei erfinden. Gemeinsam ist diesen Sendungen also der – wenn auch problematische – Anspruch, eine erlebbare Wirklichkeit wiederzugeben. Programme dieser Art zielen darauf ab, für denjenigen, der nicht selbst Zeuge des Geschehens sein kann, das zu vermitteln, was er zur Orientierung für sein eigenes Handeln braucht. Sie sollen daher der zweiten Kategorie zugeordnet werden.

3.   Bei der dritten Kategorie geht es um Sendungen, die auf eine vom Fernsehen konstituierte Wirklichkeit bezogen sind. Programme dieser Art sollen nicht *das* zeigen, was außerhalb des Fernsehens passiert, und zwar weder in der Realität noch in der Narration. Es handelt sich um Sendungen mit Spiel- und Showcharakter. Ihre Gesetze werden nicht nur vom Fernsehen gemacht, sondern auch als solche deklariert und präsentiert; sie orientieren sich nicht an der Handlungslogik, die den Alltag bestimmt und an der sich sowohl die Wiedergabe der Wirklichkeit in Nachrichtensendungen, Reportagen, Dokumentationen usw. als auch die Fiktion zu halten haben. Sendungen dieser Art sind der dritten Kategorie zuzurechnen. Für sie ist das Fernsehen deutlich erkennbar eine Bühne, auf der etwas dargeboten wird, das für sich selbst spricht, also Eigenschaften aufweist, die beim Publikum von sich aus Interesse finden.[10]

---

10 In der Grafik werden die verschiedenen Genres aus systematischen Gründen gleich groß dargestellt. Die Kategorien der empirischen Erfassung von TV-Programmen deckt sich nicht mit den hier vorgenommenen Unterscheidungen. Immerhin entfielen im Jahre 1999 31% des Gesamtangebots auf den Bereich ‚Fiction', 41% auf ‚Information' und 11% auf (nonfiktionale) ‚Unterhaltung' (Shows, Musik, Spiele, Quiz, Talkshows). Vgl. Gerhards/Grajczyk/Klingler 2000, 99-117.

Abb. 3: Typologie der Programme nach Wirklichkeitsbezug

Entsprechend der Realitätsebene, auf die sich die Programme beziehen, ergibt sich auch ein unterschiedliches Verhältnis zur Zeit. Die Fiktion kann in der Vergangenheit, in der Gegenwart und in der Zukunft angesiedelt sein. Voraussetzung ist dabei, dass die ‚erfundenen' Elemente noch genügend Analogien zur erfahrenen Alltagswirklichkeit zulassen (Luhmann 1996, 99). Das bedeutet, dass sich Vergangenheit und Zukunft nicht zu weit von den vertrauten Gegebenheiten des Gegenwärtigen entfernen dürfen. Allerdings gibt es in dieser Hinsicht Unterschiede, die durch die Genres des Spielfilms konstituiert werden. Im phantastischen Film, der von fernen Zeiten der Zukunft oder der Vergangenheit erzählt, darf die Distanz zur erfahrenen Alltagswelt groß, im Dokumentarspiel muss sie gering sein. Da auch die Fiktion an die Erfahrungswelt anknüpft, ist das in Vergangenheit spielende Geschehen von bizarren Abweichungen zur Gegenwart bereinigt und damit, das heißt in diesem ‚Realismus', künstlicher, als es eine Ausrichtung an den belegbaren historischen Verhältnissen sein könnte. Der historische Stoff wäre unverständlich, wenn er im historischen Sinne realistisch wäre, also wenn das, was uns von den Menschen früherer Zeiten trennt, in angemessener Weise berücksichtigt würde. Die in der Zukunft angesiedelten Erzählungen sind immer *science* fiction, das heißt sie verbinden sich mit dem Anspruch auf eine rationale Ausdeutung von beobachtbaren Entwicklungen, was aber wenig Anhaltspunkte für die Ausgestaltung der Zukunft bietet und daher auch Freiräume der Phantasie eröffnet. Sie finden ihre Grenzen ebenfalls dort, wo sich für den Zuschauer Verständnisschwierigkeiten ergeben.

Im Gegensatz zur Fiktion ist die Wiedergabe der Wirklichkeit grundsätzlich auf die Vergangenheit bezogen. In dem Augenblick, in dem die Wiedergabe erfolgt, ist das Berichtete ja bereits geschehen. Auch Meldungen über aktuelle Ereignisse und Zustände beziehen sich nicht tatsächlich auf das, was im Augenblick abläuft. Die Gegenwart kann nur punktuell, als dramatischer Höhepunkt, berücksichtigt werden, so zum Beispiel im Interview oder in der Live-Reportage. Selbst diese Formen unmittelbarer Gegenwart exemplifizieren nur Historisches. Sie sind in Berichte eingebunden, die Vergangenes zum Inhalt haben.

Es sind also Ausnahmefälle, in denen das Fernsehen das darstellt und gegebenenfalls kommentiert, was die Kamera als Live-Ereignis zeigt. Der Grund für diese Vergangenheitsorientierung auch bei den aktuellen und aktuellsten Informationen besteht darin, dass die Wiedergabe der Wirklichkeit ja nur selektiv erfolgen kann und somit eine Relevanzbeurteilung erfolgen muss. Diese liegt zeitlich zwischen dem Ereignis und dem Bericht. Die Darstellung der Gegenwart kann nur Ausnahme sein, weil sie unselektiv und zufällig und deswegen für das Fernsehen nicht geeignet ist. Nur wenn es sich um ein Ereignis handelt, dem von vornherein größte Bedeutung zugemessen wird, das darüber hinaus einen hochgradig formalisierten Ablauf aufweist, das außerdem für sich selbst spricht, also nicht erklärt werden muss und auf einen bestimmten Schauplatz konzentriert ist, also eine Parlamentsdebatte zum Beispiel, eine Amtseinführung oder ein Staatsbegräbnis, kommt eine längere Live-Berichterstattung als Wiedergabe der Wirklichkeit in der Gegenwart in Frage.

Sendungen und Programme, die unter die Kategorie „Eigenwirklichkeit" fallen, sind gegenwartsbezogen. Ihr Wert ist gewissermaßen intrinsisch. Der Zuschauer soll nicht in fremde, eventuell auch ferne Welten entführt werden. Entscheidend ist das, was im Augenblick des Sehens passiert. Den engen räumlichen Grenzen − nichts zählt, was sich nicht auf der Bühne, vor den Kulissen eines

Studios ereignet – entspricht ein eng gesteckter zeitlicher Rahmen. Für die Sendungen, die der Kategorie der „Eigenwirklichkeit" zuzurechnen sind, gilt, dass die Zeit, auf die sie sich beziehen, mit der Sendezeit zusammenfällt bzw. – im Falle der Aufzeichnung – dass zwischen Gegenwart und Vergangenheit nicht unterschieden wird, weil die Differenz unerheblich erscheint. Jede unvorhergesehene Pause hat fatale Folgen. Das Geschehen auf der Bühne darf daher nicht zum Stillstand kommen. Wenn eine Sendung nicht wie geplant weitergeht, bleibt nur – leere Zeit. „The show must go on"!

Der Zuschauer soll vom unmittelbaren Geschehen, dessen Zeuge er wird, von einer Vorstellung fasziniert werden. Entscheidende Bedeutung kommt dabei dem Eindruck zu, der von der Präsentation ausgeht. Gerade weil das Geschehen für sich selbst steht, ist es überraschend und erfordert die ganze Aufmerksamkeit. Jede Störung würde Fremdreferenz herstellen und damit bewirken, dass sich der Rezipient aus einem dramatischen Kontext löst, an dem er selbst als Publikum mitwirkt.

Vom Inhalt her ist die Show merkwürdig leer, ja oberflächlich. Sie nimmt nur punktuell und eher spielerisch auf eine andere Wirklichkeit, auf das Leben außerhalb der *performance* Bezug und erzählt keine durchgängige Geschichte. Demgegenüber wird der sinnliche Reiz, der von den Mitteln der Darstellung ausgeht, gesteigert und erhält einen Eigenwert. Die Show unterbricht immer wieder die Beziehungen zum Inhalt, um zu verhindern, dass der Zuschauer aus der Gegenwart entflieht. Im Vergleich zum Spielfilm oder zum Bühnendrama wird damit das Verhältnis von Inhalt und Form umgekehrt, und zwar indem die Form im Mittelpunkt steht. Diese ‚Inhaltslosigkeit' wird von Zuschauern und Kritikern zuweilen als ‚Kitsch' klassifiziert.

Die Bühne, auch die Studiobühne, hat die wichtige Funktion, das vorgeführte Geschehen auszugrenzen und in den Mittelpunkt zu stellen. Entsprechend wird bei Sendungen dieser Art oft auch das Publikum vorgeführt, wobei eine doppelte Adressatenstruktur zu beobachten ist, indem nämlich einmal das Referenzpublikum im Saal gezeigt wird, das sich durch Klatschen oder andere Gemütsäußerungen an den Vorführungen beteiligt, zum anderen aber auch die Zuschauer vor den Bildschirmen angesprochen werden, und zwar von demjenigen, der als Entertainer und Moderator die Vorstellung leitet und damit als der Repräsentant des Veranstalters gilt. (Thiele 2001, 51) Für Spiele und Shows ist die optimale Form der Rezeption das Live-Erlebnis. Wenn das Fernsehen die direkte, persönliche Teilnahme ersetzt, dann muss möglichst viel von der ursprünglichen Atmosphäre dem Rezipienten übermittelt werden. Dabei geht es um den besonderen Augenblick. Im Falle der Eigenwirklichkeit ist das Gezeigte nicht nur auf einen räumlichen und lokalen Fixpunkt beschränkt, also auf die Bühne als einen ausgegrenzten Mittelpunkt, sondern auch zeitlich, nämlich auf die Gegenwart als einen aus der Zeitachse ausgegrenzten Moment, also auf das Hier und Jetzt.

Programme der Kategorie „Fiktion", die hier zuerst aufgelistet wurden, Spielfilme zum Beispiel, sind in ihrem Zeitbezug beliebig, weil ohnehin die dargestellten Handlungen und Vorkommnisse nicht ‚wahr' sein sollen. Nichtsdestoweniger orientiert sich das dramatische Geschehen immer an der Lebenswelt des Zuschauers und spiegelt in willkürlichen Verfremdungen das wieder, was seine Erfahrungen und Wünsche ausmacht. Spielfilme sind zwar nicht an Gegenwartsnähe gebunden, müssen aber realistisch sein in dem Sinne, dass der Rezipient einen Bezug zu seiner Situation herstellen kann. Einerseits soll der Zuschauer in eine andere Wirklichkeit entführt werden; andererseits muss diese Welt ihm etwas geben, muss die Handlung anknüpfen an das, was er kennt. Auf keinen Fall darf die Vorführung selbst thematisiert werden. Während für die Formate, die der Kategorie „Eigenwirklichkeit" zuzurechnen sind, die Bühne sichtbar im Mittelpunkt steht, stört beim Spielfilm die Bewusstmachung der Inszenierung.

Von den Programmen der an zweiter Stelle aufgeführten Kategorie, Wiedergabe der Wirklichkeit, sind insbesondere die Fernsehnachrichten schnell veraltet. Die Rezeption von Nachrichtensendungen ist ebenso flüchtig wie das Lesen einer Zeitung. Der Grund besteht darin, dass über Ereignisse berichtet wird, die sich in der Vergangenheit zugetragen haben, das Interesse des Rezipienten aber gegenwarts- und zukunftsbezogen ist. Nachrichten sollen möglichst aktuell sein. Dass das Geschehen, um das es geht, zum Zeitpunkt der Berichterstattung schon der Vergangenheit angehört, ist nicht beabsichtigt, sondern ergibt sich aus den Gegebenheiten der medialen Kommunikation, sodass auch die technische Entwicklung darauf abzielt, die Zeitspanne zwischen Ereignis und Information zu verkürzen. Von den Nachrichten setzen sich Berichte und Dokumentationen deutlich ab, indem sie historisch abgeschlossene Vorgänge zum Gegenstand haben und der Bezug zur Gegenwart höchstens indirekt vorliegt. Trotzdem richtet der Rezipient sein Interesse nicht primär auf ein historisches Geschehen, sondern erhofft sich von der Beschäftigung mit der Vergangenheit Aufschluss über momentane Zustände und Entwicklungen, weshalb auch Geschichte außer ‚Zeitgeschichte' im Fernsehen wenig vorkommt.[11]

Wenn man von einer Einteilung der Sendungen und Formate in die genannten drei Kategorien ausgeht, ergeben sich einige Mischformen, wobei das Verhältnis der Programmelemente zu einzelnen dieser Kategorien genauer bestimmt

---

11 Bei einigen Wissenschaftsserien, die historische Epochen, z. B. das Leben bestimmter Völker, zum Gegenstand haben, stehen Action-Elemente im Vordergrund, in dem Kriege und Rebellionen abgehandelt oder die ‚Abenteuer' der Forschung thematisiert werden.

werden müsste.[12] Bei der Talkshow zum Beispiel handelt es sich um ein Bühnengeschehen; sie gehört damit der Kategorie „Eigenwirklichkeit" an. Wenn es darum geht, interessante Persönlichkeiten zu präsentieren, überwiegt der Showcharakter. Andererseits wird aber in der Talkshow auch berichtet und informiert. Wenn, wie beim Experten-Hearing, aus unterschiedlicher Perspektive möglichst kompetent über einen Gegenstand informiert werden soll oder darum gestritten wird, wie ein Objekt am besten analytisch zu erfassen ist, dann handelt es sich nicht um „Eigenwirklichkeit", sondern um „Wiedergabe der Wirklichkeit", was ja auch darin zum Ausdruck kommt, dass das Szenario, das bei der Personality-Talkshow zum Beispiel noch mit einigem Aufwand gestaltet wird, an Bedeutung verliert.

Auch Sportsendungen sind nicht der einen oder anderen Kategorie einheitlich zuzuordnen. Werden ganze Spiele übertragen, möglicherweise noch live, so handelt es sich um „Eigenwirklichkeit"; der Sportplatz ist die Bühne und das Fernsehen überträgt ein Geschehen, das in sich selbst interessant und spannend ist. Sportberichte, die über aktuelle Sportereignisse informieren, gehören demgegenüber zur Kategorie „Wiedergabe der Wirklichkeit", weil sie einem Gesamtgeschehen zuzuordnen sind, das im Hinblick auf seine momentane oder vielleicht sogar historische Relevanz ausgewählt wurde. Einzelne Vorkommnisse, Ausschnitte von wichtigen Spielen, haben die Funktion von Belegen. Gleiches gilt für Kulturmagazine, die künstlerische Darbietungen ausschnitthaft zeigen; steht der Bericht im Vordergrund, die Information über aktuelle Entwicklungen in verschiedenen Kulturbereichen, so ist der Live-Mitschnitt ein Zitat.

Um Mischformen handelt es sich darüber hinaus bei Dokumentationen, die nicht nur historisches Material, zum Beispiel Wochenschauen, Interviews usw. verwenden, sondern auch fiktive Szenen. Nichtsdestoweniger zielen Formate dieser Art auf eine Wiedergabe von Wirklichkeit ab. Umgekehrt handelt es sich um Fiktion, wenn in Dokumentarspielen Bildmaterial verwendet wird, das in an-

---

12 In der empirischen Programmanalyse ergeben sich Schwierigkeiten der Zuordnung. Die Sendungscodierung der AGF/GfK differenziert zum Beispiel zwischen unterhaltungsorientierten und informationsorientierten Talkshows, während bei der von den Landesmedienanstalten in Auftrag gegebenen Programmforschung auch die Nachmittagstalkshows der Information zugeordnet werden. (Klövekorn 2002, 52) An der AGF/GfK-Programmanalyse wiederum wird kritisiert, dass sie eine bestimmte Problemsicht der TV-Verantwortlichen widerspiegelt. Der TV-Veranstalter könne zum Beispiel eine Sendung einer Zielgruppe zuordnen. Entsprechend werde sie als *Zielgruppenprogramm* codiert. Ferner könne die Sendung als Kinderprogramm oder als Familienprogramm deklariert werden und so eine entsprechende Kategorisierung erfahren. Insgesamt sei also nicht geklärt, „wie weit die Autonomie der Fernsehveranstalter bei der Zuordnung von Codes zu ihren Programmen reicht" (Weiß 1998, 33f.). Die von der ARD/ZDF-Medienkommission in Auftrag gegebene und von Udo Michael Krüger durchgeführte Programmanalyse weist die Schwäche auf, dass „von bestimmten Fernsehformen bzw. Fernsehgenres unbesehen auf bestimmte Inhalte" geschlossen wird, also keine empirische Ermittlung der Inhalte erfolgt (Weiß 1998, 47).

deren Zusammenhängen entstanden ist, also Reportagen und Nachrichtensendungen, die den Eindruck eines authentischen Geschehens verstärken sollen. Ein derartiges *Cross-over* liegt schließlich auch im Falle der *News-Shows* vor, bei denen sich der Inhalt nach dem Unterhaltungswert richtet und die dramatische Präsentation der Nachrichten einen besonderen Stellenwert einnimmt, was zuweilen von der Fernsehkritik als Fehlentwicklung angesehen wird. Allerdings sind die Relevanzkriterien des politischen Journalismus vom sozialen Wandel nicht ausgenommen und auch das Objekt der Berichterstattung verändert sich. Die Akteure selbst, Amtsinhaber, Parteifunktionäre und Mandatsträger, sehen sich im Kampf um das knappe Gut öffentlicher Aufmerksamkeit dazu veranlasst, ihre Auftritte so zu gestalten, dass Emotionen und Sinne angesprochen werden. (Vgl. Kap. 10.2, 10.4) Es geht darum, im Wettbewerb mit Unterhaltungssendungen sich selbst dramatisch in Szene zu setzen, also Akzentuierungen vorzunehmen, die zur Attraktivität einer Sendung beitragen. Besonders neue Formate sind durch ein Überschreiten von Genre- oder Gattungsgrenzen gekennzeichnet. Es scheint, als ob sich das Spiel mit Wirklichkeitsebenen, die Gratwanderung zwischen Fremdreferenz und Eigenwirklichkeit, als reizvoll und damit auch als erfolgsträchtig erweise. Allerdings holen die Sehgewohnheiten der Zuschauer diese Art von Grenzüberschreitung wieder ein, indem das, was zuvor Irritationen auslöste, seinen Reiz verliert oder aber eine feste und durchschaubare Positionierung zur Wirklichkeit auf einem anderen Niveau wieder hergestellt wird.

Im Folgenden sollen für jede der genannten drei Kategorien Beispiele herausgegriffen und im Hinblick auf gesellschaftliche Hintergrundvariablen, Produktionsbedingungen und Inhalte dargestellt und analysiert werden.

Zusammenfassung

Die Wahrnehmung der Wirklichkeit ist unlösbar mit einer Ausdeutung des Wahrgenommenen verbunden. Bilder der Wirklichkeit und Weltbildkonstruktionen sind Ergebnis kommunikativen Handelns. Voraussetzung für Handlungssicherheit sind Intersubjektivität und Interaktion in der Lebenswelt, das heißt die permanente Verständigung über den Sinn dessen, was die Beteiligten miteinander tun. Auch die Medien bilden keine äußere Realität ab, sondern sind selbst Akteure in einem sozialen Kräftefeld, das sie beeinflussen und durch das sie beeinflusst werden. Die Positionen, die das Fernsehen im Verhältnis zur Wirklichkeit einnimmt, können in drei Kategorien eingeteilt werden: 1. Als Unterhaltungsmedium erzählt das Fernsehen von fiktiven Begebenheiten, wobei Elemente der von Zuschauern erfahrenen Wirklichkeit neu zusammengesetzt und in einen Handlungszusammenhang gebracht werden. 2. Als Informationsmedium beansprucht es Fremdreferenz, das heißt es bezieht sich auf ein Geschehen, das außerhalb des eigenen Verantwortungsbereichs liegt, das also in seinem Ablauf nicht durch das Fernsehen inszeniert wurde. Dabei ist zu berücksichtigen, dass für das Fernsehen, das heißt zum Zwecke einer Berichterstattung, Vorgänge geplant und realisiert werden. Auch ist von einer allgemeinen Mediatisierung der sozialen Wirklichkeit auszugehen. 3. Ebenfalls zur Unterhaltung schafft das Fernsehen auch eine Eigenwirklichkeit, das heißt ein aus dem Alltag herausgehobenes inszeniertes Geschehen, das nach speziellen Regeln abläuft. Die Programmgattungen des Fernsehens können diesen Kategorien zugeordnet werden.

Literatur:

Doelker, Christian: Kulturtechnik Fernsehen. Analyse eines Mediums. Stuttgart 1989
Mit dem Buch wird das Ziel verfolgt, die Kulturtechnik Fernsehen für den Zuschauer reflexiv werden zu lassen. Dazu trägt der Verfasser Materialien aus der Zeichentheorie, der Medien- und Kulturgeschichte, der Ästhetik und der Anthropologie zusammen. Trotz dieser Vielfalt gelingt es, die Besonderheiten medialer Erfahrung, die sich mit dem Fernsehen verbinden, in gut lesbarer und anspruchsvoller Weise darzustellen und so zu einem differenzierten Verständnis beizutragen.

Krotz, Friedrich: Die Mediatisierung kommunikativen Handelns. Der Wandel von Alltag und sozialen Beziehungen, Kultur und Gesellschaft durch die Medien. Wiesbaden 2001
Der Prozess der Mediatisierung wird am Beispiel des Fernsehens analysiert. Beobachtungen zur Fernsehnutzung an öffentlichen Plätzen machen Unterschiede zwischen den USA und Deutschland und damit auch zwischen jeweiligen kulturellen Kontexten der Medienkommunikation sichtbar. Die „potenzielle Belanglosigkeit des Kommunikats" stellt nach Darstellung des Verfassers eine Herausforderung für die kommunikationswissenschaftliche Theorie dar.

4 Informative Programme

4.1 Nachrichten und Gesellschaftsentwicklung

Das moderne Nachrichtenwesen ist mit der Geschichte der Presse aufs engste verbunden. Die Funktion, Nachrichten zu verbreiten, nehmen die Printmedien schon seit der Erfindung des Buchdrucks wahr. Zur Zeit von Reformation und Gegenreformation wurden Flugschriften, die wahre und falsche Meldungen über die Gegenseite enthielten, zur Waffe im Glaubenskrieg. (Wilke 1989, 60f.) Besonderen Aufschwung erfuhr das Nachrichtenwesen, besonders die Zeitung, durch die Entwicklung der bürgerlich-parlamentarischen Demokratie. Die Bedeutung, die der öffentlichen Meinung in den demokratisch regierten Nationen zukam, schuf einen günstigen Boden für die Entwicklung eines medialen Informationssystems. Allgemein gesprochen gilt, dass der Bedarf an Nachrichten in der Entwicklung von Ländern mit parlamentarischer Regierungsform früher einsetzte als in autoritären und autokratischen Systemen. (Weber 1982, 303)

Im 19. Jahrhundert war die Presse das wichtigste Hilfsmittel des Bürgertums in der Abwehr der gesellschaftlichen Bevormundung durch den Adel und im Streben nach wirtschaftlicher und politischer Entfaltung. In einer Zeit, als noch der Feudalstaat die Druckerzeugnisse zu kontrollieren suchte, setzten sich Publizisten an die Spitze der Demokratiebewegung. Beispielgebend für die Professionalisierung des Journalismus war der Typus des bürgerlichen Gelehrten, der Verleger- und Redakteursrolle auf sich vereinigte und mit räsonierenden Stellungnahmen auf die öffentliche Meinungsbildung Einfluss nahm. Im Verlaufe des Jahrhunderts veränderte sich der Charakter des Zeitungswesens, und zwar zum ersten in der Weise, dass mit wachsendem Anzeigengeschäft Zeitungen anders, kostengünstiger produziert und somit ganz neue Leserschichten erschlossen werden konnten, zum zweiten indem mit nachlassender staatlicher Kontrolle die Berichterstattung sich vom Räsonnement, vom Kommentar, von der kritischen Stellungnahme trennte und Nachrichten mehr und mehr zur Ware wurden.

An dieser historischen Funktion der Presse wird auch die Politikvermittlung des Fernsehens gemessen. Obwohl das Fernsehen bei den Zuschauern ein hohes

Maß an Glaubwürdigkeit genießt[13], ist doch die Einschätzung in der Kommunikationswissenschaft, der Soziologie und der Politologie hinsichtlich der Einlös-
barkeit demokratietheoretisch begründeter Forderungen, die an das Medium
gestellt werden, wenig optimistisch. Im Folgenden sollen die medienspezifischen
Besonderheiten von Nachrichtensendungen, ihrer Inhalte und ihrer Rezeption
dargestellt werden.

4.2   Zur Entstehung der Hauptnachrichtensendungen

Fernsehnachrichten wurden in den USA seit Ende der 40er Jahre regelmäßig
gesendet. Das Fernsehen der Bundesrepublik begann 1952 die Tagesschau aus-
zustrahlen, die zunächst nur aus live kommentierten Filmberichten bestand. (Hickethier 1998a, 84f.) Ab 1956 gab es die Tagesschau an allen Wochentagen zu
Beginn des Abendprogramms um 20.00 Uhr. Die heutige Organisationsstruktur
der Tagesschau als eigenständige Abteilung der ARD mit Redaktionen in allen
Landesrundfunkanstalten entwickelte sich in den 60er Jahren. 1961 kam die
Spätausgabe der Tagesschau hinzu; außerdem wurde von nun an die 20-Uhr-
Sendung zusätzlich an Sonntagen ausgestrahlt. (Ludes 1994a, 17ff.) Als audiovisuelles Nachrichtenmagazin hatte die Tagesschau zunächst schon wegen
ihrer Aktualität eine Monopolstellung, die sie auch gegenüber der Kino-Konkur-
renz, also der Wochenschau, ausbauen konnte.

Inhaltlich folgte die Sendung strengen journalistischen und formalen Prinzipien. Die Tagesschau war so konzipiert, dass sie sich überwiegend mit dem internationalen politischen Geschehen befasste. Meldungen aus anderen Bereichen,
zum Beispiel Technik, Kultur und Sport, sollten sich − so eine redaktionelle
Richtlinie von 1960 − „nicht in feuilletonistischen Schilderungen" verlieren.
(Straßner 1982, 7) Der starre Aufbau von Bild- und Wortnachrichten folgte dem
Muster der abfallenden Spannung (Straßner 1982, 7), sodass das Wichtigste
zuerst und das am wenigsten Wichtige − nach jeweiliger Einschätzung der Re-
daktion − zuletzt kam. Der Tagesschausprecher Karl-Heinz Köpcke repräsen-
tierte wie kein anderer diesen Stil einer journalistisch-kritischen, gleichzeitig
kompromisslos sachlichen Nachrichtensendung. Der hohe Grad an Vertrauen,
den sich das junge Medium Fernsehen in kurzer Zeit erobern konnte, hing mit
dieser Präsentation des aktuellen Geschehens zusammen. Durch die strenge
Formalisierung ihres Ablaufs kam die Tagesschau dem damaligen Sicherheitsbe-
dürfnis der Bevölkerung nach. Die emotionslose Unparteilichkeit stand in schar-

---

13 Im intermedialen Vergleich liegt zwar das Fernsehen in Hinblick auf Glaubwürdigkeit mit
    großem Abstand vor Hörfunk und Tageszeitung, allerdings gegenüber der Tageszeitung mit ab-
    nehmender Tendenz. (Vgl. Schütte 1996, 216)

fem Kontrast zur NS-Propaganda des noch nicht lange zurückliegenden Dritten Reiches. Die stilisierte Seriosität, mit der über aktuelle Ereignisse berichtet wurde, sollte professionelle Gründlichkeit und journalistische Objektivität zum Ausdruck bringen; sie entsprach aber auch der für die Nachkriegsepoche typischen Tendenz, sich aus dem Hader der Parteien und aus politischen Konflikten herauszuhalten.

Gegenstück zur Tagesschau war im DDR-Fernsehen die Aktuelle Kamera, die seit 1954 zum Programm des Deutschen Fernsehfunks gehörte. Die Nachrichtensendung wurde geprägt von dem ideologischen Konzept und der politischen Programmatik, die den Medien im östlichen Teil Deutschlands zugrunde lagen. Eingebunden in den Parteiauftrag und in die Regierungspolitik hatten Presse, Hörfunk und Fernsehen die Aufgabe, die Bevölkerung für die Ziele der Einheitspartei zu mobilisieren und die Akzeptanz des Systems, seiner Organe und Funktionäre sicherzustellen. Diesen Zwecksetzungen wurde offensichtlich Priorität gegenüber dem Informations- und Unterhaltungsbedürfnis des Publikums eingeräumt. Allerdings empfanden die Zuschauer die Angebote des DDR-Fernsehens als unzureichend. Neben den Angeboten des DFF wurden auch die westlichen Programme – trotz angedrohter Sanktionen – regelmäßig genutzt, was – wie Hoff (1998a, 181ff.) feststellt – eine „doppelbödige Medienkommunikation" zur Folge hatte. Die Parteiführung überschätzte die Konformitätsbereitschaft der Bevölkerungsmehrheit, also derjenigen, die nicht durch Ämter in das politische System eingebunden waren. Dementsprechend erkannte sie nicht die kontraproduktive Wirkung einer staatlich betriebenen Agitation. Die Nachrichtensendung Aktuelle Kamera, die 1960 noch um eine Spätausgabe ergänzt wurde, sollte nicht nur der Information dienen, sondern auch Agitations- und Motivationsinstrument sein, sodass zum Beispiel Kampagnen der SED-Führung, etwa die Aufforderung, Protestbriefe an Behörden der Bundesrepublik zu schicken, zum alltäglichen Programm gehörten.

In der Bundesrepublik wurde mit dem 1. 4. 1963, das heißt mit dem Sendebeginn des ZDF, die Nachrichtensendung heute angeboten. Es entwickelte sich so eine Konkurrenz zwischen den aktuellen Nachrichtensendungen des öffentlich-rechtlichen Fernsehens, wobei allerdings zu berücksichtigen ist, dass zunächst die Mehrheit der Zuschauer aus technischen Gründen das zweite Programm gar nicht empfangen konnte. Der Aufbau der heute-Sendung, die im Laufe der Jahre mehrfach stark verändert wurde, war gleich zu Beginn darauf angelegt, sich von der Tagesschau zu unterscheiden. (Bartel 1997, 116) In Zusammenarbeit mit der amerikanischen Fernsehgesellschaft CBS wurde das Konzept einer Nachrichtensendung erarbeitet, die auch Unterhaltungsbedürfnisse befriedigen sollte. (Straßner 1982, 10) Die heute-Nachrichten orientierten sich stärker als die traditionsreiche Tagesschau an den vermuteten Interessen der

Zuschauer, was auch bedeutet, dass das Themenspektrum breiter angelegt war. (Bartel 1997, 117) Ebenso war die lockere Präsentationsform der Meldungen und Berichte darauf gerichtet, sich vom quasi amtlichen Stil der Tagesschau abzuheben. Mit der Figur des ‚Redakteurs im Studio', der durch journalistische Kompetenz und Verantwortlichkeit zu überzeugen hatte, ging es darum, den Werkstattcharakter der Sendung herauszustellen. 1965 nahm die Nachrichtensendung heute auch von der üblichen, nach Grad der Wichtigkeit gestaffelten Reihenfolge der Meldungen Abschied und praktizierte statt dessen einen Wechsel von ‚harten' Themen und soft news. (Straßner 1982, 10)

Die stärkere Personalisierung der Nachrichtenpräsentation, die zum Beispiel auch darin zum Ausdruck kam, dass Berichterstatter in der heute-Sendung mit ihrem Namen vorgestellt wurden, setzte also nicht erst mit Zulassung privater Fernsehveranstalter ein, sondern machte sich gleich mit dem Ende des Tagesschaumonopols bemerkbar. Die Nachrichtensendung des Zweiten Programms wollte journalistische Professionalität an die Stelle der Scheinobjektivität von Verlautbarungen setzen und mit der Figur des Redakteurs im Studio kritisierbar sein. Der neue Typus von Informationssendungen erreichte die deutsche Öffentlichkeit nicht zufällig in den 60er Jahren, in einer Zeit also, in der vermehrt Autonomie eingefordert wurde und sich die öffentliche Kritik auf Demokratisierungsrückstände in staatlichen und privaten Einrichtungen konzentrierte. Wenn in der Hauptnachrichtensendung des ZDF die starre thematische Reihenfolge entfiel, dann zeigte sich darin auch ein neues Verhältnis gegenüber den Zuschauern; die Flexibilität der Agenda sollte zum Ausdruck bringen, dass Meldungen durch Einschätzungen und Bewertungen von Journalisten zustande kommen und nicht einer vorgegebenen Weltordnung folgen.

Die Einführung des Dualen Systems im Jahre 1984 brachte eine weitere Entformalisierung der Nachrichtensendungen mit sich. Wie sich bereits zur Zeit der Kabelpilotprojekte zeigte, setzten die kommerziellen Programme auf einen reduzierten Politikanteil, während *soft news* und Sport stärker berücksichtigt wurden. (Krüger 1985a, 50-55; 1985b, 479-490) 1986 gab es im täglichen Programm von RTLplus nur zwei Nachrichtensendungen, nämlich ‚6 vor 6' und ‚7 vor 7', am Wochenende sogar nur die Hauptnachrichtensendung ‚7 vor 7'. (Juppe 1987, 58) Auch SAT.1 konzentrierte sich auf fiktionale und nicht fiktionale Unterhaltung. Zwischen 1989 und 1991 sank sogar der Informationsanteil von 26% auf 20%, was mit Blick auf die dramatischen politischen Ereignisse in dieser Zeit besonders überraschen muss (Buß u. a. 1997, 104). Dabei wurden Meldungen „häufig im Boulevardstil mit stark emotionaler Färbung dargeboten, Sensationen als Unterhaltung präsentiert und Normabweichungen als Information inszeniert." (Buß u. a.).

Eine von dem früheren Bundespräsidenten von Weizsäcker einberufene Expertenkommission (Groebel u. a. 1995) stellte für die ersten zehn Jahre des Dualen Rundfunksystems fest, dass sich mit der Vervielfältigung des Programmangebots und der Fülle der verfügbaren Informationen eine „neuartige Unübersichtlichkeit" ergeben habe. In dem „Bericht zur Lage des Fernsehens" wurde die Gefahr angesprochen, dass „die enorme Zunahme der Informationsangebote mit dem Verlust der Qualität der Informiertheit einhergeht" (1995, 72). Daher sollten Nachrichtensendungen durch andere Informationsformate ergänzt werden, die in Hinblick auf „Sachgerechtigkeit, Verständlichkeit, Redundanz oder Begründetheit" jeweils spezifische Vorteile mit sich brächten. (Groebel 1995, 73) Während die öffentlich-rechtlichen Rundfunkanstalten – so der Bericht – ihre Nachrichten durch Spezialsendungen zu politischen, wirtschaftlichen und kulturellen Themen ergänzten, also dem Zuschauer ein „dichtes Netz unterschiedlich akzentuierter journalistischer Formate" böten, wäre mit den von den Privaten entwickelten Formaten die Gefahr des Substanzverlustes gegeben, indem diese nicht die sachliche Erörterung und die Klärung von Standpunkten, sondern die Dramaturgie des Schlagabtausches in den Vordergrund stellten. (Groebel 1995, 74)

Bartel (1997) zeigt mit einer Untersuchung, die von Leitfaden-Interviews mit Spitzenmanagern der Fernsehanbieter sowie von Inhaltsanalysen der wichtigsten Nachrichtensendungen ausgeht, dass sich mit den Präsentationsformen und den Schwerpunkten der Berichterstattung verschiedene Strategien verbinden, die sich aus allgemeinen Marktgesetzlichkeiten ergeben. „Publizistische Vielfalt", so Bartel, sei dann zu erwarten, wenn es unterschiedliche Publikumswünsche gäbe und die Anbieter sich in einer Konkurrenzsituation befänden. (1997, 268) Die von den Chefredakteuren und Geschäftsführern verfolgten Konzepte seien dazu bestimmt, jeweils bestimmte Marktsegmente abzudecken. Die Verantwortlichen der ARD zum Beispiel gingen davon aus, „die aus journalistischer Sicht relevanten Nachrichten den Zuschauern konzentriert und absolut sachlich zu präsentieren." (Bartel 1997, 90). Demgegenüber zielte die Sendung „RTL aktuell" auf ein junges Publikum ab, dessen Interesse für Nachrichten nicht besonders ausgeprägt ist; auch Zuschauer mit durchschnittlichen Bildungsabschlüssen sollten durch das Format erreicht werden, was den Boulevardstil erklärtermaßen mit einschlösse. (Bartel 1997, 166) Andere, wie zum Beispiel ZDF[14] und SAT.1,

---

14 Inzwischen hat sich das ZDF mit der Neukonzeption der „heute"-Sendungen für eine weitere Personalisierung entschieden. Dazu gehört, dass die Aufmerksamkeit auf den Moderator als ‚Anchor' konzentriert wird. Dieser sitzt im Mittelpunkt des Studios, während alle anderen Elemente um ihn herum gruppiert sind. Auch die Lichtführung wurde so gestaltet, dass sie die Wirkung des Moderators optimiert. Zur Neukonzeption gehört ebenso die reduzierte Zahl der Redakteure im Studio. Nicht zuletzt kommt die Personalisierung in der Dramaturgie zum Ausdruck: „Im aktuellen Konzept werden dem Zuschauer zuerst die vier Topthemen des Tages präsentiert,

bewegten sich im Mittelfeld zwischen seriösen Inhalten und lockerer Art der Darbietung. (Bartel 1997, 111ff., 137ff.) Schließlich habe es im Erhebungsjahr 1992 auch den Versuch von PRO 7 gegeben, mit einem ambitionierten journalistischen Konzept die Tagesschau herauszufordern und ARD-Zuschauer für sich zu gewinnen. (1997, 183ff.)

Die Konvergenzthese, nach der sich die Öffentlich-rechtlichen und die Privaten in ihren Programmschwerpunkten angleichen, kam bereits mit der Einführung des dualen Rundfunksystems auf. Schatz u. a. (1989) argumentierten, dass es eine optimale Mischung von informativen und unterhaltenden Anteilen gäbe, der sich kommerzielle und Public-Service-Anbieter durch Erprobung annäherten. Umgekehrt empfahlen Huth und Sielker (1988) den Fernsehanbietern, nicht den Versuch zu unternehmen, mit undifferenzierten Angeboten den Wünschen möglichst vieler Zuschauer gerecht zu werden, sondern sich auf ein jeweils spezielles Publikum zu konzentrieren, wobei differenziert wurde zwischen Zuschauern, die an einer ausgedehnten und besonders gut recherchierten, vorwiegend politischen Berichterstattung interessiert seien und denjenigen, die eine lockere Präsentation von Neuigkeiten aus verschiedenen gesellschaftlichen Bereichen bevorzugten.

Während Krüger (1991) mit Bezugnahme auf das Prime-Time-Programm der Öffentlich-rechtlichen und der Privaten für die 80er Jahre die Konvergenzthese ablehnte, kam Merten (1994a) zu dem Ergebnis, dass sich ARD und ZDF den kommerziellen Anbietern inhaltlich angeglichen hätten. Inzwischen ermittelte Krüger (1998) für die Informationssendungen der 90er Jahre fest, dass zwar die Schwerpunkte ‚Kriminalität/Katastrophen' und ‚Human Interest/Buntes' bei den Privaten immer noch stärker vertreten seien, dass aber auch bei den öffentlich-rechtlichen Programmanbietern sich die Tendenz zur Boulevardisierung bemerkbar mache. Für ein anderes Programmgenre, nämlich für Talkshows, stellt Krüger (2002) fest, dass sich der Themenbereich ‚Politik/Gesellschaft', also der informative, auf öffentliche Meinungsbildung gerichtete Typus von Gesprächssendungen im Fernsehen, in den neunziger Jahren reduziert worden sei, während ‚Zwischenmenschliches/Privates' eine starke Ausweitung erfuhr. Diese Entwicklung müsse insbesondere auf die Programmangebote der privaten Sender zurückgeführt werden, die sich im gleichen Zeitraum aus dem „Themenfeld Politik" als Gesprächsgegenstand zurückgezogen hätten. Für die Konvergenzthese im Rahmen der Nachrichtenformate spricht sich auch Brosius (1998) auf der Grundlage eines Forschungsresümees aus. Bei den Themen der tagesaktuellen Informationssendungen deuteten die neueren Untersuchungen auf eine Annäherung hin, bei der Präsentation dagegen, dem sachlich neutralen Vortrag der

---

danach geht es über eine kurze Logoanimation mit einer dynamischen Kamerafahrt konzentriert auf den Anchor im Studio." Siehe Hefter 1999, 158ff., bes. 162.

Öffentlich-rechtlichen einerseits und der durch direkte Ansprache des Publikums und durch optische Effekte gekennzeichnete Darstellung bei den Privaten andererseits bliebe der Unterschied weiter bestehen.[15] Die These eines allgemeinen Rückgangs informations- und bildungsbezogener Fernsehprogramme wird von Marcinkowski (1998) deutlich zurückgewiesen. Auf der Basis der von Krüger vorgelegten Daten sowie eigener Berechnungen stellt er fest, dass dieses Programmsegment 1995 mit 26,9% gegenüber 26,3% im Jahr 1985 nahezu gleich groß sei. Allerdings muss Marcinkowski einräumen, dass die politischen Magazinsendungen der öffentlich-rechtlichen Sender im gleichen Zeitraum deutliche Verluste hinnehmen mussten. (Zur Konvergenzthese s. auch Bleicher 1997, 9ff.)

Bei der Kritik an den Informationsangeboten des Fernsehens ist zu berücksichtigen, dass sich inzwischen der Publikumsgeschmack geändert hat. Die TV-Öffentlichkeit wendet sich heute nicht mehr mit dem gleichen Bildungsbedürfnis wie in früheren Jahrzehnten dem Fernsehen zu. Es ist nicht das Interesse für große Perspektiven, für enzyklopädische Wissensformierung, das vom Publikum an das Fernsehen herangetragen wird. Das Durcheinander von Meldungen unterschiedlichster Provenienz und Seriosität, von Privatem und Öffentlichem, von Unterhaltung und Information passt in das kulturelle Szenario der Postmoderne, die ja das Paradigma einer universellen Rationalität in Frage stellt und die ästhetisch-sensuelle Anmutung betont. Es ist das Spiel mit dem Detail, die Vermischung von Formen, Stilen und Traditionen, die verwirrende Fülle anstelle der erklärenden Symbole, das auch die „Erlebnisgesellschaft" (Schulze 1992) kennzeichnet. Der Erfolg von Infotainment-Formaten[16] ergibt sich nicht zuletzt daraus, dass sich das Publikum selbst dann noch unterhalten möchte, wenn es sich informiert, während das Bedürfnis nach ‚Sinn' und ‚Orientierung' zurückgegangen ist. Gerade die privaten Fernsehanbieter, die sich allein durch Werbung[17] finanzieren, reagieren schneller auf derartige gesellschaftliche Tendenzen. Es ist zu vermuten, dass unter gewandelten Vorzeichen, das heißt bei einer Veränderung der Befindlichkeiten und Bedürfnisse des Publikums, die privaten Fernsehveranstalter auch entsprechend zügig andere Angebote erstellen würden.

---

15 Zur Frage einer ‚Konvergenz' in der Programmentwicklung von Öffentlich-Rechtlichen und Privaten siehe auch Bruns/Marcinkowski 1996, sowie Bartel 1997, Krüger 1998, 80ff.

16 Die Reichweiten der Nachrichensendungen von RTL, SAT.1 und PRO 7 haben von 1992 bis 1995 zugenommen, während im gleichen Zeitraum die Tagesschau 740 000 Zuschauer und die ‚heute'-Nachrichtensendung sogar 2 Mill. verloren haben. Die Tagesschau konnte jedoch bis zum Jahr 2000 fast 1 Mill. Zuschauer zurückgewinnen, die ‚heute'-Reichweiten sind um ca. 500 000 weiter zurückgegangen. Die Nachrichtensendungen der Privaten waren gegenüber den Höhepunkten im Jahre 1995 bzw. 1996 (RTL) leicht rückläufig. Gleichbleibend ist während des gesamten Zeitraums das hohe Prestige, das den Nachrichtensendungen der öffentlich-rechtlichen Rundfunkanstalten entgegengebracht wird. (Vgl. Darschin/Zubayr 2001)

17 und durch den Verkauf von Lizenzrechten

4.3   Der Konstruktcharakter der Nachrichten

Zur weiteren konzeptionellen Klärung erscheint es sinnvoll, zwischen Nachrichten, das heißt Meldungen über Ereignisse, und Meinungsbeiträgen begrifflich zu unterscheiden. Das bedeutet nicht, dass es in der Realität jeweils möglich wäre, die Information über Ereignisse von der Bewertung zu trennen. Nach journalistisch-professioneller Auffassung sollen Nachrichten möglichst objektiv sein, während Meinungsbeiträge den Standpunkt des Verfassers oder des Mediums wiedergeben. (Kaupp 1980, 101ff.) Bei den ‚Nachrichten'sendungen des Fernsehens handelt es sich danach um beides, um Informationen mit dem Anspruch auf Objektivität und um Meinungen, die vorgetragen und begründet werden. Von diesen sind die „individualitätsgebundenen Nachrichtenbeiträge" als dritter Typus zu unterscheiden (Kaupp 1980, 109). Dabei geht es um Teile von Nachrichtensendungen, die Meldungen über Ereignisse mit der individuellen Ausdrucksform des Berichterstatters verbinden, also nicht nur Informationen wiedergeben, sondern in Auswahl, Präsentation und Bewertung persönliche Züge tragen. Reportage, Feature und Korrespondentenbericht sind unter diesen Begriff zu fassen. (Kaupp 1980, 109)

Nachrichtensendungen nehmen für gewöhnlich immer den gleichen Zeitraum in Anspruch. Was zur Nachricht wird, hängt offenbar von einem Selektionsprozess ab. Eine Nachricht ist eine Information über ein relevantes Ereignis, wobei Relevanz mit der verfügbaren Sendezeit zu tun hat. Steht viel Zeit zur Verfügung, werden solche Ereignisse relevant, die unter anderen Umständen keine Chance gehabt hätten, den Filter des Berichtenswerten zu durchlaufen. Nichtsdestoweniger kann nur das als Ereignis wahrgenommen werden, was aus dem Strom des Geschehens herausragt. Da die Vorkommnisse, über die berichtet wird, überraschend sein müssen, (Ruhrmann 1994, 241) erzeugen Nachrichten stets das Bild einer „außergewöhnlichen Welt" (Merten 1977, 454). Massenmedien dienen „der Erzeugung und Verarbeitung von Irritation" (Luhmann 1996, 46). Daher kann nur ein regelwidriger Vorgang ein berichtenswertes Ereignis sein. Informationen über solche Ereignisse sind *news*; mit dem englischen Begriff für Nachrichten wird auf den Ereignischarakter des Berichteten hingewiesen. Nachrichten sind meistens auch *bad news*, weil ein Geschehen, das Schäden verursacht oder Gefahren heraufbeschwört, mit größerer Wahrscheinlichkeit die Relevanzprüfung von Journalisten, Programmverantwortlichen oder Rezipienten besteht.

Was überhaupt als eine Veränderung des normalen Verlaufs wahrgenommen wird, hängt von den Erwartungen des Beobachters ab. Es gibt also nicht das Ereignis an sich; vielmehr müssen Handlungen und Geschehnisse aus einer Gesamtheit ausgegrenzt werden, um ein Ereignis zu konstituieren. Dabei kommt es zu unterschiedlichen Eingrenzungen und kategorialen Bezügen. (Frerichs 2000, 125f.) Wie ein Vorkommnis eingeordnet wird, ob es als innerhalb oder außerhalb der Ordnung liegend gilt, ist eine Frage der individuellen und sozialen Schemata, die der Einzelne an die Wirklichkeit heranträgt. Auch Nachrichten sind kein Abbild der Wirklichkeit, sondern organisch-physiologische, persönlich-individuelle und soziale Konstrukte.

4.4 Nachrichtenauswahl im Fernsehen und öffentliche Agenda

Nicht nur der Inhalt von Nachrichtensendungen ist eine Frage subjektiver bzw. journalistisch-professioneller Einschätzungen; wie bereits in den vorigen Abschnitten gezeigt wurde, unterliegen auch die Präsentation und die Reihenfolge von Informationen keinem Zwang, der sich aus den ‚objektiven' Eigenschaften der Vorkommnisse ableiten ließe. Vielmehr ist der Inhalt von Sendungen, in denen über tagesaktuelle Neuigkeiten berichtet wird, das Ergebnis medienspezifisch-technischer Erwägungen oder, pointierter ausgedrückt:

> „Thus, organization has prompted practices which obfuscate the events presented as news for practical reasons. Rules of thumb, editing techniques, marketing research, use of themes and angles, and even writing a story to fit with another to make the 'show flow', has become the rational way to change the world in order to present it as news." (Altheide 1976, 173f.)

Schon bei der alltäglichen Wahrnehmung zeigt sich, dass derjenige, der eine besondere Beobachtung macht, seine Aufmerksamkeit nicht nur auf die Erscheinung selbst richtet, sondern auch auf andere Vorkommnisse, die mit dieser in einem Zusammenhang stehen könnten. Der Beobachter gibt sich also nicht mit isolierten Eindrücken zufrieden, sondern weitet das Feld seiner Wahrnehmungen aus, um diese zu interpretieren. In Bezug auf TV-Nachrichten heißt das, dass einzelne Meldungen die Wahrnehmung und Deutung vorangegangener Ereignisse voraussetzen und auch nachfolgende Informationen beeinflussen. Zudem fügt die gesamte Struktur, das Format einer Sendung, jeder einzelnen Information Bedeutungen hinzu. Ist eine Nachrichtensendung zum Beispiel so konzipiert, dass Ereignisse episodenhaft erscheinen, so wirkt sich dieser Rahmen auf den Gesamteindruck anders aus als wenn die einzelnen Meldungen in einem thematischen Zusammenhang gebracht werden. Die episodenhafte Darstellungsweise lässt den Eindruck entstehen, dass bestimmte Personen und Gruppen für ein Geschehen verantwortlich sind, während ein thematisches *framing* die Bedeutung gesellschaftlicher Faktoren und allgemeiner Entwicklungen hervortreten lässt. (Iyengar/Simon 1997, 250ff.)

Die Ereignisse, die Gegenstand von Nachrichtensendungen werden, sind demnach nicht einfach als gegeben zu betrachten. Was sich als besonderes Vorkommnis vom normalen Geschehen abhebt, ist von strukturierten Erwartungen und Einschätzungen abhängig. In einem weiteren Schritt wäre die Frage zu stellen, welche Art von Ereignissen berichtenswert ist. Welche Eigenschaften müssen Ereignisse haben, damit sie Gegenstand von Nachrichtensendungen werden? Galtung und Ruge (1965) haben eine Reihe von Faktoren unterschieden, die dazu beitragen, dass ein Ereignis zur Nachricht wird. Zu diesen *Nachrichtenfaktoren* gehören u. a. die kulturelle Nähe eines Geschehens, die Wünschbarkeit sowie die Unvorhersehbarkeit und Seltenheit eines Ereignisses, die Prominenz der beteiligten Personen, die Personalisierbarkeit, das heißt die Möglichkeit, das Ereignis auf das Handeln von Personen zurückzuführen, das internationale Gewicht der Nation, zu der ein Vorgang in Beziehung gesetzt wird, und der negative, das heißt der konflikthafte und zerstörerische Charakter eines Geschehens.

Ausgangspunkt bei dieser Auflistung von Nachrichtenfaktoren sind physiologische und psychologische Gesichtspunkte, unter anderem Erkenntnisse zur Selektivität der Wahrnehmung. Die Wahrscheinlichkeit, dass ein Ereignis Gegenstand einer Nachricht wird, ergibt sich nach Galtung und Ruge aus der Summe der Nachrichtenfaktoren. Der ‚Nachrichtenwert' eines Geschehens ist dementsprechend größer, wenn nicht nur eins der erwähnten Merkmale, sondern möglichst viele für ein Ereignis zutreffend sind. Winfried Schulz (1990) konnte im Rahmen einer bekannten empirischen Studie bezüglich der Nachrichtenfaktoren des Fernsehens zeigen, dass eine relativ hohe Korrelation zwischen dem Faktor ‚Überraschung' und der Beachtung einer Meldung bestand. Da ‚Überraschung' wiederum mit den Faktoren ‚Relevanz' und ‚Thematisierung' zusammenhing, ergab sich, dass es „offenbar die überraschenden Wendungen innerhalb des bedeutsamen und langfristig thematisierten Geschehens sind, die vom Fernsehen besonders herausgestellt werden" (Schulz 1990, 105).

Nach Kamps und Meckel (1998a) stehen die folgenden fünf Kriterien bei der Auswahl von Meldungen für die Nachrichtensendungen des Fernsehens im Mittelpunkt:

1. Aktualität: Da Nachrichtensendungen zu einer knappen Darstellung gezwungen sind, liegt der Schwerpunkt bei den Ereignissen des Tages. Hintergründe können nicht berücksichtigt werden. Die Darstellung von Entwicklungen erfolgt in der Weise, dass elektronisch gespeicherte Konserven in die Berichterstattung über Folgeereignisse eingebaut werden, so dass eine durch das Medium selbst geschaffene *Traditionalisierung* zu verzeichnen ist.

2. Relevanz: Die Nachrichtenselektion richtet sich nach der bei Journalisten und Publikum unterstellten Relevanz. Auch wenn die Vorkommnisse, über die berichtet wird, nicht in die persönliche Sphäre der Zuschauer eindringen, können sie Betroffenheit auslösen. Zur Handlungsrelevanz kommt daher die emotionale Relevanz hinzu.

3. Konsonanz: Obwohl die Auswahl von Meldungen sporadisch erfolgt und Ereignisse eher skizzenhaft dargestellt werden, vollzieht sich die Präsentation der Nachrichten sowohl inhaltlich wie auch formal nach bestimmten Mustern, die den Zuschauern vertraut sind und Mehrdeutigkeiten reduzieren.

4. Simplizität: Der Textumfang von Nachrichtensendungen beträgt nur einen Bruchteil des Volumens von Tageszeitungen. Themen, die sich nicht in eine knappe, verständliche Form bringen lassen, eignen sich nicht für das Fernsehen.

5. Visualität: Die Nachrichtenauswahl wird durch die Verfügbarkeit von Filmmaterial beeinflusst.

Dem ursprünglichen Konzept von Galtung und Ruge zufolge erregt das Überraschende, das Dramatische und Gefährliche die Aufmerksamkeit und wird deshalb Gegenstand einer Meldung. Heute geht man allerdings davon aus, dass bei den Nachrichtenfaktoren nicht die Wahrnehmung als solche entscheidend ist, sondern die journalistische Bearbeitung von Wahrnehmungen und die Qualitäten, die den Realitätskonstrukten zugeordnet werden. Damit ist die frühere Unterstellung, dass das, was Journalisten für berichtenswert halten, identisch sei mit den Einflüssen, die sich auf die menschliche Wahrnehmung schlechthin auswirken, obsolet. „Die Nachrichtenfaktoren", so stellt Staab (1990, 64) fest, „sind eine Folge von Publikationsentscheidungen" und müssen demnach „als ein Bezugssystem für subjektive Selektionsentscheidungen betrachtet werden". Der Vorgang der Wahrnehmung lässt allenfalls Analogieschlüsse in Hinblick auf das Problem der Nachrichtenselektion zu. So ist es naheliegend, aber nicht zwingend, dass der Journalist solchen Ereignissen Publizität verschafft, die auch auf der Ebene der direkten Alltagsbeobachtung relevant wären.

Der Ermessensspielraum des Journalisten wird durch die technischen Besonderheiten des Mediums begrenzt. Visualisierung zum Beispiel ist kein Kriterium, über das Journalisten frei entscheiden könnten. Der Visualisierungs*zwang*, den das Fernsehen ausübt, kann von keiner Nachrichtenredaktion ignoriert werden. Auch solche Entwicklungen, die sich – wie bestimmte Vorgänge in der Wirtschaft – nur oder in erster Linie dem analytischen Zugang eröffnen, die vielleicht sogar besser in Zahlen als in Worten dargestellt werden könnten, machen eine spezielle, auf Anschaulichkeit gerichtete Bearbeitung erforderlich. Problematisch sind darüber hinaus solche ‚Ereignisse', die, wie zum Beispiel Tarifverhandlungen, Parteitage, Kabinettsrunden, Staatsbesuche, Friedenskonferenzen, Parlamentsdebatten usw., vorwiegend aus verbaler Interaktion bestehen. Bei längeren Vorträgen, Besprechungen und Diskussionen kommt es unvermeidbar zu einer visuellen Monotonie, sodass es nahe liegt, solche Bilder auszuwählen, die, wie ein Gähnen, ein Lachen oder eine dem Sitznachbarn zugeflüsterte Bemerkung, mit dem Resultat der Verhandlungen wenig zu tun haben, nichtsdestoweniger aber die Gleichförmigkeit der optischen Eindrücke durchbrechen. Dagegen ist die visuelle Darstellung der Sprechakte, die den formellen Verlauf des Ereignisses ausmachen, also zum Beispiel Rednerinnen und Redner am Vortragspult, für das Publikum von nachgeordnetem Interesse, da im Grunde genommen der Ton als Informationsquelle ausreichen würde. In Zeiten verschärfter Konkurrenz unter den TV-Anbietern sind daher auch derartige visuell unergiebige, wenngleich politisch möglicherweise sehr bedeutsame Ereignisse einem verschärften Selektionsdruck unterworfen. Entsprechend ist zum Beispiel die Berichterstattung über parlamentarische Vorgänge auf Bundes- und Landesebene von 1986 bis 1996 im Fernsehen noch stärker zurückgegangen als in der aktuellen Presse. (Marcinkowski 2000, 54f.)[18]

Die Informationsvermittlung über das Bildschirmgerät kann auf Visualisierung nicht verzichten. Daher muss sich auch der Inhalt nach dem Bild richten. „Visualität fungiert (...) als relativ konstanter struktureller Rahmen für journalistische Selektions-, Publikations- und Präsentationsentscheidungen." (Staab 1998, 64). Liegt geeignetes Filmmaterial nicht vor, so müssen Ersatzereignisse gezeigt werden, um die Aufmerksamkeit der Zuschauer zu binden. Ideal für das Medium Fernsehen ist ein Geschehen, das, wie Kriege, Überfälle, terroristische Anschläge usw., mit spannungsgeladener Aktion einher geht. Deswegen ist davon auszugehen, dass sich die Programmverantwortlichen, zumal wenn der kommerzielle Druck hoch ist, nach Möglichkeit den konzentrierten, leidenschaftlichen Aktionen zuwenden. Das ideale Fernsehereignis ist „kurz, dramatisch und blutig." (Winterhoff-Spurk 1986, 130ff.). Gans berichtet in seiner klassischen Untersuchung „Deciding What's News" von folgenden Beobachtungen, die er in den Nachrichtenredaktionen des Fernsehens machen konnte:

„Consequently, all suggested stories are automatically judged for whether they lend themselves to filming; and when top producers compile their lists of selected stories, they always begin with, and give most thought to, the films they hope to run that day. At this point, however, quality considerations also come into play, for producers want good film rather than any film, and the prime measure of quality is 'action'. Action is 'something happening', 'an incident, not a situation', such as a battle, an interpersonal

---

18 Erfasst wurden 1260 Artikel der Frankfurter Allgemeinen Zeitung und der Süddeutschen Zeitung sowie 480 Beiträge der Tagesschau und der ‚heute'-Nachrichten.

conflict, or people struggling against nature. Action is also emotion, either a display of anger or other strong feelings, or an activity that evokes an emotional response, such as pity." (Gans 1979, 158)

Das Fernsehen muss dem Visualisierungszwang entsprechen, auch wenn der informative Gehalt des optischen Materials gering ist. Wenn keine Bilder zu einem Ereignis vorliegen, wird auf mehr oder weniger passendes, oft auch wenig informatives Archivmaterial zurückgegriffen. Als die amerikanische Armeeführung während des Golfkrieges im Jahre 1991 für Journalisten aus aller Welt den Zugang zum Kampfgebiet gesperrt und strenge Zensurvorschriften erlassen hatte, schuf sie beste Voraussetzungen dafür, dass das von ihr lizensierte Bildmaterial weltweite Verbreitung fand. Außerdem führte das dürftige Angebot an aktuellen Meldungen, das im krassen Gegensatz zu der Bedeutung des Geschehens stand, zu Rückgriffen auf die Archive, die immer neue Bilder des irakischen Diktators hervorbrachten und den Aggressor in diabolischem Glanz erscheinen ließen (Vgl. Gödde 1992).

Die Nachrichtenfaktoren, die sich auf die Aufmerksamkeit des Zuschauers beziehen, lassen sich so zusammenfassen, dass der Nachrichtenwert eines Vorfalls dann gegeben ist, wenn er sich mit einem individuellen oder kollektiven „Handlungs-, Anpassungs- oder Korrekturbedarf" (Erbring 1989, 305) verbindet. Aber auch dabei sind Eigenschaften des Mediums von Bedeutung, das heißt es sind jeweils spezifische Eindrücke, die eine Anpassung notwendig erscheinen lassen. Das Fernsehen löst Veränderungsbedarf über Bilder aus, die den Zuschauer betroffen machen, die für ihn also emotional relevant sind. Während in der Presse und potentiell auch im Hörfunk sich die Darstellung eines beunruhigenden Zustandes mit dessen Analyse verbindet, so dass Handlungsmöglichkeiten aufgezeigt werden, lassen TV-Bilder beim Rezipienten eher das Gefühl der Hilflosigkeit entstehen. Politikverdrossenheit (Vgl. Kap. 8.2) als Wirkung der Nachrichtenrezeption ist also möglicherweise ein medial bedingter Effekt, der sich bei der bildhaften eher als bei der textlichen Darstellung beunruhigender Ereignisse einstellt.

Bereits die unterschiedlichen Profile der Informationsprogramme, die sich im Vergleich von öffentlich-rechtlichen und privaten Fernsehveranstaltern zeigen, weisen darauf hin, dass nicht allein die von der Nachrichtenfaktorenforschung genannten Kriterien die Auswahl der Meldungen bestimmen, sondern dass vielmehr auch Marketingstrategien dafür entscheidend sind, über welche Ereignisse berichtet wird. Nachdem die kommerziellen Programmanbieter zunächst die Bedeutung der Nachrichten für die Publizität ihrer Sendungen übersehen hatten (Röhl 1992, 42), ist inzwischen die Meinung vorherrschend, dass das Image eines Senders durch die Informationsprogramme, besonders durch die Hauptnachrichtensendung geprägt wird. Mit entsprechendem Aufwand wird daher die

Gestaltung der Nachrichtensendungen auf das gesamte Marketingkonzept abgestimmt. Das Mischungsverhältnis von Information und Unterhaltung kann nicht getrennt werden von den übrigen Programmschwerpunkten und den von den Sendern anvisierten Zielgruppen. Selbstverständlich gibt es einen Grundbestand an Meldungen, die von allgemeiner Bedeutung sind und daher in allen Nachrichtensendungen in der einen oder anderen Weise Berücksichtigung finden. Der Umfang dieses ‚Informationskerns' ist allerdings variabel, so dass in einem nicht genauer definierten Ausmaß neben Nachrichtenfaktoren und weiteren journalistischen Entscheidungskriterien Marktüberlegungen den Inhalt der Nachrichtensendungen bestimmen können.

Das Vorhandensein von Meldungen und deren Auswahl für eine Nachrichtensendung hängt darüber hinaus von institutionell-organisatorischen Bedingungen ab, unter anderem der Anwesenheit von Reportern am Ort des Geschehens. Die Aufnahme- und Übertragungstechnik hat in den letzten Jahren bedeutend an Flexibilität und Mobilität gewonnen, so dass im Rahmen eines international operierenden TV-Nachrichtensystems eine Berichterstattung innerhalb kürzester Zeit von beinahe jedem Schauplatz der Welt möglich ist. Trotzdem ist ein kurzfristiger Einsatz oder der Rückgriff auf fremdes Bildmaterial oft wenig sinnvoll. Um den Anforderungen an eine gründliche journalistische Recherche zu genügen, müssen daher künftige Krisen antizipiert werden. Besonders für Auslandsreportagen ist es erforderlich, dass die Bedingungen der Berichterstattung geklärt werden, um rechtzeitig ein Aufnahmeteam vor Ort zu haben. Die Auswahl von Nachrichten hängt also auch davon ab, wie derartige Planungen verlaufen. Die Anwesenheit eines Reporters an einem Ort, an dem sich Ereignisse zuspitzen, führt zu einem kontinuierlichen Nachrichtenstrom. Dagegen hat die Notwendigkeit, auf Fremdmaterial zurückgreifen zu müssen, eine spärlichere Berichterstattung zur Folge.

Welche Themen in den Nachrichtensendungen aufgegriffen werden, ist, wie die Agenda-Setting-Forschung gezeigt hat (McCombs/Shaw 1972), von größter Bedeutung für die öffentliche Wahrnehmung des politischen Geschehens und für die Bewertung politischer Vorgänge und Akteure. Für das Fernsehen konnten Iyengar und Kinder (1985; 1987) im Rahmen eines experimentellen Forschungsdesigns sowie durch inhaltsanalytische Untersuchungen und durch Auswertung US-repräsentativer Befragungen nachweisen, dass die amerikanische Öffentlichkeit den Ereignissen Bedeutung beimisst, über die in Nachrichtensendungen häufig berichtet wird. „When television news focuses on a problem, the public's priorities are altered, and altered again as television news moves on to something new." (1987, 33). Dabei ist auch die Platzierung von Meldungen wichtig, das heißt die zu Beginn angesprochenen Themen werden in höherem Maße als „nationales Problem" angesehen als Themen, die in der Reihenfolge der Nachricht

eine mittlere oder niedrigere Position einnehmen. Es konnte sogar ein regelmä-
ßiger Zusammenhang zwischen *lead story* und öffentlicher Agenda nachgewiesen werden; mit jeder Nachrichtensendung, die ein Thema auf den ersten Platz
setzte, erhöhte sich der Anteil derer, die davon ausgingen, dass es sich um „one
of the country's most important problems" handelt.

4.5 Sprache und Bild

Die vorherigen Ausführungen haben gezeigt, dass die Auswahl von Nachrichten,
die in aktuellen Informationssendungen berücksichtigt werden, von den vorhandenen Meldungen und dem zur Verfügung stehenden Bildmaterial abhängt. Dabei müssen Entscheidungen zwischen konkurrierenden Informationen getroffen
werden. Was das Verhältnis von Texten und Bildern angeht, so gibt es möglicherweise eine Konkurrenz zwischen ‚starken' Ereignissen und ‚starken' Bildern. Bilder sind für das Fernsehen wichtig, weil sich mit den von der Kamera
gelieferten Eindrücken die Vorstellung des Authentischen verbindet. Dass das
Medium Fernsehen in Analogie zur Alltagswelt eine optische Orientierung zulässt, erklärt sicher zu einem hohen Grad die Glaubwürdigkeit, die den TV-
Nachrichten immer noch zugeschrieben wird. ‚Bilder lügen nicht', aber ‚Papier
ist geduldig'.
   Allerdings gilt auch für das Bildmedium Fernsehen, dass der Text der Nachrichten nicht vernachlässigt werden darf. Das Gesehene erklärt sich – im Gegensatz zum Gehörten – nicht aus sich selbst heraus, sondern bedarf zusätzlicher
Informationen. Während sich der Hörfunk auf eine einzige Kommunikationsebene beschränkt, vermittelt das Fernsehen nicht nur visuelle Kommunikation,
sondern ist gleichzeitig auch Wortmedium. Was den Eindruck der Authentizität,
was den naiven Realismus gegenüber dem Bild angeht, so muss dieser nach
journalistischer Ansicht durch das Wort korrigiert werden:

> „Film und Sprache – das ist zunächst einmal das Eingeständnis, das man ‚Film als
> Sprache' für nicht statthaft oder möglich hält. Der Griff in den Kulturbeutel unserer
> als Instrument der Wirklichkeitsvermittlung längst legalisierten Wortsprache soll ga-
> rantieren, dass sich die gefühlsbeladene Subjektivität der Bilder in der (Schein-) Ob-
> jektivität genormter Zeichen (Wörter, Sätze) erschöpft. Rationalität anstelle reali-
> tätskonformer Willkür ist das erklärte Ziel. Das mögliche Ergebnis: Die Bildsprache
> wird korrigiert und durch Wortsprache entmündigt. Bei diesem Akt, den beispiels-
> weise fast alle Fernsehjournalisten für nötig halten, spielen diese gleichwohl eine
> zweifelhafte Rolle. Denn was sie mit Bildern, Tönen, mit den Substraten der von ih-
> nen abgefilmten Weltpartikel niemals machen würden, mit Worten ‚machen' sie es
> gerne. – Worte haben im Gegensatz zu Bildern offenbar das Ansehen, unmissver-
> ständlich, klar und wesentlich zu sein." (Hügler 1994, 193).

Bilder werden durch Sprache erklärt, Wortbeiträge durch Bilder illustriert. Eine Meldung kann durch das Bild oder durch den Text gestützt werden. Das Bild steht aber nie allein, während Texte durch ‚Sprecher' verlesen werden können. Der Zuschauer muss über die Fähigkeit verfügen, sich im raschen Wechsel auf eine der beiden Darstellungsarten einzustellen, sich zum Beispiel von den Bildern einer Brandkatastrophe beeindrucken zu lassen und im nächsten Moment einem in starrer Pose präsentierten Kommentator zuzuhören. Vom Rezipienten werden nicht unerhebliche Verständnisleistungen verlangt, was die Gefahr von „Interpretationsstress" mit sich bringt. (Ebner 1986, 38)

Die Priorität der einen oder anderen Kommunikationsebene lässt sich im Zweifelsfall daran feststellen, ob der Text ohne Bilder oder die Bilder ohne Text verständlich sind. Was den Zuschauer betrifft, so wird er jedoch durch die Art der Präsentation und die gewählten Stilmittel nicht festgelegt. Bei einem vom Blatt verlesenen Text kann er sich zum Beispiel, statt den vorgetragenen Informationen zu folgen, auf die optische Erscheinung des Sprechers konzentrieren. Die Auswirkung, die von der Differenz zwischen der visuellen und der sprachlichen Kommunikation, von der „Text-Bild-Schere" (Wember 1983, 43) ausgehen, sind umstritten. Winterhoff-Spurk (1983) ist der Ansicht, dass der Rezipient im allgemeinen die mangelnde Korrespondenz zwischen Text- und Bildmaterial gar nicht bemerkt, weil er seine Aufmerksamkeit auf sprachlich vermittelte Informationen konzentriert. Brosius und Birk (1994) führten ein Experiment mit vier Präsentationsformen einer Nachrichtensendung durch, und zwar 1. eine Hörfunkversion, 2. eine Fassung mit textillustrierenden Bildern, 3. eine Fassung mit Text und Standardnachrichtenbildern und 4. eine Version ohne inhaltliche Bezüge von Text- und Bildmaterial. Nach den Ergebnissen dieses Experiments wurde die durch die Text-Bild-Schere gekennzeichnete Version am schlechtesten bewertet. Als besonders interessant und glaubwürdig hingegen galt den Versuchspersonen der mit illustrierenden Bildern versehene Text. Auch für das Verständnis der Informationen ergaben sich bei einem engen Zusammenhang von Text und Bild die besten Resultate. Es ist also davon auszugehen, so Brosius und Birk, dass optische Eindrücke, die nicht in einem sinnvollen Kontext zu den mündlich vorgetragenen Meldungen stehen, die Aufmerksamkeit vom Text ablenken und der Informationsaufnahme im Wege stehen.

Ob überhaupt die Fernsehnachrichten konkrete und alltagsrelevante Informationen vermitteln, wird von Burger (1990) in Frage gestellt. Der in den traditionellen Nachrichtensendungen bevorzugte Nominalstil erwecke zwar den Eindruck der Objektivität, indem der Berichterstatter hinter das Geschehen zurücktrete; gleichzeitig würde jedoch dem Zuschauer die Aufgabe zugemutet, die zu Nomen umgeformten Verben wieder in Tätigkeiten zu übersetzen und dabei die möglicherweise sehr komplizierten Beziehungsverhältnisse zwischen den Handlungsbeteiligten zu rekonstruieren. Schwierigkeiten ergeben sich – so Burger – insbesondere dann, wenn im Nachrichtentext den Nominalformen keine attributiven Ergänzungen hinzugefügt werden, so dass die Urheberschaft von Gesetzesvorlagen, von Konferenzbeschlüssen, von zustimmenden und ablehnenden Stellungnahmen im Dunkeln bleibt. Die Nominalform wäre besonders empfehlenswert, wenn die Ergebnisse von Verhandlungen kurz und bündig zusammengefasst werden sollten. Dieser Vorteil würde allerdings damit erkauft, dass der Berichterstatter eine Distanz zum laufenden Geschehen zum Ausdruck brächte.

Für Schmitz (1993) sind die Fernsehnachrichten ein Ort der Mythenproduktion, an dem das Einzelne und das Allgemeine, Ereignis und Weltbild, zu einer unreflektierten, unbewusst bleibenden Synthese zusammengebracht werden, eine Behauptung, die er anhand der Tagesschau nachzuweisen versucht. Eine linguistische und textanalytische Untersuchung von Sendungen im Abstand von 10 Jahren erbrachte eine große Ähnlichkeit der Ereignis- und Sprachelemente, die es – nach Schmitz – sogar möglich macht, über größere Zeiträume „Geschwistertexte" (1993, 33) zu identifizieren. Jeder Satz der *Tagesschau* enthalte ein sinnzentrierendes Wort (*abrücken, erklären, wählen, begrüßen, Forderung, Ergebnis, Demonstration, Opposition, Affäre* usw.), das einer begrenzten Anzahl von Bedeutungsfeldern (*Beziehung und Konflikt, Amt und Rücktritt, Macht und Freiheit, Zuversicht und Gefahr* usw.) zugeordnet werden könne. In 75 % aller Tagesschau-Sätze komme eins von 450 sinnzentrierenden Wörtern vor, die er als „semantisches Rückrat" (Schmitz 1993, 35) dieser Nachrichtensendung bezeichnet. Die Textproduktion der Tagesschau symbolisiere die Wiederkehr des Immergleichen, den Griff in den Baukasten der Geschichte; Aktualisierung der Themen bei gleich bleibenden Elementen kennzeichne eine Mythenproduktion, die auf die Botschaft hinauslaufe: „Was immer Neues passieren mag, man wird auf die alte Weise mit ihm fertig werden." (Schmitz 1990, 22).

Auch Hickethier macht auf „Moderationsrituale" (1997) in den Standardnachrichtensendungen aufmerksam. Für ihn sind Nachrichten Erzählungen, die sich mit anderen Formen der Narration, zum Beispiel in der Literatur und im Film, vergleichen lassen. Der für den Zuschauer sichtbare Sprecher oder der im Studio anwesende Redakteur ist demnach der Erzähler, der aus einem Geschehen das Berichtenswerte herausgreift und in dramatischer Weise präsentiert, gleichzeitig aber auch dieses in eine Form bringt und in größere Zusammenhänge einordnet, also interpretiert und bewertet. Mit der Fixierung auf Personen als Handlungsträger und auf Konflikte, die sich auf einen dramatischen Wendepunkt zubewegen, finden aus der Erzählliteratur bekannte Muster in der politischen TV-Berichterstattung Verwendung. Nachrichtensendungen setzen im Tages- und Wochenrhythmus bestimmte Ereignisse und Geschehensabläufe immer wieder auf die Agenda; sie sind, indem sie einen bestimmten narrativen Faden aufnehmen, als ‚Langzeiterzählungen' zu begreifen. Allerdings muss – im Unterschied zu fiktionalen Erzählungen – das berichtete Geschehen in den Nachrichten in seinem Ausgang offen bleiben. Da die Wirklichkeit als unstrukturiert gilt, können die Inhalte der Nachrichtensendungen – so Hickethier – nicht in gleicher Weise wie in der freien Narration logisch stringent und pointiert aufgebaut sein. Demnach stellt der offene Ausgang im Gegensatz zu fiktionalen Stoffen den Bezug zu einer Wirklichkeit her, die sich alltäglich ereignet und auf Fortsetzungen warten lässt.

Nachrichten im Fernsehen sind durch den besonderen Kontrast ungewöhnlicher Ereignisse – Kriege, Katastrophen, ‚Spitzengespräche' – mit fixierten Strukturen – Sprachstile, Präsentationsformen, Programmschemata – gekennzeichnet. Auf diese Weise können die Erzählungen von einem Geschehen ‚da draußen' in die häusliche Welt des Zuschauers integriert werden. Auch wenn die Ritualisierungen in erster Linie mit den Arbeitsbedingungen der Journalisten und der Beschaffenheit des Fernsehens als einem technischen und sozialen System zu tun haben, wenn also nur durch die Einbindung in ein zeitliches und organisatorisches Schema der Umgang mit dem Außergewöhnlichen, mit Neuigkeiten machbar ist, so hat diese Routine doch besondere Effekte für die Wahrnehmung des Weltgeschehens. Die in Bildern und Berichten bedrohlich erscheinenden Vorgänge werden durch den Duktus der TV-Erzählungen in eine Form und zu einem versöhnlichen Schluss gebracht. Zumindest dadurch, dass Nachrichtensendungen in gewohnter Länge und zur gewohnten Zeit wiederkehren, machen sie deutlich, dass alles seine Ordnung hat. Das Nachrichtenritual sorgt somit für Verhaltenssicherheit. (Fürsich 1994, 42) Selbst die Berichterstattung über besonders dramatische Ereignisse in Spezialsendungen wird irgendwann auf das normale Nachrichtenschema und die gewohnte Programmstruktur zurückgeführt, was zum Ausdruck bringt, dass sich das Weltgeschehen wieder in den gewohnten Bahnen bewegt. Nachrichtensendungen sind, wie Silverstone (1994, 17) feststellt, in gewisser Weise verführerisch: Sie zeigen eine Welt, in der es ständig zu verwirrenden und furchterregenden Ereignissen kommt. Da nichtsdestoweniger die Dinge unter Kontrolle gebracht werden können, ist das, was bleibt, der Rhythmus von Aufregung und Beruhigung.

4.6   Verstehen und Erinnern von Nachrichten

Denkt man an das Nachrichtenwesen vormoderner Epochen mit ihren Journalen und ‚Intelligenzblättern', die in Auflagenstärken von Hunderten oder wenigen Tausenden erschienen[19], dann wird man davon ausgehen müssen, dass sich unter dem Einfluss der Massenpresse und besonders der elektronischen Medien der Kreis der Personen und Gruppen, die das politische Geschehen wahrnehmen und die in der Lage sind, sich eine Meinung zu bilden und auf Entscheidungen Einfluss zu nehmen, in einem sehr starkem Maße ausgedehnt hat. In der vormodernen Gesellschaft gab es nur formal einen freien Zugang zur Öffentlichkeit; faktisch waren die Möglichkeiten, am politischen Leben teilzuhaben, auf eine Minderheit beschränkt.[20] Erst in der Gegenwart hat Öffentlichkeit diesen elitären Charakter verloren; die Bildung von Meinungen und die Partizipation an Entscheidungen und Maßnahmen von allgemeiner Tragweite bleibt nicht mehr, wie in Zeiten des Feudalismus und der Klassengesellschaft, wenigen Privilegierten vorbehalten, die über die dünn gestreuten Bildungsqualifikationen oder über ererbten Status verfügten. (Peters 1994, 46) Die Demokratisierung institutionalisierter Verfahren in verschiedenen gesellschaftlichen Teilbereichen ist auch auf die Medien, besonders das Fernsehen zurückzuführen. Die TV-Informationssendungen sind als Quelle von Informationen populärer, als es Druckerzeugnisse je sein konnten. Mit den Nachrichtensendungen des Fernsehens einschließlich der Nachrichtenmagazine von ARD und ZDF sowie der Nachtjournale von RTL und SAT.1 werden mehr als 90 % der Wahlberechtigten in der Bundesrepublik erreicht. (Wiedemann 2002, 258) Die über 14 Jahre alten Personen, die in TV-Haushalten leben, sehen 13 Minuten pro Tag durchschnittlich die Nachrichtensendungen des Fernsehens (Darschin/Zubayr 2001, 238f.). Die Redaktionen der Nachrichtensendungen haben also ein Publikum, das sich, anders als das Lesepublikum des 18. und 19. Jahrhunderts, aus Angehörigen aller gesellschaftlichen Gruppen und Milieus zusammensetzt.

Die Frage, in welchem Maße Nachrichten von den Fernsehzuschauern verstanden und erinnert werden, wurde in der Bundesrepublik erstmals vom Hamburger Hans-Bredow-Institut geprüft (Huth u. a. 1977; Renckstorf/Rohland 1980a, 72f.). Da die Ergebnisse der Studie bei der Gestaltung der „Tagesthemen" als neuer ARD-Magazinsendung von Bedeutung waren, hat die Untersuchung Fernsehgeschichte gemacht. ARD und ZDF hatten für das von ihnen initiierte

---

19 So gab es in Berlin bis zum Ende des 18. Jahrhunderts keine Tageszeitung. Erst 1806 erschien der „Telegraph" an jedem Wochentag. 1824 folgte die Vossische Zeitung mit einer täglichen Ausgabe. (Vgl. Höhne 1977, 20)

20 Dies gilt zum Beispiel auch für die von Habermas (1982) dargestellte britische Öffentlichkeit des 18. Jahrhunderts.

Forschungsprojekt jeweils drei Testausgaben im Stile ihrer Hauptnachrichtensendungen um 20.00 Uhr bzw. um 19.00 Uhr produziert. In jeder Ausgabe wurden 17 Themen in der für Tagesschau und ‚heute' jeweils typischen Darstel-
lungsform präsentiert. Die Versuchspersonen sollten ihre auf die gesamte Sendung bezogene Erinnerung spontan und ohne konkretisierende Nachfragen zu
Protokoll geben. Außerdem wurden die Erinnerungsleistungen zu einzelnen
Themen geprüft. Entgegen ursprünglichen Vermutungen zeigte sich, dass stärker
als die Darstellungsformen die Themen selbst die Wiedergabe beeinflussten,
wobei die Relevanz einer Nachricht – entsprechend der Lebenssituation, dem
Status und der Gruppenzugehörigkeit – sich als bedeutendster Faktor erwies. Die
Erinnerungswerte lagen bei Versuchspersonen mit höherem Bildungsgrad zwar
allgemein höher, doch wurde bei solchen Meldungen, die auch die bildungs- und
einkommensbenachteiligten Schichten in stärkerem Maße betrafen, dieser Vorsprung weitgehend nivelliert; bezüglich einer Meldung über einen Gewerk-
schaftskongress konnten zum Beispiel mehr richtige Details von den Probanden
mit Hauptschulabschluss genannt werden. Demgegenüber zeigte sich beim Thema ‚Hochschulausbau' eine klare Überlegenheit der Abiturientengruppe
(Renckstorf/Roland 1980a, 72f.; ähnlich auch Hagen 1994).

Um die Ursachen von Rezeptionsschwierigkeiten zu erforschen, gab Straßner
(1982, 327ff.) im Rahmen der von ihm geleiteten Tübinger Untersuchungen zum
Zuschauerverhalten den Probanden die Möglichkeit, die vom Band vorgespielten
Tagesschau- und ‚heute'-Sendungen zu unterbrechen und von einem frei gewählten Punkt an zu wiederholen. Die vierzig studentischen Versuchsteilnehmer
machten von diesem Angebot häufigen Gebrauch; für jede Person ergab sich pro
Sendung ein Durchschnitt von 3,4 Wiederholungen, die überwiegend mit
schwierigen und unklaren Formulierungen, Konzentrationsschwierigkeiten und
einem Vorbeirauschen der Bilder begründet wurden. Offenbar steht bei den
Standardnachrichtensendungen pro Thema zu wenig Zeit zur Verfügung. Jedenfalls wurden die Probanden nicht nur durch Bilder in ihrer Aufmerksamkeit abgelenkt; auch zeigte sich, dass die Texte sehr knapp formuliert waren, sodass bei
Themenwechsel Schwierigkeiten bestanden, die vorhergehende Meldung kognitiv zu verarbeiten. Straßner ging deshalb davon aus, dass bei mehr Ausführlich-
keit nicht, wie man befürchten könnte, Langeweile auftritt, sondern dass der
Nachrichtentext besser zu erfassen ist. Die gleichfalls erhobenen Erinnerungsleistungen sind nach Ergebnissen des Tübinger Projekts nicht nur vom Vorwissen
und von der schulischen Qualifikation, sondern auch von politischen Einstellungen und themenspezifischen Wertungen abhängig.[21]

---

21 Zur Komplexität von Fernsehnachrichten und den Schwierigkeiten der kognitiven Erfassung s.
    auch Cohen (2001).

Auch Merten (1985) kam in einer von der Medienkommission der öffentlich rechtlichen Fernsehanstalten in Auftrag gegebenen Untersuchung, bei der 212 nach dem Zufall ausgewählte Personen unmittelbar nach dem Ende einer Nachrichtensendung in ihrer Wohnung befragt wurden, zu dem Ergebnis, dass die Rekonstruktion von Meldungen davon abhängt, in welchem Maße das berichtete Geschehen von den Zuschauern als bedeutsam eingeschätzt wird. Themen wie Arbeitslosigkeit, Umwelt, Krieg usw., die persönliche und kollektive Gefahren signalisieren und deren Relevanz bei den Befragten hoch eingestuft wurden, kamen bei der Wiedergabe durch die Rezipienten häufiger vor. Entsprechend der Theorie der Nachrichtenfaktoren, die sich ursprünglich nur auf die Nachrichtenauswahl der Journalisten bezog, wirkten sich auch beim selektiven Erinnern der Zuschauer die geographische Nähe und die Prominenz der beteiligten Personen als Filter aus; Merten stellte fest, dass Meldungen um so eher erinnert wurden, je mehr die Ereignisse die Bundesrepublik betrafen und hochrangige Personen an dem Geschehen beteiligt waren.

Anhand desselben Datenmaterials ging Ruhrmann (1989) der Frage nach, in welchem Maße Rezipienten in der Lage sind, die Meldungen aus den Nachrichtensendungen des Fernsehens zu *verstehen* und zu rekapitulieren. Nach seinen Ergebnissen ist die korrekte Reproduktion von Informationen auf das aktivierbare Hintergrundwissen zurückzuführen. Das heißt, dass der Rezipient eine größere Chance hat, Meldungen richtig wiederzugeben, wenn er an bereits vorhandenes Wissen anknüpfen kann. Dieser Zusammenhang ist für Ruhrmann auch der Grund dafür, dass bildungsprivilegierte Probanden bei den Erinnerungs- und Verstehensleistungen besser abschneiden.

Brosius (1995) kritisiert die Vorstellung, dass die Rezipienten von TV-Nachrichten Informationen aufnehmen und erinnern, um später daraus abgeleitete Schlussfolgerungen zu ziehen. Irreführend sei das Modell der wissenschaftlichen Rationalität, nach dem Informationen logisch stringent verarbeitet und in politische Urteile umgesetzt würden. Demgegenüber sei von der Alltagsrationalität zu erwarten, dass der Rezipient durchaus nicht alle Informationen aufnehme, die für eine sachliche Urteilsbildung relevant seien. Außerdem erfolge in Alltagssituationen, zum Beispiel bei der Rezeption von TV-Nachrichtensendungen, die Aufnahme von Informationen nicht mit dem Ziel, alle Einzelheiten zu sammeln, um anschließend zu einer Meinungsbildung zu kommen. Vielmehr bildeten die Zuschauer kontinuierlich, das heißt während und nach der Rezeption Urteile und ließen sich von Alltagstheorien und Stereotypen leiten. Im Rahmen experimenteller Studien konnte Brosius zeigen, dass diejenigen Versuchspersonen, die im Rahmen einer Nachrichtensendung besonders lebhaftes und emotionales Filmmaterial gesehen hatten, sich in der Weise beeinflussen ließen, dass sie die Bedeutsamkeit entsprechender Beiträge höher einstuften. Ebenfalls konnten diese

Versuchspersonen die emotional dargestellten Inhalte besser behalten.[22] Das bedeutet, dass bei dem Versuch, die Nachricht zu rekapitulieren, ein Konstruktionsprozess einsetzt, der von „Voreinstellungen" und „allgemeinen Bewertungsmustern" geprägt ist. Brosius fasst das Ergebnis seiner Studien folgendermaßen zusammen:

> „Dieser Vorgang der nachträglichen Rekonstruktion von Nachrichteninhalten findet (...) im Anschluss an die alltägliche Nachrichtenrezeption statt. Wenn Rezipienten sich über Nachrichteninhalte unterhalten oder neue Informationen lesen, werden Dinge aus alten Meldungen erinnert. Dabei spielen dann die peripheren, aber nicht besonders auffälligen Reize, wie die emotionalen Bilder, eine rekonstruktionsleitende Rolle. Dies dürfte umso häufiger vorkommen, je beiläufiger die Nachrichten rezipiert werden." (1995, 211)

Fernsehnachrichten sind offenbar nicht besonders effizient, wenn man von dem Anteil der erinnerten und richtig verstandenen Meldungen ausgeht. Für Cohen sind Fernsehnachrichten sogar „the most difficult and complex format for presenting current affairs compared with other media" (2001, 185). Angesichts der Fülle der Informationen, mit denen die Medien die Bevölkerung versorgen, (Brosius 1998, 292f.) ist das Interesse für tagesaktuelle Meldungen im Fernsehen trotzdem erstaunlich hoch. Allerdings darf auch nicht von einer konzentrierten Aufmerksamkeit für die Nachrichtensendungen des Fernsehens ausgegangen werden. Bei Untersuchungen des Zuschauerverhaltens, die auf der Basis teilnehmender Beobachtung durchgeführt wurden, zeigte sich, dass die Zuschauer nur einen kleinen Teil der Meldungen mit Aufmerksamkeit verfolgen (Ranney 1983, 12; zit. nach Kamps 1999, 198). Außerdem stellen sich Sehgewohnheiten ein, die das Publikum bei bestimmten Bildern zu der Vermutung veranlassen, die damit verbundene Nachricht im Wesentlichen schon zu kennen (Kamps 1999, 196). Selbst wenn Zuschauer gebeten werden, sich einer Nachrichtensendung besonders zuzuwenden, ist sowohl die Erinnerungsleistung als auch der Anteil der richtig erinnerten Meldungen kaum höher als bei der routinehaften Rezeption.

---

22 In einer Untersuchung mit TV-Bildern, die Ärger, Angst oder Ekel auslösten, konnte Newhagen nachweisen, dass diese Gefühle sich in unterschiedlicher Weise auf die Erinnerungsleistungen von Versuchspersonen auswirken. (Vgl. Newhagen 1998) Im Gegensatz dazu vertreten Heuvelman, Peters und d'Haenens (2001) die Ansicht, dass Zuschauer nicht mehr Informationen aus Nachrichtensendungen aufnehmen, wenn sie emotional involviert sind.

4.7 Internationale Nachrichtenströme

Schon die von Galtung und Ruge (1965) ausgehende Erforschung von Nachrichtenfaktoren hat gezeigt, dass der Ort des Geschehens und das internationale Gewicht einer Nation, in der sich ein Ereignis zuträgt, für die Nachrichtenauswahl von Bedeutung sind. Vorgänge in den Industrieländern finden in der westlichen Welt mehr Beachtung als solche in wirtschaftlich weniger fortgeschrittenen Gebieten; die Angehörigen der reichen Nationen neigen dazu, Informationen über sich und ihresgleichen zu verbreiten und zu rezipieren. Die ärmsten Länder werden vorwiegend im Zusammenhang mit Kriegen und Katastrophen erwähnt.

Die einseitige Richtung der Nachrichtenströme ist auch zum Thema internationaler Verhandlungen geworden, und zwar auf Veranlassung der UNESCO. Ein Kongress der Weltorganisation, der 1976 in Nairobi stattfand, hatte das internationale Informations- und Kommunikationssystem zum Thema. Unter dem Vorsitz des ehemaligen irischen Außenministers und Friedensnobelpreisträgers McBride entstand ein Bericht, der bei der UNESCO-Konferenz in Belgrad, die im Jahre 1980 stattfand, vorgelegt und heftig diskutiert wurde. Die McBride-Kommission kritisierte in ihrer Studie die Rolle westlicher Agenturen bei der Verteilung von Nachrichten und hob hervor, dass nicht nur die Verteilung von Gütern, sondern auch von Informationen Strukturen des Imperialismus aufweise. Infolge einer einseitigen Lenkung der internationalen Nachrichtenströme sei das von den Medien erzeugte Bild über die „Entwicklungsländer" – so der Bericht – vor allem durch Stereotype gekennzeichnet. Es wurde daher die Forderung nach einer ausbalancierten Verteilung von Nachrichten, ja nach einer *New World Information Order* erhoben, mit der die Vorherrschaft der Industrieländer bei der Beschaffung und Verbreitung von Informationen ein Ende haben sollte. Gleichzeitig wurde das Recht einer jeden Nation proklamiert, aus ihrer eigenen Perspektive über die Verhältnisse in ihrem Land zu berichten (Masmoudi 1979; Richter 1981; Hajnal 1983, 246ff.; Breunig 1996). Die Anklagen der Dritten Welt gegen das internationale Nachrichtensystem führten schließlich zum Austritt der USA und Großbritanniens aus der UNESCO, die ihrerseits die Ansicht vertraten, dass die Forderungen der McBride-Kommission einen Angriff auf die Informationsfreiheit beinhalteten.

Gurewitch, Levy und Roeh (1991) analysierten das Netzwerk der nationalen und supranationalen TV-Nachrichtenorganisationen und kamen zu dem Ergebnis, dass der globale Nachrichtenaustausch durch ein System wechselseitiger Abhängigkeit geprägt sei, in dem die Nachrichtenkoordinatoren der Rundfunk- und Fernsehorganisationen über besondere Einflussmöglichkeiten verfügten, da sie es seien, die auf globaler Ebene Informationsangebote und -nachfragen aufeinander abstimmten. Über die Staatsgrenzen hinweg entwickelten sich dauerhafte Beziehungen zwischen den Mitarbeitern der Sender, und zwar mehr auf informeller als auf formeller Ebene. Allerdings seien es relativ wenige Personen, die an den Schaltstellen des internationalen TV-Nachrichtensystems, sozusagen als Angestellte eines globalen Nachrichtenbüros (*global news room*), *gatekeeper*-Funktionen wahrnähmen. Es sei davon auszugehen, dass zufällige Bekanntschaften, verbunden mit persönlichen Sympathien im weltweiten Maßstab die Auswahl von Nachrichten beeinflussten.

Ob diese Befunde auch heute noch gültig sind, muss aufgrund aktueller Entwicklungen bezweifelt werden. Mit der Verbreitung von TV-Programmen über Satellit ist inzwischen eine neue Situation ist entstanden. Besonders dem amerikanischen Sender *CNN* (*Cable News Network*) gelang es, eine Schlüsselstellung auf dem internationalen Nachrichtenmarkt zu erobern. Das erste, ausschließlich auf Nachrichten spezialisierte Programm von CNN ging bereits 1980 auf Sendung. Nach großen Anfangserfolgen in den USA kam es Mitte der 80er Jahre zu einem internationalen Ausbau des Senders. Inzwischen unterhält das von Ted Turner gegründete Unternehmen Korrespondentenbüros auch in Europa, Südamerika, Asien und Afrika. Die Zahl der Fernsehanstalten, die sich vertraglich verpflichtet haben, Programme von CNN zu übernehmen, geht in die Hunderte. In Deutschland wurde eine enge organisatorische und inhaltliche Zusammenarbeit mit dem Nachrichtenkanal n-tv vereinbart. Mit dem Entstehen global operierender TV-Nachrichtensender dürfte sich das internationale Ungleichgewicht bei der Nachrichtenproduktion nicht ausgeglichen haben, was bereits aus der Tatsache hervorgeht, dass CNN in Schwarzafrika nur ein einziges Korrespondentenbüro, nämlich das in Nairobi unterhält. Über die Informationsbeschaffung bei *CNN-International*, dem weltweit ausgestrahlten Satellitenprogramm von CNN, stellt Jutta Hammann (1994) aufgrund eigener Recherchen fest:

> „Die Außenbereiche der Zentrale, zu denen ‚CNN International' zählt, bedienen sich an den vorproduzierten Berichten und verändern sie entsprechend für das eigene Programm. In diesen Arbeitsbereichen findet also der Prozess der Nachrichtenauswahl nicht mehr statt. Vielmehr werden mit dem Material eigene Sendeabläufe erstellt und die Texte nach Bedarf umgeschrieben. Aufgabe von ‚CNN International' ist es, das Programm auf ein globales Publikum auszurichten (...) Das Programm von ‚CNN International' wird dabei, wie erwähnt, aus Beiträgen und ganzen Sendungen von ‚CNN' und ‚CNN Headline News' zusammengestellt. Die Änderungen, die zum Beobachtungszeitpunkt gemacht wurden, beschränkten sich zumeist auf Änderungen der ‚CNN Headline News' von fünf Uhr morgens bis acht Uhr morgens (...) Die eigene Programmerstellung macht pro übernommenem ‚CNN Headline News'-Block etwa 10 Minuten pro halbe Stunde aus (...)" (1994, 176f.).

Entgegen den Erfolgen von CNN leidet generell die Auslandsberichterstattung in den USA an einem sinkenden Publikumsinteresse. (Meckel/Kriener 1998, 261ff.) Dementsprechend sind von den großen amerikanischen Networks zahlreiche Auslandsbüros geschlossen worden. Auslandsberichterstattung gilt bei den Fernsehgesellschaften – gemessen an den zu erzielenden Reichweiten – als besonders teuer, sodass mehr und mehr dazu übergegangen wird, nur noch aus gegebenem Anlass, das heißt vor allem bei Kriegen und Katastrophen, Aufnahmeteams in die entsprechenden Länder zu entsenden. Da unter diesen Umständen die gesellschaftlichen Hintergründe fast ganz aus dem Blick geraten, die Reporter selbst aber auch gar nicht die Zeit haben, sich in die Verhältnisse vor Ort einzuarbeiten, ist Berichterstattung mit Hilfe von „parachutist correspondents" (Meckel/Kriener 1998, 262) ökonomisch günstiger, geht aber auf Kosten der Inhalte. Möglicherweise entstehen auf diese Weise Weltbilder, die durch Stereotype der Gewalt und der Katastrophen geprägt sind. Die Weltgeschichte – so stellen Meckel und Kriener zu Recht fest – spielt sich „eher in Kontinuitäten ab, lediglich zeitweise und kurzfristig unterbrochen durch historische Erschütterungen" (2001, 165).

Auch in der Bundesrepublik geht das Interesse an der Auslandsberichterstattung zurück. (Meckel/Kriener 1998, 273) Einsparungen betreffen besonders solche Programme, die nicht die Brennpunkte des internationalen Geschehens ausmachen, sondern mehr Strukturen und Entwicklungen betreffen. Die Auslandsmagazine von ARD und ZDF, Weltspiegel und auslandsjournal, haben zwischen 1985 und 1996 etwa die Hälfte ihrer Zuschauer verloren. (1998, 271) Allerdings dürfte die Ursache nicht im wachsenden Provinzialismus oder gar Nationalismus zu suchen sein. Vielmehr verfolgen die Zuschauer das internationale Geschehen nicht mehr, wie zu Zeiten des Kalten Krieges, als nämlich jeder Vorgang auf der internationalen Bühne die Gefahr einer atomaren Katastrophe heraufbeschwören konnte, unter dem Vorzeichen möglicher existentieller Bedrohungen und persönlicher Betroffenheit.

Inhaltlich ist auch die Auslandsberichterstattung nach wie vor durch Zentrismus und Regionalismus gekennzeichnet. Das heißt, dass bei der Auswahl der Meldungen das eigene Land, zum Beispiel das Schicksal von Landsleuten, und darüber hinaus auch bestimmte Regionen, zu denen eine geographische, wirtschaftliche, kulturelle oder politisch-strategische Nähe besteht, bevorzugt werden, wie Kamps (1998) Mitte der 90er Jahre mit einer Inhaltsanalyse der Hauptnachrichtensendungen von ARD, ZDF, RTL, n-tv, CNN-USA, CNN-Euro (dem europäischen Format von CNN), NBC und ITN (Großbritannien) nachweisen konnte. Auf der Grundlage von Daten aus 299 Sendungen mit 4526 Beiträgen wurde ein Index gebildet, der die durchschnittliche Beitragslänge rein internationaler Meldungen mit der durchschnittlichen Beitragslänge aller Meldungen sowie dem Anteil rein internationaler Meldungen in Beziehung setzt. Der von Kamps entwickelte Index ist umso größer, je mehr ein Sender solche Meldungen auswählt, in die das eigene Land einbezogen ist; er ist umso niedriger, je mehr der Sender ‚rein' internationale Meldungen aufgreift, Informationen und Berichte also, die keinen Bezug zum Heimatland des Senders aufweisen. Die Auswertung ergab, dass der Indexwert bei dem britischen Sender ITN am niedrigsten war, gefolgt von ZDF, ARD, n-tv und CNN-Euro; der für RTL errechnete Index übertraf den Wert für das ZDF um das Doppelte, der für die amerikanische *NBC* ermittelte Wert lag sogar um mehr als das Vierfache höher. (Kamps 1998) Bei den 4526 Beiträgen mit insgesamt 149 kodierten Ländern[23] waren „13 Länder lediglich einmal, 49 weniger als zehnmal und 73, also die Hälfte, weniger als zwanzigmal involviert" (Kamps 1998, 287).

Die ‚Geographie' der Nachrichtensendungen ist also eindeutig verzerrt. Wenn in der Bundesrepublik oder in angelsächsischen Staaten über andere Länder berichtet wird, dann nicht unter dem Aspekt einer allgemeinen Relevanz, sondern eher unter dem Blickwinkel nationaler Interessen, der andere, im gleichen ‚Lager' befindliche oder vermutete Staaten mit einschließt. Die kulturelle und geographische Nähe macht sich auch in anderen Weltregionen bemerkbar. So stellt Reeves (1993, 182) zum Beispiel für Brasilien fest: "Once Brazilian television news coverage moves beyond national concerns it usually covers neighbouring states, Latin America, and only then Europe, the United States and the rest of the world." Allerdings haben Europa und Nordamerika einen größeren Einfluss auf das internationale Informations- und Nachrichtensystem. Außerdem besteht für einige dieser Länder auch deswegen eine überdurchschnittliche Wahrscheinlichkeit, beachtet zu werden, weil sie als ‚global players' für das internationale Geschehen mehr Bedeutung haben. Für die Fernsehzuschauer in diesen Ländern ist umgekehrt ist eine Berichterstattung über Vorgänge, in die sie selbst nicht einbezogen sind auch aufgrund der Nachrichten*lage* und der politischen Konstellation weniger selbstverständlich.

Demgegenüber ist die Größe eines Landes, etwa gemessen an der Bevölkerung, für den Umfang an Informationen nicht allein, ja nicht einmal in erster Linie entscheidend, was zum Beispiel darin zum Ausdruck kommt, dass über China und Russland noch relativ selten berichtet wird. Die internationalen Nachrichtenströme konzentrieren sich auf solche Staaten, die zum Kernbereich eines u. a. durch wirtschaftliche Kriterien definierten „Weltsystems" gehören. (Wallerstein 1974, 1996; Shannon 1996) Die an der Nachrichtenverteilung beteiligten Organisationen wiederum weisen wegen ihrer nationalen Herkunft und der ihrer Mitglieder eine besondere Nähe zu diesen Staaten auf. Das internationale Nachrichtensystem ist nach wie vor weit davon entfernt, ‚Gerechtigkeit' walten zu lassen, also allen Ländern die gleiche Chance auf Berücksichtigung in den weltweit verbreiteten Meldungen zu geben. „All countries are not created equal to be news." (Chang 1998). Diese Feststellung macht deutlich, dass die Zielsetzungen

---

23 Jedes Land konnte je Beitrag maximal zweimal erwähnt werden, und zwar als Akteur und als Ort eines Geschehens.

der UNESCO in den 70er Jahren, ein Nachrichtensystem zu schaffen, das die Aufmerksamkeit einer Weltöffentlichkeit auch den ärmeren Ländern zukommen lässt, an Aktualität nichts verloren haben. Nichtsdestoweniger ist davon auszugehen, dass die globalen Machtverhältnisse einem ständigen Wandel unterliegen und somit die Verteilung von Nationen auf einen ‚Kernbereich', eine ‚Semiperipherie' und eine ‚Peripherie' keineswegs festgeschrieben ist.

Zusammenfassung

Nicht alle Nachrichten eignen sich gleichermaßen für das Bildmedium Fernsehen. Meldungen über abstrakte Zusammenhänge, wie sie zum Beispiel im Bereich der Wirtschaft häufig gegeben sind, führen zu einer Diskrepanz zwischen visueller Darstellung und gesprochenem Wort. Welche Textsorte bevorzugt wird, hängt u. a. von dem vorhandenen Bildmaterial ab. Nachrichtensendungen des Fernsehens sind durch formalisierte und ritualisierte Abläufe gekennzeichnet, in die Meldungen über ungewöhnliche Ereignisse eingefügt werden, was auch für die Konstruktion von Weltbildern Bedeutung haben könnte. Je nach journalistischer Gestaltung von Nachrichtensendungen ergeben sich unterschiedliche Erinnerungsleistungen. Die Erinnerung von Fernsehnachrichten wird weniger durch sachliche Logik als durch die Alltagsrationalität der Rezipienten bestimmt. Das globale Nachrichtensystem ist durch ein Ungleichgewicht gekennzeichnet, sodass sich bei der Verteilung von Informationen die Relevanzstrukturen wirtschaftlich und politisch einflussreicher Nationen besonders bemerkbar machen.

Literatur:

Bartel, Ralph: Fernsehnachrichten im Wettbewerb. Die Strategien der öffentlich-rechtlichen und privaten Anbieter. Köln u.a. 1997
Auf der Grundlage von Experteninterviews sowie einer Inhaltsanalyse untersucht der Verfasser das Wettbewerbsverhalten der Sender ARD, ZDF, SAT.1, RTLplus, PRO7 und tele5. Dabei werden Unternehmensstrategien und in Hinblick auf die in den Nachrichtenschwerpunkten sich ausdrückende Realisierung überprüft. Die Verknüpfung von wirtschaftswissenschaftlichen und medienwissenschaftlichen Ansätzen kann widersprüchliche Befunde aus der Erforschung von Medienangeboten im Nachrichtenbereich klären.

Kamps, Klaus: Politik in Fernsehnachrichten. Struktur und Präsentation internationaler Ereignisse. Ein Vergleich. Baden-Baden 1999
Die empirische Untersuchung von Nachrichteninhalten deutscher, englischer und amerikanischer Sender offenbart Unterschiede zwischen angloamerikanischer und westeuropäischer Berichterstattung. In den einleitenden Abschnitten findet sich eine detaillierte Zusammenfassung der Forschungsarbeiten zur politischen Kommunikation in den Medien, insbesondere im Fernsehen.

Kamps, Klaus/Meckel, Miriam (Hg.): Fernsehnachrichten. Prozesse, Strukturen, Funktionen. Opladen/Wiesbaden 1998
Die Anthologie liefert Beiträge zur Rezeption, Produktion und Ästhetik von Nachrichten und beleuchtet nationale und internationale Dimensionen. Klassische Themenstellungen der Medien- und Kommunikationsforschung (z. B. Nachrichtenwert, Glaubwürdigkeit, Auslandsberichterstattung) finden eine auf das Fernsehen bezogene Spezifizierung. Neben neuen Theorieansätzen werden auch aktuelle empirische Daten vorgestellt.

Renckstorf, Karsten/McQuail, Denis/Jankowski, Nicholas (Hg.): Television News Research: Recent European Approaches and Findings. Communications. Monograph Vol 2. Berlin 2002
Die Veränderungen der Nachrichtensendungen als universelle Erscheinung in der europäischen Fernsehlandschaft legen eine Revision vorhandener Erkenntnisse nahe. Ausgehend von der Forschungsgeschichte und der Bestimmung theoretischer Grundpositionen werden Trends vorgestellt, die sich bei den Inhalten und der Gestaltung von Nachrichtenformaten sowie im rechtlich-institutionellen Bereich in den einzelnen Ländern abzeichnen. Darüber hinaus wird die Frage nach dem Verlauf internationaler Nachrichtenströme aufgegriffen, die sowohl aufgrund der technisch-medialen Umwälzungen als auch der gesellschaftlich-ökonomischen Globalisierung wieder aktuell geworden ist.

5 Programme mit fiktiven Inhalten

5.1 Zur Ästhetik des Films

Spielfilme handeln, ebenso wie andere kulturelle Erzeugnisse, wie Literatur, populäre Musik, Sprech- bzw. Musiktheater, Werbung und Bildende Kunst, von ‚großen' Gefühlen, von Liebe und Hass, von Neid, Eifersucht, Habgier und Trauer, von konflikthaften Zuspitzungen im Zusammenleben der Menschen, von Verbrechen, Intrigen, Verrat, Macht, Unterdrückung und Gewalt. Der Spielfilm kennt daher nur die personale, zwischenmenschliche, nicht die kollektive Ebene, nur die Kleingruppe, nicht das gesellschaftliche System. Abstrakte, überindividuelle Tendenzen, wirtschaftliche Rahmenbedingungen etwa, die das Soziale bestimmen, spielen nur indirekt eine Rolle, da sie nicht emotionalisiert werden können. Die Entwicklung größerer gesellschaftlicher Zusammenhänge wird im Spielfilm im Handeln von Personen verständlich und geht aus dem Zusammenleben im Nahraum hervor. Geschichte bewegt und wird bewegt von Menschen, die von Schicksalsschlägen getroffen werden oder denen ein Glück widerfährt oder die im entscheidenden Moment in das kollektive Geschehen eingreifen. Im Fokus stehen die Protagonisten, Helden und Antihelden, stehen Charaktere und Beziehungen, die das Agieren und Reagieren plausibel werden lassen. Spielfilme weisen also zwangsläufig eine Verzerrung auf; die Welt, von der Spielfilme erzählen, wird bestimmt von handelnden Personen, ihren Vorstellungen, ihrem Wissen und ihren Gefühlen, nicht von Strukturen und von gesellschaftlichen Kräften. Auch als visuelles Medium muss der Film Personen zeigen. Während selbst noch im Roman allgemeine Entwicklungen, das heißt differenziertere Zusammenhänge und Analysen, als Hintergrundinformationen aufgenommen oder als Reflexionen eines Protagonisten eingebaut werden können, bleibt der Spielfilm auf das Konkrete angewiesen.

Die Vergegenständlichung, die der Film mit dem Bühnenstück gemeinsam hat, gewinnt durch Bewegung zusätzliche Möglichkeiten der Aussage. Der Zuschauer bewegt sich im Film – mit dem Auge der Kamera – im Raum und kann zwischen verschiedenen Schauplätzen wechseln. Hinzu kommt der freie Umgang mit der Zeit, die Möglichkeit der Vor- und Rückblenden, der Gleichzeitigkeit und der Beschleunigung durch kurze Szenen und Schnitte. Dieses Potenzial

bringt Erwin Panofsky in dem folgenden Zitat zum Ausdruck, dass noch die
Faszination in den Pioniertagen des Films erahnen lässt:

> „Alle Arten mächtiger Elementarerscheinungen; andererseits mikroskopische Vor-
> gänge, die man unter normalen Bedingungen gar nicht mehr sieht wie das Eindringen
> der rettenden Serum-Injektion im letzten Augenblick oder den tödlichen Stich des
> Gelbfieber-Moskitos; große Schlachtpanoramen, Operationen aller Art, nicht nur im
> medizinischen Sinn, sondern allgemein als Akte des Konstruierens, Zerstörens und
> Experimentierens, wie in Luis Pasteur oder Madame Curie; ein grandioses Fest, das
> viele Räume einer Villa oder eines Palastes erfüllt; Situationen wie diese, ja schon die
> bloßen Schauplatzwechsel, wenn ein Auto sich durch den dichten Verkehr schlängelt
> oder ein Motorboot durch den nächtlichen Hafen steuert, werden nicht nur ihren ur-
> sprünglichen Bewegungsreiz stets behalten, sondern auch immer ein höchst wirksa-
> mes Mittel bleiben, Gefühle zu erregen und Spannung zu erzeugen." (Panofsky 1947;
> zitiert nach Schöttker 1999, 92f.)

Wenn der Film Räume und Bewegungen darstellt, ja wenn darin das Spezifische
des Films zu sehen ist, dann ergeben sich auch Einschränkungen der Ausdrucksmöglichkeiten. Dieses Potential muss nämlich eingesetzt werden, um den
Film attraktiv zu machen. Wenn in experimentellen Filmen immer wieder versucht wird, sich von formalen Zwängen zu lösen, also zum Beispiel die Phantasie
des Zuschauers zum Zuge kommen zu lassen anstatt zu zeigen, Langsamkeit an
die Stelle von Tempo zu setzen oder auf optische Reize bewusst zu verzichten,
dann bilden solche Versuche geradezu die Kontrastfolie, auf der die Eigenarten
dieses Mediums umso deutlicher hervortreten. Der publikumswirksame Film
kann nicht statisch sein, die Schauplätze müssen wechseln und die Schauspieler
dürfen sich nicht in Monologen ergehen. Das bedeutet, dass die Reflexion des
Zuschauers erst einsetzen kann, wenn er den Film gesehen hat. Spielfilme sind
daher wenig analytisch. Auch wenn das Theater einen höchst konkreten, ja physischen Eindruck von den Schauspielern vermittelt, so lebt es doch von der Sprache und regt zu Reflexionen an. Indem Räume nur angedeutet werden und der
Bewegungsspielraum begrenzt ist, muss der Besucher des Theaters das ergänzen,
was aufgrund der technischen Möglichkeiten nicht dargestellt werden kann.
Umso stärker sind es die Schauspieler, die gefordert sind, um durch Mimik und
Gestik Texte zum Leben zu erwecken. Im Theater muss der Zuschauer durch das
Live-Erleben des Schauspielers, das ja konkreter ist als das, was der Film zu
bieten hat, die Beschränkungen der Bühne als Bild eines Geschehens und als
Darstellung gesellschaftlicher Verhältnisse kompensieren. Daher sind auch erklä-
rende Texte, Beschreibungen des Imaginierten, auf der Bühne von großem Ge-
wicht.

Das Theater ist insofern konkret, als sich die Schauspieler vor den Augen des
Publikums auf einer Bühne bewegen. Dafür aber sind die technischen Möglichkeiten beschränkt, so dass vieles nur angedeutet werden kann. Der Spielfilm ist
zwar bedeutend realistischer, produziert aber als Darstellungsweise reine Licht

effekte. (Siehe auch Borstnar/Pabst/Wulff 2002, 79f.) Daher muss das Gezeigte selbst umso detaillierter sein, das heißt die Sinne umso mehr ansprechen, damit der Eindruck von Wirklichkeit zustande kommt. Neben der Konzentration auf Personen und auf Bewegungen können ungewöhnliche Landschaften und andere besondere Schauplätze die Aufmerksamkeit des Zuschauers erregen. Der Spielfilm ist somit in Bezug auf das Dargestellte konkret, und zwar um das Unkonkrete, nämlich die Täuschung der Sinne durch Licht- und Toneffekte vergessen zu machen. Kein anderes Medium ist so realistisch und fiktional zugleich. Der Film produziert Illusionstheater, das den Zuschauer dazu veranlasst, in eine andere Wirklichkeit einzutauchen. Bei dem im Kino gezeigten Spielfilm wird das Publikum geradezu aufgefordert, sich in eine fiktionale Welt zu versetzen. Zu diesem Zweck verlässt der Besucher seine gewohnte soziale Umgebung und hält sich frei von anderen Aufgaben. Mit der Dunkelheit im Kino wird, wie Kracauer (1979, III, 217f.) feststellt, „die innere Grenze zwischen Zuschauerraum und Leinwand aufgehoben". Weiter heißt es:

> „Filme tendieren dazu, das Bewusstsein zu schwächen. Sein Rückzug vom Schauplatz mag durch die Dunkelheit im Kino gefördert werden. Dunkelheit verringert automatisch unseren Kontakt mit der Wirklichkeit, indem sie uns viele umweltliche Gegebenheiten vorenthält (...)"

5.2   Fernsehen und Kino

Der Spielfilm verdankt seine Entstehung nicht dem Fernsehen, sondern dem Kino. Nach einer Experimentierphase, in der vor allem die technischen Möglichkeiten des neuen Mediums als Fotografie der Bewegung im Vordergrund standen, entwickelte sich in den 20er Jahren, angelehnt an das Schauspiel und den Roman, der erzählende, abendfüllende Film. Gleichzeitig verließ die Kinematographie die Jahrmärkte und Wirtshaussäle. Mit der Einrichtung ortsfester ‚Lichtspieltheater' in den 30er Jahren hatte sich der Kinobesuch als eine für die Bevölkerung in den Großstädten attraktive Form der Freizeitaktivität durchgesetzt.

Da sich Film und Fernsehen sehr stark überschneiden, musste es mit der Einführung des Fernsehens als ‚Massenmedium' zu einem Verdrängungswettbewerb kommen. Mitte der 50er Jahre war in der Bundesrepublik bei der Produktion von Kinofilmen der Höhepunkt erreicht. In der Folgezeit kam es zur Krise der Filmwirtschaft, die „fast bis zum völligen Zusammenbruch" (Wilke 1994, 28) in finanzielle Schwierigkeiten geriet. Ebenfalls noch in den 50er Jahren wurde der Spielfilm aufgrund der Beliebtheit bei den Zuschauern zu einer unverzichtbaren Sparte des Fernsehprogramms. (Schneider 1991, 71) Daraufhin reduzierte sich bis zur Mitte der 70er Jahre die Zahl der Kinos in der Bundesrepublik auf weniger als die Hälfte (Wilke 1994, 27).

Inzwischen sind Fernsehen und Film nicht mehr Konkurrenten. Die deutsche Spielfilmproduktion ist vielmehr, wie in vielen anderen Ländern, ohne die Unterstützung durch das Fernsehen kaum noch vorstellbar. Da der Markt für deutsche Produktionen relativ klein und die Konkurrenz durch die USA sehr stark ist, reichen die Erlöse an den Kinokassen zur Finanzierung der Produktionskosten im Allgemeinen nicht aus. Bereits 1974 kam es zum Abschluss des „Film-Fernseh-Abkommens", mit dem die Fernsehanstalten und die Kinofilmproduzenten die Kooperation bei der Finanzierung von Filmprojekten auf eine rechtliche Grundlage stellten und sich gemeinsam der Nachwuchs- und Autorenförderung annahmen. (Hickethier 1998a, 352ff.) 1995 betrug bei den in den Kinos gezeigten deutschen Produktionen der Anteil der Filme, die vom Fernsehen mitfinanziert wurden, bereits 50%. (Zimmer 1998, 2) Diese finanzielle Unterstützung lohnt sich für die TV-Anbieter durch das damit verbundene Recht zur eigenen Verwertung; das Filmförderungsgesetz sieht für die mit öffentlichen Mitteln geförderten Produktionen eine Frist von zwei Jahren für die ausschließliche Kinoverwertung vor. Bislang wird der überwiegende Anteil solcher Koproduktionen vom öffentlich-rechtlichen Fernsehen mitfinanziert, während sich die privaten TV-Anbieter bei der gemeinsamen Projektierung von Spielfilmen bislang zurückhielten, eine Tendenz, die sich allerdings in den letzten Jahren zu ändern beginnt.

Was die Auswahl und die Inhalte der Spielfilmproduktionen angeht, so ist der Einfluss des Fernsehens unübersehbar. In fast allen Gremien, die über die Vergabe öffentlicher Mittel entscheiden, sind auch die Fernsehveranstalter vertreten. Entsprechend müssen die Interessen des Fernsehens berücksichtigt werden, wenn es beispielweise um Eignung eines Films für die Hauptsendezeit geht. Für das Überleben der Filmkultur in der Bundesrepublik ist das Fernsehen mit seinen finanziellen Möglichkeiten unverzichtbar geworden.

Das öffentlich-rechtliche Fernsehen übernimmt eine Art von Mäzenatentum für die Filmkunst überhaupt und speziell für den Kinofilm. Die Frage, ob diese Abhängigkeit der Filmemacher vom Fernsehen sich auch negativ auf die künstlerische Qualität der Filme auswirkt, ist nicht eindeutig zu beantworten. Zumindest ist die Gefahr gegeben, dass Projekte außerhalb des ästhetischen Mainstream nicht gefördert werden oder dass ein generelles Nachlassen künstlerischer Ambitionen einsetzt. Die Produktion von Filmen, die sowohl für das Kino als auch für das Fernsehen bestimmt sind, verhindert nach Meinung der Kritiker die Fortentwicklung einer spezifischen Kinoästhetik. Darüber hinaus ergibt sich die Frage, ob nicht die Filmkunst den politischen Proporzzwängen des Fernsehens unterworfen wird. (Schneider 1990, 67) Tatsächlich erfolgt der Einsatz der aus Steuermitteln bzw. aus Gebühren stammenden Gelder nach dem Kriterium des zu erwartenden kommerziellen Erfolges, das heißt, die nach dem Filmförderungsgesetz finanzierten Filme sollen vor allem an der Kinokasse erfolgreich sein. Die öffentlich-rechtlichen Rundfunkanstalten haben bei ihrer Entscheidung über Förderung von Spielfilmproduktionen, mit denen sie ihr Angebot komplettieren, auch Einschaltquoten ihrer eigenen Programme zu berücksichtigen, um sich auf längere Sicht gegenüber der privaten Konkurrenz behaupten zu können.

Nichtsdestoweniger haben sich Film und Fernsehen miteinander arrangiert. Während die Kinobetreiber noch in den 80er Jahren mit einer Vielzahl von Leinwänden in einem Filmtheater, den sogenannten ,Schachtelkinos', auf die Programmvielfalt des Fernsehens zu reagieren versuchten, setzt man inzwischen auf die Erlebnisqualität des Kinobesuchs. In den 90er Jahren kam es zur Verbreitung von Großraumkinos mit hohem Komfort; durch Ausschöpfen aller technischen Möglichkeiten, dazu noch durch das räumliche Ambiente gelang es den Betreibern, dem Kino ein zeitgemäßes Gesicht zu geben. Aber auch kleinere Kinos profitierten von der Wiederbelebung der Kinokultur, sodass es ihnen gelang, sich den neuen Standards so anzupassen (Neckermann 2000).

Für die Aufführung in den sogenannten ,Multiplex'- Kinos eignen sich nur bestimmte Filme, nämlich solche, die mit erheblichem Aufwand produziert und beworben werden, Filme also, die das Potenzial haben, größere Säle zu füllen. Gegenüber solchen Kinoereignissen ist das, was das Fernsehen zu bieten hat, für viele zwar preiswert, aber weniger attraktiv. Selbst wenn dieselben Filme im Fernsehen gezeigt oder als Video bzw. DVD zu Hause abgespielt werden können, ist der höhere Erlebniswert mit dem Kinobesuch verbunden. Hinzu kommt, dass durch die intensive Vermarktung, durch Werbestrategien und journalistische Berichterstattung, die *Aktualität* des Gesehenen immer wichtiger wird. Aus diesem Grunde ist für die Bevölkerungssegmente, in denen außerhäusliche Geselligkeit und Kommunikation besonders gepflegt werden, für junge, in der Ausbildung befindliche Menschen zum Beispiel sowie für Personen mit überdurchschnittlicher Schulbildung (Neckermann 2000, 409f.) der Kinobesuch die Voraussetzung dafür, an Alltagsgesprächen im Freundeskreis teilnehmen zu können, auch wenn das Kino keine Alternative zur Alltagsroutine des Fernsehens sein kann.

5.3 Fiktionale Programme im Fernsehen

Öffentlich-rechtliches und privates Fernsehen unterscheiden sich vor allem durch den Anteil, den fiktionale Programme an der Gesamtsendezeit ausmachen. Vergleicht man die Programme der kommerziellen Anbieter mit denen von ARD und ZDF, so zeigt sich nach den Daten der Gesellschaft für Konsumforschung

(GfK) bei den Privaten eine Dominanz des Fiktionbereichs, während bei den öffentlich-rechtlichen Sendern die Information am stärksten vertreten ist. (Gerhards/Grajcyk/Klingler 2000) Der Anteil fiktionaler Sendungen liegt mit 74% bei Kabel 1 am höchsten, gefolgt von RTL II mit 68% und Super RTL mit 66%. Die entsprechenden Werte für ARD und ZDF betragen 31% bzw. 34%. Der Anteil der Sendungen, die der Kategorie „Information" zugerechnet werden, beträgt bei Kabel 1 und Super RTL jeweils 5%, bei RTL II 11% und bei ARD und ZDF (ohne Dritte Programme) 46% und 47%. RTL kommt mit 37% Fiktion und 22% Information den öffentlich-rechtlichen Sendeanstalten am nächsten; jedoch zeigt sich bei diesem Sender eine klare Spezialisierung im Bereich der „Unterhaltung", wozu Musiksendungen, Daily Talk und Shows gerechnet werden (Gerhards/Grajcyk/Klingler 2000, 458; 461).

In dieser Verteilung spiegeln sich nicht nur unterschiedliche journalistische Konzeptionen wider, sondern auch Systemzwänge, denen die Programmanbieter ausgesetzt sind. Auch in anderen europäischen Ländern, so zum Beispiel in Italien, Frankreich und Ungarn, ist die Information eine Domäne des öffentlich-rechtlichen Fernsehens, während sich die private Konkurrenz auf fiktionale Unterhaltung konzentriert. (Müller 1999, 44ff., 50ff.) Das gebührenfinanzierte Fernsehen hat nicht nur einen öffentlichen Auftrag zur Information; es kann auch stärker eigenen publizistischen Zielvorstellungen entsprechen als die Sender, die sich ausschließlich durch Werbeeinnahmen finanzieren. Spielfilme und andere fiktionale Formate erweisen sich somit als ein Publikumsmagnet, auf dessen Wirkung die Privaten mehr angewiesen sind als ARD und ZDF. Inzwischen haben die Sender nach der Meinung von Krüger (1998, 316) ein „idealtypisches Profil" erreicht, sodass Innovationen nur noch innerhalb der Programmsparten stattfinden, nicht aber in der Veränderung des Verhältnisses von informativen bzw. fiktionalen Anteilen (vgl. Kap. 4.2).

Das Institut für empirische Medienforschung unterteilt das fiktionale Programm nach den Kategorien „Spielfilm", „Fernsehfilm", „Fernsehserie", „Kinder-/Jugendfiktion" und „Bühnenstück". (Vgl. im Folgenden: Zimmer 1998, 10ff.) Bei einer Untersuchung der Angebotsstruktur für das Jahr 1996 ließen sich folgende Fiktionsanteile ermitteln: ARD: 29,3%, ZDF: 34,7%, RTL: 39,5%, SAT.1: 42,4% und PRO 7: 64,0%. Darunter waren Spielfilme bei SAT.1 mit 10% vertreten, bei ARD und ZDF mit 11% und bei PRO 7 mit 14,2%. Bei RTL entfielen nur 2,2% des Programmangebots auf Spielfilme. Dafür machte bei RTL der Anteil der Fernsehserien rund 30% des Programmangebots aus, gefolgt von PRO 7 und SAT.1, bei denen Fernsehserien mit jeweils rund 28% vertreten waren. ARD und ZDF widmeten dieser Gattung nur 9% bzw. 13% ihres Programmangebots. PRO 7 hat außerdem einen Schwerpunkt im Bereich der Kinder- und

Jugendfiktion. Die Gattung „Fernsehfilm" ist bei den öffentlich-rechtlichen An-
bietern ARD und ZDF mit 6% bzw. 7% – gemessen am relativ bescheidenen
Fiktionsanteil von 29% und 35% – relativ stark vertreten. Der Anteil der
Bühnenstücke liegt bei allen Sendern unter 1%.

Die aufgrund explosionsartig gestiegener Lizenzgebühren sich abzeichnende
Tendenz zur Eigenproduktion kommt neben den Serien den Fernsehfilmen/TV-
Movies zugute. Ein Vorteil der Eigenproduktionen besteht in der Möglichkeit zu
Wiederholungen und in dem Verkauf von Lizenzrechten an andere, vor allem
ausländische Programmanbieter. (Bleicher 1984, 23) Einige dieser Eigenproduktionen liegen in der Publikumsgunst weit vorne und übertreffen die Einschaltquoten für die bekanntesten und erfolgreichsten (Kino-) Spielfilme, die im Fernsehen gezeigt werden, bei weitem. Allerdings ist nicht nur in Deutschland, sondern auch in den europäischen Nachbarländern der Anteil an Eigenproduktionen
am gesamten fiktionalen Angebot immer noch gering. Nur in Großbritannien
kam nach den Ergebnissen einer Erhebung im Jahre 1996 die Hälfte aller ausgestrahlten fiktionalen Angebote – gemessen in Programmstunden – aus dem Inland; in Deutschland betrug der entsprechende Anteil 24%, in Frankreich 19%,
in Spanien 13% und in Italien 5%. (Buonanno 1999a, 41ff.) Wenn selbst in
Deutschland nur ein Viertel des fiktionalen Programmangebots im Inland produziert wurde, so zeigt dies „die Schwierigkeiten, vor die selbst die größten Pro-
duktionsländer gestellt sind". (Buonanno 1999a, 43)

5.4   Spielfilme im Fernsehen

Spielfilme können über das Gebührenfernsehen ebenso wie über Pay-TV sowie
als Video bzw. DVD am Bildschirm oder im Kino rezipiert werden. Für den
Film, der ohne besonderen Aufwand im TV-Programm verbreitet wird, ist das
Fernsehen ein Distributionsmittel unter anderen. In welchem Maße im Fernsehen
von Spielfilmen Gebrauch gemacht wird, hängt von verschiedenen Faktoren ab,
die auf das Medium und seine soziale Konstellation sowie auf das gesamte
„Dispositiv der Wahrnehmung", also nicht nur „auf Apparate und Techniken,
sondern auch die räumlichen, architektonischen, situationalen und lebensweltlichen Bedingungen sowie auch die juristischen, ethischen und sonstigen Rah-
mungen" (Hickethier 1998a, 11) einwirken.

Wenn auch Kino und Fernsehen unterschiedliche Erlebnisqualitäten aufweisen, so hat sich doch die häusliche Rezeption von Spielfilmen in technischer
Hinsicht bedeutend verbessert. Bis zur Einführung des Farbfernsehens konnten
die damals schon in Farbe produzierten Kinofilme nur schwarz-weiß gezeigt
werden, wobei die bis dahin üblichen Bildröhren schon von der Größe her nur

eine bescheidene Wiedergabequalität ermöglichten. Durch neue Übertragungs-
techniken, größere Bildschirme und Geräte mit hochauflösender Bildqualität sind
demgegenüber in den letzten Jahren bedeutende Fortschritte erzielt worden. Wie
weit sich die Programmanbieter allerdings mit der Funktion der Spiel-
filmdistribution zufrieden geben, ist eine Frage des Selbstverständnisses und der
rechtlichen und ökonomischen Situation.

Das öffentlich-rechtliche Fernsehen hatte in der Nachkriegsepoche durchaus
Schwierigkeiten, seine Position im Verhältnis zu den schon etablierten Medien
zu finden. So galt es, der Vorstellung entgegenzuwirken, dass es sich bei dem
Bildschirm-Medium um einen billigen und technisch unvollkommenen Kinoersatz handle. Fernsehen wurde daher von den Programmverantwortlichen definiert als das, was die anderen Medien nicht sind. Aus diesem Grunde gab es
zunächst eine Distanz gegenüber dem Spielfilm als ein nicht genuin dem Fernsehen zuzuordnendes Genre (Schneider 1990, 66ff.). Die Ausstrahlung von Live-
Sendungen galt als spezifische Aufgabe des neuen Mediums, während der Spielfilm nur als Lückenbüßer betrachtet wurde.

Diese Einschätzung änderte sich bereits, als zwei öffentlich-rechtliche Systeme, ARD und ZDF, miteinander konkurrierten. Trotz der Mängel bei der Wiedergabe hatte sich nämlich der Kinofilm als ein äußerst attraktiver Programmbestandteil erwiesen, der geeignet war, die Freizeitaktivitäten auf die Familie zu
konzentrieren. Darüber hinaus ermöglichten die im Fernsehen gezeigten meist
älteren Spielfilme, sich an bereits Gesehenes, also an Kinoerlebnisse zu erinnern
und damit Eckpunkte der eigenen Biografie zu rekonstruieren. Vor allem handelte es sich dabei um deutsche Spielfilme, unter anderem auch aus den 40er
Jahren, die trotz ihrer manifesten oder latenten Ideologielastigkeit in den Nach-
kriegsjahrzehnten wenig Kritik fanden. Mit dem Wettbewerb zwischen ARD und
ZDF entwickelte sich erstmals die Einschaltquote zu einem Faktor für das Programmangebot, obwohl die gesetzlich verordnete Kooperation der beiden Anstalten einer kompromisslosen Ausrichtung am Publikumsgeschmack Grenzen
setzte. Immerhin lässt sich feststellen, dass schon vor der Zulassung privater
Fernsehveranstalter der (Kino-) Spielfilm das geeignete Mittel war, Einschaltquoten zu steigern und die Unterstützung durch die Öffentlichkeit zu sichern.
(Schneider 1990, 262f.)

Erst recht dehnte sich das Spielfilmangebot mit der Einführung des dualen
Rundfunksystems aus, da nun bei den privaten Fernsehsendern auch das wirtschaftliche Überleben von den Werbeeinnahmen und damit von der Akzeptanz
des Angebots abhing. Der Wandel vom „Gebührenfernsehen" zum „Marktfernsehen" (Groebel u. a. 1995, 23) Mitte der 80er Jahre brachte eine Vervielfältigung des Angebots an Spielfilmen mit sich. Das bedeutete, dass sich mit zunehmendem Wettbewerb der Spielfilm als besonderer Aktivposten erwies, wobei mit

dem Ankauf von Lizenzen für größere ‚Pakete' selbstverständlich viele wertlose Filme erworben werden mussten. Der Konkurrenzdruck bewirkte aber auch, dass ‚große' Kinofilme ins Programm kamen und dass sich der Abstand zwischen Kino- und Fernsehverwertung verkürzte. Die Zeiten, als am Bildschirm hauptsächlich B-Produktionen und Filme aus dem Fundus der Produktionsgesellschaften gezeigt wurden, waren mit der Verschärfung des Wettbewerbs vorbei.

Eine andere Strategie, im Kampf um Reichweiten und Quoten zu überleben, bestand im ‚*stripping*'. Darunter ist die Strukturierung des Programms nach Genres und Sendeplätzen zu verstehen, wie sie mehr und mehr in den 90er Jahren erfolgte. Spielfilme wurden nach Kategorien wie „Abenteuerfilm", „Actionfilm", „Psycho-Thriller", „Liebeskomödie", „Krimikomödie", „Melodram" usw. eingeordnet, nach Herkunftsländern gekennzeichnet, thematischen Reihen zugeordnet und zu bestimmten Uhrzeiten und Wochentagen gesendet. Die Imagebildung des Programmanbieters ergab sich durch die Kombination von Genre und Sendeplatz. Inzwischen haben sich Fernsehsender gewissermaßen zu Fachgeschäften entwickelt, in denen ein bestimmtes Warensortiment angeboten und ein besonderer Stil gepflegt wird.

Das Spielfilmangebot im Fernsehen wird nicht nur durch die Nachfrage, sondern auch durch das Angebot, das heißt durch die Spielfilmproduktion selbst, also die Menge der verfügbaren Filme bestimmt. Produktionskapazitäten können nicht beliebig auf- und abgebaut werden, und auch das kreative Potenzial, also die Zahl der innovativen Autoren und Regisseure, ist begrenzt. Engpässe in der Versorgung mit Spielfilmen sorgen für eine Erhöhung der Gebühren, die für die Senderechte verlangt werden. Als Folge kann es zu Ausweichtendenzen in der Weise kommen, dass andere Formate entwickelt oder wiederbelebt werden.

Das bedeutet, dass das Spielfilmangebot auch auf die Einkaufspolitik eines Senders zurückzuführen ist. Die Bevorratung mit Spielfilmen hängt von Bedarfsprognosen und dem darauf abgestimmten Erwerb von Senderechten ab, wobei langfristige und damit riskante Bindungen zum Teil nicht zu vermeiden sind. Die verfehlte Einkaufspolitik eines TV-Veranstalters kann erhebliche negative Auswirkungen für die Attraktivität eines Programms haben. Allerdings ist der Spielraum des öffentlich-rechtlichen Fernsehens größer, da die verordnete Programmvielfalt und damit auch die Kulturpflege zu Programmen verpflichtet, die möglicherweise nur Minderheiten der Zuschauer erreichen.

Dass Spielfilme im Kino und im Fernsehen die Wünsche und Bedürfnisse, die Werthaltungen und Einstellungsmuster des Publikums und damit auch den Geist einer Epoche zum Ausdruck bringen, ist unverkennbar. Allerdings handelt es sich, schon wegen der ökonomischen und politisch-rechtlichen Faktoren, die das Spielfilmangebot im Fernsehen beeinflussen, um einen komplexen Zusammenhang.[24] Die Frage, ob der im Kino oder im Fernsehen gezeigte Film als Ausdruck kollektiver Strömungen anzusehen ist, ob er also dem sozialen und kulturellen Wandel folgt oder vielmehr umgekehrt diesem vorangeht und eine Richtung weist, ist nach strengen empirischen Kriterien nicht zu entscheiden. Filme kommen als das Werk von Schauspielern, Regisseuren, Drehbuchautoren und Produzenten zustande, die – als künstlerische Persönlichkeiten – möglicherweise mit einer Sensibilität für Stimmungen und Strömungen ausgestattet sind, nichtsdestoweniger aber auch sich selbst zum Ausdruck bringen. Die Aussagen eines Films, die möglicherweise auch Handlungsanweisungen für das alltägliche Leben beinhalten, sind einerseits als Manifestationen der Publikumswünsche zu verstehen, weil sich der Spielfilm nicht dauerhaft abseits eines *Mainstream* von Erwartungshaltungen bewegen kann. Sie repräsentieren aber auch die Vorstellungen und Ziele von Personen und Gruppen, die im Mediensystem tätig sind oder als Geldgeber, Künstler, Gutachter, Wissenschaftler, Kritiker oder Lobbyisten auf Produktion und Gestaltung Einfluss nehmen. Beide Aspekte finden sich auch in Diskursen zur Ästhetik des Films wieder: „Die Filmtheoretiker gingen entweder von einer *Wirklichkeit* aus, die im Film *enthüllt* wird, oder davon, dass ein Film eine *eigene Wirklichkeit schafft*" (Winter 1992, 211; kursiv i. O.).

Wenn es darum geht, die Inhalte von Spielfilmen oder entsprechenden Fernsehprogrammen aus der Bedürfnislage eine Kollektivs oder allgemeinen, historisch spezifischen Sinn- und Wertströmungen zu erklären, liegt die Gefahr von Zirkelschlüssen nahe. Kunczik (1977, 104) hat darauf aufmerksam gemacht, dass die logische Struktur derartiger Argumente problematisch ist, da der Geist einer Epoche zunächst an den kulturellen Erzeugnissen, zum Beispiel an Spielfilmen abgelesen wird, um ihn sodann in diesen wiederzufinden. Solchen Zirkelschlüssen entgegenwirkend ist es vorzuziehen, auf der Grundlage unterschiedlicher kultureller Erzeugnisse Strukturen zu bestimmen, die Aussagen darüber zulassen, ob einzelne dieser Produkte in einen Zusammenhang eingeordnet werden können oder ob sie ,aus dem Rahmen fallen', sich also marginal verhalten. Für die Nachkriegsepoche liegt zum Beispiel die Schlussfolgerung nahe, dass „das Fernsehen mit alten Spielfilmen Themen, Vorstellungen von Wirklichkeit, Werte und Verhaltensstandards in den 50er Jahren koordiniert" hat (Schneider 1994, 259). Ebenso sind eskapistische Bedürfnisse unübersehbar: Dem Fernsehen oblag es, mit exotischen Schauplätzen und opulenter Ausstattung die reale Enge und Ärmlichkeit der sozialen Verhältnisse zu kompensieren (Schneider 1994, 253).

An Spielfilmen, die im Fernsehen gezeigt werden, lässt sich aber auch deutlich machen, dass fiktionale Stoffe nicht nur im Kontext kollektiver Stimmungen

---

24 Bekanntlich hat bereits Kracauer die in den 20er und 30er Jahren in Deutschland entstandenen Spielfilme unter dem Aspekt untersucht, in welchem Maße sie kollektive Sehnsüchte und Ängste zum Ausdruck bringen. (Vgl. Kracauer 1979, II). kritisch dazu : Knops 1988.

interpretiert werden dürfen, dass vielmehr Produzenten wie auch Distributoren zumindest das Ziel verfolgen können, eine bestimmte Wirkung zu erzielen, dass Filme also nicht das schon kollektiv Vorhandene ausdrücken, sondern – als Instrument der Propaganda – die Funktion haben, Einstellungen und Werthaltungen des Publikums zu verändern. Dieses Ziel war der fiktionalen Fernsehunterhaltung in der DDR bereits von Anfang an vorgegeben. Der frühzeitige Start eines Versuchsprogramms in den Jahren 1955/56 verband sich mit der Vorstellung der Parteiführung, dass das Fernsehen „kollektiver Organisator der Bevölkerung" sein sollte (Hoff 1998b, 107). Fernsehspiele und Kinofilme im Fernsehen hatten 1955 einen Programmanteil von 46%, was Hoff auf eine propagandistische Aufgabe des Fernsehdramas zurückführt, zumal zu dieser Zeit Programmformen wie Reportagen und Dokumentationen, die später mit gleicher Zielrichtung eingesetzt wurden, noch nicht entwickelt waren. (Hoff 1998b, 106f.) Ästhetisch künstlerische Vorbehalte gegen den Kinofilm im Fernsehen lehnte Gerhard Eisler als Stellvertreter Vorsitzender des Staatlichen Rundfunkkomitees mit Hinweis auf die Massenwirksamkeit des Mediums und des Genres ab. (Hoff 1998c, 291)

Auch in der Bundesrepublik gab es soziale Veränderungen, die durch das Fernsehen initiiert oder beschleunigt wurden. Im Gegensatz zur DDR wurden diese, sofern sie nicht einfach unbemerkt stattfanden, von der Öffentlichkeit und von Teilen der Politik eher beklagt. Schneider (1994, 280ff.) weist darauf hin, dass der von Ingelhart beschriebene Wandel von Pflicht- und Akzeptanzwerten zu Selbsterfahrungs- und Selbstverwirklichungswerten bereits in den US-amerikanischen Spielfilmen der 50er Jahre vorweggenommen wurde, indem diese die Glückssuche des Einzelnen, die Auflehnung der jungen Generation gegen familiäre Zwänge, die Autonomie und Freiheit jenseits von Institutionen sowie psychische Verstrickungen auf der Grundlage einer persönlichen Entwicklungsdynamik thematisierten. Indem das öffentlich-rechtliche Fernsehen in der Bundesrepublik diese Filme vermehrt gezeigt habe, sei der Wertewandel zwar nicht ausgelöst, aber unterstützt worden.

Allerdings wäre es ein Missverständnis, wenn kulturelle Erzeugnisse wie zum Beispiel Spielfilme so verstanden würden, als ob eine bestimmte Deutung und damit auch ein bestimmtes Handeln zwingend aus ihnen hervorginge. Vielmehr sind Spielfilme wie auch andere kulturelle Erzeugungen, ,polyphon', so dass Verschiedenes aus ihnen heraus'gehört' werden kann. Hörning stellt fest:

„(...) um zu verstehen, warum Menschen das tun, was sie tun, reicht es nicht aus, die vorherrschenden kulturellen Konstrukte einer Gesellschaft zu erkennen, sondern genauso wichtig ist es, die Wege und Weisen zu analysieren, wie diese Konstrukte in die sozialen Praktiken der Menschen Eingang finden." (Hörning 1997, 32)

Geht man davon aus, dass Spielfilme als kulturelle Konstrukte unterschiedlich gedeutet werden können, so führt die Frage nach den Botschaften von Spielfilmen zum Publikum zurück. Der Weg, über den Spielfilme auf „soziale Praktiken" einwirken, ist durch das Fernsehen kürzer geworden. Die Distanz, die zuvor die kulturellen Erzeugnisse umgab und die es notwendig machte, sie aufzusuchen, hat sich aufgelöst. Die Fiktion ist so präsent geworden, dass es Mühe macht, ihr auszuweichen. Damit begleiten die Protagonisten der TV-Erzählungen die Zuschauer auch im Alltag.

5.5   Fernsehfilme, Fernsehspiele und TV-Spielfilme

Die Begriffe „Fernsehspiel" und „Fernsehfilm" werden zwar unterschiedlich definiert, doch ist die Tendenz zu beobachten, dass der ‚Fernsehfilm' als Oberbegriff gewählt wird und das Fernsehspiel einen speziellen Typus innerhalb dieser Kategorie bezeichnet. S. Schmidt (1994, 8) versteht unter Fernsehspielen „filmisch dramatisierte Umsetzungen individueller, familiärer, sozialer und politischer Konflikte in Form in sich abgeschlossener oder mehrteiliger Dramen". Wulff (s. ULR 2000, 1, 46) unterscheidet „das traditionelle, problemzentrierte, autorendominierte, kunstorientierte und die besonderen Gegebenheiten der Fernsehrezeption tendenziell negierende Fernsehspiel" und das „vom Sujet her sensationistische, genre- und starorientierte, eher in kurzen dramaturgischen Bögen organisierte TV-Movie" als extreme Formen des Fernsehfilms. Fernsehspiel und TV-Movie werden hier als Idealtypen konstruiert, um empirisch auffindbare Mischformen in ihren Eigenarten besser verstehen zu können. Auffällig ist dabei, dass das wechselseitige Verhältnis von ästhetischen, inhaltlichen und verwendungsbezogenen Merkmalen nicht geklärt wird, was auf einen in der Tradition des Begriffs Fernsehspiel sehr unterschiedlichen Sprachgebrauch verweist. Entsprechend ist S. Schmidt der Meinung, „eine genaue Bestimmung des Begriffs Fernsehspiel" sei „nie möglich" gewesen (1994, 9).

Die Besonderheiten des Fernsehspiels ergeben sich aus den politischen und sozialen Kräfteverhältnissen der Nachkriegszeit, als sich das neue Medium mit seinen Möglichkeiten gegenüber anderen Formen und Institutionen der Kunst und der Unterhaltung durchsetzen musste. Nicht als häuslicher Kinoersatz, sondern als ernst zu nehmende Kulturinstanz und als Kommunikationsmittel mit eigenen Ausdrucksmöglichkeiten sollte sich das Fernsehen in den bildungsbeflissenen 50er Jahren Respekt verschaffen. (Vgl. Kap. 5.4) Angesichts der kulturpessimistisch getönten Skepsis gegenüber dem Bildschirm und seinen Zerstreuungsmöglichkeiten bestand das nahe liegende Ziel der Fernsehverantwortlichen darin, sich der Öffentlichkeit als Instanz der Wahrung und Pflege von Bildungsgütern zu empfehlen. Vor allem mit Live-Programmen schien es möglich zu sein, die technischen Vorteile der TV-Kommunikation, nämlich die maximale Aktualität und Verbreitung des Bildmediums, auszuschöpfen. Für den fiktionalen Bereich hieß das, dass mit dem Fernsehspiel im Sinne eines von Schauspielern im TV-Studio aufgeführten, von der elektronischen Kamera aufgenommenen und direkt übertragene Dramas – gewissermaßen als Hörspiel und Schauspiel für das Fernsehen – der selbstgesetzte Anspruch auf niveauvolle Unterhaltung erfüllt werden sollte.

Die kulturellen Ambitionen des neuen Bildschirm-Mediums (Rosenstein/Seibert/Gompper 1994, 166) markierten bereits den Anfang der Fernsehära: Der NWDR startete 1952 den regulären Fernsehbetrieb mit Goethes „Vorspiel auf dem Theater", und das ARD-Gemeinschaftsprogramm wurde im Jahr 1954 mit Shakespeares „Was Ihr wollt" begonnen. Auch in der Folgezeit standen im fiktionalen Programm zunächst „elektronische Aufzeichnungen von Theateradaptionen in Fernsehstudios" im Vordergrund (Senden 1997, 240).

Zur Entwicklung einer genuinen Kunstform mussten aber die Programmverantwortlichen darauf bedacht sein, dass Stücke eigens für das Fernsehen geschrieben wurden. Die Suche nach prominenten Autoren, die sich für die Möglichkeiten des Fernsehspiels interessierten, schlug bis auf wenige Ausnahmen fehl; Kontaktaufnahmen mit Schriftstellern der Gruppe 47 zum Beispiel hatten nicht den gewünschten Erfolg (Hickethier 1994b, 309). Nichtsdestoweniger löste sich das Fernsehspiel schon bald von den dramaturgischen Formen des Theaters. Dazu gehörte auch, dass von der Praxis der Live-Aufführung und dem Durchspielen des Stückes vor laufenden Kameras im Fernsehstudio abgewichen wurde. Allerdings blieb es bei Inszenierungen, die in der Ausstattung relativ karg waren, womit sich die Aufmerksamkeit des Betrachters umso mehr auf die Dialoge richten sollte.

Mit der in den 60er Jahren allmählich einsetzenden Emanzipation von literarischen Traditionen und kunsttheoretischen Auflagen entstand ein Genre, das dem visuellen Erzählen generell neue Impulse verlieh. Das Fernsehspiel entwuchs den Patenschaften von Hörspiel und Bühnendrama und wurde zu einer eigenen Kunstform, blieb aber an spezielle Voraussetzungen gebunden. Dazu gehörte die finanzielle Unabhängigkeit des Gebührenfernsehens; da die für den Bildschirm produzierten Stücke nicht an Kassenerfolge gebunden waren und die Einschaltquote sich noch nicht zum Fixpunkt für Programmentscheidungen entwickelt hatte, war es möglich, neue Wege zu gehen, Sehgewohnheiten zu durchbrechen sowie – zum Beispiel bei der Aufarbeitung der NS-Vergangenheit – das Publikum an neue Inhalte heranzuführen und mit unerwünschten Einsichten zu konfrontieren.

Die Entwicklung des Fernsehens „zum neuen medialen Diskussionsort der

Gesellschaft" (Hickethier 1994b, 321), die in den 60er Jahren einsetzte, ist ohne das Fernsehspiel nicht zu denken. Damit stand das Bildschirm-Medium in bewusstem Kontrast zum Kinofilm, der sich in dieser Zeit zunehmend auf banalstes Niveau begab. Auch prominente Regisseure des Kinofilms wie Volker Schlöndorff und Rainer Werner Fassbinder engagierten sich – und zwar gerade wegen der Misere der Filmwirtschaft – für das Fernsehen (Hickethier 1994b, 328). Das Fernsehspiel verfolgte das Ziel, „Kunst nicht länger idealisierte, häufig bis zum Illusionistischen verwandelte Wirklichkeit sein zu lassen, sondern die konkrete gesellschaftliche Realität abzubilden" (Russ 1990, 11), was auch in einer ästhetisch anspruchsvollen Formensprache zum Ausdruck kam. Zuweilen in der Manier eines Brecht'schen Lehrstücks wurden soziale Verhältnisse in locker miteinander verknüpften Szenen und Dialogen verdeutlicht.[25] Auch Montagen waren ein besonders beliebtes Stilmittel: Durch die Einblendung von Nachrichtensendungen und Dokumentationen oder mit der Darstellung der Fernseharbeit im Fernsehen, das heißt durch Selbstreferenz, konnte ein Maß an Realismus erreicht werden, das die bisherigen Grenzziehungen zwischen Fiktion und Wirklichkeit aufhob. Außerdem beschränkten sich seit den 60er Jahren Regisseure und Schauspieler nicht mehr auf das Fernsehstudio, sondern wählten, um mehr gesellschaftliche Wirklichkeit einfangen zu können, natürliche Schauplätze. Damit entstanden Mischformen, indem die handlungsleitenden Innenaufnahmen elektronisch, die Außenaufnahmen filmisch produziert und damit realitätsbezogener wurden; (Hickethier 1994b, 323) aus dem Fernseh*spiel* wurde – und zwar zunächst aufgrund technischer Vorgaben – der Fernseh*film*.

Da auch das öffentlich-rechtliche Fernsehen auf die Akzeptanz des Publikums angewiesen ist, kann eine ästhetische und politische Aufbruchstimmung als Voraussetzung für das Fernsehspiel ebenso wie für andere ambitionierte künstlerische Ausdrucksformen angesehen werden. Die besondere Konstellation, die zur Blüte dieses Genres führte, ging in den 80er Jahren verloren. Mit der Einführung des dualen Rundfunksystems mussten sich die öffentlich-rechtlichen Sender einer Konkurrenz stellen, die nicht auf Pflege und Kultivierung des Publikumsgeschmacks, sondern auf kommerzielle Erfolge ausgerichtet war. Der Wettbewerb mit den Privaten ließ einen Kampf um Marktanteile entstehen, der für ästhetische Experimente nur noch wenig Raum ließ. Außerdem richtete sich dieses konkurrenzorientierte Programmangebot schon aus werbestrategischen Gründen bevorzugt an die jüngeren Jahrgänge des Publikums. Da die in den 70er Jahren herangewachsenen Jugendlichen zu großen Teilen nicht mehr wie selbstverständlich in bildungsbürgerlichen Traditionen aufwuchsen, geriet das Fernseh-

---

25 Noch 1980 kommt Hans Janke zu der Feststellung, dass das Fernsehspiel „sich noch am ehesten in unsere öffentlichen und privaten Angelegenheiten" einmische; das Fernsehspiel so Janke, „probiert Lebens- und Überlebensmuster" (Janke 1980, S. 81).

spiel auch durch den Generationenwechsel unter den Zuschauern in die Krise. Darüber hinaus wurde mit dem Wechsel des politischen Klimas der „Aufklärungsethik" des Fernsehspiels der Boden entzogen (Senden 1997, 241). Das Vordringen gekaufter (Kino-)Spielfilme und Serien ging auf Kosten dieser Gattung von TV-Produktionen. (S. Schmidt 1994, 54)

An die Stelle des Fernsehspiels trat als „kleiner Bruder des Kinofilms" (Senden 1997, 242) der auf Unterhaltung ausgerichtete Fernsehfilm, genauer der TV-Spielfilm, der *Movie made for TV* oder der *TV-Movie*. Obwohl die Grenzen zwischen dem Fernsehspiel und dem TV-Spielfilm fließend sind (ULR 2000, 1, 13), ist doch festzustellen, dass sich die Spielfilmproduktionen für das Fernsehen dem Genrefilm annähern, das heißt dass ausgefeilte Technik und bewährte Routinen des Erzählens gegenüber ästhetischen und politischen Ansprüchen Vorrang haben. Die Ambitioniertheit, die früher in Texten und Inszenierungen des Fernsehspiels zum Ausdruck kamen und dieses zu „Prosaverfilmungen" (Hickethier 1980, 183) werden ließen, hatte angesichts der ökonomischen Realitäten keinen Platz mehr. TV-Movies sind weder bebilderte Literatur noch tragen sie die Handschrift eines Autors bzw. Regisseurs in dem Sinne, dass bestimmte künstlerische Aussagen im Zentrum stünden. Sie sind auch keine Themenfilme, indem sie typische gesellschaftliche Probleme bearbeiten, sondern orientieren sich höchstens an „Reizthemen" (ULR 2000, 1, 47), die von journalistischer Seite vorgegeben werden. Nichtsdestoweniger beziehen sie sich – mehr als die Spielfilme, die als Co-Produktionen mit der Filmwirtschaft entstehen, also zuerst im Kino und später im Fernsehen gezeigt werden – auf die spezifischen Gegebenheiten des Fernsehens. TV-Movies sind zielgruppenorientiert und berücksichtigen die häusliche, der Konkurrenz durch andere Programme ausgesetzte Rezeptionsweise; außerdem wird der Unterbrechung durch Werbeblöcke Rechnung getragen. (ULR 2000, 1, 46) Da die Produktion gegenwärtig bereits mehrere Hunderte pro Jahr beträgt,[26] kann davon ausgegangen werden, dass diese Form einer fernsehspezifischen Fiktion den ökonomischen Bedingungen des Mediums, vor allem den Notwendigkeiten des dualen Rundfunksystems, besonders entspricht, während das Fernsehspiel in einzelnen Stilelementen in andere Produktionen Eingang gefunden hat oder aber „in der *low-budget*-Form" auf ausgewählten Sendeplätzen (Hickethier 1994b, 346) heimisch geworden ist, wo es zum Gegenstand der Kulturpflege und der historischen Vergewisserung wurde.

---

26 So kam es im Jahr 2001 zur Erstausstrahlung von 387 einheimischen fiktionalen Fernsehproduktionen. (Vgl. Hallenberger 2002, 502)

5.6   Reihen

Nicht nur das Fernsehspiel, auch die Reihe und die Serie sind spezielle Produkte
der fiktionalen TV-Unterhaltung. Die Darstellung einer Handlung, die sich über
eine größere Zahl von Teilen oder Abschnitten hinweg erstreckt und zu verschiedenen Terminen angeboten wird, setzt ein – zumindest teilweise – gleich-
bleibendes Publikum voraus. Diese Bedingung kann nur das Fernsehen erfüllen.
Da Kinobesuche nur gelegentlich erfolgen, weil sie einen relativ hohen Aufwand
an Zeit und Geld erfordern, müssen die dem Kinopublikum erzählten Geschichten voraussetzungslos sein. Der Kinofilm darf nicht von einem Vorwissen ausgehen, sondern muss die Hintergründe einer Handlung, also die situativen und
personellen Konstellationen, jeweils neu erklären. Anders verhält es sich mit
Geschichten, die im Fernsehen erzählt werden, da von festen Sehgewohnheiten
im Rahmen von Alltagsroutinen ausgegangen werden kann. Nicht nur ist es im
Fernsehen möglich, bestimmte Zielgruppen anzusprechen, sondern diese auch zu
‚sozialisieren'. Indem der Bestand von Informationen regelmäßig ausgebaut
wird, entsteht beim Zuschauer ein Wissenssystem, das als Hintergrund für kürzere oder längere Handlungsstränge genutzt werden kann. Zeitspezifische Umstände einer Handlung, soziale, normative und kulturelle Muster sowie Charaktere und Beziehungen der Beteiligten können als bekannt vorausgesetzt werden
und ermöglichen dem Publikum, sich in der Welt der Protagonisten zurechtzufinden.

Nach Mikos (1994a, 138ff.; vgl. auch Gehrau 2001, 68) ist die Reihe (*series*)
dadurch gekennzeichnet, dass es keine Gesamtgeschichte gibt, sondern dass
abgeschlossene Episoden dargestellt werden, wobei die Träger der Handlung
möglicherweise eine Gemeinschaft bilden.[27] Die Zahl der Folgen liegt meist
zwischen 20 und 100. Bei der Serie (*serial*) ist die Gesamtgeschichte offen und
die einzelnen Folgen schildern eine fortlaufende Handlung. Die Protagonisten
verbindet die Zugehörigkeit zu Gemeinschaften. Häufig wird eine Zahl von mehr
als 100 Folgen erreicht (Mikos 1994a, 138ff.). Vereinfacht können Reihen als
Episodenfilme, Serien als Fortsetzungsfilme bezeichnet werden.[28]

Reihen und Serien sind Produkte des Fernsehens. Allerdings gibt es Ähnlich-
keiten zu Standardisierungstendenzen des Kinofilms. Der Erfolg eines (Kino-)
Spielfilms bewirkt häufig die Produktion weiterer ‚Folgen'. Dabei werden nach
Möglichkeit die wichtigsten Rollen mit denselben Schauspielern besetzt; auch

---

27 Jurga (1999, 119f.) weist darauf hin, dass auch in der „Episodenserie" über längere Zeiträume
    der erzählten Zeit hinweg, also über mehrere Episoden, Handlungsstränge entwickelt werden, die
    zur Verdichtung des Beziehungsnetzes beitragen.
28 Hickethier definiert „Serie" als Oberbegriff, der Geschichten mit abgeschlossenen Folgenhand-
    lungen und Endlosgeschichten umfasst. (Vgl. Hickethier 1991, 8)

der Handlungshintergrund ähnelt dem zeitlich vorangegangenen Film. Durch die wiederholte Anwendung eines Erfolgsrezepts kommt es im Kinofilm zu Übereinstimmungen hinsichtlich der Schauplätze, der Protagonisten sowie der Handlungshintergründe und -strukturen. Allerdings gibt es weniger wiederkehrende Elemente und auch die Zahl der Folgen ist geringer als beim Episodenfilm des Fernsehens. Für den Kinofilm ist festzustellen, dass die Reihung aus dem *sequel* entsteht; im Fernsehen ist sie als solche bereits konzipiert. – Im Folgenden soll als Beispiel für die Reihe der Fernsehkrimi, als Beispiel für die Serie die *Soap-Opera* dargestellt werden.

Fernsehkrimis gehören zu den beliebtesten Sendungen überhaupt. Einzelne Folgen der Reihe „Tatort" erreichen 10 Millionen Zuschauer (Hallenberger 2000, 404). Produktionen wie zum Beispiel „Derrick" konnten auch im Ausland gut verkauft werden. Einzelne Reihen sind inzwischen zu Aushängeschildern der Sender geworden. „Die Mediengattung ‚Fernsehkrimi' (...) ist heute nach Bekanntheitsgrad, Anzahl, Ausstrahlungsfrequenz, Bindungsvermögen, Unterhaltungswert und auch qualitativ eines der exponiertesten Genres des Fernsehprogramms." (Brück et al. 1998, 401).

Wenn Reihen im Fernsehen von einem konstanten Handlungsrahmen ausgehen, das heißt wenn zentrale Schauplätze, die berufliche Verankerung der Protagonisten, die Themen und Konflikte und möglicherweise Personen und Rollen gleich sind, dann ist es nahe liegend, den Arbeitsplatz als identitätsstiftendes Moment zu wählen. Ausgehend vom Arbeitsplatz sind die Geschichten, die in einzelnen Folgen der Reihe erzählt werden, Episoden im Leben von Menschen, die als Kollegen miteinander zu tun haben. Andere als beruflich bedingte Ereignisse, zum Beispiel amouröse Verwicklungen, bleiben selbstverständlich auch dann nicht ausgeschlossen, wenn die Akteure vor allem in beruflichen Rollen dargestellt werden; sie haben allerdings eine untergeordnete Bedeutung.

Der Vorteil des Arbeitsplatzes als Hintergrund besteht darin, dass die Handlung mit der jeweiligen Folge zu einem Ende gebracht werden kann, weil sich die Episoden im Plot als sachliche Abschnitte, Projekte, Aufträge usw. verankern lassen. Voraussetzung für die Wahl des Arbeitsplatzes als Ausgangspunkt des Geschehens ist allerdings, dass es sich um abwechslungsreiche, mit äußeren Aktivitäten verbundene, kooperativ auszuführende Berufsrollen handelt, die ein hohes Maß an Autonomie und situationsbezogener Dramatik mit sich bringen. Das narrative Schema, nämlich wechselnde Episoden (Folgen) bei gleichbleibendem Handlungshintergrund (Reihentitel), kann am besten dann plausibel gemacht werden, wenn es sich um die Arbeit eines Teams handelt, wobei jede Aktion, jedes Projekt zu Beziehungskonstellationen mit neuen, dem Zuschauer bislang unbekannten Personen führt. Die Episode endet mit einer zufriedenstellenden Problemlösung, die zwischenzeitlich aufgrund beruflicher und privater Verwicklungen fraglich erschien.

Das Polizeirevier zum Beispiel eignet sich für die Reihe deshalb besonders gut als Handlungshintergrund, weil die Arbeit in ‚Fälle' aufgeteilt werden kann; das Episodenhafte erscheint als Merkmal der Polizeiarbeit. Ein Mord ereignet sich, die Fahndung wird eingeleitet, es kommt zu allerlei Verwicklungen, bis schließlich der Täter festgestellt und dingfest gemacht wird. Dass sich in der Realität die Polizeiarbeit ganz anders gestaltet, etwa dass nicht nur ein Fall verfolgt wird, dass in der Regel der Täter nicht in langwierigen Recherchen ermittelt werden muss, sondern mit der Tat selbst oder nach kurzer Zeit feststeht, dass technische Hilfsmittel eine vorrangige Bedeutung für die Objektivierung des Tathergangs haben und dass es sich schließlich oft um affektbezogene Verbrechen handelt, bleibt ohne Belang. Die Produktions- und Verteilungsbedingungen des Fernsehkrimis erfordern ein Szenario, das empirisch wenig triftig ist, in seiner Handlungslogik aber durchaus ein plausibles Konstrukt der polizeilichen Berufsarbeit darstellt.

Der Ablauf des Geschehens im deutschen Fernsehkrimi gleicht einem Ritual. Das von Prümm herausgearbeitete Muster hat bis heute seine Aktualität nicht verloren:

> „Eine Leiche ist aufgefunden, der Kommissar alarmiert worden (...) Der Polizeiarzt beugt sich über den Toten (...) Während der Kommissar die ersten Zeugen befragt, wird ein Zinksarg im Hintergrund durch das Bild getragen (...) Das Polizeibüro ist ein Machtzentrum, hier wird der Prozess der Detektion geplant und systematisiert, hier wird über Menschen verfügt, sie werden belastet oder entlastet, hier werden Zeugen vor unseren Augen in die Zange genommen (...) Meist im letzten Moment, kurz vor einem neuen Mord, stellt der Kommissar den Schuldigen, durchstößt alle Verhüllungen und Ablenkungsmanöver, löst alle Widersprüche auf, konfrontiert Täter und Zuschauer mit dem wahren Ablauf des Geschehens." (Prümm 1987, 350).

Ebenso schematisch werden auch die Charaktere dargestellt; der Scheidung von Gut und Böse entspricht der Ablauf der Handlung nach dem Prinzip von Schuld und Sühne. Die Täter sind haltlos, von Habgier getrieben, die Kommissare und Detektive ehrenhaft und dem Gesetz oder, wenn dies nicht ausreicht, einer höheren Moral verpflichtet, weshalb sie auch zuweilen an dem Übel in der Welt verzweifeln. Es kommt Mitleid auf, wenn das Handeln des Täters schicksalhaft vorgezeichnet ist und edlen Motiven folgt, die ihn aber mit dem Gesetz in Konflikt bringen müssen. Allerdings darf ein tragischer Held am Ende nicht hinter Gittern verschwinden, da ein derartig ungeklärtes Schicksal beim Zuschauer Unbehagen auslösen würde. Solche Fälle erfordern eine saubere Lösung – und das ist der Tod.

Mit dem Fernsehkrimi wird die soziale Ordnung thematisiert. Während das Verbrechen, der zu Beginn dargestellte Fall, diese Ordnung in Frage stellt, konzentriert sich die nachfolgende Spielhandlung auf die Mechanismen der sozialen Kontrolle, das systematische Vorgehen der Polizei und ihrer Helfer. Bevor diese zum Erfolg führen, muss eine anomische Phase durchlaufen werden. Das Verbrechen macht die Vieldeutigkeit der Alltagswelt sichtbar. Alles erscheint möglich. Mit den Alltagsroutinen, aus denen das Delikt die Beteiligten herausreißt, wird auch die „Wirklichkeitsabsicherung" brüchig (Berger/Luckmann 1969/1996, 159f.): Der scheinbar Gutmütige kann grausam und perfide sein, der vermeintliche Komplize ist in Wirklichkeit ein Agent der Polizei, der Zwielichtige will kein Verbrechen, sondern nur ein kleines privates Geheimnis verbergen. Da aber das Chaos zeitlich klar begrenzt ist, wird der Zuschauer mit dem beängstigenden Eindruck von Kontingenz nicht lange allein gelassen. Am Ende setzen sich die Ordnungskräfte und mit ihnen die moralischen Prinzipien durch. Das Netzwerk der lebensweltlichen Beziehungen weist einen Riss auf, der durch Intervention von Seiten des Systems wieder geschlossen werden kann.

Der Fernsehkrimi markiert somit einen Kontrapunkt zur Kontingenz- und Anomieerfahrung des modernen Lebens. Polizei und Justiz, ja die sozialen Institutionen überhaupt, arbeiten zuverlässig; Fernsehfahnder haben eine „hundertprozentige Aufklärungsquote" (Zwaenepoel 1994, 74). Die Gesellschaft wird mit den Risiken des Daseins, mit Drogenkonsum und Wirtschaftskriminalität, mit Raub und Vandalismus, ja sogar mit den Wucherungen der Bürokratie, wie sie am Beispiel des polizeilichen Vorgesetzten thematisiert werden, fertig. Am Ende ist das Gleichgewicht wieder hergestellt (Tulloch 1990, 72), sodass alle wieder zur Tagesordnung übergehen können, ja es ergibt sich vielleicht sogar eine höhere Weisheit hinsichtlich der Frage, wieso alles so kommen musste.

Der Systemkonservativismus des TV-Krimis wurde in den Krimireihen der DDR eingesetzt, um Loyalität mit der staatlichen Ordnung zu erzeugen. Der Täter war der perfide Schwächling, der durch Personen und Agenturen aus dem Westen entweder direkt angestiftet oder verführt worden war. Während anfangs die Machenschaften westlicher Geheimdienste, Schieber und Saboteure im Vordergrund standen, war es ab Mitte der 60er Jahre mehr der inkorporierte Kapitalismus, waren es bürgerliche und kleinbürgerliche Relikte im Seelenleben anfälliger DDR-Bürger, von denen das Verbrechen ausging.

Besonders in der Reihe „Blaulicht" wurde die Ost-West-Problematik thematisiert, während es im „Polizeiruf 110" mehr um die „inneren Konflikte der sozialistischen Gesellschaft" ging (Hoff 1998d, 394). In der Bundesrepublik herrschte zunächst ein didaktischer Gestus vor. Durch dokumentarisches Material und Kommentare aus dem *Off* sollte zum Beispiel in der Reihe „Stahlnetz" über das Verbrechen belehrt werden (Brück et al. 1998d, 405f.). Mit den Ereignissen von 1968 wurde auch der Krimi des öffentlich-rechtlichen Fernsehens kritisch. In den 70er Jahren dominierte vor allem im „Tatort" die Aufklärung über gesellschaftliche Missstände, und zwar nicht zuletzt am Beispiel der bevorzugt dargestellten

Machenschaften im gehobenen Bürgertum. Auch das Verhältnis der Polizeibeamten untereinander war nicht mehr konfliktfrei. Rebellische, nicht gerade intellektuelle Tatmenschen, die sich eher dem ‚Geist' als dem Buchstaben der Gesetze verpflichtet fühlten, sahen sich mit Pedanterie und Reformfeindlichkeit ihrer Kollegen und Vorgesetzten konfrontiert.[29]

Die zeit- und systembezogenen Einflüsse können den nomischen und sozialen Konservativismus der Krimireihe nicht verdecken, der dem Genre eigen ist und sich aus dem Zusammentreffen von Themen, Zuschauergewohnheiten sowie Produktions- bzw. Distributions- und Vermarktungsgesichtspunkten ergibt. Wie in allen Reihen, so wird auch in der Krimireihe ein Aktionsrahmen geschaffen, der die Handlung an sich bindet, sodass diese sich nur vorübergehend von ihrem Ausgangspunkt lösen kann. Damit ist auch der Grad der Verwicklungen, das zu erzählende Drama, bezüglich der freiwerdenden destruktiven Kräfte beschränkt. Der Episodenfilm muss konservativ sein, weil die Handelnden nicht die Welt zerstören können, in der sie leben und die als Szenerie und Hintergrund das identitätsstiftende Moment der Reihe darstellt.

Damit ergeben sich Konsequenzen für die kulturelle und soziale Einbettung der Thematik; das Lokalkolorit ist nichts Nebensächliches, sondern gehört zum Schema der geordneten Welt, die durch das Außergewöhnliche bedroht wird. Neben dem Polizeirevier in der Krimireihe eignen sich daher auch andere Arbeitskonstellationen, Bergwacht und Feuerwehr zum Beispiel, als zentraler Ort und Fokus des Geschehens, als Ort der Routine und des Alltags, von dem aus die zeitlich begrenzten Aktionen, die in den einzelnen Folgen einer Reihe als lose miteinander verknüpfte Episoden erzählt werden, ihren Lauf nehmen. Das Lokalkolorit kann mit dem Sujet der ‚Heimat' sogar ganz in den Vordergrund gerückt werden, wobei entsprechende Konnotationen in die Reihentitel aufgenommen werden; unter diesem Vorzeichen sind die zeitlich begrenzten Aktionen der Protagonisten, die in den Episoden dargestellt werden, weniger dramatisch und haben eher einen privaten Charakter.

5.7   Serien

Serien in dem hier definierten Sinn sind demgegenüber durch einen offenen Handlungsverlauf gekennzeichnet. Die einzelnen Folgen dieser unendlichen Geschichten enden nicht mit der Wiederherstellung einer gewohnten Ordnung, der Lösung von Konflikten, der Beseitigung von Not und Gefahr, sondern mit

---

29 Faulstich ist der Ansicht, dass die Inspektoren und Kommissare nichtsdestoweniger Autorität repräsentierten und sich somit von der verbreiteten Kritik an Autoritäten absetzten, die für die 60er Jahre kennzeichnend war. (Vgl. Faulstich 1994, 54)

deren Zuspitzung. Nicht der schockierende Anfang, wie bei den klassischen Krimireihen, sondern das Ende stiftet Verwirrung. Am Schluss einer TV-Serienfolge steht der innere Konflikt eines Protagonisten:

> „Die letzte Aufnahme einer Episode ist dann fast immer eine Nahaufnahme des betreffenden Charakters, wodurch der psychologische Konflikt betont wird, in dem er oder sie sich befindet. In einer der nächsten Episoden – es muss nicht notwendigerweise genau die folgende sein – zeigt man uns, wie er oder sie mit dem Konflikt umgeht (...) Die direkt anschließende Episode beginnt normalerweise mit einem neuen Tag." (Ang, 1986, 68).

Der Sinn einer derartigen Anordnung besteht darin, dass die Bereitschaft des Zuschauers, sich zu einem späteren Sendetermin über den Fortlauf einer Handlung zu informieren, nicht besonders groß wäre, wenn er sich die Antwort auf noch offene Fragen selbst geben könnte, wenn also die Zukunft nicht ungewiss bliebe und Anzeichen in der Vergangenheit weitere Gefährdungen für die Protagonisten erwarten ließen. Außerdem muss der Anschluss einer Folge an die vorhergehende gelingen. Um die reale Zeit, den Abstand zwischen zwei Sendeterminen[30] überbrücken zu können, ist auch in der fiktiven Handlung Kontinuität erforderlich, wobei in der Serie, anders als in der Reihe, nicht die Invarianz eines lebensweltlichen Szenarios, sondern die Erlebnisse der dargestellten Personen Anschlussfähigkeit garantiert.

Weitere inhaltliche Besonderheiten der Serie als Fortsetzungsfilm des Fernsehens ergeben sich aus der Notwendigkeit, über viele, eventuell sogar Hunderte von Folgen hinweg von Menschen zu erzählen, mit denen sich das Publikum identifiziert. Daher müssen alle vorkommenden Personen so miteinander umgehen, dass kontinuierliche Verwicklungen unausweichlich sind, ohne die Zusammensetzung der Handlungsträger wesentlich zu verändern. Obwohl der Fortsetzungsfilm mehrere Handlungsstränge verfolgt, also nicht nur *eine* Geschichte erzählt, ist doch das Reservoir der Personen, die als Akteure das Geschehen tragen, relativ klein. Es geht um 8 bis 15 Menschen, deren Leben schicksalhaft miteinander verknüpft ist. Andere treten ins Blickfeld und sorgen für Verwirrung; es gelingt aber nur in Ausnahmefällen, zum Beispiel wenn im ‚inneren Kreis' durch einen Unglücksfall oder eine Krankheit mit Todesfolge ein Platz frei wird, in das Beziehungsgefüge der Protagonisten einzudringen und dauerhaft eine Position zu besetzen.

Serienfans lieben es, untereinander Informationen auszutauschen und über den Fortgang der Handlung zu spekulieren (Harrington/Bielby 1995, 25ff.). Nicht nur im Rahmen privater face-to-face-Beziehungen, sondern auch im Inter-

---

30 Im Gegensatz zu anderen TV-Genres nähert sich die dramatische Zeit im Fortsetzungsfilm des Fernsehens der realen Zeit an. Vgl. Jurga 1999, 107

net werden Seherfahrungen ausgetauscht, schauspielerische Leistungen und Handlungsverläufe beurteilt sowie zu erwartende Problemlösungen diskutiert. In diese Diskurse werden nicht zuletzt die Anbieter und Produzenten der Serien einbezogen (Jäckel 2001, 45). Eine intensive emotionale Einstellung des Stammpublikums gegenüber den Protagonisten setzt allerdings voraus, dass sich Zu- und Abneigungen auf eine überschaubare Zahl von Personen verteilen. Auch in kognitiver Hinsicht ist es erforderlich, den Kreis der Handlungsträger zu beschränken. Nur wenn das Leben einiger weniger dargestellt wird, die das Schicksal immer wieder zusammenführt, ergibt sich ein roter Faden, ist die Handlung einigermaßen nachvollziehbar. Darüber hinaus gilt, dass es möglich sein muss, auch ohne zusätzliche Informationen durch andere Medien[31] den Gang der Ereignisse zu rekonstruieren, falls der Zuschauer einzelne Folgen nicht sehen konnte; nicht zuletzt aus diesem Grunde sind der Komplexität der Handlung und der Zahl der Charaktere Grenzen gesetzt.

Der Fortsetzungsfilm des Fernsehens muss also mit wenigen Personen auskommen, die außerdem ständig miteinander zu tun haben. Die Frage ist, wie diese Interaktionsdichte motiviert werden kann. Eine plausible Lösung des Problems besteht darin, dass die Geschichte einer Familie erzählt wird. Allerdings kann es sich dabei nicht um eine Kleinfamilie handeln, da die Möglichkeiten für Gefühls- und Beziehungsverwicklungen vom Personenbestand her zu beschränkt sind. Großfamilien bieten mehr Potenzial zur Variation der sozialen Relationen, zumal wenn sie sich unternehmerisch betätigen. Aus dem gleichen Grund müssen sich die weiblichen Hauptfiguren in Männerdomänen bewähren, und zwar schon allein deshalb, weil eine Beschränkung auf den privat-familiären Bereich nicht genügend Konstellationen für den Fortgang der Handlung bieten würde.[32] Wenn ,normale' Kleinfamilien im Zentrum einer Endlos-Geschichte stehen, dann müssen sie, zusammen mit anderen primärgruppenhaften Gebilden, im nachbarschaftlichen Verbund dargestellt werden. Auch Arbeitsplätze als Zentrum der Erzählung sind nicht unproblematisch. Sie eignen sich nur dann, wenn aufgrund einer intensiven Zusammenarbeit eine Mischung von beruflichen und privaten Lebensverhältnissen glaubhaft gemacht werden kann.

Als weitere Möglichkeit bieten sich Cliquenstrukturen an, die sowohl beruflich als auch privat definiert sind, also zum Beispiel im Rahmen der akademischen Ausbildung oder in einigen Berufsfeldern, die durch junge kreative und ambitionierte Professionalisten geprägt werden. Wenn die Zeit, die zur Beziehungspflege oder zum Austragen von Konflikten benötigt wird, auch beruflich

---

31 zum Beispiel im Internet
32 Dies ist in amerikanischen Serien seit den 70er Jahren der Fall. (Göttlich 1995, 113) Die Veränderung der Geschlechterrollen im Fortsetzungsfilm des Fernsehens fällt also mit dem Aufkommen der großen Endlos-Erzählungen zusammen.

legitimiert werden kann, wenn es Wechselwirkungen zwischen beiden gibt, dann besteht auch genügend Handlungsspielraum, um dramatische Verwicklungen zustande kommen zu lassen.

> „Die Daily-Soap-Helden also haben Berufe, aber auch immer Zeit, um sich zu treffen, mal eben mit dem ‚Flieger' nach Südamerika zu reisen, sich zu überlegen, ob sie das Angebot eines Fotoshootings in Malaysia annehmen sollen oder nicht, mit ihren Freunden das Für und Wider einer Model-Karriere zu bereden oder sämtliche Zelte abzubrechen, um in eine andere Stadt zu ziehen, damit der treulose Geliebte begreift, was er verloren hat." (Simon-Zülch 2001, 25).

Ein Konstruktionsproblem der Serie besteht darin, dass sie mit wenigen Protagonisten auskommen muss, gleichzeitig aber immer neue dramatische Ereignisse produziert, in die somit dieselben Personen verwickelt sind. Während in der Krimireihe zum Beispiel in jeder Episode neue Handlungsträger auf- und wieder abtreten, identische Figuren wie der Kommissar, seine Kollegen, die Sekretärin usw. mit anderen, für die einzelne Geschichte gleich wichtigen Personen zu tun haben, bestimmen die Protagonisten im Fortsetzungsfilm dauerhaft das Geschehen. Sie sind die Fixpunkte, an denen Geschichten und Handlungsstränge festgemacht werden. Diese Ankerfunktion der Protagonisten führt zu konstruktiven Schwierigkeiten, da es – verglichen mit der Lebenserfahrung des Zuschauers – unwahrscheinlich ist, dass immer wieder dieselben Personen von Schicksalsschlägen getroffen werden. Das in der Serie erzählte Leben ist daher viel zu dramatisch, als dass es noch mit dem Normalmaß tatsächlicher Erfahrungen übereinstimmen könnte.

Wie kein anderes Genre ist die Serie als Fortsetzungsfilm geeignet, das reale, aktuelle Geschehen in die Fiktion einzubeziehen. Dies wird zum Beispiel daran deutlich, dass die Persönlichkeit des Schauspielers hinter die in der Serie zugedachte Rolle zurücktritt. Auch in der TV-Berichterstattung wird häufig auf die Schauspieler nicht mit ihrem eigentlichen Namen, sondern mit ihrem Namen in einer Rolle Bezug genommen. Die für den Hollywoodfilm entwickelte "transparente Erzählmethode", die den Eindruck entstehen lässt, "als ob die Geschichte sich tatsächlich ereigne", kommt in der Serie in besonders effektvoller Weise zum Einsatz (Ang 1986, 52f.). Dazu tragen weitere Bedingungen bei. Persönlichkeiten des öffentlichen Lebens können zuweilen für Gastrollen gewonnen werden, wobei sie die Aufgabe haben, sich selbst zu spielen. Bei den täglich ausgestrahlten Serien ergibt sich sogar die Chance, sowohl auf die Jahreszeit zum Zeitpunkt der Ausstrahlung als auch auf aktuelle Ereignisse Bezug zu nehmen und diese in die Spielhandlung einzubauen. (Armbruster 1986) Damit werden bis dahin unbekannte Wege der medialen Erzählung beschritten. Die „Mischung von fiktionalen und dokumentarischen Formen" führt dazu, wie Hickethier bemerkt, dass „der Schein von Realitätsnähe und Realitätswiedergabe

auch auf fiktionale Sendungen abfärbt" (Hickethier 1994c, 59). Mit der Fernsehserie ist es möglich, illusionistische Elemente des Kinos zu steigern.

Wenn in der Serie das Leben einer begrenzten Anzahl von Personen über einen längeren Zeitraum erzählt wird, dann entwickelt sich damit auch eine spezielle Beziehung zu gesellschaftlichen Normen. Während in der Reihe am Ende
einer Episode die soziale Ordnung wieder hergestellt ist, kann in der Serie am
Ende nicht das Gute siegen, weil es dieses Ende als solches nicht gibt. Die un-
endliche Struktur des Geschehens bringt also bereits Probleme im Hinblick auf
eine endgültige moralische Bewertungen von Personen und damit verbundene
Belohnungen und Bestrafungen mit sich. Typisch für den Fortsetzungsfilm des
Fernsehens – im Gegensatz zum Beispiel zur Krimireihe oder zum klassischen
Hollywood-Drama – ist daher das Fehlen einer moralischen Sentenz. Während
im Spielfilm oder in der Episode einer TV-Reihe Gut und Böse überdeutlich
auseinandergehalten werden, sind die Charaktere im Fortsetzungsfilm merkwürdig ambivalent.

Die sittlichen Orientierungsschwierigkeiten der Serienhelden ergeben sich
aus der Unmöglichkeit, die Devianten jeweils – wie in der Reihe – für eine Folge
zu importieren, um sie sodann durch das Walten der sozialen Ordnungsmächte
und des Schicksals wieder loszuwerden. Wenn das Reservoir der Handlungsträger begrenzt ist und es besonderer Begründungen bedarf, Personen ausscheiden
zu lassen oder einzuführen, dann müssen sich alle dramatischen Höhepunkte aus
Verwicklungen zwischen diesen wenigen Protagonisten, mit Unterstützung von
einigen Nebenfiguren, ergeben. In den US-amerikanischen Serien leisten sich,
um das volle Verhaltensrepertoire auszuschöpfen, die positiven Figuren gelegentliche Fehltritte, und umgekehrt bekehren sich, wenn auch mit begrenzter
Wirkung, die negativen zum Guten. Auch in den deutschen Endlos-Serien wie
der „Lindenstraße" gibt es charakterliche Variationen, die aber als Entwicklungen vorgeführt werden (Bleicher 1995, 50). Jedenfalls bietet ein alttestamentari-
scher Moralkodex, wie er etwa im Krimi Anwendung findet, für die Serie zu
wenig Flexibilität. Die Handlungsweisen der Protagonisten würden auf eine
Weise eingeschränkt, die schon bald nicht mehr genügend Stoff für weitere Verwicklungen ergäbe. Es muss daher, auch wenn der Fortsetzungsfilm Stilisierungen und Stereotype kennt, mehr Dynamik geschaffen werden, sodass jeder vom
Jäger zum Gejagten werden kann und niemand von moralischen Verfehlungen
ausgenommen ist.

Mit dieser Flexibilität in der Handlungsführung, die auf die Produktions- und
Distributionsbedingungen des Fernsehens zurückzuführen sind, wird eine be-
achtenswerte Pluralität an Problemlösungen und Weltsichten vorgeführt; Hickethier (1992, 18) ist der Ansicht, dass die TV-Serie integrierend wirken könne,
weil sie für Angehörige eines Publikums, das über wenig Milieu übergreifende

Kontakte verfüge, „die gesellschaftliche Bandbreite an Verhaltensweisen in ihren Folgen" thematisiere. Mikos dagegen geht von einer eskapistischen Funktion aus: „Die geheimen Wünsche und Bedürfnisse der zuschauenden Massen werden aufgegriffen und in die Erzählstruktur des Genres integriert." (Mikos 1992, 21). Dabei habe – so Mikos – die Serie für jeden etwas. Einige Handlungsstränge eigneten sich mehr, andere weniger für Projektionen. Indem die Serie ein Problem jeweils aus der Sicht verschiedener Beteiligter darstelle, würden „den Zuschauern mehrere Identifikationsmöglichkeiten angeboten." (Mikos 1992, 22). Fiske (2000) vertritt die Ansicht, dass die Oberflächlichkeit der Populärkultur die Voraussetzung sei für die Vielfältigkeit ihrer Nutzung. Viele Zuschauer von Soap-Operas sähen sich nur die Erzählstränge an, für die sie sich persönlich interessierten. Der „Mangel an Tiefe", die Konventionalität und die „leichte Zugänglichkeit" ermöglichten es, die Texte in den kulturellen Zusammenhängen zu verwenden, in denen die Menschen lebten.

Tatsächlich macht die Pluralität der Verhaltensweisen, der moralischen Kodierungen und der Perspektiven, die sich zwangsläufig einstellt, wenn in Endlos-Geschichten das begrenzte Personal für den Fortgang der Handlungen eingesetzt werden soll, auch die Schwäche des Genres aus. Mit jeder neuen Konstellation werden die Konflikte absurder, die Schicksalsschläge kurioser und die Motive unglaubwürdiger. Die Protagonisten werden in der Täter- wie in der Opferrolle überfordert, womit sich beim Publikum Irritation und Zynismus einstellen können. Das schließt nicht aus, dass sich in Bezug auf einzelne Probleme der Eindruck der Realitätsnähe ergibt, so dass sich Zuschauer mit dem Schicksal der Handlungsträger beschäftigen, um für ihr eigenes Leben zu lernen; wie einschlägige Untersuchungen zur Aneignung von Soap-Operas gezeigt haben, besteht deren Nutzen nach Meinung der Rezipienten nicht zuletzt auch in der Lebenshilfe.[33] Allerdings nehmen Soap-Fans auch die ablehnende Haltung ihrer Umwelt bezüglich ihrer Sehgewohnheiten wahr, die mit genretypischen Übertreibungen begründet wird (Luchting 1995, 124). Eine mögliche Rezeptionsweise ist daher die ironische Distanz (Brown 1994, 133ff.; Sorlin 1994, 84),[34] die zwar das Wissen um die Machart der Serie und die Fiktionalität der Erzählungen einschließt, gleichzeitig aber – eben in dieser Eigenschaft des Märchenhaften – eine Fortsetzung der Rezeption begründet.

Die Serie durchbricht im beschriebenen Sinne die dichotome Weltsicht des klassischen Kinofilms und auch der TV-Reihe. Da es in der Serie keinen Schluss gibt, kann nicht – wie in der Reihe – am Ende einer Folge oder eines Handlungs-

---

33 Zur Rezeption von Serien siehe auch Mikos 1994, S. 159ff., bes. S. 160 und Prugger 1994, S. 99f.
34 Aufgrund empirischer Untersuchungen der britischen Serie *Coronation Street* unterscheidet Livingstone zum Beispiel zwischen den Zynikern und Romantikern. (Vgl. Mikos 1994, 167)

bogens die gesellschaftliche Ordnung wiederhergestellt werden. Bezeichnender-
weise hat das DDR-Fernsehen keine erfolgreichen Endlos-Erzählungen hervorgebracht. In der Bundesrepublik sind Fortsetzungsgeschichten im Sinne der Serie
erst in den 80er Jahren in das Fernsehprogramm aufgenommen worden, zu einem
Zeitpunkt also, als der Wandel von Pflicht- bzw. Akzeptanzwerten zu Selbstent-
faltungswerten bereits vorangeschritten war.[35]

Zusammenfassung

Der Film ist gegenüber älteren Kunstformen durch eine spezifische Mischung
von Realismus und Illusionismus gekennzeichnet. Auch Spielfilme müssen
Fremdreferenz herstellen, um verständlich zu sein. Filme geben Werte, Normen,
Rollen und Weltbilder einer Zeit wieder; sie können darüber hinaus die Funktion
haben, sozialen Wandel einzuleiten oder zu unterstützen bzw. soziale Verhältnisse durch Befriedigung eskapistischer Bedürfnisse zu stabilisieren. Obwohl der
Spielfilm ein zunehmend wichtiger Programmbestandteil des Fernsehens ist, hat
der Bildschirm das Kino nicht verdrängt. Das Fernsehen hat auch eigene Fiction-
gattungen hervorgebracht. Reihen und Serien lassen ein neues Verhältnis zur
Medienumwelt entstehen; indem sie zum Beispiel auf aktuelle Ereignisse Bezug
nehmen, scheinen Akteure und Handlungen in der sozialen Wirklichkeit ihren
Platz zu haben. Die Produktions- und Distributionsbedingungen des Fernsehfilms sind für narrative Strukturen der fiktionalen Unterhaltung konstitutiv.

---

35 Bruns stellt zum Beispiel anhand einer empirischen Untersuchung fest, dass der „Wertewandel
    von Pflicht- und Akzeptanzwerten zu Selbstentfaltungswerten mit einem ‚Time-Lag' von ca.
    fünf Jahren in den untersuchten amerikanischen Serien zu beobachten ist". (Vgl. Bruns 1996,
    233)

Literatur:

Mikos, Lothar: Es wird Dein Leben! Familienserien im Fernsehen und im Alltag der Zuschauer. Münster 1994
Aus der Analyse von vier „klassischen" Serien (Inhaltsbeschreibung, Herstellung fiktiver Realität, gestalterische Mittel, Produktionsbedingungen) und 14 problemzentrierten Interviews mit regelmäßigen Rezipienten (Serienkompetenz, Beurteilung der Serienrealität, Faszination durch Serien) ergibt sich ein dichtes Bild der Serienaneignung im Alltag, das die wechselseitige Bedingtheit von Produktion und Rezeption erhellt.

ULR (Unabhängige Landesanstalt für das Rundfunkwesen) Kiel (Hg.): TV-Movies >Made in Germany<. Struktur, Gesellschaftsbild, Kinder und Jugendschutz. 2 Bde. Teil 1: Hans J. Wulff: Historische, inhaltsanalytische und theoretische Studien; Teil 2: Jörg Petersen: Empirische Studien. Kiel 2000
Im ersten Band des Werkes wird der Typus ‚TV-Movie' expliziert und von anderen Genres abgegrenzt, wobei spezielle Merkmale der Rollenstruktur, der Affektsteuerung, der Konfliktdynamik und des impliziten Wertsystems – großenteils mit Bezugnahme auf konkrete Beispiele - im Vordergrund stehen. Der zweite Band umfasst Programm- und Inhaltsanalysen von TV-Movies sowie eine nach Sendungsformaten differenzierende Untersuchung der Nutzungsgewohnheiten von Kindern und Jugendlichen. Bei der Auswertung der Ergebnisse werden auch Aspekte des Kinder- und Jugendmedienschutzes thematisiert.

6 Die Show als Programmgattung des Fernsehens

6.1 Die Produktion von Eigenwirklichkeit durch das Fernsehen

Shows im Fernsehen haben gemeinsam, dass es sich um Vorführungen mit Ereignischarakter handelt. Bei anderen Programmgattungen hat sich das Spektakuläre, das vom Fernsehen gezeigt wird, außerhalb des Mediums zugetragen; die Visualisierungen eines Geschehens verbinden sich zumindest mit dem Anspruch auf Fremdreferenz, und zwar unabhängig davon, ob es sich um eine rekonstruierte oder um eine imaginierte Wirklichkeit handelt. Das Fernsehen kann aber auch – wie die TV-Show deutlich macht – eine Instanz sein, die ein Geschehen selbst initiiert, und zwar allein zu dem Zweck des Zeigens. Die Gefühle, die auf diese Weise bei den Zuschauern hervorgerufen werden, haben ihren Bezugspunkt nicht in einer ihnen mehr oder weniger vertrauten beruflichen oder privaten Wirklichkeit, sondern in dem, was das Medium für sie produziert. Es geht also nicht darum, das Mediale zu verstecken, um die gezeigte Wirklichkeit um so deutlicher hervortreten zu lassen. Vielmehr ist es die Welt des Fernsehens selbst, die im Studio hergestellte Wirklichkeit, die in der Show präsentiert wird. Daher sind auch die Herstellungsbedingungen, die bei der Fiktion ganz ausgeblendet werden und bei der Information nur als unvermeidbares Mittel in Erscheinung treten, das heißt die technische Ausstattung und der Arbeitsalltag einer hochgradig spezialisierten Organisation, Bestandteil der Vorführung. (Vgl. Kap. 3.7) Mit der Show macht sich das Fernsehen selbst zum Thema; es gibt nicht mehr vor, Medium zu sein, sondern zeigt sich als Akteur und Organisator.

Shows sind mehr als die nüchterne Präsentation von Leistungen. Sie verleiten durch ihre Szenerie mit der vagen Andeutung von Zeiten und Orten zu vielfältigen Assoziationen. Die Show ist das Unechte, Übertriebene, was aber als solches keineswegs verborgen werden muss. Ginge es um Fremdreferenz, so würde diese Künstlichkeit den Vorwurf mangelnder Professionalität provozieren, weil sie den zu vermittelnden Eindruck der Abbildlichkeit stört. Zur Show aber gehört das bewusste Spiel mit der Phantasie, das inszenierte Spektakel, das Ereignis als Veranstaltung, dessen Sensationswert keine Minderung, sondern eine Steigerung erfährt, wenn es von professionellen Kräften arrangiert wird.

Die Ausgangssituation ist einfach: Etwas Ungewöhnliches soll – außerhalb der alltäglichen Lebensumstände – auf einer Bühne oder in einem Studio gezeigt werden, etwas, das die Neugier der anderen erregt, besondere Kompetenzen etwa, die außerhalb der Show in keinem Verwertungszusammenhang unterzubringen sind. Gerade darin kommt also die Eigenwirklichkeit zum Ausdruck, die Differenz zur Wiedergabe einer – tatsächlichen oder fiktionalen – Welt außerhalb des Mediums, dass in der Show auch das völlig Nutzlose Gegenstand des Staunens und der Bewunderung sein kann. Gerade das rein Artifizielle, nicht das Praktische ist Gegenstand der Bewunderung, so dass auch entsprechende Kompetenzen, sofern sie nicht einfach schon vorhanden sind, im Rahmen von Freizeitbeschäftigungen oder von Sonderrollen wie der des Künstlers angeeignet werden müssen. Im normalen Berufsleben erworbene Fähigkeiten haben dagegen keinen Sensationswert.

Alle Darbietungen unterliegen eigenen Maßstäben der Bewertung. Die Show grenzt sich aus der Wirklichkeit aus, indem sie Relevanzkriterien und Spielregeln erfindet, die es so in alltäglichen Zusammenhängen nicht gibt. Besonders im Grad ihrer Komplexität unterscheiden sich die Regeln, nach denen sich das Geschehen in der Show entfaltet, vom Alltagsleben. Mit Recht stellt Wagner bezüglich der TV-Unterhaltung fest, dass ihre Gemeinsamkeit darin besteht, „außerordentlich orientierungsfreundlich" zu sein (Wagner 1994, 132). Spiel-Shows finden nach klar definierten Prinzipien statt. Auch das Exotische und Außergewöhnliche der Revue präsentiert sich dem Publikum nach einfachen Rezepten. Diese Transparenz in der Struktur des Zusammenwirkens scheint den Wettbewerb umso deutlicher hervortreten zu lassen. Tatsächlich aber sind objektivierbare Leistungen sekundär, da die Emotionen des Publikums im Vordergrund stehen. Die Show ist insofern unernst, als die Zuschauer auf ihre Kosten kommen müssen. Anders als beim Sport ist die objektive Feststellung von Leistung allenfalls Mittel zum Zweck, das heißt, dass in der Show alle Regeln beinahe beliebig ausgelegt werden können, wenn es dem Publikum so gefällt.

Obwohl es um ungewöhnliche Leistungen geht, ist Leistungsfähigkeit, ist das Funktionieren in einem System außerhalb der Show kein Thema. Das Bühnengeschehen basiert vielmehr auf der Schaulust. Die Darbietungen finden zu dem Zweck statt, ein Publikum anzuziehen, das in der einen oder anderen Weise dazu beiträgt, die materiellen und personellen Ressourcen für die Show bereitzustellen. Es ist daher auch erlaubt, die Zuschauer mit Übertreibungen zu blenden, sofern diese ironisch präsentiert werden. Das Regelwerk, so sehr es die Show strukturiert, ist also dazu da, bei Bedarf aus den Angeln gehoben zu werden.

Das Artifizielle und Außergewöhnliche der Show kommt nicht nur darin zum Ausdruck, dass sich das Gezeigte von der lebensweltlichen Wirklichkeit gegenständlich unterscheidet, sondern auch im zeitlichen Ablauf des Geschehens. Wenn die Präsentation vor Publikum bis ins kleinste Detail geplant ist, so müssen auch bezüglich der Reihenfolge die Akzente richtig gesetzt werden. Die

Show ist Nummerntheater und Nummernkonzert. Da die Vorgänge auf der Bühne nicht – wie zum Beispiel beim Schauspiel – durch den Rahmen eines fiktiven
Handlungszusammenhangs verbunden werden, dessen Vorlage selbstverständlich wiederum das Lebensweltliche ist,[36] wenn es also keine logisch-sozi-
alen Voraussetzungen für die Aneinanderreihung der einzelnen Teile gibt, dann
können Regisseure und darstellende Künstler umso mehr die Elemente der Show
auf ihre Wirkung hin optimieren. Der Ablauf unterliegt somit einer strengeren
Rationalisierung, als dies bei der abbildlichen Darstellung von sozialer Wirklichkeit, also bei Fremdreferenz, möglich wäre. Die Akzente werden genauer geplant, die einzelnen Teile stärker auf das Ziel der Unterhaltung abgestimmt. Im
Gegensatz zu den Genres der Fiktion werden in den ‚Nummern' des Showpro-
gramms nur kurze Spannungsbögen entworfen, wobei der Ablauf jedoch einem
stringenten Konzept folgt, so dass Unterbrechungen – so weit wie möglich –
ausgeschlossen sind.[37]

Nichtsdestoweniger produziert die Show fortwährende Entfremdung, indem
sie nur kurze Abstecher in die diversen Provinzen der Phantasie zulässt, um diese
sodann durch direkte Ansprache des Zuschauers zu beenden. Ein derartiges Zu-
rückholen der Emotionen in die (Eigen-)Wirklichkeit der Show wird noch intensiviert, indem in den einzelnen Beiträgen, Stücken, Vorführungen und ‚Nummern' unterschiedliche Themen angesprochen werden, also Stilrichtungen und
Arten der Darbietung miteinander abwechseln und die erzeugten Stimmungen
teilweise in absichtsvollem Kontrast zueinander stehen. Selbst wenn ein gemeinsames Motto die Teile der Show miteinander verbindet, so ist der Kontext inhaltlich nicht zwingend, also mehr ein Anknüpfungspunkt für das jeweils Neue als
eine thematische Bestimmung des Inhalts.

Die Eigenwirklichkeit der Show kommt mit anderen Worten darin zum Ausdruck, dass Bezüge zu anderen Sinnprovinzen nur angedeutet werden, das heißt
so symbolhaft sind, dass sich gerade darin die Künstlichkeit zeigt. Die Show
versetzt den Zuschauer nicht durch mehr oder weniger realistische Darstellungen

---

36 ‚Eigenwirklichkeit' meint also, dass der Zwang zur Übereinstimmung mit lebensweltlichen
Erfahrungen und Sekundärinformationen nicht gegeben sein muss. Der Begriff bezeichnet dagegen nicht irgendeine Art der Unabhängigkeit von Umweltbedingungen. Was ‚Fremdreferenz' betrifft (zum Beispiel in Nachrichtensendungen oder im Spielfilm), so schließt diese nicht aus, dass
nach selbstgenerierten systemischen Entwicklungsfaktoren und Strukturen ein Bild der Wirklichkeit produziert wird. Vielmehr geht es um den Anspruch, der gegenüber dem Publikum erhoben wird, das heißt die vom System her behauptete Positionierung zur Wirklichkeit.
37 Nach der Komplexitätstheorie der Medienwirkungsforschung ist der Wechsel von Konsistenz
und Inkonsistenz (gleich Überraschung) für die Fernsehunterhaltung optimal, da Zuschauer versuchen, ein mittleres Aktivierungsniveau zu halten. Zuviel Abwechslung wird ebenso als unan-
genehm empfunden wie zuwenig. In der Show sowie im Spiel gibt es demnach eine Aufteilung
zwischen konstanten Strukturen und den auf Neuigkeit und Sensationen ausgerichteten Präsentationen. (Zur Komplexitätstheorie s. Bosshart 1994, 38)

in andere Welten, sondern konstituiert eine imaginäre Welt, die verschiedene Deutungen erfahren kann. Das Fiktive wird – anders als im Spielfilm – nicht so dargeboten, dass es mit dem Realen verwechselt werden könnte. Der Einfühlung in Phantasiewelten sind mangels Vorgaben Grenzen gesetzt. Die Show zeigt ihre Darbietungen nicht als etwas, was auch ‚draußen' vorkommt und was zu simulieren wäre. Hinweise auf die Außenwelt werden gezielt unverbindlich gehalten. Die *Performance* entfernt sich daher noch weiter von der ‚Wirklichkeit' als das Theater und der Film, Kunstgattungen also, in denen situationsübergreifende Handlungsweisen von Schauspielern dargestellt werden. Was als Dramatisierung im Rahmen einer Show vorgeführt wird, ist allenfalls der Sketch, ein punktueller Ausschnitt aus einem komplexen Geschehen, ein Drama ‚en miniature', ein Wortwechsel, der elementares soziales Verhalten pointiert wiedergibt, ohne größere Ausflüge der Phantasie in fremde Welten zuzulassen.

Die Show ist also durch eine lockere thematische Struktur bei strengem zeitlichen und organisatorischen Reglement gekennzeichnet. Beide wirken in die gleiche Richtung. Der Zuschauer muss sich auf das konzentrieren, was auf der Bühne geschieht. Er wird aus seiner Alltagswirklichkeit geholt, ohne dass ihm dafür, gewissermaßen als Ersatz, eine fiktive Welt angeboten würde. Demgegenüber sind in der Fiktion, beim Spielfilm etwa, durchaus persönlich-biografische Erfahrungswerte einzubringen, handeln die dargestellten Personen doch nicht gänzlich anders, als es der Zuschauer aus dem eigenen Leben kennt. Auch Serien und Reihen schließen an das Gewohnte an und fordern dazu auf, unter anderem Vorzeichen, das heißt in der Phantasie, bekannte Handlungsmuster fortzusetzen. Die Show dagegen setzt andere Maßstäbe. Sie verlangt vom Publikum, dass es abschaltet, um sich auf eine völlig andere Welt einzulassen. Ihre Phantasiewelt hat die Eigenschaft, dass sie nicht mit den alltäglichen Erfahrungen kompatibel ist, dass sie also Außenwirklichkeit nicht abbildet und variiert, sondern jedes Abschweifen in die Handlungsgesetze des beruflichen und privaten Lebens zu verhindern sucht. Die Oberflächlichkeit ist Programm. Die Show orientiert sich an der Gegenwart, am aktuellen Vollzug, an dem, was zu sehen ist, weil auf diese Weise eine Ablenkung von den Alltagsbezügen erreicht werden soll. Die Konzentration auf das Vordergründige gehört zu ihren Spielregeln. Der Unterhaltungswert besteht nicht in der dramatischen Variation der Alltagserfahrung. Daher muss auch kompensatorisch die Sinneswahrnehmung besonders angesprochen werden. Die optischen und akustischen Reize stehen im Mittelpunkt, um das Defizit zu kompensieren, das durch die spärliche Erregung der sozialen Phantasie zustande kommt. Shows sind also konzeptionell handlungsarm; es fehlen Tiefe und Ernsthaftigkeit, und zwar gerade weil sie darauf abzielen, Reminiszenzen und Reflektionen zu verhindern.

Das Geschehen in der Show ist Spiel, während im Leben andere Regeln gelten. Schon Huizinga stellte fest:

„Der Form nach betrachtet kann man das Spiel also zusammenfassend eine freie Handlung nennen, die als *nicht so gemeint* und außerhalb des gewöhnlichen Lebens stehend empfunden wird und trotzdem den Spieler völlig in Beschlag nehmen kann (...)" (Huizinga 1956, 20; zitiert nach Wünsch 2002, 16).

Die Show entwirft ihre eigene Welt, in der die Unzulänglichkeiten des Lebens nicht vorkommt. Sie ist künstlich, ja als Künstlichkeit konzipiert, sodass jeder Anspruch auf Authentizität im Grunde genommen fehl am Platze ist. Auch der Vorwurf der Verharmlosung gesellschaftlicher Zustände, der ja gegenüber der Fiktion durchaus angebracht sein kann, geht in die Irre; eine ideologische Verzerrung von Realität mag für Film und Theater zutreffend sein, nicht aber für die Show, die ja diese Realität gar nicht darstellen will. Trotzdem nimmt sie – selektiv – auf die Welt ‚außerhalb der Show' Bezug. „Shows bilden eine eigene Spielrealität aus und sind zugleich dem Alltagsleben nicht enthoben. Sie entfernen sich aus alltäglichen Zwängen und bleiben ihnen doch nahe." (Mikos/Wulff 1996, 461). In dieser oberflächlichen und willkürlichen Einbeziehung von Elementen der Realität, die auf die Handlungslogik der Lebenswirklichkeit nur beschränkt Rücksicht nehmen kann, weil sie den Erfordernissen der Show genügt, kommt gerade der spielerische Charakter der Show zum Ausdruck.

Selbst da, wo das Echte, Authentische vorgeführt wird, erscheint es verfremdet und gebändigt: Wie auf den Jahrmärkten des 19. Jahrhunderts die Monster und Freaks ein biedermeierliches Publikum zum Schaudern brachten, wobei die Schausteller mit ihren Kunststücken die Macht über die Natur demonstrierten, so müssen auch in der TV-Show die naturwüchsigen Kräfte unter Kontrolle bleiben, müssen Kunst und Kunstfertigkeit demonstriert werden, die Beherrschung der Natur, die Domestizierung der Anlagen und Kräfte. Nicht die Künstlichkeit ist, wo sie entdeckt wird, peinlich, sondern der Verlust der Kontrolle.

Das heißt, dass die Show daran gemessen wird, in welchem Maße alles nach Plan verläuft und es gelingt, die unvorhergesehenen Ereignisse auf die „Hinterbühne" (Goffman) zu verdrängen. Das Geschehen vor Publikum setzt einen Apparat voraus, der für den reibungslosen Ablauf des Programms sorgt. Institutionelle Vorkehrungen und technische Einrichtungen unterstützen den szenischen Handlungsverlauf. Die Show selbst besteht aus einer Folge von Ereignissen, die dem Zuschauer zuvor bekannt gemacht wurde und zwischenzeitlich erläutert wird. Beiträge außerhalb des Programms, Zugaben zum Beispiel, können nur zum Schluss der Veranstaltung zugelassen werden. Dem Publikum ist es nur marginal – durch Applaus oder Missfallensbekundungen – möglich, auf den Programmablauf Einfluss zu nehmen.

Unter einer Show ist demnach ein inszeniertes, in Situationen, Szenen, Episoden oder Nummern unterteiltes Geschehen zu verstehen, das nach einem zuvor fixierten Ablauf und nach bestimmten Regeln angesagt, erläutert, kommentiert und – geleitet von einem Moderator – einem zu diesem Zweck versammelten Publikum dargeboten wird. In der TV-Show werden die Moderatoren als Gastgeber, die Ausführenden als Gäste präsentiert. Zu dem räumlich anwesenden Saal- oder Studiopublikum kommen die Zuschauer vor den Bildschirmen hinzu; die Publika können vom Moderator gleichzeitig oder auch abwechselnd angesprochen werden. – Fernsehshows beinhalten Elemente, die in unterschiedlichem Maße im Vordergrund stehen:

1. Die Ermittlung von Rangfolgen oder von Siegern und Verlierern im Rahmen von Wettbewerben und Wettkämpfen. Die Teilnehmer haben sich auf der Bühne oder im Studio, das heißt im Rahmen des laufenden Geschehens oder der vom Fernsehen produzierten Eigenwirklichkeit, Prüfungen zu unterziehen, die eine Leistungsfeststellung zulassen.

2. Gespräche, die der Showmaster, Moderator oder Spielleiter, in der Regel als Repräsentant ‚des Fernsehens' oder eines Senders, mit den ‚Gästen' oder Angehörigen des Publikums führt. In Einzelfällen kann es auch zu Gesprächen mit dem mitwirkenden Personal, zum Beispiel mit Kameraleuten, Juroren, Aufnahmeleitern, Assistenten, Musikern der Studioband usw. kommen.[38]

3. Künstlerisch-artistische Darbietungen unterschiedlicher Genres einschließlich der Kleinkunst sowie Akrobatik im weitesten Sinne, wobei körperliche oder geistige Fähigkeiten, demonstriert werden sollen. Die Vorführungen gliedern sich in einzelne Teile, die nach ihrem Sinn, nach eingesetzten Mitteln und ästhetischer Wirkung zu unterscheiden sind.

Je nach der Gewichtung dieser Elemente kann zwischen drei Typen von Show unterschieden werden:

1. Die Konzentration auf die Ermittlung von Leistungen im Rahmen von speziellen Regeln macht den Typus des *Spiels* aus. Quiz- und Gameshows als spezielle Arten des Spiels beziehen sich auf Wissen bzw. Geschicklichkeit. Auch künstlerische Leistungen können, wie zum Beispiel bei der Casting-Show, Gegenstand der Prüfung sein. Voraussetzung ist allerdings, dass das Fernsehen Veranstalter ist und die Leistungsermittlung nach selbst definierten Regeln stattfindet.

---

38 In Bezug auf (1) und (2) siehe auch Berghaus/Hocker/Staab 1994, 24

Contest-Veranstaltungen, zum Beispiel Hitparaden und Grandprix-Sendungen, gehören zur Kategorie der Show, sofern für das Fernsehpublikum ‚Eigenwirklichkeit' produziert wird; um Wiedergabe von Wirklichkeit handelt es sich dagegen, wenn die Information über ein Ereignis im Vordergrund steht. Derartige ‚Berichte' enthalten in der Regel Kürzungen; wenn die volle Länge nicht gesendet werden kann, dann kommt bereits darin zum Ausdruck, dass es sich nicht um eine von Fernsehorganisationen für ein Fernsehpublikum produzierte Show handelt.

2.   Eine Konzentration auf das Gespräch konstituiert den Typus der *Talk-Show*. Das Expertengespräch, bei dem nach rationalen Kriterien Informationen und Meinungen zu einem bestimmten Thema ausgetauscht werden, zählt nicht zu diesem Typus.

3.   Des weiteren können künstlerische Darbietungen im Mittelpunkt stehen, ohne dass es um die Ermittlung von Rangfolgen nach speziellen Regeln ginge. Sendungen dieses Typs sollen als *Revue* bezeichnet werden.

6.2   Zur Vorgeschichte der Fernseh-Show

Die bereits erwähnten, von Schaustellern präsentierten Jahrmarktereignisse, aber auch der Zirkus können als Vorläufer der Show angesehen werden. In der traditionalen Gesellschaft, die durch das Einerlei harter körperlicher Arbeit und durch konformitätserzwingende Herrschaftsstrukturen geprägt wird, ist es leicht, ein Publikum zum Staunen zu bringen. Das Leben der Menschen verläuft in gewohnten, durch öffentliche Moral und gesetzliche Vorschriften geordneten Bahnen, in die das Außergewöhnliche nur in Gestalt von Katastrophen oder eben als Veranstaltung eingreift. Die Anschauungen der Menschen werden begrenzt durch den engen lokalen Horizont, was der Spekulation über das Geschehen jenseits der eigenen Erfahrungsbereiche Auftrieb gibt und in der Welt der Märchen und der Abenteuer ihren Niederschlag findet. In dieses gesellschaftliche Leben, das noch nicht durch die Massenmedien umgestaltet und dessen Horizont noch nicht durch „Erfahrungen aus zweiter Hand" (Gehlen) erweitert wurde, bricht als ersehnte Abwechslung das Exotische ein, Schausteller und Artisten, Gaukler, Magier, Wunderdoktoren und Weltverbesserer verschiedenster Couleur, an deren Darbietungen und Botschaften man sich erfreuen kann, weil sie die eigene Existenz nicht wirklich berühren. Das Sensationelle, das eigentlich beunruhigen müsste, ist gebannt, indem es selbst wiederum in einen gesellschaftlichen Rahmen eingepasst wird, also zu bestimmten Zeitpunkten und an bestimmten Orten nach einer vorgegebenen Routine, gewissermaßen als kalkuliertes Risiko, stattfindet.

Dem Jahrmarkt[39] mit seiner Exotenshow ist das Unseriöse eigen, weil seine Darbietungen höchstens komplementär und imaginativ in das bürgerliche Leben einzubringen sind. Mit den an bestimmten Festtagen stattfindenden Volksfesten kommt in regelmäßigen Abständen das Fremde und Phantastische – und geht auch wieder. Das Gesehene hat keine Folgen; beunruhigende Eindrücke, die Aufklärung über das, was es auf der Welt gibt und geben könnte, wird notfalls durch den Hinweis auf Scharlatanerie neutralisiert. Gerade durch die Präsentation des Anderen als das Außergewöhnliche, ja das Unfassbare, das heißt durch das Dubiose, das die Jahrmarktshow umgibt, durch die bewusste Übertreibung und Fälschung, ist die Show kommensurabel.

Auch der Zirkus ist eine solche Welt, die nicht ernst genommen werden muss. In der Vormoderne repräsentiert der Zirkus die Ferne, nicht zuletzt die weißen Flecken auf der Landkarte. Das Ungewöhnliche des zirzensischen Geschehens wird durch Elefanten und abenteuerlich gekleideten Menschen angekündigt. Der Zirkus präsentiert sich als Wagenburg oder Zirkusstadt, lässt also ein Reich entstehen, in dem eigene Gesetze gelten. Der Zuschauer wird nach strengen Ritualen in dieses Reich eingeführt und wieder hinausbegleitet. Was ihm geboten wird, sind Sensationen nach dem Prinzip des Nummernprogramms, eine konzentrierte Abfolge artistischer Leistungen und anderer Darbietungen, die die Sinne ansprechen, dabei fremde Welten jeweils nur andeutend, ohne von ihnen in epischer Breite zu erzählen. Mit dem Varieté wird der Zirkus sesshaft und damit zum Bestandteil großstädtischen Lebens. Die Show verliert ihre Exotik; das Ambiente des Abenteuers, das sich mit wilden Tieren verbindet, weicht dem Normalmaß des Bunten Abends. Die Zerstreuung, die humorvoll eingerahmte Unterhaltung durch Akrobatik und Kleinkunst, tritt an die Stelle des Schauders und der Gefahr.

Ebenso gehört zu dieser vormodernen Welt das Militärspektakel, die Truppenparade, das militärische Zeremoniell zu bestimmten patriotischen Anlässen, das teilweise die Gepflogenheiten des Brauchtums umgibt und einrahmt, teilweise aber auch für sich selbst steht. Unter der Regentschaft von Ludwig XIV. findet die erste Militärparade statt. Die Ausbildung zielt seit dem 17. Jahrhundert mehr und mehr auf eine perfekte Körperbeherrschung, wobei die zu absolvierenden Übungen in einzelne Bewegungen und Takteinheiten untergliedert werden (Foucault 1977, 173ff.), sodass schließlich das Exerzieren der Soldaten den *Exercices* des Balletts immer ähnlicher wird. Im 19. Jahrhundert greift das Revuetheater, im 20. Jahrhundert auch der Revuefilm in vielfältiger Weise auf die

---

39 Elemente der Präsentationsformen und Inszenierungen des Jahrmarkts kommen auch heute noch in Fernsehshows vor, etwa wenn Showmaster im prahlerischen Tonfall des Marktschreiers Sensationen ankündigen. Auch das ästhetische Arrangement, mit dem Produkte gezeigt werden, erinnert an die Jahrmarktstradition. (Vgl. Mikos/Wulff 1996, 458f.)

Militärparade zurück; die Inszenierungen wiederholen das militärische Zeremoniell unter neuen, auf den bloßen Unterhaltungszweck bezogenen Vorzeichen. Dabei kommt das Vorbild überall zum Vorschein. Zu Marschrhythmen werden in der Revue Kolonnen gebildet, die Solisten treten vor das Ensemble, das ihre Bewegungen aufnimmt, sie schreiten imaginäre Fronten ab, bewegen sich durch Gassen, die von der zurücktretenden Menge gebildet werden. Die Tänzer sind uniformiert, wobei soldatische Kopfbedeckungen, mit Epauletten verzierte Jacken usw. von großer Bedeutung sind; zuweilen kommen auch militärische Gerätschaften, Trillerpfeifen, Gewehr- und Kanonenattrappen, Tambourstöcke und Fahnen zum Einsatz. Aus dem Marsch wird der Stepptanz, der sich bei Bedarf in den Marsch als humorvoll-parodistische Zitation militärischer Gebrauchsmuster zurückverwandeln kann (Lorenz 1991, 27).

In Deutschland kommen Revuevorstellungen erst zur Jahrhundertwende in Mode. Auch die Operette bietet vielfältig Gelegenheit zu revueartigen tänzerischen Darbietungen. Der Revue*film* leitet zur Kino- und schließlich zur Fernsehära über. Besser noch als die Militärparade kann der Revuefilm, so wie er sich als Kinogattung in den 30er Jahren in Deutschland, aber auch in den USA entwickelte, zu Propagandazwecken eingesetzt werden, weil er patriotisch-nationalistische Botschaften in einer Weise präsentiert, dass sie unterhaltend wirken. Marschmusik verwandelt sich in Tanzmusik, Tänzerinnen führen quasi-militärischer Rituale vor; auch in angedeuteten Spielhandlungen können politische Themen zum Ausdruck gebracht und durch Musikeinlagen romantisch verklärt werden.

Das neue Medium Fernsehen präsentierte schon in den 40er Jahren sogenannte ‚Nummernprogramme' mit musikalisch-künstlerischen Darbietungen. (Vgl. Kap. 1.1) Waren diese Sendungen zunächst noch dem in den Berliner Fernsehstuben versammelten Publikum zugänglich, so wurden sie ab 1942 nur noch in ausgewählte Militärkrankenhäuser übertragen, nachdem die öffentlichen Fernsehstuben von der Reichspost geschlossen worden waren (Lorenz 1991, 27).

Bei der Wiederaufnahme des Fernsehbetriebs zu Anfang der 50er Jahre kamen tänzerische Darbietungen wegen der beengten Studioverhältnisse zunächst nicht in Frage. Außenübertragungen von Revuen gab es allerdings bereits seit 1952. (Hickethier 1998a, 88) Außerdem konnte das Fernsehen in der Bundesrepublik auf alte Revue- und Operettenfilme zurückgreifen, wobei in einigen Fällen das applausspendende Saalpublikum bereits zur Filmhandlung gehörte (Lorenz 1991, 29). Zunehmend fand die Revue ihren Platz in den immer beliebter werdenden Bunten Abenden, die musikalisch-tänzerische Vorführungen mit Ratespielen kombinierten.

Das Wort Quiz bezeichnet im Englischen „eine institutionalisierte Befragungstechnik, zum Beispiel das Examinieren und Abfragen in Universitäten und Schulen." (Friedrich 1991, 57). Das Fernsehen überschritt mit den Ratespielen der Nachkriegszeit die Grenzen des Unterrichtsgeschehens. Die „Zuschauer im Saal und vor den Bildschirmen" wurden zu Juroren, die mit dem Moderator Wissensstände überprüften und Bildungslücken diagnostizierten. Es ist bezeichnend, dass es sich dabei um ein politisch unverbindliches, mit künstlerischen Kompetenzen vergleichbares ‚schöngeistiges' Wissen handelte, wobei auch entlegene Interessengebiete der Kandidaten zum Zuge kamen. Die zum Selbstzweck avancierte Bildung bezog sich nicht auf berufliche Spezialkenntnisse; sie war – um für die Show geeignet zu sein – Hobby, aber nicht ‚Ernst des Lebens', also für andere Systemzusammenhänge nicht anschlussfähig. Ein Quiz von Hans Joachim Kulenkampff im Jahre 1953 hatte den bezeichnenden Titel „Wo blieb deine Schulweisheit?" (Hallenberger 1994, 35).

Während das Ratespiel inzwischen eine Renaissance erfahren hat, erscheint die Fernsehrevue heute antiquiert, was nicht zuletzt damit zu tun haben dürfte, dass vom Militär keine kulturprägende Wirkung mehr ausgeht. Im Folgenden sollen daher nur der erste und der zweite der im vorangegangenen Kapitel unterschiedenen Typen, nämlich zum einen die Quiz- und Gameshow und zum anderen die Talkshow, näher dargestellt werden.

6.3   Quiz- und Gameshows

‚Spiele' im Fernsehen sind als Wettbewerbe oder als Wettkämpfe zu begreifen. Im Gegensatz zum zweckfreien Spielen, bei denen das Tun selbst, die Spielfreude, konstitutiv ist, geht es bei der Spielshow um die Ermittlung von Siegern, möglicherweise auch Verlierern, und damit verbunden um symbolische oder materielle Belohnungen. Beim Wettbewerb werden Leistungen nach einem Punktesystem ermittelt, beim Wettkampf kommt die direkte Konfrontation mit den Mitspielern, das heißt bei einem gemeinsamen Tun – die Ermittlung des Besten hinzu.

Spiele im Fernsehen sind auf ein Publikum ausgerichtet. Dieses gliedert sich in das bei der Produktion anwesendes Saal- oder Präsenzpublikum und in das Publikum ‚zuhause', also die Fernsehzuschauer. Der wichtigste Adressat ist das Publikum vor den Bildschirmen, von dem Werbeeinnahmen und politische Akzeptanz abhängen. Es wird vertreten durch das Präsenzpublikum, das Zustimmung oder Ablehnung, Spannung oder Langeweile signalisieren kann, das also während des Showgeschehens dem Spielleiter ein Feedback zukommen lässt, aus dem darüber hinaus auch Einzelne angesprochen werden, um ihre Meinung zu äußern oder sich als Kandidaten oder Assistenten zur Verfügung zu stellen. Das Saalpublikum kann getrennt oder gemeinsam mit dem häuslichen Publikum angesprochen werden. Geht man davon aus, dass der Moderator auch mit Kandidaten und Prominenten Gespräche führt, dann handelt es sich somit um drei Kommunikationskreise, nämlich a) die Gesprächspartner auf der Bühne, b) die Gesprächspartner auf der Bühne und das Saalpublikum und c) die Gesprächspartner auf der Bühne, das Saalpublikum und die Fernsehzuschauer. (Burger 1984, 44; s. Thiele 2001, 58) Nur der Moderator hat das Privileg, sich direkt an die Fernsehzuschauer als die wichtigsten Gesprächspartner zu wenden. (Thiele 2001, 59)

Spiele sind nicht Selbstzweck. Sie dienen auch nicht der Unterhaltung der Mitspieler, sondern von anderen, die selbst nicht Mitspieler sind, nämlich vor allem den Zuschauern an den Bildschirmen. Daher müssen intrinsische Motive, die Freude am Spiel und das damit verbundene Kommunikationsvergnügen, zurückstehen.[40] Es können also bei der Ermittlung von Siegern und Besiegten nur solche Spiele in Frage kommen, bei denen ein Gefühl von Spannung auf diejenigen übertragen werden kann, die das Geschehen am Bildschirm verfolgen. „Der Zuschauer" – so stellt Früh fest – „ist immer Beobachter und Teilnehmer zugleich" (Früh 2002, 136). Das Beteiligtsein des Publikums am Spiel ergibt sich aufgrund der folgenden psychischen Abläufe:

1. Die Zuschauer gleichen durch Identifikation, also durch Projektion des eigenen Selbst auf die in einer Sendung zu sehende Person, ihre Emotionen dem vermuteten Zustand des Beobachtenden an.

2. Durch parasoziale Interaktion stellen die Zuschauer mit einer in der Sendung zu sehenden Person eine Beziehung her und treten fiktiv mit ihr in Kontakt, das heißt sie unterhalten sich mit dieser Person im Rahmen eines inneren Dialogs.[41]

Kandidaten eignen sich als Objekte der Identifikation, Showmaster als Objekte für die parasoziale Interaktion: Während sich der Zuschauer, indem er sich dem Mitspieler angleicht und sich in seine Lage versetzt, Spannung empfindet, weil

---

40 Zur Verbindung zwischen Spiel im Sinne des englischen *play* und dem *communication pleasure* siehe Hallenberger/Foltin 1990, 34.

41 Beide, Identifikation und parasoziale Interaktion, schließen sich nicht aus. In der Theorie des *role taking* von G. H. Mead ist implizit sowohl das eine wie das andere enthalten, nämlich das angleichende Sich-Einfühlen in die Person des sozialen Gegenübers und – auf dieser Grundlage – die Übernahme einer Rolle, die zunächst nur in der inneren Vergegenwärtigung von Handlungsweisen und den darauf abgestimmten Reaktionen besteht. (Vgl. Mead 1973; im Org. 1934)

er dessen Triumphe und Niederlagen selbst durchlebt, liegt bezüglich der Figur des Spielleiters eine andere Reaktion nahe, nämlich mit ihr – wenn auch nur fiktiv – Kontakt zu haben, zumal das Publikum an den Bildschirmen ohnehin schon regelmäßig angesprochen wird, und zwar so, als handle es sich um ein konkretes soziales Gegenüber. Die Kommunikation des Moderators mit dem Publikum ist geradezu auf parasoziale Beziehungen hin angelegt, wobei das Saalpublikum eine Brückenfunktion zu den TV-Zuschauern übernimmt.

Woisin (1989, 35) macht darauf aufmerksam, dass die Identifikation des Zuschauers mit einem Spielteilnehmer durch geringe Distanz erleichtert wird, da dieser gewissermaßen zum eigenen Lager gehört, das heißt zu anderen Zeiten und anderen Gelegenheiten selbst dem Publikum zuzurechnen ist. Ein solcher Ähnlichkeitseffekt wird aber durch die Anonymität des Kandidaten unterlaufen; das heißt, dass Empathie erschwert wird, weil der Spielteilnehmer nicht direkt mit dem Publikum kommunizieren kann und weil über ihn nur das bekannt ist, was er an persönlichen Informationen auf die wenigen Fragen des Moderators hin von sich preisgibt. Die Identifikation bezieht sich daher mehr auf die Rollenaspekte ,des Kandidaten' als auf die Person. Über den Moderator dagegen liegt ein relativ umfangreiches Wissen vor; Zuschauer sind – nach Woisin – in der Lage, ein detailliertes Persönlichkeitsprofil zu den von ihnen favorisierten Spielleitern zu entwerfen. Friedrich (1991, 52ff.) ist der Meinung, dass sich das Publikum auch mit dem Showmaster identifiziert, und zwar vor allem aufgrund von Machtbedürfnissen. Der Zuschauer am Bildschirm ist – so Friedrich – der nichtgesehene, selbst aber alles übersehende Beobachter. Er erfährt sich in der Rolle des Examinators und Evaluators:

> „Homo ludens am Bildschirm ersetzt die Lust an der aktiven Einhaltung der Regeln durch die Lust der Beobachtung ihrer korrekten Anwendung, ihrer Gültigkeit und Tragweite; dies impliziert die Transformation des Handelnden zum Testenden, des Gesehenen zum Sehenden, des Spielers zum Panoptisten." (1991, 55).

Der Zuschauer befindet sich also gegenüber dem Kandidaten in einer unumkehrbaren Machtposition; er steht auf der Seite des Moderators, ja ist diesem sogar noch dadurch überlegen, dass er die Funktion der Jury oder der Appellationsinstanz wahrnehmen kann. Falls eine telefonische Rückkoppelung nicht vorgesehen ist bzw. erfolglos bleibt, kann er sich auch durch das Saalpublikum oder – zeitversetzt – durch die Presse vertreten lassen. In dieser Eigenschaft als Bewertungsinstanz oder als Schiedsgericht rangiert das Publikum sogar noch vor dem Moderator.

Wenn in den Spielsendungen des Fernsehens die Leistungen der Kandidaten gemessen und zueinander in Relation gebracht werden, um daraufhin Gratifikationen und soziale Anerkennung zu verteilen, dann sind selbstverständlich Analogien zu Konkurrenzsituationen in der externen Wirklichkeit unübersehbar.

Wie bei jedem Spiel, das Gewinner und Verlierer kennt und diese nicht, wie im Glücksspiel – nach dem Zufall ermittelt, werden auch in der Spielshow die Prinzipien der Berufs- und Arbeitswelt paraphrasiert. Indem das Fernsehen von überschaubaren Regeln ausgeht, die eine leichte Objektivierung von Leistungen zulassen, und die Einhaltung dieser Regeln darüber hinaus noch von einem Millionenpublikum kontrollieren lässt, besteht die Gefahr falscher Analogien mit ideologischer Wirkung. Dass es in der Lebenswirklichkeit in ähnlicher Weise auf objektivierbare Verdienste ankäme, dass Transparenz und Chancengleichheit vorherrsche und auch bei der Beurteilung von Leistungen Gerechtigkeit walte, dass also jeder nach seiner Leistung bezahlt würde, ist eine nahe liegende, aber so nicht richtige Folgerung.

Gerade aufgrund derartiger Analogieschlüsse kann das Spiel eine Ersatzfunktion haben, und zwar weil es sich um Leistungen handelt, die in der Berufs- und Arbeitswelt nicht abgefragt werden. Jeder hat eine Chance, auch mit ungewöhnlichen Begabungen zum Zuge zu kommen, sofern er die richtige Spielshow findet. Wenn das Fernsehen den Eindruck vermitteln soll, Gerechtigkeit walten zu lassen, das heißt auch den sonst verkannten Genies die gebührende Anerkennung nicht zu versagen, dann müssen die Veranstalter von TV-Shows darauf achten, dass externe Rangordnungen durch die Eigenwirklichkeit des Fernsehens nicht reproduziert werden. Entsprechend können in der Spielshow diejenigen mit einer Belohnung rechnen, die sonst leer ausgehen, *underdogs* also, denen die Sympathien des Publikums sicher sind. Jeder kann zeigen, was er eigentlich kann, und zwar auf Gebieten, in denen er es persönlich zur Meisterschaft gebracht hat, auch wenn seine Leistungen nur im Rahmen der Show gefragt sind. Das Fernsehen erweist sich im Spiel als Instanz der ausgleichenden Gerechtigkeit, und zwar ohne Anklage gegen die Ungerechtigkeit der Welt zu erheben. Es entspricht gerade dem Charakter des Spiels, dass Leistungen nicht übertragbar sind. Beim Quiz ist es das jenseits des Bildungskanons liegende Spezialwissen, das dem Zuschauer Bewunderung abverlangt, das aber als ‚Hobby' die Verteilung des ‚Bildungskapitals' in einer externen gesellschaftlichen Realität nicht in Frage stellt und die Bedeutung der „feinen Unterschiede" (Bourdieu) um so deutlicher hervortreten lässt. Nichtsdestoweniger werden die Teilnehmer auf Leistung verpflichtet. Glück im Sinne des Zufallsprinzips wird in der TV-Show nur in Ausnahmefällen zugelassen. Auch dürfen die Spielregeln nur dann außer Kraft gesetzt werden, wenn das Publikum einverstanden ist; gelegentliche Großzügigkeiten in Form von ‚Hilfen' des Spielleiters sind im Allgemeinen konsensfähig.

Eine besondere Rolle kommt in diesem Zusammenhang den prominenten Teilnehmern der Spielshow zu. Als *Juroren* würdigen sie die Leistungen jener, die in ihrer eigenen Welt wenig Beachtung finden. Ebenso sind Berühmtheiten als *Kandidaten* gefragt, aber nicht bei der Ermittlung solcher Fähigkeiten, für die sie bekannt sind und gesellschaftliche Beachtung erhalten. Vielmehr geht es um Kompetenzbereiche, in denen sie – zumindest scheinbar – gegenüber dem Durchschnittsbürger keine durch Talent oder Training bedingten Vorteile haben. Wenn der Teilnehmer im Spiel eine „Befreiung von den Zwängen und den Relevanzen des Alltags" sowie eine „Erweiterung seiner Handlungsmöglichkeiten" erfährt, ihm aber auch „Handlungsbeschränkungen entsprechend der Spielregel" nicht erspart bleiben (Schirrmeister 2002, 123), so werden mit der Teilnahme von Prominenten gewissermaßen die Karten neu gemischt. Schlechtes Abschneiden macht deutlich, dass auch diejenigen, die einer illustren Minderheit angehören, mit Unzulänglichkeiten zurechtkommen müssen.

Prominente übernehmen somit unterschiedliche Funktionen (Woisin 1989, 120). Eine direkte Konkurrenz zwischen ihnen und dem Normalbürger wird üblicherweise vermieden. Eher bilden sie – gesellschaftliche Unterschiede überbrückend – mit Nichtprominenten ein Team. Dieser Kontakt zwischen den Namhaften und den Namenlosen kann in der Spielshow problemlos vollzogen werden, da es nicht ein kompliziertes Geflecht von manifesten und latenten Normen ist, die im Rahmen der Interaktion beachtet werden müssten und in anderen Situationen zu Hemmungen und Peinlichkeiten führen würden. Wulff stellt fest: „Man könnte die Reguliertheit des Spiels als Bedingung dafür ansehen, dass die Mitspieler sich so sicher fühlen (...) Man weiß im Spiel immer, wer man ist, was man will, was man tun darf (...)" (Wulff 1994, 190). Gerade in der Vis-à-vis-Beziehung mit Prominenten wird dem Spielteilnehmer durch feste Vorgaben und Ziele der Umgang erleichtert, selbst wenn es ein Millionenpublikum ist, das an diesem Miteinander Anteil nimmt. Trotzdem muss die direkte Vergleichbarkeit der Leistungen vermieden werden, da – tatsächlich oder vermeintlich – die Berühmtheiten aufgrund ihrer Beziehungen und finanziellen Mittel über zahlreiche Vorteile verfügen und in den meisten Disziplinen den Durchschnittskandidaten schlagen könnten, sodass ein solcher Wettbewerb den Geboten der Fairness widerspräche.

Prominente werden also bevorzugt von ihrer menschlichen Seite gezeigt. Verlieren ist für sie wichtiger als gewinnen. Die Entdeckung von Defiziten schadet dem Prominenten nicht, sondern macht ihn nur noch sympathischer. Voraussetzung dafür aber ist, dass er souverän mit seinen Schwächen umzugehen weiß, sich demnach nicht über ungerechte Behandlung beklagt oder zu Vertuschungsmanövern Zuflucht nimmt. Ebenso wie der gewinnende Unterprivilegierte trägt der verlierende Prominente zur Attraktivität des Spiels bei, versöhnen doch beide durch ihr Abschneiden in der Spielshow mit Misserfolgen im ‚Spiel des Lebens'. Der in der sozialen Wirklichkeit Unterlegene kann zeigen, dass mehr in ihm steckt, als allgemein angenommen wird, der Überlegene lässt erkennen, dass auch ihm nicht alles gelingt.

Der Wettkampf, der in seiner Strenge das Leistungsprinzip unter kontrollierten, nicht zuletzt vom Publikum überwachten, auf die Eigenwirklichkeit des Spiels ausgerichteten Bedingungen zur Geltung bringt und damit für den identifizierenden Zuschauer Stress erzeugt, wird erträglich durch Unterbrechungen. Show- und Musikteile haben „entlastende Funktion für Akteure und Publikum" (Woisin 1989, 128). Gleiches gilt auch für Werbepausen, kommt es doch, wie bei den künstlerischen Darbietungen, darauf an, von der Wettkampfsituation und der damit verbundenen Anspannung abzulenken und Ermüdungseffekte zu vermeiden. Gerade die Notwendigkeit der Zerstreuung weist auf die Bedeutung des Spiels für die Emotionen nicht nur des Akteurs, sondern auch und in erster Linie des Publikums hin. Besonders bei längeren Spielshows ist ein permanenter Wechsel von Instrumentalität und Expressivität vonnöten, wozu ein lockerer Gesprächston des Showmasters, Witze und Anekdoten oder andere Formen extemporierender Informalität förderlich sind, aber nicht ausreichen. Regelgebundenes Spiel und Gesang, Wettkampf und künstlerische Darbietungen lösen daher einander ab. Besonders vielseitige Showmaster tragen durch eigene künstlerische Beiträge zum Gelingen der Show bei.

6.4   Talkshows

Die Einordnung von Talkshows in ein Kategorienschema von Programmgattungen ist nicht unproblematisch. Interviews und Gesprächsrunden mit Experten zum Beispiel sind unverzichtbarer Bestandteil von vielen Informationssendungen. Es geht um die Erkundung von Außenwirklichkeit, die Erhellung eines Tatbestandes durch gezieltes Fragen oder durch den von Journalisten moderierten Meinungsaustausch. So sehr die Teilnehmer dabei subjektiv gefärbte Konstrukte vortragen mögen, so wird doch jeder davon ausgehen, dass der Zweck eines solchen Gespräches nicht in der Kommunikation selbst liegt, sondern in der Fixierung eines Gegenstandes, auf den die Beteiligten Bezug nehmen. Aufgrund der Fremdreferenz werden die im Rahmen solcher Diskurse getroffenen Aussagen auch danach beurteilt, ob sie zutreffen oder nicht.

Gespräche, die im Rahmen von Shows stattfinden, haben andere Funktionen. Dass der Moderator die Teilnehmer begrüßt und in das kommunikative Geschehen eingreift, gehört zu der von ihm gespielten Rolle als ‚Gastgeber'. Nicht ein sachlicher Gegenstand, der diskursiv geklärt werden soll, das heißt der Austausch von Informationen und Argumenten, sondern die Persönlichkeit des anderen steht im Vordergrund. Es geht um interessante Lebensläufe, um Anekdoten, um Schlagfertigkeit und um Ausstrahlung. Das heißt, dass die erörterten Fragestellungen gegenüber der Selbstdarstellung des Gastes oder der sich zwischen den Gästen, dem Moderator und dem Präsenzpublikum sich entwickelnden Kommunikation von zweitrangiger Bedeutung sind. Eine Diskussion von Sachthemen findet höchstens kursorisch statt und dient nur als Mittel zum Zweck. Der Begriff der *Talkshow* soll für solche Programme reserviert werden, bei denen das Gespräch als Kommunikation und der Gesprächspartner als Persönlichkeit im Mittelpunkt der Sendung stehen. Diese Gespräche finden unter besonderen Bedingungen statt. Wulff stellt pointiert fest:

> „Fernseh-Talk ist nicht Gespräch, sondern Gesprächsaufführung, nicht unmittelbar, sondern vermittelt. Es rechnet darum nicht zu den Formen der Alltagskommunikation, sondern ist eine Form des Theaterspiels." (1998, 14)

Dieser Behauptung ist insofern zuzustimmen, als der TV-Talk nur spontan zu sein scheint, es aber gleichwohl eine Regie gibt, die auf bestimmte Effekte abzielt und Interaktionsprozesse daraufhin rationalisiert. Auch die Inszenierung, zum Beispiel auch die räumliche Anordnung von Gästen, Host und Publikum im Studio, macht „den Aufführungscharakter deutlich" (Mikos 2002, 93). Es trifft aber auch zu, dass die Teilnehmer solcher Gesprächssendungen nicht nach schauspielerischen Qualitäten ausgesucht werden und die Übernahme von Rollen eher unfreiwillig und unbewusst erfolgt. Talkshows sind Alltagsgesprächen so ähnlich, dass die Teilnehmer, wenn sie nicht wissen oder ahnen, was von ihnen verlangt wird, dazu tendieren, aus ihrer zugedachten Rolle auszubrechen und sich an Alltagsschemata zu orientieren.

Andererseits müssen Programmanbieter und Produktionsfirmen auf Echtheit bedacht sein. Einige halbprofessionelle Talkshowgäste, die über erstaunliche Verwandlungskünste verfügen und ihre Biographien je nach Bedarf zurechtlegen, versucht man zu identifizieren, um sie von weiteren Einladungen auszuschließen. Außerdem zielt die Gesprächsführung der Moderatoren darauf ab, ‚echte' Emotionen der Gäste freizulegen. Die Annahme also, dass diese während der Produktion sich über die Differenz zwischen einem Gespräch und einer Show permanent im Klaren wären, ja nur das ‚spielen', als was sie erscheinen, ist fragwürdig. Die Eingeladenen lernen keine Rolle, sondern werden in Szene gesetzt. Insofern ist die Talkshow kein Theater, sondern Show.

Es handelt sich somit bei Talkshows um eine Programmgattung, die von lebensweltlichen Gesprächen ausgeht und sie unter den besonderen Bedingungen der Fernsehshow variiert. Dem Szenario der Show entsprechend werden Gäste angekündigt, feierlich begrüßt und einem Publikum vorgestellt. Nicht nur die prominenten, auch die nichtprominenten Teilnehmer sind Stars, für die der Gastgeber, Talkmaster oder Moderator Applaus beim Publikum einfordert. Es gibt — wie auch bei anderen Shows – eine Bühne, auf der sich ein Geschehen entfalten kann und die so gestaltet ist, dass sie besondere Auftritte ermöglicht. Die authentischen Gefühle, Schicksale und Meinungsäußerungen der Gäste werden in die TV-Produktion eingebaut und nach instrumentellen Gesichtspunkten überformt. Die Talkshow repräsentiert eine durch das Fernsehen produzierte Eigenwirklichkeit, indem der Gesprächsverlauf, die Inhalte des Gesprächs, Stimmungen und freigesetzte Emotionen einem festgelegten Kalkül folgen und insofern ‚künstlich' sind. Selbst wenn die beteiligten Personen glauben, sich selbst zum Ausdruck zu bringen, so werden doch Pointierungen vorgenommen und Akzente gesetzt. Es ist aber auch nicht nur das Kommunikationsvergnügen, dass die ‚Gäste' veranlasst, an einer Talkshow teilzunehmen. Vielmehr sind es bestimmte Erwartungen, die sie an das Medium richten. In die Gespräche werden also die nicht ausgesprochenen Wünsche der Eingeladenen eingebracht, etwa wenn diese über das Fernsehen bei ihren Bekannten, bei Kollegen und Vorgesetzten, bei Verwandten und bereits vorhandenen oder potenziellen Partnern bestimmte Wirkungen erreichen wollen. (Vgl. Fromm 1999) Auch die Gäste verfolgen mit ihrer Publizität einen Zweck und geben nicht einfach ihre Gefühle wieder. Schon die Bereitschaft, sich für eine Talkshow zu melden und als Gast zur Verfügung zu stellen, ist mit einem persönlichen Motiv verbunden.

Prominente Gäste müssen dem Publikum nicht vorgestellt werden, da sie ja bereits bekannt sind. Stattdessen erfolgt eine persönliche Begrüßung durch den Moderator, die häufig schon auf eine vertrautere Beziehung schließen lässt (vgl. Plake 1999, 96). Der Moderator muss nach Möglichkeit verdeutlichen, dass sein Interesse nicht nur professioneller Natur ist, sondern dass es auch eine persönliche Motivation gibt. „Wichtig für den Erfolg einer Sendung ist eine gute Gesprächsbasis zwischen Moderator und Gast, die sich entweder aus gegenseitiger Sympathie oder einem verbindenden Element aus Beruf, Freizeit und Familie ergibt." (Bußkamp 2002, 81). Derartige Gemeinsamkeiten machen auch persönliche Begegnungen plausibel, die wiederum zu einem idealen Anknüpfungspunkt für den Prominententalk werden können.

Der Prominente soll von seiner menschlichen Seite gezeigt werden, wobei es besonders opportun erscheint, unbekannte biographische Details zum Vorschein zu bringen. Dabei sind auch Banalitäten von Interesse, die bei Nichtprominenten keine Erwähnung finden würden. Der Prominente muss also nicht mit Sensationen aufwarten, um das Publikum zu beeindrucken. Besonders die ‚Stars', das heißt die aus der Unterhaltungsbranche bekannten Persönlichkeiten, wechseln ja nur die Bühne und übertragen den Glanz anderer Showveranstaltungen auf die Talkshow. Die Prominenten aus Kunst und Medien gelten beim Publikum – auch ohne besonderen Anlass – als „unterhaltsam" und „interessant" (Peters 1996, bes. 150ff.). Die Präsentation der Stars ist selbstreferenziell; jeder Auftritt wird begründet durch die vorhergehenden und erhöht die Bedeutung der folgenden. Darüber hinaus treten Synergieeffekte auf, nämlich wenn nicht zusätzliche Leistungen erbracht werden müssen, um das Publikum zu überzeugen, sondern wenn sich die Wirkung durch die bloße Anwesenheit des Stars und durch seinen bei anderen Auftritten erworbenen Ruhm einstellt.

Im *daily talk* handelt es sich vorwiegend um nichtprominente Gäste, die zwar auch angekündigt und mit dramatischem Gestus vorgestellt werden, mit denen der Host aber offenbar nicht vertraut ist, sodass es für das Gespräch keine gemeinsamen Anknüpfungspunkte gibt. Ihre Einladung steht unter einem viel stärkeren Rechtfertigungsdruck. Bei den Geschichten, die sie vorzutragen haben, muss es sich schon um außergewöhnliche Vorkommnisse handeln, um Schicksalsschläge, körperliche Missgestaltungen oder um andere Defizite mit entsprechend dramatischen Konsequenzen.

Wie in der vormodernen Gesellschaft sind es die Ungewöhnlichen, die Monströsen, die Abnormen und Rechtsbrecher, die Freaks, die zusammen mit Artisten der unterschiedlichsten Art die Aufmerksamkeit des Publikums erregen. Insbesondere bei den daily talks geht es darum, die Zuschauer der durch Ausrichtung des Programms auf Nachrichtenwerte wie „Ausgefallenheit, Sensationalismus, Negativismus" zu interessieren (Märki-Koepp 1993, VI; zit. nach Herrmann 2002, 45). Auch wenn in der Talkshow zur Toleranz aufgefordert wird und Menschen mit Behinderungen von ihren Erfahrungen, etwa von Diskriminierungen berichten, so bleiben sie trotzdem auf diese Befindlichkeit reduziert. Fokussiert wird das Stigma, nicht die Persönlichkeit des Betroffenen, soweit sie nicht mit einer besonderen Eigenschaft und damit dem Grund für die Einladung in direktem Zusammenhang steht. Darüber hinaus mündet das Gespräch über Stigma und Diskriminierung in einen moralischen Diskurs, und zwar durch Thematisierung der Veränderbarkeit. Von großer Bedeutung für die Talkshow ist, der Tradition der amerikanischen Erweckungsprediger folgend, der Vorher-Nachher-Vergleich. Das Fernsehen zeigt, dass einigen geholfen werden konnte: durch einen chirurgischen Eingriff zum Beispiel, durch eine Therapie oder ein besonderes Erlebnis. Der TV-Talk stellt, wenn es um die Möglichkeiten der Änderung geht, die ‚gesunde' Normalität in den Mittelpunkt. Der Appell an die Toleranz ist demgegenüber nur vordergründig. Besonders in Hinblick auf sexuelles Verhalten ist der Talkshow-Diskurs darauf angelegt, „to regulate, impose normative categories on, judge, and manage sex" (Nelson/Robinson 1994, 54). Dem *outing* des Betroffenen folgt oft genug der Auftritt des Provokateurs, der Normalität einfordert. Auch wenn die Regie dafür sorgt, dass der Herausforderer am Ende isoliert bleibt, so kann dieser möglicherweise auch Punktgewinne verzeichnen, indem er dumpfe Ressentiments beim Publikum bedient (Plake 1999, 77ff.). Es geht also nicht um die Abgrenzung und Tabuisierung des Privaten. Viele Themen der Talkshow verdienen es, auch in der Öffentlichkeit diskutiert zu werden. Das Problem ist vielmehr, wie Herrmann (2001) feststellt, der „hohe Inszenierungsgrad". „Die ModeratorInnen" – so Herrmann – „trauen ihren Gästen nicht, sondern benutzen sie als eine Art Laiendarsteller, denen eine bestimmte Rolle auf den Leib geschneidert wird. Sie verkürzen und verflachen, zeigen Personen nicht in ihrer Individualität, sondern verformen sie zu Stereotypen." (2001, 56) Die Möglichkeit, auf Missstände hinzuweisen, die im Rahmen dieser und ähnlicher Formate durchaus gegeben wäre, wird also kaum genutzt oder durch den Unterhaltungsmodus konterkariert (Herrmann 2002, 46).

Talkshows als unterhaltsame Gespräche mit prominenten Gästen, mit einem Moderator in der Rolle des ‚Gastgebers' und einem im Studio versammelten Präsenzpublikum, gibt es seit 1973 im Fernsehprogramm der Bundesrepublik. In späteren Auflagen des Formats wurde die Zahl der Gäste, der Gesprächsrunden und der Moderatoren immer wieder variiert. Auch kamen zu den eingeladenen Prominenten – aber zunächst in der Minderzahl, gewissermaßen als Außenseiter – Nichtprominente hinzu. Hickethier vertritt die Ansicht, dass die Einführung dieser Sendegattung in den 70er Jahren kein Zufall war, sondern vielmehr „den Bedürfnissen einer polarisierten Gesellschaft" entsprach; in einer politisch hoch sensiblen Atmosphäre habe die Talkshow nicht nur die geladenen Gäste, sondern auch das Fernsehpublikum zur Kommunikation über kontroverse Themen veranlasst (Hickethier 1998a, 381).

Die hauptsächlich von nichtprominenten Gästen bestrittenen, mittags oder nachmittags ausgestrahlten daily talks gehören seit 1992 zum deutschen Fernsehprogramm. Das Spektrum dieses Formats ist eindeutig auf private, ja intime Themen zentriert. Wegen der Emotionalisierung, die konzeptuell angelegt ist und auch in der Informalität der Umgangsformen zum Ausdruck kommt, bezeichnen Bente und Fromm diesen Typus von Sendungen als „Affekt-Talks" (Bente/Fromm 1997, 22). Mehr noch als Quiz- und Gameshows zielen sie auf die parasoziale Interaktion des Zuschauers ab, was bereits darin zum Ausdruck kommt, dass der Titel der Reihe mit dem Namen des Moderators, bei den Moderatorinnen mit dem Vornamen, identisch ist.

Langfristig lässt sich eine ‚Veralltäglichung' des Talks in der Weise beobachten, dass Talkshow-Elemente in unterschiedlichste Formate implementiert werden. Gespräche, ja auch regelmäßige Gesprächsrunden, entwickeln sich nicht nur zu Bestandteilen anderer Unterhaltungssendungen; auch die Politikvermittlung findet immer mehr im Rahmen von Talk-Sendungen statt (Weischenberg 1997). Das Streitgespräch vor dem im Studio anwesenden Publikum bezieht auch die Fernsehzuschauer ein und präsentiert Politik – im Vergleich zur sterilen Atmosphäre des Interviews – in der lebhafteren, nachvollziehbaren Form des Alltagsgesprächs. Allerdings wird damit von Sachthemen abgelenkt, während die Persönlichkeit des Politikers, seine Eigenschaft als Prominenter, die Art, sich selbst darzustellen, ja auch private Vorlieben und Verhaltensgewohnheiten an Bedeutung gewinnen. Dem entspricht, dass zu der Politiker- und Journalistenrunde häufig auch Stars aus dem Unterhaltungssektor eingeladen werden und der Diskurs über politische Fragen mit Gesprächen zu beliebigen anderen Themen einschließlich private Begebenheiten und Anekdoten abwechselt. Außerdem ist die Talkshow, ebenfalls aus Gründen der Unterhaltsamkeit, auf eine oft vordergründige Polarisierung der Standpunkte angelegt, wobei der Moderator die Aufgabe hat, die Spannungen, die durch die Auswahl der Gäste, die Reihenfolge der Redebeiträge und andere Formen der Inszenierung schon angelegt sind, nach Bedarf zu steigern oder zu mildern.

Das Fernsehen wird durch das Gespräch flexibler, kann schneller auf Ereignisse reagieren und zwischen Themen und Gattungen wechseln. Mehr als andere Medien ist das Fernsehen heute von Gesprächen abhängig. Nicht nur Talkshows, auch andere Genres wie Comedy-Sendungen und soap-operas beziehen sich auf Konversation. (Abercrombie/Longhurst 1998, 109f.) Durch die Entwicklung zum Gesprächsfernsehen entgeht das Medium dem Zwang zur Visualisierung, die bei abstrakten Problemen ja ohnehin nur einen mittelbaren Kontext zum Gegenstand aufweisen kann. Im Gespräch ist es möglich, jedes Thema abzuhandeln, und zwar auch ohne entsprechendes ,Bildmaterial'. Diskurse vor Publikum stellen eine fernsehgerechte Form der Kommunikation dar, tragen sie doch dazu bei, dass sich das Bildmedium Fernsehen vom Zwang des Konkretismus emanzipiert. Mit der Veralltäglichung des Talks wird das Fernsehen dem Radio ähnlicher, wie ja auch die Nutzung des Mediums sich verändert und ,radioähnlicher' wird, das heißt Programme nicht mehr mit konzentrierter Aufmerksamkeit rezipiert werden, sondern kombiniert mit anderen Tätigkeiten. Mit dem Bildschirm als permanentem Hintergrund wird aus dem *Zuschauer* mehr und mehr ein *Zuhörer*. Die Ausbreitung des Talks im Fernsehen stellt also auch eine Anpassung an die veränderten Gewohnheiten des Publikums dar, das seinen vielfältigen Interessen besser nachgehen kann, wenn nur eine akustische Kontaktaufnahme erforderlich ist, um einer Sendung zu folgen.

6.5   Surprise- und Beziehungsshows

Bereits die Talkshow produziert nicht nur Eigenwirklichkeit, sondern stellt auch Fremdreferenz her. Mit dem Anspruch der Authentizität wird auf eine Außenwelt Bezug genommen, die in biographischen Bruchstücken in die Show einbezogen wird, um dort nach Mediengesichtspunkten zusammengesetzt und ergänzt zu werden. Die Lebenswirklichkeit der Gäste liefert also die Requisiten für das Geschehen auf der Bühne, für den Talk, der diese Lebenswirklichkeit verbal darstellt und auf gezielte Fragen hin ausschnitthaft rekonstruiert. Dabei sind bereits die Fragen auf die Bedürfnisse der Show ausgerichtet; die Selbstdarstellung der Gäste vor Publikum und vor der Kamera ist somit ein Geschehen, das eigenen, genrespezifischen Regeln folgt. Die Unterhaltung steht im Vordergrund; spannende Geschichten sind besser als wahre Geschichten.

Bei den *Surprise-* und Beziehungsshows wird das Leben der Eingeladenen nicht nur als Erzählung in die Sendung eingebracht, sondern findet auch in der Show statt, ja wird in seinem künftigen Verlauf durch die vom Fernsehen gesetzten Impulse verändert. Surprise-Shows gehen dabei von Schlüsselereignissen aus: Die Biographie der Gäste oder der Kandidaten, die überrascht werden sollen, wird narrativ mit Höhe- und Tiefpunkten so rekonstruiert, dass ein bestimmter Handlungsstrang im entscheidenden Moment vor den Augen des Publikums erscheint und fortgesetzt werden kann, zum Beispiel wenn abgebrochene Beziehungen durch das Auftreten des fehlenden Partners wiederbelebt werden. Das bedeutet, dass der Gast und sein Gegenüber im Rahmen eines Interaktionsgefüges handeln, das nur mit Bezug auf eine Vorgeschichte Sinn macht. Nur so kann aus dem rekonstruierenden Gespräch ein Live-Geschehen werden.[42] Gleiches gilt für andere Formen der Überraschung, wenn zum Beispiel die Erfüllung eines Wunschtraums, für den es eine bestimmte persönliche Bewandtnis gibt, in der Sendung selbst erfolgt oder dessen Vollzug mit allen Details vor den Zuschauern als Zeugen in Aussicht gestellt wird. Auch in diesem Fall ist ein im Gespräch rekonstruiertes Geschehen der Ausgangspunkt, von dem aus die Aktionen in der Show erfolgen.

Während bei der Surprise-Show das Leben der Teilnehmer nur im Zusammenhang mit den in der Show vollzogenen spektakulären Ereignissen, also als biographischer Anknüpfungspunkt von Bedeutung ist, geht es bei der Beziehungsshow darum, die Lebensläufe von Eingeladenen zusammenzuführen. Es handelt sich also weniger um die Vergangenheit als um die Zukunft, nicht um das Schließen einer biographischen Lücke, sondern um das, was – nach Intervention durch die Show – noch kommt. Die Beziehungsshow geht von bereits bestehenden, vielleicht auch unterbrochenen Verbindungen aus, die in ein neues Stadium, das Verlöbnis, die Ehe, überführt werden, oder lässt Verbindungen durch die Sendung entstehen.

Surprise- und Beziehungsshows haben das Leben der Teilnehmer und Teilnehmerinnen zum Gegenstand. Allerdings ist die Surprise-Show selektiv in der Weise, dass an einzelne Lebensumstände, Episoden, Wünsche usw. angeknüpft wird, während es in der Beziehungsshow um die private Existenz als solche geht. Beide, Surprise- und Beziehungsshow, haben gemeinsam, dass sie – vorgeblich

---

42 Selbstverständlich handelt es sich hierbei nicht um echte Live-Sendungen, sondern um Aufzeichnungen. Jedoch wird der „Live-Charakter (...) durch die Anwesenheit eines Studiopublikums sowie das dramatische Moment der Überraschung betont" (Bente/Fromm 1997, 23).

oder tatsächlich – das Leben verändern. Aus diesem Grunde bezeichnet Keppler (1995) solche TV-Formate, die zwischen der Eigenwirklichkeit der Show und der Außenwirklichkeit der privaten Lebensverhältnisse nicht unterscheiden, als „performativ". Für sie gilt, dass „existierende Handlungen als Bestandteile einer Show nicht allein gespielt, vorbereitet oder (auf dem Wege von Gewinnen) ermöglicht, sondern tatsächlich ausgeführt werden", wobei sich die Beteiligten „Lösungen erhoffen, die auch und gerade in der Realzeit des Alltags bestehen sollen" (Keppler 1995, 302). Bente und Fromm stellen für die Beziehungsshows fest: „Qua Konzept greifen sie im Moment der Aufzeichnung in authentische Schicksale ein und inszenieren diese zum Zweck der medialen Verbreitung." (1997, 23).

Ebenso wie in Quiz- und Gameshows stellt sich das Fernsehen in den performativen Shows als eine übermächtige Institution dar, die über Möglichkeiten verfügt, das Leben der ‚Kandidaten' neu zu organisieren. Schon für die Ratespiele gilt, dass auch der Durchschnittsverdiener, und zwar durch die Einwirkung dieses Mediums, innerhalb von Stunden zum Millionär werden kann. Gewinne gibt es im Überfluss; wer durch Geschick, Glück und Wissen zum Sieger wird, der kann mit reichlicher Belohnung durch die veranstaltende TV-Organisation rechnen. In der Surprise- und Beziehungsshow zeigt sich, dass das Fernsehen über noch mehr Möglichkeiten verfügt, als beeindruckende – und natürlich auch lebensverändernde – Gewinne zu verteilen. Vielmehr greift das Medium direkt und nicht nur über materielle Gratifikation in das alltägliche Leben ein. Es ist in der Lage, verschollene Kinder, Eltern, Freunde und Lehrer zu finden und Begegnungen zu arrangieren. Selbst unerfüllbar erscheinende Wünsche wie ein Gespräch mit dem Papst werden wahr (vgl. Reichertz 2000, 112ff.). Wer in einer Beziehung Fehler gemacht hat, bekommt eine neue Chance, kann vor den Augen der Zuschauer um Verzeihung bitten, nachdem ein ganzes Team damit beschäftigt war, eine Aussprache mit verstimmten Expartnern und –partnerinnen herbeizuführen. Mit der Macht des Fernsehens kann nur noch der Staat konkurrieren, nur dass dieser weniger großzügig und an persönlichen Schicksalen weniger interessiert ist.

Typisch für die Surprise- und Beziehungsshows sind Einblendungen, die auf das ‚wirkliche' Leben bezogen sind. Sie zeigen das, was vor dem Auftritt in der Show gewesen ist, die häuslichen Lebensumstände etwa, wobei sich zuweilen der Kandidat als ‚Fremdenführer' betätigt. Oder es wird überraschend an fremde Türen geklingelt, wobei der Alltag unmittelbar in das Showgeschehen einbezogen wird. Einblendungen können außerdem dokumentieren, was das Fernsehen zwischenzeitlich bewirkt hat, wie es zum Beispiel Wünsche in Erfüllung gehen ließ, sodass der Gast vor Publikum noch einmal diese Augenblicke durchlebt und über seine Gefühle Auskunft geben kann. Schließlich haben Einblendungen die

Funktion, das Leben nach der Show deutlich zu machen. Es wird gezeigt, wie es vermutlich weitergeht, nachdem die Akteure des Fernsehens für die richtigen Weichenstellungen gesorgt haben; das, was sich tatsächlich ereignet, entzieht sich selbstverständlich der Zeugenschaft des Publikums. In der Surprise- und Beziehungsshow wird zwischen verschiedenen Realitätsebenen vermittelt, zwischen der vom Fernsehen produzierten Eigenwirklichkeit und deren Vorbedingungen und Folgen im Alltag, und zwar sofern sie in das Bühnengeschehen einbezogen werden können und im Sinnkontext der TV-Produktion relevant sind.

Gegenstand der Surprise- und Beziehungsshows ist also das Leben von Menschen, das in einem Geschehen vor Publikum – teils rekonstruierend, teils performativ – dargestellt wird. Auch wenn es sich dabei um ein nach den Notwendigkeiten und Regeln von Fernsehshows erstelltes Konstrukt handelt, so sind doch die Folgen dieses Konstrukts real. Die Teilnehmer müssen sich nach der Sendung mit dem auseinander setzen, was das Mediensystem an positiven oder negativen Veränderungen in ihrem Leben bewirkt hat. So sehr das Publikum im Augenblick der Show partizipiert, so beinahe vollkommen ist das Desinteresse mit Abschluss der Produktion oder der Sendung. Die Folgen des TV-Auftritts sind demgegenüber für die Beteiligten auch dann noch zu spüren, wenn sich die Aufmerksamkeit der Zuschauer längst anderen Objekten und Personen zugewendet hat, wenn das Alltagsleben wieder anfängt, aber nicht dort fortgesetzt werden kann, wo es aufhörte, bevor das Fernsehen intervenierte.

Im Gegensatz zu Talkshows wird der Zuschauer der Surprise- und Beziehungsshow nicht aufgefordert, an fremden Erfahrungswelten teilzunehmen, sondern an einer vertrauten Alltagswelt.

> „Die neuen Shows verweilen entschieden innerhalb der Sphäre der Normalität. Sie versuchen gerade das Normale zum Spektakel zu erheben ... Die Show besteht darin, die Normalität – einer geregelten Paarbeziehung, einer kommunikationswilligen Familie, eines kooperativen Arbeitsverhältnisses – herbeizuführen oder zu heilen." (Keppler 1995, 303).

In diese Welt bricht das Fernsehen als Glücksbringer ein. Die Show ist die Verwandlung der Banalität in das Besondere. Die Präsentation des Alltagslebens wird dadurch interessant, dass eine dramatische Veränderung zu erwarten ist, dass sich also das Leben der Kandidaten und Kandidatinnen wahrscheinlich zum Besseren wendet. Auch für die Betroffenen, die plötzlich im Rampenlicht agieren, bedarf der Auftritt im Fernsehen der Rechtfertigung. Während bei der Talkshow Nutzen oder Schaden der Gäste sich in Grenzen zu halten scheinen, weil es sich doch ‚nur' um Gespräche handelt, so muss bei der Surprise- und Beziehungsshow das Eingreifen der TV-Produzenten eine eindeutig positive Auswirkung für die Beteiligten haben. Dem dramatischen Eingriff sollte somit höchstes Glück entsprechen. Auch in diesem Zusammenhang sind die längerfristigen

Wirkungen ebenso wenig Sache des Veranstalters wie die wahren Motive seiner Gäste. Das intervenierende Ereignis muss für sich selbst sprechen. Demgemäß ist die gesamte Inszenierung darauf abgestellt, das Glücksmoment nicht in Frage zu stellen, also unpassende Motive, Ereignisse der Vorgeschichte, Beziehungshintergründe usw. nicht zum Vorschein kommen zu lassen. Damit wird, obwohl ja die Realität im Sinne einer Lebenswirklichkeit Gegenstand des Showgeschehens ist, ein Höchstmaß an Künstlichkeit erreicht.

Die Show ist in einem Maße förmlich, das selbst private Meinungsäußerungen und pointierte Bemerkungen nicht zugelassen werden können; vielmehr handelt es sich um ‚einstudierte Schlagfertigkeit', die den Vorgaben der Inszenierung folgt. Nichtsdestoweniger kann es passieren, dass es zu einer unwillkürlichen Selbstdarstellung kommt, die die Rolle des Kandidaten als Mitwirkenden einer TV-Show überlagert. Derartige Ausrutscher können mehr oder weniger durch die Inszenierung aufgefangen werden. In begrenztem Maße verstärken sie sogar den Eindruck der Echtheit, während längere Improvisationen den beabsichtigten Showeffekt, ja den gesamten minutiös geplanten Ablauf in Frage stellen. Probleme bestehen besonders dann, wenn die Spontaneität Teil der darzustellenden Figur ist. Das gilt insbesondere für die inszenierte Konversation, und zwar wenn sich Kandidaten als lockere, humorvolle und originelle Gesprächspartner präsentieren sollen. „Der Modus der Darstellung (...) tritt hervor, wenn die Kandidaten wie Laiendarsteller ihrer selbst agieren und ihre Antworten wie extemporierend sprechen." (Müller 1999, 88). Häufig fehlt den Teilnehmern für ihre Aufgabe das schauspielerische Instrumentarium. Im gekünstelten Dialog tritt die Diskrepanz zwischen Anspruch und Wirklichkeit hervor, wenn nämlich die Gäste sich der einstudierten Versatzstücke bedienen, ohne diese mit Leben füllen zu können (Müller 1999, 90f.; dazu auch Fahr/Zubayr 1999, 28ff.).

Was Keuneke und Stephens in Bezug auf Singleshows feststellen, trifft generell für alle Surprise- und Beziehungsshows zu, nämlich dass ihre Beliebtheit „mit dem sprunghaften Zuwachs an Alleinlebenden in der Bundesrepublik" (Keuneke/Stephens 1994, 38) zusammenhängt. Denn indirekt wird in den Sendungen auch das Alleinsein thematisiert. Auf das Leben der Eingeladenen konzentrieren sich die Sehnsüchte von Zuschauern, denen selbst Beziehungen im gesellschaftlichen Nahraum zum Problem geworden sind. Die Surprise- und Beziehungsshow führt Paare und Familien zusammen, lässt sie gemeinsam etwas unternehmen, stellt schon bestehende Verbindungen auf die Probe und belohnt diejenigen, deren Partnerschaft allen Herausforderungen standhält. Gleichzeitig wird deutlich gemacht, dass es attraktive Frauen und Männer gibt, die noch frei sind. Die Show bietet sich daher als Projektionsfläche für diejenigen an, die ungewollt Single sind und vielleicht sogar mit größeren Enttäuschungen zurecht kommen müssen. Im Rahmen einer Faktorenanalyse von Befragungsdaten konnten Bente und Fromm (1997, 167) zeigen, dass der Faktor „sozialer Vergleich/Problembewältigung"[43] für die Sehhäufigkeit von Beziehungsshows an erster Stelle der Varianzaufklärung steht und somit einen wichtigen Erklärungsbeitrag leistet.

Als „Nebenprodukt" dieses Formats heben Keuneke und Stephens die Erweiterung weiblicher Handlungsspielräume hervor. Die klischeehaften Vorstellungen vom Glück zu zweit, verbunden mit traditionalen Zuschreibungen von Geschlechterrollen, kontrastieren – so die Autoren – mit neuen Freiheiten: den Kandidatinnen und Kandidaten werde zugestanden, „dass einer potenziellen sexuellen Begegnung nicht einmal zwingend eine verbindliche Beziehung und Liebe vorausgehen (und nachfolgen) muss" (Keuneke/Stephens 1994, 51). Auch wenn entsprechende Modellwirkungen nicht beabsichtigt seien, so müssten doch die vorgeführten Beziehungsmuster im Kontext eines allgemeinen gesellschaftlichen Wertewandels gesehen werden. Ebenfalls sieht Müller (1999, 154ff.) die Beziehungsshow im Kontext allgemeiner Individualisierungsprozesse, also der Auflösung gesellschaftlicher Großgruppen und Lager und der Erosion der damit verbundenen Rollenzuschreibungen und Normen. Im Zuge dieses Prozesses würden das Geschlechterverhältnis und die Sexualität zum Gegenstand einer reflexiven Selbstvergewisserung. Diese fortlaufenden Veränderungen bildeten den „Resonanzboden" für die Thematisierung von Lebensformen in den Beziehungsshows des Fernsehens.

Auch im internationalen Maßstab gilt performatives Fernsehen als Ergebnis von Modernisierungsprozessen. In Japan zum Beispiel werden Real-Life-Formate als Kontrast zur traditionellen, zuweilen auch als altmodisch empfundenen japanischen „Scham-Kultur" empfunden. Entsprechend sind es besonders jüngere Publikumssegmente, an die sich die Präsentation von Privatheit richtet. (Koenen/Michalski 2002, 125ff.) Auch in den USA ist *reality programming* vor allem der Suche nach Programmen für die als *key demographic* (177) geltende Gruppe der Teenager und jungen Erwachsenen zuzuschreiben, die sich besonders für Formate des performativen Fernsehens interessieren. Die Verschärfung des Wettbewerbs zwischen wenigen Produktionsgesellschaften und TV-Anbietern steigerte die Suche nach Neuerungen und förderte die Entwicklung von Programmen, die den veränderten Sehgewohnheiten, vor allem dem kurzfristigen Verweilen bei einer Sendung, standhalten sollten (Meyrowitz 2002, 175ff.).

Surprise- und Beziehungsshows bieten Lebenshilfe und Versöhnung mit dem Schicksal an. Was den Teilnehmern und Teilnehmerinnen widerfährt, verhäng-

---

43 Die Items mit der höchsten Faktorladung für den mit „Sozialer Vergleich/Problembewältigung" benannten Faktor waren: 1. ... weil ich dadurch erfahre, dass andere ähnliche Probleme haben. 2.)...weil es mir hilft, eigene Probleme zu bewältigen.3. ... weil es mich an Dinge erinnert, die in meinem Leben passieren.

nisvolle Ereignisse, falsche Bindungen und – schließlich – das große Glück, kann sich auch im Leben der Zuschauer ereignen. Die Biographien der Beteiligten werden so rekonstruiert, dass ,alles so kam, wie es kommen musste'. Dabei ist es – so die positive Botschaft – für die Hoffnung nie zu spät. Ein gutes Ende ist möglich, zumal wenn fremde Mächte ins Leben treten und den Lauf des Geschehens beeinflussen. Reichertz (2000) vertritt mit Bezugnahme auf die Surprise- und Beziehungsshows die These, dass dem Fernsehen für bestimmte Publikumssegmente die Funktion eines Religionsäquivalents zukomme.

6.6   Big-Brother-Shows

Während bei der Surprise- und Beziehungsshow das alltägliche Leben der ,Gäste' ausschnitthaft in das Showgeschehen einbezogen wird, um dort in einer spektakulären Weise beeinflusst zu werden, kommt es in der *Big-Brother*-Show zur fast vollständigen Aufhebung der Trennung zwischen privater und medialer Existenz. Der Titel der ersten ,Container'-Show, die im deutschen Fernsehen lief, Big Brother, der hier als Bezeichnung des Formats verwendet werden soll, wurde bekanntlich von dem 1949 erschienenen Roman *Nineteen-eighty-four* übernommen, in dem der englische Schriftsteller George Orwell die negative Utopie eines totalen Überwachungsstaates entwirft. Der Titel der Show spielte also auf ein Szenario der sozialen Kontrolle durch die Medien an. Das Leben der zuvor einander unbekannten Teilnehmer sollte im Fernsehen (und im Internet) gezeigt werden, ohne dass diese die Möglichkeit hätten, sich dem Blick der Kameras zu entziehen. Bei der vielfach kopierten und variierten Big-Brother-Show waren es zunächst fünf Frauen und fünf Männer, die in einem Wohncontainer unter Beobachtung von Kameras für längere Zeit gemeinsam lebten. Eine Zusammenfassung der Mitschnitte war Gegenstand der am folgenden Tag ausgestrahlten TV-Show. Alle zwei Wochen musste ein Kandidat den Container verlassen. Die Teilnehmer machten jeweils Vorschläge, wer von ihnen ausscheiden sollte, über die das Fernsehpublikum mehrheitlich per Telefon abstimmte. Der nach hundert Tagen übrig bleibende Kandidat erhielt einen Geldgewinn von zweihundertfünfzigtausend DM (zu weiteren Einzelheiten siehe Mikos et al. 2000, 14ff.).

Die Teilnehmer der Big-Brother-Shows haben also – für die Dauer des Spiels – nicht verschiedene, also private, berufliche und andere öffentliche Rollen, die sie wahrnehmen können. Es gibt auch nicht die Trennung zwischen einer persönlichen Existenzweise und der eines TV-Stars. Daher findet auch nicht eine den Surprise- und Beziehungsshows vergleichbare Verknüpfung verschiedener Schauplätze statt. Vielmehr zeichnet sich das soziale *Setting* der Show durch jene

Einfachheit aus, die nach E. Goffman für „totale Institutionen" kennzeichnend ist (Goffman 1972). Dazu gehört, dass „alle Angelegenheiten des Lebens an ein und derselben Stelle, unter ein und derselben Autorität" stattfinden und dass „die Mitglieder der Institution alle Phasen ihrer täglichen Arbeit in unmittelbarer Gesellschaft (...) von Schicksalsgenossen" (Goffman 1972, 17) ausführen. Der Tagesablauf der „Insassen" unterliegt – nach Goffman – einem Plan, für den der Stab der Organisation zuständig ist. Totale Institutionen sind darüber hinaus durch eine Beschränkung des Verkehrs mit der Außenwelt gekennzeichnet. Goffman zufolge verliert das Individuum in der totalen Institution seine Rückzugs- und Ausweichmöglichkeiten, ja – indem frühere Identitäten nicht in das Anstaltsleben übernommen werden – sein „bürgerliches Selbst". Den Verlust der sozialen Rollen bringt unter anderem das Entkleiden zum Ausdruck, das häufig bereits mit der Aufnahmeprozedur verbunden ist. Auch kollektive Schlafgelegenheiten stellen – so Goffman – einen Akt der „Entblößung" dar (1972, 34). Der Insasse hat nach Goffmans Beobachtungen keine Privatsphäre: „Stets ist er in Sicht- und Hörweite anderer Personen, und seien dies nur die übrigen Insassen." (1972, 34). Das bedeute, dass „fremde Zuhörer" auch das erfahren, was die Beteiligten normalerweise gerne verheimlichen würden.

In gleicher Weise haben die Teilnehmer der Big-Brother-Show während der Dauer ihrer Mitwirkung keine Rollen jenseits und außerhalb des Spiels.[44] Außerdem können sie nicht zwischen einer privaten und öffentlichen Sphäre wechseln. Die Big-Brother-Show holt – im Gegensatz zur Surprise- und Beziehungsshow – nicht Teile des Alltags in die Sendung, sondern macht für begrenzte Zeit die gesamte soziale Existenz der Kandidaten aus. Da die Beteiligten sich nicht in andere Bereiche zurückziehen können, sind die Inszenierungen auch ‚das wahre Leben'. Allerdings ist die Teilnahme freiwillig, während zu der totalen Institution Goffmans typischerweise der auf die ‚Insassen' ausgeübte Zwang gehört.[45] In der Show dominiert das Prinzip der Beeinflussung gegenüber dem der ‚Verpflichtung' (Hitzler/Pfadenhauer 2002, 167). Eine von Dolff und Keuneke (2001) durchgeführte Befragung ergab, dass sich bei den Teilnehmern und Teilnehmerinnen ein Gefängnisgefühl nicht eingestellt hat, da die Möglichkeit bestand, jederzeit den Container zu verlassen. Nichtsdestoweniger gehört zum Big-Brother-Experiment, dass „die Grenze zwischen Außen und Innen intakt bleibt" (Stäheli 2000, 62).

---

44 Allerdings wurde zum Beispiel bei Big Brother den Mitwirkenden ein Raum zur Verfügung gestellt, an dem sie sich für begrenzte Zeit den Kameras entziehen konnten.

45 Goffman bezeichnet auch Institutionen als ‚total', deren Mitglieder nicht durch Zwang rekrutiert werden. Es kann aber davon ausgegangen werden, dass für eine bestimmte Zeit, zum Beispiel bei Schiffen, ein Ausscheiden unmöglich ist.

Es bleibt also, da die Mitwirkenden der Big-Brother-Show für die Teilnahme an einem Spiel rekrutiert werden, bei einer Mischung von Spiel und Ernst, von Inszenierung und ‚realem' Leben. Mit dem Spiel verbindet sich der Anspruch, dass die gezeigten Vorgänge im Vollzug des Spiels erzeugt werden, also ‚echt' sind in dem Sinne, dass es sich nicht um einstudierte Rollen und Inszenierungen handelt. Dementsprechend findet das Geschehen nicht auf einer Bühne statt, sondern es wird eine mehr oder weniger normal erscheinende Wohnung vorgeführt, zu der das soziale Umfeld keinen Zutritt hat. In anderen Produktionen werden an Abenteuerurlaub erinnernde exotische Landschaften, zum Beispiel einsame Inseln, als Drehorte gewählt, die auf soziale Isolation schließen lassen, die somit deutlich machen sollen, dass die Gruppe auf sich gestellt ist und real die vorgegebene – gewissermaßen existentielle – Lebenssituation zu meistern hat. Tatsächlich führt die Spielsituation im Rahmen der Big-Brother-Show zu tatsächlichen Deprivationen und ruft – in einem nicht weiter zu klärenden Mischungsverhältnis – neben gespielten auch authentische Reaktionen hervor. So wurde in den von Dolff und Keunecke (2001) durchgeführten Interviews u. a. die Trennung von sozialen Beziehungsnetzen als Stressfaktor genannt.

Die Big-Brother-Show verbindet die Elemente verschiedener Sendungsformate. (Vgl. Bleicher 2000, 519f.; Bleicher 2002, 230ff.) Sie ist einerseits Information, indem sie – als Bericht und Resümee – über die jüngsten Vorkommnisse unter den Akteuren informiert; andererseits ist sie ein Spiel, bei dem Aufgaben bewältigt werden müssen, bei dem außerdem das Publikum als Jury gefragt ist und der Sieger mit einer Prämie belohnt wird. Darüber hinaus gibt es deutliche Parallelen zur Fiktion, insbesondere zum Fortsetzungsfilm des Fernsehens, da die Teilnehmer – nach eigenem Ermessen oder in Absprache mit der Produktionsleitung bzw. der Regie – bestimmte Rollen übernehmen und Handlungsstränge sich über mehrere ‚Folgen' erstrecken. Ähnlich wie in Langzeitserien ergeben sich Beziehungen zwischen realer und erzählter Zeit, zwischen dem Zeiterleben des Publikums und dem der Akteure; auch gleicht der Container als Handlungsort der durch das Studio in der Langzeitserie geschaffenen Szenerie, bei der jeder Raum eine bestimmte Funktion für den Fortgang der Handlung hat und eine bestimmte Stimmung vermittelt. (Bleicher 2000, 519, 524) In einzelnen Sendungen gehen die Darstellungsarten des Berichts, der Fiktion und des Spiels ineinander über, wobei den Mitwirkenden möglicherweise selbst nicht bewusst ist, in welchem Modus sie sich gerade befinden. Damit ergibt sich eine beabsichtigte Vieldeutigkeit, die auch von den Produzenten nicht weiter decodiert wird. Vielmehr hängt es von den Zuschauern ab, ob sie einen Moment der Sendung „als Show, als Spiel, als Spiel im Spiel, als Soap oder als soziale Realität definieren" (Mikos et al. 2000, 30).

Im Unterschied zur Surprise- und Beziehungsshow ist im Falle der Big-Brother-Show die Wahrscheinlichkeit zu unwillkürlichem Verhalten schon allein wegen der Dauer der Beobachtung größer. Da aber auch jede Art der Spontaneität zu Ergebnissen führt, die wiederum auf der Show als Handlungsrahmen aufbauen, kann zwischen ‚echt' und ‚unecht' nicht mehr unterschieden werden. Das Vorhandensein der Kameras wurde von den meisten Teilnehmer einfach vergessen (Dolff/Keuneke 2001, 186), was aber nicht bedeutet, dass es deshalb ‚authentisch' wäre. Vielmehr entsteht eine ganz neue Art von ‚künstlicher Alltagswirklichkeit', das heißt einer Alltagswirklichkeit unter den Bedingungen und als Ziel eines Arrangements.

Gerade darin liegt auch das Problem der Big-Brother-Show, nämlich dass die Differenz dieses Alltagsverhaltens zum Erleben der Zuschauer zu gering ist. Auf längere Sicht dürfte es schwierig sein, performativ Spannung zu erzeugen, also ohne die dramatische Zuspitzung, die bei der Fiktion den Eindruck erzeugt, dass jeder Moment, jede Szene von Wichtigkeit ist. Während beispielsweise im Spielfilm einzelne Handlungsstränge herausgegriffen werden, die – zeitlich verkürzt und in der Dramatik pointiert – einer Entwicklungslinie folgen und einem Höhepunkt zustreben, sodass jedes Vorkommnis und jede Person eine Bedeutung für den Fortgang der Handlung hat, besteht für die Big-Brother-Show die Gefahr, dass bei den Vorgängen, die sich im Wohncontainer über einen Tag ereignet haben, zu wenig Differenz zum Alltag des Publikums vorhanden ist. Wenn ein Geschehen zu redundant erzählt wird oder es zu sehr individuell-persönlichen bzw. interaktiven Zufälligkeiten unterworfen ist, verliert der Adressat die Orientierung. Zwar wird auch in der Big-Brother-Show versucht, Entwicklungslinien zu verfolgen; das reale Leben bietet aber möglicherweise zu wenig Variationen. Dramatische Zuspitzungen in der Show sind, verglichen mit einer stringent erzählten fiktiven Geschichte, zu selten, während lange und monotone Phasen der Vorbereitung und des Spannungsaufbaus in Kauf genommen werden müssen. Auch sind die Möglichkeiten, von außen einzugreifen und die Prozesse in der Gruppe nach dramaturgischen Gesichtspunkten einem Höhepunkt zutreiben zu lassen, aus ethischen Gründen begrenzt. Die Faszination, die aus dem Überschreiten von Gattungsgrenzen, besonders aus der Mischung von ‚Spiel' und ‚Leben', von Fremdreferenz und Eigenwirklichkeit resultiert, kontrastiert mit der Monotonie eines Geschehens, das in einer – dem Fernsehen unüblichen – epischen Breite erzählt wird. Zwar mag es zutreffen, dass das Leben die besten Geschichten schreibt; zum Zweck der Unterhaltung müssen diese aber zu einer Erzählung oder zu einem Drama umgeformt werden, um ein Publikumsereignis zu sein.

Zusammenfassung

Nicht fiktionale Unterhaltungssendungen des Fernsehens sind darauf ausgerichtet, Fremdreferenz durch ‚Eigenwirklichkeit' zu ergänzen oder zu ersetzen. Dazu werden in einem aus der Alltagswirklichkeit herausgehobenen Rahmen nach einem strukturierten Zeitschema künstlerische oder andere Darbietungen einem Präsenzpublikum – stellvertretend für die Zuschauer an den Empfangsgeräten – vorgeführt. Für die Einhaltung der Regeln und die Konstitution des Handlungssinns ist die Moderation verantwortlich, die gleichzeitig die veranstaltende TV-Organisation repräsentiert. Bei den Gästen kann es sich um prominente Künstlerinnen und Künstler handeln bzw. um Persönlichkeiten, die aus anderen beruflichen Bereichen bekannt sind; ebenso werden Personen eingeladen, die zuvor noch nicht in der Öffentlichkeit hervorgetreten sind, die aber, nach den eigens definierten Kriterien eines Spiels, besondere Leistungen erwarten lassen. Bei neueren Formaten wird – rekonstruierend und intervenierend – die Alltagswirklichkeit in die Show einbezogen. Darüber hinaus ist es möglich, dass diese Alltagswirklichkeit selbst zum Bestandteil der Sendung wird, indem sich diese im Rahmen der Show vollzieht. Das performative Fernsehen lässt intensive Mischungsverhältnisse von Elementen des Alltagsverhaltens und des Bühnenverhaltens entstehen, wobei die Frage nach der Authentizität des Geschehens zunehmend ihren Sinn verliert.

Literatur:

Bente, Gary/Fromm, Bettina: Affektfernsehen. Motive, Angebotsweisen und Wirkungen. Opladen 1997
Mit dem Begriff ‚Affektfernsehen' werden Formate erfasst, die – wie daily talks, Beziehungsshows und Spielshows – durch die Merkmale ‚Personalisierung', ‚Authentizität' bzw. ‚Live-Charakter', ‚Intimisierung' und ‚Emotionalisierung' gekennzeichnet sind. Die Arbeit hat die Motive der Gäste sowie die Rezeption und Wirkungsweise der Sendungen zum Gegenstand. Außerdem werden Themen und Kommunikationsmuster dieses Unterhaltungsformats behandelt. Der sehr gründlichen Aufarbeitung des Forschungsstandes folgt die Darstellung und Interpretation von Daten, die im Rahmen eigener empirischer Untersuchungen (Inhaltsanalysen, Befragungen, Experimente) gewonnen wurden.

Bußkamp, Heike: Politiker im Fernsehtalk. Strategien der medialen Darstellung des Privatlebens von Politikprominenz. Wiesbaden 2002
Untersuchungen zur Personalisierung der Politik galten bislang den Auftritten der Spitzenkandidaten zu Zeiten des Wahlkampfes. Demgegenüber geht der Verfasser von der permanenten Einbeziehung der Privatsphäre bei der Politikvermittlung durch das Fernsehen sowie der zunehmenden Entgrenzung von Politik und Entertainment aus. Das empirische Vorgehen umfasst vier unterhaltungsorientierte Talkshows, in denen regelmäßig Politiker zu Gast sind. In Experteninterviews mit den Redaktionsleitern der Sendungen, in qualitativen Analysen und in Leitfadeninterviews mit einge-

ladenen Politikern wird der Frage nachgegangen, welche Bereiche des Privatlebens der prominenten Talkshowgäste thematisiert werden und welche ausgespart bleiben.

Mikos, Lothar et al.: Im Auge der Kamera. Das Fernsehereignis Big Brother. Berlin 2000
Die wissenschaftliche Annäherung an ein neues Format erfordert ein begrifflich-klassifizierendes Vorgehen. Gemeinsamkeiten und Unterschiede bezüglich anderer Genres der TV-Unterhaltung stehen daher zunächst im Vordergrund. Auch die Inszenierungsstrategien und Erzählformen sowie das damit gegebene Realitätsverständnis (‚gemischte Wirklichkeiten') sind wichtige Problemstellungen der Untersuchung. Eine Internet-Befragung und eine telefonische Befragung unter Zuschauerinnen und Zuschauern sowie eine Rekonstruktion des öffentlichen Diskurses tragen zu einer reflexiven, wissenschaftlich begründeten Bewertung des Phänomens Big Brother bei.

Müller, Eggo: Paarungsspiele. Beziehungsshows in der Wirklichkeit des neuen Fernsehens. Berlin 1999
Ausgehend von der TV-Show >Herzblatt< untersucht der Verfasser einzelne Elemente der Beziehungsshow als einem Fernsehgenre, das nicht nur zwischen verschiedenen Sendungsformaten, sondern auch zwischen Wirklichkeitsebenen changiert und ‚Para-Identität' entstehen lässt. Gesellschaftliche Voraussetzungen und Funktionen werden ebenso herausgearbeitet wie die unterschiedlichen Möglichkeiten der Aneignung durch das Fernsehpublikum.

Röser, Jutta (Hg.): Fernsehshows der 90er Jahre. „Alles Männer...oder was?". Münster/Hamburg 1994
Die vorwiegend deskriptiv-analytisch ausgerichteten Beiträge befassen sich mit dem in Showsendungen präsentierten Geschlechterverhältnis, und zwar unter Berücksichtigung der Anteile von Männern und Frauen unter den Mitwirkenden und im Publikum, dem Moderationsstil, den Interaktionsmustern und den „Moralvorstellungen". Dabei zeigt sich, dass Rollenklischees auch versteckt zum Tragen kommen können, zum Beispiel mit der einseitigen Wertschätzung des Aussehens, sofern es sich um Kandidatinnen handelt. Besonders auf der Ebene der Moderation sind die Beziehungen zwischen Männern und Frauen – so die Studie - weiterhin patriarchalisch organisiert.

Roters, Günnar/Klingler, Walter/Gerhards, Maria (Hg.): Unterhaltung und Unterhaltungsrezeption. Baden-Baden 2000
Der Band enthält Insider-Ansichten zur Produktion von Unterhaltung sowie Beiträge zur wirtschaftlichen Bedeutung und zu den gesellschaftlichen Funktionen des Genres. Programm- bzw. Motivanalysen und Untersuchungen zu aktuellen Trends medialer Unterhaltung ergänzen diese Sammlung, die sich nicht nur an Wissenschaftler, sondern auch an Medienschaffende richtet.

7 Das Fernsehen und sein Publikum

7.1 Die Veränderungen der Fernsehnutzung

Die Erforschung des Rezipientenverhaltens reicht weit in die Geschichte des Fernsehens zurück. Die wichtigsten Auftraggeber der Zuschauerforschung waren in der Bundesrepublik die öffentlich-rechtlichen Fernsehanstalten, die zwischen 1963 und 1974 die Firma *Infratam* in Wetzlar mit der Erforschung der Fernsehgewohnheiten beauftragten; von 1975 bis 1984 nahm die *teleskopie* mit Sitz in Bad Godesberg diese Aufgabe wahr. Seit 1985 betreibt die Gesellschaft für Konsumforschung in Nürnberg (GfK) Publikumsforschung im Auftrag von ARD und ZDF. 1988 wurde die *Arbeitsgemeinschaft Fernsehforschung* gegründet, in der neben den öffentlich-rechtlichen auch private Programmanbieter Mitglied sind.

Die GfK hat im Auftrag der Arbeitsgemeinschaft Fernsehforschung (AGF) eine repräsentative Auswahl von 5640 Haushalten (ca. 13.000 Personen) mit dem „GfK-Meter" ausgestattet,[46] einem in der Schweiz entwickelten Messgerät, das für bis zu acht Personen pro Haushalt die Fernsehnutzung mit Hilfe eines Mikrocomputers, und zwar über die Fernbedienung, erfasst. Festgestellt wird, wann das Gerät an- und abgeschaltet ist, welcher Kanal gewählt wird, welche Personen sich an- oder abmelden und ob es sich um das laufende Programm oder um eine mit dem Videorecorder aufgezeichnete Sendung handelt. (Koschnik 1995, 714; Darkow/Lutz 2000, 87f.; Bonfadelli 2001, 71f.; Hasebrink 2003, 108) Veränderungen werden im Zeitabstand von 30 Sekunden gemessen. Seit 1992 liegen Zahlen über das Nutzungsverhalten auch für die neuen Bundesländer vor. Die Daten werden täglich abgerufen und im GfK-Rechenzentrum verarbeitet. Die Qualität des Messinstruments hängt selbstverständlich davon ab, ob An- und Abmeldungen korrekt erfolgen, ob nicht zum Beispiel von den erfassten Personen vergessen wird, nach einer Sendung den Knopf für die Abmeldung zu betätigen, was ja für die nachfolgende Sendung eine unzutreffend hohe Zuschauerquote ausweisen würde. Kontrolluntersuchungen (Klövekorn 2002, 51) sprechen

---

46 Zahlenangaben entsprechend Darkow/Lutz 2000, 87. – Die Werbewirtschaft, die in der Auftraggebergesellschaft Fernsehforschung (AGF) vertreten ist, setzt sich für eine Aufstockung des Panels ein, um damit eine noch differenziertere Zielgruppenanalyse vornehmen zu können. Außerdem wurde eine Kombination des GfK-Meters mit einem Instrument zur Erfassung des Einkaufverhaltens erprobt. Vgl. Darkow/Lutz 2000, 89ff., 96.

allerdings für die Verlässlichkeit und Gültigkeit der Methode.[47] – Neben den soziodemografischen Merkmalen der Zuschauer werden folgende Werte ermittelt:

1. die Reichweite, das heißt der Prozentsatz der Personen, die an einem durchschnittlichen Tag das Fernsehgerät eingeschaltet haben;
2. die Sehdauer, das heißt die Zeit, über die sich tatsächlich ein Zuschauer dem Fernsehen zuwendet;
3. die gewählten Programme.

Die Tagesreichweite lagen im Jahr 2002 bei den Zuschauern ab 14 Jahren bei 75%. Kinder saßen zu 62% an einem durchschnittlichen Wochentag vor dem Fernseher (Darschin/Gerhard 2003, 158). Dieser Wert ist auch längerfristig keinen starken Veränderungen unterworfen. 1992 zum Beispiel betrugen die entsprechenden Anteile 70% bzw. 63%. Anders verhält es sich mit der Sehdauer:

Tab. 1:
Durchschnittliche Sehdauer pro Tag in Deutschland 1992-2002
Montag – Sonntag; Zuschauer ab 14 Jahren, in Minuten

	Deutschland gesamt	Deutschland West	Deutschland Ost
1992	168	160	199
1993	176	168	209
1994	178	170	207
1995	186	181	207
1996	195	190	216
1997	196	190	218
1998	201	195	223
1999	198	192	220
2000	203	198	223
2001	205	200	226
2002	215	210	234

(Darschin/Kayser 1995, 154; Darschin/Frank 1998, 154; Darschin/Kayser 2001, 162; Darschin/Gerhard 2003, 158)

Wie aus der Tabelle hervorgeht, weist die Sehdauer bei den Zuschauern ab 14 Jahren seit 1992 eine deutliche Zunahme auf. Auch im Jahre 2002 liegen die

---

47 Im Rahmen der sog. Koinzidenzinterviews werden zusätzlich zu bestimmten Zeitpunkten per Telefon in den Panelhaushalten die gerade fernsehenden Personen ermittelt. (Vgl. Bonfadelli 2001, 72) Der Vergleich mit den telemetrisch erfassten Daten lässt Rückschlüsse auf die Validität zu.

Werte wieder über denen des Vorjahres. Generell wird in Ostdeutschland länger ferngesehen als im Westen. Bei der Zunahme der Sehdauer ist zu berücksichtigen, dass aufgrund der technischen Entwicklung und der Ausstattung der Haushalte die Fernsehteilnehmer in den letzten Jahren immer mehr Programme empfangen können. Auch werden von den TV-Veranstaltern mehr Programmstunden pro Tag angeboten. Der Zuschauer hat also heute eine größere Chance, zu beliebigen Zeitpunkten eine Sendung zu finden, die zumindest soweit seinem Interesse entspricht, dass er das TV-Gerät nicht ausschaltet. Ein positiver Zusammenhang zwischen der Sehdauer und der Zahl der zu empfangenden Kanäle wurde schon früher in verschiedenen Untersuchungen bestätigt. (Becker u. a. 1989, 291ff.; Condry 1989, 36; Bonfadelli 1994b, 253; Zillmann/Bryant 1998, 186) In der Bundesrepublik konnten die Fernsehzuschauer im Jahr 2000 durchschnittlich zwischen 38 Programmen auswählen, was in Europa einen Rekord darstellt. (Darschin/Kayser 2001, 162; Hasebrink 2003, 110)

Eine Auswertung der Sehdauer nach Programmen ergibt folgende Verteilung:

Tab. 2:
Sehdauer und Anteil am Fernsehkonsum in Deutschland im Jahr 2002
nach einzelnen Programmen, Zuschauer ab 3 Jahre, Montag – Sonntag

	Sehdauer in Minuten	Anteil am TV-Konsum in %
Deutschland gesamt		
Das Erste	29	14,3
ZDF	28	13,9
Dritte (8 Sender)	27	13,3
SAT.1	20	9,9
RTL	29	14,6
Pro 7	14	7,0
RTL II	8	3,8
VOX	7	3,3
Kabel 1	9	4,5
Deutschland West		
Das Erste	30	15,1
ZDF	29	14,7
Dritte (8 Sender)	25	12,6
SAT.1	19	9,8
RTL	28	14,2
Pro 7	13	6,8
RTL II	7	3,7
VOX	6	3,2
Kabel 1	8	4,3
Deutschland Ost		
Das Erste	26	11,6
ZDF	25	11,3
Dritte (8 Sender)	35	15,9
SAT.1	23	10,2
RTL	36	16,2
Pro 7	17	7,5
RTL II	10	4,5
VOX	8	3,5
Kabel 1	11	5,0

(Darschin/Gerhard 2003, 159f.)

RTL nimmt mit einem Anteil von 14,6% am Fernsehkonsum den Spitzenplatz in der Publikumsgunst ein, dicht gefolgt vom Ersten Programm der ARD mit 14,3%. Im Westen liegen allerdings das Erste und das ZDF vorn, im Osten ist der Vorsprung von RTL gegenüber diesen beiden Programmen deutlich ausgeprägt. Für die Dritten Programme gilt, dass sie – wenn man die Zuschauerzahlen zusammenfasst – in den neuen Bundesländern sogar beliebter sind als das erste ARD-Programm bzw. das ZDF und nahe bei dem Anteil von RTL liegen, was besonders auf die Beliebtheit des MDR zurückzuführen ist (Darschin/Gerhard 2003, 159f.).

Vergleicht man diese Werte mit den GfK-Daten früherer Jahre, so zeigt sich, dass ARD und ZDF in den neunziger Jahren kontinuierlich Marktanteile verloren haben (Darschin 1998, 35); 2002 liegen allerdings die Werte der beiden Programme über denen des Vorjahres. (Darschin/Gerhard 2003, 159f.) Seit Mitte der 90er Jahre haben SAT.1 und PRO 7 Marktanteile verloren. In den Jahren von 2000 bis 2002 ist der Anteil der beiden Programme am TV-Markt weiter zurückgegangen. (Darschin/Gerhard 2003, 159f.)

Eine Aufschlüsselung der Marktanteile nach Tageszeiten (Tab. 3) zeigt ein typisches Nutzungsmuster. Das Morgenmagazin sichert der ARD bezüglich der Marktanteile zwischen 6.00 Uhr und 9.00 Uhr einen Spitzenwert, während RTL zwischen 9.00 Uhr und 15.00 Uhr bevorzugt wird. In der Zeit zwischen 15.00 und 18.00 Uhr ist es dann wieder das Erste, das den höchsten Marktanteil für sich beanspruchen kann. Das ZDF geht zwischen 18.00 Uhr und 20.00 Uhr in Führung, mit einem Höhepunkt zur Zeit der heute-Nachrichten um 19 Uhr. Zwischen 20.00 Uhr und 01.00 Uhr liegt RTL – im Durchschnitt gesehen – vorn; die Sehbeteiligungskurve von RTL erreicht ihren Höhepunkt um 21.00 Uhr; um 20 Uhr, also zu der Zeit, in der die Tagesschau ausgestrahlt wird, hat die Sehbeteiligungskurve für ihren Spitzenwert zu verzeichnen. (Darschin/Gerhard 2003, 160) Bei den Fernsehnachrichten haben die öffentlich-rechtlichen Sender weiterhin einen Vorsprung gegenüber den privaten Anbietern. (Darschin/Kayser 2001, 164) Die öffentlich-rechtlichen Programme profilieren sich durch ihr Informationsangebot: „Rund 37% der gesamten Zeit, die die Fernsehzuschauer mit dem Ersten und dem ZDF verbracht haben, stammen im Jahr 2002 aus der Nachfrage nach Informationssendungen, und bei den acht Dritten Programmen sind es sogar 60 Prozent." (Darschin/Gerhard 2003, 161)

Tab. 3:

Marktanteile der Fernsehprogramme im Jahr 2002 nach Zeitabschnitten pro Tag
Deutschland gesamt, Zuschauer ab 3 Jahre, Mo-So, in%

	Das Erste	ZDF	RTL	SAT.1	ProSieben	Restliche
03.00-06.00 Uhr	9,9	8,2	13,9	10,7	10,6	46,7
06.00-09.00 Uhr	15,3	7,2	12,5	14,6	8,0	42,5
09.00-15.00 Uhr	13,6	12,8	15,5	9,2	6,3	42,5
15.00-18.00 Uhr	14,3	13,7	12,5	12,2	6,3	41,1
18.00-20.00 Uhr	14,3	17,2	14,4	8,6	6,0	39,4
19.00-23.00 Uhr	15,2	15,2	15,8	9,7	6,9	37,2
20.00-23.00 Uhr	15,6	14,5	16,0	9,8	7,1	36,9
23.00-01.00 Uhr	11,9	11,9	13,3	9,0	9,0	44,9
01.00-03.00 Uhr	11,0	9,4	11,7	7,4	10,6	49,9

Darschin/Gerhard 2003, 161

Nicht nur die telemetrischen Daten, sondern darüber hinaus auch die Ergebnisse
der Umfrageforschung ergeben wichtige Aufschlüsse über die Fernsehnutzung,
wobei die Befragungen besonders die Funktionen des Fernsehens deutlich machen. Die Langzeitstudie Massenkommunikation (zu den nachstehenden Ergebnissen siehe Ridder et al. 2002), die seit 1964 im Abstand von jeweils ungefähr 5
Jahren Interviewdaten zur Mediennutzung erhebt und die als repräsentative Untersuchung zur langfristigen Veränderung der Mediennutzung weltweit einmalig
ist, lässt erkennen, dass sich – besonders nach Einführung des dualen Rundfunksystems – das Fernsehpublikum verändert hat. Vergleicht man – bezugnehmend
auf die alten Bundesländer – die Kohorte der 1910-1919 Geborenen und der
Kohorte der 1950-1959 Geborenen, so liegen in der ersten Zielgruppe die politisch interessierten Zuschauer im Ausmaß der Fernsehnutzung vorn, während es
sich bei der zweiten Zielgruppe umgekehrt verhält; die politisch nicht Interessierten sehen mehr fern als die politisch Interessierten. (2002, 136ff.) Nach Ridder et
al. spiegelt sich in dieser Entwicklung der Wandel des Fernsehens „vom Infor-
mations- zum Unterhaltungsmedium" wieder. Während das Fernsehen in den
ersten Jahrzehnten vor allem den Politikinteressierten etwas zu bieten hatte,
kommen heute die Unterhaltungsorientierten mehr als früher zum Zuge, wobei
jedoch angemerkt werden muss, dass „in fast allen Kohorten die Politikinteressierten überdurchschnittlich viel" (2002, 146) fernsehen. Die allgemeinere Frage
nach den Funktionen des Fernsehens wurde im Rahmen der Untersuchung von
der überwiegenden Mehrheit der Befragten so beantwortet, dass sie dem
Wunsch, „sich zu informieren", Priorität zuwiesen; 92% der Befragten stimmten
diesem Statement zu. Die Statements „weil es mir Spaß macht" und „weil ich
dabei entspannen kann" folgten mit 84% bzw. 79% an zweiter und an dritter

Stelle. Das Motiv „weil ich Denkanstöße bekomme" ließ sich bei 58% ausma-chen. Die Feststellung „weil es mir hilft, mich im Alltag zurechtzufinden", fan-den 31% zutreffend. Bei dieser Verteilung muss sicherlich auch der *diserability*-Effekt berücksichtigt werden, wonach zu vermuten ist, dass das prestigeträchtige Informationsbedürfnis eher in den Vordergrund gestellt wird. Ridder et al. ziehen aus diesen Antworten den Schluss, dass „Informations- und Unterhaltungsmotive gleichermaßen vorn" (2002, 78) liegen. Meyen (2001) vertritt die Ansicht, dass es eine langfristige und medienübergreifende Zweiteilung des Publikums in Informationsorientierte und Unterhaltungsorientierte gebe. Diese sei vor der Einführung des dualen Systems nicht zum Tragen gekommen, weil das Fernse-hen den Bedürfnissen des „dualen Publikums" nicht genügend entsprochen habe. Allerdings wird auch die Möglichkeit eingeräumt, dass es aufgrund von Depriva-tionen und Arbeitslosigkeit zu einer Zunahme der Unterhaltungsorientierung in den 90er Jahren gekommen sei. (Meyen 2001, 18; dazu auch Schulz 1997, 101; Hickethier 1998b, 137)[48]

Die Bedeutung, die gerade auch jüngere Zuschauer der Unterhaltungsfunkti-on des Fernsehens zumessen, bringt nicht zuletzt die zunehmende Attraktivität des Unterhaltungsangebots zum Ausdruck, zumal bei einer starken Diversifika-tion in unterschiedlichste Formate auch kleinere Zielgruppen erreicht werden können. Außerdem hat sich die Information verändert. Vermutlich nehmen die Zuschauer zum Beispiel die in den letzten Jahren hinzugekommenen TV-Boulevardmagazine als Unterhaltung wahr. Darüber hinaus wird das Fernsehen nicht mehr mit gleicher Aufmerksamkeit rezipiert, wie dies zunächst nach Ein-führung des Mediums und den darauf folgenden Jahren der Fall war, sodass sich der Bildschirm mehr und mehr zum Hintergrundmedium entwickelt hat. Wenn also für die heutigen Nutzer das Fernsehen andere Aktivitäten nicht verhindern soll, sie also weniger bereit sind, sich *ausschließlich* dem Bildschirm zuzuwen-den, dann sind solche Programme attraktiv, die eine vergleichsweise geringe Konzentration erfordern.

Die Langzeitstudie Massenkommunikation (Ridder et al. 2002, 79) zeigt dar-über hinaus, dass die Funktion des Fernsehens für Männer und Frauen Gemein-samkeiten zwischen den Geschlechtern nicht sehr unterschiedlich ist; neben vielen hatte das Fernsehen für Frauen eine höhere Bedeutung für die Anschluss-kommunikation, also für das „Mitreden können". Auch möchten Frauen – mehr

---

48 Schulz ist zum Beispiel der Meinung, dass der Wunsch des Publikums nach Entspannung und Ablenkung auch die Zunahme der Nachfrage bezüglich unterhaltungsorientierter Fernsehpro-gramme erkläre. (Vgl. Schulz 1997, 101)

als Männer – „Denkanstöße bekommen". Außerdem stellten weibliche Befragte
relativ häufig fest, dass sie fernsehen, um sich nicht allein zu fühlen. Unterschiede ergeben sich bei den Fernsehmotiven auch in Hinblick auf die formale Bildung. Bei den Befragten mit dem Bildungsabschluss Abitur/Studium ist das
Fernsehen weniger wichtig, um sich „im Alltag zurechtzufinden". Sie nutzen das
Medium aber auch nicht so häufig als Mittel gegen das Gefühl des Alleinseins.
Umgekehrt wird bei Befragten mit niedrigerer Bildungsqualifikation dem Fernsehen eine ‚stärkere Informationsbreite' zugestanden. Offenbar gibt es bei dem
Segment mit dem höchsten Bildungsabschluss andere Medien zur Ergänzung
oder sogar als funktionale Äquivalente.

7.2   Fernsehnutzer und Lebensalter

Die Sehdauer von Kindern lag pro Tag im Jahre 2002 bei 97 Minuten (Feier-
abend/Klingler 2003, 168). Der Umfang der Fernsehnutzung von Kindern ist
relativ konstant geblieben, was erstaunlich ist, wenn man bedenkt, dass gerade
auch die jüngste Zuschauergruppe mit der Einführung des dualen Systems zunehmend umworben wird. Die Feststellung „Innerhalb und außerhalb der Sender
wird die Zielgruppe ‚Kind' mit verstärktem Interesse betrachtet" (Köser 1989,
583) trifft auch heute noch zu. Bei den Bemühungen um ein attraktives Programm für dieses Publikumssegment geht es nicht nur um Kinder als Konsumenten; ebenso sind langfristige Strategien von Bedeutung, indem nämlich mit attraktiven Angeboten eine Bindung an den Sender erreicht werden soll. Selbstverständlich ist bei der Fernsehnutzung der 3 bis 13-Jährigen zu berücksichtigen,
dass in dieser Altersgruppe die Wachzeiten kürzer sind und das Zeitbudget wenig Elastizität aufweist, weil es in ein Schema von pädagogisch-kontrollierenden
Aktivitäten der Erwachsenen eingepasst ist.

Tab. 4:
Durchschnittliche Sehdauer pro Tag in Deutschland im Jahr 2002
nach Altersgruppen Montag - Sonntag, in Minuten

Alter in Jahren	West	Ost
3-13	91	123
14-19	114	125
20-29	146	158
30-39	179	206
40-49	209	244
50-64	239	268
Ab 65	277	318

(Darschin/Gerhard 2003, 159)

Auch Jugendliche nutzen das Fernsehen im Vergleich zur Gesamtbevölkerung relativ wenig. Die Sehdauer betrug bei den 14- bis 19-Jährigen im Jahr 2002 im Westen 114 und im Osten 125 Minuten; das sind 96 bzw. 109 Minuten weniger als bei dem Durchschnitt der Bevölkerung ab 14 Jahren, der im Westen 210, im Osten 234 Minuten betrug. Nicht nur in Deutschland, sondern ebenso in anderen Ländern konnte eine geringere Sehdauer von Jugendlichen im Vergleich zu den Erwachsenen nachgewiesen werden. (Eberle 2000, 27) Der geringere Fernsehkonsum in dieser Altersgruppe lässt sich nicht auf Desinteresse zurückführen, sondern erklärt sich daraus, dass die Heranwachsenden aufgrund ihres Freizeitverhaltens weniger Gelegenheit haben, Zeit vor dem Bildschirm zu verbringen. Mehr als bei Erwachsenen werden Freizeitaktivitäten außer Haus bevorzugt. (Barthelmes/Sander 2001, 113ff.) Die Gruppen der Gleichaltrigen sind im Sozialisationsprozess von besonderer Wichtigkeit; sie bieten „den Jugendlichen die Chance, Handlungskompetenzen zu entwickeln, die ihnen andernorts altersphasenspezifisch vorenthalten werden" (Hurrelmann 1997, 153). Aus diesem Grunde steht auch der Wunsch, mit Freundinnen und Freunden möglichst viel Zeit zu verbringen, in der Wichtigkeit für die Jugendlichen ganz oben (Barthelmes 2002, 85). Hinzu kommt, dass die Ablösung von den Eltern – eine Aufgabe, die in der Jugendphase bewältigt werden muss – auch räumlich gesehen in einer zunehmenden Distanz zum Ausdruck kommt. So finden die Treffen mit anderen Jugendlichen vornehmlich an Orten statt, an denen sie unter sich sein können. Der Aufenthalt in der elterlichen Wohnung und in Reichweite des Fernsehgeräts wird wegen der damit verbundenen Kontrolle durch die Erwachsenen öfter gemieden. Dieser Deutung entspricht, dass bei einer Unterteilung der Jugendlichen in 12- bis 15-Jährige und 16- bis19-Jährige die jüngere Altersgruppe das Bildmedium Fernsehen deutlich mehr nutzt als die ältere (Gerhards/Klingler 2001), was ver-

mutlich auf andere Freizeitmuster, zum Beispiel dem Kino- und Diskothekenbe-
such, aber auch auf wachsende Belastungen durch Schule, Ausbildung und Beruf
bei den höheren Jahrgängen zurückgeführt werden kann.

Wenn das Fernsehen für die Heranwachsenden mit dem Zwang verbunden
ist, „die häusliche Abendsituation mit den Eltern zu gestalten" (Ger-
hards/Klingler 2001, 73), dann liegt darin auch die Problematik des Mediums,
nämlich die Langeweile des Familienalltags und das ‚Zeittotschlagen' vor dem
TV-Gerät. Wer als Jugendlicher dieser Situation entkommen will, muss zeitwei-
lig auf das Fernsehen verzichten. Selbst in den Familien, in denen regelmäßig gemeinsam ferngesehen wird, dem Medium also eine für das Zusammenleben
strukturierende Funktion zukommt, stellen die Eltern fest, dass sich die Heranwachsenden zunehmend zurückziehen, um in ihrem Zimmer alleine zu sein;
allein Musikhören wird wichtiger ist als gemeinsames Fernsehen. (Barthel-
mes/Sander 1997, 163) Nichtsdestoweniger sind die Unterhaltungsangebote des
Fernsehens für Jugendliche nicht unattraktiv; vielmehr stellen sie ein wichtiges
Gesprächsthema unter Gleichaltrigen dar.

Während also Kinder und Jugendliche relativ wenig fernsehen, steigt der TV-
Konsum bei der Bevölkerung über 20 Jahre an. Bei den über 50-Jährigen macht
sich ein deutlicher Vorsprung des Ostens gegenüber dem Westen bemerkbar.
Grajczyk, Klingler und Schmitt (2001) haben sich in einer speziellen Auswertung der GfK-Daten besonders mit den Sehgewohnheiten dieser Altersgruppe
beschäftigt. Lag die durchschnittliche Sehdauer im Jahre 2000 bei der Bevölkerung ab 14 Jahren bei 203 Minuten, so waren es bei den über 50-Jährigen 247
Minuten. Männer ab 65 Jahren sahen an einem durchschnittlichen Wochentag
263 Minuten fern, Frauen dieser Altersgruppe sogar 273 Minuten. Am höchsten
lag die Sehdauer bei den über 65-jährigen Frauen in Ostdeutschland, und zwar
mit 303 Minuten. (Grayczik/Klingler/Schmitt 2001, 192)

Bei den Senioren verhält es sich, was den Zusammenhang zwischen Fernsehen und sozialen Kontakten angeht, anders als bei den Jugendlichen. Während
sich die gemeinsamen Aktivitäten mit Freundinnen und Freunden in der Jugendphase negativ auf den Fernsehkonsum auswirken, reduzieren sich die sozialen
Kontakte bei den Älteren, sodass wiederum Zeit für das Fernsehen zur Verfügung steht. Eine vom Südwestfunk in Auftrag gegebene repräsentative Befragung der 50 bis 74-Jährigen ergab, dass bei der Zuschauergruppe im Alter von
50 bis 64 Jahren noch rund ein Drittel über Kontakte mit „sehr vielen" Personen
verfügten, während bei den Befragten zwischen 65 und 74 Jahren nur noch 20%
dieser Antwortmöglichkeit zustimmten. Dagegen haben 20% der 50-
bis 74-jährigen Befragten nur mit „eher wenigen" Menschen ständigen Kontakt.(Grajczyk/Klingler/Schmitt 2001, 201)

Allerdings ist die Beliebtheit des Fernsehens für ältere Menschen nicht nur durch die Kompensation fehlender sozialer Beziehungen zu erklären. Das Medium entspricht auch dem Bedürfnis nach Teilnahme am Zeitgeschehen, die zwar nicht mehr aktiv gelebt werden kann, durch das Fernsehen aber als subjektives Erleben zustande kommt. Das Bedürfnis, von der sozialen Umgebung nicht ausgeschlossen zu sein, ist, wie Fabian (1990) in einer qualitativen Studie feststellt, ein wichtiges Motiv für die TV-Rezeption älterer Menschen. Hinzu kommt, dass das Fernsehen ältere Zuschauer nicht nur mit gegenwärtigen Vorgängen, sondern auch mit der Vergangenheit verbindet. Alte Spielfilme bieten zum Beispiel biografische Anknüpfungspunkte und ermöglichen es, Erinnerungen wieder zu beleben. Fernsehen bedeutet also für diese Altersgruppe nicht nur Anregungen und Informationen, sondern auch ein Nacherleben des eigenen Lebenslaufs, was umso wichtiger ist, als vielfach Gesprächspartner, mit denen Erfahrungen und Erinnerungen ausgetauscht werden könnten, nicht mehr vorhanden sind.

7.3 Vielseher und Nichtseher

In einer Veröffentlichung aus dem Jahre 1985 bezeichnet Buß diejenigen erwachsenen Zuschauer, die mehr als drei Stunden fernsehen, als *Vielseher*, ein Wert, der heute bereits unter dem Durchschnitt der Bevölkerung ab 14 Jahren liegt. Schulz (1986) definiert Vielseher als das Zuschauerquartil mit dem höchsten Fernsehkonsum und trägt damit der allgemeinen Veränderungen der Sehdauer Rechnung. Kiefer (1987) schließlich verwendet Indizes, die neben dem Zeitaufwand und der Nutzungsfrequenz auch das Merkmal der emotionalen Bindung an das Medium umfassen. Damit wird berücksichtigt, dass die bloße Zeitmessung verschiedene Arten des Umgangs mit dem Medium einschließt und die Ursachen intensiver Fernsehnutzung durch die Erfassung der bloßen Nutzungsdauer nur bedingt sichtbar werden.

Die in Deutschland während der 80er Jahre angelaufene Vielseherforschung verfolgte vor allem gesellschaftspolitische Motive, indem es darum ging, den vermuteten negativen Auswirkungen exzessiven Fernsehkonsums entgegenzuwirken. Vielsehen galt als eine ,Symptomatik', die wissenschaftlich erforscht werden sollte, um sie nach Möglichkeit zum Verschwinden zu bringen. Heute ist der Vielseher weniger ein Problemfall als vielmehr ein gern gesehener Konsument. „Sendungen und Zielgruppenprogramme, die nicht auch auf Vielseher bauen können, haben fast keine Chance, in der Sehbeteiligung erfolgreich abzuschneiden." (Buß/Simon 1998, 131). Wenn also TV-Produktionen von einer hohen Sehbeteiligung abhängen, um erfolgreich zu sein, dann sind die Vielseher ein besonders wichtiges Klientel. Der Umfang ihres ‚Konsums' macht sie zu einem beachteten Publikumssegment.

Allerdings gilt dieser Befund nicht ohne Einschränkungen. Der Vielseher kann nach den Ergebnissen einer Untersuchung von 1995 so beschrieben werden, dass es sich um einen Zuschauer über 50 Jahre mit eher niedrigem Bildungsabschluss handelt, der in einem relativ kleinen Haushalt lebt. Sofern in diesem Haushalt noch andere Personen wohnen, sehen diese – der Tendenz nach – ebenfalls viel fern. (Buß 1997, 152; Bonfadelli 2000, 159) Da davon auszugehen ist, dass die zu den Vielsehern zählenden älteren Menschen nur über ein relativ geringes Budget verfügen und ihre Konsumneigung in Grenzen bleibt, ist diese Klientel für die werbetreibende Wirtschaft nicht so attraktiv, wie sie es von ihrer Erreichbarkeit her sein könnte. Auch sind Vielseher, unabhängig vom Alter, depressiver und fatalistischer (Schulz 1986), ängstlicher (Groebel 1981; Vitouch 2000, 128ff.) sowie weniger entspannt, weniger zufrieden und unfreundlicher (Kubey/Csikszentmihaly1990, 112) als Zuschauer mit geringer Sehdauer, was ihre ökonomische Bedeutung ebenfalls einschränkt. Die Befindlichkeiten dieser unter Marketinggesichtspunkten grundsätzlich interessanten Zielgruppe wurden in der Forschung auch ursächlich diskutiert. So ist zum Beispiel die Frage untersucht worden, ob ausgedehnter Fernsehkonsum die Folge einer negativen Stimmungslage sei. Schulz (1986) argumentiert, dass die nahe liegende These, Vielseher wendeten sich dem Fernsehen zu, um belastende Gefühle zu unterdrücken, sich nicht zwingend ergebe. Auch der umgekehrte Zusammenhang mache Sinn: Vielsehen könne emotionale Verstimmungen herbeiführen, indem es der Bewältigung von Alltagsproblemen im Wege stünde. Die erste dieser Deutungen entspricht der Mood-Management-Theorie (Bryant/Zillman 1985; Früh 2002, 22ff.), wonach Rezipienten Medieninhalte aussuchen, die dazu beitragen, aversive Stimmungen zu reduzieren. Sie wird durch den Befund unterstützt, dass Vielseher mehr Langeweile bzw. weniger Abwechslungsreichtum empfinden als Wenigseher (Morgan 1984; Kiefer 1987). Die empirischen Befunde weisen darauf hin, dass „negative affect precedes rather than follows heavy viewing" (Kubey/Csikszentmihaly 1990, 132). Unlustgefühle, die unter anderem durch den Mangel an alternativen Handlungsmöglichkeiten hervorgerufen werden, sollen durch anregende, unterhaltende oder spannende Fernsehprogramme kompensiert werden. Wer nicht die Möglichkeit hat, kostenaufwändigen, eventuell auch Energie und Kraft erfordernden Freizeitaktivitäten nachzugehen, wird – der Tendenz nach – seinen Fernsehkonsum ausdehnen. Wenn Freunde und Bekannte fehlen, dann übernimmt das Fernsehen substitutive Funktionen und

füllt die Leerstellen im Tagesablauf (Kiefer 1987). Schon für Kinder im Vorschulalter gilt, dass in sozial benachteiligten Familienmilieus mit weniger Au-
ßenkontakten und geringerer Interaktionsdichte das Fernsehen als eine Art Lückenbüßer eingesetzt wird und dass folglich die Sehdauer der Kinder weniger
Einschränkungen erfährt (Kübler/Swoboda 1998, 27f.).

Vor diesem Hintergrund ist es nicht überraschend, dass die ohne Fernsehgerät lebenden ,*Nichtseher*' in ihrer Freizeit besonders aktiv sind, also vielseitige
Interessen haben und erlebnisorientierte Beschäftigungen bevorzugen. Dies gilt
nach den Ergebnissen einer von Sicking (2000) durchgeführten Studie zumindest
für jene Gruppe der TV-Verweigerer, die nach eigenem Bekunden „keine Zeit
zum Fernsehen" haben. Geselligkeit, aber auch soziales und politisches Engagement, darüber hinaus ausgeprägte kulturelle Interessen, stehen bei diesem Typus
des *aktiven Nichtsehers* auf der Prioritätenskala ganz oben. Die häusliche Zeit
gilt zwar unter anderem auch der Medienrezeption, doch ersetzt das Radiohören
das Fernsehen, und zwar weil es genügend Möglichkeiten lässt, sich anspruchsvolleren Tätigkeiten zuzuwenden. Auch der zweite Typus der Fernseh-
abstinenten, der *bewusst-reflektive Nichtseher*, verzichtet zwar auf das Fernsehen, nicht aber auf Medien allgemein. Er ist an aktueller Information relativ
wenig interessiert und liest mehr Bücher, unter anderem auch Romane. Das
Fernsehen wird aus weltanschaulichen Motiven abgelehnt, speziell wegen kont-
rärer Werte, die implizit in den Fernsehbotschaften enthalten seien, sowie wegen
der Oberflächlichkeit des Mediums, das zu wenig Möglichkeiten für eine bewusste Lebensgestaltung biete und die ,innere Freiheit' beeinträchtige. Der dritte
Typus ist der *suchtgefährdete Nichtseher*, der zumeist schon ausgiebige Fernseherfahrungen hat und – zuweilen auch nur sporadisch – auf das Fernsehen verzichtet. Die Abstinenz folgt in der Regel der Einsicht, zum exzessiven Konsum
zu neigen, und dem Entschluss, diesen Lebensstil zu ändern.

7.4   Fernsehen und private Lebenswelt

Im Jahr 2001 waren 95,5% der Haushalte in den alten Bundesländern und 97,8%
in den neuen Bundesländern mit einem Fernsehgerät ausgestattet (Statistisches
Bundesamt 2002, 544). Der Fernseher gehört zusammen mit anderen Objekten
zum Arrangement der Wohnung. Seine Bedeutung kommt schon darin zum Ausdruck, dass in der Topographie des Wohnens das Fernsehgerät einen Mittelpunkt
bildet, um den herum andere Möbel angeordnet werden: „Die Sitzgruppe hat sich
zum Fernsehapparat hin geöffnet, sie hat so weniger die Struktur eines Kreises
denn die eines auf den Fernseher gerichteten Halbrunds" (Hepp 1998, 51). Fernsehen ist also vor allem ein häusliches Medium. Nichtsdestoweniger verbindet es

die Privatsphäre mit der Öffentlichkeit, und zwar weil sich die Programme an die Allgemeinheit richten und somit zum Bestandteil kollektiver Erfahrungen werden. (McQuail 1997, 90) Demgegenüber ist es an öffentlichen Plätzen nicht gleichermaßen möglich, das Fernsehen als audiovisuelles Medium zu nutzen, obwohl in Gaststätten, Einkaufszentren, Flughäfen usw. zunehmend Monitore aufgestellt werden, die ein Fernsehprogramm zeigen. (Krotz 2001) Auch wenn die dort laufenden Programme zum Teil eigens für diese Zwecke entwickelt wurden, können sie nicht die Erwartungen decken, die sich üblicherweise mit dem Fernsehen verbinden. Nur bei besonderen Anlässen, bei sportlichen Höhepunkten etwa, bei spektakulären Unglücksfällen und Katastrophen sowie bei politischen Ereignissen, denen eine historische Bedeutung zugemessen wird, kommt es zum kollektiven, öffentlichen Fernsehen. (Dayan/Katz 1992) Wenn Fernsehen mehr ist als eine flüchtige Wahrnehmung oder eine Episode, dann findet es vor allem dort statt, wo sich Menschen zu Hause fühlen. Das Fernsehen ist – im Gegensatz zu anderen Formen der Unterhaltung – in das eigene Wohnumfeld integriert, ist Teil einer vertrauten Szenerie, eines Raumes, der als persönlich, der eigenen Gestaltung zugänglich und als ‚privat' empfunden wird. Zusammen mit anderen elektronischen Medien, aber auch mit modernen Haushaltsmaschinen, trägt es – wie Toffler (1981, 194ff., 265ff.; siehe auch Kumar 1997, 216ff.) meint – zu einer Renaissance der Häuslichkeit bei.

Es handelt sich damit um ein Medium, für dessen Rezeption im Allgemeinen nur die Zeit zur Verfügung steht, die der Einzelne in der eigenen Wohnung verbringt. Das heißt auch, dass andere Tätigkeiten mit den persönlichen Sehgewohnheiten sowie den Tagesabläufen von Angehörigen abgestimmt werden müssen, auch wenn mehrere Empfangsgeräte vorhanden sind. Das Fernsehverhalten ist abhängig von den in einem Haushalt entwickelten Arrangements, von Routinen und Ritualen. Der Umgang mit dem Fernsehen muss gegebenenfalls mit Beziehungen, die sich nach Generations- und Geschlechtszugehörigekeit in Subsysteme aufgliedern, in Einklang gebracht werden. Geht man von der Familie als der zahlenmäßig (noch) dominierenden privaten Lebensform aus, dann lässt sich mit Silverstone feststellen:

> „When media consumption takes place in the family, therefore, it takes place in a complex social setting in which different patterns of cohesion and dispersal, authority and submission, freedom and constraint, are expressed in the various sub-systems of conjugal, parental or sibling relationships and in the relationships that the family has between itself and the outside world". (Silverstone 1994, 33)

Auch Moores kommt zu dem Ergebnis:

> „Television is an object around which patterns of domestic authority and resistance are regulary played out". (Moores 1993, 59)

Die kollektive Regelung der TV-Rezeption wird durch die Strukturierung des Programmangebots nach Zeiten und Genres sowie durch die Serialität von Unterhaltungssendungen nahe gelegt. Die Nutzung des Vorabendprogramms zum Beispiel mit einem hohen Anteil an Reihen und Serien macht nur Sinn, wenn sie regelmäßig erfolgt. Damit wird ein zeitliches Arrangement erforderlich, das nicht nur einzelne Haushaltsmitglieder, sondern darüber hinaus auch die Aktivitäten aller anderen in der häuslichen Gemeinschaft lebenden Personen betrifft, indem sie sich entweder beteiligen oder zumindest in ihrer Organisation des Alltags darauf einstellen.[49] Es ist zu vermuten, dass eine „entlastende Routine" die zeitaufwendige „Programmnutzungsplanung" ersetzt (vgl. dazu Beck 1994, 283ff.).

Im Allgemeinen findet in einem gemeinsamen Wohn- und Lebensraum die Koordination von Aktivitäten, die mit keiner besonderen Dringlichkeit verbunden sind, über Habitualisierungen statt. Das gilt besonders für den Medienkonsum, der in Art, Umfang und Inhalt variabel ist, also nicht äußeren Zwängen unterliegt und daher eine Ordnungsaufgabe für die in einem Haushalt zusammenlebenden Personen konstituiert. Habitualisierungen sind wiederkehrende Handlungsmuster, die aus Gründen der Vereinfachung der individuellen Disposition entzogen wurden. Rituale haben darüber hinaus eine symbolische Bedeutung, das heißt die wiederkehrenden Handlungen repräsentieren das Kollektiv und erzeugen eine emotionale Angleichung der Subjekte (Beck 1994, 287). Obwohl Habitualisierungen und Rituale nicht eindeutig voneinander abzugrenzen sind, kann doch davon ausgegangen werden, dass es bei der kollektiven Rezeption von TV-Programmen um mehr als nur um Gewohnheiten geht, dass das Fernsehen von den Beteiligten vielmehr als Ausdruck von Gemeinschaftlichkeit gesehen wird, was mit der Erwartung verbunden ist, dass sich das Individuum den Regeln der Gruppe anpasst.

Einer solchen „Reduktion von Komplexität" (Luhmann) durch Regeln entsprechen ‚Lieblingssendungen', die nicht nur in der Weise gemeinschaftsstiftend wirken, dass sie die Mitglieder eines Haushalts zum Fernsehen zusammenbringen, sondern auch mit vorbereitenden oder begleitenden Aktivitäten verbunden sind. Die TV-Rezeption ist also im Kontext mit anderen Routinen und Ritualen des Alltags zu sehen, die sie beeinflusst und von denen sie beeinflusst wird. Damit ergibt sich auch eine Verwobenheit des Fernseh*textes* mit lebensweltlichen Bezügen. (Mikos 2001, bes. 71ff.) Der Begriff der ‚Aneignung' meint in diesem Zusammenhang nicht nur, dass von den Medienbotschaften selektiv Gebrauch gemacht wird, sondern dass die Interpretation des ‚Textes', also die kommunikative Verständigung, als kollektive Leistung einer Zuschauergruppe angesehen werden kann (Krotz 1995, 249) und neben der Konsumtion auch

---

49 Dazu Beispiele aus verschiedenen Kulturen in Lull 1988

produktive Elemente umfasst (Jurga 1999, 63f.), wobei nicht zuletzt auf die
Gruppe Bezug genommen und so die Deutung, Einordnung und Bewertung beeinflusst wird (Roscoe, Marshall/Gleeson 1995). Massenkommunikation löst
private Kommunikation aus; beide Kommunikationsformen stehen in einem
engen Zusammenhang (Klemm 2000, 72ff.). Dies kommt in anschaulicher Weise
in den folgenden Ausführungen zum Ausdruck:

> „Die gleichsam nebenbei zum Fernsehen vollzogene Kommunikation übt fast un-
> merklich wichtige Funktionen aus: Die Zuschauerkommunikation erweitert (...) die
> individuelle Rezeption zu einem gemeinschaftlichen sozialen Geschehen: Man sitzt
> zusammen, lacht und scherzt oder zankt sich usf.. In ihr findet ein intersubjektiv ge-
> teiltes Vermittlungsgeschehen statt: Die Sinnwelt der Medien bzw. Medienangebote
> wird mit der Lebenswelt des Einzelnen wie mit der der Gruppenteilnehmer durch die
> gemeinsamen Gespräche und Kommentare abgeglichen. Eine Verbindung von Me-
> dienkommunikation und interpersonaler Kommunikation, von Mediensystem und All-
> tagswelt der Rezipienten wird möglich. Solche (fast) nebensächlichen Unterhaltungen
> sind Teil des Stoffes, mit der die immer wieder im Alltag zu erbringende Leistung der
> kommunikativen (Re-)Konstruktion der sozialen Realität verwirklicht wird." (Neu-
> mann-Braun 2000, 200)

Ein zusätzlicher Aspekt ergibt sich, wenn man bedenkt, dass zur Folge-
kommunikation auch Folgehandlungen hinzukommen, dass also dem Fernsehen
Bedeutung zugeschrieben wird nach Maßgabe eines Handlungsgeflechts, das in
häuslichen Lebensgemeinschaften ausgebildet wird. Die Integration von Kommunikaten nicht nur in kommunikative, sondern auch in interaktive Zusammenhänge macht die Medienrezeption zu einem aktiven Prozess. Das Fernsehen
fließt auf vielfältige Weise und nur in Ausnahmefällen im Sinne von Modellwirkungen in das Handeln ein und gibt Impulse im sozialen, lebensweltlichen Kontext. Aneignung heißt also, dass Fernsehangebote zeitlich so genutzt und Fernsehtexte durch Interpretation sowie durch selektive Bezugnahme so umgeformt
werden, dass sie zu häuslichen Gegebenheiten passen (zum Begriff der Fernsehaneignung vgl. Klemm 2000). Das bedeutet, dass in Hinblick auf die Art der
Fernsehnutzung und auf die Decodierung von Fernsehtexten Lebensgemeinschaften mit ihren Beziehungen und Abhängigkeiten, der Organisation ihrer
alltäglichen Aufgaben, ihren Werten, Lebensstilen und Symbolisierungen zu
berücksichtigen sind; die Fokussierung auf das Subjekt geht auch dann noch an
der Realität vorbei, wenn es sich um Personen handelt, die in Einzelhaushalten
leben.[50]

---

50 Schon der Uses-and-Gratifications-Approach hat deutlich gemacht, dass der Umgang mit den
    Medien und die Bedeutung, die ihren Botschaften zugemessen wird, im Zusammenhang mit
    Kommunikationsprozessen zu sehen sind, die sich im Umfeld des Handelnden abspielen und
    dass darüber hinaus Einflüsse und Zwänge, Interessen und Perspektiven, die sich aus der Zuge-
    hörigkeit zu einer Gruppe ergeben, dafür entscheidend sind, was der Einzelne mit den Medien
    ‚macht'. Fernsehzuschauer leben demnach in einer gesellschaftlichen Konstellation, die durch

In einer klassischen Studie zum Fernsehverhalten in der Familie unterscheiden McLeod und Delano Brown (1979) vier Beziehungs- und Kommunikationsmuster:

1. In der behütenden Familie ist die Harmonie der Familienmitglieder vorrangig. Das bedeutet, dass wenig Bereitschaft besteht, persönliche Probleme zu erörtern. Damit das harmonische Familienklima nicht gestört wird, erwarten die Eltern von ihren Kindern, dass sie sich anpassen und unterordnen.

2. In der pluralistischen Familie wird ein Diskussionsstil gepflegt, der unterschiedliche Meinungen zulässt. Vorherrschend sind offene Kommunikationsstrukturen. Eltern üben auf ihre Kinder keinen Druck aus, sich ihrer Meinung anzupassen.

3. In der Laisser-faire-Familie wird weder zur Anpassung an die Eltern noch zur Entwicklung einer eigenen Meinung erzogen. Die Kinder bleiben somit dem Einfluss der außerfamiliären Umwelt überlassen.

4. In der konsensualen Familie wird das Gespräch über allgemeine Themen nicht unterdrückt. Es kommt jedoch den Eltern darauf an, dass am Ende eine Einigung erzielt wird. Probleme und Meinungsverschiedenheiten sollen zum Ausdruck gebracht werden, ohne die innere Harmonie der Familie zu stören.

Nach den Ergebnissen von McLeod und Delano Brown bestehen – je nach Familientyp – deutliche Unterschiede zwischen der Funktion des Fernsehens und dem Ausmaß der Fernsehnutzung. Jugendliche aus behütenden Familien verbringen die meiste, Jugendliche aus pluralistischen Familien die wenigste Zeit vor dem Fernseher. Kennzeichnend für die behütende Familie ist eine Vorliebe für fiktionale TV-Programme, während bei den pluralistischen Familien ein überdurchschnittliches Interesse an Informationen festzustellen ist. Die Ergebnisse der Sehdauer für Jugendliche aus Laisser-faire-Familien sind dagegen sehr unterschiedlich, obwohl sie im Allgemeinen nicht zu den Vielsehern gehören. Auch das Fernsehverhalten von Jugendlichen aus konsensualen Familien weist keine Besonderheiten auf. Die Autoren deuten die unterschiedlichen Muster der TV-Nutzung als Ausdruck eines Systems familiärer Strukturen. In den behütenden

---

Familienangehörige, Freunde, Arbeitskollegen usw. definiert wird. Dieses Grundmuster bildet ein sinnhaftes Universum. Wie die Botschaften des Fernsehens verstanden werden, steht nicht von vornherein fest, sondern ergibt sich aus der Gesamtheit von Interaktion und Kommunikation in der Lebenswelt. Anstelle sozialer Gruppen, die auf die Rezeption direkt Einfluss nehmen, kann es sich auch um Bezugsgruppen handeln, an denen sich der Einzelne bei der Aneignung von Fernsehtexten orientiert.

Familien hat der Medienkonsum die Funktion, der Konfrontation mit der Außenwelt auszuweichen. Die Eltern sind bemüht, die Kontakte ihrer Kinder mit
Gleichaltrigen einzuschränken und bieten als Kompensation das Fernsehen an. In
den pluralistischen Familien ist das System offen nach außen, was auch darin
zum Ausdruck kommt, dass Jugendliche stärker in die Gruppe der Gleichaltrigen
integriert sind. Die weniger abschirmende Einstellung der Eltern wirkt sich so
aus, dass Anregungen und Informationen aufgenommen und verarbeitet werden.
Das Fernsehen hat damit nicht, wie in den behütenden Familien, die Funktion der
Abwehr. Da die Umwelt als weniger bedrohlich empfunden wird, muss der Realität nicht durch fiktionale Fernsehunterhaltung ausgewichen werden.

In eine ähnliche Richtung weisen auch die Ergebnisse einer Studie, die Hurrelmann (1989) im Rahmen des Dortmunder Kabelpilotprojektes durchführte.
Dabei wurde die „familiale Anpassungsfähigkeit" gemessen, das heißt „die Fähigkeit eines Familiensystems, seine Struktur an situationale und entwicklungs-
bedingte Veränderungen anzupassen" (Hurrelmann 1989, 58), wie sie im Ge-
sprächsverhalten, in der erzieherischen Steuerung und im emotionalen Zusammenhalt zum Ausdruck kommt. Es zeigte sich, dass in Familien, die sich nur
schwer auf veränderte Aufgaben einstellen konnten, überdurchschnittlich lange
ferngesehen wird. Besonders ausgeprägt war der TV-Konsum in solchen Famili-
en, in denen die Eltern bemüht waren, störende Umwelteinflüsse abzuwehren.
Aufgrund mangelnder Fähigkeiten der Eltern, Meinungsverschiedenheiten in der
Familie auszutragen, wurde das Fernsehen als ein Mittel zur Verhinderung von
Diskussionen eingesetzt.

Eine neuere Untersuchung von Hurrelmann, Hammer und Stelberg (1996) ergänzt diese Befunde. Zwar wird auch in dieser Studie gezeigt, dass freizeitpassi-
ve Kinder häufiger und länger vor dem Fernsehgerät sitzen. Es wird aber auch
deutlich, dass für eine aktive Freizeitgestaltung entsprechende materielle Ressourcen gegeben sein müssen. Die Ausstattung mit Prestigeobjekten zum Beispiel erleichtert die Kontakte der Kinder und Jugendlichen zu den Gleichaltrigen;
erzwungene Konsumdefizite dagegen verstärken die Tendenz zur sozialen Isolation, zur Konzentration auf den familiären Binnenraum und zum Fernsehen. Bei
der Hälfte der Befragten versammelte sich die ganze Familie täglich um den
Bildschirm. Bei weiteren 29% ergab sich eine solche Situation gemeinsamen
Fernsehens mehrmals pro Woche. In der Regel sind es bestimmte Zeiten im
Tages- und Wochenrhythmus, die für die gemeinsame Medienrezeption genutzt
werden. Oft bildet ein Fernsehabend in der Familie den Abschluss eines Wo-
chenendes (Hurrelmann/Hammer/Stelberg 1996, 69). Der relativ hohe TV-
Konsum in vielen Ein-Eltern-Familien, der oft auch beide Generationen vor dem
Bildschirm vereint, lässt darauf schließen, dass der Fernseher als Mittel einge-

setzt wird, Familie ‚herzustellen' (Hurrelmann/Hammer/Stelberg 1996, 138, 160).[51]

Mit der Methode der teilnehmenden Beobachtung gehen Charlton und Neumann (1986) dem Zusammenhang von familiären Lebensbedingungen, individuellen Bedürfnissen und der Fernsehnutzung nach. Ein sechsjähriges Mädchen zum Beispiel, das zusammen mit ihren Eltern, den Großeltern und zwei älteren Brüdern am Rande eines kleinen Dorfes im Schwarzwald lebt, thematisiert im Kontakt mit den Beobachtern auffallend häufig das Thema des „Ausreißens". Im Nachspielen von Kindersendungen des Fernsehens werden ihre Ängste vor einer bedrohlich, aber auch verlockend erscheinenden Welt außerhalb ihres dörflichen Horizontes sichtbar; allerdings gelingt es ihr, in ihrer Phantasiewelt durch entschlossenes und selbstständiges Handeln mit diesen Gefahren zurechtzukommen und zufriedenstellende Lösungen für antagonistische Gefühlslagen zu finden. Die Kindersendungen des Fernsehens boten Rollenvorbilder, die einen reflexiven Umgang mit der Lebenswirklichkeit einer komplexen, differenzierten Gesellschaft fördern und zur Stabilisierung der Ich-Entwicklung beitragen. Dabei wurden solche Figuren ausgesucht und in die Phantasiehandlungen eingebaut, die sich für die Bearbeitung emotionaler Probleme eignen.

Auch Schorb, Petersen und Swoboda (1992) stellten im Rahmen einer Befragung von 1032 Kindern im Alter zwischen 4 und 14 Jahren fest, dass die Beliebtheit von Zeichentrickfilmen im Fernsehen davon abhängt, ob sie Themen ansprechen, mit denen sie sich – ihrer alters- und geschlechtsspezifischen Entwicklung gemäß – gerade beschäftigen. Die durch schriftliche Befragung bzw. persönliche Interviews erhobenen Daten zeigten außerdem, dass sich das gesellschaftliche Milieu und der Einfluss der Eltern bei der Auswahl von Cartoons bemerkbar machte.

Die Bedeutung lebensweltlicher Konstellationen für die Fernsehnutzung geht auch aus einer Studie hervor, die Theunert et al. (1994) bei 96 Hamburger Kindern im Alter zwischen 8 und 13 Jahren durchführten. Neben einer standardisierten Befragung umfasste die Untersuchung narrative Interviews und Rollenspiele. Alle Kinder wurden an einem Montag nach ihren Fernseherfahrungen am Wochenende befragt. Welcher Gebrauch vom Fernsehen gemacht und welche Bedeutung dem Gesehenen zugemessen wurde, hängt nach den Ergebnissen Theunerts von der häuslichen Situation und vom sozialen Umfeld ab. Sofern die Kinder selbst bestimmen konnten, was sie sahen, wechselten sie häufig die Pro-

---

51 Im Gegensatz dazu liegt nach den Ergebnissen einer Untersuchung, die von Grüninger und Lindemann durchgeführt wurde, die Verweildauer vor dem Fernsehgerät bei den Kindern von Alleinerziehenden nur geringfügig über der in Zwei-Eltern-Familien aufwachsenden Kinder. Auch wird in Ein-Eltern-Familien nicht signifikant häufiger ferngesehen. Vgl. Grüninger/Lindemann 2000, 126

gramme und suchten sich das aus, was ihnen am meisten zusagte bzw. was für sie emotional nicht zu belastend war. Dabei zeigte sich, dass für Mädchen und Jungen die Protagonisten der TV-Abenteuer entsprechend ihrem sozialen Umfeld eine jeweils spezifische Bedeutung hatten. Helden vom Typus des siegreichen Kämpfers waren besonders für Jungen aus sozial belasteten Milieus attraktiv. Für Mädchen gab es vielfach keine überzeugenden Identifikationsangebote. Während Jungen körperliche Stärke und den Einsatz von Technik imponierend fanden, maßen Mädchen der äußeren Erscheinung der Protagonisten eine größere Bedeutung zu.

Kübler und Swoboda (1998) führten eine Untersuchung über Fernsehgewohnheiten von Vorschulkindern an fünf Orten der Bundesrepublik durch. Die Stichprobe war so angelegt, dass jeweils typische sozialkulturelle Milieus erfasst wurden. Zwischen 1995 und 1996 wurden 629 bzw. 467 Hauptbetreuungspersonen von Kindern der Geburtsjahrgänge 1988 bis 1993 befragt. Die Tagesabläufe der Kinder wurden in den Interviews selbst wie auch durch Tagebücher ermittelt, die die erwachsenen Betreuer führten. Außerdem wurden mit den Kindern und den Hauptbetreuungspersonen Leitfadeninterviews durchgeführt. Die Autoren konnten zeigen, dass der Fernsehabstinenz oder dem geringen TV-Konsum der Hauptbetreuungsperson auch eine geringe Sehdauer des Kindes entspricht, während Eltern, die selbst relativ lange pro Tag fernsahen, auch bei ihren Kindern überdurchschnittlich lange Fernsehzeiten zuließen. Zu manchen Zeiten des Tages sitzen Kinder im Vorschulalter und ihre Geschwister zu größeren Anteilen vor dem Fernseher als ihre Mütter oder Väter (1998, 140f.). Nichtsdestoweniger wird von den Kindern das Fernsehen als eine unter anderen Aktivitäten wahrgenommen und ein übermäßiger Konsum kritisch beurteilt. Schon im Alter von vier Jahren verfügen Kinder über detaillierte Programmkenntnisse; so sind es jeweils über 80%, die „Die Maus", „Käpt'n Blaubär" oder „Pumuckl" kennen. Auch Kübler und Swoboda bestätigen die Bedeutung des Fernsehens im Kontext familiärer Konstellationen, wobei auch nach ihren Ergebnissen die finanzielle Situation und die Beziehungen zum sozialen Umfeld die Sehdauer beeinflussen.

In der Tradition der *Cultural Studies* steht der Zusammenhang, ja die Verwobenheit von Lebenswelt und Fernsehen im Vordergrund. Dabei spüren diese Untersuchungen „dem Einfluss nach, den die soziale Positionierung der Subjekte – verstanden in den Dimensionen ‚class', ‚gender' und ‚ethnicity' auf die subjektive Aneignung, das sinngebende ‚Lesen' medienkultureller ‚Texte' hat" (Weiss 2000, 44). Einer der prominentesten Vertreter dieses Ansatzes ist David Morley, der im Rahmen einer qualitativen Studie zur Medienrezeption (1988) in 18 britischen Familien der Unterschicht und der unteren Mittelschicht Interviews durchführte. Seine Untersuchung machte deutlich, dass im Leben der befragten Familien eine klare Gender-Differenz vorherrschte, indem die Väter die Programmauswahl bestimmten, sich konzentrierter dem Medium zuwandten und durch Gespräche leichter irritiert wurden. Bei den Müttern kam es demgegenüber nur sehr selten vor, dass das Fernsehen eine ausschließliche Beschäftigung war, wobei sich in solchen Fällen häufig Schuldgefühle einstellten; meistens erledigten die Mütter nebenher andere Aufgaben. Allgemein erwiesen sich Frauen als weniger ‚kompetent', und zwar sowohl in Hinblick auf die Inhalte von Fernsehsendungen wie auch bei der technischen Handhabung des TV-Gerätes und des Videorecorders. Die TV-Rezeption erfolgte häufig im Wohnzimmer, zusammen mit anderen Familienmitgliedern. Auch wenn Zweit- und Drittgeräte vorhanden waren, gab es Auseinandersetzungen darüber, wer das Wohnzimmer verlassen muss, um eine andere Sendung zu sehen. Derjenige, der sich bei solchen Entscheidungen nicht durchgesetzt hatte, verließ häufig nicht den Raum, sondern beschäftigte sich mit anderen Dingen, so dass ein Rest an Gemeinsamkeit erhalten blieb. Väter und Söhne einerseits, Mütter und Töchter andererseits hatten häufig gleiche Programmpräferenzen und bildeten eine Allianz bei der Rechtfertigung ‚ihrer' Lieblingssendungen. Die Dominanz der Väter bei der Fernsehehnutzung hängt nach Morleys Meinung mit der Definition von Familienleben zusammen: Das gemeinsame Zuhause galt in den untersuchten Familien immer noch als Ort der Muße für die arbeitenden Männer. Nur wenn der Ehemann/Vater arbeitslos war und die Ehefrau Geld verdiente, lockerte sich die Struktur der Machtbeziehungen, sodass sich andere Familienmitglieder mit ihren Programmwünschen durchsetzen konnten.

Auch Cornelißen (1998) kommt bei einer Auswertung einschlägiger empirischer Untersuchungen zu dem Ergebnis, dass für Frauen das Fernsehen von Parallelaktivitäten begleitet ist. Obwohl allgemein das Medium mehr zur Hintergrundkulisse werde, worauf auch häufiges Umschalten, Verlassen das Raumes und Unterbrechungen hinwiesen (vgl. dazu Krotz 1994), käme es bei Männern eher zu einem konzentrierten, ungestörten Nur-Fernsehen oder zur Kombination der Mediennutzung mit konsumptiven und regenerativen Nebentätigkeiten, während bei Frauen der Arbeitscharakter der Nebentätigkeiten überwiege. Mütter fühlten sich, was Umfang und Inhalte des kindlichen Medienkonsums angeht, stärker als Väter für die Einhaltung von Regeln verantwortlich. Auch stünden Mütter hinsichtlich der Programmauswahl hinter den Wünschen anderer Familienmitglieder zurück, indem sie zum Beispiel den Vorlieben ihrer Kinder nachgäben, um deren Fernsehgebrauch pädagogisch zu begleiten. Die von Morley konstatierte Dominanz der Väter bei der Programmauswahl wird allerdings relativiert: Das „anerkannte väterliche Vorrecht auf Programmentscheidungen" in den 80er Jahren sei „dem Anspruch auf konsensuelle Fernsehentscheidung" in den 90er Jahren gewichen, wobei allerdings Ideal und Wirklichkeit nicht immer zusammenfielen. (Cornelißen1998, 111; vgl. auch Gauntlett/Hill 1999, 241)

7.5   Parasoziale Interaktion

Schon in den 50er Jahren prägten Horton und Wohl (1956) den Begriff der parasozialen Interaktion und machten damit auf den Sachverhalt aufmerksam, dass das Fernsehen eine face-to-face-Beziehung simuliert. Was im Bühnenstück selten und im Kino-Spielfilm nie vorkommt, nämlich die direkte Ansprache des Publikums, gehört zu den Selbstverständlichkeiten der audiovisuellen Medien, selbst wenn es sich um ein Studio- oder Saalpublikum handelt, das eine Stellvertreterfunktion für die Zuschauer wahrnimmt. (Vgl. Kap. 6.3) Zumindest den Zuschauern ist es nicht möglich, so zu antworten, dass ihre Reaktion als Stimulus in eine gemeinsame Kommunikation eingehen könnte. Es handelt sich also nicht um soziale, sondern um parasoziale Interaktion. Die Protagonisten des Fernsehens wiederum nehmen eine Treuhänderfunktion wahr; sie stellen sich auf die Wünsche und Phantasien des Publikums ein, ja antizipieren diese, um ihr Vertrauen zu gewinnen. Das Publikum wiederum antizipiert das Verhalten des Darstellers, sodass es zu einem wechselseitigen Vertrauensverhältnis kommt. (Wenzel 1998, 107ff.) Parasoziale Interaktion entsteht, wenn ein Protagonist des Fernsehens mit anderen im Fernsehen gezeigten Personen kommuniziert, wobei ein Konversationsstil, der einer informellen face-to-face-Interaktion entspricht, sowie eine direkte Ansprache des Zuschauers durch Blick in die Kamera besonders förderlich sind. (Vgl. Thiele 2001, 65f.) Der Zuschauer übernimmt imaginativ Position und Rolle des Angesprochenen. Dazu ist es erforderlich, dass Persönlichkeitsmerkmale des Spielleiters bzw. Schauspielers oder der Schauspielerin in der jeweiligen Rolle für Angehörige des Publikums eine besondere Bedeutung haben, zum Beispiel weil sie mit eigenen Erfahrungen und Dispositionen übereinstimmen; je nach Einkommens- und Bildungsverhältnissen werden Lieblingsfiguren gewählt, die zu eigenen Erfahrungen und Lebensentwürfen passen. (Skill/Cassata 1983, 23ff.) Zum Gefühl der Vertrautheit mit den Protagonisten des Fernsehens trägt aber auch die häusliche Rezeptionsweise bei, das heißt die Integration des Mediums in die private Lebenswelt; die ‚Kontaktaufnahme' mit dem Fernsehen vermischt sich mit Alltagsgesprächen und anderen habitualisierten Tätigkeiten.[52]

Anders als auf der Bühne und der Leinwand kann mit dem Bildschirm durch Wiederholung Nähe hergestellt werden; derselbe Nachrichtensprecher, Talkmaster oder Moderator wendet sich in regelmäßigen Abständen an ein Publikum, das

---

52 Für Krotz handelt es sich um parakommunikative Akte, die zustande kommen, wenn der Zuschauer den Kommunikaten des Fernsehens Bedeutungen zuweist, die sich aus seiner emotionalen Verfasstheit, seiner sozialen Situation oder aber seinem Persönlichkeitsmerkmalen ergeben. TV-Rezeption lässt sich demnach als eine Art „innerer Dialog des Zuschauers bezüglich der Sendung verstehen", wobei „die Kontextbezüge des Nutzers" relevant werden (Krotz 1994, 606).

aufgrund alltäglicher Sehgewohnheiten nicht das Gefühl hat, es mit einem Fremden zu tun zu haben. Insbesondere Serien und Reihen nutzen diesen Wiederholungseffekt, indem sie ihre Zuschauer über viele Folgen hinweg mit einer begrenzten Zahl von Protagonisten konfrontieren, deren rollenspezifische Handlungsweisen und Biografien dem Publikum mit der Zeit so vertraut werden wie die Eigenarten von Personen, mit denen sie es im realen Leben zu tun haben. (Vgl. Kap. 5.7) Derartige Wiederholungen, aber auch die mehr oder weniger direkte Ansprache des Publikums sowie andere Angleichungen an die soziale Wirklichkeit lassen es naheliegend erscheinen, zwischen verschiedenen Graden der ‚Parasoziabilität' zu unterscheiden. (Nordlund 1978; Auter 1992) Allgemein gesehen richtet sich der Begriff der parasozialen Interaktion bzw. der parasozialen Beziehung auf Figuren des Fernsehens, auf die Rezipienten emotional so reagieren, als wären sie mit ihnen persönlich bekannt; sie sind geeignet, fehlende Kontakte zu ersetzen (Bente/Backes 1996, 182).

Zur empirischen Erfassung parasozialer Beziehungen haben Rubin, Perse und Powell (1985; 1988) eine Skala entwickelt, von der inzwischen auch deutsche Versionen vorliegen. Die von Gleich (1997) vorgenommene Adaption der PSI-Skala umfasst 23 Items, die sich, im Gegensatz zum amerikanischen Original, sowohl auf Lieblingsfiguren des informativen wie auch des unterhaltenden Fernsehprogramms beziehen. In einer Befragung von 197 Probanden ließ sich ein beträchtliches Maß an Zustimmung (vgl. Gleich 1997, 150) feststellen, obwohl es sich bei der Stichprobe um vergleichsweise junge und gutgebildete Teilnehmer handelte. Im Vergleich zu der Untersuchung von Rubin et al. (1985) wurden in der deutschen Replikation jedoch weniger Hinweise darauf gefunden, dass die Probanden direkt mit ihrem Protagonisten zu interagieren meinten oder sich selbst mit diesem identifizierten. Vielmehr wurden solche Aspekte hervorgehoben, die auf eine Bewertung der Person oder der Sendung hinausliefen (z. B. „mit jemand anderem bin ich nicht so zufrieden"; „ ... freue mich, ihn/sie wiederzusehen"), was möglicherweise auf kultur- und fernsehspezifische Besonderheiten zurückzuführen ist; eine größere Nähe zwischen TV-Stars und Publikum ist zum Beispiel gegeben, wenn – wie im US-Fernsehen – die Nachrichtensprecher bzw. Redakteure sich weniger förmlich präsentieren und häufiger direkt die Zuschauer ansprechen (Gleich 1997, 155).

In Vorderers deutscher Version der PSI-Skala handelt es sich um 19 Items, die auf die emotionalen Beziehungen der Rezipienten zu den Lieblingsfiguren von Soap-Operas ausgerichtet sind (Vorderer 1996b). Dazu gehören unter anderem Feststellungen wie „Ich finde es angenehm, die Stimme von (...) bei mir zu Hause zu hören", „ (...) ist für mich so etwas wie ein ‚guter Begleiter' durch die Serie", „Ich habe den Eindruck, (...) verhält sich in der Serie so, als wüsste er, worauf es mir und anderen ankommt", „Manchmal passiert es mir, dass ich in

Gedanken oder auch tatsächlich irgendetwas zu (...) sage" und „Ich denke (...) ,
auch wenn ich nicht fernsehe und überlege mir, was (...) zu bestimmten Dingen
sagen würde". Bei der Befragung von 403 Personen einer Zufallsstichprobe
konnten 278 eine Lieblingsfigur aus einer TV-Serie benennen. Insgesamt wurden
mehr männliche als weibliche Protagonisten als Lieblingsfiguren genannt, wobei
die Männer eher gleichgeschlechtliche Figuren, die Frauen eher ge-
gengeschlechtliche Figuren wählten. Besonders diejenigen Fernsehrezipienten,
die sehr häufig Seifenopern sahen, wiesen eine relativ intensive „orthosoziale"
Beziehung zu den Serienfiguren ihrer Wahl auf, ignorierten also, dass es sich um
kein reales soziales Verhältnis handelt und dass die Figuren der TV-Erzählungen
fiktiv sind. In gleicher Weise neigten – der Tendenz nach – diejenigen, die allein
das Fernsehen nutzten, eher zu einer Verwechslung der Realitätsebenen. Auch
konnte nachgewiesen werden, dass in Bezug auf weibliche TV-Figuren weniger
zwischen Fiktion und Realität unterschieden wurde.

Hepp (1998, 59ff.) untersuchte parasoziale Interaktionen im Kontext des
Fernsehens unter konversationsanalytischer Perspektive. Die Gespräche, die in
natürlichen Lebensgemeinschaften erfasst wurden, machten deutlich, dass in der
Situation gemeinsamen Fernsehens einzelne Rezipienten in Hinblick auf das
fiktive Geschehen eine *answering role* übernehmen, sich also so äußern, als
seien sie selbst an der gezeigten Handlung beteiligt und von einem der Protagonisten angesprochen worden. In der Alltagssituation des häuslichen Fernsehens
warteten somit einige Zuschauer nicht ab, bis auf eine in einer TV-Sendung
gestellte Frage, die zum Drehbuch einer Serienhandlung gehörte, die Reaktion
eines Protagonisten im Rahmen des erzählten Geschehens erfolgte, sondern
antworteten selbst in einer Weise, die in das Szenario der Handlung passte. Außerdem wurden zuweilen Dialogelemente in der Rezeptionssituation so wiederholt, wie in alltäglichen Unterhaltungen Formulierungen eines Gesprächspartners
aufgenommen werden. Derartige Repetitionen haben im Kontakt mit einem
realen Gegenüber unter anderem die Funktion, eine Feststellung ironisch umzu-
deuten. Hepp vertritt die Ansicht, dass ein derartiges Anknüpfen an eine im
Fernsehen dargestellte Handlung anderen Rezipienten in der Gruppe eine emotionale Einstellung zu dem Geschehen auf dem Bildschirm vermitteln soll. (Hepp
1998, 66f.) Um parasoziale Interaktion handelt es sich nach Hepps Ansicht auch,
wenn Zuschauer nicht nur auf Fragen reagieren, die in einem fiktiven Geschehen
gestellt werden, sondern sich mit ihren Beiträgen an dem erzählten Geschehen
kreativ beteiligen, also bewertend oder problemlösend so Stellung nehmen, als
könnten sie damit zum Fortgang der Ereignisse beitragen, sie also beschleunigen
oder auf andere Weise in eine gewünschte Richtung bringen. Die Übernahme
einer derartigen ‚Beteiligungsrolle' entspricht nach Hepp – im Gegensatz zum

Mead'schen ‚role-taking' – dem ‚role-making', das heißt dem Rollenhandeln bei selbständiger Nutzung eines Interpretationsspielraums.

Eine Variante dieses ‚role-making' besteht darin, dass der schauspielende Rezipient in der selbstkreierten Rolle so übertreibt, dass sein Spiel der TV-Erzählung keineswegs mehr angemessen ist, dafür aber zum Vergnügen der anderen Rezipienten beiträgt. Möglicherweise signalisiert der so dokumentierte souveräne Umgang mit dem dramatischen Geschehen die emotionale Distanz des (zuschauenden) Rollenspielers (Klemm 2000, 196f.). Übertriebenes Involvement kann – wie ja auch schon Goffman (1961b, 85ff.) gezeigt hat – die Funktion haben, dass der Handelnde mit seiner Übertreibung genau das Gegenteil von Involvement zum Ausdruck bringt, nämlich dass er sich selbst und seine Emotionen zu kontrollieren vermag. Der TV-Zuschauer, der bezüglich einer fiktiven Handlung besonders ‚mitgeht', indem er so tut, als sei er selbst mit seinen Reaktionen Teil der Handlung, will möglicherweise anderen, vertrauten Personen zeigen, dass er sich emotional nicht gefangen nehmen lässt, ja dass er Handlungsschemata und Stilmittel genügend kennt, um sich darüber lustig machen zu können.

Die Konversationsanalyse macht deutlich, dass beim Fernsehen in der Gruppe die programmbezogene Kommunikation und die Kommunikation zu beliebigen anderen Gegenständen sich unmittelbar ablösen oder sogar mischen. Die – parasoziale – Reaktion, das Gespräch mit einer TV-Figur, kann anderen Einstellungen und Emotionen mitteilen und darüber hinaus weitere kommunikative Akte hervorrufen. Der scheinbar persönliche Umgang mit dem Fernsehen wird als Gestus eingesetzt, um in der Gruppe Interpretionen des Fernsehtextes anzugleichen und TV-Botschaften als Anregungen in das soziale Geschehen einzubringen. Die Fernsehkommunikation bietet Rezipienten Gelegenheit, eine gemeinsame Weltsicht zu stabilisieren, in dem Gefühle und Bewertungen offenbart und an frühere Erlebnisse angeknüpft wird. (Vgl. zum Beispiel Holly 2001; Holly/Steffen/Ayaß 2001) Bei allein lebenden Personen mit reduzierten Verkehrskreisen stehen dementsprechend andere Aspekte parasozialer Interaktionen und parasozialer Beziehungen im Vordergrund:

> „TV programms are well stocked with familiar faces and voices and viewing can help people maintain the illusion of being with others even when they are alone." (Csikszentmihalyi/Kubey 1990, 133)

Wenn diejenigen, die allein fernsehen, dazu neigen, den Unterschied zwischen realen Personen und TV-Figuren zu ignorieren (Vorderer 1996b, 168ff.), dann deswegen, weil sie die Funktion eines sozialen Gegenübers übernehmen, mit dem sie sich unterhalten und Gefühle teilen können. Das Gespräch selbst, ohne innere Beteiligung, als bloßer akustischer Reiz, trägt möglicherweise schon dazu

bei, dem Gefühle der Einsamkeit entgegenzuwirken. Die gerade bei älteren Zuschauern beliebten Pfarrer, Kriminalkommissare oder Förster, darüber hinaus
Talkshow- und Spielshowmoderatoren, die auch noch ‚Gäste' mitbringen, verdanken ihre Erfolge nicht zuletzt der wachsenden Gruppe der Alleinlebenden.
Ebenso trägt die Berichterstattung zum Privatleben der TV-Stars, und zwar im
Fernsehen und in den Printmedien, dazu bei, dass diese – auch in Ermangelung
realer Personen – dem Bekanntenkreis zugerechnet werden.

Ausgehend von einschlägigen Programmen, die bei gleichem Personal zu
gleichen Terminen ausgestrahlt werden, entwickelt sich eine von der aktuellen
Fernsehnutzung unabhängige *long-term identification;* aus parasozialen Interaktionen werden parasoziale Beziehungen. Die Forschung hat sich in neuerer Zeit
vermehrt   derartigen   situationsübergreifenden   Bindungen   zugewandt.
(Schramm/Hartmann/Klimmt 2002, 440f.) Aus Gesprächspartnern, denen man
im Vollzug des Fernsehens begegnet, werden ‚ständige Begleiter', deren Nähe
auch in verschiedenen Alltagssituationen gesucht und imaginiert wird. Trotzdem
bleibt ungeklärt, was eine ‚quasi-orthosoziale' Beziehung konkret beinhaltet, ob
zum Beispiel die Differenz zwischen Rolle und Person bzw. zwischen dem me-
dieninduzierten Image und der Person sowie die fehlende Reziprozität der
Kommunikation willkürlich missachtet werden oder ob Missverständnisse und
Selbsttäuschungen in Bezug auf die Fiktionalität des Verhältnisses zwischen TV-
Protagonist und Zuschauer vorliegen. Vergleicht man die ironisierende, Rollen-
distanz signalisierende Scheinkooperation mit den TV-Figuren, wie sie in Gruppensituationen vorkommt, und die mit dem – bewussten oder unbewussten -
Vertauschen der Realitätsebenen einhergehende emotionale Annäherung kon-
taktgestörter Rezipienten, dann zeigt sich, dass das Konzept der parasozialen Interaktion sehr Verschiedenes bedeuten kann und noch weiterer Forschungen
bedarf.

7.6   Gewaltdarstellungen im Fernsehen

Die Auswirkungen von Gewaltdarstellungen im Fernsehen gehören wegen ihrer
gesellschaftlichen Bedeutung zu den Gebieten der Kommunikationsforschung,
die im Zentrum der öffentlichen Aufmerksamkeit stehen. Besonders im zeitlichen Kontext von spektakulären Verbrechen hat das Thema Konjunktur, zumal
wenn es sich um Gewalttaten handelt, denen offensichtlich kein instrumentelles
Motiv zugrunde liegt. Schon seit Jahrhunderten ist die Eindämmung der Gewalt
als Mittel der Konfliktregelung, das heißt Errichtung eines dauerhaften staatlichen Gewaltmonopols, Teil eines allgemeinen Zivilisationsprozesses, der wiederum die Voraussetzung ist für alle weiteren Stufen des ökonomischen und

sozialen Fortschritts. Allerdings leben die archaischen Zeiten, in denen der Einzelne mit Waffengewalt sein Recht verteidigte, in Mythen und unterhaltenden Geschichten, nicht zuletzt auch in TV-Erzählungen fort. Mit der Übergabe von Gewaltmitteln an den Staat, der diese im Interesse der Allgemeinheit monopolisiert, geht bei vielen auch die Befürchtung einher, durch die „kasernierte Gewalt" (Elias) nicht genügend geschützt zu werden. Das Thema der „inneren Sicherheit" wird daher immer wieder virulent.

Der Zivilisationsprozess bringt eine Ambivalenz gegenüber der Gewalt hervor; das Anschauen von Gewalthandlungen, die beispielsweise im Fernsehen gezeigt werden, löst sowohl Faszination als auch Abscheu aus. Eine vermutete Zunahme der Gewaltkriminalität gilt vielen als Krisensymptom, das auch das Gewaltmonopol von Polizei und Justiz in Frage stellt, und führt zum Ruf nach strengerer sozialer Kontrolle. Ebenso häufig werden prophylaktisch wirkende institutionelle Reformen gefordert, wozu neben pädagogischen Maßnahmen eine Beschränkung von Gewaltdarstellungen in den Medien gehört. Das Interesse an ‚spannender', das heißt auch, gewaltdarstellender Fernseh- und Kinounterhaltung bleibt trotzdem ungebrochen.

Wenn die Gesellschaft dem Einzelnen die Möglichkeiten zu einer persönlichen, möglicherweise auch gewaltsamen Konfliktaustragung einschränkt, so liegt der Gedanke nahe, ob nicht ein *stellvertretendes* Ausleben von Aggressionen in der Phantasie, also eine Verlagerung vom Tun zum Beobachten und Vorstellen, den Ausbruch ‚illegaler' Gewalt verhindern könnte. Diese auf Aristoteles zurückgeführte Katharsisthese, die ursprünglich die ‚reinigende' Wirkung des antiken griechischen Dramas auf seine Zuschauer unterstellte, gilt inzwischen als widerlegt, da sich – auch mit Bezugnahme auf moderne Medien – keine empirischen Belege für die aggressionsmindernde Wirkung von Gewaltdarstellungen finden ließen. Ebenso wird die Inhibitionsthese (Berkowitz/Rawlings 1963), nach der mit der Darstellung violenter Akte Angst- und Schuldgefühle zunehmen, sodass eine Reduktion realer Gewalt eintritt, heute kaum noch vertreten (Kunczik 1998, 70). Allerdings ist nicht auszuschließen, dass gesellschaftlich verursachte Deprivationen einen eskapistischen Umgang mit Medien begünstigen. Das aber hieße, dass soziale Systeme, die aufgrund ihrer Struktur Konflikte hervorbringen, sich stabilisierten, mit anderen Worten ‚friedvoller' wären, indem das Fernsehen mit fiktionalen Programmen eine sedative Wirkung hervorriefe und Widerstände gegen bestehende Verhältnisse im Reich der Phantasie ausgelebt würden (Kunczik 1998, 71).

Im Gegensatz zur Katharsisthese und zur Inhibitionsthese besagt die Stimulationsthese, dass die Rezeption von Filmen mit violenten Inhalten die Bereitschaft zu aggressivem Verhalten verstärkt, und zwar besonders dann, wenn eine Frustration vorliegt. In der von Bandura et al. vertretenen Version dieses Ansatzes

(Bandura/Ross/Ross 1963) steht das Modelllernen im Vordergrund; das von den Protagonisten gezeigte Verhalten kann demnach Imitationen zur Folge haben. Wichtig sei jedoch, dass das Modell mit den gewählten Mitteln seine Ziele erreiche. Reale Belohnungen und Bestrafungen werden – so Bandura – bei fiktiven Modellen, mit denen keine interaktiven Beziehungen bestehen, durch den vorgeführten und damit in Aussicht gestellten instrumentellen Erfolg ersetzt. Die Wahrnehmung von medialen Gewaltszenen führt nach Bandura allerdings nur unter bestimmten Umständen zu realer Gewalt von Seiten des Beobachters. Die Imitation von violentem Handeln bezieht sich auf die Verhaltens*muster*, das heißt auf das aggressive Verhalten selbst und auf das, was man damit erreichen kann. Die Ursachen für Gewalt sind damit nicht erklärt. Für die Ausübung von Gewalt müssen demnach andere Bedingungen hinzukommen; das Fernsehen selbst – so Bandura – macht nicht aggressiv. Das Fernsehen kann sogar reale Gewalt verhindern, indem nämlich gezeigt wird, dass dem violenten Handeln Strafen folgen.[53] Derartige Überlegungen führen aber an die Grenze dessen, was die Stimulationstheorie erklären kann. Negative Folgen ergeben sich häufig durch Interpretation des erzählten Geschehens, was wiederum andere konstitutive Bedingungen, u. a. auch die Persönlichkeit des Rezipienten, in das Blickfeld der Forschung treten lässt. (Vgl. Merten 1999, 135)

Um die Reaktionen der sozialen Umwelt auf Gewalt geht es bei der Habitualisierungsthese, die gegenüber realer Gewalt eine Toleranz unterstellt, die von den Gewaltdarstellungen in den Medien ausgeht. Eine Abstumpfung gegenüber Gewaltausübung in der Realität entstehe als das Ergebnis einer Konfrontation mit Darstellungen von Gewalt, indem das Anschauen von fiktiver Violenz die Hemmschwelle gegenüber realer Gewalt niedriger werden lasse. Häufige Rezeption von Gewaltakten im Fernsehen oder im Kino bewirke Gleichgültigkeit gegenüber dem Verhalten anderer; darüber hinaus werde die Bereitschaft gefördert, selbst Gewalt zur Erreichung persönlicher Ziele einzusetzen. Thomas und Mitarbeiter (1977) konnten allerdings keine eindeutigen empirischen Belege für den von ihnen unterstellten Abstumpfungseffekt liefern. Messungen an der Haut von Versuchspersonen bei der Beobachtung von Gewalt im Film führten zu Ergebnissen, die sich nur teilweise in Übereinstimmung mit der Habitualisierungsthese deuten ließen. Demgegenüber fiel der Nachweis von Gewöhnungseffekten in einer Untersuchung von Maguire, MacLean und Aitken eindeutiger aus, die allerdings zur Erfassung des subjektiven Stressempfindens Messungen der Pulsfrequenz vornahmen (Maguire et al. 1973). Grimm zieht daraus die Schlussfolgerung, dass für die Überprüfung kontradiktorischer theoretischer Positionen, zum

---

53 Bezüglich der Weiterentwicklung des ursprünglichen Konzepts zur sozial kognitiven Theorie der Massenkommunikation siehe Bandura 2002.

Beispiel der Erregungsthese und der Abstumpfungsthese, eine „Differenzierung zwischen verschiedenen psychophysiologischen Subsystemen" (Grimm 1999, 94), in diesem Fall von elektrodermaler Funktionsfähigkeit einerseits und Pulsfrequenz andererseits, von größter Wichtigkeit sei. Wie sich *langfristig* die Präsentation von Gewalt in den Medien auf tatsächliches Verhalten auswirkt, ist mit diesen Resultaten allerdings noch nicht geklärt.

Lukesch (2002) fasst im Anschluss an Bandura (1989) die verschiedenen Einzelthesen zur Wirkung medialer Gewaltdarstellungen einschließlich der These der Wirkungslosigkeit zu einer sozialkognitiven Theorie der Massenkommunikation zusammen. Danach sind es verschiedene Bedingungen, die erfüllt sein müssen, damit das Verhalten eines Modells zu einer Nachbildung auf Seiten eines Rezipienten führt. So ist zum Beispiel die Wirkung eines Modells davon abhängig, dass die Aufmerksamkeit des Beobachters erregt wird. Auch sind Behaltens- und Informationsverarbeitungsprozesse entscheidend, wobei Interpretationsleistungen des Zuschauers, insbesondere auch kognitive Muster, an das mediale Ereignis herangetragen werden. Aufgrund solcher Selektionsprozesse kann ein Verhaltenserwerb im Sinne einer (theoretischen) Kompetenz stattfinden, der sich aber zunächst nur auf das *Wissen* über Verhaltenstechniken erstreckt. Zu einer Modellierung des Verhaltens müssen motorische Fähigkeiten hinzukommen. Eine weitere – entscheidende – Bedingung für Verhaltensänderung durch Medien sind motivationale Prozesse, zum Beispiel die Verstärkung in Form von Belohnungen, also der Erfolg, den das fiktive Modell mit gewalthaftem Verhalten erzielen kann. Es ist somit ein hochkomplexes Bedingungsgefüge, das, Lukesch zufolge, die Umsetzung von beobachteter medialer Gewalt in reales Verhalten steuert.

Von einem durch Filme herbeigeführten Zustand allgemeiner emotionaler Erregung gehen Tannenbaum und Zillman aus (1975). Der Ansatz stellt den Zusammenhang von somatischen und psychischen Prozessen in den Mittelpunkt. Die Spielhandlung bewirke physiologische Reaktionen, die nach der Beendigung der Mediennutzung möglicherweise noch nicht abgeklungen seien, sodass sich der Rezipient in einem Zustand erhöhter Handlungsbereitschaft befinde. Das Verhalten, das dem Anschauen einer Gewaltdarstellung folgt, ist demnach nicht als Imitation zu verstehen, sondern als Reaktion auf den Zustand von „arousal"; je nach der Situation, in die zum Beispiel jugendliche Kinobesucher nach Beendigung einer Vorstellung verwickelt werden, kann die Beobachtung fiktionaler violenter Akte sowohl aggressives als auch prosoziales Verhalten zur Folge haben. Im Zentrum der Fragestellung steht mithin der Gefühlszustand des Rezipienten; das in den Medien dargestellte Verhalten ist insofern von Interesse, als damit dieser Zustand herbeigeführt wird, nicht aber als Handlungsvorlage, sondern als allgemeine Disposition zum Handeln. Tannenbaum und Zillman gehen davon aus, dass es keinen direkten Zusammenhang zwischen der Zahl und Intensität der Gewalthandlungen im Film und der Intensität der realen Gewalt gibt. Da für sie die emotionale Erregung entscheidend ist, können sogar Filme mit erotischem Inhalt eine Erhöhung der Aggressivität zur Folge haben.

Gerbners Ansatz ist auf die allgemeinen, sowohl die Gesellschaft und die Kultur als auch den Einzelnen betreffenden Auswirkungen der Medien ausgerichtet (1978; 1981; 1994). Er vergleicht die Weltsicht von viel- und wenigsehenden Zuschauern, um „Kultivationseffekte" des Fernsehens zu messen. Wenn das Fernsehen die Vorstellungen von der Wirklichkeit beeinflusste, dann sollten nach Gerbner Vielseher über ein Weltbild verfügen, das stärker durch das Fernsehen geprägt ist, während sich diese Effekte bei Wenigsehern nicht feststellen ließen. Das würde bedeuten, dass bestimmte Verzerrungen der Wirklichkeit, die für das Fernsehen typisch sind, mit dem Ausmaß der Fernsehnutzung korrelierten. Da zum Beispiel in TV-Programmen häufig Gewaltverbrechen gezeigt werden, ist nach Gerbner davon auszugehen, dass diejenigen, die besonders lange fernsehen, eher damit rechnen, selbst Opfer von Gewaltkriminalität zu werden. Gerbner und Mitarbeiter konnten nachweisen, dass Vielseher bei Befragungen tatsächlich das Weltbild des Fernsehens wiedergeben, also zum Beispiel sich mehr als andere durch Kriminalität bedroht fühlen. Dieser „Kultivationseffekt" tritt – den Ergebnissen Gerbners zufolge – besonders dann ein, wenn es sich um Befragte handelt, die in einem Wohnquartier mit hoher Kriminalitätsrate wohnen, bei denen also die Botschaften der Medien durch die Alltagswelt bestätigt werden. Zuschauer mit hoher „Dosis" an TV-Gewaltdarstellungen sind nach Gerbner auch eher der Meinung, dass man sich durch Waffen schützen solle; die Befürchtung, selbst Opfer von Gewalt zu werden, hat also insofern reale Auswirkungen, als die Bereitschaft zur Gewalt – vermeintlich zur eigenen Sicherheit – größer wird.

Die intensive Bearbeitung der Problematik hat inzwischen in der Forschung zu einem gewissen Konsens geführt, und zwar dahingehend, dass Gewaltdarstellungen in den Medien eine mögliche Ursache aggressiven Verhaltens sind. (American Psychological Association 1993; Sparks/Sparks 2002) Kunczik (1995, bes. 45ff.) kommt auf der Grundlage einer Durchsicht älterer und neuerer Wirkungsstudien zu dem Ergebnis, dass Gewalt in der Familie und im gesellschaftlichen bzw. kulturellen Kontext gelernt wird und dass die massenmedialen Modelle erst an dritter Stelle hinzukommen. Obwohl nur ein geringer Teil des späteren Verhaltens durch das Anschauen violenter Medieninhalte zu erklären sei, könne es in Einzelfällen doch zu einem sich verstärkenden Prozess zwischen dem Anschauen von Gewalthandlungen in den Medien, den begleitenden Gewaltphantasien und realer Gewalttätigkeit kommen. Soziale Isolation und problematische Familienverhältnisse verstärkten diesen Zusammenhang.

Lukesch (2002, 660) fasst die Befunde der Gewalt-in-den-Medien-Forschung so zusammen, dass zwei Dimensionen der Wirkung fiktionaler medialer Gewaltangebote zu unterscheiden seien, nämlich die Steigerung von Gewaltbereitschaft und die Auslösung von Ängsten. Obwohl Aggressivität und Angst ethologisch miteinander verbunden seien, müsse doch geklärt werden, welche Faktoren dazu führten, dass die eine oder die andere Wirkung dominiere. Wenn der Zuschauer von Gewaltdarstellungen in einer sozialen Umgebung aufwachse, in der schon frühzeitig Kinder an Gewaltdarbietungen gewöhnt würden und es zu einer allmählichen Habitualisierung komme, und nicht gegensteuernd eine moralische Beeinflussung stattfinde, dann seien Entwicklungen wahrscheinlich, die der ersten Wirkdimension entsprächen. Wenn dagegen anstelle einer kontinuierlichen Gewöhnung eine Überforderung eintrete, und zwar mit der Folge einer Traumatisierung, dann entwickelten sich längerfristig anhaltende Angstreaktionen.

Die Gewalt-in-den-Medien-Forschung hat eine politische Dimension, da sie eine Orientierungsfunktion für die Gesellschaft übernimmt. Auch der Gesetzgeber greift in den Bestimmungen zum Schutz der Jugend auf Erkenntnisse der Wissenschaft zurück. Nicht zuletzt sind es die Programmanbieter, die mit ihren Werbeeinnahmen und mit ihrer Position im Wettbewerb vom öffentlichen Meinungsklima und von rechtlichen Rahmenbedingungen abhängen. In diesem Zusammenhang vertritt Merten (1999) die Ansicht, dass die Frage der Zulässigkeit von Gewaltdarstellungen in den Medien politisch instrumentalisiert werde, da die Forderung nach Verboten im Vorfeld von Wahlen erhoben würde und im Übrigen folgenlos verlaufe. Die Inhaltsanalyse einschlägiger Veröffentlichungen zeige, dass in der Presse der wissenschaftliche Diskurs zu dieser Problematik einseitig und tendenziös wiedergegeben werde. (Merten 1999, 166ff., 228 f.)

Die vorsichtigen zusammenfassenden Analysen und Bewertungen in den wissenschaftlichen Publikationen sind demgegenüber von einfachen Ursache-Wirkung-Beziehungen weit entfernt. Die Unzulänglichkeit derartiger Erklärungsmodelle wird auch deutlich, wenn nicht nur die Identifikation mit dem gewaltausübenden ‚Täter', sondern auch mit dem gewalterleidenden Opfer berücksichtigt wird. Welche dieser Alternativen für den Rezipienten zum Zuge kommt, ist nach den Ergebnissen empirischer Forschung ebenfalls nicht mit generellen Befunden zu beantworten. Jedenfalls gilt, dass nicht nur die violenten Handlungen des Aggressors nachempfunden werden. Hinzu kommt, dass die Identifikation mit dem Opfer – je nach Verlauf der erzählten Geschichte – auch die Aggressionsbereitschaft steigern kann, zum Beispiel wenn beim Betrachter der Eindruck entsteht, dass dem Objekt der Gewalthandlung ein Unrecht entstanden sei. So fand Grimm (1999, bes. 717f.) heraus, dass „schmutzige", das heißt detaillierte Gewaltsequenzen zur Ablehnung von Gewalt führen. Wenn

allerdings der Gewaltakt so dargestellt wird, dass es sich um ein verabscheu-
ungswürdiges Verbrechen handelt, werden Gewalthandlungen akzeptiert, die den
Übeltäter bestrafen. Von entscheidender Bedeutung ist danach nicht nur die Art
und der Umfang violenter Akte, die im Film vorkommen, sondern auch die sich
damit verbindende ‚Moral'. Damit tritt auch der geschlechtsspezifische Kontext
von Gewalttaten in den Vordergrund. In vielen Geschichten wird „über untreue
Ehefrauen und lästige Geliebte, über ermordete Prostituierte und über hilflos auf
Rettung wartende Entführte, über eiskalte Vamps, die durch ihre Reize Männer
manipulieren, über Opfer psychopathischer Frauenhasser usw." berichtet (Rö-
ser/Knoll 1995, 2). Wenn nicht Männer, sondern Frauen in Gewaltsequenzen des
Fernsehens als Opfer erscheinen, so werden häufiger Verletzungen gezeigt; die
Täter setzen bei diesen Gewalthandlungen seltener eine Waffe ein und die Taten
finden häufiger in geschlossenen Räumen statt. (Dinkelacker/Moser 1994) Es ist
davon auszugehen, dass Männer und Frauen die dargestellte Männergewalt unterschiedlich empfinden. Generell wird, so Röser (2000), die Perspektive des
Opfers in den Untersuchungen zu Gewaltdarstellungen im Fernsehen zu wenig
berücksichtigt, was möglicherweise auch auf eine genderbezogene Perspektive in
der Forschung schließen lässt. Die Bereitschaft, sich mit Tätern bzw. Opfern zu
identifizieren, muss nach Röser in den Kontext alltäglicher Geschlechterverhält-
nisse eingeordnet werden.

   Damit ergibt sich bereits die Unmöglichkeit, durch eine schlichte Auszählung
von Gewaltdarstellungen im Fernsehen Aussagen über eine mögliche Steigerung
von Gewalt im Alltagsleben zu machen. Neben der Einordnung von rezipierten
Gewalthandlungen in Sinnkontexte und damit verbundene Schlussfolgerungen
für das eigene Handeln sind die mediale Erzählweise, die verwendeten Stilmittel
und das Genre von Bedeutung.[54] Violente Akte können von den Zuschauern
selbst dann als intensiv empfunden werden, wenn die Auswirkungen auf das
Opfer nicht gezeigt oder nur angedeutet werden. Entsprechend geht der Gesetzgeber nicht nur von der Gewaltdarstellung als solcher, sondern auch von einer
menschenverachtenden und rücksichtslosen Tendenz sowie einer Verherrlichung
und Verharmlosung von Gewalt aus, die in der gezeigten Gewalttätigkeit im
Falle eines Straftatbestandes gegeben sein muss. (Schulz 2000, 361; Eisermann
2001, 65) Um eine rechtliche Bewertung medialer Darstellungen vornehmen zu
können, ist es erforderlich, deren Intention zu erschließen, was für das Programmmedium Fernsehen eine Berücksichtigung des *framing* erfordert. Stereotype Darstellungsformen, wie sie zum Beispiel im Genrefilm vorkommen,
sind unrealistisch und lösen weniger Erregung aus. Nichtsdestoweniger können

---

54 Auch Groebel und Gleich (1993), die allerdings keine Aussagen über Wirkungen machen, ent-
    sprechen mit ihrer bekannten Studie nur teilweise diesen Anforderungen.

Gewalthandlungen auch dann noch als gewalthaltig empfunden werden, wenn sie in humoristischer Verfremdung vorkommen (Früh 1995). Für die rechtliche Bewertung mag zum Beispiel der Satirevorbehalt geltend gemacht werden; die Darstellung von Gewalt in bestimmten Genres lässt möglicherweise darauf schließen, dass Aussagen über Gewalt anders zu interpretieren sind, als es vordergründig der Fall zu sein scheint. Allerdings können angeblich verborgene Aussagen auch Alibifunktionen übernehmen.

Die Bedeutung der Stilmittel und des framing ist bezüglich ihrer gesellschaftspolitischen Auswirkungen in der Forschung zu wenig beachtet worden. Eine stärkere Einbeziehung der ästhetischen Dimension könnte dazu beitragen, unerwünschtem sozialschädigenden Verhalten zuvorzukommen, ohne auf spannende Fernsehunterhaltung verzichten zu müssen.

Zusammenfassung

Die durch die telemetrische Forschung erfasste ‚Sehdauer' nimmt langfristig zu und beträgt heute bei den Personen ab 14 Jahren durchschnittlich 215 Minuten. Kinder und auch Jugendliche liegen bezüglich der Sehdauer unter dem Durchschnitt; je älter die Zuschauer sind, umso länger wird ferngesehen. Bei den informativen Programmen, besonders den Nachrichtensendungen liegt das öffentlich-rechtliche Fernsehen vorn, während im Bereich der Unterhaltung die privaten Programmangebote bevorzugt werden. In Ostdeutschland sind die privaten Sender und die Dritten Programme der öffentlich-rechtlichen Fernsehanstalten besonders beliebt.

Fernsehen ist Bestandteil der Lebenswelt und strukturiert den Alltag. Es wird in Alltagspraktiken, in Interaktionen, Rituale und Sinnsysteme des Einzelnen und seiner sozialen Umgebung eingebunden. Dabei kann populären TV-Figuren auch eine Ersatzfunktion für fehlende Kontakte zukommen (*parasoziale Interaktion*); unter den Vielsehern befinden sich besonders viele alte Menschen. Das Fernsehen übernimmt Funktionen im Rahmen von familiären Problemlösungsstrategien und ist von großer Bedeutung für das Binnenklima innerhalb der häuslichen Gemeinschaft. Im Umgang mit dem Fernsehen bringen Kinder ihre Ängste und Hoffnungen zum Ausdruck: Schwierigkeiten, die aus dem Kontakt mit Eltern, Geschwistern und Gleichaltrigen erwachsen, werden auf Protagonisten des Fernsehens projiziert.

Die Forschung hat wenig Evidenzen dafür erbracht, dass Gewaltdarstellungen im Fernsehen und in anderen audiovisuellen Medien, von vereinzelten Vorkommnissen abgesehen, Gewalthandlungen direkt verursachen. Aber auch die These von einer Wirkungslosigkeit des Fernsehens in Bezug auf die Auslösung von Violenz wird im Allgemeinen nicht gestützt. Langfristig gesehen ist nicht auszuschließen, dass es sowohl durch Habitualisierungs- als auch durch Kultivierungseffekte zu Veränderungen der Alltagswirklichkeit kommt, wobei allerdings auch andere, sozialstrukturelle Veränderungen beachtet werden müssen.

Literatur:

Cornelißen, Waltraud: Fernsehgebrauch und Geschlecht. Zur Rolle des Fernsehens im Alltag von Frauen und Männern. Opladen/Wiesbaden 1998
Ausgehend von der sozialen Konstruktion des Geschlechts werden Kommunikationsmodelle und neuere empirische Befunde vorgestellt, die geschlechtsdifferente Muster der Fernsehnutzung nachzeichnen. Im Vordergrund steht die Auseinandersetzung mit dem sozialisationstheoretischen Paradigma, das bislang bei der Analyse der TV-Rezeption von Frauen und Männern im Vordergrund gestanden hat. Die Arbeit bietet einen gründlichen Überblick zur publikums- und rezeptionsbezogenen Fernsehforschung und nimmt Stellung zu der Frage, welcher Erklärungswert der Kategorie Geschlecht für die Fernsehaneignung zukommt.

Gleich, Uli: Parasoziale Interaktionen und Beziehungen von Fernsehzuschauern mit Personen auf dem Bildschirm. Landau 1997
Die persönliche Bedeutung, die TV-Figuren für den Fernsehzuschauer haben, steht im Mittelpunkt der Analysen. Der klassische Ansatz zur Parasozialen Interaktion wird im Kontext moderner medientheoretischer Theorien neu verortet und um eine dynamische Perspektive ergänzt. Das so entwickelte Konzept wird in drei eigene empirische Studien eingebracht, in denen es um die Frage geht, ob Beziehungen zu Fernseh-Protagonisten mit realen sozialen Beziehungen vergleichbar sind.

Kübler, Hans-Dieter/Swoboda, Wolfgang H.: Wenn die Kleinen fernsehen. Die Bedeutung des Fernsehens in der Lebenswelt von Vorschulkindern. Schriftenreihe der Landesmedienanstalten. Berlin 1998
Wann und in welchem Umfang sehen Vorschulkinder fern? Welche Programmpräferenzen lassen sich für Kinder im Vorschulalter feststellen? Wie stark werden sie von der Werbung erreicht und welche Bedeutung haben TV-Protagonisten in ihrem Leben? Welche Strategien entwickeln Familien im Umgang mit dem Fernsehen? Die Forschungsgruppe untersucht diese und andere Fragen anhand einer repräsentativen Befragung und qualitativer Fallstudien.

8   Fernsehen und Kultur

8.1   Fernsehen und Lesen

Kultur als Gesamtheit von Symbolen, Wissen, Wertvorstellungen und Normen, von kollektiven Weltbildern und Sinnkonstrukten, von Lebensstilen und Geschmack im räumlichen und sozialen Kontext wird getragen von Kommunikationsmitteln. Die Medien sind als Techniken der Kommunikation selbst Teil der Kultur, jedoch ein besonderer insofern, als sie auf die Erzeugung des Wissens und dessen Verbreitung direkten Einfluss haben. Sie verknüpfen mehrere Bereiche, Ebenen und Dimensionen der Kultur: sie sind materielle und soziale Apparatur und sie sind Transportmittel von Zeichen und Inhalt, also Form und Sinn zur gleichen Zeit. Botschaften werden nicht nur weitergegeben, sondern verbinden sich mit dem Medium, das Möglichkeiten und Grenzen des Medientextes, seine Verbreitung und seine Interpretation mit beeinflusst (zur Problematik des Medienbegriffs siehe Hickethier 1988). Es wäre also falsch, die Medien nur als Instrumente der Übertragung von Bedeutungskontexten zu begreifen; sie geben den *content* vor, indem sich zum Beispiel bestimmte Bedeutungsgehalte besser oder schlechter mit Hilfe eines Mediums weitergeben lassen. Darüber hinaus nehmen sie durch ihre technische und institutionelle Beschaffenheit und ihre soziale Organisation Einfluss darauf, wer kommuniziert und wie das Kommunizierte decodiert wird. Die Bedeutung des Mediums für den Sinngehalt der Kommunikation kommt in der pointierten Formulierung Mc Luhans zum Ausdruck, dass „das Medium die Botschaft" sei (Mc Luhan 1986).

Aufgrund der Bedeutung, die den Medien für das kulturelle System zukommt, stellt sich die Frage, welche medialen Veränderungen aktuell stattfinden und welche Auswirkungen auf die Kultur zu erwarten sind. Nachdem im Kapitel über Fernsehtheorien schon einige Aspekte dieser Thematik auf der Ebene von grundsätzlichen Annahmen zur Konstitution moderner Gesellschaften behandelt worden sind, wird es im Folgenden zunächst um empirisch nachweisbare Tendenzen der Mediennutzung, speziell des Fernsehens im Verhältnis zu den Printmedien gehen, um von dieser Grundlage aus die Frage nach dem Zusammenhang zwischen Medienveränderung und kulturellem Wandel neu aufzugreifen.

Eine im Jahre 2000 durchgeführte Untersuchung der Stiftung Lesen (Franzmann 2001), bei der die Mediengewohnheiten einer für die bundesdeutsche Bevölkerung repräsentativen Stichprobe erfasst wurde, führte zu dem Ergebnis,
dass nicht nur dem Fernsehen, sondern nach wie vor auch dem Lesen im Leben
der Befragten eine hohe Bedeutung zukommt. Die Lektüre von Sach- oder Fach-
büchern halten 39%, von Romanen, Erzählungen und Gedichten 29% für sehr
wichtig oder wichtig. Bei Zeitungen einerseits, bei Zeitschriften, Illustrierten und
Magazinen andererseits liegt der entsprechende Anteil sogar bei 86% bzw. bei
71%. In den alten Bundesländern gaben 38% der Befragten an, bis zu einmal pro
Woche sich der Lektüre von Büchern zu widmen; in den neuen Bundesländern
lag der entsprechende Wert bei 51%. Allerdings ist nach den Ergebnissen dieser
Studie zumindest kurzfristig eine Abnahme der Lesefreudigkeit zu verzeichnen:
Bei einer Erhebung im Jahre 1992 waren es noch 46% der Befragten in den alten
Bundesländern und 68% in den neuen Bundesländern, die „bis zu einmal pro
Woche" in ihrer Freizeit zum Buch griffen. Obwohl heute in den Haushalten
mehr Bücher vorhanden sind und auch die Zahl der „gelesenen" Bücher nach
Angaben der Befragten steigt, wird doch seltener gelesen, ein Befund, der unter
anderem auf den veränderten Umgang mit dem Medium Buch zurückzuführen
ist; paralleles Lesen von mehreren Büchern anstelle des ‚Durchlesens' von einem
Buch sowie das Überfliegen von Seiten kommt heute häufiger vor als in der
Vergangenheit.

Da die verschiedenen Messgrößen des Lesens für sich genommen nur beschränkte Aussagen zulassen, wurde von der Bertelsmann-Stiftung zusammen
mit dem Meinungsforschungsinstitut *infas* ein Index gebildet, der für jeden Befragten quantitative und qualitative Merkmale des Leseverhaltens erfasst. Die
Werte des „Lesebarometers" beruhen unter anderem auf Aussagen über Lese-
menge, Lesehäufigkeit, Lesefreude und Lesemotivation. Ein Vergleich der Daten
aus dem Erhebungsjahr 1999 mit denen von 1996 weist aus, dass das Segment
der „Buchfernen" mit sehr niedriger Leseneigung etwas zurückgegangen ist,
während der Anteil der Bundesbürger mit hoher und sehr hoher Leseneigung im
gleichen Zeitraum leicht zunahm. Nichtsdestoweniger waren es 44% der Stichprobe, die im Erhebungsjahr 1999 zu den Kaum- und Weniglesern gehörten
(Langen/Bentlage 2000). Auch eine Untersuchung der OECD zeigt, dass ein
nicht unbedeutender Teil der Bevölkerung in den Mitgliedsländern zu den sogenannten Aliteraten gehört, die zwar lesen können, aber höchstens gezwungener-
maßen von dieser Kompetenz Gebrauch machen. Zusammen mit den Analphabe-
ten liegt nach Angaben der Kommission der Prozentsatz derjenigen, die den
Printmedien distanziert gegenüberstehen, bei ca. einem Drittel der Befragten
(Generalsekretär der OECD, 1995, 6).

Schön (1998) stellt unter langfristiger Perspektive einen allen kulturpessimistischen Aussagen zuwiderlaufenden Trend zur Beliebtheit des Bücherlesens fest. Auf der Grundlage von Umfragedaten kommerzieller Meinungsforschungsinstitute, die zwar nicht mit identischen, so doch ähnlichen Fragen seit 1952 das Leseverhalten und die Nutzung der Printmedien für unterschiedliche Auftraggeber untersucht haben, lässt sich nach Angaben Schöns zeigen, dass es in Bezug auf das Lesen von Büchern trotz zunehmender Verbreitung anderer Medien keine dramatischen Einbrüche gibt. Im Gegenteil sei sogar der Anteil derjenigen, die mit Bezugnahme auf die letzten vier Wochen mindestens ein Buch gelesen haben oder dies als Gewohnheit nannten, im Verlauf von 40 Jahren von 50% auf über 60% gestiegen. Dabei lassen sich nach Schön jedoch inhaltliche Verschiebungen feststellen, und zwar indem besonders das qualifizierende, berufsbezogene und weiterbildende Lesen gegenüber dem Unterhaltungslesen zunimmt.

Wie beim Fernsehen, so zeigen sich auch beim Lesen deutliche altersspezifische Unterschiede. Die Fernsehdauer steigt, wie gezeigt wurde, mit dem Lebensalter an, Bücher werden von Jüngeren häufiger genutzt (Saxer/Langenbucher/ Fritz 1994).[55] Die für die Lektüre aufgewendete Zeit nimmt zunächst mit dem Lebensalter zu, um mit ca. 30 Jahren wieder abzunehmen. (Saxer/Langenbucher 1989, 493f.) Insbesondere in der Altersgruppe der Senioren ist das Interesse für Bücher gering. Lesen erfordert Anstrengungen, die von älteren Menschen gemieden werden, was unter anderem auch auf körperliche Defizite zurückzuführen ist. Das höhere Interesse von Jugendlichen und jungen Erwachsenen ergibt sich zum Teil aber auch aus den Anforderungen, die in Unterricht und Beruf an sie gestellt werden. Eine exakte Trennung zwischen ausbildungsbezogener (Pflicht-)Lektüre und einer Lesetätigkeit zum Zwecke der Allgemeinbildung und Unterhaltung ist nicht möglich, da auch neigungsbezogenes Lesen durch die Schule induziert sein kann und möglicherweise durch die Schule honoriert wird.

Die zum Fernsehen konträre Altersstruktur des Lesens scheint auf ein Konkurrenzverhältnis zwischen audiovisuellen und gedruckten Medien hinzudeuten. Dass derjenige, der häufig liest, seltener das Fernsehgerät einschaltet, ist eine plausible Annahme, zumal wenn man von einem begrenzten Zeitbudget ausgeht. Dem ist die Hypothese des „the more the more" entgegenzuhalten, nach der die intensive Nutzung eines Mediums – der Tendenz nach – mit dem häufigen Gebrauch anderer Medien einhergeht, und zwar indem sich Medien gegenseitig im Medienverbund ergänzen oder indem das Informations- und Unterhaltungsbedürfnis durch einzelne Medien zwar angeregt, aber nicht befriedigt wird und somit auch anderen Medien zugute kommt. So könnte zum Beispiel ein ausge-

---

55 Bei den von Lehmann und Mitarbeitern befragten Achtklässlern lag der Prozentsatz derjenigen, die mindestens einmal in der Woche in ihrer Freizeit zum Buch griffen, sogar bei 81% (Lehmann et al. 1995, 103)

prägtes Informationsbedürfnis sowohl die Lektüre von Zeitungen und Sachbüchern als auch die Nutzung von Nachrichten und Dokumentationen im Fernsehen und im Internet zur Folge haben. Das Fernsehen kann auch zum Lesen stimulieren; die Verfilmungen von Romanen regen ebenso zur Lektüre an wie Buchempfehlungen in den Kulturmagazinen des Fernsehens. Trotzdem sind die Vielseher nicht Vielleser. Die „The-more-the-more-Hypothese" der Mediennutzung, die auf Lazarsfeld und Kendall (1948) zurückzuführen ist, trifft offenbar mehr für die Vielleser als für die Vielseher zu; das heißt, dass diejenigen, die gerne lesen, sich tendenziell auch den Informationsangeboten des Fernsehens zuwenden, während umgekehrt die Vielseher in bedeutend geringerem Maße geneigt sind, ihre Zeit mit Lesen zu verbringen (Fritz/Suess 1986, 140). Franzmann vertritt den Standpunkt, dass nur für eine „Wissenselite" die wechselseitige Eskalation von Lesen und Fernsehen zutreffe (Franzmann 1982, 353).

Die Ludwigshafener und die Dortmunder Begleitforschungsprojekte, die in den 80er Jahren für die verkabelten Haushalte des Pilotprogramms die Auswirkungen eines um kommerzielle Angebote erweiterten Fernsehens untersuchten, zeigten ein komplexes Verhältnis im Gebrauch der Medien. Zwar waren nach den Ergebnissen der Ludwigshafener Studie diejenigen Zuschauer, die das erweiterte Angebot nutzen konnten, auch an anderen Medien besonders interessiert; allerdings galt diese Feststellung nur mit einer Ausnahme: Bücher wurden in den verkabelten Haushalten nicht öfter, sondern seltener gelesen. Vor allem die Wenigleser verzichteten zugunsten des Fernsehens auf die zeitlich besonders aufwendige Buchlektüre (Hasebrink 1989, 516f.). Die Dortmunder Begleitstudie führte zu dem Ergebnis, dass es in den Kabelhaushalten weniger Bücher gab und dass die Familien weniger gemeinsame Buchinteressen hatten (Hurrelmann 1993). Auch war in den Haushalten mit Kabelanschluss die Bereitschaft von Eltern, ihren Kindern aus Büchern vorzulesen, relativ gering ausgeprägt, was nicht die Verdrängung des Lesens bedeuten muss, jedoch – wie Hurrelmann meint – „die Chancen des Lesens in der Sozialisation von Kindern durchaus mindern könnte" (Hurrelmann 1989).

Nach Kiefer (1989) trifft die Komplementaritätsthese nur für die tagesaktuellen Medien zu: die Vielseher sind Vielleser von Zeitungen und Vielhörer von Radiosendungen. Außerdem muss nach ihrer Meinung das generationenspezifische Medienverhalten berücksichtigt werden. Ob Rezipienten ein Medium gegen ein anderes austauschen oder zusätzlich nutzen, hinge davon ab, mit welchen Medien eine Generation aufgewachsen sei und zu welchem lebensgeschichtlichem Zeitpunkt sich ein weiteres ausgebreitet habe.

Was das Verhältnis von Fernsehen und Lese*kompetenz* angeht, so sind die Forschungsergebnisse wenig konsistent. Schwache negative Korrelationen zeigen sich zwischen dem Ausmaß des Fernsehkonsums und der Lesekompetenz, und zwar vor allem bei durchschnittlicher Sehdauer. Schneider, Ennemoser und Reinsch (1999) stellen fest, dass die Lesekompetenz von Zweitklässlern, die exzessiv fernsehen, deutlich unter dem Durchschnitt liegt. Allerdings konnte dieser Zusammenhang nicht beobachtet werden, wenn es sich bei den bevorzugten Programmen um Informationssendungen für Kinder handelte. Für die Verdrängungsthese, nach der das Fernsehen für andere, entwicklungsfördernde Aktivitäten keine Zeit lässt, konnten für diese Altersstufe keine Belege gefunden werden; bei einer Teilstichprobe von Kindern im Vorschulalter ergab sich, entsprechend den Befunden der Dortmunder Begleitstudie zum Kabelpilotprojekt, dass den vielsehenden Kindern weniger vorgelesen wurde als dem Durchschnitt der Altersgruppe. Geht man davon aus, dass mit dem Vorlesen wichtige Voraussetzungen für die spätere Lesekompetenz geschaffen werden, dass zum Beispiel der Umgang mit einer situationsabstrakten Sprache gelernt wird, lange bevor das eigene Lesen einsetzt (Hurrelmann/Hammer/Nieß 1993, 63ff.), dann ist das Defizit des Vorlesens von schwerwiegender Bedeutung für die Literalität. Wenn das Fernsehen eine Kustodialfunktion übernimmt, wenn sich also die Erwachsenen mit der Fernsehnutzung der Kindern von einer persönlichen Betreuung entlasten, werden auch Interaktionen, die bei der Erschließung der räumlich-zeitlichen wie der symbolischen Umwelt hilfreich sein könnten, reduziert. Für TV-Angebote, die speziell für Kinder bestimmt und pädagogisch durchdacht sind, gilt allerdings, dass sie nicht nur den allgemeinen Entwicklungsprozess fördern, sondern auch bei der Erschließung der kulturellen, insbesondere der symbolischen Umwelt hilfreich sind. Dementsprechend ist in einigen Ländern ein positiver Zusammenhang zwischen TV-Konsum und späterer Lesekompetenz festgestellt worden (Schneider et al. 58). Zu dieser Förderung der Lesekompetenz, die mit dem Fernsehen von Kindern einhergehen kann, trägt möglicherweise auch bei, dass in vielen Ländern eine Untertitelung fremdsprachiger TV-Sendungen anstelle einer Synchronisation üblich ist. So sind zum Beispiel in Skandinavien Kinder zum schnellen Lesen von Untertiteln gezwungen, wenn sie Fernsehprogramme aus dem Ausland verstehen wollen. Entsprechend äußerten sechsjährige finnische Vorschulkinder bei einer Befragung den Wunsch, lesen zu lernen, um im Fernsehen alle Programme verfolgen zu können. (Linnakylä 1993)[56]

---

56 Einen entsprechenden Hinweis verdanke ich Christian Ränicke.

8.2   Die Verteilung von Wissen durch das Fernsehen

In einer Zeit, als die ‚Massenkommunikation' allein über die Printmedien ablief, konnte zwar nur wenig die Produktion, umso mehr aber die Verteilung von Informationen und Meinungen gesteuert werden. Auch wenn eine totale Kontrolle unmöglich war, weil illegal immer die Möglichkeit bestand, Flugblätter, Zeitschriften und Bücher weiterzuleiten, so gab es doch genügend Zugriffschancen, um die Effizienz bei der Verbreitung von Kommunikaten herabzumindern. Die freie Zirkulation des Wissens mit Hilfe der Printmedien war immer gefährdet, weil es das Druckerzeugnis selbst, das Schriftstück gab, dessen man habhaft werden konnte. Daher war es den politischen und weltanschaulichen Mächten sowie den lokalen Gruppen und Behörden möglich, auf die Streuung von Informationen Einfluss zu nehmen, etwa indem sie die inkriminierten Zeitungen und Bücher konfiszierten.

Schon der Telegraf und das Telefon entzogen sich den institutionalisierten Informationskontrollen, und zwar besonders in Hinblick auf den Wissens- und Meinungsaustausch über nationalstaatliche Grenzen hinweg. Mit der Einführung des Telegraphen als Medium der Nachrichtenübermittlung wehrten sich zunächst die Regierungen einzelner Staaten, internationale Verbindungen zuzulassen. Über lange Zeit wurden daher Informationen bis zu einer grenznahen Telegraphenstation übermittelt, um dort dechiffriert und sodann durch Kurier ins Nachbarland gebracht zu werden, wo man sie wiederum per Telegraph weiterleitete (Menghetti 1992, 60; vgl. auch Plake/Jansen/Schuhmacher 2001, 143). Das Radio schließlich wurde schon bald nach seiner Einführung zu einer ubiquitären Informationsquelle, sodass sich die Bemühungen zu einer politischen Einflussnahme weniger auf die Verbreitung als auf die Produktion, das heißt auf Redaktionen und Journalisten richtete. Besonders im internationalen Nachrichtenfluss war – spätestens nach Einführung der Kurzwellensender – das Eindringen unliebsamer Informationen kaum zu verhindern.

Das Fernsehen stellte zunächst einen Rückschritt dar, weil die staatliche Nachrichtenkontrolle außerhalb von Grenzregionen gewahrt blieb. Inzwischen ist „mit dem Einsatz von Satelliten zur Übertragung von Fernsehsendungen" eine grundsätzliche Wende eingetreten, und zwar, weil „die Sendungen weit über das nationale Territorium hinaus empfangen werden" können (Menghetti 1992, 70). Nicht nur in geographischer und politischer Hinsicht haben die elektronischen Medien Barrieren überwunden. Gleiches gilt auch in Hinblick auf soziale Schranken, auf Differenzen zwischen ‚Großgruppen' wie Stände und Klassen, zwischen Schichten und Milieus. Kollektiven mit niedrigem Status blieb in der traditionalen Gesellschaft nicht nur die Teilhabe an materiellen Ressourcen, sondern auch an Bildungs'gütern' verwehrt. Da Printmedien teuer und nicht für jeden gleichermaßen erreichbar waren, wurde Wissen hauptsächlich über die Schule verteilt. Die Bildungspolitik vergangener Jahrhunderte setzte bewusst auf eine homogene Elitenrekrutierung und verhinderte den Zugang von Kindern und Jugendlichen, die nicht dem Adel oder dem Besitz- bzw. dem Bildungsbürgertum angehörten, zu einer qualifizierten Schulbildung, um die tradierten sozialen Verhältnisse nicht in Frage zu stellen. Auf diese Weise waren Informationen für weite Kreise der Bevölkerung nicht erreichbar. Wenn Hörfunk und Fernsehen heute in fast jedem Haushalt empfangen werden können und auch das Internet immer mehr Menschen erreicht, gehören strukturell bedingte Informations- und Wissensdefizite der Vergangenheit an. Nichtsdestoweniger kann es Unterschiede im Umgang mit den Medien geben, sodass die Frage, wie die vorhandenen Angebote genutzt und verarbeitet werden, an Bedeutung gewinnt. Was das Fernsehen betrifft, so ist für die Entstehung von Wissensklüften nicht entscheidend, für wen das Medium erreichbar ist, sondern ob Informationen auch abgerufen werden. Dieses Problem stellt sich besonders unter dem Aspekt, dass eine umfassende Teilhabe der Bürger an öffentlichen, von den Medien getragenen und vermittelten Diskursen in Politik und Kultur für ein demokratisches Gemeinwesen unerlässlich ist.

Die Annahme, dass der allgemeinen Verfügbarkeit des Wissens, das heißt der Informationen über Tatsachen und Meinungen, auch die allgemeine Nutzung folge, die Vorstellung der Aufklärung etwa, dass sich mit dem Bekanntwerden der ‚Wahrheit' diese sich überall durchsetze, ist keine Selbstverständlichkeit. Die von Karl Mannheim begründete ‚Wissenssoziologie' hat ein ganz anderes Bild vom Zusammenhang der Ideen und Erkenntnisse einerseits und der ökonomisch-sozialen Lage der Individuen und Gruppen andererseits entworfen (Mannheim 1970; im Org. 1925). Danach sind es nicht die Erkenntnisse, die sich – nach immanenten Gesetzmäßigkeiten – durchsetzen; vielmehr prägen die ökonomischen und sozialen Strukturen die Vorstellungen über die Wirklichkeit. Mannheim ging von der „Seinsgebundenheit" des Denkens aus; das Erkennen ist in wissenssoziologischer Sicht von dem jeweiligen gesellschaftlichen Standpunkt abhängig; die „Aspektstruktur", das heißt „die Art, wie einer eine Sache sieht, was er an ihr erfasst und wie er sich einen Sachverhalt im Denken konstruiert", ergibt sich aus dem Sozialprozess und den ihm zurechenbaren Seinsfaktoren (Mannheim 1970, 219). Daraus folgt, dass die Akzeptanz fremder Erkenntnisse, das heißt der Eindruck der Richtigkeit, des Zutreffens von Tatsachenbehauptungen, sich wiederum aus materiellen Verhältnissen des Kollektivs ergibt, in das der Einzelne eingebunden ist. Wenn also Ideen und Wissen zu der materiellen Lage, den politischen Interessen und der damit verbundenen Weltsicht nicht passen, werden sie abgelehnt. Das „unruhige, wellenmäßige Nacheinander der sich ablösenden geistigen Strömungen enthüllt", so Mannheim, „eben sein Geheimnis und fügt sich zu einem sinnvollen Ganzen erst zusammen, wenn man bei der Entwicklung der geistigen Problematik auch die Entwicklung des werdenden Lebens heranzieht" (Mannheim 1970, 310). Zum Leben aber gehört – so Mannheim – der Wille von Gruppen, die sich von anderen sozialen Einheiten abgrenzen, sie bekämpfen oder doch mit ihnen in Konkurrenz stehen. Entsprechend diesen Antagonismen werden bestimmte Aspekte der Wirklichkeit erkannt und akzeptiert, andere jedoch, die mit dieser „Weltauslegungsart" unvereinbar wären, bleiben unbeachtet (Mannheim 1982; im Org. 1931). Auch Max Scheler, einer der Mitbegründer der Wissenssoziologie, betont den Zusammenhang zwischen den sozialen Tatsachen und dem Denken, das heißt den Gegebenheiten der Sozialstruktur und der Entwicklung des „geistigen Lebens". Für ihn wirken die „Realfaktoren" wie Schleusen, an denen sich entscheidet, welche kulturellen Inhalte in einem Prozess der Diffusion des Wissens weiter transportiert werden (Scheler 1960b; im Org. 1924).

Machen unterschiedliche Kollektive der Bevölkerung von dem ubiquitären Angebot des Wissens, also auch des von den elektronischen Medien angebotenen Wissens, nach Maßgabe ihrer "Seinsgebundenheit" Gebrauch? Die These von der gesellschaftlichen Verankerung der Informationsaufnahme und der Erkenntnis würde der Verbreitung von TV-Botschaften enge Grenzen setzen, indem nur das wahrgenommen und akzeptiert wird, was zu den ökonomischen und politischen Gegebenheiten von Publikumssegmenten passt. Mannheim und Scheler gehen offensichtlich von einer langfristigen Ansammlung empirischer Erkenntnisse und deren Ausdeutung bis hin zur Konstruktion komplexer Weltbilder aus, die durch „Sozialprozesse" und durch die Zugehörigkeit zu gesellschaftlichen Gruppen und Lagern gelenkt werden. Die Entwicklung und Verteilung des Wissens ist nach dieser Konzeption offensichtlich nicht Aufgabe spezieller Organisationen; vielmehr bestimmt die Gruppe selbst, was als wahr oder falsch zu gelten hat und was für die Rezeption zugelassen oder verworfen wird. Produktion und Konsumtion des Wissens beruhen für die Wissenssoziologie auf einem gemeinsamen Erfahrungshintergrund. Wenn zu diesen noch verdichtete Interaktionen hinzukommen, wenn im sozialen Leben dieses latente Wissen ständig thematisiert wird, wenn das Wissen bewusst oder unbewusst in eine Kommunikation über die Welt einfließt, dann werden sich nach dieser Auffassung Erkenntnisse vorwiegend innerhalb der Grenzen der ihnen entsprechenden, zu ihnen passenden ‚Soziotope' verbreiten.

Den Verteilerorganisationen, den Medien, aber auch den Produzenten des Wissens wird in den parlamentarisch verfassten, liberalen Gesellschaften der Gegenwart weitgehend Autonomie zugestanden. Daher ergibt sich die Frage, wie, das heißt vor allem von welchen Gruppen, Kollektiven und anderen Segmenten der Bevölkerung, die verbreiteten Mitteilungen über Tatsachen und Meinungen aufgenommen werden, ob es also mit einer allgemeinen Zugänglichkeit des Informationsangebotes auch zu einer allgemeinen Nutzung kommt, ob vielleicht sogar politische und kulturelle Diskurse auf eine bereitere Basis gestellt werden können und ob in der sozialen Wirklichkeit eine Partizipation an Vorgängen von allgemeiner Relevanz zunimmt. Gegenüber einer derart optimistischen Vorstellung gehen Tichenor, Donohue und Olien mit ihrer bereit 1970 formulierten „Wissenskluft-Hypothese" von einer Ungleichverteilung aus, allerdings nicht entlang den Grenzen von Standes- und Klasseninteressen und der damit sich konstituierenden Sinnprovinzen, sondern entsprechend der Statushöhe des Einzelnen; das heißt:

> „As the infusion of mass media information into a social system increases, segments of the population with higher socioeconomic status tend to acquire this information at a faster rate than the lower status segments, so that the gap in knowlegde between these segments tends to increase rather than decrease." (Tichenor/Donohue/Olien 1970)

Zur Überprüfung der These legten die Forscher den Probanden zwei Artikel über wissenschaftliche Themen vor, die sie lesen und wiedergeben sollten. Dabei handelte es sich im einen Fall um eine Problematik, über die relativ viel, im anderen Fall relativ wenig berichtet worden war. Wie zu erwarten, zeigte sich eine Korrelation zwischen der Zahl der richtig rekapitulierten Einzelheiten und dem Bildungsgrad, gemessen am formalen Schulabschluss. Bei den Themen, über die relativ häufig in den Medien berichtet worden war, lag die Stärke des Zusammenhangs jedoch höher als bei den Themen, die zuvor seltener Beachtung gefunden hatten. Damit wird nach Meinung der Forschergruppe bestätigt, dass sich Statushöhere (gemessen durch den Bildungsgrad) die Themen mit hoher Publizität intensiver aneignen als Statusniedrige.

Sicher wird man nicht annehmen können, dass dieser Zusammenhang für jede Art von Information gilt. Vielmehr gibt es Meldungen, die zum Beispiel für einzelne Berufsgruppen eine höhere Relevanz haben als für den Durchschnitt und die deshalb – unabhängig von der Verortung im Schichtungsgefüge der Gesellschaft – von diesen zuerst rezipiert werden. Tichenor, Donohue und Olien schränken die Wissenskluft-Hypothese auf solche Themen ein, die von allgemeiner Bedeutung sind. Je weniger es sich um konkrete Probleme handelt, um Fragestellungen und Entscheidungen, die mit direkten Vor- und Nachteilen einzelner Bevölkerungssegmente zu tun haben und je weniger sie die persönlich erfahrbare Lebenswelt betreffen, umso stärker macht sich nach Meinung der Forschergruppe die Wissenskluft zwischen Bildungsschichten bemerkbar (vgl. Gaziano 1984). Geht es dagegen um konkrete Themen, beispielsweise um Lokalpolitik, bei der eine direkte Betroffenheit und ein gleichverteiltes Themeninteresse gegeben ist, so zeigen sich keine oder nur geringe Differenzen (Bonfadelli 2001, 40; vgl. auch Kap. 4.6).

Da nicht die Statushöhe, sondern der Schulabschluss gemessen wird, geht es bei der Wissenskluft-Hypothese in erster Linie um den Zusammenhang zwischen formaler Bildung und der Aneignung von Wissen. Tichenor, Donohue und Olien argumentieren, dass mit der schulischen Qualifikation auch eine größere Aufnahmebereitschaft für wissenschaftliche und politische Themen einhergehe, was sowohl für das Interesse wie für das Nachvollziehen von komplexeren Problemen gelte. Wer also nach dieser Meinung über ein größeres Vorwissen verfügt, wird auch eher durch Publizitätskampagnen erreicht, während derjenige, der weniger informiert ist, bei der Verteilung des zusätzlichen Wissens zu kurz kommt. Das Wissen selbst erzeugt demnach Interesse; Kenntnisse in einem Gebiet führen zum Erwerb weiterer Wissens. Außerdem sei auch die Medienkompetenz für die Wissenskluft verantwortlich: Die Lesefähigkeit zum Beispiel sei unterschiedlich ausgeprägt und trage zur ungleichen Verbreitung von Informationen bei.

Was den zuletzt angeführten Faktor angeht, so stellt sich die Frage, ob durch das Fernsehen heute – im Vergleich zur Situation um 1970 – eine Änderung eingetreten ist. Da die Rezeption der elektronischen Medien nicht von speziellen, in der Schule erlernten und trainierten Kulturtechniken abhängt, könnte mit dem umfangreichen Informationsangebot des Fernsehens eine Demokratisierung des Wissens eingetreten sein. Von daher wäre es möglich, dass Bildungsunterschiede, die bei der Rezeption von Printmedien zum Tragen kommen, durch das Fernsehen relativiert würden, dass sich also „die Bildung in Falle des Fernsehens als ein weniger trennscharfer Faktor" (Jäckel 1999, 279) erwiese.

Diese Einschätzung, dass das Fernsehen mit einem allgemeinen Zuwachs an politischer Kompetenz einhergehe, wird von Schulz im Jahre 1985 zurückgewiesen. Zwar hätten Hörfunk und Fernsehen eine Steigerung des Informationsangebotes bewirkt; es sei aber bereits eine Sättigung der Nachfrage festzustellen. Zusätzliche Informationsangebote brächten die Gefahr mit sich, dass die Verarbeitungskapazität überschritten werde und die Informationsfülle den Rezipienten negativ anmute. Mit Bezug auf die Wahlforschung argumentiert Schulz, dass Informationsdichte auch zunehmende Gleichgültigkeit bewirken könne. Obwohl die AV-Medien ihr Informationsangebot erheblich ausgebaut hätten, sei der Kenntnisstand über politische Gegebenheiten und Zusammenhänge im Wesentlichen gleich geblieben. Dieses Ergebnis müsse umso mehr überraschen, als sich im gleichen Zeitraum die Bildungsbeteiligung erhöht habe. Bildungsexpansion und die Expansion der audiovisuellen Medien hätten möglicherweise gegensätzliche Auswirkungen, indem der Zuwachs an politischer Kompetenz, der durch eine qualifizierte Schulbildung zustande komme, durch Hörfunk und Fernsehen neutralisiert würden. Es sei daher nicht abwegig, so Schulz, „die Diskrepanz zwischen der Medienentwicklung und den Erwartungen hinsichtlich der politischen Kompetenz der Bevölkerung auf die Expansion der Funkmedien zurückzuführen" (1985, 113).

Wenn diese Ansicht richtig wäre, dann ergäbe sich die Schlussfolgerung, dass Informationen zurückgehalten werden müssten, um ein höheres Interesse für politische Sachverhalte zu erreichen, denn der Vorwurf gegenüber dem Fernsehen ist ja nicht ein zu geringes Angebot an Informationen, sondern ein zu hohes. Gegenüber dieser grundsätzlich fernsehkritischen Einschätzung wäre zu prüfen, ob nicht möglicherweise mit Hilfe des Bildschirms auch Informationen für diejenigen übermittelt werden können, die sich den Printmedien verschließen. Dies würde bedeuten, dass Printmedien einerseits, elektronische Medien andererseits in der jeweiligen Art, Informationen zu präsentieren, spezifische Vor- und Nachteile hätten.

Für Bonfadelli (1988) gibt es ein komplementäres Verhältnis zwischen den Medien, allerdings nur in der Richtung, dass sich häufiges Lesen auch auf die Rezeption des Fernsehens positiv auswirkt. Habituelle Leser orientierten sich bei der TV-Rezeption mehr an den detaillierten und abstrakten sprachlichen Botschaften dieses Mediums, während für den unregelmäßigen Leser stärker die Unterhaltungselemente und die – zumeist verbildlichte – Oberflächeninformation im Vordergrund stünden. Bei einer in Zürich durchgeführten Untersuchung wurde jugendlichen Testpersonen eine medienpädagogische Fernsehsendung zu einer populären TV-Krimiserie gezeigt. Dabei ergab sich, dass Probanden mit hoher Leseintensität den informativen Gehalt der Sendung hervorhoben, während Wenigleser dazu neigten, die Unterhaltungselemente zu betonen; auch wurde die pädagogische Aufklärung über die Krimiserie in der Weise missverstanden, dass die Probanden diese selbst für einen Krimi hielten. Auch der Wissenstransfer, das heißt die Zahl der aufgenommenen und reproduzierten Informationen, lag bei den habituellen Lesern höher. Bonfadelli argumentiert, dass das gesellschaftlich dominierende Wissen sprachlich und nicht in Bildern kodiert sei. Die Zugehörigkeit zu bildungsprivilegierten Schichten gehe mit der Nutzung informationsreicher Druckmedien einher, womit die Angehörigen dieser Schichten in der Lage wären, ihren Vorsprung auszuweiten. Gleichzeitig vermittle das Lesen eine Kompetenz zum Erkennen struktureller Zusammenhänge, die dann zur Auswirkung komme, wenn sich der Vielleser dem Fernsehen zuwende. Die durch die Bildungsinstitutionen hergestellte Ungleichheit werde somit durch die audiovisuellen Medien stabilisiert. Allerdings böte in besonderen Fällen das Lesen auch die Chance, Wissensdifferenzen auszugleichen: Personen, die hinsichtlich ihres Schulabschlusses benachteiligt seien, nichtsdestoweniger aber das Printmedium Zeitung als Informationsquelle nutzten, wiesen relativ geringe Unterschiede zu Zeitungslesern mit qualifiziertem Bildungsabschluss auf.

In der Wissenskluft-Forschung wird inzwischen von einem Ceiling-Effekt ausgegangen, und zwar in der Weise, dass bei einem hohen Informationsstand eine weitere Erhöhung des Informationsangebots keine zusätzliche Nachfrage nach Informationen bewirkt.

> „Es scheint durchaus möglich zu sein, dass in einer Kommunikationssituation die besser Informierten ab einer gewissen aufgenommenen Informationsmenge sich genügend informiert fühlen, dass weitere Informationsaufnahme demotiviert und dazu führt, dass die weniger Informierten aufholen können." (Bonfadelli 1994a, 118)

Robinson (1976) behauptete schon in den 70er Jahren, dass durch das Fernsehen das Vertrauen zu den politischen Institutionen untergraben werde und prägte in diesem Zusammenhang den Begriff der Videomalaise. Wer, so Robinson, sich am Bildschirm über das aktuelle Geschehen informiert, tendiert dazu, sich der Politik zu entfremden, das heißt, der Politik zu misstrauen und die Möglichkeiten der demokratischen Einflussnahme gering einzuschätzen. In Deutschland fand die These einer allgemeinen Politikverdrossenheit rasche Verbreitung, traf sie sich doch mit der ‚Unregierbarkeitsthese', die zuvor im Zusammenhang mit einer angeblichen Überforderung des Wohlfahrtsstaates durch den Bürger diskutiert worden war. Die Unzufriedenheit mit dem System, die Entstehung der Neuen Sozialen Bewegungen und der empirisch belegte Wertewandel schienen auf eine grundsätzliche Legitimitätskrise hinzudeuten. Für die Ursachen der Politikverdrossenheit, der poltischen Entfremdung und des Misstrauens gegenüber den politischen Akteuren wurden von einigen Autoren (Roegele 1979; Klages 1981, 38ff.; vgl. Arzheimer 2002, 55) auch die Medien, und zwar in erster Linie das Fernsehen, verantwortlich gemacht. Holtz-Bacha (1989) dagegen entwirft ein differenzierteres Bild. Als unzulänglich kritisiert sie, dass die Forschung bei der Untersuchung des Zusammenhanges zwischen Mediennutzung und politischer Entfremdung nicht zwischen den Medieninhalten unterscheide und dass insbesondere die Bedeutung von Unterhaltung unberücksichtigt bleibe. (s. auch Holtz-Bacha, 1990, 54ff.) Nach den Ergebnissen ihrer Forschungen weisen Zuschauer, die sich vornehmlich den Nachrichtensendungen des Fernsehens zuwenden, im Allgemeinen nicht ein negatives, sondern ein positives Politikbild auf. Ein Gefühl der Macht- und Wirkungslosigkeit entwickle sich nur dann, wenn das Medium vorwiegend zu Unterhaltungszwecken genutzt werde. Aufgrund einer Befragung in Dresden, die 1996 vorgenommen wurde, bestätigt Wolling (1999, bes. 181ff.) der Tendenz nach den Zusammenhang zwischen der Zuwendung zur Fernsehunterhaltung und empfundener politischer Machtlosigkeit, obwohl die Ergebnisse nicht signifikant waren. Crigler und Wallach (1990) stellen auf der Grundlage experimenteller Untersuchungen fest, dass bei Fernsehzuschauern, die politisch wenig interessiert sind, komplexe Informationen über politische Sachverhalte Unwillen auslösen können. Eine Gruppe von Teilnehmern, die das Video einer Diskussion von Wahlkandidaten gesehen hatte, wurde in Hinblick auf das wiedergegebene Wissen mit einer zweiten Gruppe verglichen, die über dasselbe Ereignis, eine Nachwahl in einem Bundesstaat, durch Wahl-Werbespots informiert wurde. Die Befragten, die die anspruchsvollere Debattenshow gesehen hatten, wiesen keinen generellen Wissensvorsprung auf. Die Rezipienten der Wahl-Werbespots waren zum Beispiel eher in der Lage, die politischen Positionen der Kandidaten richtig einzuordnen. Dies galt besonders für politisch wenig Interessierte mit geringerer schulischer Qualifikation. Das bedeutet, dass Bildungsbenachteiligte von Programmen mit kurzen und prägnanten Informationen einen vergleichbar größeren Nutzen haben als von längeren und detailreichen Sendungen, ja dass TV-Angebote mit komplexen Detailinformationen desorientierend wirken. Daraus könnte auch der Schluss gezogen werden, dass das Medium Fernsehen, das sich gegenüber den Printmedien auf eine generell kürzere politische Berichterstattung beschränken muss, für Absolventen von weniger qualifizierten Bildungsgängen Informationsvorteile bietet.

Wenn besser gebildete Gruppen mehr Informationen aufnehmen als solche mit schlechterer formaler Schulbildung, darf daraus nicht der Schluss einer auch langfristig sich öffnenden Wissensschere gezogen werden. Die sich addierenden Wissensklüfte müssten dann nämlich für gesellschaftlichen Sprengstoff sorgen, indem die bevorzugten und benachteiligten Bevölkerungssegmente sich immer weiter voneinander entfernten. Tatsächlich gibt es für eine derartige Zuspitzung der gesellschaftlichen Unterschiede wenig Anzeichen. Realistischer ist die Annahme, dass Wissensunterschiede, die durch ungleiche Rezeption von Massenmedien aufgebaut werden, sich auch wieder ausgleichen. Das heißt, dass mit einer Umstellung der Agenda die bevorzugten und benachteiligten Rezipientengruppen immer wieder erneut zu einem Wettlauf antreten, während die bereits erworbenen Vorsprünge mit nachlassender Aktualität des Themas ihre Bedeutung verlieren. Auch das persönliche Interesse und ein interessebedingtes Vorwissen, die ja nicht unbedingt von der Schulbildung abhängen, relativieren die bildungs- und statuskonformen Wissensklüfte. „Die subjektive Betroffenheit" – so stellt Holst als Resümee eigener empirischer Untersuchungen fest – „fördert generell den Wissenserwerb". Demnach ist „keine dauerhafte Wissenskluft zu erwarten, wenn die Medien intensiv und leicht verständlich (hohe Intensität, geringe Informationsdichte) über Konflikte berichten" (Holst 2000, 259). Zu einer Dramatisierung der Entwicklungen, etwa im Sinne einer zunehmenden Dichotomisierung der Gesellschaft, besteht demnach kein Anlass.

Außerdem ist die Frage zu stellen, ob Wissensklüfte durch die Medien nicht
sogar nivelliert werden können. Die klassische Wissenskluftforschung geht von
der Publizität der Themen aus, ist also, wie Früh (1991, 179f.) kritisiert, rein
kommunikatororientiert. Es gibt jedoch Anzeichen, dass eine stärkere Berücksichtigung des Nutzers zu anderen Ergebnissen führen würde. So zeigte eine
Untersuchung von Eveland und Scheufele (2000), dass die Wissensklüfte zwischen höher und niedriger gebildeten Fernsehzuschauern bei denjenigen, die häufig Nachrichten rezipierten, nicht größer, sondern kleiner waren als bei der
Gruppe, die seltener vom Nachrichtenangebot Gebrauch machte. Diejenigen, die
ein High-School-Diplom oder einen geringer qualifizierenden Abschluss hatten,
kannten sich zwar hinsichtlich der Präsidentschaftskandidaten und der von ihnen
vertretenen politischen Programme weniger gut aus; sie profitierten aber, was ihren Kenntnisstand anging, mehr als die Befragten mit Hochschulabschluss davon, dass sie sich häufig TV-Nachrichten ansahen. Die Auswertung von For-
schungsdaten, die im Zusammenhang mit der amerikanischen Präsidentschafts-
wahl im Jahre 1996 erhoben wurden, machte außerdem deutlich, dass dieser
Zusammenhang auch in Bezug auf die Rezeption von politischen Informationen
in den Printmedien galt, jedoch schwächer ausgeprägt war. Demnach wäre der
implizite Pessimismus der Wissensklufthypothese, dass nämlich trotz zunehmender Informationsmöglichkeiten die Unterschiede zwischen Gruppen mit
höherem und niedrigerem Schulabschluss gleich bleiben oder sogar noch größer
werden, nicht berechtigt. Besonders für das Fernsehen würde gelten, dass es
nicht „von einem tieferen oder auch nur angemesseneren Verständnis von Politik
ausschließe" (Saxer 1993, 323), sondern dass die intensive Nutzung von Informationssendungen durch die Bildungsbenachteiligten dazu beitragen könnte,
die vorhandenen Unterschiede der politischen Bildung abzubauen. (Dazu auch
Eichmann 2000, bes. 231f.) Das hieße, dass dem Fernsehen, was den Informationsstand der Bürger angeht, doch eine Demokratisierungsfunktion zukäme, da
die narrative Art der TV-Berichterstattung den Vorteil hat, von allen verstanden
zu werden.

Ein weiterer Ausgleichseffekt wird von Wirth vermutet (Wirth 1997). Er betont, was zunächst eher auf die Konstituierung von Wissensklüften verweist, dass
Schulbildung nicht nur kognitive Fähigkeiten, sondern darüber hinaus motivationale Faktoren umfasst. Nach Wirth kann davon ausgegangen werden, dass höhere Schulabschlüsse auch mit der Wahrnehmung staatsbürgerlicher Pflichten
zur Information und Partizipation einhergeht. Die differenzierende Wirkung der
Bildungsverweildauer macht sich also nicht allein in Bezug auf das Verstehen
und Behalten von politischen Informationen bemerkbar; schon die Bereitschaft,
Fakten und Meinungen unabhängig von einem unmittelbaren Verwertungsinte-
resse zur Kenntnis zu nehmen, wäre demnach von der Bildungsqualifikation

abhängig. Allerdings konnte Wirth auch eine besonders kritische, ja ablehnende
Einstellung von Höhergebildeten gegenüber trockenen und komplexen Beiträgen
feststellen. Auf diese Weise kommt es nach Wirth möglicherweise zu folgendem
Kreislauf:

> „Höhergebildete nehmen aufgrund ihrer Motivationen und Kenntnisse schnell Infor-
> mationen aus den Medien auf und schaffen sich umfangreiches Vorwissen zu ver-
> schiedenen Themen. Eine Wissenskluft entsteht. In späteren Rezeptionsfällen sind sie
> weiteren Medienbeiträgen über dieses Thema gegenüber skeptisch und kritikbereit.
> Mit einer relativ hohen Wahrscheinlichkeit kommt es zu einer kognitiven Distanz ge-
> genüber Beiträgen, die nicht den Vorstellungen Höhergebildeter entsprechen bzw.
> werden diese ignoriert. In der Folge können weniger Gebildete einen Wissensrück-
> stand wieder aufholen. Die Wissenskluft reguliert sich selbst." (Wirth 1997, 300)

8.3   Fernsehkultur und Lebenswelt

Mit der Wissenskluftforschung werden auch grundsätzliche Fragen angesprochen, die das Verhältnis von Gesellschaft und Kultur betreffen. Differenzen im
Umgang mit dem Fernsehen und in der Rezeption von Fernsehtexten sind möglicherweise nicht, wie die Wissensklufthypothese unterstellt, im Sinne eines Mehr
oder Weniger zu erfassen. Es könnte sich vielmehr um inhaltlich unterschiedliche, auf lebensweltliche Gegebenheiten bezogene kulturelle Muster und Orien-
tierungsweisen handeln, die im Kontext der Fernsehrezeption zum Tragen kommen. Die von Mannheim angenommene „Seinsgebundenheit des Denkens" würde sich demnach nicht in der Fähigkeit ausdrücken, Informationen aufzunehmen
und Hintergründe zu verstehen; an die Stelle einer durch Schulbildung geförderten Lernfähigkeit träte bei dieser Sichtweise die einer Lebenssituation adäquate
Interpretation. Ähnlich wie in der Sprachsoziologie wird daher in der Medien-
und Kommunikationswissenschaft eine defizittheoretische bzw. eine differenz-
theoretische Deutung einer sozial ungleichen Übernahme von Informationen
diskutiert. (Bonfadelli 1994a, 119ff.; Jäckel 1999, 283ff.)

In der Tradition der Cultural Studies steht der Zusammenhang von Fernsehtext und lebensweltlicher Praxis im Vordergrund. Mit dem Begriff der Hegemo-
nie ist gemeint, dass die von den Medien transportierte Kultur nicht in gleichem
Maße die Bedürfnisse und politischen Interessen von allen widerspiegelt, sondern einzelnen gesellschaftlichen Gruppen und Fraktionen mehr Rechnung trägt
als anderen. Zwar ist diese Kultur interpretierbar, umformbar, ja auch aufnahme-
fähig für kontroverse und neue Ideen; nichtsdestoweniger wird ihr durch den
status quo und die damit gegebenen Denkvorgaben die Richtung gewiesen. Auch
Wissensklüfte sind mit diesem Ansatz erklärlich; sie treten dann ein, wenn Interpretationen dem offiziellen Verständnis des hegemonialen Textes nicht entsprechen.

Die Mannheim'sche und Scheler'sche Soziologie ging von der gesellschaftlichen Verfassung der 20er Jahre aus, das heißt von einer Wissensproduktion, die durch die einzelnen Lager, durch große Kollektive gelenkt werden konnte, ja zum Teil auch durch diese originär hervorgebracht wurde. Dem entsprach eine politische Szenerie, in der die Printmedien die öffentliche Meinung trugen und repräsentierten. In der Weimarer Republik war es die Richtungspresse, die das publizierte, was im Interesse ihrer Klientel lag; dieses wiederum wurde von den Meinungsführern und Funktionären innerhalb der jeweiligen Lager, in den weltanschaulichen Vereinigungen, Gruppen, Parteien und parteinahen Verbänden artikuliert und in die politische Willensbildung eingebracht. Die Medien dienten unter diesen gesellschaftlichen Vorzeichen in erster Linie der Artikulation solcher Wissensdifferenzen, die durch die Kompatibilität mit den jeweiligen gruppenspezifischen Weltbildern entstanden.

Die Botschaften des Fernsehens richten sich an ein disperses Publikum, sind also nicht, wie Mannheim und Scheler unterstellen, aus den Erfahrungen der Rezipienten erwachsen und/oder auf sie abgestimmt. Das Fernsehen schafft also eine grundsätzlich neue Situation, indem es sich dem Zugriff der Interessengruppen stärker entzieht und mit einem auf größtmögliche Verbreitung gerichteten Programm an das Publikum herantritt. Vor allem mit der Einführung kommerzieller Programme können die weltanschaulichen Lager sowie ihre kulturpolitischen Sprecher nur kommentierend tätig werden, also durch Vermittlung von Interpretationshilfen, die aber bereits auf allgemeine Konsensfähigkeit hin angelegt sein müssen.

Auch die Gesellschaftsstruktur hat sich inzwischen so verändert, dass eine strikte Abgrenzung von Kollektiven und sozial basierten, politischen Fraktionen nicht mehr möglich ist. Inzwischen sind soziale Lager und Großgruppen in den meisten westlichen Ländern durch eine fortschreitende Individualisierung aufgelöst (Geißler 2002,137ff.) und in neue, flüchtigere Einheiten umgeformt worden. Nicht nur die Klassentheorie, auch die Theorie der sozialen Schichtung hat durch Veränderungen der sozialen Verhältnisse an Erklärungswert verloren. Beziehungssysteme, die sich entlang einer vorgegebenen, vererbten, somit ständisch geprägten sozialen Lage entwickeln, damit auch Ideologien, Sprachcodes, Freizeitgewohnheiten, Alltagskulturen usw. umfassen, sind in der Auflösung begriffen. Das Individuum wird freigesetzt, und zwar sowohl in Hinblick auf traditionelle Sozialformen als auch auf Denkgewohnheiten und Deutungsmuster einer die Seinsbedingungen größerer Kollektive reflektierenden Kultur. Dieser Emanzipationsprozess bringt neue Verkehrskreise und kulturelle Ausdrucksformen hervor, nämlich Cliquen, Peergroups und Szenen, Netzwerke mit gemeinsamen Lebensstilen und Formen der Freizeitgestaltung sowie Selbsthilfevereinigungen und Bürgerinitiativen. Einige dieser Gruppen sind nur auf der Grundlage einer aktuellen Bedürfnislage organisiert und zerfallen mit deren Erledigung. In einer solchen gesellschaftlichen Situation haben Medien eine ganz andere Funktion als zu einer Zeit, in der sich Individuen in einem Koordinatensystem von Ethnie, Region, Religion, Beruf, Bildungsstand und Alter verorten ließen. Das Publikum ist nicht mehr mit einer Großgruppe identisch. „Instead of an audience as the attentive mass or group we can, for instance, increasingly speak of a „taste culture" or a "lifestyle" to describe patterns of choice." (Mc Quail 1997, 22) Die sozialen Einheiten, die sich in der Vergangenheit entlang den Grenzen solcher Kategorien konstituierten, verfügten über institutionelle Gate-keeper-Mechanismen, die mit hoher Wirksamkeit die von außen kommenden Einflüsse abwehrten, umformten und notfalls auch in modifizierter Weise inkor-porierten. Das Fernsehen der Bundesrepublik hat allerdings nie ganz zu dieser Realität der „ständisch geprägten sozialen Klassen" (Beck) gehört; es etablierte sich zu einer Zeit, die bereits durch eine Flexibilisierung der sozialen Verhält-nisse gekennzeichnet war, in der sich also soziale Ungleichheit anders und viel-fältiger strukturierte als in der unmittelbaren Nachkriegsepoche.

Fernsehen als Kultur stößt heute auf soziale Gegebenheiten, die Habermas als „unübersichtlich" beschreibt (Habermas 1985). Angesichts einer hochgradigen Differenzierung und Fraktionierung sind die so zustande kommenden sozialen Einheiten im Allgemeinen viel zu schwach, um gegenüber den elektronischen Medien eine effektive Kontrolle durchsetzen zu können. Zwar weist der ,Text' immer noch Anpassungen an soziale Gegebenheiten auf, und zwar als Umfor-mung oder spezifische Deutung polyphoner Vorgaben, jedoch auf der Ebene der Milieus, der Familien und anderer ,Interpretationsgemeinschaften' (Jurga 1997), also in einem nicht institutionalisierten, informellen Rahmen anstatt nach Maß-gabe offizieller Vordenker. „Medien bieten Leitbilder der Identifikation, die in die jeweiligen Milieus hineingetragen, von diesen angeeignet und verschieden variiert werden." (Kliment 1997, 213) Es stellt sich die Frage, ob im Zuge dieser Anpassungen die lokalen, hier und da auch autochthonen Kulturen unbeschädigt bleiben. Beck schreibt dem Fernsehen die Funktion zu, durch Standardisierung einer fortschreitenden Individualisierung entgegenzuwirken:

> „Das Fernsehen vereinzelt und standardisiert. Es löst die Menschen einerseits aus tra-ditional geprägten und gebundenen Gesprächs-, Erfahrungs- und Lebenszusammen-hängen heraus. Zugleich befinden sich aber alle in einer ähnlichen Situation: sie kon-sumieren institutionell fabrizierte Fernsehprogramme (...). Die Individualisierung – genauer: Herauslösung aus traditionellen Lebenszusammenhängen – geht einher mit einer Vereinheitlichung und Standardisierung von Existenzformen." (Beck 1986, 213)

Diese erneute Standardisierung, die mit Hilfe des Fernsehens zustande kommt, ist, wie Hörning (1997) gezeigt hat, mit Wirkungen ganz eigener Art verbunden:

„Schon Gutenbergs Buchdruck", so Hörning, „brachte das Problem, ob der Adressat das, was mitgeteilt wird, richtig verstanden hat oder nicht." (1997, 41). Wenn sich also Kommunikation von der Intersubjektivität löst, wenn insbesondere das Medium nicht auf eine dialogische Struktur hin angelegt ist, nehmen die Schwierigkeiten zu, die Mitteilungen auf den eigenen kulturellen Kontext zu beziehen und sinnhaft zu decodieren. Wenn das Fernsehen in regionalen, interpersonellen Kontexten als auszudeutender Text verstanden wird, wenn es einen Prozess der Akkulturation gibt, der TV-Botschaften gebrauchsfertig macht, dann wird möglicherweise im Zuge dieses Vorgangs auch Kultur zerstört. Der Prozess der Restandardisierung, den Beck unterstellt, meint ja gerade eine solche Angleichung. Entweder nehmen Decodierungsprobleme mit dem Ende der Großgruppengesellschaft zu oder es kommt zu einer Hegemonialisierung durch den TV-Text. Möglicherweise wird aber auch die Dynamik des Individualisierungsprozesses und der Auflösung der ‚Großgruppen' überschätzt: Nach den Ergebnissen von Carlin (1995; vgl. Morley 1999, 145) leben Schwarze und Weiße in den USA in unterschiedlichen Fernsehwelten; keines der 10 Lieblingsprogramme der schwarzen Amerikaner stand auf der Top-ten-Liste des weißen Bevölkerungssegments.

Ähnlich widersprüchlich wie die grundsätzliche Bedeutung des Fernsehens im Kontext von Individualisierung und Standardisierung sind die gegenwärtigen Entwicklungen dieses Mediums. Die Entgrenzung der digitalisierten Information, das heißt die immer großräumiger werdenden Verbreitungsmöglichkeiten, zusammen mit einem Marktgeschehen, das ähnlich wie im Bereich der Güterproduktion auf Globalisierung ausgerichtet ist, stellt nicht nur für marginale Sinnprovinzen, sondern für das kulturelle Erbe ganzer Kontinente eine Herausforderung dar. Wenn im Bereich der Medienkommunikation Konzentrationsprozesse unübersehbar sind, wenn *global players* auftreten (McChesney 1999, 78ff.), die ihre Grenzkosten durch weltweiten Absatz ihrer Ware reduzieren, dann wird im weltweiten Maßstab Kultur zu einem Hindernis für die Ökonomie. Allerdings bedeutet die Gleichheit der Kommunikate, zum Beispiel einer US-amerikanischen Fernsehserie, die in aller Welt ausgestrahlt wird, nicht Gleichheit der Wirkung im Sinne der von Schiller (1989) prognostizierten ‚One Culture'. Vielmehr können sich auch Kulturen zu Interpretationsgemeinschaften formieren und zu unterschiedlichen Reaktionen beitragen. Was aber als Wirkung sichtbar wird, ist die Kontingenzerfahrung, also der Verlust der Selbstverständlichkeit autochthoner Kulturen und die Feststellung, dass das Leben in anderen Bahnen verlaufen und einen anderen Sinn haben kann (vgl. dazu Kriener 1996, bes. 204f.).

Darüber hinaus ist das Medium mit der Verbesserung der Verbreitungsmöglichkeiten flexibler geworden. Auch der verschärfte Wettbewerb zwingt dazu, das Angebot zu diversifizieren und zielgruppengemäß auszurichten. Eine derartige Angleichung an die Bedürfnisse des Individuums und der Gemeinschaft ‚vor Ort' führt dazu, dass Globalisierung und Pluralisierung keine Gegensätze sein müssen. Mit der Digitalisierung, der Satellitentechnik und der Installation leistungsfähiger Kabelnetze sind Spezialisierungen möglich geworden, die es gestatten, die Interessen von Minderheiten auch im weltweiten Maßstab zu berücksichtigen.

Trotzdem ist das Problem des *reembedding*, der Neuverknüpfung der autochthonen, lokalen Kulturen mit weltweiten Zeichen- und Bedeutungssystemen nicht gelöst (Giddens 1995; vgl. auch Hörning 1997, 42). Tatsächlich ist es unrealistisch, wenn man nicht davon ausgeht, dass die globalen Kräfte und Strömungen die Lebenswelt, die Routinen und Praktiken des Alltags dominieren. Die mediale Kultur folgt einer Eigenlogik, die regionale Eigenarten übergeht, solange sich der Widerstand in Grenzen hält. Die Möglichkeiten nationaler Regierungen, wirksame Mechanismen der Kulturkontrolle zu installieren, sind begrenzt. (Mohammadi 2002) Für die Globalisierungsskeptiker verbindet sich damit die Befürchtung, dass, wenn es zu einer Standardisierung auf technischer Ebene kommt, auch die kulturellen Eigenarten ihren historischen Kontext verlieren und nur noch als willkürliche Konstrukte, als Oberflächenerscheinungen ohne Sinn weiterbestehen. (Tomlinson 1999, 97ff.)

Der in der Wissenschaft geführte Diskurs zur Globalisierung der Kultur geht heute zumindest von der Annahme aus, dass es systemische Kräfte sind, die diesen Prozess vorantreiben und dass nicht kollektive Akteure das Ziel verfolgen, durch Implementierung von Einstellungsmustern ihre Herrschaftsansprüche zu festigen. Entgegen früheren wissenssoziologischen Denkgewohnheiten dürfte also die Feststellung angebracht sein, dass die Hegemonieansprüche des Fernsehens eher mit den Gesetzen der Wirtschaftlichkeit als mit der Durchsetzung einer Ideologie zu tun haben. Die Texte stellen nicht die interessendienliche Kreation privilegierter Kollektive dar, sondern sind inhaltlich beliebig, sofern der ökonomische Erfolg nicht ausbleibt. Geht man von den Rationalitäten des Marktes aus, so weisen die Texte auf das Publikum zurück. Fernsehen als Kultur greift als kommerzielles Unternehmen beliebige Strömungen auf, sofern sich ein möglichst großes Publikum davon ansprechen lässt. Die herrschenden Moden und hegemonialen Inhalte werden ersetzt, wenn es die Nachfrage erfordert. Sofern also bei den Konsumenten ein Prozess der Bewußtwerdung stattgefunden hat, verändert sich das Angebot. Die Globalisierung und Kommerzialisierung des Fernsehens heißt auch, dass den Wünschen der Kunden nachgegeben werden muss, wenn diese, den lokalen und regionalen Besonderheiten folgend, ihre Wünsche geltend machen. Schon seit einigen Jahren gibt es dementsprechend einen Trend zur Konsolidierung regionaler Märkte für TV-Produkte (Sinclair/Jacka/Cunnigham 1996a, 12).

Dass dieses System der TV-Kultur nichtsdestoweniger Gewinner und Verlierer kennt, soll im Folgenden am Beispiel des *gendering* gezeigt werden.

8.4   Fernsehen und Gender

Sowohl die historische als auch die kulturvergleichende Forschung machen die große Variabilität bei der Ausprägung von Geschlechterrollen deutlich. Die Befangenheit in Geschlechterstereotypen ging und geht häufig einher mit einer ideologisch bedingten Verkürzung der Wahrnehmung, mit der das zur Norm erhoben werden soll, was nur unter bestimmten zeitlichen und gesellschaftlichen Bedingungen Geltung hat. Demgegenüber ist offenkundig, dass die biologische Ausstattung des Menschen als solche nicht entscheidend sein kann bei der Konstruktion von Geschlechterunterschieden; denn die soziale ‚Natur' der Geschlechter ändert sich schneller, als es für die genetische Ausstattung realistischerweise angenommen werden kann. Nichtsdestoweniger muss die biologische Anlage für Legitimationen von sozialen Geschlechterdifferenzen herhalten. Einem derart elementaren Biologismus können die Sozialwissenschaften nur immer wieder die empirisch abgesicherte Erkenntnis entgegenhalten, dass mit der Organisation von Gesellschaften der Mensch auch das Verhältnis von Mann und Frau immer wieder neu entwirft.

Der *Gender*-Begriff hat deswegen Eingang in die Forschung gefunden, weil er – ohne biologische Konnotationen – die gesellschaftliche Modellierung der Geschlechter zum Ausdruck bringt. Geschlecht bezeichnet also die biologischen und physischen Unterschiede zwischen Männern und Frauen, gender „the cultural roles which are built up and linked to those differences" (McKee 2001, 190) Dabei handelt es sich um Vorgänge, die zum Teil sehr bewusst und gezielt ablaufen, zum Teil aber auch unbewusst, und zwar mehr oder weniger im falschen Glauben an deren natürliche Bedingtheit.

Die latente Askription von Rollen und Lebenschancen steht unter dem Einfluss von gesellschaftlichen Leitbildern, die unter anderem durch die Medien geprägt werden und bereits in visuellen Darstellungen der Geschlechter zum Ausdruck kommen. Bilder können einen weiten oder engen interpretativen Spielraum eröffnen. Sie sind aber nie eindeutig; auch Bilder sind ‚Texte', mit denen je nach situativen Gegebenheiten unterschiedlich umgegangen wird. Bei den vom Fernsehen übermittelten ‚Bildern' kommt hinzu, dass sie mit verbaler Kommunikation verbunden sind, was zusätzliche Deutungsmöglichkeiten eröffnet. Außerdem werden Handlungsverläufe dargestellt, sodass die Abgrenzung von Bildern bereits als Akt der Interpretation zu gelten hat. Nichtsdestoweniger setzen sich aus Fernsehbildern mosaikartig Gesellschaftsbilder zusammen, die bei Abweichung von der Wirklichkeit Spannungen und Impulse zum sozialen Wandel auslösen. Frauen- und Männerbilder in den Medien sind, auf einer ganz konkreten Ebene, „bildhafte Darstellungen, auf denen Männer und Frauen zu sehen sind, etwa im Film, im Fernsehen oder in der Illustrierten." (Cornelißen 1994, 12)

Die im Jahre 1975 veröffentlichte Küchenhoff-Studie, der im deutschen Sprachraum die Bedeutung einer Pionierarbeit zukommt, konnte erstmals zeigen, dass im Bereich fiktionaler TV-Programme Frauen sowohl in Haupt- als auch in Nebenrollen in hohem Maße unterrepräsentiert waren und verstärkt nur bei der Darstellung emotionaler Beziehungen vorkamen, was selbstverständlich bedeutete, dass vor allem junge, gut aussehende Frauen auf dem Bildschirm erschienen (Küchenhoff et al. 1975; vgl. auch Schmerl 1984, 12ff.). Gleiches galt für Spiel- und Showsendungen, in denen Frauen vor allem als Sängerinnen und Tänzerinnen zum Zuge kamen; darüber hinaus traten Frauen als Assistentinnen auf, während die Funktion des Spielleiters oder Moderators weitgehend den Männern vorbehalten blieb. Ebenso war für Informationssendungen festzustellen, dass Frauen – zum Beispiel als Ansagerinnen – untergeordnete Positionen einnahmen, während sich Männer als Moderatoren, Korrespondenten oder Reporter auch journalistisch profilieren konnten.

Ein Vergleich, der Anfang der 90er Jahre durchgeführt wurde (Weiderer 1993, 89), zeigte bei den Programmangeboten mit fiktivem Inhalt eine erstaunliche Konstanz: der Anteil der weiblichen Haupt- und Nebenfiguren lag über einen Zeitraum von zweieinhalb Jahrzehnten hinweg durchgehend bei etwas mehr als einem Drittel. Neu dagegen war, dass in Unterhaltungsprogrammen mit fiktionalen Inhalten häufiger allein lebende Frauen vorkamen, was „für eine zunehmende Betonung der Eigenständigkeit und Individualität der Frau ((...)) sprechen" könnte (Weiderer 1993, 102). Bei den Spiel- und Showsendungen des Jahres 1990 gab es – wie schon in den 70er Jahren – eine deutliche Unterrepräsentation von Frauen, insbesondere in der Spielleiterfunktion. Auch wurden die meisten dieser Sendungen von Frauen angesagt; Männer als Ansager waren sogar noch seltener als 1975 (Weiderer 1993, 200ff.; 209).

Eine Inhaltsanalyse von Fernsehprogrammen, die von Wenger (2000) im Erhebungsjahr 1994 durchgeführt wurde, zeigte ähnliche Ergebnisse. Die Untersuchung fiktionaler Sendungen von ARD, ZDF, SAT1 und RTL führte zu dem Ergebnis, dass Frauen nur in 12% der Hauptrollen und in 29% der „bedeutenden Nebenrollen" vorkamen. Aber auch in „unbedeutenden Nebenrollen" waren Frauen mit 17% wenig gefragt. Traditionelle Geschlechtsstereotype herrschten weiterhin vor, und zwar in der Weise, dass die sexuelle Attraktivität von Frauen im Vordergrund stand und damit ein ungleichgewichtiges Verhältnis zwischen den Geschlechtern konstituiert wurde. Dem entsprach auch, dass Frauen in Partnerschaften mit Männern gezeigt wurden oder dass sie sich auf der Suche nach einem Partner befanden. Die Rangunterschiede zwischen den Geschlechtern kamen auch in der Weise zum Ausdruck, dass in den erzählten Geschichten die Frauen in der Regel beruflich schlechter qualifiziert und finanziell schlechter gestellt waren als ihre männlichen Rollenpartner. Allerdings machte der Anteil gleichrangiger Figuren 17% aus; in keinem Fall nahm der weibliche Rollenpartner einen höheren Rang ein.

In der US-amerikanischen Forschung war die Kritik an der Benachteiligung von Frauen in den Medien eng mit der Bürgerrechtsbewegung verbunden. Empirische Untersuchungen, die mit den 70er Jahren einsetzten, zeigten – ähnlich wie in der Bundesrepublik – eine deutliche Unterrepräsentation von Frauen in allen Programmgattungen. (Wober/Gunter 1988, 91) Dies galt auch für den fiktionalen Bereich (Glascock 2001, 657f.), jedoch mit starken Unterschieden nach dem jeweiligen Genre (Wober/Gunter 1988, 92). Bei der Mehrzahl der Untersuchungen lag der Anteil der weiblichen Figuren bei einem Viertel bis zu einem Drittel. Auch 10 Jahre später hatte sich das Geschlechterverhältnis nicht entscheidend verändert. Außerdem handelte es sich bei den in Haupt- und Nebenrollen auftretenden Frauen vorwiegend um Personen unter 30 Jahren (Weiderer 1993, 32). Allerdings kamen häufiger Frauen in Führungspositionen vor. (Gerbner/ Signorelli 1997; vgl. Cantor 1998, 202f.) In der inhaltlichen Ausgestaltung der Rollen kamen außerdem traditionelle Stereotype zum Ausdruck. Bezogen auf einige populäre, auch international verbreitete TV-Serien wiesen die Untersuchungen der 70er, 80er und der 90er Jahre nach, dass „men are typically portrayed as dominant, supportive and independent, and women as dependent, caring, supportive (in terms of providing encouragement), and as having more emotional needs". (Hetseroni 2000, 106).[57]

In der TV-Werbung überlagerten sich stereotype und sublime Muster des gendering. Wie Schmerl resümierend feststellt, waren Frauen im Deutschen Fernsehen während der 70er Jahre vorwiegend als Hausfrauen zu sehen, jedoch mit wachsenden Anteilen der „jungen, attraktiven und verführerischen Frau"; Frauen in Erwerbsrollen kamen dagegen fast gar nicht vor (Schmerl 1990, 184). Wenn die weibliche Erwerbstätigkeit nicht mehr ignoriert werden konnte, dann waren es vor allem solche Berufe, in denen sich die Frauen als professionelle Helferinnen um das Wohl von anderen kümmerten (Neverla 1991, 21).

---

57 Überblicke zu den Forschungen in den USA und England siehe Weiderer, 1993, 32ff.. Für die USA siehe auch Greenberg/Richards/Henderson 1980.

Auch in der TV-Werbung der USA waren Frauen in wenigen, den Geschlechterstereotypen zuzuordnenden Rollen zu sehen; das Spektrum der Berufsrollen der Männer übertraf das der Frauen um das Dreifache (Lazier/Kendrick 1993, 202). Zeitvergleichende Untersuchungen kamen zu dem Ergebnis, dass entgegen den Veränderungen in der sozialen Wirklichkeit Frauen nach wie vor dem häuslichen Bereich und der Familie zugeordnet wurden. So waren es in den TV-Werbespots in den 70er ebenso wie in den 90er Jahren vorwiegend Frauen, die Produkte für den Haushalt vorstellten, wohingegen Männer bei anderen, nicht haushaltsbezogenen Produkten überrepräsentiert waren (Bartsch et al. 2000). Die zusammenfassenden autoritär-fachkundigen Beurteilungen und Ratschläge (*voice-over*), ein beliebtes Stilmittel der Werbespots, kamen dagegen vor allem von Männern, wenngleich über den Zeitraum von zwei Jahrzehnten hinweg mit abnehmender Tendenz (Bartsch et al. 2000, 739, 741; Coltrane/Messineo 2000). Dass es auch querlaufende Entwicklungen gibt, dass es auch in der Werbung zur Entwicklung neuer weiblicher Leitbilder kommt, wird zumindest in Umrissen deutlich. Derartige Charaktere wie zum Beispiel „die coole androgyne Frau" oder auch die „unkonventionelle alte Frau", Figuren also, die Möglichkeiten des Ausstiegs aus der traditionellen Frauenrolle aufzeigen (Spieß 1992), sind noch nicht häufig genug, um in den Zeitreihen quantitativer Inhaltsanalysen als gesondertes Segment in Erscheinung zu treten.

Zumindest bei informativen Sendungen verliert das gendering an Bedeutung, indem Frauen in den Nachrichten und in Diskussionssendungen führende Funktionen übernehmen. Dementsprechend stellt Krüger fest: „Je höher der Anteil der Informationssendungen ausfällt, desto größer wird die Realisierungschance für realitäts- und gegenwartsnahe, nichtinstrumentalisierte Frauenrollen" (Krüger 1992). Allerdings kann von einer wirklichen Gleichstellung noch nicht die Rede sein. Obwohl bei der journalistischen Aufbereitung von Nachrichten, bei Kommentaren, bei Reportagen und Interviews und bei der Moderation von Streitgesprächen Frauen im deutschen TV-Programm maßgeblich beteiligt sind, gibt es im Verhältnis zu den männlichen Berufskollegen noch keine Gleichstellung. Die gemeinsame Moderation von Nachrichtensendungen zum Beispiel erfolgt oft in der Weise, dass jüngere Frauen mit älteren Männern auftreten, sodass schon von der Anlage her eine Bevormundung des weiblichen ‚Juniorpartners' nahe gelegt wird. Wenn auch Frauen Interviews durchführen und Fernsehdebatten leiten, so sind doch die interviewten ‚Experten' und die eingeladenen Gäste mehrheitlich Männer. Eine US-amerikanische Untersuchung (Sanders 1993) führte sogar zu dem Ergebnis, dass selbst bei einem Thema wie dem der Versorgung von Frühgeborenen Männer gegenüber Frauen als Berichterstatter bevorzugt wurden und auch die zu diesem Thema befragten Fachleute überwiegend Männer waren.[58]

Nach Macdonald (1998) kommt Frauen in den Informationssendungen des Fernsehens eine spezifische Funktion zu: Sie verbinden allgemeine Aussagen mit dem speziellen Fall, verbinden die Lebenswelt mit dem System, das Persönliche mit dem Politischen, die Peripherie mit dem Zentrum. Wenn ‚objektive' Feststellungen durch Fallbeispiele, durch Gespräche mit Betroffenen, durch Bekenntnisse belegt werden sollen, wenn es um Emotionen geht, weil sie scheinbar die unverstellte Wirklichkeit repräsentieren, dann werden bevorzugt Frauen gezeigt, die ihre ‚Erfahrungen' einbringen. Dabei kann es in Dokumentationen dazu kommen, dass sogar der Wechsel zwischen Aufnahmen vor Ort und kommentierender und resümierender Zusammenfassung geschlechtspezifisch typisiert ist: „Women in this situation are allowed in one sense to speak in their own voices, but these voices are continually interrupted by the authoritative discourse of others (whether commentator, narrator, or experts)." (MacDonald 1998, 111).

Ebenso, wie das Fernsehen Geschlechterstereotype verfestigt, so kann es auch zum sozialen Wandel, also zum Abbau von Diskriminierungen, zum Selbstbewusstsein von Frauen und zur Gleichstellung der Geschlechter beitragen.

> „Das Schulmädchen, das ein Fan von *Cagney und Lacey* ist, kann es dazu bringen, sich ebenso gut wie ein Junge in der Schule zu fühlen, vielleicht in gewisser Weise noch besser, dazu in der Lage, das Patriarchat, wie es ihr in ihrem Alltagsleben oktroyiert wird, mittels des Resultates ihrer textuellen Erfahrung herauszufordern (...) Der weibliche Fan einer koreanischen Soap-Opera (...) legt dieselbe Form verbesserter Fähigkeit zur Infragestellung der patriarchalen Macht ihres Mannes an den Tag (...)" (Fiske 2000, 65)

In zahlreichen Ländern gibt es Bestrebungen, mit Hilfe des Fernsehens über gesellschaftliche Missstände wie zum Beispiel soziale Benachteiligungen aufzuklären und ‚prosoziale' Aktivitäten zu unterstützen, wobei öffentlich geförderte Stiftungen, TV-Produzenten und Journalisten zusammenwirken. Das Fernsehen erweist sich als Mittel, auch solche Gruppen anzusprechen, die sonst für belehrende Informationen nicht zur Verfügung stehen, die aber häufig gerade aufgrund eines Hinterherhinkens im Modernisierungsprozess als Adressaten wichtig sind. In Indien werden zum Beispiel aktuelle Männer- und Frauenbilder den ärmeren und in der Tradition verhafteten Teilen der Bevölkerung über Soap-Operas nahe gebracht (Rogers 1995). Dazu trägt auch bei, dass in der Spiel-

---

58 In einer australischen Untersuchung zeigte sich, dass nur etwas weniger als ein Drittel aller Berichte in den abendlichen Nachrichtensendungen von Reporterinnen vorgetragen wurden, allerdings bei starken themenbezogenen Unterschieden. Ebenso wurden häufiger Männer als Experten befragt. (Cann/Mohr 2001)

handlung die erwünschten Handlungsweisen erfolgreich sind, dass also in dem dramatischen Geschehen ein Belohnungs- und Bestrafungssystem zum Tragen kommt, das das Lernen des Publikums unterstützt. Erfahrungen mit dieser Art von *entertainment-education* haben gezeigt, dass selbst unterprivilegierte Bevölkerungsteile parasoziale Bindungen mit Protagonisten in modernen Männer- und Frauenrollen entwickeln und sich mit ihnen identifizieren, wobei allerdings auch region- und schichtspezifische Interpretationen der Handlung zu beobachten sind (Rogers 1995, 291). Wie das Beispiel des gendering zeigt, gibt das Fernsehen nicht nur vorhandene kulturelle Muster wieder, sondern führt auch Veränderungen herbei. Voraussetzung für den kontrollierten Wandel mit Hilfe des Fernsehens ist die Übereinstimmung der einflussreichen gesellschaftlichen Institutionen mit den angestrebten Zielen. Außerdem muss die Spielhandlung genügend Bezüge zu den realen gesellschaftlichen Verhältnissen aufweisen, um verstanden zu werden, weil sie andernfalls nicht nur wirkungslos bleibt, sondern sogar gegenteilige Effekte auslösen kann (Oliver/Mahood 2002, 356).

8.5   Amerikanisches versus europäisches Fernsehen

Während die EU als der wichtigste Absatzmarkt für die Fernseh- und Kinoproduktionen der USA gilt, gelingt es europäischen Firmen nur in Ausnahmefällen, ihre Erzeugnisse auf dem amerikanischen Markt abzusetzen. Diese Unausgewogenheit im Handel mit Medienprodukten entspricht einer langfristigen Tendenz und gilt nicht nur für europäische Länder, sondern weltweit. Die USA sind im globalen Maßstab weltweit der größte Fernsehprogrammexporteur (Meckel 1994, 44ff., 100; speziell für Deutschland siehe Wilke/Schilling 2000). Nichtsdestoweniger ist die Bewertung unterschiedlich, wobei die Überlegenheit der USA entweder als Ausdruck einer allgemeinen Modernisierung (Kamps 2000a, 9) bzw. einer Kommerzialisierung und Globalisierung der Medien (Meckel 1994, 182) oder als eine Art der Kolonisierung, als Durchsetzung amerikanischer Kultur auf der Grundlage ungleicher Machtverhältnisse, also als Amerikanisierung autochthoner Kulturtraditionen (Schiller 1969, 1991) gesehen wird. Die Amerikanisierungsthese hat eine Tradition, die bis in die Nachkriegsära zurückreicht, als nämlich Musik, Mode und Lebensstil aus den Vereinigten Staaten nach Europa kamen und Ängste vor dem Verlust der kulturellen Identität auslösten. Was die Filmindustrie angeht, so sind die Bedenken gegen eine mögliche ‚Überfremdung' sogar noch älter, wurden doch schon in den 20er Jahren von den Regierungen in Deutschland, Großbritannien, Frankreich und Italien Importquoten für Filme aus den USA angeordnet (Kamps 2000a, 15f.). Inzwischen konnte die amerikanische Filmindustrie ihre Erfolge auch auf Fernsehproduktionen ausweiten. Schon um wirtschaftliche Interessen zu wahren, sind die Regierungen einzelner europäischer Länder und die europäischen Institutionen darum bemüht, die Exportchancen der Unternehmen in den Mitgliedstaaten zu verbessern.[59] Aber trotz dieser einzelstaatlichen und europäischen Bemühungen behalten amerikanische Spielfilme und Serien ihre dominierende Stellung im europäischen Fernsehen. Die Tendenz zu einer sogenannten ‚Dallasification' hält weiter an, allerdings bei den durch Gebühren oder aus Steuermitteln finanzierten Programmen weniger als bei den kommerziellen TV-Veranstaltern. Dabei sind aber starke Unterschiede zwischen einzelnen Staaten festzustellen (de Bens/de Smaele 2001).

Der Erfolg der amerikanischen Unterhaltungsindustrie hat unterschiedliche Ursachen. Was TV-Programme angeht, so ist festzustellen, dass sich das Fernsehen als allgemeines Kommunikationsmittel nicht nur früher in den USA ausbreitete, sondern dass auch dessen private Finanzierung für einen Vorsprung bei der Entwicklung populärer, im Wettbewerb erfolgreicher Formate sorgte, während in anderen Staaten, und zwar auch und gerade in West- und Mitteleuropa, die staatlichen oder öffentlich-rechtlichen TV-Veranstalter es sich leisten konnten, aufgrund ihrer Monopolstellung mit ihren Sendungen nicht gleichermaßen auf den Publikumsgeschmack Rücksicht zu nehmen. Wenn sich also die Deregulierung und die Zulassung privater TV-Veranstalter als ‚Amerikanisierung' des europäischen Fernsehens auswirkte, wenn sich die in den USA erprobten Formate durchsetzten, wenn die von amerikanischen Studios produzierten Spielfilme und Serien Konjunktur hatten und haben, dann deshalb, weil in den europäischen Ländern ein durch den Staat gefördertes bzw. reguliertes Fernsehen eine Marktorientierung nur bedingt zuließ, während die privaten Produzenten, Lizenzinhaber und Fernsehsender auf Erfahrungen mit dem Publikumsgeschmack angewiesen waren und besser einschätzen konnten, was auf einem freien Markt zu Erfolg oder Misserfolg führt.

Hinzu kommt, dass in den USA als einem Einwanderungsland mit einer Bevölkerung unterschiedlicher kultureller Traditionen die audiovisuellen Medien wichtige Integrationsaufgaben leisteten und heute noch leisten (Ludes 1989, 43). Auf dem Gebiet von Einstellungen, Symbolen und Kulturmustern haben Radio und Fernsehen in der Vergangenheit die Bedeutung gehabt, die in ökonomischer Hinsicht, nämlich bei der Entstehung eines gemeinsamen Wirtschaftsraumes,

---

59 Der „Staatsvertrag über den Rundfunk im vereinten Deutschland" (Rundfunkstaatsvertrag) sieht in Art. 1, § 6, Abs. 1 vor, dass zur „Darstellung der Vielfalt im deutschsprachigen und europäischen Raum und zur Förderung von europäischen Film- und Fernsehproduktionen (...) die Fernsehveranstalter den Hauptteil ihrer insgesamt für Spielfilme, Fernsehspiele, Serien, Dokumentarsendungen und vergleichbare Produktionen vorgesehenen Sendezeit europäischen Werken (...)" vorbehalten sollen. (Staatsvertrag 1991/2001)

dem Eisenbahnbau zukam (Ludes 1991, 160). Diese Funktion konnten die audiovisuellen Medien wahrnehmen, obwohl oder gerade weil die staatliche Kontrolle gering war und damit die Veranstalter gezwungen waren, populäre Programme zu produzieren und zu senden. Dazu gehörte auch, dass gesetzliche
Proporzregelungen für die Zulassung von Anbietern oder für die Programmgestaltung fehlten, sodass sich nicht die verschiedenen Bevölkerungsgruppen der
Redaktionen und Studios bemächtigten, um ihre Einflusssphären aufzuteilen. Die
elektronischen Medien konnten integrierend wirken, weil sie voraussetzungslos
waren und an Gemeinsamkeiten anknüpften, was jedoch in erster Linie die Ausrichtung auf Unterhaltungsbedürfnisse bedeutete. Diese Voraussetzungslosigkeit
war auch die Basis des ökonomischen Erfolges. Kino- und Fernsehproduktionen
der USA verwenden, da es sich um eine multikulturelle Gesellschaft handelt,
universal einsetzbare Muster. Gleiches gilt für den Export. Auch das, was zunächst typisch ‚amerikanisch' erscheint, ist kulturell anschlussfähig. (Hallenberger 2002, 425)

Die Deregulierung des Fernsehens in West- und Mitteleuropa und das Entstehen eines Marktes für Medienprodukte in Osteuropa ging aber auch deshalb
mit der erhöhten Nachfrage nach amerikanischen Kinofilmen, TV-Movies und
Serien einher, weil mit der vergrößerten Zahl der Programmanbieter und der
Ausweitung des TV-Konsums gar nicht genügend Eigenkapazitäten für die Produktion von Fernsehunterhaltung aufgebaut werden konnten und weil die Preise
für die in den Vereinigten Staaten eingekauften Programme günstiger waren. Vor
allem der riesige Binnenmarkt ermöglichte es den amerikanischen Gesellschaften, ihre Preise niedriger zu halten als die europäische Konkurrenz. Dazu stellt
Meckel fest:

> „Die amerikanische Medien-, insbesondere die Programmproduktionsindustrie, ar-
> beitet in erster Linie für einen homogenen nationalen Markt, der es erlaubt, durch eine
> Produktions-, Vertriebs- und Marketingstrategie 240 Mio. potenzielle Zuschauer mit
> ein und demselben Produkt zu erreichen (...) Westeuropa bietet mit 370 Mio. Men-
> schen zwar einen deutlich größeren, dafür aber kulturell und sprachlich weitgehend
> ausdifferenzierten Markt". (Meckel 1996, 146)

Da sich die in Hollywood angekauften Spielfilme und Serien schon bei der Vermarktung in den USA häufig amortisieren (H. Schmidt 1989; Meckel 1996,
147), ist der Verkauf in andere Länder ein Zusatzgeschäft. In den letzten Jahren
hat sich allerdings gezeigt, dass mit steigender Nachfrage auch die Preise rasch
anzogen, so dass inzwischen das Kostenargument nicht mehr durchgängig zutrifft. Um den Vorteilen der für den einheimischen und internationalen Markt
produzierenden amerikanischen Konzernen entgegenzuwirken, ist es auf europäischer Ebene zur Kooperation der öffentlich-rechtlichen TV-Anbieter gekommen, die zum Beispiel im Rahmen der Europäischen Produktionsgemeinschaft
zusammenarbeiten (Bleicher 1993, 127). Nichtsdestoweniger sind amerikanische

Serien und Spielfilme für das Publikum und damit auch für Fernsehveranstalter attraktiv, und zwar nicht zuletzt aufgrund ihrer hohen Professionalität. Ein Vergleich, in den mehrere europäische Länder einbezogen waren, zeigt, dass die Beliebtheit fiktionaler Unterhaltung aus den USA weiter besteht (de Bens/de Smaele 2001). Allerdings steigt bei Reihen und Serien der Anteil an Eigenproduktionen, wofür vor allem Kostengründe verantwortlich sind.

Vor diesem Hintergrund stellt sich für die Zukunft die Frage, „in welchem Umfang eine Nachfrage nach Europaprogrammen – hier definiert als Programme, die (gleichzeitig) in einer nennenswerten Anzahl europäischer Staaten mit unterschiedlicher Muttersprache empfangen werden – zu erwarten ist." (Heinrich 1994, 56) Bislang ist der Bedarf „national gebunden", das heißt eine „gemeinsame europäische Öffentlichkeit" (Heinrich 1994, 56) sowie das Empfinden einer gemeinsamen kulturellen Identität, beispielsweise auch vis-a-vis der amerikanischen, gibt es bislang nicht. Die kulturspezifische Prägung amerikanischer Filme, die in Schauplätzen, Bewertungsmaßstäben, Alltagsnormen und -gewohnheiten zum Ausdruck kommt, wirkt auf die meisten Zuschauer keineswegs störend und beeinträchtigt nicht deren Erfolg. Ein in Deutschland gezeigter französischer Film ist auch heute noch das Produkt einer anderen Nation; er stellt eine Wirklichkeit dar, die der Betrachter mehr oder weniger kennt, die er aber nicht als seine eigene definiert. Demgegenüber hat der amerikanische Film eine andere Selbstverständlichkeit; die gesellschaftliche Realität scheint übertragbar zu sein oder – genauer – eine höhere Allgemeinheit gegenüber der eigenen lebensweltlichen Besonderheit zu besitzen. Amerikanisches Ambiente, amerikanische Beziehungs- und Interaktionsmuster sind gegenüber den europäischen Varianten vertrauter. Die Zuschauer wechseln in eine Welt, die sie gut kennen, auch wenn sie sich von den Dingen, die sie umgeben, von der Art des Umganges mit anderen Menschen, die sie selbst tagtäglich praktizieren, unterscheidet. Insofern sind auch alle Bemühungen um einen höheren Anteil europäischer anstelle amerikanischer Programme ein Anliegen der nationalen Regierungen und der europäischen Behörden, nicht aber des Publikums.

In Europa kommt das Bewusstsein kultureller Gemeinsamkeiten bei den Zuschauern – wenn überhaupt – durch Gemeinsamkeiten der Sprache zustande. Sprachräume lassen länderübergreifende europäische Teilmärkte (Heinrich 1994, 56) entstehen und haben zu gemeinsamen Programmangeboten geführt (Zimmer 1989, 125). Im deutschen Sprachraum wurde zum Beispiel 1984 Satellitenfernseh-Kulturprogramm 3sat ins Leben gerufen, das von ZDF, ORF und SRG, seit 1993 auch von der ARD veranstaltet wird. Der Empfang von 3sat ist technisch in fast ganz Europa möglich. In Deutschland können 89% der Fernsehhaushalte das deutschsprachige Kulturprogramm nutzen. (ABC 2003) Darüber hinaus gibt es in Grenzregionen unübersehbare länderübergreifende Traditionen, sodass von einem Interesse an Veranstaltungen und Ereignissen bei den europäischen Nachbarn ausgegangen werden kann. Demgegenüber ist die englische Sprache als *lingua franca* eines gemeinsamen Fernsehens zumindest in einigen europäischen Ländern, und dazu gehört auch die Bundesrepublik Deutschland, nicht durchsetzbar; entsprechend hatten englischsprachige Stationen, die ihre Sendungen über Kabel und Satellit verbreiten, wenig kommerziellen Erfolg (Noelle-Neumann/Schulz 1989, 191). Die Entwicklung eines paneuropäischen Fernsehens war auf dieser Basis nicht möglich (Gellner 1989b, 18f.).

Schwierigkeiten ergeben sich bei der Realisierung eines gemeinsamen regelmäßigen Fernsehprogramms auch auf organisatorischer Ebene, zumal wenn die sprachlichen Besonderheiten gewahrt werden müssen. Eine Fülle von institutionellen Barrieren, verbunden mit nationalen Empfindlichkeiten und kulturellen Eigenarten, die wiederum die Kosten in die Höhe treiben und betriebsinterne Abläufe erschweren, sind – wie auch bei anderen europäischen Institutionen – im Augenblick noch unvermeidlich. Eine Insider-Darstellung von alltäglichen Problemen, mit denen sich die Mitarbeiter des europäischen Kulturkanals ARTE konfrontiert sehen, macht dies deutlich:

„Wie soll man eine Sendung präsentieren? (...) Wir probieren aus, favorisieren mal diese, mal jene Lösung, aber zu einer wirklich befriedigenden Antwort sind wir noch nicht gelangt. Es gibt Versuche, den Bildschirm zu teilen und dieselbe Person im Profil und en face zu sehen, wobei für das jeweilige Land die entsprechende Tonspur unterlegt wird. Eine zumindest zu Beginn der Gewöhnung bedürftige Art der Präsentation. Bei Diskussionen erhebt sich die Frage: Wie paritätisch soll das Podium besetzt sein? Pro Deutschen ein Franzose oder wie viel Franzosen ist ein Engländer wert? (...) Die Simultanübersetzung stellt eine für das Fernsehen hinderliche Distanz her (...) Überhaupt, die Dolmetscher: sie werden zum Alter ego, zum ständigen, notwendigen Inventar der Entscheidungsprozesse bei ARTE. In Konferenzen spricht jeder seine eigene Sprache, selbst wenn er die des anderen noch so gut beherrscht (...) Ist die Sitzung zu Ende (...) begegnet man sich freundschaftlich auch in der Sprache des anderen (...)" (Landbeck 1994, 109f.)

Allerdings sind diese Schwierigkeiten nicht so grundsätzlich, dass sie nicht überwunden werden könnten. Voraussetzung ist dafür eine wachsende Autonomie des Programmanbieters gegenüber den Regierungen, Parlamenten und Sendeanstalten. Für Ludes (1991, 160ff.) ist Europa, ebenso wie Amerika, auf die integrative Kraft des Fernsehens angewiesen. Dieses funktionale Erfordernis werde auch von den Regierungen gesehen und führe zu einer Förderung von Institutionen und Initiativen im Mediensektor. Die länderübergreifende Kooperation auf den verschiedenen Ebenen der Politik löse aber in einzelnen Mitgliedstaaten Besorgnisse um die eigene nationale Identität aus, sodass die Unterstützung der Bevölkerung bei Maßnahmen, die der Etablierung eines gemeinsamen kulturellen Bewusstseins dienlich sein könnten, gering sei. Daher werde zumindest für eine Übergangszeit die integrationsfördernde Wirkung des Fernsehens kaum zum Zuge kommen: „Die nationalen Traditionen werden in Frage gestellt, die neue europäische Identität zeichnet sich noch nicht ab, in dieses teilweise Identitätsvakuum im Rahmen der Ausweitung und Kommerzialisierung des westeuropäischen Fernsehmarktes spielen zunehmend amerikanische Produktionen." (Ludes 1991, 162).

Soweit die nationale Herkunft und die Verwertungsrechte gemeint sind, so ist das Übergewicht von US-amerikanischen Spielfilmen gegenüber europäischen und anderen nichtamerikanischen Produktionen unübersehbar. Bezieht sich der Begriff der ‚Amerikanisierung' dagegen auf Inhalte, auf die erzählten Geschichten, auf die Ästhetik und die Symbole, auf latente gesellschaftliche Werte und politische Botschaften, so hat längst ein Diffusionsprozess eingesetzt, der diese zu Bestandteilen globaler kultureller Entwicklungen werden lässt. Einzelne Elemente des amerikanischen Erbes vermischten sich auf allen Ebenen der Kultur mit regionalen und nationalen Traditionen; als ‚Meme' haben sie sich nicht nur im Nachkriegseuropa, sondern auf der ganzen Welt durchgesetzt.[60] Die Mischung kultureller Zeichen und Informationen mit regionalen und nationalen Traditionen macht es immer schwieriger, amerikanische Einflüsse zu identifizieren. Der Begriff der ‚Amerikanisierung' ist aber auch deshalb problematisch, weil sich mit der Adaption externer Einflüsse ein neues Selbstbewusstsein der Territorien und kulturellen Sphären entfaltet, und zwar nicht trotz, sondern aufgrund der zuvor erfolgten politischen, sozialen und kulturellen Einwirkungen, die neue Entwicklungen haben entstehen lassen. Wie bei anderen Diffusionsprozessen auch, so lässt sich ein Stadium vorstellen, in dem die Weiterentwicklungen in der Peripherie eine immer größere Bedeutung erlangen und schließlich so viel Eigengewicht besitzen, dass einzelne Elemente auf das Ursprungsland zurückwirken. Im Verhältnis von Nordamerika und Europa gibt es, etwa im Bereich der Musik, der bildenden Kunst und der Literatur viele Beispiele für die Eigendynamik eines im Prinzip wechselseitigen Kulturtransfers.

---

60   Unter „Meme" versteht der Evolutionstheoretiker Richard Dawkins informationelle Replikatoren ihrer selbst, die sich über alle Grenzen hinweg verbreiten. (Plake/Jansen/Schuhmacher 2001, 127)

Zusammenfassung

Über das Fernsehen kommt es in der Zeit zunehmender Globalisierung, die auch für den TV-Markt beobachtet werden kann, zum Kulturtransfer. Die auf europäischer Ebene gestarteten Initiativen zur Förderung der Fernsehproduktionen innerhalb der Gemeinschaft, die den Prozess der europäischen Integration fördern sollen, waren bislang wenig erfolgreich, da nationale Traditionen ein starkes Gewicht haben und das Bewusstsein europäischer Gemeinsamkeit kaum ausgeprägt ist; erfolgversprechende Kooperationen entwickeln sich aber auf der Ebene der Regionen. Ob es eine hegemoniale Position der USA gibt, ist nicht unumstritten, auch wenn amerikanische Kinofilme und TV-Serien weltweit Verbreitung finden. Werte, Normen und Verhaltensmuster, die sich in solchen Produktionen ausdrücken, werden vor dem Hintergrund der vorhandenen kulturellen Systeme interpretiert. Die Umsetzung fremder Einflüsse in nationalen und übernationalen Projekten muss nicht auf eine Nachahmung importierter Vorbilder hinauslaufen, sondern kann auch eine kulturelle Eigendynamik in Gang setzen und zentrifugale Kräfte stärken.

Literatur:

Cornelißen, Waltraud: Klischee oder Leitbild? Geschlechtsspezifische Rezeption von Frauen- und Männerbildern im Fernsehen. Opladen 1994
Anhand zweier Serien wird gezeigt, daß Fernsehfiguren auf individuell verschiedene Weise wahrgenommen werden. Wichtiges Bestimmungskriterium differierender Rezeptionsweisen ist das Geschlecht.

Eichmann, Hubert: Medienlebensssstile zwischen Informationselite und Unterhaltungsproletariat. Wissensungleichheiten durch differentielle Nutzung von Printmedien, Fernsehen, Computer und Internet. Frankfurt u.a. 2000
Die Arbeit ist als Synopse der neueren Forschungen zur Entstehung von Wissensungleichheiten durch Medien anzusehen. Dabei steht die medienvergleichende Perspektive im Vordergrund. In die Analyse werden neben kommunikationswissenschaftlichen Nutzungsstudien auch soziologische Untersuchungen zur sozialen Ungleichheit und zur Differenzierung von Lebensstilen einbezogen.

Hepp, Andreas/Löffelholz, Martin (Hg.) Grundlagentexte zur transkulturellen Kommunikation. Konstanz 2002
Das umfangreiche Sammelwerk hat die Globalisierung der Medienproduktion und der Vermarktung von Medienprodukten zum Gegenstand. Neben grundlegenden, ‚klassischen' Texten enthält der Band aktuelle Beiträge zu den politischen Reaktionen auf die Internationalisierung von Medienkommunikation, zu deren Bedeutung für die Konstitution von Öffentlichkeiten und zur Medienaneignung unter dem Aspekt der kulturellen Identität. Wichtige Ansätze zur Fernsehforschung finden sich sowohl in einigen Grundsatzartikeln als auch in speziellen Beiträgen.

Meckel, Miriam: Fernsehen ohne Grenzen? Europas Fernsehen zwischen Integration und
  Segmentierung. Opladen 1994
  Die Entwicklung der internationalen Fernsehmärkte werden – unter besonderer Berücksichtigung Europas - dargestellt und analysiert. Die Institutionalisierung einer europäischen Medienpolitik, die Inhalte europäischer Fernsehprogramme sowie die Erfahrungen mit bereits bestehenden transnationalen Kanälen stehen im Vordergrund
  der Ausführungen. Mit der kenntnisreichen und detaillierten Arbeit verbinden sich
  auch Perspektiven hinsichtlich künftiger Entwicklungen, und zwar vor allem in Hinblick auf die Chancen einer kulturellen Integration.

9 Fernsehen und Politik

9.1 Politische Funktionen und Folgen von Medienkommunikation

Damit jeder durch Wahrnehmung des aktiven und des passiven Wahlrechts die Möglichkeit hat, auf das politische Geschehen einzuwirken, muss es in großen, komplexen Gesellschaften eine auf Medienkommunikation aufbauende Öffentlichkeit geben, die den Bürger in den Stand versetzt, sich mit Informationen als Grundlage für eine vernünftige Entscheidung zu versorgen. Kandidaten bzw. Funktionsträger benötigen wegen der möglichen Folgen ihres Handelns alle Erkenntnisse, die für die Amtsführung wichtig sind. Insbesondere ist eine Transmission von Informationen und Meinungen in der Weise erforderlich, dass die Mandatare des politischen Willens die Interessen derjenigen kennen, von denen sie zur Wahrnehmung legislativer und exekutiver Aufgaben bestimmt worden sind. Ebenso setzt die Ausübung des aktiven Wahlrechts, wenn sie rational erfolgen soll, eine Kenntnis der politischen Institutionen und Verfahren, der relevanten Ereignisse und Problemlagen, der Programme und Strategien der politischen Parteien sowie der zur Wahl stehenden Personen voraus. Alle diese Funktionsbedingungen von Öffentlichkeit in demokratischen Systemen sind mit der Notwendigkeit von Kommunikation verbunden, die unter den Gegebenheiten moderner Gesellschaften nur Massenkommunikation sein kann.

Was die normativen Grundlagen einer demokratischen Gesellschaft angeht, so ist ein Wertsystem abzulehnen, das für alle verbindlich gemacht und auf Dauer gestellt wird. Popper (1962) weist darauf hin, dass in der offenen Gesellschaft Erkenntnisse falsifizierbar sein müssen, was für staatliche Institutionen mit der Verpflichtung einhergeht, neuen Wahrheiten gegenüber zugänglich zu sein. Das bedeutet, dass es darauf ankommt, die Differenzen von Weltanschauungen und normativen Systemen auszugleichen und zu tragfähigen Kompromissen zu kommen, und zwar durch Institutionalisierung des Wandels. In der Abbildung der Vielfalt und in deren Weiterentwicklung besteht demnach die Funktion der politischen Parteien im Parlamentarismus. Sarcinelli (2003, 39) stellt fest: „Deshalb sind Demokratien historisch betrachtet anderen politischen Systemen überlegen: Sie lassen Öffentlichkeit als kritische Instanz zu und stellen so das gesellschaftliche und politische System unter permanenten Lernzwang." Jede Festschreibung weltanschaulicher Grundlagen als soziale Ordnungsprinzipien würde also ein Umschlagen in die Irrationalität bedeuten. Die Massenmedien sorgen dafür, dass neue Ideen und Erkenntnisse verbreitet werden und keine Gruppe durch Verabsolutierung ihrer Werthaltungen und Einsichten die anderen ihrer Freiheit beraubt.

Gleichzeitig haben die Medien ein Wächteramt. Presse, Rundfunk und Fernsehen kommt die Aufgabe zu, soziale Missstände und behördliche Willkür anzuprangern. Eine Öffentlichkeit, die dies zulässt, unterscheidet die demokratische Staatsform von den Feudalsystemen früherer Jahrhunderte. Im *ancien régime* stellte das Geheimnis eine wichtige und anerkannte Grundlage des politischen Handelns dar. Politik folgte einem als Staatsräson ausgegebenen Partialinteresse, das aber kaschiert werden musste, um wirkungsmächtig zu bleiben. Die Aufklärung und die Demokratiebewegungen des 18. und 19. Jahrhunderts machten die Aufhebung der Geheimdiplomatie sowie aller für das Funktionieren von Institutionen unnötigen, dem bloßen Machterhalt dienenden exklusiven Informationsstrategien zum erklärten Ziel der politischen Auseinandersetzung (Merten/Westerbarkey 1994, 192ff.). Nicht Diskretion und Verlässlichkeit, sondern Vernünftigkeit und Tugend wurden zum Maßstab politischen Handelns erklärt. (Imhof 1996) Die Staatsgeschäfte sollten so geführt werden, dass sie den Interessen aller entsprächen. Die Presse bekam die Aufgabe zugewiesen, Öffentlichkeit insbesondere dann herzustellen, wenn Personen und Gruppen versuchten, partikulare Machtinteressen geltend zu machen. Eine derartige, auf Transparenz gegründete Öffentlichkeit stößt selbstverständlich auf den Widerstand von Personen und Gruppen, die ihre Privilegien gefährdet sehen. Die Wahrnehmung des Wächteramtes gehört daher zu den wichtigsten und schwierigsten Aufgaben der Medien (Sarcinelli 1991, 472f.). Die Verhinderung von Machtmissbrauch schließt die Parteinahme für die Schwachen, für diejenigen, die sich ohne die Unterstützung der Medien gegen Bevormundung und Willkür nicht wehren könnten, mit ein. Journalisten haben die Aufgabe, sich die Anliegen diskriminierter Minderheiten zu eigen zu machen. Sie sollen korrigierend eingreifen, wenn die formal-demokratischen Mittel erschöpft sind, wenn zum Beispiel der Wahlmechanismus, das heißt die Mehrheitsverhältnisse bei der Stimmabgabe, die Existenzrechte und Entfaltungsmöglichkeiten kleinerer Kollektive bedrohen.

9.2   Fernsehen und politische Kultur

Die demokratietheoretische Bedeutung der Medien ist so offenkundig, dass die Funktionsfähigkeit der Demokratie fast ausschließlich eine Frage nach dem Zustand des Mediensystems zu sein scheint. Dahlgren stellt fest:

> „The health of democracy in the course of the twentieth century has more and more been linked to the health of systems of communication, though of course democracy

cannot be reduced to issues of the media. However, the dynamics of democracy are intimately linked to the practices of communication, and societal communication increasingly takes place within the mass media." (Dahlgren 1995, 2)

Was die Medien im Einzelnen angeht, so wird allerdings häufig ein Unterschied gemacht zwischen der Presse auf der einen Seite, die – wenn auch mit Einschränkungen – als förderlich für das demokratische System gilt, und dem Fernsehen auf der anderen Seite, dessen Auswirkungen auf die politische Kultur, auf die Darstellung des Politischen und die politische Entscheidungsfindung sowie auf Verfahren der Meinungsbildung in vielen Stellungnahmen als problematisch eingeschätzt wird. Im Folgenden sollen einige theoretische Perspektiven aufgezeigt werden, die den Zusammenhang zwischen dem Mediensystem, insbesondere dem Fernsehen, und grundlegenden politischen Strukturen beleuchten. Selbstverständlich handelt es sich bei diesen Positionen nicht um Analysen der aktuellen politischen Lage, sondern vielmehr um die Voraussetzungen von Politik, das heißt ihre gesellschaftliche und institutionelle Verankerung. In diesem Sinne ist der Gegenstand der hier geschilderten Theorieansätze die politische Kultur.

9.3 Jürgen Habermas: Die Erzeugung der Öffentlichkeit durch die Printmedien

Habermas (1971, 1990; im Orig. 1962) ist der Ansicht, dass es zwei Pole von Öffentlichkeit gibt, eine egalitäre, auf Sachlichkeit und Innovation ausgerichtete Diskursöffentlichkeit und eine vermachtete, in bürokratische Zusammenhänge und wirtschaftliche Verwertungsinteressen eingebundene Verbands- und Medienöffentlichkeit. In seiner Habilitationsschrift „Strukturwandel der Öffentlichkeit" sieht er diese zwei Seiten der politischen Kommunikation in der neuzeitlichen, durch die Printmedien gekennzeichneten Entwicklung in unterschiedlichem Maße verwirklicht. Zum Nachweis für die rationalisierende Wirkung eines in der Öffentlichkeit geführten egalitären Diskurses greift Habermas vornehmlich auf die Geschichte der englischen Presse zurück. Anders als auf dem Kontinent, wo der gleiche Vorgang sehr viel später stattgefunden habe, sei dort gegen Ende des 17. Jahrhunderts ein Argumente austauschendes Publikum in die Funktionen politischer Kontrolle hineingewachsen (Habermas 1971, 81). Parteien und Meinungsführer hätten sich gegenseitig aufgeklärt, Whigs und Tories, unterstützt und kritisiert von der Presse, wären gezwungen gewesen, sich auf die Vernunft zu berufen, um Geltung zu erlangen. Dieser offene Diskurs, bei dem das überzeugende Argument gezählt habe, ist für Habermas der Wegbereiter einer neuen, eben nicht doktrinären, sondern pragmatischen Politik.[61]

Während im 18. und 19. Jahrhundert Zeitungen erst sekundär ein Geschäft gewesen seien und vornehmlich dem Austausch politischer Argumente von Privatleuten gedient hätten, wäre mit dem Aufkommen der Massenproduktion von Druckerzeugnissen eine Verkehrung dieses Verhältnisses eingetreten. Die Unternehmen seien – so Habermas – auf eine kommerzielle Basis umgestellt worden, wobei sich auch die Darstellung des öffentlichen Geschehens dem betriebswirtschaftlichen Interesse, unter anderem auch dem Anzeigengeschäft, untergeordnet habe. Das heißt, dass die Printmedien zunehmend zu kapitalistischen Großbetrieben umgewandelt wurden, die in ihren politischen Botschaften dem Gesetz des Marktes unterworfen sind. Infolge dieses Prozesses können Zeitungen nicht mehr als das Sprachrohr rational argumentierender Einzelner angesehen werden; die Öffentlichkeit der Printmedien ist – Habermas zufolge – nicht länger Austragungsort von Diskussionen eines räsonierenden und über die Medien miteinander kommunizierenden Publikums.

Ausgehend von der Kritischen Theorie und Elemente seiner Diskurstheorie vorwegnehmend geht es Habermas um Aufklärung, das heißt um die Rationalität, die vor allem der offenen, „herrschaftsfreien" Argumentation innewohnt. Die Chance einer Rationalisierung des gesellschaftlichen Geschehens durch Öffentlichkeit könne auch vertan werden. Zunehmend werde Meinungsbildung *erzeugt*, wobei privilegierte Privatleute die Möglichkeit zur Intervention hätten. Publizität sei Inszenierung, um Waren abzusetzen oder politische Entscheidungen zu legitimieren. Es besteht aber für Habermas die Hoffnung, dass *innerhalb* der Organisationen eine Demokratisierung der Meinungsbildung, und zwar entgegen den

---

61 Es ist allerdings zweifelhaft, ob diese Analyse in ihrem empirisch-historischen Gehalt zutrifft. Sie setzt voraus, dass sich die öffentliche Meinungsbildung nach ihrer eigenen Logik, der Logik der Rationalität, des besseren Arguments, nicht der Logik der Macht, des Geldes, des an materiellen Interessen gebundenen Standpunktes gebildet habe. Habermas betont, dass das Forum dieses rationalen Diskurses zunächst klein gewesen sei, von wenigen Persönlichkeiten aus dem Bürgertum getragen, sich aber zu einem System der Öffentlichkeit mit prinzipiell unbegrenzten Zugangschancen ausgeweitet habe. Für ihn stellt diese historische Situation eine aproximative Realisierung des herrschaftsfreien Diskurses dar. Erst durch die Massenpresse mit den ihr eigenen technischen und kommerziellen Gegebenheiten sei diese prinzipiell unbegrenzte Kommunikation wieder eingeschränkt und dem Einfluss einzelner Großinvestoren unterworfen worden. Dem gegenüber wird von Curran (1991) darauf hingewiesen, dass auch schon vor dem Entstehen der großen Kartelle mit ihren Millionenauflagen und ihrer wirtschaftsfreundlichen Berichterstattung die englische Presse eindeutig bürgerliche Standpunkte bezogen habe, statt über den Parteien stehend sich nur den Interessen des Allgemeinwohls zu verpflichten. Die von Habermas vernachlässigte radikale Presse habe gegen diese Einseitigkeit einer klassengebundenen Informationspolitik protestiert und das ideologische Fundament der etablierten Publizistik deutlich gemacht. Das Aufkommen dieser Blätter im frühen 19. Jahrhundert weist nach Curran darauf hin, dass der Diskurs nicht verallgemeinerungsfähig war, sondern vielmehr Armut, soziale Ungerechtigkeit und Korruption bewusst ausgeklammert hat.

bürokratisierten Entscheidungsabläufen, durchzusetzen ist. Und auch außerhalb der Organisationen gebe es eine kritische Publizität, die sich von der nur zu „manipulativen Zwecken veranstalteten" (1971, 281) unterscheide. Die organisationsinterne Öffentlichkeit müsse sich mit kritischen Strömungen außerhalb der Organisationen verbinden, um so zur Firmierung einer öffentlichen Meinung zu kommen, die mehr sei als eine staatsrechtliche Fiktion.

Habermas bezieht sich bei seiner Analyse im Wesentlichen auf die Printmedien,[62] weil zum Zeitpunkt der Veröffentlichung von „Strukturwandel der Öffentlichkeit" das Fernsehen in der Bundesrepublik gerade dabei war, sich als Massenmedium zu etablieren. Er selbst lernte nach eigenem Bekunden das Medium erst Jahre später kennen. (Habermas 1990, 29) Die Frage, ob das Fernsehen diese Entwicklung einer „Refeudalisierung der Öffentlichkeit" (Habermas 1971, 233) weiter verstärkt hat, ist von Habermas auch in späteren Schriften nicht systematisch untersucht worden. Sein normativer Entwurf von Öffentlichkeit hat eine Gesellschaft zum Ausgangspunkt, in der die am Gemeinwohl orientierten Bürger über Zeitungen und Zeitschriften miteinander kommunizieren. In dieses Modell einer durch „bürgernahe" Medien zusammengehaltenen Gesellschaft passt nur bedingt das Fernsehen. In der Monographie „Faktizität und Geltung" beschreibt Habermas den Beitrag der Massenmedien bei der Einflussnahme von Gruppen und Institutionen, die er auf der Achse von Zentrum und Peripherie einordnet. Über das Fernsehen heißt es in diesem Zusammenhang:

> „Generell wird man sagen können, dass sich das vom Fernsehen konstruierte Bild der Politik weitgehend aus Themen und Beiträgen zusammensetzt, die bereits für die Medienöffentlichkeit produziert und über Konferenzen, Verlautbarungen, Kampagnen usw. in sie eingeschleust werden. Die Informationsproduzenten setzen sich umso stärker durch, je mehr sich ihre Öffentlichkeitsarbeit durch personelle Besetzung, technische Ausstattung und Professionalität auszeichnet. Kollektive Aktoren, die außerhalb des politischen Systems oder außerhalb der Organisationen und Verbände operieren, haben normalerweise geringe Chancen, Inhalte und Stellungnahmen der großen Medien zu beeinflussen." (Habermas 1998, 455)

Für Habermas besitzt die zivilgesellschaftliche Peripherie eine größere Sensibilität gegenüber neuen Problemlagen (Risiken bei der Nutzung der Atomener-

---

62 Einige kurze Anmerkungen zu Rundfunk und Fernsehen sind für seine auf die Printmedien ausgerichtete Argumentation unerheblich, ja haben lediglich die Funktion, die bei diesen beobachteten Entwicklungen zu bestätigen. (Vgl. 1971, 223ff.)

gie und der Genforschung, Ausbeutung der Natur, Benachteiligung von Frauen, Ungerechtigkeiten der Weltwirtschaftsordnung usw.) als die im Zentrum wirkenden, institutionell verfestigten Mächte. Gerade für diese akuten Themen gelte, dass sie „dem ‚ausgewogenen‘, das heißt zentristisch eingeschränkten und wenig flexiblen Meinungsspektrum der großen elektronischen Medien" (Habermas 1998, 455) nicht entsprächen. Die Chancen, mit dieser Sichtweise in das Zentrum vorzudringen, also auf das politische System Einfluss zu nehmen, sind – so Habermas – angesichts der vermachteten Verhältnisse, die das Mediensystem kennzeichnen, normalerweise gering. Dieses träfe aber nur für die „Öffentlichkeit im Ruhezustand" (Habermas 1998, 458) zu. Komme es zu Krisen, so habe die Zivilgesellschaft die Chance, gehört zu werden und mit ihren Themen in die öffentliche Agenda vorzudringen. In solchen Ausnahmefällen verlassen sich die Medien – so Habermas – nicht auf die üblichen, dem politischen System nahestehenden Informationsproduzenten. Das Publikum werde im Zustand der Mobilisierung wahrgenommen; die Kräfteverhältnisse könnten sich in solchen Situationen so verändern, dass der Machtkreislauf zwischen Regierung/Verwaltung und Medien durchbrochen werde. Das bedeutet, dass für Habermas die These einer Einbindung der Medien in die vermachteten Zusammenhänge von Politik und Wirtschaft nicht generell gilt. Auch unter den Bedingungen des Fernsehens besteht prinzipiell die Möglichkeit, diejenigen zum Zuge kommen zu lassen, die außerhalb des Systems stehen. In diesem Zusammenhang verweist er auf die Standesethik der Journalisten und erinnert an die Idee, dass die Massenmedien Sachwalter „eines aufgeklärten Publikums" sein sollten. (Habermas 1998, 457)

9.4   Theodor W. Adorno: Fernsehen als Ideologie

Zu den frühesten Kritikern des Fernsehens gehört Theodor W. Adorno (1953/1977), für den das neue Bildschirm-Medium ein Mittel der Rechtfertigung bestehender gesellschaftlicher Verhältnisse darstellt und der Stabilisierung des Vorfindbaren durch eine die wahren Interessen verschleiernde Steuerung des Denkens und Fühlens dient. Nicht Veränderung der vorhandenen Strukturen, sondern Anpassung sei das Ziel der televisionären Massenunterhaltung, und zwar indem sie die Bedürfnisse entfremdeter Menschen durch leicht konsumierbare Stoffe zum Schein erfülle. Politische Veränderung setze demgegenüber voraus, dass Wünsche bewusst gemacht würden. Tagträume sind für Adorno keine Bagatellen, deren sich der moderne, rationale Mensch zu schämen habe, sondern ein Material mit durchaus progressivem Inhalt. Umso mehr geht es für Adorno darum, die in ihnen verborgenen Visionen einer besseren Zukunft handlungsmächtig werden zu lassen.

„Anstatt dem Unbewußten die Ehre anzutun, es zum Bewußtsein zu erheben und damit zugleich seinen Drang zu erfüllen und seine zerstörende Kraft zu befrieden, reduziert die Kulturindustrie, an ihrer Spitze das Fernsehen, die Menschen mehr noch auf
unbewußte Verhaltensweisen (...) Das Starre wird nicht aufgelöst, sondern verhärtet".
(Adorno 1977, 515)

Unter dem Aspekt der Kritischen Theorie ist das Fernsehen gerade in der Funktion der Unterhaltung politisch. Anders als die herkömmlichen Erzeugnisse der
Kulturindustrie, die nach Adornos Darstellung distanzierter, dem Alltag enthobe-
ner sind, ist die Bilderwelt dieses Mediums geeignet, die Interessen seiner Kon-
trolleure zu verbergen. Die Produkte des Fernsehens werden dem Zuschauer als
Ware, ja als Gefälligkeit ins Haus geschickt. Und mit dieser Ware kommt, so
Adorno, „die bedrohlich erkaltete Welt zutraulich zu ihm, als wäre sie ihm auf
den Leib geschrieben" (Adorno 1977, 510). Mit dem Fernsehen werde somit die
Distanz zwischen Produkt und Betrachter weiter herabgesetzt. Das Fernsehen
biedere sich an und parodiere Intimität, indem es die Familienmitglieder um den
Bildschirm versammle. Es übertüncht – so das Ergebnis der Analyse – die tatsächliche Entfremdung zwischen den Menschen, indem es scheinbare Gemeinsamkeiten und Verbundenheiten herstellt.

Auch inhaltlich sind Fernsehsendungen für Adorno auf das Bedürfnis nach
Nähe abgestellt. Die in der Massenproduktion hergestellte Unterhaltung gleiche
sich bis in feinste Nuancen hinein dem Publikum, seiner Sprache und seinen
Alltagserfahrungen an, um auf diese Weise noch überzeugender die in der Gesellschaft vorherrschenden Leistungs- und Erfolgsnormen durchzusetzen. Die
Kulturindustrie nivelliert – wie Horkheimer und Adorno bereits in der "Dialektik
der Aufklärung" (1969 129; im Org. 1944/) feststellen – die Differenz zwischen
der Kunst und dem gesellschaftlichen System, die Voraussetzung für die kritische Funktion der Kunst war, und unterwirft das Bewusstsein der gesellschaftlichen Kontrolle. Die Logik des Werkes unterscheide sich nicht mehr von der
Logik der politischen und ökonomischen Machtverhältnisse. Die Kulturindustrie
verbindet, so der Vorwurf, das Allgemeine und das Besondere zu einer falschen
Identität. Kreativität und Spontaneität des Publikums würden durch den technisch immer perfekteren Illusionismus kultureller Massenproduktion zum Verschwinden gebracht. Die Bedürfnisse des Rezipienten passten sich der Manipulation an, indem schließlich nur noch das gewollt werde, was die Produzenten
serienmäßig anböten. Schon der Tonfilm mit seinen Möglichkeiten der Illusions-
erzeugung bewirke, dass nach gelegentlichem Kinobesuch die Straße zur Fortsetzung des gerade erlebten fiktiven Geschehens werde (Horkheimer/Adorno
1969, 134; im Orig. 1944); mit dem Fernsehen als „Heimkino", so Adorno
(1977, 510), werde die Distanz zwischen Produkt und Betrachter endgültig zum
Verschwinden gebracht.

Für den Zweck der Kulturindustrie, nämlich die Konformität mit dem Bestehenden, ist nach Adorno das Fernsehen besonders effektiv, weil es durch manipulative Nähe direkt auf das Unterbewusste des Konsumenten Einfluss nimmt, so dass dieser schließlich die dauernd wiederholten Muster für seine eigenen Bedürfnisse hält und das fordert, was dem Willen der Verantwortlichen entspricht. Das Fernsehen in seiner Verfasstheit damit zu legitimieren, dass es ja den Wünschen der Zuschauer nachkomme, hieße die tatsächlichen Abhängigkeitsverhältnisse auf den Kopf zu stellen. Das Banale und Stereotype sei Ursache, nicht Folge. Die Industrie hingegen erwecke den Eindruck, „dass nicht der Mörder, sondern der Ermordete schuldig sei" (Adorno 1977, 514f.).

Die Polemik, die bei Adorno den sachlich-analytischen Stil der Analyse immer wieder durchbricht, ist wohl nicht zuletzt vor dem Hintergrund der Zeit zu sehen. Das Fernsehen hatte sich in den USA mit unglaublicher Geschwindigkeit ausgebreitet. Adorno war während seines amerikanischen Exils Zeuge dieser Entwicklung. Als Gesellschaftstheoretiker musste er sich fragen, weshalb dieses neue Produkt der Kulturindustrie, weshalb eine Ware, die Unterhaltung auf niedrigem Niveau bietet, dabei aber maximale Gewinne für die Produzenten einbringt, so bereitwillig aufgenommen wird. Für Adorno ist es die Perfektion der Technik, die Befriedigung von Hör- und Gesichtssinn zu Billigpreisen, die dieses Phänomen erklärt. Hinzu komme, dass die Inhalte der Sendungen „abgefeimtpsychologisch kalkulierten Schnittmustern" (Adorno 1977, 515) folgten. Adorno dämonisiert ein Medium, das neu und erfolgreich ist, das offensichtlich die Gesellschaft verändert, ohne dass gesagt werden könnte, in welche Richtung diese Entwicklung geht. Für das Phänomen Fernsehen gab es für den Gesellschaftsanalytiker nichts Vergleichbares, keine Erfahrungen, keine Analogien, auf die er sich hätte stützen können. Für Adorno steht der Triumph des Banalen, des schlechten Geschmacks im Vordergrund. Die Einschätzung, dass das verdächtig sein muss, was ein Millionenpublikum begeistert, mag mit der bildungsbürgerlichen Tradition zu tun haben, von der die Gründer der Kritischen Theorie durch und durch geprägt waren.

9.5   Horst Holzer: Fernsehen, Ökonomie und Staat

Im Zuge der Ost-West-Spannung und des Kalten Krieges setzte in den 60er Jahren in der westlichen Welt, vor allem in der Bundesrepublik Deutschland, eine neue Auseinandersetzung mit dem Marxismus ein, wobei sich, neben der undogmatischen Linken der Frankfurter Schule, auch eine mehr orthodoxe Richtung entwickelte, die versuchte, eine Anpassung des Historischen Materialismus an die Verhältnisse komplexer Industriegesellschaften vorzunehmen.

Dabei zeigte sich sehr bald, dass die gesellschaftlichen Realitäten dieser Zeit sich den klassischen Denkmodellen des Marxismus erheblich widersetzten. Die durch Einkommenslagen, Besitz und Schulbildung differenzierten Bevölkerungssegmente waren nicht mehr als antagonistische Klassen, als Dichotomie von Bourgeoisie und Proletariat zu begreifen. Besonders der Mangel an ‚Klassensolidarität' und revolutionärem Bewusstsein in der Arbeiterschaft, das heißt die unübersehbaren Tendenzen einer Verbürgerlichung, sowie fließende Grenzen zu den Angestellten, also die empirisch nachweisbare Vielfalt der Mentalitäten bei den Lohnabhängigen insgesamt führte auf marxistischer Seite zu neuen theoretischen Anstrengungen und zur Entdeckung der Medien als einem Erkenntnisgegenstand, der zur Erklärung ‚theoriewidriger' Bewusstseinslagen beitragen sollte. (Curran/Gurevitch/Woollacott 1990) In der Bundesrepublik war in den 60er Jahren der Monopolanspruch des öffentlich-rechtlichen Fernsehens völlig unangefochten. So ist es zu verstehen, dass zunächst die Printmedien, vor allem die „Springer-Presse", im Zentrum der Aufmerksamkeit stand. Horst Holzer war mit seiner Schrift „Theorie des Fernsehens – Fernseh-Kommunikation in der Bundesrepublik Deutschland" (Holzer 1975) der erste, der sich von historisch-materialistischer Seite aus systematisch mit dem Bildschirm-Medium auseinander setzte.

Für Holzer ist das Fernsehen der BRD Bestandteil der politisch-administrativen Tätigkeit des Staates, dem mit Fortschreiten der gesellschaftlichen Entwicklung eine zunehmend aktive Rolle bei der Bewältigung von Krisen zufällt. Ähnlich wie Schulen und andere Bildungseinrichtungen hat das staatlich gelenkte Fernsehen die Aufgabe, Sozialisationsprozesse zu organisieren. Die Widersprüche, die das kapitalistische System hervorbringt, erzeugen für Holzer Legitimationsprobleme und schwindende Massenloyalität. Daher müssen der Staat und andere halbstaatliche und korporative Institutionen für die Anerkennung des Leistungsprinzips und solcher Verhaltensnormen sorgen, die zur Aufrechterhaltung des Systems gebraucht werden. Die vom Staat betriebene Vergesellschaftung der Subjekte zielt darauf ab, elementare Bedürfnisse so zu beeinflussen, dass sie zu gegebenen gesellschaftlichen Verhältnissen passen. Das bedeutet, dass sich das politische Interesse auf Versorgungsleistungen des Staates beschränkt und Selbstverwirklichung vor allem im Bereich der Familie und des Konsums gesucht wird. Die (öffentlich-rechtlichen) Rundfunkanstalten gehören für Holzer zum „Funktionskreis" des Staates, und zwar durch die Vermittlung einer unpolitischen, privatistischen Freizeitorientierung. Fernsehkommunikation dient der Reproduktion der Arbeit, indem sie sich als Erholung darstellt. Außerdem nehmen Hörfunk und Fernsehen Bildungsaufgaben im Bereich der Grundqualifikationen wahr, was eine allgemeine technokratische Orientierung und die Akzeptanz von „Sachzwängen" auf Seiten der Rezipienten einschließt. Darüber hinaus wird durch Werbung die Warenzirkulation beschleunigt. Fernsehwerbung ist, so Holzer, für das Kapital besonders vorteilhaft, weil sie (über Gebühren) von den Konsumenten selbst bezahlt wird.

Die Zuschauer reagieren – Holzer zufolge – auf TV-Botschaften entsprechend ihrer Klassenlage. Einerseits geht es um die Versorgung mit Informationen, weil im Arbeitsprozess intellektuelle Leistungsfähigkeit verlangt wird. Andererseits „korrespondiert das Medium mit dem durch Leistungs- und Konkurrenzdruck erzeugten Wunsch nach passivischen Verhalten gegenüber einer Autorität, die (...) eine Aura von Authentizität und Objektivität ausstrahlt (...)" (Holzer 1975, 178). Das durch das Fernsehen verbreitete Wissen bewirkt also nicht Veränderung. Es wird technokratisch subsumierbar gemacht, ja dient der Akzeptanz von Institutionen, indem es den Eindruck vermittelt, über nicht hinterfragbare Informationen zu verfügen. Damit ist auch der Verlautbarungsstil, der das Fernsehen in der Zeit des Monopols der öffentlich-rechtlichen Sendeanstalten noch weitgehend kennzeichnete, Gegenstand der Kritik.

Für das *duale* Rundfunksystem sei festzustellen, so Holzer in einer späteren Veröffentlichung, dass das Publikum angesichts alltäglicher Entfremdungserfahrungen solche Medienangebote bevorzuge, die Orientierungen erleichterten, indem sie den Anschein erweckten, die eigene Lebenssituation durchschaubar zu machen. (Holzer 1994, 213) Für die Fernsehnachrichten gelte, dass sie mit ihrer personalisierenden und ereignisbezogenen Art der Darstellung politische Themen scheinbar verständlich werden ließen, und zwar durch Reduktion des Regierungshandelns auf das Allzumenschliche privater Lebensformen. Dabei würden die gesellschaftsstrukturellen Grundlagen des Geschehens ausgeblendet. Politische Themen erfahren – so Holzer – unter dem *Human-Interest*-Aspekt eine Deformation; „Geschichte und Gesellschaft" erscheinen als „Begegnungsstätten von Individuen" (Holzer 1994, 217). Die Repressivität der bestehenden gesellschaftlichen Verhältnisse kämen nicht ins Bild, sondern würden als „Versatzstücke" des „privaten Lebenskampfes" inszeniert. Außerdem würde auch der falsche Schein der Partizipation erweckt, indem die politischen Akteure in Interviews und Talkrunden den Moderatoren Rede und Antwort stünden, sich also als Ansprechpartner zur Verfügung stellten. Tatsächlich eröffne sich damit nicht die Möglichkeit einer Kontrolle; die Inszenierung des Politischen im Fernsehen diene vielmehr dazu, die tagtäglichen Ohnmachtserfahrungen des Publikums zu kompensieren. (Holzer 1994, 215ff.)

Entgegen der scheinbaren Funktionalität zwischen Fernsehangebot und Zuschauerinteresse geht Holzer von einem Antagonismus aus: „Form, Inhalt und Funktion des Fernsehens einerseits, die kommunikativen Gebrauchswertansprüche des Publikums andererseits sind in sich und in ihrem Zusammenhang so widersprüchlich wie die gesellschaftlichen Verhältnisse, auf deren Basis sie entstehen und sich entwickeln." (Holzer 1975, 179f.). Allerdings liegen die objektiven Bedürfnisse außerhalb des Bewusstseins und müssen deshalb erfahrbar gemacht werden. Dazu bedarf es nach Holzer einer den Konsumtionszusammenhang überschreitende gesellschaftlichen Praxis. Eine befreiende Kommunikation soll „ganz wesentlich außerhalb der organisierten Fernsehkommunikation" stattfinden, nämlich „im Kampf (...) der unmittelbaren Produzenten gesellschaftlichen Lebens um einen von ihnen bestimmten materiellen Gesellschaftsprozess" (Holzer 1975, 180). Im Hinblick auf das Fernsehen fordert er eine „Entkapitalisierung" der Rundfunkanstalten in dem Sinne, dass sie nicht mehr die unmittelbaren Produzenten gesellschaftlichen Lebens daran hindern, ihre kommunikativen Bedürfnisse zu artikulieren. Eine derartige Parteinahme sei jedoch nicht durch ein „voluntaristisches Durchschlagen des gordischen Knotens", sondern nur durch die „Bindung an den gesamten antikapitalistischen Kampf" möglich. (Holzer 1975, 184)

Mit dem Hinweis auf den „Voluntarismus" wird deutlich, dass es offenbar Schwierigkeiten macht, die Medieninhalte auf einen klassenstrategischen Nenner zu bringen. Das Veränderungspotenzial, das von den Medien ausgeht, gerät unter dem Vorzeichen der historisch-materialistischen Gesellschaftstheorie aus dem Blick. ‚Kritische' Standpunkte, die Journalisten für sich in Anspruch nehmen, gelten nicht als Hinweis auf eine zumindest partielle Abwesenheit von Systemzwängen, sondern als Oberflächenphänomen, als repressive Toleranz, die geeignet ist, die subtilen Repressionsmechanismen zu verbergen.

Holzer (1994, 185) stellt im Rückblick fest, eine „vergessene" Theorie produziert zu haben, was er aber weniger auf die Theorie als vielmehr auf das Scheitern des „real existierenden Sozialismus" zurückführt. Obwohl die historisch-materialistische Gesellschaftswissenschaft mit einem Bann belegt worden sei, gebe es genügend Anregungen, mit denen dieser Ansatz zum medientheoretischen Diskurs beitragen könne (Holzer 1994, 185).

9.6 Joshua Meyrowitz: Die Entzauberung des Politischen

Die Fernsehtheorien, die den Zusammenhang zwischen Mediensystem und Politik zum Gegenstand haben, greifen nicht nur Aspekte der Kritischen Theorie und des Marxismus, sondern auch des Symbolischen Interaktionismus auf. Besonders mit dem Lebenswerk von George Herbert Mead ergeben sich wichtige Einsichten in den Zusammenhang von Gesellschaftsstruktur und Persönlichkeit, von Rollenmustern und Identitätsbildung, von Kommunikation und alltagsweltlichen Konstrukten. In dieser Tradition steht Joshua Meyrowitz, der von Theoremen des Symbolischen Interaktionismus ausgeht, um sie für die Analyse des Sozialverhaltens unter den Bedingungen des Fernsehens fruchtbar zu machen. (Meyrowitz 1987; im Orig.1985)

Meyrowitz weist darauf hin, dass sich beliebige Handelnde im Alltag, in tagtäglichen Begegnungen komplizierten Spielregeln beugen müssen, um Bereiche des Wissens und Nichtswissens abzugrenzen. Das Sozialverhalten gleiche damit den Auftritten von Schauspielern auf einer Bühne. Die Beteiligten spielten Rollen, die mit den Konstrukten ihrer Identität übereinstimmen müssten und von denen sie glaubten, dass sie der jeweiligen Situation adäquat sind. Wie Schauspieler ließen die Akteure bei solchen *encounters* nur bestimmte Seiten ihres Selbst, ihrer Identität sichtbar werden, während sie gleichzeitig darum bemüht seien, andere Eigenschaften vor der Öffentlichkeit zu verbergen:

> „Die Menschen auf der Bühne zeigen ein Verhalten, das abhängig ist von der Existenz eines Bereiches hinter der Bühne, isoliert vom Publikum, indem die Akteure ihre Rollen lernen, sie proben, mit Kollegen Strategien austüfteln oder einfach entspannen oder sich in Ausdruckslosigkeit fallen lassen können." (Meyrowitz 1987, 44f.)

Meyrowitz beruft sich auf Goffman, der auf die Bedeutung der „Fassade" für den Ablauf von Interaktionsprozessen aufmerksam gemacht hat. Der Begriff der Fassade soll zum Ausdruck bringen, dass der Einzelne in öffentlichen Situationen, in denen er also ‚vor Publikum' handelt, darum bemüht ist, sich selbst in einer bestimmten Weise darzustellen, also an einer Vorstellung mitzuwirken, für die er selbst das Thema bestimmt. Der Begriff der Fassade bezeichnet mit anderen Worten „das standardisierte Ausdrucksrepertoire, das der Einzelne im Verlauf seiner Vorstellung bewusst oder unbewusst anwendet." (Goffman 1983, 23) Gemeint sind jene Verhaltensstilisierungen, an denen man sich ausrichtet, wenn man um die Gegenwart von Zuschauern weiß. Im Gegensatz zu Goffman betont Meyrowitz, dass in einer Gesellschaft, in der das Fernsehen zum Leitmedium geworden ist, zunehmend nicht mehr strikt zwischen Vorder- und Hinterbühne, zwischen Aktionen mit und ohne Publikum unterschieden werden kann, dass vielmehr auch die Hinterbühne ausgeleuchtet und informelles bzw. privates Verhalten mehr und mehr sichtbar wird. Es ergibt sich – so Meyrowitz – eine variable Trennlinie zwischen beiden Bereichen, und zwar mit erheblichen Konsequenzen für die Handelnden und das soziale Geschehen:

> „Wenn also die Akteure die Fähigkeit verlieren, ihr Hintergrund-Verhalten zu trennen von ihrem Verhalten auf der Bühne, dann verlieren sie nicht nur Aspekte ihrer Privatheit, sondern auch die Fähigkeit, bestimmte Teile ihrer Bühnenrollen zu spielen." (Meyrowitz 1987, 45)

Nach Meyrowitz ist es im elektronischen Zeitalter immer weniger möglich, Wissen exklusiv zu halten. Was in Berufsgruppen oder Minoritäten vormals Bestandteil einer Insider-Kultur war, ein spezieller Jargon, Witze und pointierte

Erzählungen, ein Umgang mit Dingen und Personen, der auch im Kontrast zur Außendarstellung der Gruppe stehen konnte, die verborgene Seite des Kollektivlebens also, wird in Berichten und Spielhandlungen des Fernsehens publik gemacht. Das Medium selbst entwickelt sich zu einer einzigen Bühne mit dem denkbar größten Publikum. Im Gegensatz zu den bis dahin wirksamen Strategien der Informationskontrolle, die von Gruppen und Individuen im Alltag angewandt wurden, um sich vor fremden Einblicken zu schützen, ist eine entsprechende Kanalisierung des vom Fernsehen verbreiteten Wissens nicht mehr möglich. Es gibt – so Meyrowitz – keine Tabus als Zonen beabsichtigten Nichtwissens. Die Innenansichten des Gruppenlebens werden durch das Fernsehen für jeden zugänglich gemacht.

Die Entgrenzung von Vorder- und Hinterbühne bewirkt nach Meyrowitz, dass sich Gruppenerfahrungen überlagern. Das TV-Publikum hat an den Erfahrungen von Personen und Kollektiven teil, von denen es zuvor aufgrund mangelnder Kontakte wenig wusste. Auf diese Weise verringert sich soziale Distanz, indem nicht nur offizielle Selbstdarstellungen gezeigt, sondern auch Insiderinformationen vermittelt werden, also latente Einstellungen, Gefühle, informelle Normen und Problemlösungen der Mitglieder. Das bedeutet, dass zum Beispiel die Lebenswelt und die Gefühle von Minderheiten vertraut gemacht werden. Im elektronischen Zeitalter weiß jeder über den anderen – so Meyrowitz – sehr viel besser Bescheid, als dies vor der Einführung des Fernsehens selbst bei denjenigen der Fall war, die einer bestimmten Gruppe nahe standen. Wenn in der „Fernsehgesellschaft" der einzelne eine Mitgliedschaft anstrebe, dann kenne er bereits im Novizenstatus nicht nur die offizielle Version der Normen und Werte, die die Gruppe für sich in Anspruch nimmt, sondern auch das dazugehörige Hintergrundverhalten, das zwar vielleicht die Außendarstellung erst möglich mache, nichtsdestoweniger aber nach Möglichkeit verborgen werde, weil es mit den proklamierten Idealen nicht übereinstimmt.

Indem sich Gruppenerfahrungen vermischen, lockert sich – nach der Darstellung von Meyrowitz – die Bindung an das eigene Kollektiv. Der Zuschauer entfernt sich von seinem physischen und sozialen Standort und gewinnt neue Einblicke. Das audiovisuelle Medium vermittelt daher auch Toleranz. Fernsehen muss nicht, so Meyrowitz, zu mehr Verständnis auffordern; vielmehr genügt es, was zum Beispiel bei Spielfilmen der Fall ist, das Leben der anderen aus deren Perspektive zu zeigen. Die Erfahrungswelten fremder Gruppen und Kollektive werden nachvollziehbar, was eine aggressive Abgrenzung erschwert. Gleichzeitig büßen die Normen und Werte der eigenen Gruppe ihre Selbstverständlichkeit ein; deren Eigentümlichkeiten gelten nicht mehr als natürlich und unumstößlich, sondern werden verglichen und hinterfragt. Der Rezipient wird in die Lage versetzt, sich in einen allgemeinen Erfahrungsstrom ‚einzuklinken' und seine Lebenswelt aus der Perspektive der anderen zu sehen; die Distanz gegenüber der eigenen Gruppe, ihrer Geschichte und ihren Traditionen, nimmt zu, da ihre Erfahrungswelt nicht mehr die einzige ist, die er kennt.

Damit ergibt sich nach Meyrowitz, dass auch Politiker nicht mehr auf verschiedenen Bühnen auftreten, sondern dass sie nur noch vor einem einzigen Publikum agieren, nämlich dem der elektronischen Medien. Informationen können nicht mehr wahlweise – gewissermaßen zielgruppenspezifisch – ausgestreut oder zurückgehalten werden. Es schwinden die Möglichkeiten, die jeweils optimale Rolle einzunehmen. Auch wird jeder Fehler nicht nur einer begrenzten Zahl von Menschen bekannt, sondern ereignet sich vor der versammelten Fernsehöffentlichkeit. Der private Rückzugsbereich, das Persönliche und Intime, sowie die Zwischenzone der Informalität, das Probehandeln, das Einstudieren von Rollen, die Entspannung vor dem nächsten Auftritt, bleiben nicht mehr tabu.

> „Das Bedürfnis danach, das eigene Hintergrundverhalten zu schützen, ist dann besonders stark, wenn Rollen zur Aufführung gebracht werden, die stark auf Mystifikationen beruhen und auf einer Aura von Größe (...) – Doch die elektronischen Kommunikationsmedien haben die Grenze zwischen dem Hintergrundbereich und dem Bühnenverhalten von Politikern aufgehoben. (...) Wir sehen, wie sich Politiker vom Hintergrund auf die Bühne und zurück bewegen. Wir sehen, wie sich Politiker einer Menschenmenge gegenüber verhalten und dann ihre Familie ‚ganz privat' begrüßen. Wir begegnen Kandidaten, die mit ihren Beratern konferieren und sitzen hinter ihnen, wenn sie Wahlversammlungen im Fernsehen verfolgen." (Meyrowitz 1987, 182f.)

Die Folge dieser Entwicklung ist für Meyrowitz die Entmystifizierung der Politik. Es verändert sich das Bild der politischen Akteure in der Öffentlichkeit, indem ihre Schwächen sichtbar werden. Die Kamera ist verräterisch insofern, als sie deutlich macht, in welchen Situationen und Augenblicken sich ein Politiker gehen lässt und was ihn in Anspannung und Nervosität versetzt. Die eingespielte loyale Arbeitsteilung, wie sie in der Zeit vor dem Fernsehen zwischen Presse und Politik gegolten habe, existiere nicht mehr. Die Allgegenwart von Kameras – so Meyrowitz – bewirkt, dass Politiker die Kontrolle über ihre Botschaften und Auftritte verlieren. Daher sind sie gezwungen, auch ihre privaten Attitüden so zu perfektionieren, dass sie ‚veröffentlicht' werden können. Da dies aber nur partiell gelingen kann, kommt es zu Widersprüchen zwischen dem Geschehen auf der Bühne, einem Zwischenbereich und dem Backstage-Bereich, das heißt dem öffentlich-öffentlichen, dem öffentlich-privaten und dem privat-privaten Verhalten, was immer häufiger auch Glaubwürdigkeitslücken einschließt.

Damit wird nach Meyrowitz die politische Prominenz zunehmend nicht an ihrem Tun, sondern an ihren Darstellungsqualitäten gemessen. Der Blick des Publikums hinter die Kulissen führt dazu, dass die expressiven Fähigkeiten des Politikers im Vordergrund stehen. Es kommt demzufolge nicht darauf an, Präsident zu sein, sondern die Rolle des Präsidenten erfolgreich zu spielen. Trotzdem ist die Bevölkerung mit einer perfekten Inszenierung nicht zufrieden. Einerseits wünscht sie die professionelle Aufführung, andererseits beklagt sie sich über mangelnde Integrität. Allgemein, so Meyrowitz, nimmt der Zynismus gegenüber der Politik in dem Maße zu, wie die Distanz zwischen Regierenden und Regierten schwindet. Eines Tages könnte sich das politische System dahin entwickeln, dass „die Akteure während der Show von der Bühne per Zuschauerabstimmung entfernt werden". Mit dem Fernsehen – so Meyrowitz (1987, 218) – eröffnen sich neue partizipatorische Potenziale. Es wächst aber auch die Gefahr des Opportunismus und des Populismus auf Seiten der Spitzenpolitiker und der Oberflächlichkeit und des Misstrauens auf Seiten der Wähler.

Meyrowitz' Buch „No Sense of Place: A Theory on the Impact of Electronic Media on Social Structure and Behavior" wurde 1985 in englischer und 1987 unter dem Titel „Das Fernsehzeitalter – Wirklichkeit und Identität im Medienzeitalter" in deutscher Sprache veröffentlicht. Seit 1978 lag die Schrift als Doktoratsthese vor. In der Bundesrepublik blieb das Buch relativ unbeachtet, weil inzwischen ein anderer Autor, nämlich Neil Postman, mit seinen Thesen zu den politischen Auswirkungen des Fernsehens Aufsehen erregt hatte.

9.7   Neil Postman: Die Aufhebung des politischen Diskurses

Neil Postman (1985) hat in seiner Abhandlung „Amusing Ourselves to Death. Public Discourse in the Age of Show Business" die Verschmelzung von Unterhaltung und Information durch das Fernsehen und die damit verbundenen politischen Folgen analysiert. Unter dem Aspekt der Medienökologie geht es ihm darum, „dass Medien immer eine bestimmte (Um)Welt hervorbringen. Sie können die öffentliche Kommunikation und die sie umgebende ‚Landschaft' (...), ein ökologisches Gleichgewicht stören bzw. es umgekehrt auch erst produzieren." (Kloock/Spahr 2000, 99) Ähnlich wie Adorno ist er der Meinung, dass der Erfolg des Mediums auf einer subtilen Manipulation von Gefühlen beruht. Allerdings scheint Postman zu spüren, dass dieses Argument angesichts der globalen Verbreitung von TV-Produktionen seine Stichhaltigkeit verloren hat. Denn wenn amerikanische Fernsehsendungen in die ganze Welt verkauft werden, müssten die emotionalen Voraussetzungen – auch für eine derart diffizile Einflussnahme - überall gleich sein. Stärker als Adorno geht Postman nicht von den Inhalten, den Glücksversprechungen und Phantasien, sondern von der sinnlichen Wahrnehmung und der physiologischen Verarbeitung von Reizen aus.

Amerikanisches Fernsehen ist – so Postman – ein „Genuss fürs Auge", ein „wundervolles Schauspiel", „die beste Fotografie" (Postman 1985,109) und bietet dem Konsumenten vor allem eine Vielfalt von bildhaften Eindrücken. Das

Fernsehen, das sich ohnehin nach Postman als visuelles Medium mit der Darstellung abstrakter Inhalte schwer tut, orientiert sich nicht an der Sache, an der Struktur eines Wissensgebietes, sondern an optischen Reizen. Besonders das durch und durch kommerzialisierte Fernsehen der USA müsse ständig etwas Neues bieten, müsse auch kurzfristig anregend sein, um den Zuschauer gefangen zu nehmen. Daher werden – so Postman – Berichte, Statements und Informationen, Themen und Gattungen unverbunden nebeneinandergestellt, ohne sachliche und logische Struktur. Um die Aufmerksamkeit des Zuschauers zu erhalten, müssten Zusammenhänge zerstückelt werden; jede ernsthafte Vertiefung von Problemen sei aufgrund der scharfen Konkurrenz unter den TV-Anbietern zum Scheitern verurteilt.

Politisch ist ein solches Medium für Postman nicht dadurch, dass es – wie bei Adorno – von Machtstrukturen ablenkt, sondern dass es den öffentlichen Diskurs zerstört. Die Elemente der Unterhaltung dringen in alle Bereiche der Öffentlichkeit ein. Was das Fernsehen aufgreift, verwandelt sich in Amüsement. Es sind also nicht Partialinteressen, die Zugang zu den Massenmedien finden und einer rationalen, universalen, offenen, die verschiedenen Aspekte berücksichtigenden Diskussion im Wege stehen; nicht die Inhaber von Machtpositionen ergreifen vom Fernsehen Besitz. Eine vernünftige politische Kommunikation wird vielmehr durch die Struktur und Funktionsweise des Mediums, durch den Mangel an Abstraktion, an Vielschichtigkeit und logischer Kohärenz unmöglich gemacht. Die logische Struktur der Erörterung, der sachlichen Argumentation ist – Postman zufolge – mit den Gesetzen visueller Unterhaltung nicht in Übereinstimmung zu bringen. Abstrakte Zusammenhänge können nicht so dargestellt werden, wie es ihre Komplexität erfordert. Darüber hinaus müssen ständig neue visuelle und dramatische Reize geschaffen werden, um die Aufmerksamkeit des Publikums sicher zu stellen.

Für Postman ist der politische Diskurs, die Meinungsbildung der Öffentlichkeit, für das demokratische Gemeinwesen unerlässlich. Dieser setze die Erörterung von Zusammenhängen voraus, und zwar die Darstellung eines Sachverhalts und die Austragung von Argumenten in inhaltlich und logisch abgestimmter Reihenfolge. Nur so sei der Diskurs vernünftig. In den Medien kann nach Postman Vernunft in verschiedenem Maße realisiert werden. Printmedien ermöglichten, ja unterstützten eine logische und sachliche Argumentation. Mit dem Fernsehen als Leitmedium verändere sich der Stil der politischen Auseinandersetzung. Das Durcheinander von Berichten, Statements und aktuellen Informationen ohne logischen Bezug sei für ein demokratisches System gefährlich, weil eine vernunftgeleitete öffentliche Auseinandersetzung unter dem Einfluss des Fernsehens nicht mehr stattfinde. Der Zusammenhang zwischen Wissen und Orientierung existiere nicht mehr. Information – so Postman – wird abgespalten von Theorie und Sinn, von Zweck und Ziel. Das Problem bestünde nicht in einem zu niedrigen Informationsstand der Bevölkerung, sondern in der Art, mit der im Fernsehen Wissen vermittelt und Probleme dargestellt würden, und zwar weil sie die öffentliche Meinungsbildung unterhöhle.

Postman übersieht, dass Öffentlichkeit keineswegs nur über das Medium Fernsehen stattfindet. Im Bereich der politischen Information und Meinungsbildung haben vielmehr die Printmedien ihre Stellung behaupten können. Meinungsführerschaft im öffentlichen Diskurs geht vielfach von renommierten Zeitungen und Zeitschriften aus. (Schönbach 1983a; Mathes/Czaplicki 1993, 153ff.) Nicht einmal bezüglich der Entwicklung und Platzierung von Themen kann, obwohl die elektronischen Medien wegen ihrer Aktualität im Vorteil sind, eine Vorrangstellung des Fernsehens behauptet werden. Ebenso haben politische Bücher bei der Austragung von Standpunkten ihre Bedeutung nicht verloren. Dass die ‚Epistemologie' des Fernsehens alle anderen Möglichkeiten der Wissensgewinnung und -verarbeitung verdränge, ist eine allen bisherigen Erfahrungen zuwider laufende Behauptung.[63] Inzwischen ermöglichen auch die dialogfähigen ‚Bildschirmzeitungen', dass Wissen beliebig vertieft und auf den persönlichen Kenntnisstand des Konsumenten abgestimmt wird.

Für Postman (1982) besteht die Gefahr, dass ein bestimmter Stil, Wissen zu vermitteln und zu verarbeiten, im wahrsten Wortsinn Schule macht, also auch alle Erziehungsverhältnisse durchdringt. Im elektronischen Zeitalter grenzten sich Erwachsene nicht mehr dadurch von der nachwachsenden Generation ab, dass sie über ein schwer zugängliches Buchwissen verfügten. Nur in solchen Kulturen, in denen die Printmedien und nicht das Fernsehen das Leitmedium sind, können sich nach Postman Erwachsene ein Spezialwissen aneignen, von dem die nachwachsende Generation ausgeschlossen ist. Auf solchen Geheimnissen aber, so Postman, beruht die Entstehung der Kindheit als eine eigenständige Entwicklungsphase. Ohne Geheimnisse wird die Trennungslinie zwischen Jung und Alt aufgehoben, werden Erwachsene selbst zu Kindern, die an systematischer Kenntniserweiterung, wie sie von Büchern angeboten wird, nicht interessiert sind. Bücher, so Postman, bauen im Hinblick auf ihren Schwierigkeitsgrad, das heißt die beim Leser schon vorauszusetzenden Kenntnisse, aufeinander auf. Anders verhält es sich mit dem Fernsehen. Man muss nicht eine Sendung gesehen haben, um die andere verstehen zu können. Das, so Postman, „in kognitiver Hinsicht regressive Bild" spricht für sich selbst. Das Fernsehen habe die Wirkung, dass Erwachsene – vor allem in ihrer Eigenschaft als Bürger und Wähler –

---

63 So besagt z. B. das sog. Riepl'sche Gesetz, dass Medien, „wenn sie nur einmal eingebürgert und für brauchbar gefunden worden sind", nicht wieder „verdrängt und außer Kraft gesetzt " werden. Vgl. Riepl, Wolfgang: Das Nachrichtenwesen des Altertums mit besonderer Rücksicht auf die Römer. Leipzig u. a. 1913

nicht mehr bereit seien, sich systematisch Wissen anzueignen. Es werde der Eindruck erweckt, als gäbe es für alles, auch für politische Probleme, eine schnelle Lösung

Postmans Überlegungen laufen auf einen generellen Pessimismus hinaus, da alle aktuellen Entwicklungen an der idealisierten Vergangenheit der Buchkultur gemessen werden, die für ihn identisch ist mit den wichtigsten menschlichen Errungenschaften, mit Schulen und Bildung, mit Individualismus und Humanität. (Kloock 2003, 111f.) Die Konsequenz seiner Analysen ist folgerichtig der Boykott, ja die Abschaffung des Fernsehens. Da es zu dieser Art der ‚Bilderstürmerei' nicht kommt, bleiben seine Forderungen ohne Wirkung. Tatsächlich kann es nur darum gehen, Techniken des Umgangs mit dem Bildschirm-Medium zu entwickeln und das Medium selbst zu verbessern.

Ein wichtiger Einwand gegen Postmans düstere Schlussfolgerungen ergibt sich aus einer Schrift, die er selbst zusammen mit Charles Weingartner 1969 verfasst hat. In dieser Arbeit über „Teaching as a subversive activity" geht es den Autoren darum, die Erkenntnisse der Medienphilosophie McLuhans für die Schulpädagogik zu nutzen. Entgegen seinen späteren fatalistischen Ansichten stellt Postman fest, dass zum elektronischen Zeitalter das entdeckende Lernen gehört; während nämlich in der früheren Schriftkultur das Schwergewicht auf Konformität gelegen habe, auf der Aneignung von vorbereitetem Wissen, auf der Wiedergabe von Geschichten, die andere erfunden haben, käme es nun darauf an, Kreativität und Innovationsfähigkeit zu fördern. Die traditionale Kultur des Memorierens und Resümierens, der Einhaltung von logischen und didaktischen Stufen, hätte eine selbständige Aneignung und Verarbeitung von Wissen verhindert. Der Bildungskanon ist für Postman und Weingartner in dieser vom Geist der 60er Jahre geprägten Abhandlung der Feind der Kreativität.

Wenn es zutrifft, wie Postman und Weingartner behaupten, dass Buchkultur und formalisiertes Wissen zusammengehören, dann ist also umgekehrt die Erwartung nicht unberechtigt, dass der Bildschirm mit der Freisetzung produktiver und kreativer Fähigkeiten einhergehen kann. Genau dies ist die Hoffnung, die viele Menschen heute, das heißt im Zeichen zunehmender interaktiver Möglichkeiten, der TV-Kommunikation und der internationalen Vernetzung der Computer, mit der Entwicklung der elektronischen Medien verbinden.

9.8   Jean Baudrillard: Politik und Hyperrealität

Jean Baudrillard, der bis 1986 an der Universität Paris-Nanterre gelehrt hat, ist ein dem Poststrukturalismus nahestehender Soziologe. Entsprechend dem Erkenntnisprogramm dieser Schule geht es ihm darum, die Eigenlogik von Zeichensystemen aufzuweisen, wobei – im Unterschied zur strukturalen Linguistik Ferdinand de Saussures – „nicht das erkennende Subjekt oder die Gesellschaft, sondern die Sprache selbst" Bedeutungen konstruiert. (Wenzel 2000, 125) Baudrillard lehnt alle früheren Paradigmen der Medientheorie ab und versucht, eine – durch das Denken der Postmoderne geprägte – Medienontologie zu begründen. (Leschke 2003, 257ff.) Nichtsdestoweniger knüpft er – wie Meyrowitz – an der Veränderung des Raum- und Zeiterlebens an. Globale Vernetzung und die Kommunikationsgeschwindigkeit der neuen Medien bedeuten für ihn eine totale Veränderung des Erlebens und der Erfahrung. Wenn Entfernungen keine Rolle mehr spielen, weil sie mit den Mitteln der Elektronik zu überwinden sind, wenn alles herbeigeholt und gegenwärtig gemacht werden kann, dann bleibt nichts mehr auf der Welt, was auf Entdeckung wartet. „Und die Kugel wird wieder zu einem Punkt, der seine eigenen Dimensionen absorbiert. Das ist das Ende der Reise, weil es das Ende des Raumes ist, da es keine Grenze mehr gibt, die man überqueren könnte." (Baudrillard 1986, 5)

Damit entfällt auch Transzendenz als ein Überschreiten des eigenen Horizonts. Sowohl für den Einzelnen wie auch für die Kollektive sind alle Ziele, wie sie zuvor durch Religion und politische Ideologie formuliert wurden, entschwunden. Das Subjekt findet aufgrund einer ubiquitären Kommunikation immer nur sich selbst wieder. Auch Gleichheit ist kein über den Einzelnen hinausweisendes Ziel mehr; vielmehr ist sie die im elektronischen Zeitalter schon erreichte Wirklichkeit der Individuen, welche sich überall auf gleiche Weise begegnen. Im Gegenüber der Kommunikation sehen wir uns selbst. Der Bildschirm, der allen anderen Erfahrungen ihre Bedeutungen genommen hat, wird zum Vermittler eines Narzissmus ohne Imagination, einer Selbstreferenz ohne Tiefe. (Baudrillard 1986, 7ff.)

Die durch die Elektronik gegebenen Möglichkeiten der Kommunikation wirken sich also direkt auf soziale Beziehungen aus. Persönliche Kontakte, so Baudrillard, werden zugunsten der Telekommunikation geschwächt. Wenn mit Hilfe der Medien beliebige Verbindungen hergestellt werden können, verkümmert der soziale Raum zur Wüste. Die Menschen haben füreinander ihre Bedeutung verloren. Das Bild des anderen wird in unendlich vielen Details wiedergegeben, vergrößert und in Bewegungselemente zerlegt. Über diese Art des Wahrnehmens bleibt am Ende von dem anderen, dem Gegenstand der Kommunikation, nur die Methode der Bilderzeugung und der Rezeption übrig. Es entwickelt sich eine Struktur, die nur noch aus dem Identischen besteht, der unendlichen Differenzierung des Subjekts. Durch die technischen Möglichkeiten, durch die Vielzahl der Aspekte und der Perspektiven, durch die virtuelle Zusammensetzung der Elemente, ist der soziale Horizont verschwunden. Was bleibt, ist der Umgang mit Bildern und Bildschirmen. (Baudrillard 1989, 114)

Baudrillard behauptet nicht, dass die Telekommunikation die Realität verfälscht. Die Frage der Richtigkeit von Abbildungen setzt die Differenz von Bezeichnetem und Bezeichnendem voraus. Dieses Problem ist für Baudrillard irrelevant geworden. Die Medien und ihre Produkte sind die Wirklichkeit, das heißt, es gibt keine Wahrnehmung der Wirklichkeit jenseits des Bildes. In früheren Epochen der Menschheitsgeschichte hatten Zeichen die Funktion, auf etwas zu verweisen und damit hervorzuheben. Im elektronischen Zeitalter machen Kultur und Medien selbst das Soziale aus. Die Zeichen, so Baudrillard, sind ihrer Bestimmung entrissen worden. Die Vorstellung, dass wir uns mit Hilfe des Bildschirms der Welt bemächtigen könnten, ist für Baudrillard illusorisch.

Es gibt, wenn etwas Vorgegebenes, etwas Abzubildendes nicht existiert, auch keine Steuerung der Zeichen. In der Abstraktion, so Baudrillard, wird etwas geschaffen, ohne dass dafür die Realität als Referenz vorläge. Ähnlich wie Luhmann (1996, 24ff.) geht Baudrillard davon aus, dass Kommunikation sich selbst erzeugt, also ohne Fremdreferenz auskommt. Das „Simulakrum", das heißt das Bild, der Schein, geht für Baudrillard der Realität voraus. Auch die Simulation als der Versuch, das Reale im Modell zu erfassen, hat nicht mehr die Realität zum Maßstab. Berichte über revolutionäre Vorgänge wie zum Beispiel die des Mai 1968, als in Paris Studenten und Arbeiter gegen die Regierung und gegen den Staat demonstrierten, unterstützen nicht eine Bewegung, indem sie Botschaften weitergeben, sondern stellen nichts weiter dar als sinnentleerte Zeichen. Das Symbolische ist hyperreal in dem Sinne, dass es in einem besonderem Raum produziert wird. (Baudrillard 1978, 8ff.) Dementsprechend bezweifelt Baudrillard, dass zum Beispiel der Golfkrieg überhaupt stattgefunden hat. Die Darstellung von computersimulierten Angriffen sei möglicherweise ohne einen tatsächlichen Krieg als Referenz ausgekommen. (Baudrillard 1994; Junge 2002) Die Zeichensysteme entwickeln sich für Baudrillard aus sich selbst heraus, durch „Kurzschließen", „nach jeder Art von kombinatorischer Algebra". (Baudrillard 1978, 8) Sie werden für ihn nicht mehr in Analogie zu einem Objekt geschaffen, sind nicht mehr Ergebnis des Versuchs, das Reale durch Zeichen zu ersetzen, um es kommunizierbar zu machen.

Der politische Apparat baut auf dem Realitätsprinzip auf und versucht dieses zu verankern, zum Beispiel durch das Herbeireden von Krisen. Gleichzeitig aber besteht die Tendenz, dass sich permanent das Reale in Simulation auflöst und Hyperrealität durchscheint. (Baudrillard 1978a, 35ff.) Das Verschwinden des Realen wird durch den „Repressionsapparat" hervorgebracht, nämlich durch das Geld als einem abstrakten, universalen Tauschmittel. Das System der Macht muss die hereinbrechende Simulation bekämpfen, produziert sie aber ständig selbst. Das Fernsehen bietet, so Baudrillard, beliebige Identifikationsmodelle und zerstört die Solidaritäten einer vormals durch die Industrie geprägten Arbeitswelt. Es fördert die Vereinzelung, die „Entgesellschaftung", und übt symbolische Gewalt aus. Daher liege auch „die wirkliche Form der gesellschaftlichen Herrschaft" im „Unterschied zwischen Sendern und Empfängern". (Baudrillard 1978b, 23) Die Graffiti, die von Jugendlichen auf Häuserwände, U-Bahnwaggons und Zäune gesprüht werden, seien ein hilfloser und vergeblicher Protest gegen die Macht der Medien. Sie stellten eine Revolte gegen eine Gesellschaft dar, die jeden in einen konturlosen Funktionszusammenhang einordnet, die Identitäten nivelliert, die Raum und Zeit auflöst und durch Simulationen ersetzt, ein hilfloser „Aufstand der Zeichen" ohne die Hoffnung, dass das Reale jemals wiederkehren wird.

9.9   Horace M. Newcomb und Paul M. Hirsch: Die Forumsfunktion des Fernsehens

Eine völlig andere Sicht bieten Forscher, die nicht von Idealbildern der Gesellschaft ausgehen, sondern von den Nutzungsgewohnheiten der Menschen. Für sie steht nicht die Zerstörung des gesellschaftlichen und politischen Lebens im Vordergrund, sondern vielmehr die Kulturleistungen des Fernsehen. Stellvertretend für die Autoren, die sich gewissermaßen mit dem Medium arrangiert haben und dieses als Bestandteil moderner Kultur sehen, soll hier der Ansatz von Newcomb und Hirsch dargestellt werden (Newcomb/Hirsch 1983/1984/1986), deren Sichtweise Ähnlichkeiten mit dem kultursoziologischen Ansatz der britischen Cultural Studies aufweist. (Wehmeier 1998, 303ff.) Für sie ist das Bildschirm-Medium notwendiger Bestandteil der postmodernen Gesellschaft und in der Bedeutung für das Zusammenleben ähnlich wichtig wie vergleichbare andere Institutionen in historischen Sozialsystemen. Unter dieser von der Kulturanthropologie beeinflussten Perspektive stellen sich moderne Sozialsysteme als ein kohärentes, stabiles Ganzes dar, in das auch die Medien integriert sind. Elektronische Information und Unterhaltung übernehmen demnach ,normale' kulturelle Aufgaben. Das Fernsehen ist kein explosionsartiges Ereignis, das die Gesellschaften aus den Angeln hebt und umfangreiche, nie da gewesene Konsequenzen in allen Bereichen nach sich zieht; es gibt jedoch der politischen Kultur neue Akzente.

Newcomb und Hirsch gehen davon aus, dass Wissenssysteme durch Kommunikation stabilisiert und erweitert werden, dass also Wirklichkeit nicht nur sozial konstruiert ist, sondern auch einem beständigen Prozess des Aushandelns unterliegt. Dies wiederum geschieht nicht im Rahmen logisch rationaler Auseinandersetzungen über Richtiges und Falsches, wie Postman behauptet, sondern durch ein plurales Sinnangebot von Bildern und Texten. Wirklichkeitsdefinitionen werden in postmodernen Gesellschaften vorwiegend nicht diskursiv erarbeitet. Vielmehr kommt es nach Meinung von Newcomb und Hirsch in der Kunst sowie in der populären Kultur zu Erzeugnissen, die in sich selbst komplex sind, also unterschiedliche Zuweisungen von Sinn hervorrufen, mit anderen Worten die aufeinander nicht abgestimmt sind und damit in der individuellen Rezeption zu einer Mischung von Weltsichten führen. Mit dieser Vielfalt kultureller Produkte, dem Nebeneinander von Bedeutungen, entsteht Reflexivität. Hochkultur und Populärkultur bringen in sich offene Erzeugnisse hervor, wobei sie Grenzen markieren, die man überschreiten kann, Probleme und Problemsichten, die vom ‚Leser' mit unterschiedlichen Reaktionen verbunden werden. Auch für Fernsehsendungen gilt demnach, dass sie innovative Elemente beinhalten, dass selbst die Texte trivialer TV-Gattungen sich mit komplexen Themen verbinden, das heißt nicht nur Bestehendes durch Wiederholung stabilisieren, sondern auch ungewöhnliche Handlungsmuster aufgreifen und damit gesellschaftlichen Wandel vorantreiben.

Das Fernsehen ist nach diesem Ansatz ein Forum für kulturelle Muster, für ästhetische Produktionen, für Sinnentwürfe und Weltdeutungen. Es gleicht dem Lagerfeuer, um das sich in archaischen Gesellschaften ein Auditorium versammelt, um Sängern, Sinndeutern und Weisen zuzuhören.[64] An anderer Stelle vergleicht Newcomb das Fernsehen mit dem Chor im griechischen Drama, der die Gefühle der Gruppe ausdrückt, gleichzeitig aber auch den Rahmen abgibt für neuartige Problemlösungen:

> „The chorus expresses the ideas and emotions of the group, as opposed to those of individuals. Its focus is on the widely shared, the remembered, the conventional responses that take into account the notions of socially approved – because socially tested – notions of heroism, epic event, and collective memory. Dependent on widely recognized 'types' rather than on the unique, the choric forms render for their audiences patterns of experience within which to couch new problems and issues. They aid in the maintainence of society, but also, in the repair and renovation of that society." (Newcomb/Alley 1983, 31)

Im Gegensatz zu Postman, aber auch zur Frankfurter Schule, erfüllt nach Newcomb und Hirsch der kommerzielle Kulturbetrieb in komplexen postindustriellen Gesellschaften lebenswichtige Funktionen, und zwar nicht nur in der Aufrechterhaltung des status quo, sondern auch im Hinblick auf die Fortentwicklung der Gesellschaft. Die von Adorno als reaktionär geschmähte Kulturindustrie ist für sie zugleich emanzipativ. Das Fernsehen gleicht einer Bühne für alle Dramen, die die Zeit bewegen, wobei nicht zuletzt subversive Themen und Problemlösungen angesprochen werden. „The emphasis is on process rather than product, on discussion rather than indoctrination, on contradiction and confusion rather than

---

64 Newcomb und Hirsch beziehen sich hier auf Fiske und Hartley, die dem Fernsehen eine „bardic function" zuweisen. (Vgl. Fiske/Hartley 1978, 85ff.)

coherence". (Newcomb/Hirsch 1984, 62) Während Adorno ein gemeinsames Muster voraussetzt, nach dem alle Produkte der audiovisuellen Medien erstellt werden, gehen Newcomb und Hirsch von der kreativen Vielfalt der Texte aus. In der Fülle von Bildern und Konzepten können nach dieser Vorstellung eben auch solche Ideen an Bedeutung gewinnen, die sich noch im Experimentierstadium befinden, die mehr Anregungen zur Neugestaltung als bereits praktizierte soziale Realität darstellen. Die Gesellschaft beobachtet sich im Fernsehen selbst; sie spiegelt sich im Realen *und* Fiktiven, im Zwischenbereich von ,eigentlicher' und televisionär erzeugter Wirklichkeit.

Der Begriff des Forums erweckt den Eindruck, als ob jedermann die gleiche Chance hätte, sich in der medialen Öffentlichkeit zu äußern. Der hohe ökonomische und technische Aufwand, der für TV-Produktionen erforderlich ist, unterscheidet das Fernsehen vom Marktplatz, von der archaischen Lagerfeuerrunde und vom klassischen griechischen Drama. Das Fernsehen steht unter Erfolgsdruck, und es stellt sich die Frage, wer unter diesem Vorzeichen zum Zuge kommt. Wer es tatsächlich ist, wer sich also Gehör verschaffen kann, wird von Newcomb und Hirsch nicht systematisch erörtert. Nichtsdestoweniger distanzieren sie sich von einer allzu harmonischen Sichtweise. Zumindest in Bezug auf die Rezeption berücksichtigen sie den Aspekt der Ungleichheit, und zwar indem sie auf die bekannte Arbeit von Hall (Newcomb/Hirsch 1986, 187; Hall 1980a, Hall 1980b; s. auch Krotz 2000, 175ff.) und die von ihm herausgearbeiteten drei Typen des Decodierens von Texten verweisen, nämlich a) die „dominante", b) die „oppositionelle" und c) die auf „Aushandeln" gerichtete Interpretation.

Hall geht von einer hegemonialen Weltsicht aus, die durch den Text nahegelegt wird, aber nicht zwingend ist. Je nach politischem Standort – entsprechend diesen Typen des Decodierens – kann eine Lesart erarbeitet werden, die eine Bestätigung, eine Ablehnung oder einen persönlichen Kompromiss zum Ausdruck bringt. Er macht damit die Verankerung der Fernsehtexte in einer politischen Herrschaftsstruktur deutlich, ohne in den Fehler zu verfallen, die Komplexität der Weltsichten und die Spielräume der Interpretation zu ignorieren. Newcomb und Hirsch (1984, 64) schließen sich diesen Erkenntnissen an, weisen aber gleichzeitig darauf hin, dass einfache Interpretationstypologien erweiterungsbedürftig sind und dass gängige Lesarten von Fernsehtexten sich nicht unmittelbar aus der ,Klassenlage' ergeben. (vgl. Krotz 2000, 177) Es komme darauf an, den 'Leser' von TV-Botschaften einzubeziehen, also, wie es Fiske ausgedrückt hat, „to test semiotic and structural readings of texts by comparing them to the readings that people actually make, or say they make." (Fiske 1982/1990, 157). Dabei stellt sich für Newcomb und Hirsch heraus, dass Freiräume innerhalb des Textes genutzt werden, um sie lebensweltlichen Erfahrungen anzupassen. Für sie besteht ein Zusammenhang zwischen politisch-gesellschaftlichem Pluralismus und dem Pluralismus der Medien. Die Gesellschaft setzt der Vielfalt der in den Medien unterbreiteten Anschauungen und Ideen Grenzen. Gleichzeitig aber werden diese Markierungen vom Fernsehen ständig durchbrochen. Newcomb und Hirsch schreiben dem Fernsehen die Funktion zu, „to monitor the limits and the effectiveness of this pluralism" (Newcomb/Hirsch 1984, 64). Das Fernsehen reproduziert also nicht nur die politischen und kulturellen Verhältnisse, sondern weist über sie hinaus. Gegenüber politologischen und soziologischen Analysen, die davon ausgehen, dass „society, political structures, and personal attitudes are relatively frozen", und dass „change, and the desire for change, are immobilized" (Newcomb/Alley 1983, 21) wird von Newcomb betont, dass das Fernsehen als ein Zwischenbereich zu begreifen ist, in dem sich der Einzelne weder ganz innerhalb noch ganz außerhalb gesellschaftlicher Strukturen befindet. (Newcomb/Alley 1983, 23). Für Newcomb und Hirsch geht es darum, die reproduktiven, systemstabilisierenden Elemente des Fernsehens und den innovativen Umgang mit dem Medium in einen schlüssigen Zusammenhang zu bringen und zu zeigen, dass der hegemoniale Bedeutungskontext die Menschen keineswegs festlegt, ihnen nicht die Freiheit nimmt, anders zu denken und zu handeln, sondern die Voraussetzung für die Erprobung neuer Verhaltensmuster sein kann.

Zusammenfassung

Mit dem Entwurf einer Diskurstheorie stellt Habermas einen Maßstab zur Verfügung, an dem auch das Fernsehen gemessen werden kann. Habermas benennt die Faktoren, die zur Ausprägung einer Öffentlichkeit jenseits obrigkeitsstaatlicher Instrumentalisierung führen, die sie zum Ort des Austauschs von Argumenten machen; er analysiert, wie Medienkommunikation beschaffen sein muss, damit sie zu einer Rationalisierung gesellschaftlicher Verhältnisse beiträgt. Adorno sieht das Fernsehen als ein manipulatives Element der Kulturindustrie, das in erster Linie eskapistische Funktionen hat und damit bestehende Herrschaftsverhältnisse stabilisiert. Für Holzer werden gesellschaftliche Widerspüche durch das Fernsehen verdeckt. Das Medium dient mit Unterhaltungssendungen der Reproduktion der Arbeitskraft und sorgt durch Informationsvermittlung für die Versorgung mit Grundwissen und für die Konformität mit den Leistungsnormen der Wirtschaft. Außerdem hat Fernsehen die Funktion, den Staat und das politisch-ökonomische System zu legitimieren und dem Schwinden der Massenloyalität entgegen zu wirken. Meyrowitz macht auf Veränderungen in der Darstellung von Politik aufmerksam. Ausgehend von einem interaktionistischen Ansatz wird verdeutlicht, dass bei der Berichterstattung des Fernsehens Öffentlichkeit und Privatsphäre nicht mehr getrennt werden können, was die Distanz des Bürgers zum politischen Geschehen erhöht, gleichzeitig aber Politiker zu Oberflächlichkeit und zum Populismus verleitet. Postman sieht die Grundlagen abendländischen Demokratieverständnisses in Gefahr, da rationaler Diskurs im Bildermedium Fernsehen nicht mehr stattfinde, sachliche, logisch stringente Argumentationen nicht entwickelt werden könnten und Informationen oder Meinungen nach optischen Prinzipien bzw. nach Unterhaltungsgesichtspunkten sortiert würden. Für Baudrillard steht die Destruktion der Wirklichkeit durch das Fernsehen im Vordergrund. In dem Maße, wie zwischen Realität und Schein nicht mehr unterschieden werden kann, verlieren auch kollektive Handlungsziele ihren Sinn. Nach Newcomb und Hirsch ist das Fernsehen, weil es die gesellschaftlichen Verhältnisse nicht einfach reproduzierte, ein Ort, um Ambivalenz zum Bestehenden zum Ausdruck zu bringen. Nach ihrer Meinung ergibt sich damit für den Zuschauer, dass die Komplexität, das unverbundene Nebeneinander und die Vielschichtigkeit der Kommunikate Freiheitsspielräume eröffnen und Kreativität entstehen lassen.

Literatur:

Kloock, Daniela: Von der Schrift zur Bild(schirm)kultur. Analyse aktueller Medientheorien. 2.korr.und durchges. Aufl. Berlin 2003
Das Ende des Zeitalters, in dem das Buch Leitmedium war, geht mit revolutionären Veränderungen von Kultur und Politik einher und lässt ein neues Verhältnis zur Wirklichkeit entstehen. Die Ausführungen machen deutlich, dass die früheren manipulationstheoretischen Ansätze zur Wirkung der Medien obsolet geworden sind und dass es nun darauf ankommt, den Prozess der Visualisierung aller Teilsysteme des Gesellschaftlichen zu erfassen. Im Zentrum der Arbeit stehen die Arbeiten von N. Postman, V. Flusser und P. Virilio; Interviews mit den drei Medientheoretikern sind im abschließenden Teil des Buches abgedruckt.

Leschke, Rainer: Einführung in die Medientheorie. München 2003
Die Einführung bietet einen sehr detaillierten und gründlich durchdachten Überblick zur Medientheorie, wobei die einzelnen Abschnitte der Darstellung evolutionäre Stufen des Denkens über die Medien repräsentieren sollen. Haupttext und Zitate sind voneinander getrennt, aber parallel abgedruckt, sodass die Ausführungen des Verfassers und die entsprechenden Belegstellen sich wechselseitig ergänzen. Das Werk stellt nicht nur die wichtigsten Theoretiker vor, sondern ermöglicht auch, den Erkenntniswert der Ansätze und ihre Position in der Entwicklung der Medientheorie abzuschätzen.

10 Inszenierungen, Kampagnen, Wahlen

10.1 Die Visualisierung des politischen Geschehens

Die Medien beeinflussen nicht nur die politische Kultur, sondern greifen auch aktiv in das politische Tagesgeschehen ein, indem sie Ereignisse zu Meldungen werden lassen, Meldungen veröffentlichen oder ignorieren, Themen formulieren, Themen mit mehr oder weniger Priorität ausstatten, bewerten, kommentieren und Sinnkontexte erstellen. Ob dabei Fremdreferenz vorliegt, also Geschehnisse außerhalb des Systems – mit welcher Verzerrung auch immer – dargestellt werden oder ob alle Ereignisse ,Medienereignisse' sind, also autopoietisch vom System der Massenkommunikation selbst hervorgebracht werden, ist in der nachluhmannschen Medientheorie umstritten. Aber auch Luhmann selbst legt sich nicht eindeutig fest, indem er zum Beispiel davon ausgeht, dass „die Kommunikation (oder eben: das System der Massenmedien) *den Sachverhalten* Bedeutung verleiht". (Luhmann 1996, 75 [kursiv K. P.]) Während es sich hier um Objekte der Berichterstattung zu handeln scheint, die sich außerhalb des Systems der Massenkommunikation konstituiert haben, um sodann beachtet zu werden oder nicht, stellt Luhmann im gleichen Kontext fest, dass „Sinnkondensate, Themen, Objekte (...) im rekursiven Zusammenhang der Systemoperationen erzeugt" werden. (Luhmann 1996, 75)

Für das Fernsehen gilt, dass es dem politischen Geschehen ein Gesicht gibt, dass es einen optischen Eindruck davon vermittelt, was im Handlungskontext der Öffentlichkeit vor sich geht und was beachtenswert ist. Das Nachrichten- und Berichtswesen des Fernsehens macht deutlich, worauf sich die Medienkommunikation bezieht; die Auswahl der Bilder gibt der Kommunikation ihren Adressaten. Jenseits dessen, was durch TV-Kameras aufgenommen und dem Publikum übermittelt wird, haben auch die Kategorisierungen anderer Medien keine Chance der Durchsetzung. Das Fernsehen profitiert von einem besonderen Glaubwürdigkeitsbonus, nämlich dass es an die Realzeit des Geschehensablaufs gebunden ist. (Luhmann 1996, 79) Es scheint die Wirklichkeit selbst wiederzugeben, weil ihm für Manipulationen „keine Zeit" bleibt. (1996, 79) Das Fernsehen sowie die „bildliche Realitätserzeugung" überhaupt sind im Vergleich zu anderen Medien – trotz aller faktischen Manipulationen – kritikresistenter als die Sprache. (1996, 80)

Dem widerspricht nicht die Feststellung, dass Vorentscheidungen am Werk sind, wenn das Fernsehen sich der Politik zuwendet, dass Politik also nicht voraussetzungslos abgebildet werden kann. Nicht einmal die brisantesten politischen Ereignisse konstituieren sich ohne Selektionskriterien, die innerhalb des Mediensystems wirksam sind. Vielmehr ist das Fernsehen in der Funktion der Sichtbarmachung des Politischen sogar willkürlicher als andere Medien, da die bildliche Darstellung zeitaufwendig ist, sodass nur ein Bruchteil dessen, was als Politik gelten könnte, berücksichtigt wird. Nichtsdestoweniger sind die Auswirkungen auf das politische System gerade angesichts dieser Selektivität erheblich. Durch die Verobjektivierungsfunktion des Fernsehens ergibt sich eine direkte Abhängigkeit der politischen Akteure: alles, was sie tun, ohne in den Relevanzbereich des Fernsehens zu kommen, wird von der Öffentlichkeit unter die Kategorie des administrativen Routinehandelns oder des privaten Engagements subsumiert.

Allerdings ist die Annahme falsch, dass das Bild für sich selbst spricht. Die Scheinobjektivität der Bildersprache schließt nicht die Entwicklung eines Zeichensystems aus, sondern bedingt sie sogar. Ebenso wie in der Welt des Spielfilms hat das Nachrichten- und Berichtswesen des Fernsehens ein Symbolsystem entwickelt, das Handlungssequenzen in einen interpretierbaren Zusammenhang rückt. Die Umarmung von zwei Staatsmännern bedeutet Völkerfreundschaft, Händehalten auf einen Soldatenfriedhof die Aussöhnung nach leidvoller Geschichte. Das Fernsehen hat also seine eigene Ikonographie. Vor dem Kanzleramt vorfahrende Limousinen bezeichnen nicht den Vorgang an sich, sondern verweisen auf wichtige Besprechungen, ein wartender Politiker auf einem Flugplatz kündigt einen hochrangigen Staatsgast an usw. Insofern muss auch nicht Klage darüber erhoben werden, dass sich solche Bilder ständig wiederholen; was stereotyp erscheint, hat in Wirklichkeit eine Abkürzungsfunktion, findet doch auf diese Weise eine Einstimmung des Zuschauers statt, die ohne derartige visuelle Formen, ohne ‚Hinweisschilder', sehr viel umständlicher ausfallen müsste (vgl. Sartor 2000).

10.2 Symbolische Politik

Die audiovisuellen Medien haben – ähnlich wie die Printmedien – ihre eigene Sprache und ihr eigenes Symbolsystem. Die Kritik, die sich mit dem Begriff „symbolische Politik" verbindet, betrifft in erster Linie das Fernsehen, weil es Abläufe darstellt, die typisiert und mit einer ikonographischen Bedeutung versehen werden. Darüber hinaus verändert sich aber auch, wie Edelman (1976) eindringlich dargestellt hat, die Politik, indem zunehmend die expressive Funktion des Politischen gegenüber der instrumentellen dominiert. Nicht ein instrumentelles Tun, beispielsweise Auseinandersetzungen um die Verteilung von Macht und Ressourcen, also zweckgerichtete Handlungen mit angebbaren Folgen, stehen im Vordergrund, sondern die Präsentation der Handlung als solcher. Das Geschehen wird so stilisiert, dass es auf diffuse Zusammenhänge verweist und Emotionen provoziert, die jenseits vom unmittelbaren Handlungssinn liegen.

Eine derartige expressive Qualität ist politischen Aktionen allerdings aufgrund ihrer Auswirkungen für andere Subsysteme der Gesellschaft immer schon eigen gewesen. Zeremonien, Rituale und andere Feierlichkeiten im öffentlichen Raum hatten längst schon vor der Entwicklung der modernen Medien die Funktion, die Verbundenheit aller zum Ausdruck zu bringen. In der Fernsehdemokratie besteht die Gefahr, dass sich diese symbolischen Elemente verselbständigen, dass Politik jenseits der Politikdarstellung nicht mehr erfahrbar ist und dass damit auch Effizienzkontrollen sinnlos werden. Regieren und Verwalten scheint in ausdrucksvollen Gesten zu bestehen, deren Folgen für die Mehrheit des Publikums undurchschaubar bleiben. Damit verschieben sich möglicherweise auch die Prioritäten: Die auf emotionale Wirkungen zielenden symbolischen Aktionen stehen im Vordergrund, während der primäre Handlungssinn, die Mittel und Zwecke, Ursachen und Folgen des Handelns in den Hintergrund gedrängt werden, was auf zunehmende Irrationalität der Politik hinausläuft.

Symbole werden in der Politik, wie auch Sarcinelli (1987; 1989) feststellt, zur Loyalitätssicherung eingesetzt. Dabei geht es – so Sarcinelli – nicht um Überzeugung, um Argumente für und wider konkrete Entscheidungen, sondern um *general support*. Mit Hilfe von Symbolen werden Gefühle geweckt, die den Spielraum des politischen Handelns erweitern. Wähler und Parteimitglieder sollen veranlasst werden, auf die Repräsentanten einer politisch-strategischen oder weltanschaulichen Richtung zu vertrauen. Es geht darum, diffuse Unterstützung für eine Politik zu sichern, deren Operationalisierung in Einzelentscheidungen noch gar nicht vorliegt. Die Funktion symbolischer Politik besteht demnach in der Generalisierung von Konformitätsbereitschaft. Die Komplizierung des gesellschaftlichen Steuerungssystems macht es zunehmend schwieriger, die Fülle der Optionen, die Bedingungen und Folgen einzelner Aktionen, die formellen und die informellen Zwänge von Entscheidungen den legitimierenden Instanzen, das heißt der Partei oder den Wählern, nahe zu bringen. Das Ausweichen ins Grundsätzliche, möglicherweise auch in inhaltslose Zeichen und Begrifflichkeiten, erhöht die Bedeutung einer Handlung oder einer rhetorischen Floskel und vermeidet umständliche Erläuterungen. Indem Symbole fundamentale Zusammenhänge in den Vordergrund stellen, tragen sie zur Vereinfachung und Verkürzung von Erklärungen bei. Gleichzeitig immunisieren sie gegenüber Effizienznachweisen im Detail, ja fordern die Absolution gegenüber kleineren Fehlern, die hinsichtlich der Bedeutung übergeordneter Perspektiven angeblich nicht ins Gewicht fallen.

Im gleichen Zusammenhang ist nach Sarcinelli (1989, 180) die Personalisierung von Politik zu sehen. Der Akteur selbst wird zum ‚Werbesymbol', zum Garanten für die Einhaltung einer politischen Richtung jenseits aller Detailprobleme. Das setzt allerdings voraus, dass es möglich ist, ein entsprechend vereinfachtes, dafür in sich konsistentes Bild von der Persönlichkeit des politischen Protagonisten durchzusetzen und ‚Charakterfestigkeit' glaubhaft zu machen. Es geht bei der Personalisierung also keineswegs nur darum, Identifikationsangebote bereitzustellen, Projektionsflächen für unbefriedigte Bedürfnisse zu schaffen, sondern auch um eine wahlkampfstrategisch günstige Vermarktung komplexer Sachprobleme. Das Fernsehen, so Sarcinelli, begünstigt diese Personalisierung und Ritualisierung der Politik. Es fördere die Selbstdarstellung von Politikern und reduziere sachliche Auseinandersetzungen auf „inszeniertes Schattenboxen".

Meyer (1992; 1994) geht in seiner Analyse sogar noch weiter. Er argumentiert, dass die von der Kommunikationsforschung ermittelten Nachrichtenfaktoren den Politikern bekannt seien und von ihnen bewusst eingesetzt würden, dass sich also das politische Handeln an den erreichbaren Medieneffekten orientiere. Durch Beachtung von Nachrichtenfaktoren bei der politischen Inszenierung werde also erreicht, dass die medialen Selektionsmechanismen das Ereignis positiv berücksichtigen. So könnte es zum Beispiel zur Inszenierung einer Kontroverse kommen, indem die Verantwortlichen von den Nachrichtenfaktoren „Prominenz" (der Teilnehmer) und ‚Alltagsnähe' (in Bezug auf die Wähler) ausgingen und zu Planungsgrößen eines Medienereignisses machten. Neben den Selektionsregeln müssten bei der Planung eines politischen Ereignisses aber auch die ursprünglich für das Theater entwickelten Präsentationsregeln berücksichtigt werden, um möglichst viele Zuschauer zu erreichen:

> „Bei der Darstellung in einer Sendung oder einem Bericht spielen die Präsentationslogiken des Theaters eine wesentliche Rolle. Es lassen sich etwa zehn Präsentationsregeln unterscheiden, zum Beispiel die Dramatisierung oder die Personifikation von mythischen Heldenkonflikten oder die Unterhaltungsdramaturgie, unter Umständen auch der Klamauk. Das Theater verbindet in der Darstellung die Gesamtheit aller menschlichen Sprachen, Körpersprache, Gestik, Mimik und Bewegung im Raum mit der gesprochenen Sprache. Da sämtliche Sinne sprechen und eine verkörperte Botschaft entsteht, wird der ganze Mensch angesprochen und kann die Botschaft mit seinem Verstand und mit seinen Sinnen aufnehmen. Aus diesem Grund werden die Regeln des Theaters nicht nur im Theater, sondern auch in den Medien und vor allem im Fernsehen angewandt, denn das Fernsehen ist ein visuelles Medium und Theater bedeutet gerade Visualisierung für ein zuschauendes Publikum durch einen darstellenden Körper." (Meyer 2000, 119)

Wenn aufgrund eines medientheoretischen Kalküls ein Thema herausgegriffen und unter Beachtung einschlägiger Regeln in Szene gesetzt würde, so ginge es nicht um das Thema selbst, sondern um die erhoffte Resonanz in den Medien und die damit verbundene Chance der Profilierung. Der Unterschied der Politik gegenüber dem Theater – so Meyer – bestehe jedoch darin, dass sich das Theater als gespieltes Geschehen zu erkennen gebe, während die Politik sich so darstelle, als handle es sich um Realität. (2000, 119)

Die Journalisten initiieren derartige Inszenierungen oder beteiligen sich an ihnen, auch wenn sie deren Zusammenhänge und Hintergründe durchschauen. Sie sind auf gut verkäufliche Nachrichten angewiesen und müssen froh sein, wenn sich ein Politiker mediengerecht zu verhalten versteht.

„Angesichts einer solchen Gemengelage von Intentionen und Wahrnehmungen der beteiligten Akteure und Medien bei der Inszenierung eines Ereignisses in der Arena symbolischer Politik ist die Frage nahezu unentscheidbar, wer wen für welche Zwecke dabei eingespannt hat oder in welchem Maße nur schlicht die Selektionsmechanismen der Informationsaufbereitung in den Medien wirksam waren, um den symbolisch-politischen Effekt hervorzubringen." (Meyer 1992, 145f.)

Meyer zeigt, dass auch der Schein rationalisiert wird. Die Protagonisten der inszenierten Politik sind um den Ausgang einer Kontroverse in erster Linie nicht in dem Sinne besorgt, dass sie eine bestimmte Politik durchsetzen möchten, sondern dass sie sich in einem möglichst günstigen Licht präsentieren. Damit verändert sich nach seiner Ansicht die politische Praxis so sehr, dass schließlich „der Unterschied zwischen Scheinhandlung und Wirklichkeit (...) gegenstandslos wird." (1992, 148)

Sartor (2000) sieht vor allem den praktischen Nutzen. Nach seiner Ansicht muss symbolische Politik – zumal für den Rezipienten – akzeptable Funktionen haben, um erfolgreich zu sein. Dementsprechend gehe es nicht in erster Linie um eine Verfälschung der Wirklichkeit, sondern um Reduktion von Komplexität, und zwar im Dienste der Medien *und* des Rezipienten. Politische Kommunikation sei als symbolische Politik im Rahmen des medialen Systems „leichter zu verarbeiten" (Sartor 2000, 67). Damit werde der Notwendigkeit der Knappheit bei der politischen Berichterstattung Rechnung getragen. Außerdem sei mit symbolischer Politik ein sachbezogener Diskurs in der Öffentlichkeit keineswegs ausgeschlossen. Symbolische Politik habe eine Thematisierungsfunktion. Die Themen selbst könnten, nachdem sie erfolgreich platziert worden seien, eine Diskussion um die Substanz der dahinter stehenden Sachfragen auslösen.

Symbolische Politik ist nicht zuletzt ein Ergebnis der Suche nach Effizienzsteigerung in der Politikwerbung. Diese nutzt zunehmend die Mittel, die sich in der *Produkt*werbung bewährt haben. Die Aufmerksamkeit, die durch die Produktwerbung von der Politik abgezogen wird, erfordert – über Inszenierungen hinaus – solche Strategien, die den veränderten Rezeptionsgewohnheiten Rechnung tragen. Bei einem Überangebot an Bildern kann sich die Politik nicht mehr auf die Logik der Texte verlassen; komplizierte Botschaften müssen konkretisiert werden, um Aufmerksamkeit zu erregen und unmittelbar anzusprechen. Die Strategien zur Gewinnung von Aufmerksamkeit, die in der Ökonomie eingesetzt werden, beherrschen zunehmend auch das politische Handeln:

> „Politik bekommt im Zuge dieser Werbekampagnen den verführerischen Duft des materiell Greifbaren. Das Immaterielle materialisiert sich als Bart, Rasierer oder rote Socke. Die politische Komplexität wird auf eine einfache und unterhaltsame Formel gebracht, die den öffentlichen Diskurs bestimmt und – entsprechend der politischen Perspektive – entweder als geschicktes Agenda-Setting oder als Ablenkungsstrategie bezeichnet werden kann." (Müller 1997, 203)

Im Vordergrund steht die Visualisierung, der optische Eindruck, der vom Rezipienten interpretiert werden muss. Die Definitionshilfen sind bewusst spärlich, um wiederum den optischen Eindruck nicht durch ‚Sinn' zu überfrachten. Den Vorteilen symbolischer Politik, nämlich die Bündelung von Botschaften, die rezipientenfreundliche Aufbereitung komplexer Sachverhalte, stehen somit Nachteile gegenüber. Der Transfer vom Bild zur Aussage ist riskant. Wenn ein konkretes Objekt für einen Inhalt steht, der viel zu komplex ist, als dass er diesen repräsentieren könnte, dann wird auch das Missverständnis auf Seiten Einzelner oder der Öffentlichkeit in Kauf genommen. Die Vieldeutigkeit setzt möglicherweise eine eigene Dynamik in Gang, wobei es nicht nur um ästhetische Diskurse geht. Vielmehr ist auch mit Deutungen und *Umdeutungen* zu rechnen, die eventuell sogar zu Lasten des Auftraggebers gehen. Eine Folge dieser Art von symbolischer Politik ist in jedem Fall die Zunahme von Irrationalität (Müller 1997, 203), ohne die eine Produktwerbung für Konsumgüter nicht auskommt, die aber als Begleiterscheinung der Wahlwerbung nicht bedenkenlos hingenommen werden darf.

10.3   Fernsehen und Wahlen

Die Frage, ob die Medien durch Wahlwerbung der Parteien oder durch ihre Berichterstattung, durch versteckte oder offene Wertungen im stärkerem Maße Wahlentscheidungen beeinflussen, ist zu einem „medienwissenschaftlichen und medienpolitischen Dauerthema" (Hunziker 1996, 83) geworden. Die erste empirische Forschungsarbeit zur Wirkung der Wahlwerbung wurde von Lazarsfeld, Berelson und Gaudet (1944) durchgeführt. Die Ergebnisse ihrer auf den US-amerikanischen Präsidentschaftswahlkampf im Jahre 1940 bezogenen Studie zur Wirkung der Massenmedien sind als „Gesetz vom minimalen Einfluss" in die

Forschungsgeschichte eingegangen. (Paletz 1979) Die Medien seien, so meinte man nach den Ergebnissen dieser Epoche machenden Untersuchung, zwar in der Lage, das Interesse für die Wahlen und die anstehenden Themen zu erhöhen, könnten aber die Wahlentscheidung selbst kaum ändern. Der Effekt des Medieneinflusses bestehe im allgemeinen darin, schon vorhandene Einstellungen zu verstärken. Aber nicht die Massenkommunikation, sondern das persönliche Gespräch sei für die Wahlentscheidung vorrangig. Medien wirkten nicht direkt auf den Wähler ein, sondern erreichten diesen in einem zweistufigen Kommunikationsprozess (*two-step flow of communication*), und zwar über Meinungsführer, die durch ihr Wissen und durch ihre Argumente ihre Mitmenschen überzeugten. Das soziale Beziehungsnetz und die Einbettung in die soziale Struktur bestimmen demnach die Präferenz der Wähler. Daher stehen nach dem Gesetz vom minimalen Einfluss die meisten Wahlentscheidungen auch schon vor Beginn des Wahlkampfes fest. Die Minderheit der Wechselwähler ist – so Lazarsfeld, Berelson und Gaudet – zwar theoretisch über Wahlpropaganda zu erreichen, doch gerade sie nutzen die Massenmedien wenig und richten sich nach dem Votum von Verwandten und Freunden.

Während in der ersten Phase der Forschungen zum Kommunikationsfluss das Fernsehen als relevantes Medium noch gar nicht vorkam, zeigte sich in den USA bereits zu Beginn der 60er Jahre die Bedeutung dieses Mediums. (Jäckel 1999, 114) Inzwischen haben sich unter dem Einfluss des Fernsehens grundlegende Änderungen vollzogen. Die politische Kommunikation ist Sache der Medien geworden. Das heißt, dass die Medien Tatbestände und Meinungen direkt an den Bürger herantragen, wobei das Fernsehen als Informationsmedium einen Vorsprung hat, während nur ein kleinerer Teil der Bevölkerung Informationen über politische Ereignisse auf interpersonalem Wege erhält (Klingemann 1986).[65]

Darüber hinaus ist zu berücksichtigen, dass politische Ereignisse Medienereignisse sind, also für die Berichterstattung inszeniert und geformt werden, ja dass selbst die Kommunikation unter den politischen Akteuren zunehmend über die Medien stattfindet. (Jarren 2001) Die Deregulierung im Bereich der elektronischen Medien hat zu einer Veränderung der Abhängigkeiten zwischen Medienakteuren und Politikern beigetragen. Besonders Hörfunk und Fernsehen konnten sich von den Parteien emanzipieren, die zuvor über die Kontrollorgane des öffentlich-rechtlichen Rundfunks vielfältige Möglichkeiten der Einwirkung hatten. (Beierwaltes 2002, 104f.) Die Darstellungsebene des politischen Vermittlungs-

---

65 Schenk stellt fest, dass nach wie vor „individuelle Einstellungen in der interpersonalen Umgebung (...) erheblich abgesichert werden" (1995, 222). Allerdings ergab sich bei seiner auf Befragungen und Inhaltsanalysen beruhenden Untersuchung auch ein direkter Einfluss der Medien, und zwar besonders auf die Themenwahrnehmung. Schenk widerspricht auch der These vom "überragenden Einfluss des Fernsehens auf die politischen Einstellungen". (1995, 220)

prozesses hat generell an Bedeutung gewonnen. Darüber hinaus ist auf dieser Ebene der politischen Kommunikation die Darstellungshoheit von den Politikern auf die Journalisten übergegangen. (Schicha/Brosda 2002, 44f.) Verbunden mit der Zunahme wirtschaftlicher Zwänge ist heute für die Programmanbieter die Orientierung am Publikum auch im Bereich der Politikvermittlung vorrangig. (Jarren 2001, 16) Informationen, nicht zuletzt aus dem Bereich der Politik, werden dem Zuschauer in einem Gemisch mit Unterhaltung nahe gebracht; die „politischen Akteure konkurrieren mit Vertretern aus Sport, Showbizz und anderen Anbietern von Information und Unterhaltung." (Sarcinelli 2001, 4; Nieland 2002, 166).

Im dualen System sind alle Fernsehsender auf Einschaltquoten angewiesen; sie müssen daher darauf bedacht sein, die Politik den Bürgern so zu vermitteln, dass sie nicht, zugunsten anderer Angebote, die Informationssendungen umgehen. Derartige mediale und ökonomische Notwendigkeiten führen dazu, dass TV-Anbieter resistent werden gegenüber den Versuchen von Parteien, Macht und Einfluss geltend zu machen. Dem journalistischen Primat haben sich auch die politischen Akteure zu beugen. Die Vermischung von Information und Entertainment zum *Infotainment* verstärkt die Tendenz zur Popularisierung der Politik, die nicht mehr über Meinungsführer anderen im persönlichen Gespräch ,erklärt' werden muss. Für die Politiker hat dies zur Folge, dass sie sich Herausforderungen stellen müssen, die über das politische Tagesgeschäft hinausgehen:

> „Reine Demonstration von Sachkompetenz reicht dementsprechend nicht aus, um Zustimmung und Loyalität zu erlangen; Politiker müssen auch emotionale (außerpolitische) Wirkungen entfalten können; sie sind gerade in medienvermittelten Kontexten permanent zur Selbstdarstellung gezwungen, da sie versuchen müssen, die Eindrücke zu kontrollieren, die sie bei ihren (parasozialen) Interaktionspartnern hinterlassen, um Einfluss darauf zu nehmen, wie sie wahrgenommen und behandelt werden." (Schicha 2003, 35)

Die Vermischung von Politik und Unterhaltung führt zu wechselnden Prioritäten gegenüber Mandatsträgern, Kandidaten und Parteien. Sympathien und Antipathien gegenüber der Person eines Politikers können sich schneller ändern als die Einstellungen zu Parteien, die in Zeiten des Richtungswahlkampfes im Vordergrund standen.

Auch vor dem Hintergrund der Individualisierung ist die These einer langfristigen weltanschauliche Bindung, die Wahlentscheidungen bestimmt und dem Einfluss der Medien wenig Raum lässt, in Frage zu stellen. „Die Auslösung der schichtspezifischen Subkulturen hat zu einer Vielfalt der sozialen Lagen, Milieus und Lebensstile geführt (...) Subkulturelle Milieus und objektive Soziallagen driften immer weiter auseinander (...)" (Geißler 2002, 137). Mit dem Aufbrechen der Sozialstruktur kommt es zu einer Subjektivierung der Weltbilder, was in

Hinblick auf politische Einstellungen und Verhaltensweisen bedeutet, dass auch die Grenzen zwischen den weltanschaulichen ‚Lagern' einem Erosionsprozess unterworfen sind und sich die Zahl der Wechselwähler erhöht. Die Stimmabgabe wird nicht mehr durch den sozialen status quo und durch die sozialstrukturelle Verankerung vorgegeben, sondern erfordert einen Prozess des Suchens, womit sich die Chancen für eine Beeinflussung durch die Medien erhöhen. (Chaffee/Hochheimer 1983; Bonfadelli 2001, 138) Wenn es also bis kurz vor der Wahl einen hohen Anteil von Wahlberechtigten gibt, die noch nicht wissen, wen sie wählen wollen, so kommt darin nicht zuletzt eine Loslösung von langfristigen, strukturell vorgegebenen Festlegungen zum Ausdruck. Dabei sind zwei Gruppen zu unterscheiden: Zu den Nachzüglern, die sich kurzfristig entscheiden, weil sie passiv sind, sich also erst relativ spät um die Wahl kümmern, kommen die politisch interessierten Unentschiedenen hinzu, jene also, die sich möglichst lange und intensiv informieren, um erst unmittelbar vor der Stimmabgabe den Prozess der Meinungsbildung abzuschließen. Selbstverständlich ist besonders die zweite Gruppe der politisch Interessierten durch die Politikvermittlung in den Medien zu erreichen. Aber auch die wenig interessierten Spätentschlossenen richten sich bei ihren Wahlentscheidungen nach Informationen, die sie durch die Medien erhalten.[66]

Dass das Fernsehen die Wähler beeinflusst, versuchte Noelle-Neumann (1974; 1980/2001) mit der „Theorie der Schweigespirale" zu belegen. Ausgangspunkt ihrer Untersuchung war die Hypothese, dass sich Meinungen in der Bevölkerung auf der Grundlage von Isolationsfurcht durchsetzen. Die damit einhergehende Konformitätsbereitschaft bedinge eine ständige Beobachtung der sozialen Umwelt. Wenn bei kontroversen Themen das Meinungsklima so wahrgenommen würde, dass sich das Individuum unterlegen glaubte, so würden abweichende Ansichten unterdrückt. Insbesondere in der Öffentlichkeit wären diejenigen, die nach ihrer Wahrnehmung des Meinungsklimas eine Minderheitenposition verträten, weniger als andere bereit, ihre Ansichten zu äußern. Damit fühlten sich die Angehörigen der vermeintlichen Mehrheit umso mehr ermutigt, ihre Meinung zu bekennen, was wiederum die Abweichler veranlasse, sich noch stärker zurückzuziehen und ihre Anschauungen zu verbergen, bis sie schließlich

---

66 Erhard vertritt die Ansicht, dass die Two-step-flow-Hypothese rehabilitiert werden müsse. Bei einer Untersuchung zur Entwicklung von Wahlabsichten im Wahljahr 1994 wurden politisch interessierte Unentschlossene von politisch schwach oder gar nicht interessierten Unentschlossenen unterschieden. Für die zweite Gruppe zeigte sich, dass sie sich durch zwischenzeitliche Wahlsiege bei einer Landtagswahl und einer Europawahl beeinflussen ließen, und zwar zugunsten des Wahlsiegers. Bei ihrer Wahlentscheidung gehen die politisch uninteressierten Unentschlossenen offenbar davon aus, wie sich andere, persönlich nicht bekannte Wähler entschieden haben. Die Medien, so Erhardt, beeinflussen die Wahl, indem sie den Radius des *quasi-personalen* Kommunikationsumfelds erweitern. (Vgl. Erhardt 1998, 52ff.)

in der Öffentlichkeit kaum noch in Erscheinung träten. Bezogen auf den Vorgang der Wahl bedeutet die Theorie der Schweigespirale, dass die endgültige Entscheidung für eine politische Partei oder einen Kandidaten von der Wahrnehmung der Umwelt, insbesondere von den Hinweisen auf die Chancen abhängig sind, mit der eigenen Einstellung zum siegreichen Lager zu gehören. Dabei orientiert sich der Einzelne sowohl an seinem persönlichen Umfeld als auch an den Informationen der Medien, und zwar insbesondere an den Botschaften des Fernsehens, die ständig in Bezug auf das vermutliche Meinungsklima abgeschätzt werden. Auch wenn die in TV-Sendungen vertretenen Vorstellungen über Mehrheitsmeinungen und die zu erwartenden Wahlausgänge den tatsächlichen Präferenzen in der Bevölkerung nicht entsprächen, passten sich diejenigen, die sich in der Minderheit glaubten, der vermeintlichen Mehrheit an.

Atteslander (1980) vertrat die Ansicht, dass die Theorie der Schweigespirale Medienwirkungen generell überschätzt. Darüber hinaus sei die öffentliche Meinung nicht den im Fernsehen vertretenen Standpunkten gleichzusetzen, sondern werde von anderen Medien zumindest mitbestimmt. Auch Schönbach kam aufgrund einer Replikation der Studie von Noelle-Neumann zu dem Ergebnis, dass „die Vorstellung, welche Partei die Wahl gewinne", nicht nur durch das Fernsehen, sondern auch durch Zeitungen und Zeitschriften verändert werde. (Schönbach 1983b, 467) Feist und Liepelt (1982) machten geltend, dass das Interesse an politischen Fernsehsendungen selbst in Wahlkampfzeiten gering sei. Darüber hinaus gingen bei den Intensivnutzern von politischen TV-Informationen die Veränderungen der Wahlerwartung denen der übrigen Bevölkerung nicht voraus. „Eine Leitfunktion bei der Herausbildung des Meinungsklimas kann dem Fernsehen" – nach Meinung der Autoren – „nicht zugesprochen werden". (Feist/Liepelt 1982, 622) Salmon und Kline (1984) stellten mit einem experimentellen Untersuchungsdesign fest, dass bei den Vertretern einer Minderheitsmeinung nicht weniger Redebereitschaft festzustellen war als bei denjenigen, die mit ihrem Standpunkt der Mehrheit angehörten. Auch Fuchs, Gerhards und Neidhardt (1992) untersuchten die Frage, ob von der wahrgenommenen Mehrheitsmeinung ein Konformitätsdruck ausgeht, ob also Individuen, die konträre Auffassungen vertreten, sich zum Schweigen veranlasst sehen oder ob sie bereit sind, ihre abweichende Meinung öffentlich mitzuteilen. Nach ihren Ergebnissen gab es keine signifikanten Unterschiede in der Kommunikationsbereitschaft von Konsonanten und Dissonanten, zwischen Befragten also, deren eigene Meinung mit der wahrgenommenen Mehrheitsmeinung übereinstimmte und solchen, die von sich glaubten, einen anderen Standpunkt als die Mehrheit zu vertreten. Allerdings werden in dieser Untersuchung, wie Noelle-Neumann (1992) kritisiert, der nur inhaltsanalytisch festzustellende Medientenor sowie die Wirkung der

Medien vernachlässigt. Gerhards (1996) zieht aus der Auswertung einer für die Bundesrepublik repräsentativen Befragung den Schluss, dass nur eine kleine Minderheit (3,5%) zu den ,Anpassern' gehört, die in Schweigen verfallen, wenn in einer öffentlichen Kommunikationssituation eine Meinung vertreten wird, die ihrer eigenen nicht entspricht. Scherer (1990) untersuchte Mediennutzungsdaten, die im Zusammenhang mit einer Aufklärungskampagne der Bundesregierung erhoben wurden. Danach geht die Rezeption politischer Fernsehsendungen mit der Tendenz einher, sich auch ein Urteil über das Meinungsklima zuzutrauen. Die Richtung der Klimaeinschätzung wird durch die politische Richtung der einzelnen Magazin-Sendungen jedoch nicht vorgegeben. Scherer ist der Ansicht, dass nicht die vermutete Mehrheitsmeinung die Individuen veranlasse, sich mit ihren persönlichen Ansichten anzupassen; vielmehr projizierten sie ihre individuelle Meinung auf die der Bevölkerung, ließen sich also bei ihrer Einschätzung des Meinungsklimas von ihren persönlichen Präferenzen leiten. Auch die von Schenk (1995, bes. 211ff.) erhobenen Daten, die im Rahmen einer auf mündlicher und schriftlicher Befragung sowie auf der Inhaltsanalyse von Print- und Funkmedien basierenden Studie erzielt wurden, deuten darauf hin, dass die individuelle Meinung die Einschätzung des Meinungsklimas beeinflusst, dass also die von Projektionseffekten ausgehende *looking-glass*-Hypothese zutrifft. Müller-Benedict (2001) unterzog die von Noelle-Neumann veröffentlichten Daten zur Schweigespirale anhand eines ursprünglich in der Physik entwickelten mathematischen Modells einer Reanalyse. Das Ergebnis ließ nach seiner Ansicht einen Selbstverstärkungseffekt der öffentlichen Meinung erkennen, der jedoch nicht stark genug sei, um „eine Mehrheit zum Schweigen zu bringen" (Müller-Benedict 2001, 113). – Die widersprüchlichen Befunde der Forschungen zur Schweigespirale veranlassen Salmon und Glynn (1996, 177; zitiert nach Bonfadelli 2001, 151) zu folgendem Resümee:

> „While the empirical evidence shows that some individuals are reluctant to express minority viewpoints in some settings on some topics with some people, the magnitude of the phenomenon is not nearly as pronounced as is implied in the Noelle-Neumann's claims and generalizations."

10.4 Personen, Themen, Kampagnen

Möglicherweise nimmt auch die Zurückhaltung der Medien gegenüber einer Bewertung politischer Vorgänge zu. Der Vergleich von Zeitungen und Fernsehsendungen zeigt, dass sich besonders das Fernsehen relativ neutral verhält. Nach den vom deutschen Medien-Monitor herausgegebenen Inhaltsanalysen war im Wahljahr 1994 das Verhältnis positiv bewertender Aussagen in Bezug auf die beiden Spitzenkandidaten bei der ARD sogar ausgeglichen. Bei SAT.1 war eine Bevorzugung des Amtsinhabers Kohl, beim ZDF seines Herausforderers Scharping festzustellen. Für RTL galt, dass der Anteil positiver Aussagen zugunsten von Scharping im Vergleich zu den Aussagen zugunsten von Kohl höher lag, wobei die Differenz jedoch nur gering war. Tageszeitungen, besonders solche mit überregionaler Verbreitung, sind demgegenüber stärker den politisch-weltanschaulichen Lagern zuzurechnen. Während desselben Zeitraums wurden in der Zeitung *Die Welt* 68% Prozent aller positiven Bewertungen für Kohl und nur 30% für Scharping abgegeben. Bei der *Frankfurter Rundschau* lag der Anteil der Statements zugunsten von Scharping bei 52% aller bewertenden Aussagen, während der Anteil an positiven Erwähnungen von Kohl nur bei 26% lag. (Donsbach/Klett 1996)[67] Demnach sind TV-Sender eher bemüht, ein breites politisches Spektrum abzubilden, während überregionale Tageszeitungen sich stärker einem spezifischen Klientel verpflichtet wissen.[68] Auch für die Wahl 1998 konnte nachgewiesen werden, dass der Amtsinhaber Kohl und sein Herausforderer Schröder im Fernsehen „verbal etwa gleich präsent" waren. (Kamps 2000b, 127)

Obwohl zumindest für das Fernsehen eine Zurückhaltung gegenüber eindeutigen Stellungnahmen zu beobachten ist, wird inzwischen nicht nur im wissenschaftlichen Diskurs, sondern auch bei den politischen Akteuren davon ausgegangen, dass die „Wirkungen von Kommunikation zunehmen" (Merten 2002b) und die Repräsentanz von Personen und Themen in den Medien, insbesondere im Fernsehen, für den Wahlerfolg von großer Wichtigkeit ist. (Vgl. Kap. 10.3) Der Begriff der *Mediengesellschaft* bezeichnet einen Zustand der sozialstrukturellen Entwicklung, in dem das Kommunikationssystem die anderen Teilsysteme an Bedeutung übertrifft. Merten (2002b) weist darauf hin, dass 1995 erstmals der Anteil der von der Medienwirtschaft erbrachten Leistungen am deutschen Bruttosozialprodukt größer war als der aller anderen Branchen einschließlich der Automobilindustrie. In der Mediengesellschaft wird Aufmerksamkeit aufgrund des Überangebots an Informationen zu einem knappen Gut. Daher muss durch Inszenierungen dafür gesorgt werden, dass sich das Interesse der Öffentlichkeit auf politische Akteure richtet. Der Erfolg bei Wahlkämpfen wird nach Merten zur Frage nach dem richtigen Drehbuch.

Aus diesem Grunde geben sich die Parteien nicht mit einer passiven Rolle als Objekt von Berichterstattung und Bewertung zufrieden. Vielmehr gehen sie dazu

---

67 Gemessen wurde der Anteil positiver Aussagen, bezogen auf das Gesamt aller werthaltigen Aussagen zu Kohl und Scharping.

68 Auch Schulz kommt in Bezug auf die Wahl von 1994 zu einem entsprechenden Ergebnis: „In den überregionalen Tageszeitungen zeigen sich hinsichtlich der Präsenz von Spitzenkandidaten in den Meldungen an erster Stelle deutlichere Unterschiede zwischen den einzelnen Medien als in den Fernsehnachrichten (...)" (Vgl. Schulz 1998, 212).

über, auf die Medien zuzugehen, ja diese, sofern dies möglich ist, mit Hilfe einer professionellen Öffentlichkeitsarbeit für sich in den Dienst zu stellen. Das Fernsehen ist zum wichtigsten Medium der Politikdarstellung geworden; entsprechend ist es auch für die politischen Akteure und für die Medienmacher stilbildend. (Sarcinelli 2000, 27) „Nachdem die Politik", so Holtz-Bacha, „das Fernsehen zum für sie interessantesten Medium erklärt hat, aber auch zu der Auffassung gelangt ist, dass es im Sinne der Politik zu riskant ist, Auswahl und Aufbereitung von Themen den Journalisten allein zu überlassen, bemühen sich die Wahlkämpfer, die Medienberichterstattung so weit wie möglich zu beeinflussen." (Holtz-Bacha 2000a, 25) Im Rahmen des Kampagnenwahlkampfes sind die Parteien darum bemüht, Ereignisse zu schaffen, mit denen sie ihre Kandidaten in die Berichterstattung des Fernsehens bringen können. Unter PR-Kampagnen sind also „dramaturgisch angelegte, thematisch begrenzte, zeitlich befristete kommunikative Strategien zur Erzeugung offenkundiger Aufmerksamkeit zu verstehen" (Röttger 1997a, 13). Dabei muss die Visualisierung, die Produktion von „Bildern für die Bildermacher", vom Wahlkampfmanagement der Parteien bereits mitbedacht werden. (Geisler/Tenscher 2002, 98) Dies gilt besonders für bestimmte Anlässe wie Parteitage, Pressekonferenzen usw., bei denen das Fernsehen konzentriert vertreten ist.

Angesichts eines Überangebots an Informationen nehmen die Schwierigkeiten bei der Platzierung von Ereignissen, Themen und Personen in den Medien zu. Der tägliche „Kampf der Politiker um Präsenz in den redaktionellen Angeboten des Fernsehens" (Holtz-Bacha 2000a, 25) bedarf einer längerfristigen Strategie, um erfolgreich zu sein, was die Bedeutung der Parteizentrale, der Geschäftsführung und ihrer professionellen Helfer aufwertet. (Römmele 2002) Untersuchungen zu den Informationssendungen des Fernsehens haben gezeigt, dass selbst in dem Wahljahr 1998 mit vier Landtagswahlen und einer Bundestagswahl die Wahlberichterstattung nur einen kleinen Teil der Nachrichten und Informationssendungen ausmachte; nach Krüger und Zapf-Schramm (1999, 223), die eine Auswertung der Nachrichtensendungen zur Hauptsendezeit vornahmen, schwankte der Anteil der Nachrichten mit Wahlbezug, gemessen an der Gesamtsendedauer des Nachrichtenangebots, zwischen 5% und 30%, wobei der höchste Wert in der letzten Woche vor der Bundestagswahl erreicht wurde. Außerdem konnte festgestellt werden, dass der Umfang der Nachrichten und Berichte zur Wahl sehr stark vom Vorliegen anderer Ereignisse abhing. Das heißt, dass sich die Themen der Parteien gegenüber anderen Themen durchsetzen müssen. Allerdings sind, wie Schmitt-Beck und Pfetsch (1994) gezeigt haben, auch die von den Parteien und PR-Agenturen inszenierten ‚Pseudoereignisse' (vgl. Kap. 3.4) keine Garantie für eine Meldung. Vielmehr ist davon auszugehen, dass „solche strategisch motivierten Inszenierungsstrategien die Medienrealität nicht völlig determinieren können". (Schmitt-Beck/Pfetsch 1994, 132) In den Nachrichten-sendungen des öffentlich-rechtlichen Fernsehens kommen Pseudoereignisse öfter vor als bei den Privaten, und zwar besonders häufig die „visuell unattraktiven" wie zum Beispiel Pressekonferenzen und öffentliche Stellungnahmen von Politi-kern. (1994, 127, 133)

Für die Parteistrategen kommt es nicht nur darauf an, die für sie günstigen Themen ins Fernsehen zu bringen, sondern auch umgekehrt zu vermeiden, dass Kandidaten im Zusammenhang mit solchen Sachgebieten genannt werden, die nicht zu ihrem Kompetenzbereich gehören. Im Vorfeld der Wahl von 1998 zeigte sich für den Kanzler Kohl eine stärker negative, für Schröder eine stärker posi-tive Themenvalenz. Vor allem zu Beginn und gegen Ende des Wahlkampfes wurde auf den Herausforderer Schröder mit solchen Ereignissen und Themen Bezug genommen, die für ihn günstig waren. (Krüger/Zapf-Schramm 1999, 229f.) Das heißt, dass es der Wahlkampfführung seiner Partei gelungen war, auch zum richtigen Zeitpunkt für die richtigen Themen zu sorgen.

Dass dabei gelegentlich auch der Zufall zur Hilfe kommt, hat der Bundes-tagswahlkampf im Jahre 2002 gezeigt. Die zuvor abgeschlagene Regierungskoa-lition konnte durch die Flutkatastrophe Terrain gewinnen, indem nicht nur der Kanzler Schröder Gelegenheit hatte, seine Führungsstärke unter Beweis zu stel-len, sondern auch indem das Thema Solidarität, ein klassisches Kompetenzgebiet der SPD, durch das Hochwasser der Elbe einen Relevanzgewinn erfuhr. Die Grünen, die zuvor in der Berichterstattung relativ wenig beachtet wurden, konn-ten zudem mit der ‚Jahrhundert-Flut' auf die Bedeutung des Umweltthemas aufmerksam machen. (Brettschneider 2002) Darüber hinaus rückte der drohende Militärschlag gegen den Irak die traditionell für die Regierung günstigere Au-ßenpolitik in den Blickpunkt des öffentlichen Interesses. Das Versprechen, die deutsche Beteiligung an einem Krieg zu verhindern, bot sowohl dem Kanzler als auch dem Außenminister hinreichend Gelegenheit, sich mit einem für sie und die Programmatik ihrer Parteien günstigen Thema zu profilieren.

Das Fernsehen wird zunehmend für eine Personalisierung der Wahlbericht-erstattung, das heißt eine Konzentration auf die Spitzenkandidaten, die anstelle der Partei und ihrer Programme oder anderer Sachthemen im Mittelpunkt stehen, sowie für die Konzipierung des Wahlkampfes als ‚game', als eine Art Sporter-eignis, verantwortlich gemacht. (Patterson 1993, 56) Für ein textarmes Medium, das nur eine im Vergleich zu den Printmedien bescheidene Zahl von Informatio-nen pro Nachrichtenausgabe unterbringen kann, das somit auch auf die Darstel-lung und Analyse detailreicher Zusammenhänge verzichten muss, scheint die Präsentation von Personen, die für ein Programm oder für eine politische Rich-tung stehen, ein geeignetes Mittel zur Reduktion von Komplexität zu sein. (vgl. Sartor 2000) Von daher ist die Vermutung nahe liegend, dass durch die Ent-

wicklung des Fernsehens als wichtigstem Medium der öffentlichen Kommunikation die Personalisierung der Politik voranschreitet. Donsbach und Jandura argumentieren, dass „Meldungen und Programme, in denen prominente Personen
vorkommen, vom Publikum eher aufgenommen (werden) als die Behandlung
von reinen Sachthemen", weshalb es für das Fernsehen „funktional" sei, „solche
‚personalisierten' Inhalte zu präsentieren" (Donsbach/Jandura 1999, 145).
Scheufele (2001) ist der Ansicht, dass „politische Vorgänge oft anhand *konkreter*
Personen bebildert" werden, da sich „politische Entscheidungen als solche
schlecht visualisieren lassen". Damit wirke „das politische Geschehen (...) ereig-
nishaft", während Entscheidungen „eher als Resultat der Handlungen einzelner
Politiker denn als Prozesse mit zahlreichen Beteiligten" erschienen (Scheufele
2001, 149). Von derartigen allgemeinen Feststellungen ist aber keine ‚Amerikanisierung'[69] der Wahlberichterstattung abzuleiten: Lediglich in den letzten Mo-
naten vor der Bundestagswahl 1998 nahmen im Fernsehen die personenbezoge-
nen Beiträge von 36% auf 49% zu und übertrafen die entsprechenden Anteile in
der Presse, die zunächst 35% und später 32% betrugen. (Donsbach/Jandura 1999,
160ff.) Ein von Müller (2001) durchgeführter Vergleich der Wahl von 1987 und
1998 zeigt, dass in den wahlkampfrelevanten Beiträgen, die von ARD, vom ZDF
und von RTL in der ‚heißen' Phase des Wahlkampfes gesendet wurden, die Ergebnisse von Umfragen und deren Kommentierung, also die hintergrund- und
konzeptionslose, auf das Image der Spitzenpolitiker hin orientierte Berichterstattung (*horse race journalism*) im Jahre 1987 noch unter 1% lag, während sich
1998 bereits 16% der Beiträge in den Nachrichtenmagazinen mit dem Wett-
kampf-Thema beschäftigten. Eine Personalisierung im Sinne einer Berichterstattung über das Privatleben der Politiker und über andere bunte Themen im
Zusammenhang mit dem Wahlkampf ließ sich jedoch auch von Müller nicht
feststellen.

Für die Wahlwerbung im Fernsehen gilt nach den Ergebnissen einer Untersuchung von Holtz-Bacha (2000c, bes. 162ff.), dass in gut zwei Drittel aller Sequenzen, also der durch einen Schnitt oder eine Überblendung getrennten Szenen, keine Parteivertreter in einer handlungstragenden Rolle vorkommen und nur
zu einem Drittel in den Erhebungseinheiten ein Parteivertreter in den Vordergrund gestellt wird. Bei den Präsentationen von Politikern dominiert das Statement, bei den Formaten ohne Politiker die Montage. In der Wahlwerbung der
Parteien werden also, sofern es um die Person der Politiker geht, vor allem ‚sprechende Köpfe' gezeigt. Geht man nicht von der Häufigkeit, sondern vom zeitlichen Umfang der Präsentationsformen aus, so ist in der Wahlwerbung durchaus

---

69 Zum Begriff der Amerikanisierung und der These einer einschlägigen Veränderung der europäi-
    schen Wahlkommunikation s. Plasser 2000.

eine Tendenz zur Personalisierung festzustellen. Im Zeitraum von 1957 bis 1998
sinkt der zeitliche Anteil der Sequenzen ohne Kandidat; die Tendenz, Spitzenpolitiker zu zeigen, die Statements abgeben, hat im gleichen Zeitraum an Bedeutung zugenommen. (Holtz-Bacha 2000c, 200)

10.5   Außenseiterkarrieren und die Gefahr des Populismus

Die Personalisierung des Wahlkampfes und dessen Ausrichtung auf das Medium
Fernsehen sowie die damit verbundene Vereinfachung politischer Programme,
das heißt eine Rücknahme von Diskursivität zugunsten der Imagepflege, gibt
auch Außenseitern eine Chance, jenseits einer Parteikarriere Wahlerfolge zu
erringen. Die Gefahr des Populismus kommt zustande, weil es keine festgefügten
politischen Lager mehr gibt, weil nicht gesellschaftliche Großgruppen vor dem
Hintergrund ihrer kollektiven Erfahrungen und ihrer sozialstrukturellen Verankerung Ideologien, Weltanschauungen und davon abgeleitete, mehr oder weniger
komplexe politische Programmatiken vorgeben. Die Ablösung der Praktischen
Philosophie durch Themen bewirkt eine zunehmende Unabhängigkeit der Parteien und der Spitzenkandidaten von langfristigen Festlegungen, so dass jederzeit
– nach politischer Stimmungslage – Zielkorrekturen vorgenommen werden können. Wird diese Entwicklung zu Ende gedacht, so sucht sich nicht mehr die Partei als politisch relativ homogene Gruppe – wobei ja schon der Begriff die Parteinahme voraussetzt – mit ihrem Programm die Wählerschaft, sondern die Partei
als politisch weitgehend flexible Gruppe sucht für eine potentielle Wählerschaft
das Programm. Der Wahlsieg gehört dann denjenigen, denen es am besten gelingt, die Stimmungslage in der Bevölkerung aufzugreifen, in eine medienge-
rechte Form zu bringen, sie zu artikulieren und in den Medien zu präsentieren.
Mit dieser Ablösung des Parteienwettbewerbs von langfristigen Zielen und differenzierten Programmen ergibt sich schließlich auch für Ad-hoc-Parteien sowie
für Einzelne die Möglichkeit, mentale Strömungen, einzelne Themen, eventuell
auch Ressentiments aufzugreifen und sich kurzfristig zu Nutze zu machen. Bei
den medial begründeten politischen Karrieren sind folgende personenbezogene
Typen zu unterscheiden:

1.   der symbolische Manipulateur, der durch sein Geschick für publikums-
     wirksame Auftritte die Medien für sich einzuspannen weiß, und
2.   der ökonomische Manipulateur, der selbst Eigentümer von Sendern, Pro-
     duktionsfirmen, Agenturen usw. ist oder über eine Finanzmacht verfügt,
     die es ihm gestattet, diese für sich in Anspruch zu nehmen.

In beiden Fällen besteht eine Allianz zwischen Personenkult und Fernsehen. Während im Kampagnenwahlkampf der Parteien zwar Persönlichkeiten aufgebaut werden, diese aber über Problemkompetenz in das Medium gebracht werden müssen, wird bei den populistischen Politikaufsteigern der Sachbezug noch weiter reduziert, während der Unterhaltungswert bzw. das persönliche Charisma im Kontext öffentlicher Auftritte im Vordergrund steht. Der symbolische Manipulateur ist für das Fernsehen von Interesse, weil er für Einschaltquoten sorgt. Er hätte nicht die Chance, die Medien für sich arbeiten zu lassen, wenn er nicht mit seinen Auftritten soviel Aufmerksamkeit auf sich lenken würde, dass er für den verursachten Aufwand Entschädigung leistet. Dabei kann sich seine Kompetenz der Generierung eines Publikums entweder im Feld der Politik selbst oder zuvor schon in anderen medial beachteten Bereichen, zum Beispiel der darstellenden Kunst, erwiesen haben; Erfolge als Schauspieler etwa bedingen eine gewisse Kreditwürdigkeit im Berufsfeld der Politik, rechtfertigen also eine Investition von Seiten der Medien und der Parteiorganisationen. Auch für den ökonomischen Manipulateur lohnt sich möglicherweise, von dem erhofften Machtgewinn ganz abgesehen, die Investition in die eigene Person auch in medienökonomischer Hinsicht. Nichtsdestoweniger handelt es sich in erster Linie um erzwungene Allianzen. Nicht die durch den Unterhaltungswert herbeigeführte Wertschätzung durch die journalistischen Akteure, sondern die Besitzverhältnisse sorgen für die Beachtung des ökonomischen Manipulateurs. Während der symbolische Manipulateur auf dem Bildschirm erscheint, weil er mit seinen einfachen Botschaften Aufmerksamkeit an sich bindet und damit günstige Einschaltquoten garantiert, sind es im Falle des ökonomischen Manipulateurs wirtschaftliche Abhängigkeiten, die zur Loyalität der Berichterstatter führen.

Mehr noch als der symbolische Manipulateur ist es der ökonomische Manipulateur, der mit seiner Karriere das politische Potenzial des Fernsehens unter Beweis stellt. Denn die ökonomische Macht allein erzeugt kein Charisma; das Medium muss also die Vorteile ausgleichen, über die andere Politaufsteiger aufgrund ihrer persönlichen Eigenschaften verfügen. Der Einfluss des Fernsehens auf politische Meinungs- und Willensbildungsprozesse ist also daran zu erkennen, dass es ambitionierten ,Medienzaren' in den letzten Jahren gelungen ist, innerhalb kürzester Zeit in der Politik Fuß zu fassen, ja Regierungsämter zu übernehmen. Die Vorstellung, dass die Medien tatsächlich nur ,Mittler' seien, ist angesichts der offenkundigen Beziehungen zwischen Medien und Mandat nicht mehr haltbar.

Besonders die ,Blitzkarriere' des italienischen Medienunternehmers Silvio Berlusconi macht deutlich, dass Besitzverhältnisse in politische Macht umgesetzt werden können. Den Entschluss, selbst in die Politik zu gehen, soll Berlusconi gefasst haben, als sein ,Vertrauensmann', der italienische Regierungschef Craxi,

in der politischen Versenkung verschwand. (Gourd 1997, 112) Der erste Partei-
kongress der von ihm gegründeten Forza Italia fand am 6. Februar 1994 statt. Im
März 1994 ging der ,Pol der Freiheit', das Bündnis der Forza Italia mit zwei
kleineren Parteien, als stärkste politische Kraft aus den Parlamentswahlen hervor. (Wallisch 1997, 122ff.) Zuvor hatten sich die drei Fernsehsender, die zu
Berlusconis Unternehmensgruppe *Fininvest* gehören, in einem für Italien bei-
spiellosen Wahlkampf fast rückhaltlos für die Forza Italia und ihren Spitzenkandidaten eingesetzt.

Medienunternehmen sind extrem von gesetzlichen Bestimmungen abhängig,
die sich auf Inhalte, die Verbreitung, Eigentumsanteile und das Verhältnis zu
anderen Medien und Unternehmen richten. Für die Firmen und ihre Eigentümer
ist der institutionelle Rahmen ebenso wichtig wie das Produkt selbst. Daher
müssen sie stärker als andere auf das politische System Einfluss nehmen, wenn
sie nicht das Risiko eingehen wollen, mit gesetzlichen Auflagen belegt zu werden, die unmittelbar auf die wirtschaftlichen Existenzgrundlagen einwirken.
Umgekehrt besteht auf Seiten des politischen Systems wegen der möglichen
Wirkungen, die das Mediensystem auf den Staat und auf politische Subsysteme
haben kann, ein erhöhter Regelungsbedarf. Das bedeutet, dass der wirtschaftliche
Erfolg des Medienunternehmers, ja seine gesamte Existenz, von Regierungen
und parlamentarischen Mehrheiten abhängt. Dabei ist es vor allem das Fernsehen, das wegen seiner hohen Reichweite und potenziellen Macht immer wieder
zu Interventionen herausfordert. Wie das Beispiel Berlusconi zeigt, wirken die
Abhängigkeit von der Ordnungsmacht des Staates und die Einflussmöglichkeiten
auf das politische Geschehen in die gleiche Richtung, nämlich dass der Medienunternehmer die Nähe zum politischen System sucht.

Die Übernahme eines Regierungsamtes ist möglicherweise die letzte Stufe
einer Entwicklung, die darauf abzielt, die Umwelt einer – im Übrigen höchst
umweltabhängigen – Medienorganisation unter Kontrolle zu bringen. Berlusconis Kandidatur wurde dadurch motiviert, dass andere Parteien, besonders die
Progressisten, im Falle eines Wahlsieges die Freiräume seines Wirtschaftsimpe-
riums beschnitten hätten. (Wallisch 1997, 203) Zur Verhinderung derart bedroh-
licher staatlicher Interventionen boten sich für den Medienunternehmer Berlusconi besondere Möglichkeiten. Während andere Firmen und Assoziationen den
mühsamen Weg der Lobbyarbeit beschreiten mussten, konnte er einen direkteren
Kurs einschlagen, und zwar weil er ein politikrelevantes Produkt, nämlich politische Information und Meinungsbildung, erstellte. Selbstverständlich hatte die
von ihm veranlasste Parteinahme so zu erfolgen, dass nicht der Anspruch des
Unternehmens auf unabhängige, objektive Darstellung und Analyse sofort in
Frage gestellt wurde. Daher sind es auch nur wenige Medienunternehmer, die –
wie Berlusconi – das offene politische Engagement – die Kandidatur für ein

Regierungsamt oder ein Mandat – wagen; es muss nämlich glaubhaft gemacht werden, dass nicht das privatwirtschaftliche Interesse, sondern das Gemeinwohl ausschlaggebendes Motiv für die Parteinahme und das persönliche Engagement ist.

Die Karriere von Außenseitern, die nicht die ‚Ochsentour' der Parteilaufbahn auf sich nehmen wollen oder können, die sich möglicherweise auch außerhalb der etablierten Parteien vollzieht, wird durch eine Entwicklung ermöglicht, die Münch (1993, 267) als „Triumph der Kommunikationspolitik über die Sachpolitik" bezeichnet. Sachpolitik reduziert die Einflussnahme Einzelner, während Kommunikationspolitik, besonders sofern sie sich auf der Bühne des Fernsehens abspielt, deren Handlungsraum erweitert. Vor allem in Krisenzeiten ist das „Systemvertrauen" (Luhmann) erschüttert. In solchen „Phasen dichter Verkopplung" lässt sich – im Gegensatz zu „Phasen deutlicher Trennung" (vgl. Marschall 2001, 393) – Legitimation relativ leicht über die Persönlichkeit bzw. Imagepflege in der Öffentlichkeit erreichen. Wirtschaftliche Notlagen verschaffen dem ökonomischen Manipulateur, besonders dem *Selfmademan,* zusätzliche Chancen, da er den Staat wie ein Wirtschaftsunternehmen zu führen verspricht. Dabei ist der Wirtschaftsliberalismus die selbstverständliche Voraussetzung, und zwar nicht nur in Hinblick auf die rechtlichen, sondern auch auf die kulturellen Rahmenbedingungen. Die Analogie zwischen Staat und Unternehmen, zwischen Regierung und Management drängt sich auf, zumal wenn sich die Politik darauf verständigt, Koordinationsinstrument für die anderen Teilsysteme zu sein.

Voraussetzung ist dabei, dass der symbolische und/oder ökonomische Manipulateur auch über einen Parteiapparat verfügt, der auf ihn zugeschnitten ist und den Erfordernissen einer über das Fernsehen ermöglichten Karriere bis zum Amt des Regierungschefs genügt. Berlusconi konnte als finanzkräftiger Gründer der FI und als Inhaber von Medienunternehmen in einem prototypischen Sinne eine Organisation schaffen, die nicht mehr die herkömmlichen Parteistrukturen aufweist, und zwar weil ihre Zielsetzung eine andere ist, nämlich über die Medien Akzeptanz und Legitimität bei weitgehend offenen Programmen und ohne Bindung an bestimmte Gruppen, Lager und andere Segmente in der Bevölkerung zu beschaffen. Für Jun (1999) entspricht die Forza Italia dem modernen Typus der „Medienkommunikationspartei", zu deren Merkmalen typischerweise gehören:

1. *Professionelles Kommunikationsmanagement*: Medienberater bestimmen das Außenbild der Partei und haben Einfluss auf die Parteistrategie. Ihre Aktivitäten stehen im Zentrum der Parteiarbeit. Zielpunkt ist dabei die Darstellung der Partei und ihrer Repräsentanten im Fernsehen.

2. *Anpassung von Personal und Politik an die Medienlogik*: Die Bestrebungen des Managements sind darauf ausgerichtet, den Agenda-Setting-Pro-

zess zu beeinflussen, um die Partei in einem günstigen Licht erscheinen zu lassen. Entsprechend werden die Kandidaten für öffentliche Ämter geschult.

3. *Flexibilität bei politischen Inhalten*: Die Partei verzichtet auf Programme, die sich aus kohärenten ideologischen Systemen ergeben. Die Parteilinie wird – auch kurzfristig – den wahrgenommenen Erwartungen und Bedürfnissen der Wählerschaft angepasst.

4. *Dominanz der Parteiführung bei zentralen Inhalten*: Entscheidungen und Aktionen sind auf die Parteispitze konzentriert, damit diese in den Medien entsprechend wahrgenommen wird und damit parteiinterne Konflikte, die dem öffentlichen Erscheinungsbild schaden könnten, begrenzt werden. Massenmitgliedschaft und Parteibeiträge verlieren an Bedeutung.

5. *Einführung direktdemokratischer Elemente*: Innerparteiliche Demokratie ist gefragt, sofern sie die Macht der Zentrale erhöht und die Macht von intermediären Parteigruppierungen schwächt.

Mit Hilfe einer Medienkommunikationspartei kann sich der symbolische bzw. der ökonomische Manipulateur als ruhender Pol in Szene setzen. Das Fernsehen schafft Charisma, wo manipulatives Handwerkszeug bereits vorhanden ist, es setzt Zeichen, die auf die besondere Kompetenz des Außenseiters, etwa seine Entschlusskraft oder die Integrität seiner Person, verweisen sollen. Günstig sind gesellschaftliche und politische Bedingungen, die durch raschen Wandel gekennzeichnet sind. Der symbolische und/oder ökonomische Manipulateur braucht die bewegte, chaotisch anmutende Komplexität mit ihren relevanzfördernden Mängellagen. Bilder von Schlüsselsituationen im privaten oder beruflichen Bereich gewinnen in Ausnahmesituationen an symbolischer Tiefe, wobei dem Fernsehen nicht nur die Aufgabe des Darstellens, sondern auch des Deutens zukommt. Bei allgemeiner Orientierungslosigkeit und erhöhtem politischem Handlungsdruck scheint die Präsenz des Politikaufsteigers vor der Kamera nur eine Funktion seiner Person und seiner Problemlösungen zu sein, während die Macherfunktion der Medien im Hintergrund bleibt. Der Kandidat wird befragt, weil man ihn anscheinend wegen seiner Bedeutung befragen *muss*, und nicht weil die Programmverantwortlichen, zusammen mit ihren Koalitionären im Parteiapparat, ein persönliches Interesse haben könnten, ihm eine Chance zur Selbstdarstellung zu verschaffen.

Blitzkarrieren sind dort eher möglich, wo die um Objektivität und Sachlichkeit bemühte Berichterstattung dem Infotainment gewichen ist. Der Senkrechtstarter ist schon wegen seines Unterhaltungswertes für die Medien attraktiv. Wenn also journalistische Normen nicht der Vermarktung derartiger Vorgänge entgegenstehen, werden ihnen Presse und elektronische Medien die entsprechende Aufmerksamkeit zukommen lassen. Es können so Prozesse einer *self fulfilling prophecy* in Gang kommen. Den an Gefühlen und Ressentiments ausgerichteten Verlautbarungen des politischen Außenseiters wird wegen ihrer Medienverwertbarkeit Sendezeit eingeräumt, was diesen seinem realen Durchbruch in der politischen Arena näher bringt. Gerade wenn die Auseinandersetzungen zwischen den etablierten Parteien in Routine erstarren, wenn sich wenig profilierte Kontrahenten gegenüberstehen, ist die Versuchung groß, auch bizarre Erscheinungen ins Bild zu bringen. Unter dem Vorzeichen des Infotainment werden Populisten, und zwar nicht nur die symbolischen, sondern auch die ökonomischen Manipulateure, möglicherweise zu den eigentlichen Helden. Chancen werden ihnen zwar zunächst nicht eingeräumt, doch sorgen sie für Abwechslung. Diesem Bedarf der Medien genügen die Kandidaten ihrerseits, indem sie in ihren Auftritten entsprechende Akzente setzen, also die Rolle des *Buffo* bewusst übernehmen. Erfolgreich ist unter Umständen gerade die Mischung von Spaß und Ernst: Politische Figuren, die zunächst mit ihren Aktionen eher unter der Rubrik der Kuriosa Erwähnung fanden, gehören plötzlich zum berichtenswerten Tagesgeschehen, ja gewinnen nun eine ganz andere Relevanz, nämlich für die einen die des unberechenbar Bedrohlichen, des Politrisikos, für die anderen dagegen die des Hoffnungsträgers.

Mit zunehmendem Einfluss des Fernsehens hat die Chance von Außenseitern zugenommen, und zwar besonders in solchen gesellschaftlichen Systemen, die eine privat finanzierte Wahlwerbung in den elektronischen Medien zulassen. Allgemein gilt, dass für eine erfolgreiche Kandidatur ein immer höherer finanzieller Aufwand erforderlich ist. In den USA stiegen die durchschnittlichen Kosten, die mit der erfolgreichen Kandidatur für ein Senatsmandat verbunden sind, innerhalb eines Jahrzehnts um mehr als das Dreifache, wobei die Wahlkampfmittel zu erheblichen Teilen dem kommerziellen Fernsehen zuflossen. (Kleinsteuber 1990, 57) Seit den 80er Jahren erhöhten sich auch in der Bundesrepublik die Wahlkampfkosten, und zwar insbesondere der Anteil der finanziellen Aufwendungen, die von den Kandidaten für ihren Wahlkampf selbst aufgebracht werden müssen. Landfried schätzte Mitte der 90er Jahre den Betrag, mit dem sich bei den Bundestagswahlen ein Kandidat an den Kosten seiner Kampagne beteiligt, auf durchschnittlich 18000 DM. (Landfried 2001, 230) Selbstverständlich erhöhen sich diese Beträge mit dem Rang der angestrebten Position. Sofern die Investitionssummen nicht von den Kandidaten selbst aufgebracht werden können, müssen bereits vorliegende Erfolge als Ausweis der Kreditwürdigkeit dienen. Ein Effekt dieser Entwicklung liegt in der Beschleunigung von Politikerkarrieren. Mit der Televisionierung des Wahlkampfes ging in den USA der Einfluss der Parteibasis zurück, während die Chancen von Quereinsteigern ohne stärkere Bindung an politische Organisationen, also auch ohne den entsprechenden parteiinternen Aufstieg, zunahmen, sofern genügend Geld da war. Den Parteien blieb nichts anderes übrig, als diese Kandidaten zu „adoptieren" (Kleinsteuber 1990, 58).

Der Vorgang der Blitzkarriere ist allerdings nicht beliebig oft wiederholbar. Der Aufstieg des Außenseiters mit Hilfe des Fernsehens bleibt in der Erinnerung präsent. Welches Ende der Vorgang auch gefunden haben mag, er haftet als ungewöhnliches Ereignis im kollektiven Gedächtnis. Charisma kann in dem Sinne nicht veralltäglicht werden, dass nach dem kometenhaften Aufstieg des einen Politikers der nächste folgt. Die Medienkarriere des Politstars ist nur begrenzt reproduzierbar. In der historischen Erfahrung gibt es eine beschränkte Kapazität für solche Vorkommnisse.

Die TV-Karriere von Politikern, von symbolischen und ökonomischen Manipulateuren, bleibt auch deshalb die Ausnahme, weil das Medium die Sinne umfassend und intensiv anspricht und sich demgemäss die Reize schnell verbrauchen. Zunächst eindrucksvolle Bilder wirken bald monoton und müssen durch neue ersetzt werden. Die Blitzkarriere des Außenseiters vermag das Publikum eine Weile zu fesseln, und zwar besonders in bewegten Zeiten. Langfristig lässt sich diese Aufmerksamkeit nicht halten. Solange der demokratische Abstimmungsmechanismus intakt ist, das heißt solange der Politiker sich gegenüber seinen Konkurrenten in allgemeinen Wahlen behaupten muss, verbraucht sich auch ein fernsehgestütztes Charisma. Die Akzeptanz, die das Fernsehen bereitzustellen vermag, reicht häufig kaum für eine einzige Wahlperiode. In autoritären Regimen gelingt es dem staatlich kontrollierten Fernsehen nicht, Loyalität in einem solchen Umfang sicherzustellen, dass die Machthaber auf Zwangsmittel verzichten könnten.

Zusammenfassung

Die These, dass Medien gegenüber der persönlichen Kommunikation nur in geringem Maße auf die Entstehung und Veränderung von politischen Einstellungen einwirken, gilt in der Forschung als überholt. Infolge von Individualisierungsprozessen sind auch Wahlentscheidungen weniger an gesellschaftliche Positionen und Gruppenzugehörigkeit gebunden, womit der Einfluss der Medien zunimmt. Forschungen, die eine mögliche Beeinflussung des Wählers durch parteiliche Berichterstattung und Kommentierung im Fernsehen zum Gegenstand hatten, führten allerdings nicht zu konsistenten Ergebnissen. Wichtiger als die direkte Bewertung politischer Vorgänge und Parteien im Fernsehen scheint die visuelle Präsenz von Politikern zu sein sowie die Platzierung von Themen und Ereignissen, die sie und ihre Partei in einem günstigen Licht erscheinen lassen.

Mit der Mediatisierung der Gesellschaft fällt also dem Fernsehen eine Schlüsselrolle für den Erfolg von Kampagnen zu. Das Überangebot an Informationen löst einen Wettbewerb um die Aufmerksamkeit der Zuschauer aus. Parteien können durch die Schaffung von Medienereignissen die Medien für sich instrumentalisieren.

Das Fernsehen ist eher durch parteiliche Neutralität gekennzeichnet als andere Medien. Allerdings wird die politische Berichterstattung durch eine Agenda beeinflusst, die unter anderem von den Parteispitzen und deren Medienberatern bestimmt wird. Damit ist es möglich, dass es zu einem Übergewicht der ‚symbolischen Politik' als einer besonders auf das Medium Fernsehen ausgerichteten Art der Inszenierung und Darstellung von Akteuren und damit zu einer Bedeutungsverlagerung von den Sachfragen zur medialen Präsentation kommt.

Das Fernsehen verändert mit diesen Ansprüchen an die Medientauglichkeit die Struktur der politischen Parteien. Aufgrund von besonderen Möglichkeiten, die Medien, insbesondere das Fernsehen für sich zu nutzen, können auch politischen Außenseitern Chancen für eine politische Karriere erwachsen.

Literatur:

Rupp, Hans Karl/Hecker, Wolfgang (Hg.): Auf dem Weg zur Telekratie. Perspektiven der Mediengesellschaft. Konstanz 1997
Der während den neunziger Jahren im Fernsehen sich abzeichnende Stil der Politikvermittlung und seine Bedeutung für die Öffentlichkeit stehen im Mittelpunkt der Beiträge. Es gelingt den Herausgebern und Autoren, die Wechselwirkungen zwischen neuen technischen Entwicklungen im Mediensektor, institutioneller Deregulierung, ökonomischem Wettbewerb und veränderten TV-Programmprofilen deutlich zu machen. Für den mit der Einführung des dualen Systems zu beobachtenden Wandel der Öffentlichkeit stellt der Sammelband eine Art von Zwischenbilanz dar.

Schatz, Heribert/Pössler, Patrick/Nieland, Jörg-Uwe (Hg.): Politische Akteure in der Mediendemokratie. Wiesbaden 2002
Der Tagungsband enthält wichtige Beiträge zu dem veränderten Verhältnis von Medien und Politik, insbesondere zu den auf beiden Seiten zu beobachtenden Versuchen, das andere System für eigene Zwecke nutzbar zu machen. Neue Formen der Politikdarstellung, die sich insbesondere im Fernsehen abzeichnen, sind Gegenstand eingehender Analysen. Die Einbeziehung demokratietheoretischer Perspektiven macht die zunehmende Verschränkung von Kommunikationswissenschaft, Soziologie und Politologie in diesem Gegenstandsbereich deutlich.

11 Rechts- und Organisationsgrundlagen des Fernsehens

11.1 Rundfunkordnung und Gesellschaftssystem

Rundfunkordnungen können in ihrem Aufbau und ihrer gesellschaftlichen Verankerung starke Unterschiede aufweisen, wobei eine Beziehung zu politischen Strukturen unübersehbar ist. In Gesellschaften mit Einparteienherrschaft bezieht sich das Kontrollbedürfnis des Staates auch und gerade auf die Medien. Deren Funktion ist die Propaganda. Innerhalb der eigenen Grenzen geht es darum, der Staatsdoktrin Geltung zu verschaffen und sich unliebsamer Kritik zu entziehen, während außerhalb des Hoheitsgebietes ideologische Unterstützung mobilisiert werden soll. In Deutschland gibt es nach britischem Vorbild nichtstaatliche Aufsichtsgremien, die dafür zuständig sind, dass der Rundfunk wichtige Gemeinschaftsaufgaben übernimmt und die Rechte von Minderheiten berücksichtigt. In anderen Ländern wie zum Beispiel den USA wird fast ganz auf öffentliche, speziell staatliche Kontrolle verzichtet, was auch die fast ausschließliche private Finanzierung einschließt.

Als Annäherung an eine Typologie der Rundfunkordnungen lassen sich vier Grundmuster unterscheiden (Hagemann 1954, 44; Stuiber 1998, 703f.):

1. Der monopolistische ‚Staatsrundfunk'; seine Funktion besteht in der propagandistischen Einflussnahme einer Partei im Rahmen totalitärer Herrschaftsstrukturen; Organisation und Programm werden von der Staatsführung bestimmt; die Finanzierung erfolgt aus öffentlichen Mitteln;

2. Der marktwirtschaftliche ‚Privatrundfunk', für den der Staat – wie für andere, kommerzielle Unternehmen – lediglich den rechtlichen Rahmen festlegt und der sich durch den Verkauf von Sendezeit finanziert; das eigentliche ‚Produkt' ist das Publikum, dessen Wert nach Größe und Zusammensetzung bestimmt wird;

3. Der ebenfalls monopolistische ‚Gemeinschaftsrundfunk'; dazu gehören die durch Gebühren finanzierten Rundfunksysteme, für die der Staat die rechtlichen Rahmenbedingungen festlegt und die durch weisungsunabhängige Gremien ‚beraten' bzw. kontrolliert werden;

4. Das ‚gemischte Rundfunksystem', das Elemente des Privatfunks und des Gemeinschaftsrundfunks auf sich vereinigt, indem unterschiedliche Teil-

systeme – wie im Rahmen des deutschen „dualen Systems" – zugelassen werden; die Aufsicht erfolgt durch den Staat und/oder durch unabhängige öffentliche Institutionen.

Während sich der monopolistische, weisungsgebundene Staatsrundfunk – empirisch gesehen – auf dem Rückzug befindet, sind in vielen, besonders auch in europäischen Ländern, gemischte Rundfunksysteme eingeführt worden, wobei sich in sehr unterschiedlichem Maße die kommerziellen Anbieter gegenüber dem Public-Service-Sektor durchsetzen konnten (Meckel 1994, 53ff.). Von Beyme (1993, 75ff.) entwirft eine Typologie, bei der die Rundfunkordnungen auf einem Kontinuum anordnet werden. Das Marktmodell, wie es in den USA realisiert wurde, bildet einen Pol dieses Kontinuums. Bei dieser Organisation von Rundfunk und Fernsehen – so von Beyme – sei eine kritische Funktion gegenüber der Regierung am ehesten gewährleistet. Das staatsdirigistische Modell Frankreichs markiert den entgegengesetzten Pol. Die Regierung übt mit Hilfe der Medienaufsichtsbehörde direkten Einfluss auf den Rundfunk aus; gesellschaftlich-relevante Gruppen werden nicht an der Kontrolle des Staatsrundfunks beteiligt. Zwischen diesen Polen wird das Treuhandmodell platziert, das in Großbritannien und in Deutschland zu finden ist. Von entscheidender Bedeutung für die realen Machtverhältnisse sind beim Treuhandmodell die beratenden und kontrollierenden Gruppen. Bei der in Deutschland realisierten Rundfunkordnung, die durch Intervention der Besatzungsmächte zustande kam, haben sich – von Beyme zufolge – die politischen Parteien erhebliche Einflussmöglichkeiten gesichert. Durch Deregulierung und Privatisierung werde das Treuhandmodell in seiner Funktionsfähigkeit zusätzlich geschwächt.

Diese und ähnliche Typologien haben den Nachteil, dass sie verschiedene Merkmalsdimensionen in einer nicht genauer spezifizierten Weise miteinander verbinden. Demgegenüber wäre es zum Beispiel sinnvoll, verschiedene Arten der Autonomie von Rundfunkorganisationen zu unterscheiden. Faul (1987) nennt in Bezug auf die strukturelle Unabhängigkeit bzw. Abhängigkeit vom Staat folgende Typen von Hörfunk- und Fernsehorganisationen:

1. private Organisationen ohne Auflagen;
2. private Organisationen mit Auflagen;
3. private Organisationen mit (gesetzlich vorgeschriebener) gesellschaftlich-pluralistischer Organisationsstruktur;
4. staatliche Koordination gesellschaftlicher und privater Veranstalter (-gruppen);
5. autonome Organisationen (Anstalten des öffentlichen Rechts) mit überwiegend gesellschaftlich-pluralistisch kreierter Repräsentation;

6. autonome Organisationen (Anstalten des öffentlichen Rechts) mit über-
    wiegend parlamentarisch-parteifraktionell kreierter Repräsentation;
7. staatlich lizenzierte autonome Organisationen;
8. staatlich eingerichtete Organisationen mit Selbstverwaltungsgarantie und
    redaktioneller Autonomie;
9. staatliche Organisationen ohne verbürgte redaktionelle Autonomie;
10. staatsparteilich gelenkte Medien im Rahmen totalitärer Herrschaftssys-
    teme.

Des weiteren unterscheidet Faul Rundfunkorganisationen nach dem Merkmal des
Organisationsgefüges, und zwar mit den Merkmalsausprägungen:

1. unitarisch,
2. dezentralistisch,
3. föderal

und nach Konkurrenzverhältnissen, nämlich

1. keine Konkurrenz;
2. Konkurrenz zwischen Anstalten derselben Kategorie;
3. konkurrierende Mischung von Veranstalterarten,

nach Finanzierungsformen:

1. Gebühren,
2. Werbung,
3. Zahlung nach Abnahme,
4. Mischformen

sowie nach der Herkunft von Programmproduktionen:

1. Eigenproduktion,
2. Auftragsproduktion,
3. Koproduktion, Inland,
4. Koproduktion mit Ausland,
5. Fremdproduktion, Inland,
6. Fremdproduktion, Ausland.

Die Differenzierung nach Dimensionen bzw. Merkmalen wird der Komplexität heutiger Mediensysteme mehr gerecht als die pauschalisierende Bildung von Idealtypen. Nichtsdestoweniger kann es sinnvoll sein, Ordnungsmodelle zu kon struieren, die einen leichteren Überblick im Rahmen nationaler und internationaler Rundfunkorganisationen und -vereinbarungen gestatten. In eine derartige Typologie sollten aber auch empirische Befunde mit eingehen, um einer Stereotypenbildung vorzubeugen und nicht zugunsten voreiliger Plausibilitäten den genaueren Blick auf die Vielfalt der Medienlandschaft zu verstellen.

11.2 Verfassungsrechtliche Grundlagen der dualen Rundfunkordnung und die Rechtsprechung des Bundesverfassungsgerichts

Die Rundfunkordnung der Bundesrepublik hat den Art. 5, Abs. 1 zur Grundlage, der neben anderen Kommunikationsfreiheiten auch die Rundfunkfreiheit garantiert. Das Grundgesetz schützt also die Veranstalter von Rundfunksendungen vor Eingriffen in die Programmgestaltung und verpflichtet den Staat, durch Ausgestaltung des gesetzlichen Rahmens die Freiheit der Rundfunkordnung zu garantieren. Schranken der Rundfunkfreiheit bestehen u. a. in den allgemeinen Gesetzen und in den Bestimmungen zum Jugendschutz sowie dem Recht der persönlichen Ehre. (Schuler-Harms 2000, 145f.)

Der Rundfunk in der Bundesrepublik fällt in die Zuständigkeit der Länder. Seit 1949 gibt es Landesrundfunkanstalten als Anstalten des Öffentlichen Rechts. Anfang der 80er Jahre hatten sich die Übertragungsmöglichkeiten so verbessert, dass sich eine Senkung der Kosten für den Programmbetrieb abzuzeichnen begann. Außerdem war eine Vermehrung der Sendeplätze und damit eine Verbreiterung des Programmangebots machbar geworden. Es stellte sich daher die Frage, ob diese zusätzlichen Möglichkeiten allein von den öffentlich-rechtlichen Rundfunkanstalten wahrgenommen oder ob kommerzielle, werbefinanzierte Rundfunkunternehmen zugelassen werden sollten. Nach einer kurzen Erprobungsphase konnten sich private Hörfunk- und Fernsehveranstalter etablieren. Zu deren Kontrolle wurde ein neuer Typus von Aufsichtsorganen, die Landesmedienanstalten, geschaffen.

Die Rechtsgrundlagen für die privaten Rundfunkveranstaltern wurden durch die Fernsehurteile des Bundesverfassungsgerichts maßgeblich geprägt. Der Richterspruch vom 28. 02. 1961, das sogenannte „Erste-Fernseh-Urteil",[70] deutete die grundgesetzlich verankerte Rundfunkfreiheit als Freiheit von staatlichem Einfluss (Staatsfreiheit) sowie als Freiheit von einseitigem gesellschaftlichem Ein-

---

70 BVerfGE 12, 205

fluss (Gebot der Meinungsvielfalt) und bestätigte die Zuständigkeit der Länder für das Rundfunkwesen, und zwar einschließlich seiner Organisation. Mit dem Rundfunkurteil vom 16. 06. 1981, dem „FRAG-Urteil,"[71] wurde der private Rundfunk für zulässig erklärt, sofern die inländischen Programme der bestehenden Meinungsvielfalt entsprächen. Entscheidend ist danach, dass nicht einzelne Gruppen die Medien für sich instrumentalisieren und andere von der öffentlichen Meinungsbildung ausschließen. Meinungsvielfalt kann – so die Karlsruher Richter – nicht nur durch eine Repräsentanz der gesellschaftlichen Gruppen und Kräfte innerhalb der einzelnen Rundfunkorganisationen (Binnenpluralismus), sondern auch durch mehrere Anbieter – als Summe der Einzelmeinungen – zustande kommen (Außenpluralismus). (Vgl. Meyn 1999, 167ff.)

Mit dem Rundfunkurteil vom 4.11.1986, dem „Niedersachsen-Urteil"[72], also zwei Jahre nach Einführung des dualen Rundfunksystems, nahm das Bundesverfassungsgericht zu den Aufgaben des öffentlich-rechtlichen Rundfunks in Abhebung von den privaten Rundfunkveranstaltern Stellung. Die öffentlich-rechtlichen Rundfunkanstalten haben danach einen umfassenden Programmauftrag, während bei den Privaten an die Breite des Programmangebots und die gleichgewichtige Vielfalt nicht gleich hohe Anforderungen gestellt werden. Von den öffentlich-rechtlichen Anstalten müsse die sogenannte Grundversorgung sichergestellt werden. Den öffentlich-rechtlichen Rundfunkveranstaltern kämen nicht allein die Aufgaben der Information und der Unterhaltung zu; vielmehr hätten sie auch eine kulturelle Verantwortung. Die Wahrnehmung dieses Auftrages sehen die Richter im Niedersachsen-Urteil als zumutbar an, weil die Rundfunkanstalten aufgrund einer Teilfinanzierung durch Gebühren nicht in gleichem Maße auf Einschaltquoten angewiesen seien. Das Gericht nahm damit „konkret zur Ausgestaltung der dualen Rundfunkordnung in der Bundesrepublik Deutschland Stellung" (Altendorfer 2001, 139). Außerdem wurde erstmals der Begriff der „Grundversorgung" geprägt. (Altendorfer 2001, 139)

Das Rundfunkurteil vom 5. 02. 1991, das sogenannte „NRW-Urteil"[73], ergänzt die Grundversorgung als Charakteristikum der durch die Landesrundfunkanstalten zu erbringenden Leistungen durch eine Bestands- und Entwicklungsgarantie für den öffentlich-rechtlichen Rundfunk. Danach sind die Bundesländer verpflichtet, die Finanzierung des öffentlich-rechtlichen Rundfunks zu gewährleisten, auch wenn andere Dienste mit Hilfe neuer Techniken Aufgaben des herkömmlichen Rundfunks übernehmen. Auch der „Hessen-3-Beschluss"[74] vom 6. 10. 1992 bekräftigt, dass der Gesetzgeber die Finanzierung des öffentlichen-

---

71 BverfGE 57, 295
72 BVerfGE 73, 118
73 BverfGE 83, 238
74 BVerfGE 87, 181

rechtlichen Rundfunks sicherzustellen habe, damit dieser seinen Funktionen nachkommen könne. Mit dem Urteil vom 22. Februar 1994 schließlich, dem „Rundfunkgebühren-Urteil"[75], wurde der Gesetzgeber verpflichtet, ein Verfahren zur Festsetzung der Rundfunkgebühren einzuführen, das die Rundfunkfreiheit gewährleistet. Die Gebührenfinanzierung dürfe nicht zur Einflussnahme auf das Programm eingesetzt werden. Das Bundesverfassungsgericht schlägt ein dreistufiges Verfahren vor, das aus Bedarfsanmeldung, Bedarfsüberprüfung und Gebührenempfehlung durch eine unabhängige Gebührenkommission besteht. (Altendorfer 2001, 151) Aus den Rundfunkurteilen der Karlsruher Richter sowie aus der medienpolitischen Diskussion lässt sich ein Funktionskatalog für das Fernsehen im dualen System ableiten. Dabei handelt es sich um folgende Funktionen (Mattern/Künstner 1998, 17):

1. die Integrationsfunktion,
2. die Forumsfunktion,
3. die Komplementärfunktion und
4. die Vorbildfunktion.

11.3 Allgemeine Vorschriften zur Organisation des Rundfunks: Der Rundfunkstaatsvertrag

Der am 31. 08. 1991 abgeschlossene „Staatsvertrag über den Rundfunk im vereinten Deutschland", der die vorherigen, in der Bundesrepublik geschlossenen rundfunkrechtlichen Verträge der Länder aufhebt, stellt den rechtlichen Rahmen für Hörfunk und Fernsehen in den alten und neuen Bundesländern dar.[76] Er gilt als epochemachendes Vertragswerk, mit dem die Länder bei unterschiedlicher politischer Ausrichtung der Regierungen und Parlamente ihre Handlungsfähigkeit unter Beweis gestellt haben. (Stock 1992, 192) Aufgrund seiner Bedeutung als Rechtsgrundlage des Fernsehens in Deutschland sollen die wichtigsten Bestimmungen des Staatsvertrages im Folgenden aufgeführt werden:

Das Vertragswerk besteht u. a. aus dem Rundfunkstaatsvertrag, dem ARD-Staatsvertrag und dem ZDF-Staatsvertrag. Seit dem In-Kraft-Treten sind mehrfach Veränderungen vorgenommen worden. Grundlage der nachstehenden Zusammenfassung ist der „Staatsvertrag über den Rundfunk im vereinten Deutschland" in der Fassung des Sechsten Staatsvertrages zur Änderung des Rundfunk-

---

75 BverfGE 90, 60
76 Rundfunkstaatsvertrag (RStV) vom 31. 8. 1991, hier zitiert in der Fassung des Sechsten Rundfunkänderungsstaatsvertrages vom 7. 6. 2002

staatsvertrages, des Rundfunkfinanzierungsstaatsvertrages und des Mediendienste-Staatsvertrages (Sechster Rundfunkänderungsstaatsvertrag) vom 7. 6. 2002.

Der *Rundfunkstaatsvertrag*: In der Präambel greifen die vertragsschließenden Länder die bisherige Rechtsentwicklung, vor allem das Konzept des dualen Rundfunksystems auf, das damit von Seiten des Gesetzgebers rechtlich verankert und zur Grundlage des bundesrepublikanischen Hörfunks und Fernsehens wird. Öffentlich-rechtlicher und privater Rundfunk sind der freien Meinungsbildung und der Meinungsvielfalt verpflichtet. Dazu gehört die finanzielle Absicherung des öffentlich-rechtlichen Rundfunks einschließlich des dazugehörenden Finanzausgleichs und die Sicherung ausreichender Sendekapazitäten für die privaten Programmanbieter. Die Vermehrung des Programmangebots infolge der technischen Entwicklung soll der Informationsvielfalt und dem kulturellen Angebot in Deutschland zugute kommen.

Die in den Allgemeinen Vorschriften (I. Abschn.) enthaltenen Programmgrundsätze (siehe § 2a) heben hervor, dass ARD, ZDF und alle Veranstalter bundesweit ausgestrahlter Fernsehprogramme die Würde des Menschen zu schützen und die Achtung vor dem Leben, vor der Freiheit und körperlichen Unversehrtheit sowie vor dem Glauben und der Meinung anderer zu stärken haben. Der Paragraph legt fest, welche Sendungen unzulässig sind, nämlich solche, die zu Rassenhass aufstacheln, Krieg und Gewalt verherrlichen oder Gewalt verharmlosen.

Darüber hinaus wird jedem in Europa zugelassenen Fernsehveranstalter das Recht auf eine unentgeltliche Kurzberichterstattung garantiert (§ 5). Damit ist gemeint, dass nachrichtenmäßig über Veranstaltungen und Ereignisse berichtet werden darf, die öffentlich zugänglich sind. Die Vorschrift stellt also praktisch eine Schranke für die Vermarktung von Exklusivrechten dar. (Stock 1992, 198) Die gleiche Zielrichtung hat der § 5a, der festlegt, dass die Übertragung von Großereignissen wie die Olympischen Spiele sowie bestimmte Kategorien von Fußballspielen nur dann verschlüsselt den *Pay-TV*-Abonnenten zugänglich gemacht werden dürfen, wenn „zu angemessenen Bedingungen" eine zeitgleiche oder geringfügig zeitversetzte Ausstrahlung bei den Sendern des *Free-TV* ermöglicht wird.

Die Fernsehveranstalter werden außerdem aufgefordert, den Hauptteil ihrer für Spielfilme und Serien vorgesehenen Sendezeit europäischen Produktionen vorzubehalten (§ 6). Das Vertragswerk regelt darüber hinaus Inhalt und Form von Werbung und Teleshopping (§ 7). Danach muss Werbung als solche erkennbar sein; Schleichwerbung wird für unzulässig, „virtuelle Werbung"[77] unter

---

77   Unter „virtueller Werbung" ist die nachträgliche Veränderung des Fernsehbildes in der Weise zu verstehen, dass bereits vorhandene Werbebotschaften verändert oder neue Botschaften eingege-

bestimmten Umständen (z. B. Hinweise vor und nach der Sendung) für zulässig erklärt. Werbung und Teleshopping sind so zu gestalten, dass sie den Verbrauchern nicht schaden. Auch dürfen Werbetreibende das Programm nicht beeinflussen. Darüber hinaus muss ausgeschlossen werden, dass in der Fernsehwerbung Personen auftreten, die regelmäßig Nachrichtensendungen vorstellen. Sendungen können auch gesponsert werden (§ 8). Das heißt, es ergibt sich für den öffentlich-rechtlichen Rundfunk eine zusätzliche Einnahmequelle, was dazu beiträgt, dass dieser „einige Fesseln" (Stock 1992, 200) abzustreifen vermag. Bei gesponserten Sendungen muss zu Beginn und am Ende ein Hinweis auf den Sponsor erfolgen. Sponsoring für Nachrichtensendungen und Sendungen zum politischen Zeitgeschehen ist nicht zulässig.

11.4   Die rechtlichen Grundlagen der Landesrundfunkanstalten

Die Landesrundfunkanstalten haben Landesrundfunkgesetze zur rechtlichen Grundlage. Für die Mehrländeranstalten wurden zusätzliche Staatsverträge abgeschlossen.[78] Für die Rechte und Pflichten der Landesrundfunkanstalten gelten die verfassungsrechtlichen Prinzipien, zum Beispiel die vom Bundesverfassungsgericht besonders hervorgehobene Meinungsvielfalt. Jedoch lässt die Verfassung auch einen gewissen Spielraum, so dass „eine bestimmte Organisationsform der öffentlich-rechtlichen Rundfunkanstalten verfassungsrechtlich nicht geboten" (Hesse 1999, 147) ist. Nichtsdestoweniger haben sich in der relativ langen Geschichte der Rechtsentwicklung übereinstimmende Strukturen herausgebildet; die Organe Intendant, Rundfunkrat und Verwaltungsrat sind zum Beispiel bei allen öffentlich-rechtlichen Rundfunkanstalten weitgehend gleich (Stuiber 1998, 713).[79] Sie teilen die Exekutivfunktionen, die Kreations- und Aufsichtsfunktionen unter sich auf. (Stuiber 1998, 713)

Dem Intendanten kommt die Exekutivfunktion zu. Außerdem vertritt er die Anstalt nach außen. Zu seinem Verantwortungsbereich gehören die Geschäfts-

---

ben werden. So ist es zum Beispiel möglich, bei der Übertragung eines Fußballspiels die Bandenwerbung durch andere Werbung auszutauschen. Siehe Gourd 2002, 138

78   Zur Zeit gibt es neun Landesrundfunkanstalten, nämlich Hessischer Rundfunk (HR), Westdeutscher Rundfunk (WDR), Norddeutscher Rundfunk (NDR), Radio Bremen (RB), Mitteldeutscher Rundfunk (MDR), Rundfunk Berlin-Brandenburg (RBB), Saarländischer Rundfunk (SR), Südwestrundfunk (SWR) und Bayrischer Rundfunk   (BR). Zur ARD gehört außerdem als Anstalt des Bundesrechts die Deutsche Welle (DW). Nur für ein Land zuständig sind der Bayerische Rundfunk (BR), der Hessische Rundfunk (HR), Radio Bremen (RB), der Saarländische Rundfunk (SR) und der Westdeutsche Rundfunk (WDR).

79   Radio Bremen wird nicht durch einen Intendanten, sondern durch ein Direktorium geleitet. Der Intendant hat lediglich eine Sonderstellung innerhalb des Direktoriums, nimmt aber nicht als Organ Exekutiv- und Repräsentationsaufgaben wahr. (Vgl. Pantenburg 1996, 60)

führung und die Programmgestaltung. Als „monokratisches Individualorgan" (Stuiber 1998, 715) soll der Intendant in Personalfragen, in der Haushaltsführung, in der Verwaltung und in publizistischen Angelegenheiten nach Maßgabe der gesetzlichen Vorschriften Entscheidungen treffen und seinen Willen durchsetzen. Die Ausrichtung der Rundfunkanstalten auf die zentrale Figur des Intendanten mag zwar anachronistisch erscheinen; indem aber „die ganze Macht in den Händen einer Person gebündelt" (Stuiber 1998, 715) wird, ist diese auch in der Lage, Einflüsse von außen, sofern sie nicht dem Auftrage der Rundfunkanstalt entsprechen, abzuwehren. Der Intendant ist also ein Garant für die Unabhängigkeit der Rundfunkorganisation; er verhindert, „dass politische Kräfte maßgeblichen Einfluss auf den Rundfunk gewinnen." (Pantenburg 1996, 61)

Der Rundfunkrat ist in den öffentlich-rechtlichen Rundfunkanstalten, die sich zur ARD zusammengeschlossen haben, das wichtigste Kontrollorgan. Den Rundfunkräten gehören zwischen 28 (Hessischer Rundfunk) und 74 (SWR) Mitglieder an. Die heutigen Rundfunkräte sind pluralistisch strukturiert, das heißt sie setzen sich vor allem aus den Vertretern der gesellschaftlich relevanten Gruppen zusammen. Dieser Gremientypus kam in der unmittelbaren Nachkriegszeit unter dem Einfluss der Alliierten zustande, und zwar beim Bayrischen Rundfunk, beim Hessischen Rundfunk, beim Süddeutschen Rundfunk, bei Radio Bremen, beim Südwestfunk und beim Nordwestdeutschen Rundfunk (NWDR). Als aus dem NWDR mit Auslaufen des Besatzungsstatuts der WDR und der NDR hervorgingen, wurde in diesen beiden Anstalten zunächst ein anderes Organisationsmuster verwirklicht. Der einflussreiche Rundfunkrat wurde entsprechend dem staatlich-politischen Typus gebildet, indem nämlich die Parteien die Mitglieder dieses Gremiums bestimmten, das sich daraufhin entsprechend dem politischen Proporz in den Landesparlamenten zusammensetzte. Der pluralistisch gebildete, dafür aber relativ machtlose Programmbeirat dagegen übte nur eine beratende Funktion aus. (Pantenburg 1996, 71, Fußn.) Das ständische Prinzip einer Repräsentanz der „gesellschaftlichen Kräfte", von Gruppen und Einrichtungen also, die selbst kein politisches Mandat haben, erschien Mitte der 50er Jahre nicht mehr zeitgemäß. Inzwischen hat sich jedoch das ältere – pluralistische – Modell durchgesetzt, und zwar aufgrund der Rundfunkurteile des Bundesverfassungsgerichts, das die Staatsferne der Rundfunkanstalten gesichert wissen wollte. Entsprechend wurde die Struktur des WDR und des NDR reformiert.

Der Rundfunkrat bringt die Vielfalt der Lebensformen zum Ausdruck, was aber nicht bedeutet, dass einzelne Gruppen ein subjektives Recht hätten, in diesem Gremium vertreten zu sein. (Pantenburg 1996, 71, Fußn.) Als eine Art Parlament innerhalb der Rundfunkanstalt repräsentiert dieses Organ die Allgemeinheit; seine Mitglieder sind nicht an Weisungen der sie entsendenden Einrichtungen und Vereinigungen gebunden. Die Rundfunkräte haben u. a. die Auf-

gabe, den Intendanten zu wählen, den sie auch aus seinem Amt entlassen können. In den meisten Anstalten stimmen sie darüber hinaus über die Besetzung
des Verwaltungsrates ab, und zwar über alle Mitglieder oder nur über einen bestimmten Anteil. Ebenso können der stellvertretende Intendant sowie die Direktoren zum Teil nur mit Zustimmung des Rundfunkrates ernannt werden; beim
Bayrischen Rundfunk gilt dies sogar für die Hauptabteilungsleiter.

In den Landesrundfunkanstalten haben die Rundfunkräte, im Gegensatz zum
Fernsehrat des ZDF, keine Richtlinienkompetenz in Bezug auf das Programm.
Vielmehr beraten sie den Intendanten in Programmfragen. Dieser ist letztlich
verantwortlich, kann aber über Beanstandungen kaum hinwegsehen. (Pantenburg
1996, 70ff.) Auch Haushalts- und Finanzfragen fallen in den Zuständigkeitsbe-
reich des Rundfunkrates, der den Haushaltsplan und den Jahresabschluss geneh-
migt.

Der Verwaltungsrat ist das im Vergleich zum Rundfunkrat kleinere Gremium. Seine Funktion besteht darin, den Intendanten in seiner Geschäftsführung
zu überwachen und in administrativen sowie wirtschaftlichen Fragen zu beraten.
Die Kompetenz des Verwaltungsrates erstreckt sich nicht auf inhaltliche Aspekte
des Programms. Allerdings gibt es einen indirekten Einfluss, und zwar indem der
Verwaltungsrat den Haushalt der Rundfunkanstalten prüft, bevor er vom Rundfunkrat verabschiedet wird. Selbstverständlich kann mit der Kontrolle der Ressourcen auch auf die Programmgestaltung eingewirkt werden. Darüber hinaus
ergeben sich Steuerungsmöglichkeiten in der Weise, dass der Verwaltungsrat an
der Wahl des Intendanten beteiligt ist (Schuler-Harms 2000, 153), der nämlich
vom Verwaltungsrat dem Rundfunkrat vorgeschlagen oder von Rundfunkrat und
Verwaltungsrat gemeinsam gewählt wird. (Hesse 1999, 164) Auch an der Einstellung von hochrangigen Mitarbeitern ist der Verwaltungsrat beteiligt, da es
sich um Rechtsgeschäfte handelt, die mit erheblichen finanziellen Auswirkungen
verbunden sind. (Hesse 1999, 163f.)

Zur Erfüllung seiner Aufgaben sind dem Intendanten Direktoren zugeordnet,
die weisungsabhängig sind und daher auch die grundsätzliche Verantwortlichkeit
des Intendanten nicht berühren. Das Vorschlagsrecht ist in den Rundfunkgesetzen unterschiedlich geregelt; entweder wird dem Intendanten ein solches Recht
eingeräumt oder er entscheidet im Einvernehmen mit den Gremien über die Besetzung der Direktorenstellen. (Pantenburg 1996, 80)

11.5   Rechtliche Grundlagen der ARD und des ZDF

Die wichtigsten rechtlichen Bestimmungen zur ARD sind im ARD-Staatsvertrag
enthalten, der ebenfalls zum „Staatsvertrag über den Rundfunk im vereinten

Deutschland" gehört. Darüber hinaus existiert eine Fülle von Vereinbarungen, die in Verträgen der Landesrundfunkanstalten enthalten sind und die sich auf einzelne Aufgaben beziehen. Eine einheitliche Rechtsgrundlage gibt es nicht. (Steinwärder 1998, 51; Hesse 1999, 195) Der ARD-Staatsvertrag verpflichtet die ARD, ein Fernsehvollprogramm zu gestalten. Die Dauer des gemeinsamen Programms und der Umfang der Beteiligung bleibt der Vereinbarung durch die Rundfunkanstalten überlassen. Veränderungen der Programmstruktur sollen die ARD-Verantwortlichen mit dem Intendanten des ZDF absprechen (§ 3). Für die Gestaltung des ARD-Programms ist ein Programmdirektor zuständig (§ 5). Die Bildung eines Programmbeirates ist eine Kann-Regelung (§ 7).

Im Einzelnen wird die Erfüllung der Aufgaben der ARD durch ihre Satzung geregelt. Diese ist seit 1950 vielfach verändert worden. In der Fassung vom 31. 1. 1995 ist vorgesehen, dass jede deutsche Rundfunkanstalt mit Sitz in der Bundesrepublik Deutschland Mitglied der ARD werden kann. (Steinwärder 1998, 53) Voraussetzung ist allerdings, dass es sich um eine Anstalt öffentlichen Rechts handelt, die eine staatsferne Stellung hat und die von ihrer Struktur her auf die Gewährleistung der Rundfunkfreiheit hin angelegt ist. In der Satzung werden als Mitglieder der ARD die Landesrundfunkanstalten und die Deutsche Welle aufgelistet. Die ARD nimmt laut Satzung gemeinsame Interessen ihrer Mitglieder wahr; außerdem geht es um gemeinsame Fragen rechtlicher, technischer und betriebswirtschaftlicher Art. Einen Vorsitzenden gibt es laut ARD-Satzung nicht. Vielmehr wird eine Anstalt nach Wahl durch die Mitglieder für ein Jahr mit der Geschäftsführung beauftragt. (Steinwärder 1998, 63) Der Intendant der geschäftsführenden Anstalt wird im Allgemeinen als der ARD-Vorsitzende bezeichnet. Als wichtigstes Gremium ist die Mitgliederversammlung anzusehen, die als Hauptversammlung oder im Rahmen von Arbeitssitzungen zusammentritt. Die Mitgliederversammlung ist besonders wichtig für die Meinungsbildung innerhalb der ARD. An den Hauptversammlungen nehmen auch die Vorsitzenden der ständigen Fachkommissionen sowie der Programmdirektor des Deutschen Fernsehens teil. Sie behandeln Fragen von grundsätzlicher Bedeutung, während es bei den Arbeitssitzungen um die laufenden Geschäfte der ARD geht. Als weitere Organe der ARD sind die Konferenz der Gremienvorsitzenden, die die Hauptversammlungen vorbereitet, und die Kommissionen, das heißt die ständigen Fachkommissionen und Sonderkommissionen, in der Satzung verankert. (Steinwärder 1998, 68ff.)

Die wichtigste Gemeinschaftsleistung der ARD ist das „Gemeinschaftsprogramm Deutsches Fernsehen". Die Details über den Umfang des Gemeinschafts-

programms, die Pflichtanteile der einzelnen Rundfunkanstalten[80] sowie inhaltliche Anforderungen an das Programm und die Umsetzung von Programm-
grundsätzen regeln die „Verwaltungsvereinbarung der Landesrundfunkanstalten
über die Zusammenarbeit auf dem Gebiet des Fernsehens" (Fernsehvertrag) und
die ergänzenden „Grundsätze für die Zusammenarbeit im ARD-Gemeinschaftsprogramm ‚Deutsches Fernsehen'". (Steinwärder 1998, 94ff.) Der Fernsehvertrag und die ergänzenden „Grundsätze" legen auch die Bedingungen fest, unter
denen sich eine Rundfunkanstalt aus dem Gemeinschaftsprogramm ausblenden
kann und präzisieren die Möglichkeiten zur Gegendarstellung. Außerdem werden die Strukturen für die Koordination des Fernsehgemeinschaftsprogramms
bestimmt. (Hesse 1999, 97f.)

Im Gegensatz zur ARD enthält der Staatsvertrag über den Rundfunk im vereinten Deutschland für das ZDF relativ genaue Bestimmungen. Der ZDF-Staatsvertrag ist Teilstück dieses Staatsvertrages. Das ZDF wird darin mit einer Be-
stands- und Entwicklungsgarantie ausgestattet (§ 1) und als Fernsehvollprogramm bestimmt. Als Sitz des ZDF wird Mainz festgelegt. Die Gestaltung der
Sendungen hat so zu erfolgen, dass ein objektiver Überblick über das Weltgeschehen und die kulturelle Vielfalt Deutschlands vermittelt wird (§ 5). Dazu
gehört auch die Trennung von Nachricht und Kommentar (§ 6). Verantwortlich
für eine Sendung ist derjenige, der die Sendung eines Beitrages veranlasst oder
zugelassen hat bzw. derjenige, dem die Sendezeit zugebilligt wurde (§ 12).

Im Gegensatz zum ARD-Staatsvertrag, der ja von selbständigen, kooperie-
renden Rundfunkanstalten ausgeht, enthält der ZDF-Staatsvertrag auch Regelungen, die die Organisation betreffen. Als Organe des ZDF sind der Fernsehrat, der
Verwaltungsrat und der Intendant vorgesehen (§ 19). Die 77 Mitglieder des
Fernsehrates, der aus Angehörigen unterschiedlicher gesellschaftlich relevanter
Gruppen (Gewerkschaften, Kirchen, Verbände), aus Vertretern der Bundesländer
und unabhängigen Persönlichkeiten aus Wissenschaft und Kultur gebildet wird,
fassen Beschlüsse über Satzungsänderungen, genehmigen den Haushaltsplan,
stellen Richtlinien für die Sendungen des ZDF auf und beraten den Intendanten
in Programmfragen (§§ 20, 21). Der Verwaltungsrat, der aus einem Vertreter des
Bundes, aus Vertretern der Länder sowie aus Mitgliedern besteht, die vom Fernsehrat gewählt werden, führt Rechtsgeschäfte mit dem Intendanten durch, wozu
auch der Dienstvertrag des Intendanten gehört, und beschließt über den Haushaltsplan (§§ 23, 24). Der Intendant, der das ZDF nach außen repräsentiert, ist
für alle Geschäfte sowie für die Programmgestaltung verantwortlich. Er beruft in
Übereinstimmung mit dem Verwaltungsrat den Programmdirektor, den Chef

---

80 Die Pflichtanteile sind wie folgt verteilt: HR 7,2%, WDR 21,25%, NDR 16,45%, RB 2,5%,
    MDR 11,45%, RBB 7,0%, SR 2,5%, SWR 16,95% und BR 14,7%.

redakteur und den Verwaltungsdirektor (§ 27). Der ZDF-Staatsvertrag legt fest, dass das ZDF durch Fernsehgebühren, Werbung und sonstige Erträge finanziert wird (§ 29).

11.6 Der private Rundfunk

Der private Rundfunk wird durch den Staatsvertrag über den Rundfunk im vereinten Deutschland (vgl. Kap. 11.3), darüber hinaus aber auch durch die Landesmediengesetze reguliert. Die Landesmediengesetze wurden zwischen 1984 und 1989 erlassen, nachdem zuvor durch die einschlägigen Urteile des Bundesverfassungsgerichts der private Rundfunk ermöglicht wurde. Sie weisen eine ähnliche Struktur auf; auch beziehen sich die Regulierungen auf gleiche inhaltliche Schwerpunkte. Allerdings kommen unterschiedliche Grundkonzepte zum Tragen, in denen sich auch politische Bewertungen ausdrücken. Eine von den übrigen Ländern abweichende rechtliche Konstruktion für die Zulassung privater Rundfunkanbieter hat Bayern gewählt. (Stuiber, 1998, 755, 783).[81]

Der Staatsvertrag greift die durch Rechtsschöpfung der Länder gegebene Rechtsentwicklung auf. Er bestätigt die Zuständigkeit der Länder für das Rundfunkwesen und legt fest, dass auch private Veranstalter für die Betreibung von Rundfunk einer Zulassung nach Landesrecht bedürfen. Diese kann verweigert werden, wenn sich das Programm des Veranstalters ganz oder in wesentlichen Teilen an die Bevölkerung eines anderen Staates als der Bundesrepublik Deutschland richtet. Zur Absicherung der Meinungsvielfalt müssen auch bei den Vollprogrammen der Privaten die „bedeutsamen politischen, weltanschaulichen und gesellschaftlichen Kräfte und Gruppen (...) angemessen zu Wort kommen" (§ 25) Außerdem sollen Fensterprogramme, mit denen unabhängigen Dritten vorwiegend im Bereich von Kultur und Information Sendezeit eingeräumt wird, in die bundesweit verbreiteten Fernsehvollprogramme aufgenommen werden. Zusätzlich gibt es Konzentrationsbestimmungen, die verhindern sollen, dass sich ein Unternehmen aufgrund seiner Marktposition durchsetzt. Um eine vorherrschende Meinungsmacht auszuschließen, darf ein Unternehmen mit den ihm zurechenbaren Programmen einen Zuschaueranteil von 30% nicht erreichen (§ 26 Abs. 3 RStV). Liegt die Vermutung vorherrschender Meinungsmacht vor, so wird die Kommission zur Ermittlung der Konzentration im Medienbereich

---

81 In Bayern ist die öffentlich-rechtliche Trägerschaft des Rundfunks durch die Verfassung vorgegeben. Daher sind die Privaten nicht Rundfunkveranstalter, sondern, als Programmanbieter, „Mitwirkende", während die „Bayerische Landeszentrale für neue Medien" der offizielle Träger ist, der sich bei den von ihm veranstalteten Programmen, so die rechtliche Konstruktion, der von privaten Medienunternehmen gelieferten Sendungen bedient.

(KEK) eingeschaltet, die auf der Grundlage des Dritten Rundfunkänderungsstaatsvertrages 1997 eingerichtet wurde. Diese ist sowohl Beschlussorgan wie
auch Vermittlungsinstanz. Die KEK beurteilt also, ob sich durch die Veranstaltung zurechenbarer Programme für ein Unternehmen vorherrschende Meinungsmacht ergibt. Sie hat aber auch die Aufgabe, mit dem Unternehmen zu
verhandeln und mögliche Maßnahmen abzusprechen. Noch strengere Regeln
gelten für den Bereich der Information. Hier genügt ein Zuschaueranteil von
10%, um eine Intervention der KEK zu rechtfertigen (§ 26 Abs.5 RStV). Zur
Sicherung der Vielfalt dient der Programmbeirat, der bei Überschreitung der
Schwellenwerte eingreift. Die Mitglieder des Programmbeirates, die die gesellschaftlichen Gruppen repräsentieren, werden von dem privaten Rundfunkveranstalter berufen (§ 32).

Die Bestimmungen für die Fernsehwerbung sind bei den Privaten großzügi-
ger als bei den öffentlich-rechtlichen Rundfunkveranstaltern. Eine Begrenzung
auf bestimmte Zeiten des Tages gibt es für Werbung und Teleshopping nicht.
Der Anteil der Werbung darf nicht mehr als 20% der täglichen Sendezeit betragen. Werbung soll in den Pausen zwischen den Sendungen oder zwischen Teilen
von Sendungen erfolgen. Innerhalb einer Sendung soll der Abstand zwischen den
Werbepausen bei mindestens 20 Minuten liegen.

11.7 Rechtliche Bestimmungen zu den Landesmedienanstalten

Die Rechtsstellung der 15 Landesmedienanstalten (Berlin und Brandenburg
haben eine gemeinsame Landesmedienanstalt) wird ebenfalls durch die Landesmediengesetze geregelt. Danach handelt es sich um „staatsfern organisierte
Anstalten des Öffentlichen Rechts mit dem Recht der Selbstverwaltung" (Schuler-Harms 2000, 154). Sie erfüllen also, wenn auch nicht in allen Landesmedien-
gesetzen im Einzelnen darauf hingewiesen wird, ihre Aufgaben in eigener Verantwortung.

In ihrem Aufbau verfügen die Landesmedienanstalten in den meisten Bundesländern über zwei Organe, nämlich ein Grundsatzgremium als ‚Entschei-
dungsträger' und ein Exekutivorgan. (Bumke 1995, 290ff.) Die Organisation des
Grundsatzgremiums folgt entweder dem Vorstandsmodell, wobei die Mitglieder
von den Landesparlamenten gewählt werden, oder dem Versammlungsmodell
mit einer ständisch-pluralistischen Zusammensetzung. Für die Mitglieder gilt –
ähnlich den Rundfunkräten – die Verpflichtung auf das Allgemeininteresse, also
die Weisungsfreiheit gegenüber den sie entsendenden Gruppen. Die meisten
Landesmediengesetze sehen vor, dass von den Sitzungen des Grundsatzgremiums die Öffentlichkeit ausgeschlossen ist. (Bumke 1995, 299) Damit soll erreicht

werden, dass Einigungen schneller zustande kommen, dass also nicht wie bei öffentlichen Sitzungen mit Rücksicht auf die eigene Klientel Positionen behauptet werden müssen. Sofern das Grundsatzgremium nach dem Versammlungsmodell gebildet wird, erfolgt in der Regel eine Unterstützung durch Fachausschüsse. Die Zuständigkeit dieses Organs bezieht sich unter anderem auf besonders weit reichende Sanktionsentscheidungen, auf Beschlüsse im Zusammenhang mit der Meinungsvielfalt und auf Auswahlentscheidungen, die bei begrenzter Übertragungskapazität zu treffen sind. (Bumke 1995, 307)

Das Exekutivorgan setzt die Entscheidungen des Grundsatzgremiums um. Darüber hinaus werden Verwaltungs- und Geschäftsführungsaufgaben wahrgenommen. Die Leitung hat ein hauptamtlicher Präsident oder Direktor bzw. der Vorstand. Die Organisation der Exekutive folgt den „Strukturmerkmalen der institutionellen Behördenorganisation" (Bumke 1995, 304). Da die Landesmedienanstalten als Organisation gesellschaftlicher Mitverwaltung über einen autonomen Status verfügen, sollte für ihre Mitarbeiter der Status des Beamten als weisungsgebundenem Staatsdiener ausgeschlossen sein, was in der Praxis jedoch keineswegs der Fall ist. Einige Landesmediengesetze sehen sogar den Beamtenstatus für Mitarbeiter der Landesmedienanstalten ausdrücklich vor.

Am 27. 11. 1993 wurde die „Arbeitsgemeinschaft der Landesmedienanstalten" (ALM) gegründet. Die Direktorenkonferenz ist das wichtigste Gremium der ALM. Sie befasst sich auf überregionaler Ebene mit Fragen des Jugendschutzes, der Vielfaltsicherung und der Kontrolle der Werbung, und zwar insbesondere auf dem Gebiet des Fernsehens. Weitere Organe der ALM sind die Gremienvorsitzendenkonferenz und die Gesamtkonferenz. Um schneller auf aktuelle Herausforderungen reagieren zu können, haben die Landesmedienanstalten eine Zulassungsgruppe gegründet, die die Zulassungsanträge von Fernsehveranstaltern gemeinsam und unabhängig vom Standort bewertet. Der Bericht der Prüfgruppe geht der Direktorenkonferenz der Landesmedienanstalten zwecks Beschlussfassung zu. (ALM 1996, 33ff.) Mit der am 1. 4. 2003 vollzogenen Änderung des Jugendschutzes im Fernsehen und anderen elektronischen Medien sind die Landesmedienanstalten auch an der Kommission für Jugendmedienschutz (KJM) beteiligt, die entsprechend dem Jugendmedienschutz-Staatsvertrag zur Schaffung einer einheitlichen Aufsichtsstruktur gegründet wurde. Die KJM ist gegenüber den Gremien der Landesmedienanstalten berichtspflichtig.

11.8   Zur Funktionsanalyse des dualen Systems

Die vom Bundesverfassungsgericht herausgearbeiteten Funktionen, die Integrations-, die Forums-, die Vorbild- und die Komplementärfunktion (vgl. Kap. 11.2) betreffen die Aufgaben des öffentlich-rechtlichen Rundfunks in einem dualen System. Sie ergeben sich also aus dem Vorhandensein systemisch verschiedener Rundfunkveranstalter, die eine Bestandsgarantie des Public-Service-Programms erforderlich macht. Zum Teil werden auch die Privaten in einen gemeinsamen Auftrag eingebunden. Das Verhältnis der Funktionen soll im Folgenden analysiert werden.

Funktionsanalysen haben insbesondere in den Sozialwissenschaften eine lange Tradition. Die ersten Ansätze zu einem sozialwissenschaftlichen Funktionalismus wurden von den britischen Kulturanthropologen A. R. Radcliffe-Brown (1935) und B. Malinowski (1936) entwickelt. Durch den Nachweis von wechselseitigen Abhängigkeiten in menschlichen Gesellschaften sollten einzelne Verhaltensweisen und der Aufbau sozialer Systeme erklärt werden. Dieser Gedanke liegt bekanntlich auch der strukturell-funktionalen Theorie von Talcott Parsons (1951) zugrunde, die über längere Zeit im deutschen Sprachraum nur in stark vereinfachenden und missverständlichen Resümees zur Kenntnis genommen wurde, ja „zum Klischee verkommen" war (Geißler 1979, 267; zitiert nach Tillmann 2003, 116). In der Fortentwicklung des Parsons'schen Ansatzes geht Richard Münch (1982) von der Differenzierung funktional spezifischer Teilsysteme aus, die sich wiederum gegenseitig durchdringen müssen, um miteinander kompatibel zu sein. Weitere Ansätze zur Aktualisierung der Systemtheorie und des Funktionalismus stellen die Arbeiten von Alexander und Colomy (Alexander 1992; Alexander/Colomy 1997) sowie von Donati (Donati 1992; vgl. Haller 1999) dar. Auch die Gesellschaftstheorie Luhmanns ist ‚funktionalistisch'; allerdings basiert der Luhmann'sche Funktionsbegriff auf der Konstitution von Sinn und nicht auf den sozialen Wirkungen komplexer Struktureinheiten. Seit den 80er Jahren unterscheidet Luhmann zwischen ‚Leistungen', die auf die Beziehungen zwischen Teilsystemen abzielen, und ‚Funktionen', die das Verhältnis von Teilsystem und Gesellschaft betreffen. (vgl. z. B. Luhmann 1988, 63ff.) Die Luhmannsche Systemtheorie ignoriert weitgehend die Ebene der Akteure, was ihren Erklärungswert für die Analyse von Medienorganisationen begrenzt. (Siegert 2001, 169; Wehmeier 2001, 307ff.) In der Kommunikationswissenschaft werden Funktionsanalysen der Massenkommunikation schon seit den 40er Jahren vorgenommen. (Rubin 1986, 282ff.) Direkte Beziehungen zum Strukturfunktionalismus ergeben sich mit Arbeiten von Merton, dem wohl prominentesten Parsons-Schüler, der sich – zum Beispiel in der Zusammenarbeit mit

Lazarsfeld – auch in der Kommunikationsforschung einen Namen gemacht hat. (Lazarsfeld/Merton 1948)

Die Aufgaben, die mit den Urteilen des Bundesverfassungsgerichts zwar ü-berwiegend dem öffentlich-rechtlichen Rundfunk, aber – wenigstens in einigen Aspekten – auch dem dualen System insgesamt zugeschrieben werden, sind nicht allein unter rechtlichen, sondern auch unter soziokulturellen und sozialstrukturellen Aspekten von Bedeutung. Fragen ergeben sich zu ihrer Realisierung, das heißt zu ihrem gegenseitigen Verhältnis, zu den Möglichkeiten ihrer Institutionalisierung unter konkreten sozialen Gegebenheiten und zu ihren allgemeinen gesellschaftlichen Vorbedingungen und Folgen.

Die Integrationsfunktion: Mit den Urteilen vom 6. 10. 1992 und vom 22.2.1994 expliziert das Bundesverfassungsgericht, dass der Rundfunk, insbesondere das Fernsehen, einen Beitrag zum Zusammenhalt der Gesellschaft durch Sicherstellung einer gemeinsamen Informationsbasis, eine Vermittlung gemeinsamer kultureller Inhalte und eine Förderung der gesellschaftlichen Partizipation zu leisten hat. Auch in anderen Staaten gibt es ähnliche Auflagen für das öffentliche Fernsehen. Im Rahmen einer international vergleichenden Studie kommen Mattern und Künstner (1998, 30) zu dem Ergebnis, dass das öffentliche Fernsehen in Frankreich, Großbritannien, Australien, Neuseeland und der Bundesrepublik Deutschland damit beauftragt ist, eine gemeinsame Informationsbasis zu schaffen und die kulturelle Identität zu stärken. Die Einforderung dieser Aufgabe ist für die Karlsruher Richter im Kontext mit der Deregulierung des Rundfunks notwendig geworden. Als der ‚Gemeinschaftsrundfunk' der öffentlich-rechtlichen Rundfunkveranstalter in der Bundesrepublik noch eine Monopolstellung innehatten, nahm das Fernsehen die Aufgabe einer auf das künstlerische und literarische ‚Erbe' abzielenden ‚Kulturpflege' wahr. Fernsehen war eine kulturelle Veranstaltung im Rahmen allgemeiner, geschichtlich geprägter Orientierungskategorien und Sinnbezüge. Die „Hinwendung zu einem Verständnis des ‚Rundfunks als Ware und Dienstleistung'" (Groebel et al. 1995, 21), wie sie mit der Einführung des dualen Systems vollzogen wurde, führte bezüglich der Integrationsfunktion zu neuen Herausforderungen, da von nun an das Angebot durch die Konsumenten bestimmt wird. Das heißt, dass die Durchsetzung eines Kanons an Werten und Kulturgütern, die sich mit den Interessen der Nachfrager nicht deckt, auch den Gesetzen des Marktes widerspricht. Während in der Zeit des Monopols öffentlich-rechtlicher Rundfunkanstalten die Zuschauer vor die Wahl zwischen ‚kulturell wertvollen' Sendungen und Fernsehverzicht gestellt werden konnten, sind heute nennenswerte Zuschauerquoten nur noch durch Attraktivität der Programme zu realisieren. Gleichzeitig gilt das traditionelle Verständnis von Kultur als problematisch; auch der „operationalisierbar-verpflichtende Gehalt" einer Forderung nach kultureller Vielfalt wird in Frage gestellt (Rossen-Stadtfeld 2002, 491f.).

Hinzu kommt, dass inzwischen durch die Europäische Gemeinschaft/Union neue Verhältnisse geschaffen wurden. In dem Bestreben, die „bestehenden Rechtsvorschriften zu harmonisieren und die Entwicklung eines europäischen Rundfunkmarktes zu fördern" (Roider 2001, 21), wurden ordnungspolitische Akzentsetzungen vorgenommen. Eine der wichtigsten medienpolitischen Aktivitäten ist die 1989 erlassenen Fernsehrichtlinie der Europäischen Kommission.[82] Darin wird das Fernsehen als wirtschaftliches Gut interpretiert, was bereits vorhandene Deregulierungstendenzen weiter fördert. (Wiek 1996, 90) Nichtsdestoweniger hat es in der Vergangenheit zwischen dem „Regelungsinteresse der EG" und „nationalem Regelungsanspruch" Spannungen gegeben, da die Mitgliedstaaten den Rundfunk „als Institution zur Gewährleistung (...) der gesellschaftlichen Integration sowie des politischen und sozialen Friedens" gesichert wissen wollten, während die Europäische Kommission die wirtschaftliche Bedeutung des Rundfunks in den Vordergrund stellte. (Roider 2001, 21f.) Auch der Europäische Gerichtshof konzentrierte sich zunächst auf die Sicherstellung grenzüberschreitender medialer Dienstleistungen und berücksichtigt erst seit den 90er Jahren in größerem Umfang den Aspekt der Medienvielfalt und die „kulturpolitischen Belange der Mitgliedsstaaten" sowie deren Recht, „eine nichtkommerzielle, pluralistische Medienordnung durch nationale Maßnahmen aufrechtzuerhalten" (Schwarze 2000, 91; dazu auch Dörr 1996).

Gerade für das kommerzialisierte Fernsehen der USA kommt Wilensky (1973) jedoch zu dem Ergebnis, dass es eine homogenisierende Wirkung habe, und zwar nicht nur deswegen, weil sich durch das Medium das Freizeitverhalten angleiche, sondern auch, weil sich die Inhalte an ein möglichst breites Publikum richteten. Krotz (2001, 204) fügt – diesen Gedanken aufgreifend – hinzu, dass auch die TV-Werbung mit den durch sie ausgelösten Vorstellungen sowie dem „immerwährenden Verweis auf ökonomische Prozesse" zu einer Annäherung sozialer und kultureller Gegensätze beitrage. Eine derartige Homogenisierung ist – so Krotz – die Voraussetzung für Integration. Wenn es zu einer Angleichung der Menschen käme, weil diese sich in ihren Orientierungen auf das Medium Fernsehen bezögen, dann könne es auch Kommunikation im sozialen Nahraum geben, die ihrerseits gemeinsame Verhaltensmustern und Normen generiere. Krotz versäumt es nicht, auf die Kehrseite von Integrationsprozessen hinzuweisen, nämlich dass Marginalisierungen stattfinden. Diejenigen, deren Eigenschaften nicht auf einen gemeinsamen Nenner zu bringen sind, werden ausgegrenzt.

---

82 „Richtlinie des Rates zur Koordinierung bestimmter Rechts- und Verwaltungsvorschriften der Mitgliedstaaten über die Ausübung von Fernsehtätigkeit" vom 3. 10. 1989 (RL 89/552/EWG); inzwischen liegt die novellierte Fassung (RL 97/36/EG) vom 30. 7. 1997 vor.

Traditionell, so Krotz, gehörten Integration und Ausschließung zu ein und demselben Prozess. Möglicherweise komme es aber, und zwar im Kontext der modernen Medienentwicklung, zu neuen Formen der Integration, die nicht auf „monolithische Homogenität" hinausliefen, sondern Vielfalt akzeptiere und praktisch in der Austauschfähigkeit bei unterschiedlichen sozialen und kulturellen Bezügen bestehe (Krotz 2001, 203).

Ob mit Hilfe von Hörfunk und Fernsehen Integration tatsächlich stattfindet, ist – wie Jarren (2000) überzeugend darlegt – mit empirischen Mitteln, jedenfalls als „Totalphänomen", kaum zu überprüfen, da die Vielzahl von Perspektiven und Ordnungsvorstellungen eine solche Aufrechnung nicht zulässt. Bezieht man die Analyse jedoch auf einzelne Entwicklungslinien, so sind Zweifel hinsichtlich der Integrationspotenziale der Medien angebracht. Integration – so Jarren – setzt eine Verankerung der Medien im Gefüge der gesellschaftlich relevanten Gruppen voraus. Demgegenüber seien mit der deregulierten Rundfunkordnung die Beziehungen zu den intermediären Organisationen gelockert worden, während sich das Publikum nunmehr nach ökonomischen Kriterien definiere. (Jarren 2000, 34) Für Schönhagen (2000, 554ff.) kommt es darauf an, ob die intermediären Institutionen bzw. deren Sprecher die Gelegenheit haben, sich in den Prozess der öffentlichen Meinungsbildung einzubringen, also mitzuwirken an der gesellschaftlichen Konstruktion von Wirklichkeit. Integration durch Massenmedien sei dann gegeben, wenn die Rezipienten sich in den Kommunikaten wiederfinden könnten. Indem die Medienorganisationen die von gesellschaftlichen Teilsystemen kommenden Kommunikationsbeiträge aufgreifen und weiterleiten sowie dafür sorgen, dass sich die gesellschaftlichen Gruppen als Rezipienten in den medial weitergeleiteten und kommentierten Mitteilungen und Stellungnahmen ihrer Vertreter repräsentiert sehen, nehmen sie – so Schönhagen – eine Integrationsfunktion wahr.

Da technische und wirtschaftliche Gegebenheiten im Zusammenhang mit dem „Dispositiv Fernsehen" (Hickethier) zu sozialen Veränderungen führen, deren Bedeutung in Hinblick auf die Integration moderner Gesellschaften nur vage abgeschätzt werden kann, sind auch die Wirkungen normativer Vorgaben weitgehend ungewiss. Trotzdem müssen sie nicht nutzlos sein, sondern können, wenn sie nicht als inhaltliche Vorschriften verstanden werden, die publizistischen Entscheidungsprogramme beeinflussen. Jarren (2000, 36) macht darauf aufmerksam, dass es auch eine „Selbstintegration" geben könne, und zwar indem sich die am Mediengeschehen Beteiligten gegenseitig beobachteten und eine Selektion von Strukturen und Themen vornähmen. Diese Tendenz werde durch die „Medienhierarchie" in der dualen Rundfunkordnung, also unter Beteiligung der Privaten, begünstigt. Eine Tendenz zur Selbstreferenzialität der Medien und zur Themenfokussierung stellt auch Rössler (2000) am Beispiel des zweiten

Golfkrieges fest. Gourd (2002, 248ff.) fügt weitere empirische Befunde hinzu, die geeignet sind, die These von der Auflösung öffentlicher Diskurse zu hinterfragen. Auch wenn sich – so Gourd – das Integrationspotenzial des Fernsehens erheblich verändert habe, indem die privaten Anbieter weniger an der klassischen Vermittlerrolle zwischen Staat und Gesellschaft orientiert seien und anstelle einer allgemeinen Relevanz von Themen ihre eigenen Selektionsmuster zum Zuge kommen ließen, ergäbe sich mit der „Verspartung" keine unendlich fortschreitende Individualisierung des Nutzerverhaltens. Dass mit der Vermehrung des Angebots ein gemeinsamer thematischer Nenner nicht mehr gefunden werde, dass es also im Vielkanal-Zeitalter keinen „Resonanzboden" für eine öffentliche Auseinandersetzung gebe, müsse nicht befürchtet werden. Vielmehr deuteten die Analysen von Verhaltensprofilen darauf hin, dass die ausschließliche „Nutzung einzelner Genres und Sparten" unwahrscheinlich sei (Gourd 2002, 265) und bei vielen Programmen eine inhaltliche Diversifizierung (Gourd 2002, 271) kaum vorliege.

Die Forumsfunktion: Unter der Forumsfunktion, deren Wahrnehmung das Bundesverfassungsgericht dem öffentlich-rechtlichen Rundfunk vorschreibt, ist im Einzelnen die „Sicherstellung politischer Ausgewogenheit und Meinungsvielfalt", die „Schaffung einer Plattform für offenen Meinungsaustausch", die „Berücksichtigung von Minderheiteninteressen" und die „Darstellung internationaler Vorgänge" zu verstehen. (Mattern/Künstner 1998, 186) Mit der Forumsfunktion stellt sich das Problem, welchen Beitrag Fernsehen und Hörfunk bei der Konstitution von politischer Öffentlichkeit leisten können. Habermas beantwortet diese Frage – auf einer allgemeinen gesellschaftstheoretischen Ebene – mit dem Hinweis auf Anforderungen, die von den am Kommunikationsprozess Beteiligten erfüllt werden müssen. (Habermas 1971, 1998) Von den Journalisten wird verlangt, dass sie – unabhängig von Machtinteressen und damit verbundenen Strategien – auch zivilgesellschaftlichen Akteuren eine Stimme geben und dass sie von einem aufgeklärten Publikum ausgehen, „dessen Lernbereitschaft und Kritikfähigkeit sie zugleich voraussetzen, beanspruchen und bestärken." (Habermas 1998, 457). Für die Akteure des politischen Geschehens gilt nach Habermas, dass sie – dem Konzept deliberativer Politik folgend – sich unter Absehung partikularer Interessen und vorgefasster Meinungen auf Argumente einlassen. Habermas setzt auf ein Verfahren, das niemanden ausschließt und das so geführt wird, dass die Beteiligten ‚unvernünftige' Standpunkte zugunsten verallgemeinerungsfähiger Problemlösungen aufgeben. Das positive Recht soll auf diese Weise durch Implementierung des Diskursprinzips ergänzt werden. (vgl. Scheyli 2000, 37ff.) Unter dem Vorzeichen der TV-Kommunikation heißt das, dass ein so geartetes Fernsehen, das die Vielfalt der Meinungen zum Ausdruck bringt und auch Minderheitsmeinungen zum Zuge kommen lässt, einen

Beitrag zur Rationalisierung politischer Entscheidungen erbringt. Es handelt sich also bei der von Habermas postulierten Meinungsvielfalt keineswegs um einen Selbstzweck; die Forderung zielt nicht darauf ab, dass sich jeder mit seinen Gruppenzugehörigkeiten und kollektiven Interessen und Orientierungen im Fernsehen repräsentiert findet. Dass wichtige Gruppen und Kräfte sich artikulieren können, dass also jeder ‚zu seinem Recht kommt', ist eine Vorstufe zur Meinungsbildung. Argumente sollen, so Habermas, nicht nur zusammengetragen werden, sondern in neuen Problemlösungen aufgehen, wobei Öffentlichkeit sicherstellt, dass wichtige Aspekte nicht übersehen werden. Der anschließende Prozess der Klärung soll bewirken, dass mehr Rationalität zum Zuge kommt, dass also für anstehende Fragen Antworten gefunden werden, mit denen alle gut leben können.

Für das Fernsehen im dualen Rundfunksystem bedeutet der diskurstheoretische Standpunkt, dass nicht durch Kommerzialisierung und ‚Selbstkommerzialisierung' der Beitrag zur medialen Konstituierung von Öffentlichkeit und zur Rationalisierung vertan werden darf. In den Debatten, die in Großbritannien zur Entwicklung des Rundfunksystems geführt wurden, entwickelte sich Habermas' Konzept zur theoretischen Plattform für die Verteidiger des *public service broadcasting*, dem sie mit diskurstheoretischen Argumenten eine zentrale Bedeutung für eine funktionsfähige *‚public sphere'* nachzuweisen versuchten. (Dahlgren 1995, 13) Zweifellos lassen die bei Habermas im „Strukturwandel der Öffentlichkeit" beschriebenen Prozesse einer „Refeudalisierung der Öffentlichkeit" (Habermas 1971, 233) Analogien zur Deregulierung im Rundfunkwesen deutlich werden. Allerdings ist auch die Gefahr zu sehen, dass es bei den öffentlichen Rundfunkanstalten zu einer Bildung von Machtkartellen kommen kann und dass Parteiinteressen möglicherweise eine offene, an der Vernunft der Argumente orientierte Diskussion und Entscheidungsfindung verhindern, dass also gerade dort, wo die Forumsfunktion schon im System eingebaut sein sollte, eine argumentativ nicht überbrückbare Verhärtung der Konfliktfronten eintritt. Die Mitglieder von Rundfunkräten – so stellt Meyn resignierend fest – verfehlen häufig ihre Aufgabe, „ernstzunehmende Gesprächspartner der Programm-Macher" zu sein und betätigen sich „nicht selten" als „verlängerte Arme von Partei- und Verbandszentralen" (Meyn 1999, 184f.).

Diesen Strukturen steht Habermas' Forderung gegenüber, dass sich die ‚Peripherie' in den Prozess der Meinungsbildung einbringen kann. Das heißt auch, wie Jarren fordert, dass gesellschaftliche Akteure ihre Selbstverständigungsdiskurse nicht außerhalb der Medien führen müssen. (Jarren 2000, 39) Eine derartige Einbeziehung von gesellschaftlicher Wirklichkeit könnte dazu beitragen, dass gleich zwei Klüfte überbrückt werden, nämlich die zwischen symbolischer und realer Politik und die zwischen Peripherie und Zentrum. Dass diese Forderungen einzulösen sind, ist bei aller Hoffnung auf das professionelle Selbstverständnis und die Berufsethik von Journalisten angesichts der Zwänge zur spektakulär-unterhaltsamen Präsentation von Politik nicht selbstverständlich. Aus gutem Grund haben die Karlsruher Richter die Forumsfunktion dem gebührenfinanzierten und vom Markt unabhängigeren öffentlich-rechtlichen Rundfunk anvertraut. Aufgrund empirischer Analysen kommen Krüger und Zapf-Schramm zu dem Ergebnis, dass tatsächlich der „demokratische Diskurs" – allen Verhärtungen der Interessenstandpunkte zum Trotz – im Fernsehprogramm der ARD und des ZDF mehr Berücksichtigung findet als im kommerziellen Fernsehen. (Krüger/Zapf-Schramm 2001) Vieles spricht dafür, dass durch Sozialisation des Publikums und durch die Entwicklung neuer Formate die Forumsfunktion auch für die privaten TV-Veranstalter attraktiv gemacht werden könnte.

Die Vorbildfunktion: Die Vorbildfunktion meint das „Setzen journalistischer Qualitätsstandards" und „Die Sicherstellung eines Höchstmaßes an Professionalität". Außerdem geht es um eine innovative Programmgestaltung. (Mattern/Künstner 1998, 186) Die Vorbildfunktion gehört zum Image, mehr aber noch zum Selbstbild der öffentlich-rechtlichen Rundfunkanstalten. Allerdings handelt es sich dabei zunächst nur um eine Forderung und nicht um gesicherte Realität. Nur allzu leicht wird aus dem Auftrag, ‚Qualitätsfernsehen' zu liefern, eine Legitimationsstrategie, die das vorwegnimmt, was als Ziel vorgegeben ist. Dementsprechend wird in Selbstdarstellungen dieser ‚Niveauunterschied' in Anspruch genommen, zum Beispiel wenn sich das ZDF in der folgenden Weise von den Privaten abgrenzt:

> „Kommerzielles, werbefinanziertes Fernsehen ist vor allem dann erfolgreich, wenn es auf unterhaltungsorientierte, massenattraktive Mehrheitsprogramme setzt. Gewinnmaximierung – möglichst hohe Werbeeinnahmen – und Mehrheitsinteressen der Zuschauer bilden in der Regel die Richtgrößen des Erfolgs." (ZDF 1998, 15)

Die Vorbildfunktion bezieht sich, wenn sie von der Komplementärfunktion sinnvoll abgegrenzt werden soll, nicht nur auf Inhalte, sondern auch auf Gestaltung. Bei gleichen Programmformaten ist es Aufgabe der öffentlichen Rundfunkanstalten, sich durch ‚bessere' Sendungen von der privaten Konkurrenz abzusetzen. Das Bundesverfassungsgericht geht davon aus, dass zumindest einige Programme, die höheren Ansprüchen genügen, von den Privaten nicht realisiert werden können. Die Gebühreneinnahmen kommen den Rundfunkanstalten zugute, weil sie eine Aufgabe zu erfüllen haben, die nicht profitabel genug ist, um ohne finanzielle Unterstützung konkurrenzfähig zu sein. Insofern geht es also um die Problematisierung des Marktes und des Ideals der Konsumentensouveränität als Steuerungsinstrumente für das Fernsehen (dazu auch Sunshine 2001, 678ff.). Entsprechend stellt die Weizsäcker-Kommission in ihrem „Bericht zur Lage des Fernsehens" fest:

„Die in allen Rundfunkgesetzen aufgeführten Programmgrundsätze geraten mit der Eigengesetzlichkeit des durch Werbung finanzierten Fernsehens in Konflikt, das auf möglichst große Reichweiten zielt. Es entsteht der Eindruck, dass Kategorien der Qualität durch solche der Quantität verdrängt werden. Die (ohnehin nur schwer zu objektivierenden) Maßstäbe für das, was ‚Qualität' im Fernsehen ist, drohen durch die Kategorie der Einschaltquote und damit durch einen einfachen Quantitätsbegriff abgelöst zu werden. Es bleibt die Frage, ob und wieweit sich die Quoten-Kategorie durch Qualitätsmaßstäbe zähmen lässt." (Groebel et al. 1995, 23)

Das Bundesverfassungsgericht hat offensichtlich einen mit Einführung des dualen Systems einhergehenden ‚Niveauverlust' im Auge gehabt, als es dem öffentlich-rechtlichen Fernsehen eine Vorbildfunktion zuschrieb. Ob diese These zutrifft oder nicht, ist nicht empirisch zu beurteilen; vielmehr hängt die Antwort auf diese Frage von Geschmacksurteilen ab. Allerdings kann Veränderungen in der Gestaltung und in den Inhalten von Programmen mit dem Zufluss von Gebühren allein nicht entgegen gewirkt werden. Denn die Rundfunkanstalten brauchen – gewissermaßen aus politischen Gründen – nicht nur genügend Einkünfte, sondern auch genügend Publikum. Qualität darf also eine weit verbreitete Akzeptanz nicht ausschließen. Die Privaten ihrerseits werden nur dann bereit sein, eine eventuell bestehende Niveaudifferenz abzubauen, also die Vorbildfunktion der öffentlich-rechtlichen Anstalten zur Wirkung kommen zu lassen, wenn von Seiten des Publikums dieser Unterschied erkannt und ein entsprechender Nachfragedruck ausgelöst wird.

Sofern mit dem Auftrag des Bundesverfassungsgerichts nicht andere – komplementäre – Programme gemeint sind, was ja auch die Hervorhebung einer Vorbildfunktion nicht rechtfertigen würde, dann geht es für ARD und ZDF darum, Qualität und Quantität zu vereinbaren, ja Quantität durch Qualität zu erreichen. Diese Forderung mag angesichts der Fernsehwirklichkeit utopisch erscheinen. Sie ist es aber nicht, wenn man beispielsweise an den Erfolg von Nachrichtensendungen der öffentlich-rechtlichen Programmanbieter denkt. Es ist nicht auszuschließen, dass größere Publikumssegmente nur vorübergehend auf eine affektbezogene und oberflächliche Gestaltung positiv reagieren, längerfristig jedoch einer differenzierteren und niveauvolleren Darstellung den Vorzug geben.

Nachahmung von Fernsehprogrammen hat es faktisch auch und gerade in der Weise gegeben, dass die öffentlich-rechtlichen Veranstalter die Formate der Privaten mit Variationen übernommen haben. Da auch das gebührenfinanzierte Fernsehen von Werbeeinnahmen abhängig ist, um seinen Finanzbedarf abdecken zu können, muss auch das Programmumfeld so gestaltet sein, dass es sowohl in der Quantität wie auch in der Zusammensetzung für die Wirtschaft attraktiv ist. Damit gelten Verhaltensmuster, die sich aus allgemeinen ökonomischen Überlegungen ergeben, für den Fernsehmarkt gleichermaßen:

„Kann ein Anbieter erfolgreich mit einer Sendung ein großes Publikum ansprechen, werden seine Konkurrenten versuchen, diese Zuschauer abzuwerben – mit einer Sendung, die nahezu identisch ist. Der auftretende Duplikationseffekt oder ‚market-share-effect' führt zu einem Prinzip der ‚Imitation statt Innovation' (...) Letztendlich besteht für einen Anbieter nur wenig Anreiz, neue Programmformate zu erforschen. Resultat für den Zuschauer ist nicht eine Vielfalt der Programme, sondern ein ‚Mehr desgleichen'". (Schröder 1997, 74)

Die Ausführungen Schröders gelten nicht nur für das Verhalten der Privaten, sondern auch für die Öffentlich-rechtlichen. Die Vorbildfunktion verlangt aber, dass die gebührenfinanzierten Programmanbieter nicht das ökonomisch Naheliegende tun, sondern sich vielmehr von der Dynamik der Marktprozesse lösen. Damit aber ergibt sich die Frage, ob nicht möglicherweise auch die Privaten eine Vorbildfunktion wahrnehmen. Wenn man davon ausgeht, dass Qualität – nicht zuletzt im Unterhaltungsbereich – in innovativen, unprätentiösen Präsentationsformen zum Ausdruck kommen kann, dann haben die flexibleren kommerziellen Unternehmen zuweilen einen Vorsprung. Selbstverständlich sind Qualitätsmaßstäbe gerade in Bezug auf Unterhaltung noch problematischer als in Hinblick auf Nachrichten und Information. Mit Sicherheit kommt es aber in diesem Programmsegment darauf an, neue Stilmittel zu finden. Die „Public-Service-Rhetorik" (Starcks 1994, 214) darf also nicht das Ausruhen auf dem Bewährten bedeuten. Sofern journalistische Grundsätze auf Unterhaltung nicht anwendbar sind, so gilt es, ästhetische Maßstäbe zu entwickeln, die stärker Originalität und Spannung berücksichtigen.

Die Komplementärfunktion: Die Komplementärfunktion schließlich betrifft Formate und Inhalte, die von den Privaten vernachlässigt werden. Gemeint ist in erster Linie die Programmvielfalt. Dazu gehören auch solche Angebote, denen unter ästhetischem Aspekt ein besonderer Wert zukommt. Dies kann zum Beispiel für künstlerische Darbietungen gelten, die für das kulturelle Leben von großem Gewicht sind, die aber nur dann Resonanz haben, wenn das Fernsehen sie zur Kenntnis nimmt. Diese Art der Kulturpflege war bislang nur im Zusammenhang mit der Integrationsfunktion angesprochen worden. Als Mittel zur Verbreitung bzw. Erhaltung eines Parsonianischen *common value systems* (Parsons 1951), das geeignet wäre, eine Segmentierung der Gesellschaft zu verhindern, ist das Hochkulturschema (Schulze 1992, 142) allerdings wenig geeignet. Nichtsdestoweniger würde es eine Verarmung bedeuten, wenn ästhetisch hochdifferenzierte Formen der Musik, der Literatur und der bildenden Kunst in einem so populären Medium wie dem Fernsehen keinen Platz hätten. Dazu gehören auch Gattungen, die im Fernsehen ihr spezifisches Ausdrucksmittel gefunden haben und die – wie das Fernsehspiel – nur durch dieses Medium erhalten und weiter entwickelt werden können. Da die Wahrung des Niveaus künstlerischer Darbietungen vom Reflexionswissen des Publikums abhängt, können derartige kulturelle Formen nur überleben, wenn nicht nur das künstlerische Ereignis als solches, sondern auch Informationen über Hintergründe vermittelt werden und Interpretationen sowie Bewertungen öffentlich stattfinden.

Ebenso fallen politische Sendungen, die eine detaillierte Information zum Ziel haben, dabei aber einen elaborierten Kenntnisstand voraussetzen, unter die Kategorie von Programmen, die unter rein kommerziellen Gesichtspunkten zu kurz kommen müssen. Die Komplementärfunktion stellt also einen Bestandsschutz dar, und zwar für ein vielfältiges Programm, das unterschiedliche Traditionen der Kunst und der Unterhaltung repräsentiert. Davon weisen einige Teile eine besondere Qualität auf. Geht es um die Frage, welche von den wenig profitablen Gattungen, Genres und Formaten gepflegt werden sollen, dann kommen selbstverständlich auch Qualitätsmaßstäbe zum Zuge. Nichtsdestoweniger geht es nicht nur um das Niveau, sondern auch um die Breite des Angebots.

In anderen gesellschaftlichen Bereichen, in denen eine Deregulierung stattgefunden hat, in der Krankenversorgung, in der Altenpflege, im Bereich der inneren Sicherheit und im Postwesen zum Beispiel, konzentrieren sich die privaten Anbieter auf die Sparten, die ökonomisch besonders vielversprechend sind. Die staatlichen oder intermediären Organisationen erbringen auf derartigen ‚Teilmärkten' zum Teil solche Funktionen, die gar nicht vermarktet werden können. Dass es zu diesen Leistungen auch unter Marktbedingungen kommt, ergibt sich aus normativen und weltanschaulichen Traditionen, aus dem angestammten Klientel, den Einstellungen der Mitarbeiter oder aus mehr oder weniger expliziten politischen Auflagen. Sie sind deswegen aber keineswegs gesichert. Durch die Konkurrenz mit privaten Unternehmen verliert das Engagement in den nicht kommerzialisierbaren Segmenten an Attraktivität, während die Aktivitäten, die einen Marktwert haben, auch für die staatlichen und intermediären Einrichtungen an Bedeutung gewinnen. Der am Markt erfolgreiche Dienst wird offenbar gebraucht, andere Leistungen dagegen, die der Staat und die intermediären Organisationen anbieten, scheinen nicht den gleichen gesellschaftlichen Stellenwert zu besitzen. Nach Beobachtungen von Dahme und Wohlfahrt verwandeln sich zum Beispiel die sozialen Dienste zunehmend zu Sozialunternehmen, die ihre sonstigen Aufgaben in den Hintergrund drängen oder bewusst abzustreifen versuchen. (Dahme/Wohlfahrt 2000, 317; Bauer 2001, 89)

Anders soll es sich nach höchstrichterlicher Auffassung im Bereich des Fernsehens verhalten. Die öffentlich-rechtlichen Rundfunkanstalten werden ausdrücklich vom Bundesverfassungsgericht verpflichtet, auch solche Leistungen zu erbringen, die auf dem Markt weniger gefragt sind, und zwar um eine Aushöhlung des Public-Service-Sektors, wie man sie in anderen ‚dualen Systemen' beobachten kann, zu verhindern. Es geht also um den „Selbstschutz der Anstalten vor der Gefahr der Zweckverfehlung durch Nachahmung privater Programmformate" (Ladeur 2000, 94). Das bedeutet, dass nach Einschätzung der Karlsruher Richter diesen Programmen eine besondere Bedeutung für die kulturelle und künstlerische Vielfalt zukommt. Inhaltlich dürfte es sich dabei neben den Sendungen, die auf das „Hochkulturschema" ausgerichtet sind, um Angebote handeln, die der Integrations- und Forumsfunktion zuzuordnen sind. Die Komplementärfunktion beschreibt also sowohl Programminhalte als auch das Verhältnis der öffentlich-rechtlichen Rundfunkanstalten zu privaten Unternehmen.

Die ergänzenden Angebote betreffen nur einen Teil des Programms der öffentlich-rechtlichen Rundfunkanstalten, denen vom Bundesverfassungsgericht somit keineswegs die Rolle marginaler ‚Kulturkanäle' zugedacht wird. Die Komplementärfunktion rechtfertigt nicht, dem öffentlich-rechtlichen Rundfunk „massenattraktive Unterhaltung vorzuenthalten" (Hoffman-Riem 2000, 15). Vielmehr gibt es andere Programmbereiche, die – wie etwa die Übertragung von Sportereignissen – nicht komplementär sind und die – wegen der Gleichheit im Anspruch und in den Themen – als kongruent mit entsprechenden Programmen der Privaten bezeichnet werden können. Aber auch für derartige Programme bedarf es, wie Hoffmann-Riem feststellt, der „Sicherung einer meritorischen Qualität der Programmangebote" (2000, 15).

Wie sich beide Segmente zueinander verhalten, ist eine durchaus offene Frage. Was ist, wenn sich immer weniger Zuschauer durch Komplementärangebote ansprechen lassen? Kann durch wenig attraktive Sendungen das Image der Rundfunkanstalten auch leiden? Möglicherweise werden die Einschaltquoten bei Formaten, die dem kongruenten Bereich zuzuordnen sind, durch eine Vielzahl von unpopulären Sendungen im Komplementärbereich beeinträchtigt. Der Funktionsauftrag geht davon aus, dass für solche Sendungen, die nur eine Minderheit ansprechen, für die aber ein öffentliches Interesse besteht, eine Zusatzfinanzierung durch Fernsehgebühren zu erfolgen habe. Dabei werden aber nicht die Zuschauerentwicklungen, die möglicherweise den ‚kongruenten' Bereich betreffen, berücksichtigt. Um eine Komplementärfunktion ausüben zu können, müsste das öffentlich-rechtliche Fernsehen von den Bedingungen des Marktes unabhängig sein und von Rentabilitäts- und Kostenerwägungen ganz ausgenommen werden.

Die tatsächliche Teilfinanzierung des Programms durch Werbung setzt die ARD und das ZDF den gleichen Erfolgskriterien aus wie die Privaten, wobei die komplementären Programmanteile nicht unbedingt mit Wettbewerbsvorteilen für die Akzeptanz des Gesamtprogramms verbunden sind. Wenn sich langfristig herausstellen sollte, dass ‚Massenattraktivität' mit anspruchsvollen Programmen nicht erreicht werden kann (Mattern/Künstner 1998, 34), dann stellt möglicherweise die Komplementärfunktion (wie auch die Vorbildfunktion) wegen mangelnder Reichweite auch die Integrationsfunktion in Frage. *Upgrading* und *downgrading* müssen allerdings keinen Gegensatz darstellen: Die Trivialkultur übt Druck auf die Hochkultur aus, populärer zu werden; aber auch umgekehrt bleibt die Trivialkultur durch die Hochkultur nicht unbeeinflusst. Das Komplementärangebot setzt Maßstäbe, von denen sich die Trivialkultur nicht allzu sehr abkoppeln darf, um nicht den Anschluss zu verlieren und in der Einschätzung durch die öffentliche Meinung ins Abseits zu geraten.[83]

11.9 Der Aufbau des öffentlich-rechtlichen Rundfunks und des privaten Fernsehens

Die öffentlich-rechtlichen Rundfunkanstalten sind Produktionsbetriebe, die Programme selbst produzieren und deren Produktion in Auftrag geben; sie sind darüber hinaus Dienstleistungsunternehmen, die im Vollzug eines gesetzlichen Auftrages Programme verantworten, ausgestalten und redaktionell betreuen. (Sieben/Schulze/Wachter 1992, 1318) Der formale Organisationsaufbau einer Landesrundfunkanstalt lässt sich folgendermaßen darstellen:

---

83 Wertvolle Hinweise bei der Erarbeitung dieses Kapitels habe ich Wolfgang Schulz zu verdanken.

Abb. 4:   Stab-Linien-Struktur der Leitungsspitze von Rundfunkanstalten[84]

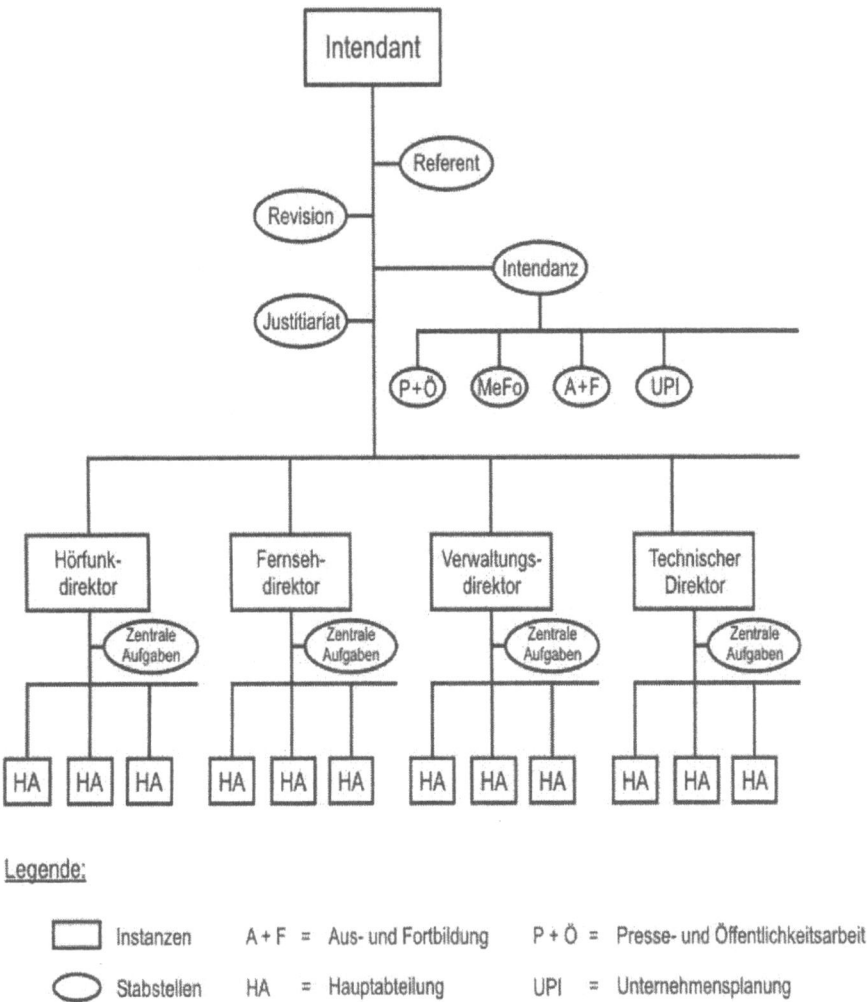

Legende:

☐ Instanzen   A + F = Aus- und Fortbildung   P + Ö = Presse- und Öffentlichkeitsarbeit

⬭ Stabstellen   HA = Hauptabteilung   UPI = Unternehmensplanung

MeFo = Medienforschung

---

84   vgl. Pantenburg, 1996, 134

An der Organisationsstruktur wird deutlich, dass die zentrale Position dem Intendanten zukommt. Unterhalb des Intendanten, der die Gesamtleitung wahrnimmt, folgt die Direktionsebene. Intendant und Direktoren bilden zusammen die strategische Spitze, die die Unternehmensziele festlegt. (Sieben/Schulze/Wachter 1992, 1318) Die Differenzierung in einzelne Direktionen folgt unterschiedlichen Leitlinien, wobei handlungs-, ziel- und feldorientierte Gliederungsprinzipien kombiniert werden. (Sieben/Schwertzel 1997, 58) Die Stabsstellen, Presse- und Öffentlichkeitsarbeit, Medienforschung, Aus- und Fortbildung sowie Unternehmensplanung sind – außerhalb der Linienorganisation – der Intendanz zugeordnet.

Landesrundfunkanstalten sind von ihrer Struktur her auf Interessenausgleich angelegt. Ein Gegengewicht zu der starken Stellung des Intendanten bilden die Beratungs- und Kontrollinstitutionen, die eine intermediäre Stellung zwischen der Organisation selbst und der Organisationsumwelt einnehmen. Die Mitglieder der Stabsabteilungen sind zwar auch einer hierarchischen Autoritätsverteilung unterworfen; sie urteilen aber nach ihrem Sachverstand und orientieren sich dabei an professionellen Bezugsgruppen außerhalb der Organisation. Ihr Einfluss liegt häufig quer zur „monokratischen Leitung" (Pantenburg 1996, 190) der Rundfunkanstalten. Die Macht der Experten wirkt sich besonders im Rahmen des informellen Organisationsgefüges aus. Weil in Vorlagen bereits Entscheidungen enthalten sind, diese aber nicht immer sichtbar werden oder aus Zeitmangel nicht überprüft werden können, ergibt sich ein beträchtlicher Einfluss des Stabes. Problematisch an der Bedeutung der Stäbe ist eine Verlängerung der Leitungsspanne, die für den Intendanten den Entlastungseffekt aufwiegen kann. (Pantenburg 1996, 155)

Zur Gliederung der Direktionsbereiche ist anzumerken, dass die für Rundfunkorganisationen sehr wichtigen Aufgaben der Personalleitung nicht gebündelt der Direktionsebene zugeordnet werden, sondern über unterschiedliche Bereiche verteilt sind. Pantenburg empfiehlt für größere Rundfunkanstalten die Einrichtung einer Direktion für „Arbeit und Soziales" (Pantenburg 1996, 153). Andererseits sollten aber auch nicht unnötig Probleme von unten nach oben weitergegeben werden (‚Kamineffekt'). Wichtig ist nach Meinung von Pantenburg, dass Konflikte, die aus kontroversen Zielen resultieren (z. B. Kostensenkung versus technische Perfektion) durch projektbezogene Kooperation direkt gelöst werden. (1996, 151)

Für große Unternehmen ist nach Heinrich (2002, 342) eine divisionalisierte Unternehmensorganisation naheliegend, zumal wenn es darum geht, eine komplexe Aufgabenstruktur in überschaubare Teilbereiche aufzulösen. Große Landesrundfunkanstalten wie z. B. der NDR weisen heterogene Geschäftsbereiche auf (z. Z. Hörfunk und Fernsehen). (2002, 342f.) Empfehlenswert für derartige

Organisationen – so Heinrich (2002, 344) – ist eine hohe Stellenspezialisierung und eine objektorientierte Gliederung der Aufgaben sowie eine Verteilung von Weisungsrechten nach dem Liniensystem. Theis (1992) kritisiert an den Rundfunkanstalten, dass sie eine Organisationsstruktur aufwiesen, die noch auf Bedingungen vor Einführung der dualen Rundfunkordnung hin ausgerichtet seien, als sich nämlich die Institutionen noch damit begnügen konnten, ihre Übereinstimmung mit gesellschaftlichen Erwartungen glaubhaft zu machen. Stattdessen komme es nunmehr darauf an, sich bei ständig verändernden Umweltbedingungen auf dem Markt zu behaupten. Dies sei durch höhere Eigenkomplexität der öffentlich-rechtlichen Rundfunkanstalten, vor allem durch Dezentralisation, also durch die Bildung selbständig agierender Untereinheiten und durch die Qualifizierung der Mitarbeiter zu erreichen. Altmeppen (2001, 198ff.) sieht die Notwendigkeit zur Umweltanpassung in den Eigenschaften des Produkts begründet, zum Beispiel im Nachrichtenjournalismus, da ja spektakuläre Ereignisse nicht planbar seien. Ebenso sei festzustellen, dass der Erfolg neuer Fernsehformate nicht zuverlässig prognostiziert werden könnte. Die Umweltdynamik wirke sich auch dann auf die Organisation aus, wenn eine Übernahme eines neuen des Geschäftsmodells wie etwa Pay-TV geplant sei. Ökonomische Erwägungen setzen sich dabei – nach Altmeppen – gegenüber publizistischen durch; „publizistisches Handeln wird durch wirtschaftliches Handeln überformt" (2001, 202). So ergebe sich der Trend zu „Populärjournalismus" und „Involvement-TV" aus Vorgaben der Marktforschung. Ehlers (1996) fordert – ebenso wie Theis (1992) – die Verbesserung der Anpassungsfähigkeit öffentlich-rechtlicher Rundfunkorganisationen und damit die Erweiterung des Handlungsspielraums für Mitarbeiter, also mehr Teambildung anstelle starrer Kompetenzabgrenzungen und mehr *allgemeine* Regularien anstelle enger Anweisungen. Generell günstig für mehr Innovationsfähigkeit sei die Umstrukturierung eines „kleinteiligen" Organisationsaufbaus mit vielen Abteilungen bei gleichzeitiger Abflachung der Leitungsstruktur. Außerdem wird eine stärkere Produktorientierung, also eine Ausrichtung der Organisation an Programmformaten, postuliert.

Die Umstellung von Strukturen, und zwar neuen gesellschaftlichen und ökonomischen Gegebenheiten entsprechend, macht andere Organisationsprinzipien nicht einfach überflüssig. So mögen Bürokratien zwar unflexibel sein; sie reduzieren aber auch Zuständigkeitskonflikte durch klare Kompetenzabgrenzungen und verhindern Überschneidungen bei der Erledigung von Aufträgen. Der Widerstand gegen Reformen muss daher nicht mit Besitzstandsdenken und irrationalen Ängsten zu tun haben. Vielmehr kann es darum gehen, Vor- und Nachteile von Strukturmustern abzuwägen. Ferner ist zu berücksichtigen, dass „einzelne Ausprägungen von Strukturmerkmalen jeweils nur für bestimmte Phasen des Innovationsprozesses funktional, andere dysfunktional" (Gaitanides/Wicher

1986, 385) sind. Das Modell der Matrixorganisation geht daher von mehrdimensionalen Organisationsstrukturen aus (Steinbuch 2000, 199ff.; Wittlage 1998, 52f., 108ff.), wobei vor allem auf der zweiten Hierarchieebene eine Gliederung nach unterschiedlichen Prinzipien vorgenommen wird. So kann zum Beispiel die Organisationsstruktur produkt- *und* projektbezogen gegliedert sein. Der Vorteil besteht darin, dass je nach situativen Anforderungen eine bestimmte Struktur, zum Beispiel die Projektstruktur, zeitlich befristet in Anwendung gebracht wird. Beim Hessischen Rundfunk sind mit einem modifizierten Matrixmodell und phasenbezogener Zusammenarbeit nach unterschiedlichen Strukturprinzipien positive Erfahrungen gemacht worden. (Ehlers 1996)

Die Organisationsstruktur eines privaten, werbefinanzierten Fernsehveranstalters lässt sich wie folgt darstellen:

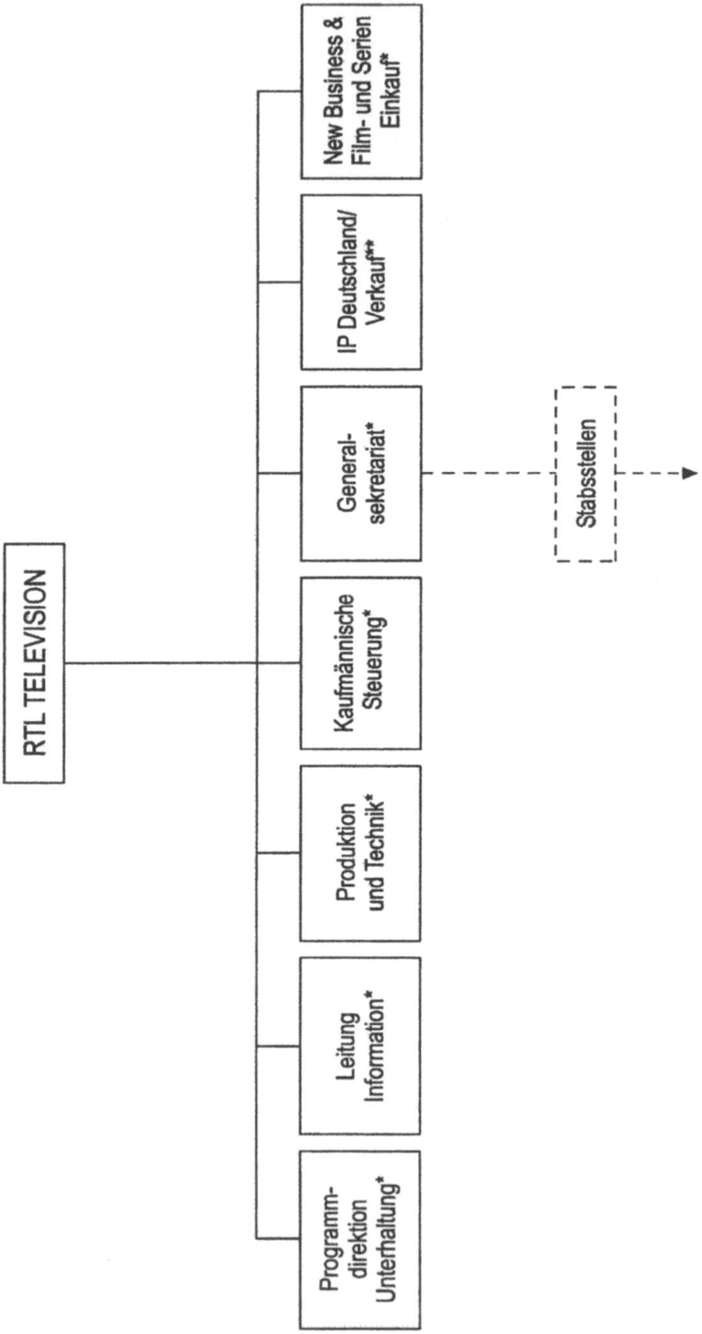

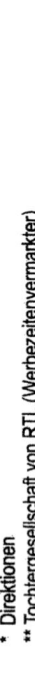

RTL TELEVISION

Programm-
direktion
Unterhaltung*

Leitung
Information*

Produktion
und Technik*

Kaufmännische
Steuerung*

General-
sekretariat*

IP Deutschland/
Verkauf**

New Business &
Film- und Serien
Einkauf*

Stabsstellen

* Direktionen
** Tochtergesellschaft von RTL (Werbezeitenvermarkter)

Die Gliederung der Ressorts auf der Direktionsebene weist Übereinstimmungen mit der des ZDF auf, bei dem es eine Aufteilung in die Bereiche Programm, Chefredaktion, Verwaltung und Technik gibt; derartige Strukturähnlichkeiten sind darauf zurückzuführen, dass es sich in beiden Fällen um „Ein-Produkt-Unternehmen" handelt (Sieben/Schwertzel 1997, 60), um Unternehmen also, die im Gegensatz zu den Landesrundfunkanstalten nur das Produkt Fernsehen erstellen. Im Übrigen werden die privaten Fernsehveranstalter als GmbH, als GmbH & Co KG und als AG geführt. Aufgrund des hohen Kapitalbedarfs kommen reine Personengesellschaften bei den TV-Programmanbietern nicht infrage. Die Rechtsform der Kapitalgesellschaften „erleichtert es, Eigenkapital in einen Sender zu holen" (Karstens/Schütte 1999, 361), was selbstverständlich auch die Kreditwürdigkeit verbessert. Als weiterer Vorteil kommen die begrenzte Haftung und die Trennung von Mitarbeit und Kapitaleinsatz hinzu, die „dem Unternehmen einen wesentlich weiteren Kreis von potenziellen Investoren" (Karstens/Schütte 1999, 361) erschließt. Die GmbH & Co KG als Mischform zwischen Personen- und Kapitalgesellschaft bot bis vor kurzem steuerliche Vergünstigungen. GmbH sowie GmbH & Co KG bieten den Gesellschaftern am meisten Gelegenheit, Einfluss auf die Geschäftsführung zu nehmen; ob sich dies allerdings als Vorteil erweist, hängt von der Sachkunde der Gesellschafter sowie davon ab, ob diese untereinander zum Konsens fähig sind. (Karstens/Schütte 1999, 362)

Zusammenfassung

Die Rechts- und Organisationsgrundlagen des Fernsehens sind Bestandteil nationaler Rundfunkordnungen, deren Ausgestaltung enge Beziehungen zu dem ökonomischen, politischen und kulturellen Teilsystemen einer Gesellschaft erkennen lassen. In der Bundesrepublik Deutschland ist der Rundfunk Sache der Länder. Obwohl die Verfassung einen bestimmten formalen Aufbau der Landesrundfunkanstalten nicht vorschreibt, sind doch im Verlauf der Nachkriegsepoche, etwa mit den Organen Intendant, Rundfunkrat und Verwaltungsrat, vergleichbare Strukturen entstanden. Seit 1991 stellt der „Staatsvertrag über den Rundfunk im vereinten Deutschland" den rechtlichen Rahmen für Hörfunk und Fernsehen in den alten und neuen Bundesländern dar. Der Staatsvertrag legt auch die institutionellen Grundlagen von ARD und ZDF fest. Die im Rundfunkstaatsvertrag enthaltenen Programmgrundsätze gelten für öffentlich-rechtliche wie für private Anbieter.

Voraussetzung für die Zulassung von privaten Rundfunkveranstaltern und die Schaffung einer ‚dualen Rundfunkordnung' waren einschlägige Urteile des Bundesverfassungsgerichts. Nachdem bereits 1961 die Freiheit des Rundfunks von staatlichem Einfluss festgestellt und das Gebot der Meinungsvielfalt ausgesprochen wurde, erklärte das Gericht im Jahre 1981 auch den privaten Rundfunk für zulässig, sofern die Programme der in der Bevölkerung bestehenden Meinungsvielfalt entsprächen. Diese käme nicht nur durch eine Repräsentanz der gesellschaftlichen Gruppen und Kräfte innerhalb der einzelnen Rundfunkorganisationen, sondern auch durch mehrere Anbieter zustande. 1984 wurden erstmals private Fernsehanbieter in der Bundesrepublik Deutschland zugelassen. Seitdem nehmen die Landesmedienanstalten Kontrollbefugnisse für den privaten Rundfunk wahr.

Dem öffentlich-rechtlichen Fernsehen kommen im dualen System die Integrationsfunktion, die Forumsfunktion, die Komplementärfunktion und die Vorbildfunktion zu, die jedoch in rechtlicher und in gesellschaftlich-politischer Hinsicht weiterer Abklärung bedürfen, zumal demokratietheoretische Auflagen bei gleichzeitiger Anerkennung des ökonomischen Wettbewerbs erfüllt werden sollen. Die Organisationsstrukturen öffentlich-rechtlicher und privater Fernsehanbieter weisen Ähnlichkeiten auf. Bezüglich der Landesrundfunkanstalten stehen die starre Kompetenzabgrenzung und fehlender Handlungsspielraum auf mittlerer und unterer Ebene im Zentrum der Kritik.

Literatur:

Gourd, Andrea: Öffentlichkeit und digitales Fernsehen. Wiesbaden 2002
    Ausgehend von einer Analyse der neueren technischen und rechtlichen Rahmenbedingungen wird der Frage nachgegangen, wie die Entwicklung des Fernsehens unter dem Aspekt eines normativ-demokratietheoretischen Verständnisses von Öffentlichkeit zu beurteilen ist. Während die Autorin in den aktuellen Regelungen des Rundfunkstaatsvertrages Gefahren für den offenen und chancengleichen Zugang zum Fernsehen sowie für die Meinungsvielfalt sieht, wird die von der Digitalisierung des Fernsehens und der Verschmelzung von Fernsehen und Telekommunikation ausgehende These vom Zerfall der Öffentlichkeit skeptisch beurteilt.

Schröder, Guido: Die Ökonomie des Fernsehens – eine mikroökonomische Analyse. Münster 1997
    Die Besonderheiten des Fernsehmarktes im Spannungsfeld von Publizistik und Ökonomie stehen im Zentrum der Analyse. Der Autor weist nach, dass das zu produzierende Gut, die Qualität, der Preis und die Anbieterstruktur Eigenarten aufweisen, denen nur mit einer differenzierten Anwendung ökonomischer Theorien entsprochen werden kann. Vor allem das duale System erweist sich als komplexes Beziehungsgeflecht; nichtsdestoweniger ist es nach dieser Darstellung möglich, sowohl Schwachstellen als auch allgemeine, mit anderen Teilsystemen einhergehende Entwicklungstrends zu deutlich zu machen.

12 Das Fernsehen in der Zeit des Umbruchs

12.1 Die zunehmende Kongruenz von Sozialstruktur und Kommunikation

Der Zusammenhang zwischen gesellschaftlicher Entwicklung im Allgemeinen und dem Fortschritt der Kommunikationstechnik im Besonderen macht – gerade auch bezüglich der Zukunftsperspektiven des Fernsehens – eine Analyse problematisch, die lediglich auf mediale Veränderungen bezogen ist. Bereits heute sind verschiedene parallele Änderungen zu beobachten, die für die wissenschaftliche Einordnung von Medienwandlungen einen umfassenden Ansatz erfordern. So notwendig es erscheinen mag, die Forschungserträge, die zu dem Medium Fernsehen vorliegen, zu sichten, zu resümieren, einzuordnen und zu bewerten, so muss doch auch die Perspektive ausgeweitet werden, um den sozialen Kontext nicht aus den Augen zu verlieren. Die folgenden Ausführungen enthalten einige Anmerkungen zu einer solchen komparativ-dynamischen Analyse der Medien- und Gesellschaftsentwicklung, die auszuführen den Rahmen eines Handbuchs zur Fernsehforschung überschreiten würde.

In den postindustriellen Sozialsystemen haben Innovationen im Bereich der Kommunikation eine besondere Wirksamkeit, und zwar insofern, als die Strukturen der Güterproduktion, die zuvor die gesellschaftlichen Verhältnisse tiefgreifend beeinflussten, nun zurückgedrängt und flexibilisiert werden. Zwar gibt es auch in der postindustriellen Gesellschaft noch Industrie, doch haben sich Maschinen und Aggregate gewandelt, indem sie – unter Einsatz von Informationstechnologien – selbst ‚kognitiv' und dialogfähig geworden sind, sich also an wechselnde Umweltbedingungen anpassen, sich zum Teil selbst steuern und mit Menschen kommunizieren, ja sogar, als künstliche Intelligenz, das Wissen und die Erkenntnisfähigkeit des Menschen herausfordern.

Das bedeutet, dass die Entwicklung der Medienkommunikation direkt angekoppelt werden kann an die menschliche Arbeit und die Reproduktionsbedingungen der Gesellschaft. Was sich früher nur bedingt auf die Strukturen des Produzierens auswirkte, was sich vor allem im Rahmen kultureller Schöpfungen, dann aber auch im Machtapparat der Gesellschaft und in der privaten Lebenswelt bemerkbar machte, nämlich der Einfluss und der Wandel von Kommunikation, ist direkt anschlussfähig geworden in Bezug auf die Strukturen von Produktion und Arbeit. Dazu trägt selbstverständlich die Tertiarisierung der Wirtschaft bei. Kommunikation ist ein wichtiger Bestandteil von Dienstleistungen, weil diese –

aufgrund ihrer reduzierten Objekthaftigkeit – in ihrem Zustandekommen von Kommunikation, von Definitionen über das, was Sinn und Zweck einer Aktivität ist und was erreicht werden soll, nicht zu trennen sind, ja, weil Dienstleistungen einer dauernden kommunikativen Vergewisserung über das bedürfen, was gerade getan wird. Arbeit verliert damit an Objekthaftigkeit und wird in gleichem Maße für Kommunikation und Information zugänglich, ja wird durch sie geformt. Veränderungen der Medienkommunikation, die sich in früheren Epochen eher langfristig auf gesellschaftliche Strukturen ausgewirkt haben, und zwar auf dem Umweg über kulturelle und politische Revolutionen, machen sich heute simultan in verschiedenen Teilsystemen bemerkbar.

Gleichzeitig verschwindet die Grenze zwischen den Strukturen des Sozialen und der Kommunikation. Bereits der Begriff der Informationsgesellschaft bringt zum Ausdruck, dass Informationen die gesellschaftlichen Strukturen durchdringen und dass sich soziale Konfigurationen in Analogie zu den Vorgaben der Kommunikation bilden. Dieser Prozess hat durch die Online-Kommunikation zusätzliche Dimensionen gewonnen. Dass Orte, Institutionen, aber auch Interaktionsformen ein im Allgemeinen als virtuell bezeichnetes Pendant im Internet bekommen haben, zeigt nur eine bestimmte Seite eines allgemeineren Vorganges. Das ‚Netz' ist eine Metapher, die sich auf Eigenschaften der sozialen Struktur *und* auf solche der Medienkommunikation beziehen lässt, wobei davon auszugehen ist, dass sich hinter der gemeinsamen Begrifflichkeit tatsächliche Gemeinsamkeiten verbergen, also aufgrund von Kongruenzen sich das eine in das andere verwandeln kann, aus der Kommunikation virtueller Gemeinschaften soziale Kollektive wie zum Beispiel Initiativgruppen hervorgehen (Willand 2002, 92) oder soziale Netzwerke sich des *Netz-Mediums* (Neverla 1998) bedienen, um sich eine Repräsentanz im Internet zu verschaffen, wobei diese zunächst der Kommunikation dient, jedoch darüber hinaus auch das durch Interaktion gestiftete soziale System im virtuellen Raum mit eigener Dynamik und eigenen Regeln fortsetzt.[85] Damit entstehen Zwischenbereiche, von denen man nicht weiß, ob sie in erster Linie virtuell oder sozial sind. (Willand 2002, 86) In Bezug auf virtuelle Gemeinschaften stellt Manuel Castells fest, dass im Augenblick noch unklar sei, „wie viel Soziabilität in solchen Netzwerken stattfindet." (Castells 2001, 407).

Eine Verschmelzung von sozialen und virtuell-sozialen, kommunikativen Vorgängen lässt sich auch bezüglich der Entgrenzung feststellen, die durch die Digitalisierung der Medien möglich geworden ist und die sowohl Vorgänge im

---

85 Noam ist der Meinung, dass derartige Telegemeinschaften mit der Zeit auch einen Rechtsstatus erhalten werden, somit Mitglieder formal aufnehmen und ausschließen, Aufgaben und Kosten unter sich verteilen, Kontrollfunktionen übernehmen und Wahlen abhalten. (Siehe Noam 1996, 41)

Bereich der Kommunikation als auch der sozialen bzw. politischen Strukturen betrifft. Entgrenzung als Vereinfachung und Beschleunigung einer weltweiten Kommunikation über verschiedene Medien zeigt deutliche Parallelen zur wirtschaftlichen Globalisierung und zur internationalen Verflechtung des politischen Geschehens, das heißt zu dem Abbau nationaler Selbstregulierung und der Entwicklung von Machtverhältnissen, die sich der staatlichen Kontrolle entziehen. Entgrenzung bedeutet niemals einen Vorgang, der allein die Kommunikation betrifft, sondern gleichzeitig den Abbau der Grenzen zwischen den Staaten und anderen sozialen Gebilden, also nicht nur das Fluktuieren von Daten und Informationen, sondern darüber hinaus von Meinungen, Werten, kulturellen Gütern und schließlich von Menschen.

Auch die im Zusammenhang mit der Medienrevolution, der Entwicklung des Internet und der Einbindung des Fernsehens in Multimedia-Anwendungen diskutierte Interaktivität betrifft nicht nur die Kommunikation. Wenn zunehmend das Publikum sich selbst zu Wort meldet, wenn es sich mit seinen Wünschen und Vorstellungen einbringen kann, ja wenn möglicherweise die Rollen von Kommunikator und Kommunikant getauscht werden und Informationen wechselweise als ‚Massenkommunikation' oder als Individualkommunikation den Empfänger erreichen, dann ergeben sich unmittelbare Parallelen zu Demokratisierungsprozessen, die sich seit den sechziger Jahren zuerst in der Forderung nach mehr Bürgerrechten, sodann nach Mitspracherechten in unterschiedlichen Bereichen sowie einer neuen politischen Kultur und der Entwicklung einer Zivilgesellschaft bemerkbar gemacht haben. Ausgangspunkt war bei diesen gesellschaftlichen Transformationen die Forderung, dass Bevormundungen durch Institutionen nicht passiv ertragen und dass vermachtete Strukturen durch die Initiative von unten aufgebrochen werden sollten. Der globale Wandel in den letzten Jahren hat beides hervorgebracht, nämlich neue Superstrukturen politisch-ökonomischer Macht und flexible Formen der Regulierung von Lebensverhältnissen, wobei sich im Augenblick noch nicht absehen lässt, ob partizipative, auf individuelle und soziale Bedürfnisse abgestimmte Verfahren den Systembedürfnissen untergeordnet werden oder ob sie beständige Impulse der Veränderung hervorbringen.

Damit ergibt sich die Notwendigkeit einer sozialwissenschaftlichen Bilanzierung, bei der die elektronischen Medien einen wichtigen Posten darstellen. Die Entwicklung des Fernsehens, die in technischer Hinsicht durch Digitalisierung und Interaktivität sowie durch die Kompatibilität der Medien und die Entstehung von Multimedia-Systemen gekennzeichnet ist, muss zu sozialstrukturellen Veränderungen in Beziehung gesetzt werden. Die sozialwissenschaftliche Relevanz der Kommunikationswissenschaft nimmt generell zu. Zur Zeit werden allerdings Veränderungen, die vergleichbare Merkmale aufweisen, in den jeweiligen Disziplinen, ja sogar in analogen Forschungsgebieten noch weitgehend getrennt –

mit jeweils eigenen Begrifflichkeiten und theoretischen Ansätzen – untersucht. Im abschließenden Unterkapitel soll nochmals am Beispiel der Individualisierung als einer soziologischen bzw. einer kommunikations- und medienwissenschaftlichen Kategorie auf derartige Parallelentwicklungen hingewiesen werden.

12.2   Potenziale der Digitalisierung

Das Adjektiv ‚digital' ist im Bereich der Informationstechnik gleichbedeutend mit „abgetastet, quantisiert und binär dargestellt"; ‚digitales Fernsehen' bezeichnet „die Ausstrahlung digitalisierter Bild-, Ton-, und Zusatzinformationen als Datensignale" (Reimers u. a. 1995, V). Die Digitalisierung ermöglicht die Komprimierung von Daten, sodass eine Leistungssteigerung der Übertragungskapazitäten erreicht wird, und zwar bei der Übertragung per Satellit, Kabel und terrestrischer Sender. Das Komprimierungsverfahren MPEG-2[86] reduziert die übertragenen Informationen auf die jeweils erforderlichen; gleichbleibende Informationen, wie zum Beispiel bei konstanten Bildhintergründen, werden nicht übermittelt; außerdem findet eine Selektion nicht wahrnehmbarer, also irrelevanter akustischer und visueller Signale statt. (Dahm/Rössler/Schenk 1998, 16) In einem Kabelkanal können 6 bis 8 Fernsehprogramme übertragen werden; bei 15 Hyperbandkanälen der Deutschen Telekom würde das auf eine Zahl von potenziell ca. 100 Fernsehprogrammen hinauslaufen. (ALM 1996, 297ff.) Ganz allgemein ist Digitalisierung also vorteilhaft durch die „Frequenzökonomie" (Kleinsteuber/Rosenbach 1998). Zur sinnvollen Nutzung der neuen Technik liegt es nahe, „Programme im Sinne von Spartenkanälen zielgruppenspezifischer auszurichten und den Zuschauer vom bisherigen linearen Zeitablauf der Programme unabhängiger zu machen." (Kleinsteuber/Rosenbach 1998, 26).

Die Nutzung des digitalen Fernsehens setzt einen Decoder und damit eine Set-Top-Box voraus, da die heutigen Empfangsgeräte fast alle noch auf eine analoge Verbreitungstechnologie ausgerichtet sind. Der Decoder kann auch in das Empfangsgerät integriert werden. Allerdings ist der Einsatz jeweils spezieller Geräte für den terrestrischen Empfang und für den Empfang über Satellit oder Kabel erforderlich. Wünschenswert wäre daher, die Geräte für mindestens zwei digitale Empfangstechniken auszustatten. (Turecek/Kopitzke 1998) Wenn der Zuschauer verschlüsselte und nichtverschlüsselte Programme empfangen will, muss eine Smart-Card verwendet werden.

Die für das Digitalfernsehen verwendete Technologie kann sowohl von einzelnen Programmanbietern als auch von mehreren, privaten und öffentlich-

---

86 MPEG: Motion Pictures Expert Group

rechtlichen TV-Veranstaltern genutzt werden. Vorstöße in den 90er Jahren zur Einführung einer gemeinsamen Decoder-Technologie waren zunächst gescheitert. Das von der früheren Kirch-Gruppe eingesetzte Verfahren wurde von der ARD nicht akzeptiert, und zwar aufgrund verschiedener Mängel. Insbesondere die Erwartungen an eine „anbieterneutrale, offene, unabhängige und diskriminierungsfreie digitale technische Kabelplattform" wurden aus der Sicht der ARD nicht erfüllt. (ARD Jahrbuch 2000, 191)

Entgegen ursprünglichen Erwartungen, dass das digitale Fernsehen in Zukunft vor allem über Kabel und Satellit realisiert würde, haben öffentlich-rechtliche und private Programmanbieter die Digitalisierung der terrestrischen Fernsehübertragung vorbereitet (ARD Jahrbuch 2000, 190) und inzwischen in Berlin erprobt. Die Zahl der in der Hauptstadtregion terristrisch mittels der neuen Übertragungstechnik des Digital Video Broadcasting (DVB-T) zu empfangenden Programme stieg von 11 auf mehr als 20. Die beteiligten Sendeanstalten ARD, ZDF, SFB, ORB, ProSieben, Sat.1 und RTL stellten im August 2003 die analoge Übertragung in Berlin ganz ein. Damit ist die Umstellung auf digitales Fernsehen, die in Berlin 1997 mit einem Projektbetrieb begann, abgeschlossen. Die Region Berlin ist in Europa das erste Sendegebiet, in dem die terristrische Fernsehversorgung so konsequent digitalisiert worden ist. 2004 wird DVB-T in Bayern, Nordrhein-Westfalen, Hessen und Niedersachsen eingeführt. Als Ziel ist die vollständige Umstellung auf das digitale Verfahren bis zum Jahre 2010 geplant.

Bei der Zahl der Programme, die im Digitalfernsehen verbreitet werden können, wird es für den Zuschauer immer schwieriger, sich einen Überblick zu verschaffen. Daher werden ‚elektronische Programmführer' (EPG) erforderlich, die dem Nutzer zeigen, was in seinem Interessengebiet angeboten wird. Die Auswahl kann sich auf Formate, Genres und Sparten sowie auf einzelne Themen beziehen. Dabei legen sich „die Auswahlkriterien des Menüs wie ein Filter vor die einzelnen Programme" (Ziemer u. a. 1997, 373). Es ist nahe liegend, dass der Navigator als „elektronische Fernsehzeitschrift" außerdem noch Hintergrundinformationen bereithält. (Turecek/Kopitzke 1998, 499) Darüber hinaus gehört zum Leistungsspektrum eines derartigen Wahl- und Steuerungssystems, dass es, ausgehend von den schon vollzogenen Entscheidungen, Vorschläge zu weiteren Programmen mit ähnlichen Inhalten macht, sich also auf das persönliche Interessenprofil des Nutzers einstellt. Mit Auflösung der inhaltlichen und zeitlichen Strukturen entsteht somit eine Komplexität des Angebots, die den EPG zu einem unentbehrlichen Instrumentarium werden lässt. Allerdings kann auf diese Weise das Wahlverhalten auch manipuliert werden, indem Hersteller und Vertreiber den Navigator mit einer für sie profitablen Software ausstatten, so dass der Nutzer zu Angeboten geführt wird, an denen er selbst ein wirtschaftliches Interesse hat. (Turecek/Kopitzke 1998, 499)

12.3   Digitales Fernsehen und Pay-TV

Da schon heute die Kapazitäten des Werbemarktes ziemlich erschöpft sind, also kaum noch zusätzliche Möglichkeiten der Finanzierung durch Werbung bestehen, stellt sich die Frage, wie zusätzlichen TV-Angebote kommerziell nutzbar gemacht werden können. Dies ist unter anderem im Rahmen des Bezahlfernsehens möglich, nämlich mit Angeboten wie *pay-per-view* und *pay-per-channel.* Während beim *near video on demand* (NVoD) bestimmte Angebote in einem bestimmten Rhythmus, also zum Beispiel im Stunden- oder im Viertelstundentakt eingespeist werden, schaut bei der sehr viel aufwändigeren Technologie des *video on demand* (VoD) der Kunde Videos unabhängig von Sendezeiten, also zum Beispiel unmittelbar nach seiner Bestellung an. (Dahm/Rössler/Schenk 1998, 44; Kleinsteuber/Rosenbach 1998, 26). Zusätzlich zum Abonnement-Fernsehen, das den Empfang bestimmter Kanäle für eine vereinbarte Dauer gestattet, ist es möglich, „aktuelle Spielfilme sowie ausgesuchte sportliche Events" (Clement/Becker 1999, 1175) anzubieten, die einzeln abgerechnet werden (pay-per-view). Generell ist festzustellen, dass Pay-TV zwar auch bei analoger Datenübertragung möglich ist, aber erst mit der Digitalisierung dem Kunden die Möglichkeit bietet, zu beliebigen Zeitpunkten das zu sehen, was er sehen möchte (Kleinsteuber/Rosenbach 1998, 26) Die Verknüpfung mit den Bezahldiensten ist bei der Digitalisierung schon deswegen naheliegend, weil diese ohnehin mit einer Verschlüsselung der Daten verbunden ist und somit die Sicherheit besteht, dass im Bedarfsfall für den Kunden nur das empfangbar ist, wofür ihm Leistungen in Rechnung gestellt werden. (Dahm/Rössler/Schenk 1998, 17)

12.4   Interaktives Fernsehen und Multimedia

Die Digitalisierung des Fernsehens, die zur Zeit stattfindet, bewirkt nicht nur eine Effizienzsteigerung in dem Sinne, dass mehr Programme über die bereits existierenden Verbreitungswege angeboten werden können und die Kosten für den Sendebetrieb weiterhin fallen; vielmehr nähert sich das Fernsehen anderen Medien bis hin zur Kompatibilität. „Die durch Digitalisierung einsetzbaren Technologien sind Computertechnologien, die eine Konvergenz zwischen Computer, Fernsehen und Telefon ermöglichen (...) Mit dem Computer verschmelzen zukünftig Text, Audio und Video zu Multimedia (...)" (Ruhrmann/Nieland 1997, 32). „Der Computer und seine spezifische technische Peripherie stehen im Zentrum jeder multimedialen Produktion, Transmission und Anwendung." (Lang 2000, 298).

Die Integration verschiedener Informationstechnologien bedeutet, dass das Medium Fernsehen, das in ganz besonderer Weise massenmedial erscheint, nämlich als Instanz und technische Apparatur zur Verbreitung von Inhalten an ein verstreutes und anonymes Publikum, nun auch dialogfähig wird. Interaktives Fernsehen kann „Fernsehen auf dem PC sein"; es kann sich aber auch um „Breitbandangebote auf dem Fernseher" handeln. (Stipp 2001, 369) In beiden Fällen zeichnet sich das Ende einer Epoche ab, in der über das Bildschirm-Empfangsgerät ausschließlich ‚Massenkommunikation' betrieben wurde. Damit verlieren auch jene Argumentationsfiguren an Überzeugungskraft, die das Fernsehen als Ausdruck der ‚Massengesellschaft' oder als Ursache der ‚Vermassung' erscheinen lassen.

Interaktivität vollzieht sich – historisch gesehen – in mehreren Schritten. (Clement/Becker 1999, 1179ff.) Ruhrmann und Nieland (1997, 87ff.) unterscheiden sechs Stufen interaktiven Fernsehens:

1. Traditionelles Fernsehen: Ein- und Ausschalten; wechseln von Programmen (Zappen)
2. Traditionelles Fernsehen: Abstimmung über TED, Anruf beim Sender u. ä.
3. Paralleles TV: Synchrone Ausstrahlung von Programmen auf mehreren Kanälen mit der Möglichkeit zur Wahl der Sprache; synchrone Ausstrahlung von Programmen auf mehreren Kanälen mit der Möglichkeit zur Wahl der Kameraperspektive; zeitversetzte Ausstrahlung gleicher Sendungen (NVoD) mit der Möglichkeit zur Wahl des Zeitpunktes
4. Additives TV (analog/digital): Ausstrahlung eines Videotextes parallel zum analogen Fernsehsignal; parallele Informationen zum Fernsehprogramm, die auf dem PC verfolgt werden können
5. *media on demand* (digital): Digital gespeicherte Medieninhalte, die über TV oder PC abgerufen werden können (VoD)
6. Kommunikatives TV (digital): Aktive Beteiligung des Zuschauers, zum Beispiel Beeinflussung der Programminhalte durch den Zuschauer (etwa unterschiedliche Ausgänge von Spielfilmhandlungen zur Wahl); Kommunikation der Zuschauer untereinander; Senden von Programmen durch den Zuschauer; Wechsel von Kommunikator- und Rezipientenrolle.

Interaktivität auf der Basis der Digitalisierung erlaubt die Kombination des Fernsehens mit verschiedenen Verteil- und Abholdiensten, die auf Steuerungen oder Reaktionen des Publikums angewiesen sind (Arbeitsgemeinschaft 1996, 298), was besonders unter ökonomischer Perspektive von Interesse ist. Durch Kombination von Internet und Fernsehen ergeben sich zum Beispiel ganz neue Formen des Teleshopping; so können sich Interessenten „im Rahmen von Fernseh- und

Werbebeiträgen sofort über gesehene Produkte sämtliche Informationen wie Preis oder Verfügbarkeit, aber auch spezielle Promotions- und Händleraktionen" (Clement/Becker 1999, 1180) beschaffen. Weitere Anwendungen für das interaktive Fernsehen ergeben sich im Bereich von Bildung, Ausbildung und Training. Dieser Markt wird für die Anbieter in dem Maße attraktiver, wie die Schulen selbst unter pädagogischen Gesichtspunkten die Notwendigkeit sehen, neue Medien einzusetzen. (Turecek/Kopitzke 1998) Ein großer Teil der Entwicklungsarbeit konzentriert sich auf *telelearning*. Von Seiten der öffentlich-rechtlichen Rundfunkanstalten wird zum Beispiel ein Programmbouquet für das digitale Fernsehen entwickelt, das verschiedenen Abnehmern, Hochschulen, Kammern und privaten Haushalten Aus- und Weiterbildungsmöglichkeiten zur Verfügung stellt. Das Spektrum reicht vom Sprachkurs bis zu Vorlesungen der ‚Virtuellen Hochschule'. (Turecek/Kopitzke 1998, 501f.) Ein weiteres Anwendungsgebiet der digitalen Datenaufbereitung ist das Firmenfernsehen, das in den USA, aber vereinzelt aber auch schon in Europa mit unterschiedlicher betrieblicher Zwecksetzung implementiert worden ist. Generell unterstützt das im Vergleich zu anderen Informationswegen kostengünstige *Business-TV* die Kommunikation im Unternehmen, sei es im Managementbereich, im Marketing, in der Aus- und Weiterbildung, im Außendienst oder im Vertrieb. Das Firmenfernsehen erspart zeitaufwendige Reisen und die damit verbundenen Arbeitsausfälle sowie den kostspieligen Einsatz von Trainern und Ausbildern. Es bietet sich daher besonders für Unternehmen mit einem verzweigten Netz von Niederlassungen an. (Turecek/Kopitzke 1998, 501f.)

12.5   Ein neuer Rundfunkbegriff?

Mit der Erweiterung der Angebotsstruktur im Kontext des Fernsehens wird auch der bisherige Begriff von „Rundfunk" problematisch, der sich in der ursprünglichen Bedeutung auf die Adressaten, das heißt ein disperses und anonymes Publikum sowie auf die Verbreitungsart, nämlich die drahtlose Übertragung von Signalen mittels elektromagnetischer Wellen, bezog. Der Rundfunkstaatsvertrag geht von „Darbietungen aller Art" aus, die „für die Allgemeinheit" verbreitet werden, und zwar nicht nur „ohne Verbindungsleiter", also per Funk, sondern auch „längs und mittels eines Leiters" (Staatsvertrag 2001, § 2). Kabelfernsehen ist damit Rundfunk. Was die Darbietungen angeht, so gehören dazu auch solche, deren Verbreitung verschlüsselt erfolgt. Die Verschlüsselung geht aber mit einer vertraglichen Beziehung zwischen Rezipienten und Kommunikatoren einher und bedeutet gleichzeitig die Identifizierbarkeit des Zuschauers; je nach Spezialisierung des Angebots wird auf diese Weise die Öffentlichkeit, sofern darunter Zugangsfreiheit verstanden wird, eingeschränkt. Nach gängiger juristischer Interpretation bedeutet Allgemeinheit, dass sich das Angebot hinsichtlich der Empfangbarkeit an eine „beliebige Öffentlichkeit" richtet; bei den Darbietungen „aller Art" muss es sich um „meinungsrelevante" Inhalte handeln. (Kops 1997, 3f.) Damit ergibt sich die Frage, ob Sendungen, die in bestimmten Einrichtungen – Krankenhäusern oder Wohnanlagen zum Beispiel – verbreitet werden, unter den Rundfunkbegriff fallen (Kops 1997, 7), und zwar weil es sich hier nicht um Öffentlichkeit handelt bzw. eine allgemeine Empfangsmöglichkeit nicht gegeben ist. Bei bestimmten Mediendiensten kann darüber hinaus das Angebot auf individuelle Interessen des Nutzers bezogen sein, der selbst die Möglichkeit hat, Auswahlkriterien zu bestimmen. Damit zeigt sich, dass Interaktivität auch eine Einschränkung von Öffentlichkeit bedeuten kann.

Während die Anbieter von Mediendiensten eine Subsumierung unter den Rundfunkbegriff vermeiden möchten, um dem für Rundfunkanbieter geltenden Zulassungsverfahren sowie weiteren Regelungen des Rundfunkstaatsvertrages und anderen rechtlichen Vorschriften zu entgehen, gibt es umgekehrt „Bemühungen, möglichst viele der neuen Angebote dem klassischen Rundfunkbegriff zuzuordnen" (Gourd 2002, 124). Die einen führen also das Grundrecht der Informationsfreiheit an (Art. 5 Abs. 1 Satz 1, 2. Halbsatz GG), die anderen wenden sich gegen eine Kürzung der „Reichweite des rundfunkspezifischen Ausgestaltungsvorbehalts" (Gersdorf 1998, 20). Bei einzeln zu bezahlenden Sendungen (Pay-per-View), die jedoch einen vorgegebenen zeitlichen Ablauf haben, handelt es sich um Rundfunk, da sie sich an die Allgemeinheit wenden. Der Rundfunkstaatsvertrag beendet damit frühere Diskussionen, in denen die Einbeziehung von „verschlüsselten Bezahldiensten" problematisiert wurde. (Gourd 2002, 125) Was die Verbreitung angeht, so muss diese einseitig sein und sich *gleichzeitig* an die Empfänger richten, wenn sie dem Rundfunkbegriff entsprechen soll; die rundfunkspezifische Verbreitung ist nach gängiger Auffassung auch dann gegeben, wenn es sich um einen eingeschränkten Teilnehmerkreis handelt. Verbreitung im Sinne des Rundfunkstaatsvertrages liegt dagegen nicht vor, wenn die Übertragung auf Abruf speziell für den Abnehmer erfolgt. (Gourd 2002, 125)

Auch von der nachrichtentechnischen Seite wird die Abgrenzung zwischen Rundfunk und Telekommunikation immer schwieriger. Die Kompatibilität der Medien, die zur Folge hat, dass die „Grenze zwischen Programm und Verbreitungstechnologie durch die neuen digitalen Netzarchitekturen für wechselseitige Übertritte geöffnet" (Vesting 2001, 288) wird, macht den Rundfunkbegriff problematisch. Ebenso werden die Endgeräte austauschbar. Technisch macht es keine Schwierigkeiten, den Fernseher so auszustatten, dass Internetdienstleistungen wie E-Commerce abgerufen werden können. (Vesting 2001, 288) Telefonnetze erbringen heute selbst bei analoger Technik Leistungen, die früher nur über die

Rundfunknetze möglich waren. Die Marktreife von Multimedia-Plattformen, mit denen Telefon, Fernseher und PC verschmelzen, zeichnet sich ab. (Schulz/Seufert/Holznagel 1999, 71 f.) Das bedeutet, dass die Differenz zwischen Fernsehkabelanlagen und sonstigen Netzen in Auflösung begriffen ist und auch zwischen Programmen und Informationsdiensten sowie zwischen Fernsehempfangsgerät und PC kaum noch unterschieden werden kann. Vesting meint sogar, dass eigentlich – bei Anwendung der traditionellen Begriffe – das Rundfunkrecht auf das Internet übertragen werden müsste. (Vesting 2001, 289) Der Rundfunkstaatsvertrag wird durch diese Entwicklung, das heißt die zunehmende technische Konvergenz, unterhöhlt. Da der Gesetzgeber keine Richtlinien verabschieden sollte, die der technischen und gesellschaftlichen Entwicklung nicht standhalten (Hesse 2000, 61 f.), ist eine Prüfung dahingehend erforderlich, was an Ordnungsprinzipien beizubehalten ist und was eine zukunftsorientierte Entwicklung behindert.

12.6   Die Nutzung der neuen Medien und des digitalen Fernsehens

Für die Entwicklung der elektronischen Medien ist aber nicht so sehr entscheidend, was technisch machbar ist, sondern ob diese Möglichkeiten tatsächlich genutzt werden. Wie bei vielen anderen Waren und Dienstleistungen wird auch bezüglich des Umgangs mit Medien der Eigensinn der Verbraucher leicht übersehen oder es kommt zu Fehlschlüssen, indem zum Beispiel die Einstellungen und Verhaltensmuster der technikbegeisterten *early adopters* auf die Allgemeinheit übertragen werden. (Stipp 2001, 371 f.) Der ,Rückkanal' wurde schon in den 70er Jahren im Zusammenhang mit dem Kabelfernsehen anvisiert und mit vielen Hoffnungen auf eine neue Fernsehära verbunden. Der Zuschauer sollte sich mit Hilfe der neuen Technik im Sinne der Brecht'schen Vision[87] aus seiner Lethargie lösen und selbst zum Kommunikator werden. Heute wäre mit Internet und Digitalisierung ein solcher Rollenwechsel von der Passivität zur Aktivität machbar. Ob die Zuschauer von derartigen Möglichkeiten auch Gebrauch machen, wurde bereits Mitte der 90er Jahre skeptisch beurteilt. Kleinsteuber (1996) stellte fest, dass das in den USA erdachte und realisierte interaktive Fernsehen weit hinter den Erwartungen zurückgeblieben sei; eine ähnliche Zurückhaltung der Verbraucher wurde von ihm auch für Europa vermutet. Inzwischen haben sich einige dieser Prognosen bestätigt. In den USA gab es auch bei neueren Ansätzen zum interaktiven Fernsehen schwerwiegende Misserfolge, und zwar nicht zuletzt

---

87   Brecht vertrat die Ansicht, dass der Rundfunk, gemeint ist der Hörfunk, von einem „Distributionsapparat" in einen „Kommunikationsapparat" zu verwandeln sei, so dass der Zuhörer auch zum Sprecher werden könnte. (Brecht 1967, 129)

wegen der zu geringen Bereitschaft potenzieller Nutzer, die zusätzlichen Kosten zu tragen. Die Ursache für derartige Irrtümer besteht offenbar darin, dass „das technisch Machbare über die oftmals auf Vermutungen basierenden Nutzerbedürfnisse dominiert" (Todtenhaupt 2000, 40) oder, konkreter, dass man „das Bedürfnis nach Programmkontrolle, Zeitflexibilität und nach werbefreiem Fernsehen" überschätzt. (Stipp 2001) Nichtsdestoweniger sind in den USA neue Projekte, zum Beispiel zur Einführung von Video on Demand, auf der Basis des digitalen Fernsehens gestartet worden. Generell ist die seit Mitte der 90er Jahre zu beobachtende Entwicklung des interaktiven Fernsehens dadurch gekennzeichnet, dass sich die neuen Angebote an den bereits bestehenden Märkten und Mediensystemen orientieren. (Beckert 2002, 80, 274ff.)

12.7 Verdrängung oder Ergänzung?

Mit der Kompatibilität der Verbreitungswege und der Entstehung von Multi-Media-Plattformen stellt sich die nicht nur unter ökonomischer, sondern auch unter allgemein gesellschaftlicher Perspektive bedeutsame Frage, wie sich Online-Medien und Fernsehen zueinander verhalten, ob es eine Verdrängung auf Kosten des traditionellen Fernsehens geben wird oder ob sich die Medien ergänzen. Die Mediennutzung der Internet-User ist Gegenstand der ARD/ZDF-Online-Studie, die 1997 erstmals durchgeführt und inzwischen jährlich aktualisiert wurde. 1998 gehörten erst 10% der Gesamtbevölkerung zu den Online-Nutzern; im Jahre 2003 waren es bereits 53,5% (Oemichen/Schröter 2000; Oemichen/Schröter 2001, von Eimeren/Gerhard/Frees 2003). Damit war es möglich, auch einzelne Gruppen von Internet-Nutzern nach Lebensstil und vorherrschenden Motiven zu unterscheiden. Von den Befragten einer repräsentativen Stichprobe der Online-Nutzer in Deutschland im Jahre 2003 gaben 31% an, im Zusammenhang mit dem neuen Medium weniger fernzusehen, 69% hatten ihre TV-Gewohnheiten nicht geändert. Dabei zeigte sich, dass die ca. 20 Jahre alten Jungen Wilden, die „aktionistisch, hedonistisch und spannungsorientiert" lebten, sowie die im Durchschnitt 30 Jahre alten Erlebnisorientierten, ferner die Leistungsorientierten mit einem Leistungsunterschied von ca. 35 Jahren und schließlich die Neuen Kulturorientierten Anfang 40 unter den Internet-Nutzern besonders stark vertreten waren, während die vor allem häuslich orientierten Unauffälligen, ebenfalls Anfang 40 und die Klassisch Kulturorientierten Anfang 60 zurückhaltend auf das neue Medium reagierten.

Eine Auswertung der im Rahmen des Eurobarometer erhobenen Daten (s. Anhang) lässt den Schluss zu, dass bei zeitlich aufwendigeren Formen der Internetnutzung der Anteil der User, die das Fernsehen reduzieren, relativ hoch ist. Befragte, deren Internet-Aktivitäten das Downloaden freier Software, die Planung eines Urlaubs durch die Suche nach Reisezielen im Internet oder die Beschäftigung mit vernetzten Spielen umfasst, geben häufiger an, dass sie wegen der Nutzung des Internet weniger Zeit vor dem Fernsehen verbringen. Möglicherweise sind einige Angebote des Internet dazu geeignet, das Fernsehen an Attraktivität zu übertreffen. Darüber hinaus ist zu vermuten, dass für diejenigen, die über mehr Kompetenz im Umgang mit dem Internet verfügen, der Nutzen der Online-Kommunikation größer ist. Ob es sich dabei um langfristige Effekte handelt oder ob die Faszination des neuen Mediums nur vorübergehend von gewohnten TV-Konsum ablenkt, wird sich in Zukunft erweisen. Eine spezielle Auswertung der ARD/ZDF-Online-Studie 2002 zeigt, dass etwas mehr Jugendliche das Fernsehen nach eigener Wahrnehmung reduzieren, als es dem Durchschnitt der Onliner entsprechen würde (van Eimeren 2003, 74): 27% der Internetnutzer im Alter zwischen 14 und 19 Jahren geben an, mit der Onlinenutzung die Zeit das Fernsehen eingeschränkt zu haben; der Durchschnitt liegt bei 25%. Ebenfalls mehr als der Durchschnitt aller Onliner stellen Jugendliche ihr Zeitbudget so um, dass sie weniger lesen; 36% der Jugendlichen gegenüber 21% der Internetnutzer insgesamt haben beobachtet, dass sie, seitdem sie online sind, weniger Zeitungen und Zeitschriften lesen. Nach den Ergebnissen der ,JIM 2002', einer vom Medienpädagogischen Forschungsverbund Südwest herausgegebenen Studie zum Medienumgang der 12- bis 19-Jährigen (Feierabend/ Klingler 2003), sehen 39% der Jugendlichen nach eigenen Angaben seit ihrer Beschäftigung mit dem Internet weniger fern; 42% der Jugendlichen haben die Zeit, die sie mit Lesen verbrachten, reduziert.

Möglicherweise hat das Internet aber auch positive Rückwirkungen auf das Fernsehen. Dies gilt z. B. für einen bewussteren Umgang mit den TV-Angeboten durch programmergänzende Angebote im Netz. An erster Stelle sind in diesem Zusammenhang Informationen zum Sender selbst bzw. zu bestimmten Sendungen zu nennen. Dazu gehören „Adressen, Telefon- und Fax-Nummern, Vorstellung von Redaktionen, Redakteuren und Mitarbeitern (...), Vorstellung von Gesellschaftsstrukturen und Gremien, Darstellung der Arbeitsweise und der redaktionellen Abläufe, Senderfrequenzen und Reichweiten, technische Ausstattung, Studiotechnik und Sendetechnik, (...) die Historie des Senders (...) Stellenangebote und Praktika (...)" (Lee 2001, 101). Für jugendliche Onliner konnte bereits mit der 1999 veröffentlichten ARD/ZDF Studie festgestellt werden, dass durch den Internetauftritt von Radio- und Fernsehsendern das Interesse für deren Programme steigt. (van Eimeren/Maier-Lesch 1999, 597) Die Studie von 2002 ergab, dass die Attraktivität, die den Websites von Fernsehsendern bei Jugendlichen von vornherein zukam, erhalten geblieben ist. Als besonders beliebt haben sich die auf bestimmte Sendungen der privaten TV-Anbieter bezogenen Unterhaltungsangebote erwiesen. (van Eimeren 2003, 74)

Im Internet können Dokumente veröffentlicht werden, die im mehr oder weniger direkten Zusammenhang zu den Inhalten einer Sendung stehen. Zu den Teilen eines Programms, die als Bilder oder Texte online abrufbar sind, kommen ergänzende Links, Postanschriften oder Telefonnummern, weiterführende Informationen, Beratungsinstitutionen usw. hinzu. Des Weiteren können Publikums-Chats veranstaltet, Clubs und Arbeitsgemeinschaften organisiert und Aktionen koordiniert werden. Besonders Ratgebersendungen gewinnen durch nachgereichte und detaillierte Informationen sowie durch Chats mit Experten, durch Kontaktadressen und Literaturhinweise ein zusätzliches Profil. Auch ist es möglich, Bildungsprogramme des Fernsehens im Internet mit Hinweisen auf lokale Veranstaltungen und Termine zu verbinden. (Lee 2001, 104) Im Unterhaltungsbereich sind darüber hinaus mit Hilfe des Internet Fan-Gemeinschaften zu organisieren; pointierte Formulierungen können nachgelesen, Stellungnahmen abgegeben, Autogramme und Starfotos angefordert, an Gewinn- und Ratespielen teilgenommen, Bücher und andere Artikel, die sich auf eine Sendung oder eine Serie beziehen, bestellt werden.[88] Am PC findet also eine von Programmterminen unabhängige Übermittlung von Informationen und Wissen statt, die von den TV-Angeboten getragen wird und auf diese zurückwirkt. Dazu gehört auch, dass online – eventuell auch gegen Bezahlung – allgemeine Dienstleistungen für Zuschauer angeboten werden, die mit der Wahl eines Programms Interesse für ein bestimmtes Thema gezeigt haben, womit das Programm zum Filter wird, um bestimmte Zielgruppen zu erreichen. Wenn dabei auch das kommerzielle Interesse bedient und der Verwertungszusammenhang erweitert wird, so erhöhen doch generell weiterführende Informationen für den Zuschauer „den Nutzwert der Sendung" (Lee 2001, 108). Bezüglich der TV-Veranstalter ergibt sich mit der Erweiterung der Produktpalette die Chance, die Bindung des Publikums an den Sender zu stärken. Ein besonders attraktives Ziel besteht darin, die Kommunikation unter den Zuschauern so zu fördern, dass diese sich selbst trägt und weiterentwickelt; die so entstehenden *communities* haben sich „als optimales Umfeld für den Verkauf von Produkten und Dienstleistungen" (Lee 2001, 107) erwiesen. Eine regelmäßig aufgesuchte Website macht aus dem Zuschauer einen Nutzer, intensiviert und vervielfältigt die Nachfrage nach Dienstleistungen und bringt somit eine Veränderung der Verhaltens- und Orientierungsmuster zum Ausdruck, die als ‚Mehrwert' dem Sender zugute kommt. 64% der jugendlichen

---

88 Zu der in Großbritannien ausgestrahlten Serie „Xena" gibt es schon ca. 200 Websites. Das Internet ermöglicht den Fans, für ihre Interpretation eines ‚Textes' eine unmittelbare Reaktion von anderen Zuschauern zu erhalten, und zwar auch von solchen, mit denen sie keinen persönlichen Kontakt haben. Möglicherweise müssen Forschungsergebnisse zur lebensweltlichen Verarbeitung bzw. zum ‚Lesen' von TV-Texten aufgrund dieser Entwicklung überprüft werden. (Vgl. Pullen 2000, 54)

Onlinenutzer sind an Kontakten mit anderen Hörern und Zuschauern interessiert (van Eimeren 2003, 74).

Mit den Internetangeboten der TV-Veranstalter werden die Möglichkeiten der Vernetzung oder die Hyperlink-Struktur des Computers genutzt. Vorteile der Printmedien, zum Beispiel die mit der Verschriftung einhergehende abstrakte Darstellungsweise und die themenzentrierte Rezeption, werden durch das Internet für das Fernsehen zugänglich. Das Medium Fernsehen eignet sich mit dem Internet die ‚Intellektualität' der Printmedien an. Außerdem wirkt das Netz-Medium einem Defizit des Fernsehens, nämlich dass die Informationen flüchtig sind, entgegen. (Oemichen/Schröter 2001) Eine solche Komplementärfunktion der Onlinenutzung dürfte besonders von solchen Zuschauern in Anspruch genommen werden, für die das Fernsehen zwar interessante Informationen bietet, die jedoch mehr Details erfahren möchten, als es im Allgemeinen im Fernsehen möglich ist. So sind es zum Beispiel nach den Ergebnissen der ARD/ZDF-Online-Studie auch die „neuen Kulturorientierten", Kreative und Intellektuelle um die Vierzig mit Interessen für die neue Kulturszene, die sich als aufgeschlossen gegenüber den Komplementärangeboten des Fernsehens im Internet erwiesen haben. (Oemichen/Schröter 2000)

Ob die Online-Medien das klassische Fernsehen verdrängen oder ergänzen und welche Nutzertypen in absehbarer Zeit das Medienkommunikationsverhalten bestimmen, lässt sich nach den bisherigen Untersuchungsergebnissen nicht feststellen, zumal der erwähnte Neuheitseffekt in Rechnung gestellt werden muss. Was die jugendlichen Onliner betrifft, so stellt sich die Frage, ob diese Kohorte ihr Nutzungsverhalten auch in Zukunft beibehält, ob sie also eine Avantgarde-Funktion wahrnimmt oder ob es sich bei dem Interesse für das Internet um eine für die Lebensphase typische Besonderheit handelt bzw. ob sich junge Menschen vielleicht in besonderem Maße durch neue Medien faszinieren lassen. Nicht nur bei den Jüngeren, sondern auch bei anderen Altersgruppen hat der PC eine rasante Verbreitung gefunden. Im Alter zwischen 14 und 45 Jahren nutzen heute 16% an einem Durchschnittstag einen Computer. Vergleicht man diese mit dem Durchschnitt ihrer Altersgruppe, so zeigt sich, dass die am PC verbrachte Zeit nicht einfach die übrige Medienrezeption ergänzt. „Die Fernsehnutzung (...) bleibt in der Nutzungsspitze bei den PC-Nutzern deutlich hinter der aller 14 bis 45-Jährigen zurück." (Gerhards/Klingler 2003, 127) Es ist davon auszugehen, dass auch die Internetnutzung an dieser Medienzuwendung auf Kosten des Fernsehens maßgeblich beteiligt ist. Speziell in Bezug auf das Internet ergab eine im Jahr 2003 in fünf europäischen Ländern durchgeführte telefonische Befragung, die von einem repräsentativen Sample ausging, einen deutlichen Substitutionseffekt. 43% der Onliner hatten nach Angaben der European Interactive Advertising

Association (2003) das Fernsehen reduziert; 29% gaben an, weniger Bücher zu lesen.

Gegen einen allgemeinen Verdrängungseffekt spricht allerdings das Bedürfnis des Zuschauers nach Muße. Gerade das Fernsehen ist für viele eine Nebenbei-Beschäftigung, die nicht so viel Aufmerksamkeit erfordern darf, dass andere Aktivitäten, Gespräche, Haushalt, Kinderbetreuung, Hobbys usw. darüber zu kurz kommen. So sind auch die Nutzungsmotive für das Fernsehen im Vergleich zu PC und Internet deutlich mehr auf ein solches Mußebedürfnis ausgerichtet. Bei der TV-Nutzung geht es darum, sich entspannen zu können und den Alltag zu vergessen. In Hinblick auf das Internet spielen diese Motive dagegen eine untergeordnete Rolle. (Ridder/Engel 2001) Für Fernsehzuschauer darf der zur Nutzung des Mediums erforderliche Aufwand an Konzentration und Energie nicht zu hoch sein. Zwar muss das passende Programm gesucht werden, das Entspannung ermöglicht; Optimierungsstrategien dagegen, die zuviel Zeit und Energie in Anspruch nehmen, sind bei den überwiegend unterhaltungsorientierten Zuschauern nicht gefragt. Schon eine frühere Technologie, nämlich der Videorecorder, ermöglichte eine bessere Ausnutzung des Fernsehgerätes in Hinblick auf spezielle Bedürfnisse und Interessen. Wohl nicht zuletzt wegen des höheren Aufwandes ist jedoch der Anteil des zeitversetzten Fernsehens an der für das Fernsehen verwendeten Zeit gering. (Mytton 1999) Schönbach (1997) hat darauf hingewiesen, dass das Bedürfnis nach Muße elementar genug ist, um sich nicht einfach zu verflüchtigen. Auch in Zukunft wird es daher, so Schönbach, die passive Rezeption von CDs, von Radio- und Fernsehsendungen geben.[89]

Brosius (1997) macht ebenfalls auf die beschränkte Interaktionsbereitschaft des Publikums aufmerksam. Die individuelle Zusammenstellung des Fernsehprogramms wäre ebenso wenig zu erwarten wie die Nutzung bestimmter anderer, durch Rückkanäle ermöglichter Optionen, wie sie zum Beispiel mit der Regiefunktion eröffnet würden. Die Entwicklung der Neuen Medien ließe nur eine graduelle Veränderung des Fernsehens erwarten. Nichtsdestoweniger wüchse mit den Wahlmöglichkeiten die Autonomie des Publikums gegenüber dem Medium. Die Sendertreue werde abnehmen und die Konkurrenz der Veranstalter um bestimmte Zielgruppen werde sich verschärfen.

---

89 Unterstützt wird diese Behauptung durch empirische Studien, die nachweisen, dass das Publikum einer Sendung am besten anhand des Publikums der vorangegangenen Sendung vorhergesagt werden kann, was bedeutet, dass schon bei den bestehenden Wahlmöglichkeiten des Fernsehens und den noch eingeschränkten Entscheidungszwängen die Zuschauer „recht passiv den strukturellen Vorgaben des Programms folgen". (Siehe Hawkins/Pingree 1996, 97)

12.8   Zukunftsperspektiven

So berechtigt diese Skepsis sein mag, so sollten längerfristige Prognosen des Rezipientenverhaltens den gesellschaftlichen Strukturwandel nicht unberücksichtigt lassen. Wenn die Digitalisierung des Fernsehens die bestehenden Angebote vermehrt, dann wird diese Vielfalt auf Dauer zur Wirkung kommen, also zur Implementierung einer anderen Art der Nutzung beitragen. Ebenso ist davon auszugehen, dass der interaktive Umgang mit dem Fernsehen gewöhnungsbedürftig ist, aber mit der Verbesserung des Bedienungskomforts auch von zunächst inaktiven Zuschauern genutzt wird. Eine Technik, die mit mehr Wahlfreiheit, mehr Qualität und mehr Leistung einhergeht, entspricht nämlich dem allgemeinen gesellschaftlichen Trend in Richtung einer „Multioptionsgesellschaft" (Gross 1994). Diese ist gekennzeichnet durch das Bemühen um Verbesserungen, und zwar bereits aus der Notwendigkeit heraus, die eigene Identität selbst zu entwerfen. Mit der „Herausschälung des Individuums" (Gross 1994, 180ff.) setzt eine Unzufriedenheit ein, die sich gegen das Bestehende wendet und die dazu tendiert, die vorhandenen Grenzen zu überschreiten. Es entstehen, wenn auch nur zögerlich und vor dem Hintergrund alter Gewohnheiten, mit neuen Möglichkeiten und Freiheiten nicht zuletzt Ansprüche, die zur Abkehr von alten Verhaltensweisen führen. Damit ergibt sich eine grundsätzliche Aufgeschlossenheit gegenüber dem Neuen. Für den Umgang mit Technik heißt das, dass diese interessant ist, selbst wenn sich der Gebrauchswert noch erweisen muss.

Für das digitale Fernsehen spricht, dass es einer allgemeinen gesellschaftlichen Tendenz zur Auflösung von Traditionen, zum Verschwinden gesellschaftlicher Großgruppen, zu mehr Selbstverantwortung und Selbstgewissheit entgegenkommt. Die eingangs erwähnte Kongruenz zwischen gesellschaftlicher Strukturveränderung und der Transformation der Medien gilt auch für die in beiden Bereichen unübersehbaren Individualisierungsvorgänge. Mit dem Heraustreten aus weltanschaulichen, normativen und sozialen Gemeinschaften ergibt sich ein Selektionsdruck, der nach Realisierung verlangt, der dazu herausfordert, Handlungsmöglichkeiten auszuprobieren. Was die Kommunikation betrifft, so bedeutet Individualisierung, dass der Einzelne nicht mit vorgesetzten Programmen zufrieden ist, sondern sich vielmehr auf den Weg zu den für ihn persönlich relevanten Informationen begibt oder aus einer Fülle von Unterhaltungsangeboten die Möglichkeiten heraussucht, die sich mit seinem Lebensstil, seinem Milieu, seinem Lebensalter und seinen Anschauungen am besten verträgt. Noam stellt im Bezug auf das gerade anbrechende Zeitalter des ‚Cyber-TV' fest:

> „Die Zuschauer werden sehen, was sie sehen wollen, wann immer sie es wollen (...) starre Programmstrukturen wird es nicht mehr geben. – Deshalb sehen wir nicht dem Alptraum der Fernsehgegner – einer Zukunft der 50, 500 oder 5000 Sender – entge-

gen. Es kommt viel schlimmer. Es wird die Zukunft eines einzigartigen Kanals sein, des Kanals persönlichen Zuschnitts. Das kollektive Massenerlebnis weicht dem Individualerlebnis." (Noam 1996, 15)

Individualisierung als Transformation der Sozialstruktur und Individualisierung als Veränderung der Kommunikationsweisen gehen beide mit zunehmender Reflexivität einher. Die Freisetzung von Traditionen und habitualisierten Mustern vergrößert nicht nur objektiv die Wahlmöglichkeiten; vielmehr kommt der Einzelne an Entscheidungen nicht vorbei, die in seine Hand gegeben sind und deren Vor- und Nachteile infolgedessen abgewogen werden müssen. Wenn auch durch die Werbung, durch Moden und Trends ein Teil dieser Optionen wieder kassiert werden, wenn durch Traditionsstiftungen im Kleinen, durch Rituale und durch lebensweltliche Rhythmisierung einige Entscheidungsmöglichkeiten wieder aufgehoben werden, so bleiben sie doch als grundsätzliche Freiheit bewusst, und sei es auch nur die, dass selbst für solche Routine schaffenden Standards – ein ästhetischer Stil, eine politische Richtung – die Freiheit der Wahl gilt. Daher beobachtet der Einzelne sein Erleben; er liefert sich nicht einfach einem Geschehen aus, sondern nimmt Optionen als Entscheidungen wahr, gibt sich selbst Rechenschaft und bilanziert.

Für den Fernsehzuschauer bedeutet das, dass er die Erlebnisqualitäten, die mit bestimmten Programmen und Genres verbunden sind, reflektiert und damit steuert. Bei der Selbstbeobachtung des Zuschauers steht die subjektive Resonanz von TV- und Multimediaangeboten im Mittelpunkt. Die Fernsehprogramme werden in Hinblick auf bestimmte Emotionen, die von dem Zuschauer/Nutzer gesucht werden, getestet. Der Einzelne ist Manager seiner Gefühle und Erlebnisse. Wie andere Freizeitaktivitäten auch, so wird die TV-Nutzung in Hinblick auf eine angestrebte emotionale Bilanz beurteilt.

Wenn dabei das Neue besonders gefragt ist, dann auch deshalb, weil der Gefühlswert jener äußeren Umstände und Konstellationen, die Erlebnisqualitäten versprechen, nicht auf Dauer gestellt werden kann. Die positive Einstellung des Handelnden gegenüber dem Ungewöhnlichen ergibt sich nicht zuletzt aus der Suche nach anderen, erlebnisversprechenden Gegebenheiten, nach dem, was noch nicht da gewesen ist, was also noch den vollen Gebrauchswert hat. Für das Fernsehen heißt das, dass neue Bilder gezeigt und neue Formate entwickelt werden müssen, um die Einmaligkeit von Erlebnisqualitäten glaubhaft zu machen. Der Zuschauer als Manager seiner Gefühle ist auf der ständigen Suche nach Fernsehereignissen, die er noch nicht kennt, die zumindest die vertrauten Elemente neu kombinieren. *Zapping* ist eine Art von Orientierung auf dem Markt, und zwar mit dem Ziel, etwas zu finden, das den Gefühlshaushalt – je nach Bedürfnislage – gut versorgt.

Die Vielzahl von Programmen, die das digitale Fernsehen ermöglicht, entspricht also allgemeinen gesellschaftlichen Veränderungen, auch wenn sich der Zuschauer zunächst von der Fülle des Angebots überfordert fühlt. Selbstverständlich muss die Reise in noch unbekannte Erlebniswelten, die das Fernsehen zu bieten hat, gut organisiert sein. Es bedarf also der Voreinstimmung in das zu erwartende Neue, das heißt, das Innovative selbst erfordert eine Strukturierung, um die noch unbekannten Gefühle kalkulierbar zu machen. Dazu gehört auch die Gewöhnung. Der Bedarf für eine Vielzahl von Programmen setzt eine allmähliche Erweiterung des Angebots voraus. Eine Vergrößerung der Auswahl bleibt auf der Nachfrageseite unattraktiv, wenn nicht zuvor eine Möglichkeit bestanden hat, sich *schrittweise* mit weiteren Programmen auseinander zu setzen. (Kröger 1997, 112f.)

Zu dem Neuen, das das Fernsehen bietet, gehören auch die Nachrichten. Die Wirklichkeit selbst bringt dauernd Ereignisse hervor, sodass das, was im Unterhaltungsbereich mühsam als *event* kreiert und vermarktet werden muss, im Rahmen des gesellschaftlich-politischen Geschehens aufgrund der Kontingenz der beeinflussenden Faktoren sich ständig selbst erzeugt. Während im Bereich von Lebensgewohnheiten, die mit Kleidung, Wohnen, Essen usw. zusammenhängen, über eine Ästhetisierung von Verhalten und Objekten eine Dynamisierung herbeigeführt wird, wobei es eines nicht unerheblichen Aufwandes bedarf, um eine Aktualisierung von Lifestyle und Lebensart durchzusetzen, vollzieht sich die Neuigkeitenproduktion des Zeitgeschehens so, dass sie als urwüchsig wahrgenommen wird, und zwar auch dann, wenn es sich um Inszenierungen handelt. Offenbar gibt es genügend genuine Ereignisse, um auch die ‚Pseudoereignisse' noch interessant zu machen. Neuigkeiten im Sinne von *news* stehen somit im Gegensatz zur Künstlichkeit der Aktualisierung in anderen Bereichen.

Die Suche nach dem Neuen ist die Ursache dafür, dass sich die Programmstruktur des Fernsehens nicht auflösen wird und dass das Programm nicht zu Videos erstarrt. Die Teilnahme an einer geteilten Wirklichkeit und damit an einem gemeinsamen Zeitstrom ist die Voraussetzung dafür, dass Ereignisse, die sich von der Kontinuität und Gleichförmigkeit des Geschehens abheben, überhaupt als solche erkannt werden. Analog gilt für die Berichterstattung über Ereignisse bzw. die mediale Konstruktion von Ereignissen, dass diejenigen, die in den Kommunikationsprozess eingebunden sind, sich als Zeitgenossen empfinden, als passive oder aktive Teilnehmer an einem kollektiven Geschehen, das auf einer Zeitachse angeordnet werden kann. Trotz zunehmender Verbreitung neuer Medien, zunehmender Interaktivität, zunehmender Optionalität von Kommunikaten und ihrer zeit- bzw. programmunabhängigen Rezeption bleibt das Interesse an Nachrichten, ja, darüber hinaus an allem Neuen, Ungewöhnlichen, am aktuellen Geschehen überhaupt, das heißt an der Gegenwart als einem Fokus gemeinsamer Aufmerksamkeit, bestehen.

Die Individualisierung der Kommunikation führt also keineswegs dazu, dass jeder in seiner eigenen Zeit lebt. Vielmehr bezieht sich die Zeitunabhängigkeit der Mediennutzung auf ganz bestimmte Inhalte, auf Unterhaltung etwa oder Serviceangebote. Über das Zeitgeschehen möchte jeder gern aktuell in Kenntnis gesetzt werden. Dieses Interesse an möglichst unmittelbarer Information lässt im Zuge allgemeiner gesellschaftlicher Entwicklungen nicht nach, sondern wird eher noch gesteigert. Die Berichterstattung soll immer aktueller werden, ja, am besten *live* erfolgen. Diese aktuellen Informationen können sparten- und zielgruppenspezifische Schwerpunkte haben; eine allgemeine Agenda der politischen, wirtschaftlichen und sozial zentralen Ereignisse und Vorgänge bleibt jedoch erhalten. Damit haben auch die Programmmedien, die dieses Bedürfnis nach Aktualität, nach einer geteilten Wirklichkeit erfüllen, eine Zukunft.

Genauer betrachtet ist es eine doppelte Funktion, die das Fernsehen unentbehrlich macht, nämlich 1. die Konstitution von Aktualität und 2. die Konstitution von Themen. Die ort- und zeitunabhängige Mediennutzung hat nicht bewirkt, dass es keine gemeinsamen Themen mehr gäbe, dass nicht ein Konsens darüber bestünde, was wichtig ist und was nicht. Wenn es auch kleinere Öffentlichkeiten geben mag, wenn sich interessenspezifische Nutzersegmente, ja auch virtuelle Gemeinschaften bilden, so gibt es doch nicht beliebig viele Agenden. Vielmehr richtet sich die Aufmerksamkeit des Publikums auf eine begrenzte Zahl von Gegenständen. Dabei übernehmen die Medien eine bedeutende Funktion: Ohne die Zentrierung des Interesses auf eine kleine Auswahl von Möglichkeiten wäre die Aufmerksamkeit selbst sinnlos. Nachrichten im Sinne von Neuigkeiten können sich nicht auf eine Unzahl von Objekten richten. Im Interesse der Aktualität vollzieht sich eine zeitliche und sachliche Synchronisierung von Beteiligtsein durch die Medien. Auch wenn sich die Zahl der Fernsehkanäle vervielfacht, erhöht sich entsprechend nicht die Zahl der Themen. Da es auf Seiten der Öffentlichkeit ein Interesse an aktuellen Ereignissen gibt, ist eine Selektion unerlässlich.

Die von Luhmann (1979) dem Fernsehen zugeschriebene Beobachtung der Beobachter gilt auch in Hinblick auf die Zeit, die Vergewisserung darüber, was Gegenwart und Aktualität ausmacht. Mit einer kollektiv geteilten, damit auch synchronen Wirklichkeit wird der Realitätsbezug stabilisiert. Daher dürfte es sich bei der von Ruhrmann und Nieland formulierten These „Die Erhöhung des Interaktionsniveaus des Fernsehens führt zu einer Relativierung von Aktualität als zentralem Reproduktionskriterium von Massenkommunikation" (Ruhrmann/ Nieland 1997, 211) eher um eine hypothetische als um eine empirische Aussage handeln. Gerade weil Aktualität als Vergewisserung von Welt erforderlich ist, kann die Interaktivität nicht das Programm und damit die Programmmedien Hörfunk und Fernsehen sowie gedruckte Periodika ersetzen. Speziell das Fernsehen wird weiterhin, neben anderen Möglichkeiten, eine Arenafunktion übernehmen; es wird die Wahrnehmung der Menschen auf ein Geschehen ausrichten, das von Zuschauern als aktuell, als gegenwärtiger Stand eines komplexen Geschehens angesehen wird, in das sie selbst involviert sind. Die Information über einzelne Aspekte dieses Geschehens sowie die Erfassung und Deutung spezieller Ereignisse ermöglicht dem Handelnden, einen Platz in der Welt einzunehmen, das heißt sich selbst zu anderen in zeitlicher, sozialer und physischer Hinsicht zu positionieren.

Durch *news* wird das kollektive Zeiterleben koordiniert; sie markieren die Grenze zwischen Gegenwart und Vergangenheit und zeigen den Beobachtern, wo sie auf einer imaginativen Linie der Zeit momentan – gemeinsam mit anderen – stehen; sie machen aber auch deutlich, was nicht mehr erwähnt werden muss, weil es gestern war, und wo sich die Zeitachse in die Zukunft hinein fortsetzt. Das Fernsehen hilft nicht nur, den Alltag zu strukturieren, sondern lässt den Einzelnen an einer Wirklichkeit teilhaben, die in ihrer Aktualität als Gemeinsamkeit, als ‚Zeitgenossenschaft' bewusst wird. Informationen über das Neue eignen sich dazu, dass sie in der lebensweltlichen Kommunikation eine Begutachtung und Interpretation erfahren, um so in das Bestehende, vermeintlich Objektive ausgegliedert zu werden. Mit der Arenafunktion des Fernsehens ergeben sich Anknüpfungspunkte für eine Alltagskommunikation, in der die für wahr und objekthaft genommenen Nachrichten immer wieder bestätigt werden. Medienkommunikation validiert nicht nur lebensweltliche Erfahrungen; sie wird auch in Alltagsgesprächen geprüft, um selbst den Rang des ‚objektiv' Gegebenen einnehmen zu können. Diese Art der Objektivität hat nur Bedeutung in der Gegenwart. Sie ist das, worauf man sich im aktuellen Handeln einstellen kann und muss. Eine Ablösung der Massenkommunikation durch Interaktion wird es daher ebenso wenig geben wie eine Ablösung der Programmmedien durch zeitunabhängige Angebote für einzelne Zielgruppen.

Trotzdem bleibt nicht alles beim Alten. Der Zuschauer wird – noch mehr als bislang – wählerisch. Er wird sich öfter, als das bisher der Fall war, zu Wort melden und im Prozess der Massenkommunikation selbst aktiv werden. Eine Kommunikation im Sinne von *one to many* wird zwar weiterhin Menschen zusammenführen, aber nur temporär. Immer mehr wird Massenkommunikation durch interaktive Kommunikation unterbrochen. Es ergibt sich die Tendenz, von der Arena ins Forum zu wechseln, wo jeder, nach Interessen und Vorlieben, mit anderen Kontakt aufnehmen kann, wo sich Gesprächsrunden bilden, kleinere Gemeinschaften und Auditorien, in denen man vom Zuhörer in die Rolle des Akteurs wechseln kann. Ob auf diese Weise informelle Verkehrskreise oder informelle soziale Netzwerke gestärkt oder geschwächt werden, ist ein Problem, das weiterer Forschungen bedarf. Das Fernsehen aber bleibt, wenn auch in einer Funktion unter anderen, Massenkommunikation und Programmmedium; es lässt nicht Realität verschwinden, sondern ist als eine unverzichtbare Instanz anzusehen, um Realität plausibel zu machen.

Zusammenfassung:

Das Fernsehen ist zur Zeit durch eine Beschleunigung der technischen Entwicklung gekennzeichnet. Besonders in Hinblick auf das Verhältnis der Medien Computer/Internet und Fernsehen ist eine zunehmende Konvergenz zu beobachten, die auch den traditionellen Rundfunkbegriff in Frage stellen. Die Digitalisierung des Fernsehens ermöglicht eine Ausweitung von Programmen und weiteren Diensten. Das Internet übernimmt Funktionen, die bislang anderen Medien vorbehalten waren, und ergänzt das Fernsehen durch zusätzliche Serviceleistungen. Wie das Fernsehen in Zukunft empfangs- und gerätetechnisch lokalisiert sein wird, ist im Augenblick ebenso offen wie die Frage, ob es Verdrängungseffekte durch Onlinemedien zu Lasten des Fernsehens geben könnte. Spezielle Nutzungsstrukturen und Bedürfnisse der Zuschauer scheinen zunächst gegen eine solche Veränderung zu sprechen. Allgemeine gesellschaftliche Entwicklungen, vor allem die Zunahme funktionaler Alternativen, die das gesellschaftliche Leben kennzeichnet, deuten auf eine langfristige Optionalität im Arrangement von Kommunikation hin, ohne dass dadurch Programmmedien überflüssig würden.

Literatur

Dahm, Hermann/Rössler, Patrick/Schenk, Michael: Vom Zuschauer zum Anwender. Akzeptanz und Folgen digitaler Fernsehdienste. Münster 1998
Ausgangspunkt der Studie ist eine Klärung von Begriffen im Kontext der Digitaltechnik und ihrer Anwendungsformen. Auch die Systematisierung der neuen Fernsehdienste nach Interaktivitätsgrad, inhaltlichen Formen und Entgeldformen erleichtert die Orientierung in einer durch uneinheitliche Begriffsbildungen gekennzeichneten Diskussion. Auf dieser Basis werden mit einer empirischen Akzeptanzstudie die gegenwärtigen Nutzungsmuster und das Potenzial weiterer Nutzungsmöglichkeiten erkundet. Zusammen mit einer kritischen Revision früherer Projekte zum digitalen Fernsehen erarbeiten die Verfasser Vorschläge zur Einführung neuer Fernsehdienste.

Schulz, Wolfgang/Seufert, Wolfgang/Holznagel, Bernd: Digitales Fernsehen. Regulierungskonzepte und –perspektiven. Opladen 1999
Die Digitalisierung des Fernsehmarktes wirft zahlreiche Fragen hinsichtlich der Folgen sowohl auf ökonomischer als auch auf politischer Ebene auf, wobei die Gefahr der Unternehmenskonzentration und der einseitigen Beeinflussung der politischen Willensbildung besondere Beachtung verdienen. Gegenwärtige rechtliche Bestimmungen werden durch neue technischen Gegebenheiten zunehmend wirkungslos. Die

Studie zielt darauf ab, mögliche Entwicklungen abzuschätzen und Regulierungsoptionen zu entwerfen.

Todtenhaupt, Anja Claudia: Cyber TV. Die Digitalisierung der Film- und Fernsehproduktion, Münster 2000

Bemerkenswert an dieser Arbeit ist u.a. die präzise Darstellung der technischen Möglichkeiten, die sich mit dem digitalen und interaktiven Fernsehen und seiner Entgrenzung zu Multimedia-Anwendungen ergeben. Von dieser Basis aus werden vorsichtige und begründete gesellschaftstheoretische Erwägungen vorgenommen. Für die Autorin stellt sich auch und gerade mit dem neuen Fernsehen das Problem der Virtualität, des Entschwindens der Wirklichkeit und der Entmaterialisierung von Raum. Der Einzelne wird mit dem Wechsel vom Zuschauer zum Protagonisten vor die Notwendigkeit gestellt, sich selbst neu zu definieren. Die Ausführungen werden durch Beispiele von Projekten ergänzt, die geeignet sind, Perspektiven auf künftige Entwicklungen zu eröffnen.

Anhang

Substitutionseffekt Internet versus TV-Konsum nach Art der Internetnutzung[90]

1. Download von freier Software

Download freier Software	Hat die Tatsache, dass Sie das Internet nutzen, die Zeit, die Sie andernfalls mit Fernsehen zubringen würden, reduziert?					
	Ja		Nein		Gesamt	
	%	n=	%	n=	%	n=
Ja	25,7	56	25,7	56	51,4	112
Nein	18,3	40	30,3	66	48,6	106
Gesamt	44,0	96	56,0	122	100,0	218

Quelle: Eurobarometer 53, 2000 und eigene Berechnungen

2. Vorbereitung oder Planung eines Urlaubs durch die Suche nach Reisezielen

Suche nach Reisezielen	Hat die Tatsache, dass Sie das Internet nutzen, die Zeit, die Sie andernfalls mit Fernsehen zubringen würden, reduziert?					
	Ja		Nein		Gesamt	
	%	n=	%	n=	%	n=
Ja	19,2	42	16,9	37	36,1	79
Nein	24,7	54	39,3	86	63,9	140
Gesamt	44,0	96	56,2	123	100,0	219

Quelle: Eurobarometer 53, 2000 und eigene Berechnungen

---

90 Hartung, Harald: Eurobarometer 53: Racism, Information Society, General Services and Food Labeling, April-June 2000 [Computer file]. 3rd ICPSR version. Brussels, Belgium: INRA (Europe) [producer], 2000. Cologne, Germany: Zentralarchiv für Empirische Sozialforschung/Ann Arbor, MI: Interuniversity Consortium for Political and Social Research [distributors], 2002. – Auswertung von Birgit Schuhmacher

3. Spielen von Computerspielen

	Hat die Tatsache, dass Sie das Internet nutzen, die Zeit, die Sie andernfalls mit Fernsehen zubringen würden, reduziert?					
Spielen von Com-puterspielen	Ja		Nein		Gesamt	
	%	n=	%	n=	%	n=
Ja	16,5	36	12,8	28	29,4	64
Nein	27,5	60	43,1	94	70,6	154
Gesamt	44,0	96	56,0	122	100,0	218

Quelle: Eurobarometer 53, 2000 und eigene Berechnungen

Literatur

ABC der ARD: 3sat. URL: http://db.ard.de/abc. Zugriff: 25.11.2003

Abercrombie, Nicholas/Longhurst, Brian (1998): Audiences: A Sociological Theory of Performance and Imagination. London/Thousand Oaks/New Delhi

Abramson, Albert (2002): Die Geschichte des Fernsehens. Übers. und hrsg. von Herwig Walitsch. München; im Orig.: (1987): The History of Television, 1880 to 1941. Jefferson N.C.

Adorno, Theodor W. (1953): Prolog zum Fernsehen. In: Rundfunk und Fernsehen. 2. Abdruck in: ders.: (1977): Kulturkritik und Gesellschaft II. Gesammelte Schriften, Bd. 10. Frankfurt/M. 507-517

Alexander, Jeffrey C. (1992): Recent Sociological Theory between Agency and Social Structure. In: Schweizerische Zeitschrift für Soziologie 18. 7-17

Alexander, Jeffrey C./Boudon, Raymond/Cherkaoui, Mohamed (Hg.) (1997) The Classical Tradition in Sociology. The American Tradition. Bd. 4. London/Thousand Oaks/New Delhi

Alexander, Jeffrey C./Colomy, Paul (1997): Neofunctionalism Today: Reconstructing a Theoretical Tradition. In: Alexander et al. (Hg.) (1997): 1-32

ALM (Arbeitsgemeinschaft der Landesmedienanstalten in der Bundesrepublik Deutschland) (1996): Jahrbuch der Landesmedienanstalten: Privater Rundfunk in Deutschland 1995/1996. München

Altendorfer, Otto (2001): Das Mediensystem der Bundesrepublik Deutschland. Bd. 1. Wiesbaden

Altheide, David L. (1976): Creating Reality. How TV News Distort Events. Beverly Hills/London

Altmeppen, Klaus-Dieter (2001): Ökonomisierung aus organisations-soziologischer Perspektive: Der Beitrag der Medienunternehmen zur Ökonomisierung. In: Medien & Kommunikationswissenschaft 49. 195-205

American Psychological Association (1993):. Violence and youth: Pschychology's response. Washington, DC

Ang, Ien (1986): Das Gefühl Dallas – Zur Produktion des Trivialen. Bielefeld

ARD Jahrbuch, Hamburg 2000

Armbruster, Claudius (1986): Endloses, alltägliches Erzählen in der brasilianischen Telenovela. In: Rundfunk und Fernsehen 34. 331-350

Arzheimer, Kai (2002): Politikverdrossenheit. Bedeutung, Verwendung und empirische Relevanz eines politikwissenschaftlichen Begriffs. Wiesbaden

Atteslander, Peter (1980): Ist Medieneinfluss bei Wahlen messbar? In: Media-Perspektiven 9. 597-604

Auter, Philip J. (1992): TV That Talks Back : An Experimental Validation of a Parasocial Interaction Scale. In: Journal of Broadcasting & Electronic Media 36. 173-181

Auwärter, Manfred/Kirsch, Edit/Schröter, Klaus (Hg.) (1977): Seminar: Kommunikation, Interaktion, Identität. 2. Aufl. Frankfurt/M.

Balke, Friedrich/Schwering, Gregor/Stäheli, Urs (Hg.) (2000): Big Brother. Beobachtungen. Bielefeld

Bandura, Albert/Ross, Dorothea/Ross, Sheila A. (1963): Vicarious reinforcement and imitative learning. In: Journal of Abnormal and Social Psychology 66. 601-607

Bandura, Albert (1989): Die sozial-kognitive Theorie der Massenkommunikation. In: Groebel et al. (Hg.) (1989): 7-32

Bandura, Albert (2002): Social Cognitive Theory of Mass Communication. In: Bryant et al. (Hg.) (2002) : 121-153

Bartel, Ralph (1997): Fernsehnachrichten im Wettbewerb. Die Strategien der öffentlichrechtlichen und privaten Anbieter. Köln u.a.

Barthelmes, Jürgen (2002): Funktionen von Medien im Prozess des Heranwachsens. Ergebnisse einer Längsschnittuntersuchung bei 13-20-Jährigen. In: Media-Perspektiven 2. 84-89

Barthelmes, Jürgen/Sander, Ekkehard (1997): Medien in Familie und Peer-Group. Vom Nutzen der Medien für 13- und 14-Jährige. Medienerfahrungen von Jugendlichen. Bd. 1. München

Barthelmes, Jürgen/Sander, Ekkehard (2001): Erst die Freunde, dann die Medien. Medien als Begleiter in Pubertät und Adoleszenz. München

Bartsch, Robert A. et al. (2000): Gender Representation in Television Commercials. Updating an Update. In: Sex Roles 43. 735-743

Baudrillard, Jean (1978a): Agonie des Realen. Berlin

Baudrillard, Jean (1978b): Cool Killer oder Der Aufstand der Zeichen. Berlin

Baudrillard, Jean (1986): Subjekt und Objekt: fraktal. Bern

Baudrillard, Jean (1989): Videowelt und fraktales Subjekt. In: Ars Electronica (Hg.): Philosophien der neuen Technologie. Berlin

Baudrillard, Jean (1994): Die Illusion des Endes oder Der Streik der Ereignisse. Berlin

Bauer, Rudolph (2001): Personenbezogene soziale Dienstleistungen. Wiesbaden

Beck, Klaus (1994): Medien und die soziale Konstruktion von Zeit. Über die Vermittlung von gesellschaftlicher Zeitordnung und sozialem Zeitbewusstsein. Opladen

Beck, Ulrich: Risikogesellschaft. Auf dem Weg in eine andere Moderne. Frankfurt am Main 1986

Becker, Lee B. et al. (1989): United States: Cable Eases Its Way into the Household. In: ders. et al. (Hg.) (1989): 167-223

Becker, Lee B./Kosicki, Gerald M. (1995): Understanding the message – producer/message – receiver transaction. In: Research in Political Sociology 7. 32-42

Becker, Lee B./Schoenbach, Klaus (Hg.) (1989): Audience Responses to Media Diversification. Coping with Plenty. Hillsdale/New Jersey

Beckert, Bernd (2002): Medienpolitische Strategien für das interaktive Fernsehen. Eine vergleichende Implementationsanalyse. Wiesbaden

Beierwaltes, Andreas (2002): Demokratie und Medien. Der Begriff der Öffentlichkeit und seine Bedeutung für die Demokratie in Europa. 2. Aufl. Baden-Baden

Bente, Gary/Backes, Margitta (1996): Vielsehen, parasoziale Interaktion und zwischenmenschliche Verständigung. Eine explorative Studie zum Zusammenhang von Fernsehkonsum und interpersonellem Verhalten jugendlicher Zuschauer. In: Vorderer (Hg.) (1996a): 181-202

Bente, Gary/Fromm, Bettina (1997): Affektfernsehen. Motive, Angebotsweisen und Wirkungen. Opladen

Bentele, Günter/Brosius, Hans-Bernd/Jarren, Otfried (Hg.) (2003): Öffentliche Kommunikation. Handbuch Kommunikations- und Medienwissenschaft. Wiesbaden

Berger, Peter L./Luckmann, Thomas (1966/1996): Die gesellschaftliche Konstruktion der Wirklichkeit. Eine Theorie der Wissenssoziologie. 38. – 40. Tsd. Frankfurt

Berghaus, Margot/Hocker, Ursula/Staab, Joachim-Friedrich (1994): Fernseh-Shows im Blick der Zuschauer. In: Rundfunk und Fernsehen 42. 24-36

Berkowitz, Leonard (Hg.) (1975): Advances in experimental social psychology. Bd. 8. New York

Berkowitz, Leonard/Rawlings, Edna (1963): Effects of Film Violence and Inhibition Against Subsequent Aggression. In: Journal of Abnormal and Social Psychology 66. 405-412

Beyme, Klaus von (1993): Die politische Klasse im Parteienstaat. Frankfurt/M.

Blaes, Ruth/Heussen, Gregor A. (Hg.) (1997): ABC des Fernsehens. Konstanz

Bleicher, Joan (1997): Programmprofile kommerzieller Anbieter seit 1984. In: dies. (Hg.) (1997): 9-40

Bleicher, Joan (1993): Institutionsgeschichte des bundesrepublikanischen Fernsehens. In: Hickethier (Hg.) (1993): 67-134

Bleicher, Joan (1995): Die Lindenstraße im Kontext deutscher Familienserien. In: Jurga (Hg.) (1995): 41-53

Bleicher, Joan (1995): Fernsehprogramme in Deutschland. Konzeptionen Diskussionen, Kritik (1935-1993). Ein Reader: Opladen 1996

Bleicher, Joan (Hg.) (1997): Programmprofile kommerzieller Anbieter. Analysen zur Entwicklung von Fernsehsendern seit 1984. Opladen

Bleicher, Joan (2000): Zwischen Menschenzoo, Panoptikum und Dauertheater. Inszenierungsstrategien im „Big-Brother"-Container und ihre gesellschaftlichen Funktionen. In: Medien & Kommunikations-wissenschaft 48. 518-536

Bleicher, Joan (2001): Mediengeschichte des Fernsehens. In: Schanze (Hg.) (2001): 490-518

Bleicher, Joan (2002): Formatiertes Privatleben: Muster der Inszenierung von Privatem in der Programmgeschichte des deutschen Fernsehens. In: Weiß et al. (Hg.) (2002): 207 – 246

Bleicher, Joan (2003): Fernsehgeschichte und ihre Beziehung zu Modellen der Mediengeschichte. Ein Forschungsbericht. In: hamburger hefte zur medienkultur 2. 3-22

Blumler, Jay G./Katz, Elihu (Hg.) (1974): The Uses of Mass Communications. Current Perspectives on Gratifications Research. Beverly Hills/London

Blumler, Jay G./McQuail, Denis (1968): Television in Politics. Its Uses and Influence. London

Böhme-Dürr, Karin/Sudholt, Thomas (Hg.) (2001): Hundert Tage Aufmerksamkeit. Das Zusammenspiel von Medien, Menschen und Märkten bei „Big-Brother". Konstanz

Bohn, Rainer et al. (Hg.) (1988): Ansichten einer künftigen Medienwissenschaft. Berlin

Bohrmann, Hans et al. (Hg.) (2000): Wahlen und Politikvermittlung durch Massenmedien. Wiesbaden

Bonfadelli, Heinz (1988): Lesen, Fernsehen und Lernen. In: Publizistik 33. 437-455

Bonfadelli, Heinz (1994a): Die Wissenskluft-Perspektive. Massenmedien und gesellschaftliche Information. Konstanz

Bonfadelli, Heinz (1994b): Mehr Programme = mehr Unterhaltung? Tendenzen im Zuschauerverhalten in der Deutschschweiz. In: Bosshart et al. (Hg.) (1994): 248-266

Bonfadelli, Heinz (2000): Medienwirkungsforschung II. Anwendungen in Politik, Wirtschaft und Kultur. Konstanz

Bonfadelli, Heinz (2001): Medienwirkungsforschung I. Grundlagen und theoretische Perspektiven. 2. korr. Aufl. Konstanz

Bonfadelli, Heinz/Fritz, Angela/Köcher, Renate (Hg.) (1993): Lesesozialisation. 2 Bde. Studien der Bertelsmann Stiftung. Gütersloh

Boorstin, Daniel J. (1964): The image. A Guide to Pseudo-Events in America. New York

Borstnar, Nils/Pabst, Eckhard/Wulff, Hans-Jürgen: Einführung in die Film- und Fernsehwissenschaft. Konstanz 2002

Bosshart, Louis (1994): Überlegungen zu einer Theorie der Unterhaltung. In: ders. et al. (Hg.) (1994): 28-40

Bosshart, Louis/Hoffmann-Riem, Wolfgang (Hg.) (1994): Medienlust und Mediennutz. Unterhaltung als öffentliche Kommunikation. München

Boventer, Hermann (Hg.) (1988): Medien und Moral. Ungeschriebene Regeln des Journalismus. Konstanz

Boyd-Barrett, Oliver/Braham, Peter (Hg.) (1990): Media, Knowledge and Power. 2. Aufl. London/New York

Brandl, Annette (2002): Webangebote und ihre Klassifikation. Typische Merkmale aus der Experten- und Rezipientenperspektive. München

Braun, Hans-Joachim (1992): Konstruktion, Destruktion und der Ausbau technischer Systeme zwischen 1914 und 1945. In: ders. et al. (1992): 11-279

Braun, Hans-Joachim/Kaiser, Walter (1992): Energiewirtschaft, Automatisierung, Information seit 1914. Propyläen Technikgeschichte. Hrsg. von Wolfgang König. Berlin

Brecht, Berthold (1967): Radiotheorie 1927-1932. In: Ges. Werke, hrsg. von Elisabeth Hauptmann. Bd. VIII, Schriften 2: Zur Literatur und Kunst, Politik und Gesellschaft. Frankfurt am Main 117-137

Brettschneider, Frank (2002): Die Medienwahl 2002: Themenmanagement und Berichterstattung. In: Aus Politik und Zeitgeschichte. Beilage zur Wochenzeitung Das Parlament H. B 49-50. 36-47

Breunig, Christian (1996): Internationale Kommunikationspolitik im Wandel. Alte und neue Initiativen der UNESCO. In: Meckel et al. (Hg.) (1996): 67-84

Breunig, Florian (1997): Marktchancen des digitalen Fernsehens. Eine Untersuchung zur Einführung digitaler Spartensender. München

Brosda, Carsten/Schicha, Christian (2002): Interaktion von Politik, Public Relations und Journalismus. In: Schatz et al. (Hg.) (2002): 40-64

Brosius, Hans-Bernd (1995): Alltagsrationalität in der Nachrichtenrezeption. Ein Modell zur Wahrnehmung und Verarbeitung von Nachrichteninhalten. Opladen

Brosius, Hans-Bernd (1998): Politikvermittlung durch Fernsehen. Inhalte und Rezeption von Fernsehnachrichten. In: Klingler et al. (Hg.) (1998): 283-301

Brosius, Hans-Bernd (Hg.) (2000): Kommunikation über Grenzen und Kulturen. Konstanz

Brosius, Hans-Bernd/Birk, Monika (1994): Text-Bild-Korrespondenz und Informationsvermittlung durch Fernsehnachrichten. In: Rundfunk und Fernsehen 42. 171-183

Brosius, Heinz-Bernd (1997): Multimedia und digitales Fernsehen: Ist eine Neuausrichtung kommunikationswissenschaftlicher Forschung notwendig? In: Publizistik 42. 37-45

Brown, Mary Ellen (1994): Soap Opera and Women's Talk. The Pleasure of Resistance.. Thousand Oaks u .a.

Bruch, Walter (1967): Kleine Geschichte des deutschen Fernsehens. Berlin

Bruch, Walter/Riedel, Heide (1987): PAL – Das Farbfernsehen. Berlin

Brück, Ingrid et al. (1998): Krimigeschichte(n). Zur Entwicklung des deutschen Fernsehkrimis. In: Klingler et al. (Hg.) (1998): 401-415

Brügger, Niels/Kolstrup, Soren (Hg.) (2002): Media History. Theories, Methods, Analysis. Aarhus

Bruns, Thomas (1996): Fernsehserien als Indikator sozialen Wandels. In: Schatz (Hg.) (1996): 203-253

Bruns, Thomas/Marcinkowski, Frank (1996): Konvergenz Revisited. Neue Befunde zu einer älteren Diskussion. In: Rundfunk und Fernsehen 44. 461-478

Brunsdon, Charles/Morley, David (1978): Everyday television: Nationwide. London

Bryant, Jennings/Zillmann, Dolf (Hg.) (1986): Perspectives on Media Effects. Hillsdale, N.J.

Bryant, Jennings/Zillman, Dolf (Hg.) (1994): Media Effects. Advances in Theory and Research. Hillsdale/New Jersey

Bryant, Jennings/Zillman, Dolf (Hg.) (2002): Media Effects. Advances in Theory and Research. Mahwah, N.J./London

Bryson, L. (Hg.) (1948): The communication of ideas. New York

Bumke, Ulrike (1995): Die öffentliche Aufgabe der Landesmedienanstalten. München

Bundeszentrale für politische Bildung (Hg.) (1992): Frauenbilder im Fernsehen. Schriftenreihe Bd. 312. Bonn

Buonanno, Milly (1999a): Ein vergleichender Überblick. In: dies. (Hg.) (1999b): 23-44

Buonanno, Milly (Hg.) (1999b): Euroficition 1. Fiktionale Fernsehsendungen in Europa. Köln

Burger, Harald (1990): Sprache der Massenmedien. 2. durchg. Aufl. Berlin/New York

Burkart, Roland (2002): Kommunikationswissenschaft. 4. Aufl. Wien/Köln/Weimar

Burmeister, Hans-Peter (Hg.) (1994): Medienmacht und Medienmarkt. Audiovisuelle Medien im neuen Europa. Loccumer Protokolle 5/94. Rehberg-Loccum

Buß, Christian et al. (1997): Entstehung und Entwicklung des Senders SAT.1 von 1984 bis 1994. In: Bleicher (Hg.) (1997): 79-111

Buß, Michael (1985): Die Vielseher. Fernseh-Zuschauerforschung in Deutschland. Theorie-Praxis-Ergebnisse. Frankfurt am Main

Buß, Michael/Simon, Erk (1998): Fernsehnutzung auf die Spitze getrieben: Die Vielseher. In: Klingler et al. (Hg.) (1998): 125-145

Bußkamp, Heike (2002): Politiker im Fernsehtalk. Strategien der medialen Darstellung des Privatlebens von Politikprominenz. Wiesbaden

Bussemer, Thymian (2003): Gesucht und gefunden: das Stimulus-Respone-Modell in der Wirkungsforschung. Einige Anmerkungen und zwei Fallstudien zur frühen Kommunikationswissenschaft. In: Publizistik 48. 176-189

BVerfGE 12, 205

BVerfGE 57, 295

BVerfGE 73, 118

BVerfGE 83, 238

BVerfGE 87, 181

BVerfGE 90, 60

Cann, David J./Mohr, Philip B. (2001): Journalist and Source Gender in Australian Television News. In: Journal of Broadcasting & Electronic Media 45. 162-174

Cantor, Muriel G. (1989): Popular Culture and the Portrayal of Women: Content and Control. In: Hess et al. (Hg.) (1989): 190-214

Carlin, John (1995): Art. 'Black and white in America'. In: Independent on Sunday vom 28.5.1995

Carter, Cynthia/Branston, Gill/Allan, Stuart (Hg.) (1998): News, Gender and Power. London/New York

Cashmore, Ellis (1994): And there was television. London/New York

Cassata, Mary/Skill, Thomas (Hg.) (1983): Life on Daytime Television: Tuning-In American Serial Drama. Norwood, New Jersey

Castells, Manuel (2001): Das Informationszeitalter, Bd. 1: Der Aufstieg der Netzwerkgesellschaft. Opladen

Chaffee, Steven/Hochheimer, John L. (1983): Mass Communication in National Election Campaigns: The Research Experience in the United States. In: Schulz et al. (Hg.) (1983): 65-103

Chang, Tsan-Kuo (1998): All Countries Not Created Equal to Be News. World System and International Communication. In: Communication Research 25. 528-563 Text S. 126

Charlton, Michael/Neumann, Klaus (1986): Medienkonsum und Lebensbewältigung in der Familie. Methode und Ergebnisse der struktur-analytischen Rezeptionsforschung – mit fünf Falldarstellungen. München/Weinheim

Cippitelli, Claudia/Schwanebeck, Axel (Hg.) (2001): Pickel, Küsse und Kulissen. Soap Operas im Fernsehen. München

Clement, Michel/Becker, Jan U. (1999): Digitales Fernsehen – Strategische Umbrüche bei steigendem Interaktivitätsgrad. In: Schmalenbachs Zeitschrift für betriebswirtschaftliche Forschung 51. 1169-1190

Cohen, Akiba A. (2001): Between Content and Cognition: On the Impossibility of Television News. In: Renckstorf et al. (Hg.) (2001): 185-197

Coltrane, Scott/Messineo, Melinda (2000): The Perpetuation of Subtle Prejudice: Race and Gender Imagery in 1990s Television Advertising. In: Sex Roles 42. 363-389

Condry, John (1989): The Psychology of Television. Hillsdale/New Jersey

Cornelißen, Waltraud (1994): Klischee oder Leitbild? Geschlechtsspezifische Rezeption von Frauen- und Männerbildern im Fernsehen. Opladen

Cornelißen, Waltraud (1998): Fernsehgebrauch und Geschlecht. Zur Rolle des Fernsehens im Alltag von Frauen und Männern. Opladen/Wiesbaden

Creedon, Pamela J. (Hg.) (1993): Woman and Mass Communication. 2. Aufl. Newbury Park/Cal.

Curran, James (1993): Rethinking the Media as a Public Shere. In: Dahlgren et al. (Hg.) (1993): 27-57

Curran, James/Gurevitch, Michael/Woollacott, Janet (1990): The Study of the Media: Theoretical Approaches. In: Boyd-Barrett et al. (Hg.) (1990): 57-79

Csikszentmihaly, Mihaly/Kubey, Robert (1990): Television and the Quality of Life. How Viewing Shapes Everyday Experience. Hillsdale, Hove, London

Dahl, Peter (1983): Sozialgeschichte des Rundfunks für Sender und Empfänger. Reinbek

Dahlgren, Peter (1995): Television and the Public Sphere. Citizenship, Democracy and the Media. London u .a.

Dahlgren, Peter/Sparks, Colin (Hg.) (1993): Communication and Citizenship. Journalism and the Public Sphere. London/New York

Dahm, Hermann/Rössler, Patrick/Schenk, Michael (1998): Vom Zuschauer zum Anwender. Akzeptanz und Folgen digitaler Fernsehdienste. Münster

Dahme, Heinz Jürgen/Wohlfahrt, Norbert (2000): Auf dem Wege zu einer neuen Ordnungsstruktur im Sozial- und Gesundheitssektor. Zur politischen Inszenierung von Wettbewerb und Vernetzung. In: Neue Praxis 30. 317-334

Darkow, Michael/Lutz, Brigitta (2000): Fernsehzuschauerforschung: Von der Reichweitenermittlung zur (Werbe-)Wirkungsforschung. In: Schorr (Hg.) (2000): 85-98

Darschin, Wolfgang (1998): Fernsehgewohnheiten und Programmbewertungen nach der Dualisierung des deutschen Rundfunksystems. In: Klingler et al. (Hg.) (1998): 31-47

Darschin, Wolfgang/Frank, Bernward (1995): Tendenzen im Zuschauerverhalten. In: Media-Perspektiven 4. 154-165

Darschin, Wolfgang/Frank, Bernward (1998): Tendenzen im Zuschauerverhalten. In: Media-Perspektiven 4. 154-166

Darschin, Wolfgang/Gerhard, Heinz (2003): Tendenzen im Zuschauerverhalten. Fernsehgewohnheiten und Fernsehreichweiten im Jahr 2002. In: Media-Perspektiven 4. 158-166

Darschin, Wolfgang/Kayser, Susanne (2001): Tendenzen im Zuschauerverhalten. Fernsehgewohnheiten und Programmbewertungen im Jahr 2000. In: Media-Perspektiven 4. 162-175

Darschin, Wolfgang/Zubayr, Camille (2001): Die Informationsqualität der Fernsehnachrichten aus Zuschauersicht. Ergebnisse einer Repräsentativbefragung zur Bewertung der Fernsehprogramme. In: Media-Perspektiven 5. 238-246

Davison, W. Phillips (1959): On the Effects of Communication. In: Public Opinion Quarterly 23. 343-360

Dayan, D./Katz, E. (1992): Media Events. Cambridge, MA.

De Bens, Els/de Smaele, Hedwig (2001): The Inflow of American Television Fiction on European Broadcasting Channels Revisited. In: European Journal of Communication 16. 1-76

Deutsches Institut für Fernstudien der Universität Tübingen (Hg.) (1991): Funkkolleg Medien und Kommunikation. Konstruktionen von Wirklichkeit. Studienbrief 7, Weinheim/Basel

Dinkelacker, Karin/Moser, Klaus (1994): Gewalt gegen Frauen in den Medien. Ein Forschungsbericht. Hrsg. von der Unabhängigen Landesanstalt für das Rundfunkwesen (ULR). Kiel

Doelker, Christian (1979): „Wirklichkeit" in den Medien. Zug

Doelker, Christian (1989): Kulturtechnik Fernsehen. Analyse eines Mediums. Stuttgart

Dörner, Claudia/Erhardt, Klaudia (Hg.) (1994): Politische Meinungsbildung und Wahlverhalten. Analysen zum „Superwahljahr" 1994 Opladen/ Wiesbaden 1998

Dörr, Dieter (1996): Vielfaltssicherung durch die EU? Chancen und Risiken europäischer Medienpolitik. In: Media-Perspektiven 2. 87-92

Dolff, Alexandra/Keuneke, Susanne (2001): Das subjektive Erleben der „Big-Brother"-Kandidaten. Die Herausforderung ist die Zeit danach. In: Böhme-Dürr et al. (Hg.) (2001): 177-200

Donati, Pierpaolo (1991): Teoria relazionale della Società. Milano

Donsbach, Wolfgang/Jandura, Olaf (1999): Drehbücher und Inszenierungen. Die Union in der Defensive. In: Noelle-Neumann et al. (Hg.) (1999): 141–171

Donsbach, Wolfgang/Klett, Bettina (1996): Wie Massenmedien Wahlen beeinflussen. Der Medientenor im Bundeswahlkampf 1994. In: Oberreuter (Hg.) (1996): 121-136

Dress, Andreas W. et al. (Hg.) (1986): Selbstorganisation. Die Entstehung von Ordnung in Natur und Gesellschaft. München

Dürr, Tobias/Franz, Walter (Hg.) (1999): Solidargemeinschaft und fragmentierte Gesellschaft: Parteien, Milieus und Verbände im Vergleich. Festschrift zum 60. Geburtstag von Peter Lösche. Opladen

Eberle, Thomas (2000): Motivation des Fernsehverhaltens Jugendlicher. Grundlagen, Verhaltensanalyse, Selbstauskünfte und Beurteilung des Reality-TV. Bad Heilbrunn/Obb.

Ebner, Wolfgang (1986): Kommunikative Probleme tagesaktueller Berichterstattung im Fernsehen. Dargestellt am Beispiel der Landesschau Baden-Württemberg. Frankfurt/Bern/New York

Edelman, Murray (1976): Politik als Ritual. Die symbolische Funktion staatlicher Institutionen und politischen Handelns. Frankfurt/New York

Ehlers, Renate (1996): Öffentlich-rechtlicher Rundfunk unter Wettbewerbs- und Rationalisierungsdruck. In: Media-Perspektiven 2. 80-86

Eichmann, Hubert (2000): Medienlebensstile zwischen Informationselite und Unterhaltungsproletariat. Frankfurt u.a.

Eimeren, Birgit van/Gerhard, Heiz/Frees, Beate: Internetverbreitung in Deutschland: Unerwartet hoher Zuwachs. In: Media-Perspektiven 2003) 8, S. 338-258

Eimeren, Birgit van/Maier-Lesch, Brigitte (1999): Internetnutzung Jugendlicher: Surfen statt fernsehen. Sonderauswertung aus der ARD/ZDF-Online-Studie 1999. In: Media-Perspektiven 11. 591-598

Eimeren, Birgit van (2003): Internetnutzung Jugendlicher. In: Media-Perspektiven 2. 67-75

Eisermann, Jessica (2001): Mediengewalt. Die gesellschaftliche Kontrolle von Gewaltdarstellungen im Fernsehen. Wiesbaden

Elliott, Philip (1974): Uses and Gratification Research: A Critique and a Sociological Alternative. In: Blumler et al. (Hg.) (1974): 249-268

Elsner, Monika/Müller, Thomas/Spangenberg, Peter M. (1993): Zur Entstehungsgeschichte des Dispositivs Fernsehen. In: Hickethier (Hg.) (1993): 31-66

Emnid (1996): KaSat-Potenziale in der Digitalzukunft. (Im Auftrage von TV-Spielfilm und Premiere). Hamburg

Erbring, Lutz (1989): Nachrichten zwischen Professionalität und Manipulation – Journalistische Berufsnormen und politische Kultur. In: Schulz et al. (Hg.) (1989): 301-313

Erhardt, Klaudia (1998): Die unentschlossenen Wähler als Motor zyklischer Wahlabsichtsverläufe. In: Dörner et al. (Hg.) (1998): 15–118

Erlinger, Hans Dieter et al. (Hg.) (1989): Handbuch des Kinderfernsehens. 2. überarb. u. erw. Aufl. Konstanz

Erlinger, Hans-Dieter/Foltin, Hans-Friedrich (Hg.): Geschichte des Fernsehens in der Bundesrepublik Deutschland. Bd. 4. Unterhaltung, Werbung und Zielgruppenprogramme. Hrsg. von Helmut Kreuzer und Christian W. Thomsen. München 1994

Esser, Frank/Brosius, Hans-Bernd (2000): Auf der Suche nach dem Stimulus-Response-Modell. Ein kritischer Beitrag zur Geschichtsschreibung der Medienwirkungsforschung. In: Schorr (Hg.) (2000): 55-70

Eurich, Claus/Würzberg, Gerd (1983): 30 Jahre Fernsehalltag – Wie das Fernsehen unser Leben verändert hat. Reinbek

European Interactive Advertising Association (EIAA) (2003): Media Consumption Study. European Results. 11/03. www.eiaa.co.uk; Zugriff: 7.1.04

Eveland, William P. Jr./Scheufele, Dietram A. (2000): Connecting News Media Use with Gaps in Knowledge and Participation. In: Political Communication 17. 215-237

Fabian, Thomas (1990): Fernsehnutzung und Alltagsbewältigung älterer Menschen. Ergebnisse einer qualitativen Studie. In: Straka et al (Hg.) (1990): 65-75

Fahr, Andreas/Zubayr, Camille (1999): Fernsehbeziehungen: Vorbilder oder Trugbilder für Jugendliche? München

Faul, Erwin (1987): Ordnungsprobleme des Fernsehens in nationaler und europäischer Perspektive. In: Publizistik 32. 69-92

Faulstich, Werner (1994): Serialität aus kulturwissenschaftlicher Sicht. In: Giesenfeld (Hg.) (1994): 46-54

Faulstich, Werner (Hg.) (2000): Grundwissen Medien. 4. Aufl. München u.a.

Faulstich, Werner/Rückert, Corinna (1993): Mediengeschichte im tabellarischen Überblick von den Anfängen bis heute. 2 Bde. Teil II, Bardowick

Feierabend, Sabine/Klingler, Walter: JIM 2002 – Jugend, Information, (Multi-)Media. Basisuntersuchung zum Medienumgang 12- bis 19-Jähriger in Deutschland. Hrsg. vom Medienpädagogischen Forschungsverbund Südwest. Baden-Baden 2003

Feist, Ursula/Liepelt, Klaus (1982): Objektiv der Politik oder politische Kamera? Beobachtungen zur Interdependenz von Fernsehen und Wählerverhalten – Ergebnisse einer Infas-Analyse. In: Media-Perspektiven 10. 619-635

Fiske, John (1990): Introduction to Communication Studies. London/New York. 2. Aufl.; im Orig.: (1982)

Fiske, John (2000): Populäre Urteilskraft. In: Göttlich et al. (Hg.) (2000): 53-74

Fiske, John/Hartley, John (1978): Reading Television. London

Flemmer, Walter (1988): Das Unheil nicht erfindungsreich vermehren. Die Wirklichkeit, die wir auf dem Bildschirm zeigen. In: Boventer (Hg.) (1988): 55-70

Flichy, Patrice (1994): Tele. Geschichte der modernen Kommunikation. Frankfurt/New York

Flottau, Heiko (1972): Hörfunk und Fernsehen heute. München

Foucault, Michel (1977): Überwachen und Strafen. Die Geburt des Gefängnisses. Frankfurt am Main

Franzmann, Bodo (1982): Bücherlesen und Fernsehen. Vorschläge zur differenzierten Untersuchung eines komplexen Problems. In: Media-Perspektiven 5. 349-356

Franzmann, Bodo (2001): Die Deutschen als Leser und Nichtleser. Ein Überblick. In: Stiftung Lesen (Hg.) (2001): 7-31

Frerichs, Stefan (2000): Bausteine einer systematischen Nachrichtentheorie. Konstruktives Chaos und chaotische Konstruktionen. Wiesbaden

Frese, Erich (Hg.) (1992): Handwörterbuch der Organisation. 3. völlig neu gestaltete Aufl. Stuttgart

Frey, Siegfried/Kempter, Guido/Frenz, Hans-Georg (1996): Theoretische Grundlagen der multimedialen Kommunikation. In: Spektrum der Wissenschaft. August

Friedrich, Peter (1991): Der Ernst des Spiels. Zur Semantik des Negativen in Quiz- und Gameshows. In: Tietze et al. (Hg.) (1991): 50-79

Fritz, Angela/Suess, Alexandra (1986): Lesen. Die Bedeutung der Kulturtechnik Lesen für den gesellschaftlichen Kommunikationsprozess. Konstanz

Fromm, Bettina (1999): Privatgespräche vor Millionen. Fernsehauftritte aus psychologischer und soziologischer Perspektive. Konstanz

Früh, Werner (1991): Medienwirkungen: Das dynamisch-transaktionale Modell. Theorie und empirische Forschung. Opladen

Früh, Werner (1994): Realitätsvermittlung durch Massenmedien. Die permanente Transformation der Wirklichkeit. Opladen

Früh, Werner (1995): Die Rezeption von Fernsehgewalt. In: Media-Perspektiven 4. 172-185

Früh, Werner (2002) (Hg.): Unterhaltung durch das Fernsehen. Eine molare Theorie. Konstanz

Früh, Werner et al. (1999): Ostdeutschland im Fernsehen. München 1999

Früh, Werner/Schönbach, Klaus (1982): Der dynamisch-transaktionale Ansatz. Ein neues Paradigma der Medienwirkungen. In: Publizistik 27. 74-88

Früh, Werner/Schönbach, Klaus (1984): Der dynamisch-transaktionale Ansatz II: Konsequenzen. In: Rundfunk und Fernsehen 23. 314-329

Fuchs, Dieter/Gerhards, Jürgen/Neidhardt, Friedhelm (1992): Öffentliche Kommunikationsbereitschaft. Ein Test zentraler Bestandteile der Theorie der Schweigespirale. In: Zeitschrift für Soziologie 21. 284-295

Fürsich, Elfriede (1994): Fernsehnachrichten als Ritual. Ein neuer Ansatz zur Interpretation. In: Publizistik 39. 27-57

Gaitanides, Michael/Wicher, Hans (1986): Strategien und Strukturen innovationsfähiger Organisationen. In: Zeitschrift für Betriebswirtschaftslehre 56. 385-403

Galtung, Johan/Ruge, Marie Holmboe (1965): The Structure of Foreign News. The Presentation of the Congo, Cuba and Cyprus Crisis in Four Norwegian Newspapers. In: Journal of Peace Research 2. 64-91

Gamson, William A. et al. (1992): Media Images and the Social Construction of Reality. In: Annual Review of Sociology 18. 373-393

Gans, Herbert J. (1979): Deciding What's News. A Study of CBS Evening News, NBC Nightly News, Newsweek and Time. New York

Gauntlett, David (Hg.) (2000): web.studies. Rewiring media studies for the digital age. London

Gauntlett, David/Hill, Annette (1999): Television, Culture and Everyday Life. London/New York

Gaziano, Cecilie (1984): The Knowledge Gap. An Analytical Review of Media Effects. In: Communication Research 10. 447-486

Gehrau, Volker (2001): Fernsehgenres und Fernsehgattungen. Ansätze und Daten zur Rezeption, Klassifikation und Bezeichnung von Fernsehprogrammen. München

Gehrau, Volker (2002): Eine Skizze der Rezeptionsforschung in Deutschland. In: Rössler et al. (Hg.) (2002): 9-47

Geisler, Alexander/Tenscher, Jens (2002): Amerikanisierung der Wahlkampagne(n)? Zur Modernität von Kommunikationsstrukturen und –strategien im nordrhein-westfälischen Landeswahlkampf 2000. In: Sarcinelli et al. (Hg.) (2002): 53-118

Geißler, Rainer (1979): Die Sozialisationstheorie von Talcott Parsons. Anmerkungen zur Parsons-Rezeption in der deutschen Soziologie. In: Kölner Zeitschrift für Soziologie und Sozialpsychologie 31. 267-281

Geißler, Rainer (2002): Die Sozialstruktur Deutschlands. Die gesellschaftliche Entwicklung vor und nach der Vereinigung. 3. grundl. überarb. Aufl. Wiesbaden

Gellner, Winand (Hg.) (1989a): Europäisches Fernsehen – American Blend? Fernsehmedien zwischen Amerikanisierung und Europäisierung. Berlin 1989

Gellner, Winand (1989b): Hollywood in Glottertal. Die Macher und die Nutzer europäischen Fernsehens. In: ders. (Hg.) (1989a): 15-35

Generalsekretär der OECD (Hg.) (1995): Literacy, Economy and Society. Results of the First International Adult Literacy Survey. Paris/Ottawa

Gerbner, George et al. (1994): Growing Up with Television: The Culturation Perspective. In: Bryant et al. (Hg.) (1994): 17-41

Gerbner, George (1978): Über die Ängstlichkeit von Vielsehern. In: Fernsehen und Bildung 12. 48-58

Gerbner, George et al. (1981): Die ‚angsterregende Welt' des Vielsehers. In: Fernsehen und Bildung 15. 16-42

Gerhards, Jürgen (1996): Reder, Schweiger, Anpasser und Missionare: Eine Typologie öffentlicher Kommunikationsbereitschaft und ein Beitrag zur Theorie der Schweigespirale. In: Publizistik 41. 1-14

Gerhards, Maria/Grajcyk, Andreas/Klingler, Walter (2000a): Programmangebote und Spartennutzung im Fernsehen. Eine Analyse auf Basis der GfK-Sendungscodierung. Media-Perspektiven 10. 458-463

Gerhards, Maria/Grajcyk, Andreas/Klingler, Walter (2000b): Unterhaltung und Unterhaltungsrezeption im Fernsehen. Ein Beitrag zur Rollendefinition eines Mediums. In: Roters et al. (Hg.) (2000): 99-117

Gerhards, Maria/Klingler, Walter (2001): Jugend und Medien. Fernsehen bleibt dominierend. In: Media-Perspektiven 2. 65-83

Gerhards, Maria/Klingler, Walter (2003): Mediennutzung in der Zukunft. Eine Prognose auf der Basis aktueller Daten. In: Media-Perspektiven 3. 115-130

Gersdorf, Hubertus (1998): Chancengleicher Zugang zum digitalen Fernsehen. Berlin

Giddens, Anthony (1995): Konsequenzen der Moderne. Frankfurt am Main

Giesenfeld, Günter (Hg.) (1994): Endlose Geschichten. Serialität in den Medien. Hildesheim

Girgensohn-Marchand, Bettina (1992): Der Mythos Watzlawick und die Folgen. Eine Streitschrift gegen systemisches und konstruktivistisches Denken in pädagogischen Zusammenhängen. Weinheim

Glascock, Jack (2001): Gender Roles on Prime-Time Network Television: Demographics and Behaviors. In: Journal of Broadcasting & Electronic Media 45. 656-669

Gleich, Uli (1997): Parasoziale Interaktionen und Beziehungen von Fernsehzuschauern mit Personen auf dem Bildschirm. Ein theoretischer und empirischer Beitrag zum Konzept des Aktiven Rezipienten. Psychologie Bd. 14. Landau

Glynn, Carol J./McLeod, Jack M (1985): Implications of the spiral of silence theory for communication and public opinion research. In: Sanders et al. (Hg.) (1985): 43 – 65

Gödde, Ralf (1992): Radikaler Konstruktivismus. Die Berichterstattung über den Golfkrieg – Das Scheitern eines Wirklichkeitsmodells. In: Rusch et al. (Hg.) (1992): 269-288

Goffman, Erving (1961a): Encounters. Indianapolis

Goffman, Erving (1961b): Role-distance. In: ders. (1961): 83-152

Goffman, Erving (1972): Asyle – Über die soziale Situation psychiatrischer Patienten und anderer Insassen. Frankfurt am Main

Goffman, Erving (1983): Wir alle spielen Theater. Die Selbstdarstellung im Alltag. 4. Aufl. München

Gööck, Roland (Hg.) (1989): Die großen Erfindungen. Bd. 6: Radio-Fernsehen-Computer. Künzelsau

Göttlich, Udo (1995): Werte und Wertestrukturen amerikanischer Serien. In: Schneider (Hg.) (1995): 102-137

Göttlich, Udo/Gebhart, Winfried/Albrecht, Clemens (Hg.) (2002): Populäre Kultur als repräsentative Kultur. Die Herausforderung der Cultural Studies. Köln

Göttlich, Udo/Winter, Rainer (Hg.) (2000): Politik des Vergnügens. Zur Diskussion der Populärkultur in den Cultural Studies. Köln

Gourd, Andrea (2002): Öffentlichkeit und digitales Fernsehen. Opladen

Gourd, Andrea: Politik und Fernsehen in Italien zwischen partitocrazia und tagentopoli. In: Rupp/Hecker 1997, S. 95-128

Grajcyk, Andreas/Klingler, Walter/Schmitt, Sybille (2001): Mediennutzung, Freizeit- und Themeninteressen der ab 50-Jährigen. In: Media-Perspektiven 4. 189-201

Greenberg, Bradley S. (Hg.) (1980): Life on television. Content analysis of U.S. TV drama. Norwood, N.J.

Greenberg, Bradley S./Richards, Mary/Henderson, Lisa (1980): Trends in sex-role portrayals on television. In: ders. (Hg.) (1980): 65-87

Grimm, Jürgen (1999): Fernsehgewalt. Zuwendungsattraktivität, Erregungsverläufe, sozialer Effekt. Zur Begründung und praktischen Anwendung eines kognitiv-physiologischen Ansatzes der Medien-Rezeptionsforschung am Beispiel von Gewaltdarstellungen. Opladen

Gripsrud, Jostein (Hg.) (1999): Television and Common Knowledge. New York

Groebel, Jo (1995): Bericht zur Lage des Fernsehens – für den Präsidenten der Bundesrepublik Deutschland. Gütersloh

Groebel, Jo/Gleich, Uli (1993): Gewaltprofil des deutschen Fernsehprogramms. Eine Analyse des Angebots privater und öffentlich-rechtlicher Sender. Opladen

Groebel, Jo/Winterhoff-Spurk, Peter (Hg.) (1989): Empirische Medienpsychologie. München

Groeben, Norbert (Hg.) (1999): Lesesozialisation in der Mediengesellschaft. Ein Schwerpunktprogramm. Internationales Archiv für Sozialgeschichte der deutschen Literatur. Sonderheft 10. Tübingen

Gross, Peter (1994): Die Multioptionsgesellschaft. Frankfurt 1994

Grüninger, Christian/Lindemann, Frank (2000): Vorschulkinder und Medien. Eine Untersuchung zum Medienkonsum von drei- bis sechsjährigen Kindern unter besonderer Berücksichtigung des Fernsehens. Opladen

Gumbrecht, Hans Ulrich (1988): ,Ihr Fenster zur Welt' oder Wie aus dem Medium ,Fernsehen' die ,Fernsehwirklichkeit' wurde. In: Soeffner (Hg.) (1988): 243-250

Gurevitch, Michael/Levy, Mark R./Roeh, Itzhak (1993): The global newsroom. Convergences and diversities in the globalization of television news. In: Dahlgren et al. (Hg.) (1993): 195-216

Habermas, Jürgen (1985): Die neue Unübersichtlichkeit. Kleine politische Schriften V. Frankfurt

Habermas, Jürgen (1990): Strukturwandel der Öffentlichkeit. Untersuchungen zu einer Kategorie der bürgerlichen Gesellschaft. Neuauflage. Frankfurt/M.; im Orig.: (1962)

Habermas, Jürgen (1992): Faktizität und Geltung. Beiträge zur Diskurstheorie des Rechts. 2. Aufl. Frankfurt/M.

Habermas, Jürgen (1998): Faktizität und Geltung. Beiträge zur Diskurstheorie des Rechts und des demokratischen Rechtsstaats. Frankfurt/M.

Hagemann, Walter (1954): Fernhören und Fernsehen. Eine Einführung in das Rundfunkwesen. Heidelberg

Hagen, I. (1994): The ambivalence of TV news viewing: Between ideals and everyday practices. In: European Journal of Communication 9. 193-220

Hajnal, Peter I. (1983): Guide to UNESCO. London/Rom/New York

Halff, Gregor (1998): Die Malaise der Medienwirkungsforschung: Transklassische Wirkungen und klassische Forschung. Opladen/Wiesbaden

Hall, Stuart (1980a): "Cultural Studies and the Centre: Some problematics and problems" In: ders. et al. (Hg.) (1980): 15-47

Hall, Stuart (1980b): "Encoding/decoding". In: Hobson (Hg.) (1980): 128-138

Hall, Stuart et al. (Hg.) (1980): Culture, Media, Language. Working Papers in Cultural Studies 1972-79. London

Hallenberger, Gerd (1994): Vom Quiz zur Game Show: Geschichte und Entwicklung der Wettbewerbsspiele des bundesrepublikanischen Fernsehens. In: Erlinger et al. (Hg.) (1994): 25-67

Hallenberger, Gerd (2000): Eurofiction 1999: Stagnation auf hohem Niveau. In: Media-Perspektiven 9. 395-403

Hallenberger, Gerd (2002): Eurofiction 2001: Stabiles Angebot an fiktionalen Eigenproduktionen. In: Media-Perspektiven 10. 501-511

Hallenberger, Gerd/Foltin, Hans-Friedrich (1990): Unterhaltung durch Spiel. Quizsendungen und Gameshows des deutschen Fernsehens. Berlin

Hallenberger, Gerd (2002): Eurofiction. Fiktionale Fernsehsendungen in Europa. In: Hepp/Löffelholz (Hg.) (2002): 421-436

Haller, Max (1999): Soziologische Theorie im systematisch-kritischen Vergleich. Opladen

Halloran, J.D. (1964): The Effects of Mass Communication: with Special Reference to Television. Leicester

Hamm, Ingrid (Hg.) (1998): Die Zukunft des dualen Systems. Aufgaben des dualen Rundfunkmarktes im internationalen Vergleich. Gütersloh

Hammann, Jutta (1994): Nachrichten für das globale Dorf. Entwicklung, Organisation
und Arbeitsweise von CNN. Berlin

Hans-Bredow-Institut (Hg.) (1989): Internationales Handbuch für Rundfunk und Fernsehen 1988/1989. Baden-Baden

Hans-Bredow-Institut (Hg.) (2000): Internationales Handbuch für Hörfunk und Fernsehen
2000/2001. Baden-Baden

Harrington, C. Lee/Bielby, Denise D. (1995): Soap Fans. Pursuing Pleasure and Making
Meaning in Everyday Life. Philadelphia

Hasebrink, Uwe/Doll, Jörg (1990): Zur Programmauswahl von Fernsehzuschauern. Die
Bedeutung von Einstellungen gegenüber Sendungstypen. In: Rundfunk und Fernsehen
38. 21-36

Hasebrink, Uwe (1989): Kabelfernsehen: Welche sozialen Folgen hat das erweiterte
Medienangebot? Ergebnisse der Begleitforschung zu den Kabelpilotprojekten. In:
Media-Perspektiven 8. 512-521

Hasebrink, Uwe (2003): Nutzungsforschung. In: Bentele et al. (Hg.) (2003): 101-127

Hasebrink, Uwe/Krotz, Friedrich (Hg.) (1996): Die Zuschauer als Fernsehregisseure?
Zum Verständnis individueller Nutzungs- und Rezeptionsmuster. Baden-Ba-
den/Hamburg

Hawkins, Robert P./Pingree, Suzanne (1996): Die Perspektive individueller Aktivität bei
der Fernsehnutzung. In: Hasebrink et al. (Hg.) (1996): 97-115

Hefter, Alex (1999): Informationsverpackung in den Medien. Das Re-Design der ZDF-
„heute"-Nachrichten. In: Roters et al. (Hg.) (1999): 157-163

Heinrich, Jürgen (1994): Medien und Markt – europäische Konzentrationstendenzen. In:
Burmeister (Hg.) (1994): 49-66

Heinrich, Jürgen (2002): Medienökonomie. Bd. 2: Hörfunk und Fernsehen. Wiesbaden

Heitmeyer, Wilhelm/Hagan, John (Hg.) (2002): Internationales Handbuch der Gewaltfor-
schung. Wiesbaden

Hennis, Wilhelm/Kielmansegg, Peter Graf/Matz, Ulrich (Hg.) (1979): Regierbarkeit.
Studien zu ihrer Problematisierung. Bd. 2 Stuttgart

Hepp, Andreas (1998): Fernsehaneignung und Alltagsgespräche. Fernsehnutzung aus der
Perspektive der Cultural Studies. Opladen/Wiesbaden

Hepp, Andreas/ Löffelholz, Martin (Hg.) (2002): Grundlagentexte zur transkulturellen
Kommunikation. Konstanz

Hepp, Andreas/Winter, Rainer (Hg.) (1997): Kultur, Medien, Macht. Cultural Studies und
Medienanalyse. Opladen

Herrmann, Friederike (2001): Der kleine Unterschied in der Darstellungsweise und seine
Folge für private Themen. Überlegungen zu ethischen und professionellen Kriterien
des Journalismus. In: dies. et al. (Hg.) (2001): 49-64

Herrmann, Friederike (2002): Privatheit, Medien und Geschlecht. Bisexualität in Daily
Talks. Opladen

Herrmann, Friederike/Lünenborg, Margret (Hg.) (2001): Tabubruch als Programm. Privates und Intimes in den Medien. Opladen

Hess, Beth B./Ferree, Myra Marx (Hg.) (1989): Analyzing Gender. A Handbook of Social
Science Research. 2. Aufl. Newbury Park/London/New Delhi

Hesse, Albrecht (1999): Rundfunkrecht. Die Organisation des Rundfunks in der Bundesrepublik Deutschland. 2. neubearb. Aufl. München

Hesse, Albrecht (2000): Neue Konzepte zur Regulierung von Infrastrukturen für die
elektronische Kommunikation im Zeichen der Konvergenz der Medien? In: Schwarze
et al. (Hg.) (2000): 45-66

Hetseroni, Amir (2001): Choosing a Mate in Television Dating games: The Influence of
Setting, Culture and Gender. In: Sex Roles 42, 1. 83-107

Heuvelman, Ard/Peeters, Allerd/d'Haenens, Leen (1996): The Relationship between Appreciation and Retention of Television News. In: Renckstorf et al. (Hg.) (1996): 199-220

Heygster, Anna-Luise/Stolte, Dieter (Hg.) (1980): Fernseh-Kritik. Wirklichkeit und Fiktion im Fernsehspiel. Mainzer Tage der Fernseh-Kritik. Bd. 11. Mainz

Hickethier, Knut (1980): Das Fernsehspiel in der Bundesrepublik. Themen, Form, Struktur – Theorie und Geschichte 1951-1977. Stuttgart

Hickethier, Knut (1988): Das „Medium", die „Medien" und die Medienwissenschaft. In: Bohn et al. (Hg.) (1988): 51-74

Hickethier, Knut (1991): Die Fernsehserie und das Serielle des Fernsehens. Lüneburger Beiträge zur Kulturwissenschaft. H. 2. Lüneburg

Hickethier, Knut (1992): Die Fernsehserie – eine Kette von Verhaltenseinheiten. Problemstellungen für die Seriendiskussion. In: Salow et al. (Hg.) (1992): 11-18

Hickethier, Knut (Hg.) (1993): Geschichte des Fernsehens in der Bundesrepublik Deutschland. Bd. 1. Institution, Technik und Programm. Rahmenaspekte der Programmgeschichte des Fernsehens. München

Hickethier, Knut (Hg.) (1994a): Aspekte der Fernsehanalyse. Münster/Hamburg

Hickethier, Knut (1994b): Das Fernsehspiel oder Der Kunstanspruch der Erzählmaschine Fernsehen. In: Schanze et al. (Hg.) (1994): 303-348

Hickethier, Knut (1994c): Die Fernsehserie und das Serielle des Fernsehens. In: Giesenfeld (Hg.) (1994): 55-71

Hickethier, Knut (1997): Das Erzählen der Welt in den Fernsehnachrichten. Überlegungen zu einer Narrationstheorie der Nachricht. In: Rundfunk und Fernsehen 45. 5-18

Hickethier, Knut (1998a): Geschichte des deutschen Fernsehens. Unter Mitarbeit von Peter Hoff. Stuttgart/Weimar

Hickethier, Knut (1998b): Rezeptionsgeschichte des Fernsehens – ein Überblick. In: Klingler et al. (Hg.) (1998): 125-137

Hitzler, Ronald/Pfadenhauer, Michaela (2002): Das elektronische Panoptikum – simuliert. Zum ‚spielerischen' Umgang mit Überwachung. In: Schweer et al. (Hg.) (2002): 163-174

Hobson, Dorethy (Hg.) (1980): Culture, Media, Language. London

Hoff, Peter (1998a): Auf dem Weg zum Massenmedium. Der Ausbau des DDR-Fernsehens von 1956-1961. In: Hickethier (Hg.) (1998a): 181-197

Hoff, Peter (1998b): Fernsehen als „kollektiver Organisator". In: Hickethier (Hg.) (1998a): 95-107

Hoff, Peter (1998c): Zwischen Mauerbau und VIII. Parteitag – Das Fernsehen in der DDR von 1961 bis 1971. In: Hickethier (Hg.) (1998a): 281-313

Hoff, Peter (1998d): Zwischen neuem Aufbruch und Untergang – Fernsehen in der DDR von 1971 bis 1989. In: Hickethier (Hg.) (1998a): 383-413

Hoffmann-Riem, Wolfgang (2000): Thesen zur Regulierung der dualen Rundfunkordnung. In: Medien & Kommunikationswissenschaft 48. 7-21

Höhne, Hans-Joachim (1977): Report über Nachrichtenagenturen Teil 2: Die Geschichte der Nachricht und ihrer Verbreiter. Baden-Baden

Holly, Werner (2001): Der sprechende Zuschauer. In: ders. et al. (Hg.) (2001): 11-24

Holly, Werner/Püschel, Ulrich/Bergmann, Jörg (Hg.) (2001): Der sprechende Zuschauer. Wie wir uns Fernsehen kommunikativ aneignen. Wiesbaden

Holly, Werner/Steffen, Marita/Ayaß, Ruth (2001): Paare und Alte. In: Holly et al. (Hg.) (2001): 235-261.

Holst, Isabella-Afra (2000): Realitätswahrnehmung in politischen Konflikten. Grundlagen einer Theorie der Wissenskluft. Konstanz

Holtz-Bacha, Christina (1989): Verleidet uns das Fernsehen die Politik? Auf den Spuren der „Video-malaise". In: Kaase et al. (Hg.) (1989): 239-252

Holtz-Bacha, Christina (1990): Ablenkung oder Abkehr von der Politik? Mediennutzung im Geflecht politischer Orientierungen. Opladen

Holtz-Bacha, Christina (2000a): Massenmedien und Wahlen. Die Professionalisierung der Kampagnen. In: Aus Politik und Zeitgeschichte. Beilage zur Wochenzeitung Das Parlament H. B 15-16. 23-28

Holtz-Bacha, Christina (Hg.) (2000b): Wahlkampf in den Medien – Wahlkampf mit den Medien. Ein Reader zum Wahljahr 1998. Wiesbaden

Holtz-Bacha, Christina (2000c): Wahlwerbung als politische Kultur. Parteienspots im Fernsehen 1957 – 1998. Wiesbaden

Holtz-Bacha, Christina/Kutsch, Arnulf (Hg.) (2002): Schlüsselwerke für die Kommunikationswissenschaft. Wiesbaden

Holzer, Horst (1975): Theorie des Fernsehens. Fernseh-Kommunikation in der Bundesrepublik Deutschland. Hamburg

Holzer, Horst (1994): Medienkommunikation. Einführung in handlungs- und gesellschaftstheoretische Konzeptionen. Opladen

Hömberg, Walter/Pürer, Heinz (Hg.) (1996): Medientransformation. 10 Jahre dualer Rundfunk in Deutschland. Konstanz

Horkheimer, Max/Adorno, Theodor W. (1969): Dialektik der Aufklärung. Philosophische Fragmente. Frankfurt; im Orig. (1944)

Hörning, Karl H. (1997): Kultur und soziale Praxis. Wege zu einer „realistischen" Kulturanalyse. In: Hepp et al. (Hg.) (1997): 31-46

Horton, Donald/Wohl, Richard R. (1956): Mass Communication and Para-Social Interaction. Observations on Intimacy at a Distance. In: Psychiatry 19. 215-229

Hügel, Hans-Otto (2002): Zugangsweisen zur Populären Kultur. Zu ihrer ästhetischen Begründung und zu ihrer Erforschung. In: Göttlich et al. (Hg.) (2002): 52-78

Hügler, Elmar (1994): Anstiftung zur Vorspiegelung falscher Tatsachen. Osnabrück

Huizinga, Johan (1956): homo ludens. Vom Ursprung der Kultur im Spiel. Hamburg

Hunziker, Peter (1996): Medien, Kommunikation und Gesellschaft. 2. überarb. Aufl. Darmstadt

Hurrelmann, Bettina (1989): Fernsehen in der Familie – Auswirkung der Programmerweiterung auf den Mediengebrauch. Weinheim/München

Hurrelmann, Bettina (1993): Mediengebrauch und Lesesozialisation in der Familie. Oldenburg

Hurrelmann, Bettina/Hammer, Michael/Nieß, Ferdinand (1993): Leseklima in der Familie. Lesesozialisation Bd. 1, Gütersloh

Hurrelmann, Bettina/Hammer, Michael/Stelberg, Klaus (1996): Familienmitglied Fernsehen. Fernsehgebrauch und Probleme der Fernseherziehung in verschiedenen Familienformen. Opladen

Hurrelmann, Klaus (1997): Lebensphase Jugend. Eine Einführung in die sozialwissenschaftliche Jugendforschung. 5. Aufl. Weinheim/München

Huth, Lutz et al. (1977): Nachrichten sehen – Nachrichten verstehen – Nachrichten verwenden. Zu einem neuen Ansatz der Rezeptionsanalyse. In: Publizistik 22. 403-418

Huth, Lutz/Sielker, Klaus (1988): TV-Nachrichten im Wettbewerb. Der kontrollierte Einsatz von Unterhaltung als Marketing-Strategie. In: Rundfunk und Fernsehen 36. 445-464

Imhof, Kurt (1996): „Öffentlichkeit" als historische Kategorie und als Kategorie der Historie. In: Schweizerische Zeitschrift für Geschichte 1. 3-25

Infratest Bevölkerungsumfrage (1996): Wie entwickelt sich der Markt der elektronischen Kommunikation? München

Inkeles, Alex/Sasaki, Masamichi (Hg.) (1996): Comparing nations and cultures. Readings in a cross-disciplinary perspective. Englewood Cliffs, N.J.

Iyengar, Shanto/Kinder, Donald R. (1985): Psychological Accounts of Agenda Setting. In: Kraus et al. (Hg.) (1985): 117-140

Iyengar, Shanto/Kinder, Donald R. (1987): News that matters. Television and American Opinion. Chicago/London

Iyengar, Shanto/Reeves, Richard (Hg.) (1997): Do the Media govern? Politicians, Voters and Reporters in America. Thousand Oaks/London/New Delhi

Iyengar, Shanto/Simon, Adam (1997): News Coverage of the Gulf Crisis and Public Opinion. In: ders. et al. (Hg.) (1997): 248-257

Jäckel, Michael (1999): Medienwirkungen. Ein Studienbuch zur Einführung. Opladen/Wiesbaden

Jäckel, Michael (2001): Ein endloses Thema. Zur Akzeptanz von Unterhaltungsangeboten und Serien. In: Cippitelli (Hg.) (2001): 39-48

Jäckel, Michael/Peter, Jochen (1997): Cultural Studies aus kommunikationswissenschaftlicher Perspektive. Grundlagen und grundlegende Probleme. In: Rundfunk und Fernsehen 45. 46-68

Jäckel, Michael: Medienwirkungen. Ein Studienbuch zu Einführung. Opladen/Wiesbaden 1999

Janke, Hans (1980): Interesse und Vermittlung. Was Kritik kritisiert. In: Heygster et al. (Hg.) (1980): 71-82

Jarren, Otfried (2000): Gesellschaftliche Integration durch Medien? Zur Begründung normativer Anforderungen an Medien. In: Medien und Kommunikation 48. 22-41

Jarren, Otfried (2001): „Mediengesellschaft" – Risiken für die politische Kommunikation. In: Aus Politik und Zeitgeschichte. Beilage zur Wochenzeitung Das Parlament H. B 41-42. 10-19

Jarren, Otfried/Donges, Patrick (2002): Politische Kommunikation in der Mediengesellschaft. Bd. 1: Verständnis, Rahmen und Strukturen. Wiesbaden

Jarren, Otfried/Imhof, Kurt/Blum, Roger (Hg.) (2000): Zerfall der Öffentlichkeit. Wiesbaden

Jarren, Otfried/Krotz, Friedrich (Hg.) (1998): Öffentlichkeit unter Vielkanal-Bedingungen. Baden–Baden/Hamburg

Jarren, Otfried/Schatz, Heribert/Weßler, Hartmut (Hg.) (1996): Medien und politischer Prozess. Politische Öffentlichkeit und massenmediale Politikvermittlung im Wandel. Opladen

Jensen, Joli (1984): An Interpretive Approach to Culture Production. In: Rowland et al. (Hg.) (1984): 98-118

Jun, Uwe (1999): Forza Italia – der Prototyp einer Medienkommunikationspartei? In: Dürr et al. (Hg.) (1999): 475-491

Junge, Matthias (2002): Die postmoderne Zeitdiagnose Baudrillards. In: Stark et al. (Hg.) (2002): 268-288

Juppe, Uwe (1997): Die RTL plus Deutschland Fernsehen GmbH&Co-Betriebs KG 1984-1994. In: Bleicher (Hg.) (1997): 41-78

Jurga, Martin (Hg.) (1995): Lindenstraße. Produktion und Rezeption einer Erfolgsserie. Opladen

Jurga, Martin (1997): Texte als (mehrdeutige) Manifestationen von Kultur: Konzepte von Polysemie und Offenheit in den Cultural Studies. In: Hepp et al. (Hg.) (1997): 127-142

Jurga, Martin (1999): Fernsehtextualität und Rezeption. Opladen/Wiesbaden

Just, Marion/Crigler, Ann/Wallach, Lori (1990): Thirty Seconds or Thirty Minutes. What Viewers Learn from Spot Advertisement and Candidate Debates. In: Journal of Communication 40. 120-133

Kaase, Max (Hg.) (1986): Politische Wissenschaft und politische Ordnung. Analysen zu Theorie und Empirie demokratischer Regierungsweise. Festschrift zum 65. Geburtstag von Rudolf Wildenmann. Opladen

Kaase, Max/Schulz, Winfried (Hg.) (1989): Massenkommunikation. Theorien, Methoden, Befunde. Sonderheft der Kölner Zeitschrift zur Soziologie und Sozialpsychologie 30. Opladen

Kaiser, Walter (1992): Technisierung des Lebens seit 1945. In: Braun et al. (Hg.) (1992): 283-529

Kalbfleisch, Pamela J./Cody, Michael J. (Hg.) (1995): Gender, Power, and Communication in Human Relationships, Hillsdale, N.J./Hove, U.K.

Kamps, Klaus (1998): Nachrichtengeographie. Themen, Strukturen, Darstellung: Ein Vergleich. In: ders. et al. (Hg.) (1998b): 275-294

Kamps, Klaus (1999): Politik in Fernsehnachrichten. Struktur und Präsentation internationaler Ereignisse. Ein Vergleich. Baden-Baden

Kamps, Klaus (2000a): Amerika ante Portas. Grundzüge der Amerikanisierungsthese. In: ders. (Hg.) (2000): 9

Kamps, Klaus (2000b): Im Wahlkampf nichts Neues. Aufmerksamkeitsstrukturen der Kampagnenberichterstattung in Fernsehnachrichten. In: Holtz-Bacha (Hg.) (2000b): 112-135

Kamps, Klaus (Hg.) (2000c): Trans-Atlantik-Trans-Portable? Die Amerikanisierungsthese in der politischen Kommunikation. Wiesbaden

Kamps, Klaus/Meckel, Miriam (1998a): Fernsehnachrichten: Entwicklungen in Forschung und Praxis. In: dies. (Hg.) (1998b): 11-29

Kamps, Klaus/Meckel, Miriam (Hg.) (1998b): Fernsehnachrichten. Prozesse, Strukturen, Funktionen. Opladen/Wiesbaden

Karstens, Eric/Schütte, Jörg (1999): Firma Fernsehen. Alles über Politik, Recht, Markt, Werbung, Programm und Produktion (Wie TV-Sender arbeiten). Reinbek

Katz, Elihu (1959): Mass Communications Research and the Study of Culture: An Editorial Note on a Possible Future for this Journal. In: Studies of Public Communication 2. 1-6

Katz, Elihu/Foulkes, David (1962): On the Use of Mass Media as „Escape". Clarification of a Concept. In: Public Opinion Quarterly 26. 377-388

Kaupp, Peter (1980): Presse, Hörfunk, Fernsehen. Funktion. Wirkung. 2. Aufl. Frankfurt/M.

Keller, Wilhelm (1983): Hundert Jahre Fernsehen 1883-1983. Berlin/Offenbach

Kendler, Howard H. (1984): Evolutions or revolutions? In: Lagerspetz et al. (Hg.) (1984): 7-21

Keppler, Angela (1995): Die Kommunikation des Dabeiseins. Formen des Sakralen in der Fernsehunterhaltung. In: Rundfunk und Fernsehen 43. 301-311

Kepplinger, Hans-Mathias (1989): Theorien der Nachrichtenauswahl als Theorien der Realität. In: Aus Politik und Zeitgeschichte. Beilage zur Wochenzeitung Das Parlament 15. 3-16

Kepplinger, Hans-Mathias (1992): Ereignismanagement. Wirklichkeit und Massenmedien. Zürich/Osnabrück

Keuneke, Susanne/Stephens, Sonja (1994): Spätere Heirat nicht eingeschlossen: Single-Shows. In: Röser (Hg.) (1994): 37-53

Key, Mary Ritchie (Hg.) (1981): The Relationship of Verbal and Nonverbal Communication. 2. Aufl. The Hague u. a.

Kiefer, Marie-Luise (1987): Vielseher und Vielhörer – Profile zweier Mediennutzergruppen. Daten aus der Studie „Massenkommunikation" 1974 – 1980 – 1985. In: Media-Perspektiven 11. 677-692

Kiefer, Marie-Luise (1989): Medienkomplementarität und Medienkonkurrenz – Notizen zum weitgehend ungeklärten „Wettbewerbsverhältnis" der Medien. In: Kaase et al. (Hg.) (1989): 337-350

Kiefer, Marie-Luise (1998): Ein Unikat der Rezeptionsforschung: Langzeitstudie Massenkommunikation zur Mediennutzung und Medienbewertung. In: Klingler et al. (Hg.) (1998): 17-29

Klages, Helmut (1981): Überlasteter Staat – verdrossene Bürger. Frankfurt/New York

Kleinsteuber, Hans J. (1990): Wahlen und Fernsehen in den USA. In: medium 3. 57

Kleinsteuber, Hans J. (1996): Vom Zwei-Wege-Fernsehen zu den „interactive media". Der Mythos vom Rückkanal. In: Hömberg et al. (Hg.) (1996): 106-118

Kleinsteuber, Hans J. (Hg.) (2001): Aktuelle Medientrends in den USA. Journalismus, politische Kommunikation und Medien im Zeitalter der Digitalisierung. Wiesbaden

Kleinsteuber, Hans J./Rosenbach, Marcel (1998): Digitales Fernsehen in Europa. Eine Bestandsaufnahme. In: Rundfunk und Fernsehen 46. 24-57

Klemm, Michael (2000): Zuschauerkommunikation. Formen und Funktionen der alltäglichen kommunikativen Fernsehaneignung. Frankfurt/M.

Kliment, Tibor (1997): Mediennutzung im Dickicht der Lebenswelt. Zum Verhältnis von Rezeptionsmustern und Publikumstypen. In: Scherer et al. (Hg.) (1997): 206-238

Klingemann, Hans-Dieter (1986): Massenkommunikation, interpersonale Kommunikation und politische Einstellungen. Zur Kritik der These vom „Zwei-Stufen Fluß" der politischen Kommunikation. In: Kaase (Hg.) (1986): 387-399

Klingler, Walter/Roters, Gunnar/Zöller, Oliver (Hg.) (1998): Fernsehforschung in Deutschland. Themen – Akteure – Methoden. Teilbd. 1. Baden-Baden

Klippel, Heike/Winkler, Hartmut (1994): „Gesund ist, was sich wiederholt". Zur Rolle der Redundanz im Fernsehen. In: Hickethier (Hg.) (1994a): 121-136

Klövekorn, Nicole (2002): Sehen wir, was wir wollen? Die Fernsehprogrammauswahl unter Berücksichtigung langfristiger Zuschauerpräferenzen und Programmierungsstrategien der Fernsehsender. München

Kloock, Daniela (2003): Von der Schrift zur Bild(schirm)kultur. Analyse aktueller Medientheorien. 2. korr.und durchges. Aufl. Berlin

Kloock, Daniela/Spahr, Angela (2000): Medientheorien. 2. korr. u. erw. Aufl. München

Knieper, Thomas/Müller, Marion G. (Hg.) (2001): Kommunikation visuell. Das Bild als Forschungsgegenstand – Grundlagen und Perspektiven. Köln

Knieper, Thomas/Müller, Marion G. (Hg.) (2003): Authentizität und Inszenierung von Bilderwelten. Köln

Knops, Tilo Rudolf (1988): Zwischen Weimar und Hollywood: Zum Widerstreit von Erfahrung und Theorie bei Siegfried Kracauer. In: Rundfunk und Fernsehen 36. 465-483

Knorr-Cetina, Karin (1989): Spielarten des Konstruktivismus. Einige Notizen und Anmerkungen. In: Soziale Welt 40. 86-96

Koenen, Andrea/Michalski, René (2002): Blick über die Grenzen: Transkulturelle Perspektiven auf eine globale Entwicklung. In: Weiß et al. (Hg.) (2002): 89-152

Kofler, Georg/Graf, Gerhard (Hg.) (1995): Sündenbock Fernsehen? Aktuelle Befunde zur Fernsehnutzung von Jugendlichen, zur Wirkung von Gewaltdarstellungen im Fernsehen und zur Jugendkriminalität. Berlin

Kops, Manfred (1997): Rundfunkbegriff und Rundfunkregulierung in den Zeiten von Multimedia. Arbeitspapiere des Instituts für Rundfunkökonomie an der Universität zu Köln 83.

Koschnik, Wolfgang J. (1995): Standard-Lexikon für Mediaplanung und Mediaforschung in Deutschland. Bd. 1. 2. erw. Aufl. München u. a.

Köser, Silke (1989): Der Kampf um die Quoten – Kinderfernsehen im öffentlich-rechtlichen und privaten Fernsehen. In: Erlinger et al. (Hg.) (1989): 583-595

Kracauer, Siegfried (1979): Schriften. Hrsg. von Karsten Witte. 10 Bde. Frankfurt/M.

Kracauer, Siegfried (1979): Theorie des Films. Die Errettung der äußerlichen Wirklichkeit. In: ders. (1979): Bd. 3

Kracauer, Siegfried (1979): Von Caligari zu Hitler. Eine psychologische Geschichte des deutschen Films. In: ders. (1979): Bd. 2

Kraus, Sidney/Perloff, Richard M. (Hg.) (1985): Mass Media and Political Thought. Beverly Hills u. a.

Kreuzer, Helmut/Schanze, Helmut (Hg.) (1991): Fernsehen in der Bundesrepublik Deutschland. Perioden – Zäsuren – Epochen. Heidelberg

Kriener, Markus (1996): Kommunikative Identität. Zur Vielfalt und Einheit kultureller Kommunikation. In: Meckel et al. (Hg.) (1996): 201-212

Kröger, Gerfried (1997): Digitales Satellitenfernsehen in den USA. Entwicklungsge-
schichte, Marktanalyse und Erfolgschance von Direct Broadcasting by Satellite
(DSB). Sternenfels/Berlin
Krotz, Friedrich (1992): Kommunikation als Teilhabe. Der "Cultural Studies Approach".
In: Rundfunk und Fernsehen 40. 412-431
Krotz, Friedrich (1994): Alleinseher im „Fernsehfluss". Rezeptionsmuster aus dem
Blickwinkel individueller Fernsehnutzung. In: Media-Perspektiven 10. 505-516
Krotz, Friedrich (1995): Fernsehrezeption kultursoziologisch betrachtet. Der Beitrag der
cultural studies zur Konzeption und Erforschung des Mediengebrauchs. In: Soziale
Welt 46. 245-265
Krotz, Friedrich (2000): Cultural Studies – Radio, Kultur und Gesellschaft. In: Neumann-
Braun et al. (Hg.) (2000): 159-180
Krotz, Friedrich (2001): Die Mediatisierung kommunikativen Handelns. Wiesbaden
Krüger, Udo Michael (1985a): Entpolitisierung als Programm? APF-Nachrichten im
Vergleich zu ARD und ZDF. In: Media-Perspektiven 1. 50-55
Krüger, Udo Michael (1985b): „Soft news" – Kommerzielle Alternative zum Nachrich-
tenangebot öffentlich-rechtlicher Rundfunkanstalten. SAT.1, RTL plus, ARD und
ZDF im Vergleich. In: Media-Perspektiven 6. 479-490
Krüger, Udo Michael (1988): Infos – Infotainment – Entertainment. Programmanalyse
1988. In: Media-Perspektiven 10. 637-663
Krüger, Udo Michael (1992): Programm von heute für Frauen von gestern? Eine Pro-
grammanalyse. In: Bundeszentrale für politische Bildung (Hg.) (1992): 31-47
Krüger, Udo Michael (1998a): Modernisierung bei stabilen Programmstrukturen. In:
Media-Perspektiven 7. 314-330
Krüger, Udo Michael (1998b): Zwischen Konkurrenz und Konvergenz. Fernsehnachrich-
ten öffentlich-rechtlicher und privater Rundfunkanbieter. In: Kamps et al. (Hg.)
(1998b): 65-84
Krüger, Udo Michael (2002): Thementrends im Talkshowangebot der neunziger Jahre. In:
Tenscher et al. (Hg.) (2002): 141-160
Krüger, Udo Michael/ Zapf-Schramm, Thomas (1999): Fernsehwahlkampf 1998 in Nach-
richten und politischen Informationssendungen. In: Media-Perspektiven 5. 222-236
Krüger, Udo Michael/Zapf-Schramm, Thomas (2001): Die Boulevardisierungskluft im
deutschen Fernsehen. In: Media-Perspektiven 7. 326-344
Kubey, Robert/Csikszentmihalyi, Mihaly (1990): Television and the Quality of Life. How
Viewing Shapes Everyday Experience. Hillsdale, N.J./Hove/London
Kübler, Hans-Dieter (1994): Kommunikation und Massenkommunikation. Ein Studienbuch. Münster/Hamburg
Kübler, Hans-Dieter (2000): Mediale Kommunikation. Tübingen
Kübler, Hans-Dieter/Swoboda, Wolfgang H. (1998): Wenn die Kleinen fernsehen. For-
schungsprojekt über die Bedeutung des Fernsehens in der Lebenswelt von Vorschul-
kindern. Schriftenreihe der Landesmedienanstalten. Berlin
Küchenhoff, Erich et al. (1975): Die Darstellung der Frau und die Behandlung von Frau-
enfragen im Fernsehen. Eine empirische Untersuchung einer Forschergruppe der Uni-
versität Münster. Schriften des Bundesministers für Jugend, Familie und Gesundheit.
Bd. 34, Stuttgart
Kumar, Krishan (1997): Home: The Promise and Predicament of Private Life at the End
of the Twentieth Century. In: Weintraub et al. (Hg.) (1997): 204-236
Kunczik, Michael (1977): Massenkommunikation. Eine Einführung. Köln
Kunczik, Michael (1995): Wirkungen von Gewaltdarstellungen – Zum aktuellen Stand
der Diskussion. In: Kofler et al. (Hg.) (1995): 29-53
Kunczik, Michael (1998): Gewalt und Medien. Köln 4. aktual. Aufl.
Kunczik, Michael/Weber, Uwe (Hg.) (1990): Fernsehen. Aspekte eines Mediums.
Köln/Wien

Ladeur, Karl-Heinz (2000): Der „Funktionsauftrag" des öffentlich-rechtlichen Rundfunks – auf „Integration" festgelegt oder selbstdefiniert? In: Medien & Kommunikationswissenschaft 48. 93-106

Lagerspetz, Kirsti M.J./Niem, Pekka (Hg.) (1984): Psychology in the 1990's. In honour of Professor Johan von Wright on his 60th birthday March 31, 1984. Amsterdam/New York/Oxford

Lahr, Helmut von der (1996): Lesen: Verlust einer Schlüsselqualifikation für die Informationsgesellschaft. In: Media-Perspektiven 1. 2-7

Landbeck, Hanne (1994): ARTE – Zwischen völkerverbindender Utopie und Fernsehwirklichkeit. In: Burmeister (Hg.) (1994): 97-113

Landfried, Christine (1995): Parteifinanzen und politische Macht. 2. Aufl. Baden-Baden

Lang, Norbert (2000): Multimedia. In: Faulstich (Hg.) (2000): 296-313

Langen, Claudia/Bentlage, Ulrike (Hg.) (2000): Das Lesebarometer – Lesen und Mediennutzung in Deutschland. Eine Bestandsaufnahme zum Leseverhalten 1999. Gütersloh

Langenbucher, Wolfgang R. (Hg.) (1979): Politik und Kommunikation. Über die öffentliche Meinungsbildung. München/Zürich

Lasswell, Harold Dwight (1927): The theory of political propaganda technique. In Political Science Review 21. 627-631

Lazarsfeld, Paul F./Berelson, Bernard/Gaudet, Hazel (1944): The people's choice. How the voter makes up his mind in a presidential campaign. New York

Lazarsfeld, Paul F./Kendall, P. (1948): Radio Listening in America. New York

Lazarsfeld, Paul F./Merton, Robert K. (1948): Mass communication, popular taste and organized social action. In: Bryson (Hg.) (1948): 95-118

Lazier, Linda/Kendrick, Alice Gagnard (1993): Women in Advertisements. Sizing Up the Images, Roles and Functions. In: Creedon (Hg.) (1993): 199-219

Leder, Dietrich (1998): Als Fernsehen in die Wohnzimmer kam. In: Reichertz et al. (Hg.) (1998): 29-43.

Lee, Hwa-Haeng (2001): Deutsche TV-Anbieter im Internet. Eine empirisch-analytische Untersuchung der Online-Aktivitäten von RTL und ZDF. Hagen

Lehmann Rainer H. et al. (1995): Leseverständnis und Lesegewohnheiten deutscher Schüler und Schülerinnen. Reihe Belz Stiftung Lesen. Weinheim/Basel

Leschke, Rainer (2003): Einführung in die Medientheorie. München

Linnakylä, Pirjo (1993): Exploring the Secret of Finnish Reading Literacy Achievement. In: Scandinavian Journal of Educational Research 37, 1. 63-74

Livingstone, Sonia M. (1990): Making sense of television. The psychology of audience interpretation. Oxford u.a.

Lorenz, Thorsten (1991): Bombenstimmung. Von der Militärrevue zum Unterhaltungs-Fernsehen. In: Tietze et al. (Hg.) (1991): 25-49

Luchting, Anne Kathrin (1995): Leidenschaft am Nachmittag. Eine Untersuchung zur Textualität und Intertextualität US-amerikanischer Seifenopern im deutschen Fernsehen und ihre Fankultur. München

Luckmann, Thomas (1980): Lebenswelt und Gesellschaft. Grundstrukturen und geschichtliche Wandlungen. Paderborn u.a.

Ludes, Peter (1989): „Amerikanisierung", „Kommerzialisierung" oder „Modernisierung" der Fernsehmedien in der Bundesrepublik Deutschland? In: Gellner (Hg.) (1989a): 37-52

Ludes, Peter (1991): Kulturtransfer und transkulturelle Prozesse. Amerikanisierung und Europäisierung des Fernsehprogramms in der Bundesrepublik. Heidelberg

Ludes, Peter (1994): Vom neuen Stichwortgeber zum überforderten Welterklärer und Synchron-Regisseur: Nachrichtensendungen. In: ders. et al. (Hg.) (1994): 17-90

Ludes, Peter/Schumacher, Heidemarie/Zimmermann, Peter (Hg.) (1994): Informations- und Dokumentarsendungen. Geschichte des Fernsehens in der Bundesrepublik Deutschland. Bd. 3. München

Luhmann, Niklas (1979): Öffentliche Meinung. In: Langenbucher (Hg.) (1979): 29-61

Luhmann, Niklas (1988): Die Wirtschaft der Gesellschaft. Frankfurt/M
Luhmann, Niklas (1996): Die Realität der Massenmedien. 2. erweiterte Auflage Opladen
Luhmann, Niklas/Fuchs, Peter (1989): Reden und Schweigen. Frankfurt/M.
Lukesch, Helmut (2002): Gewalt und Medien. In: Heitmeyer et al. (Hg.) (2002): 639-675
Lull, James (Hg.) (1988): World Families watch Television. Newbury Park u. a.
Macdonald, Myra (1998): Politicizing the Personal. Women's voices in British television documentaries. In: Carter et al. (Hg.) (1998): 105-120
Machnig, Matthias (Hg.) (2002): Politik – Medien – Wähler. Wahlkampf im Medienzeitalter. Opladen
Märki-Koepp, Martina (1993): Lebenshilfe aus dem Äther. Radio und Fernsehen als „Freund und Helfer". Reihe Diskussionspunkt-Bd. 25, hrsg. Ulrich Saxer. Seminar für Publizistikwissenschaft der Universität Zürich. Zürich
Maguire, G.P./Mac Lean, A.W./Aitken, R.C.B (1973): Adaption on repeated exposure to film-induced stress. In: Biological Psychology. 43-51
Maletzke, Gerhard (1988): Massenkommunikationstheorien. Tübingen
Malinowski, Bronislaw (1926): Anthropolgy. In: Encycopedia Britannica. 13th ed. London u. a.
Mannheim, Karl (1982): Art. „Wissenssoziologie". In: Vierkandt (Hg.) (1982): 216-235; im Orig.: (1931)
Mannheim, Karl (1970): Das Problem einer Soziologie des Wissens. In: Archiv f. Sozialwissenschaft und Sozialpolitik, 53(1925)3: 577-652; hier zit. nach: Karl Mannheim: Wissenssoziologie – Auswahl aus dem Werk, hrsg. von Kurt H. Wolff, 2. Aufl. Neuwied
Marcinkowski, Frank (1998): Politikvermittlung durch Fernsehen und Hörfunk. In: Sarcinelli (Hg.) (1998b): 165-183
Marcinkowski, Frank (2000): Die Medien-Öffentlichkeit des Parlaments in der „Verhandlunsdemokratie". Theoretische Überlegungen und empirische Befunde zur Parlamentsberichterstattung von Presse und Fernsehen. In: Jarren et al. (Hg.) (2000): 49-73
Marschall, Stefan (2001): Das Parlament in der Mediengesellschaft. Verschränkungen zwischen parlamentarischer und massenmedialer Arena. In: Politische Vierteljahresschrift 42. 388-413
Masmoudi, Mustafa (1979): The World Information Order. In: Journal of Communication 29. 172-185
Mathes, Rainer/Czaplicki, Andreas (1993): Meinungsführer im Mediensystem. „Topdown-" und „Bottom-up"-Prozesse. In: Publizistik 38. 153-166
Mattern, Klaus/Künstner, Thomas (1998): Fernsehsysteme im internationalen Vergleich. In: Hamm (Hg.) (1998): 15-205
Maturana, Humberto R. (1987): Kognition. In: S. J. Schmidt (Hg.) (1987a): 89-118
McChesney, Robert W. (1999): Rich Media, Poor Democracy. Communication Politics in Dubious Times. Urbana/Chicago
McCombs, Maxwell/Shaw, Donald (1972): The agenda-setting function of the mass media. In: Public Opinion Quarterly 36. 176-187
McKee, Alan (2001): Art. 'gender'. In: Pearson et al. (Hg.) (2001): 190-194
McLeod, Jack/Delano Brown, Jane (1979): Familiäre Kommunikationsmuster und die Fernsehnutzung Jugendlicher. In: Sturm et al. (Hg.) (1979): 215-251
McLuhan, Marshall (1968): Die Magischen Kanäle. Düsseldorf/Wien
McNeil, Ian (Hg.) (1996): Encyclopedia of the History of Technology. London
McQuail, Denis (1975): Communication. London/New York
Mead, George Herbert (1973): Geist, Identität und Gesellschaft aus der Sicht des Sozialbehaviorismus. Frankfurt/M.; im Org.: Chicago (1934)
Meckel, Miriam (1994): Fernsehen ohne Grenzen? Europas Fernsehen zwischen Integration und Segmentierung. Opladen
Meckel, Miriam (1996): Dollars für Dallas. Strukturen der internationalen Film- und Fernsehprogrammindustrie. In: Meckel et al. (Hg.) (1996): 145-160

Meckel, Miriam/Kriener, Markus (Hg.) (1996): Internationale Kommunikation: Eine Einführung. Opladen

Meckel, Miriam/Kriener, Markus (1998): Internationales als Restgröße? Strukturen der Auslandsberichterstattung im Fernsehen. In: Kamps et al. (Hg.) (1998b): 257-274

Meckel, Miriam: Die globale Agenda. Kommunikation und Globalisierung. Wiesbaden

Menghetti, Eliane (1992): Die völkerrechtliche Stellung des internationalen Satellitenfernsehens im Spannungsfeld von Völkerverständigung und Propaganda. Bestrebungen zur Kontrolle von grenzüberschreitenden Informationsflüssen. Zürich

Merkert, Rainald (1992): Medien und Erziehung. Einführung in pädagogische Fragen des Medienzeitalters. Darmstadt

Merten, Klaus (1977): Nachrichtenrezeption als komplexer Kommunikations-prozess. In: Publizistik 22. 450-463

Merten, Klaus (1985): Die Re-Rekonstruktion von Wirklichkeit durch Zuschauer von Fernsehnachrichten. In: Media-Perspektiven 10. 753-763

Merten, Klaus (1994a): Konvergenz der deutschen Fernsehprogramme. Eine Langzeituntersuchung 1980-1993. Münster/Hamburg

Merten, Klaus (1994b): Wirkungen von Kommunikation. In: ders. et al. (Hg.) (1994): 291-328

Merten, Klaus (2002a): "Harold Dwight Lasswell". In: Holtz-Bacha et al. (Hg.) (2002): 251-253

Merten, Klaus (2002b): Medien als Steigbügelhalter. In: Message, 2/2002. http://www.message-online.com/arch2_02/22_merten.html; Zugriff: 18. Juni 2003

Merten, Klaus/Schmidt, Siegfried J./Weischenberg, Siegfried (Hg.) (1994): Die Wirklichkeit der Medien. Eine Einführung in die Kommunikationswissenschaft. Opladen

Merten Klaus/Westerbarkey, Joachim (1994): Public Opion und Public Relations. In: Merten et al. (Hg.) (1994): 188-211

Meyer, Thomas (1992): Die Inszenierung des Scheins. Voraussetzungen und Folgen symbolischer Politik. Frankfurt/M.

Meyer, Thomas (1994): Die Transformation des Politischen. Frankfurt/M.

Meyer, Thomas (2000): Die Theatralität der Politik. In: Siller et al. (Hg.) (2000): 117-121

Meyn, Hermann (1994): Massenmedien in der Bundesrepublik Deutschland. überarb. und aktual. Neuaufl. Berlin

Meyn, Hermann (1999): Massenmedien in Deutschland. Neuauflage Konstanz

Meyrowitz, Joshua (1987): Die Fernseh-Gesellschaft. Wirklichkeit und Identität im Medienzeitalter. Weinheim/Basel; Im Orig. (1985): No Sense of Place. The Impact of Electronic Media on Social Behavior. Oxford

Meyrowitz, Joshua (2002): Post-Privacy America. In: Weiß et al. (Hg.) (2002): 153-204

Mikos, Lothar(1992): Serien als Fernsehgenre. Zusammenhänge zwischen Dramaturgie und Aneignungsweisen des Publikums. In: Salow et al. (Hg.) (1992): 19-27

Mikos, Lothar (1994a): Es wird Dein Leben! Familienserien im Fernsehen und im Alltag der Zuschauer. Münster

Mikos, Lothar (1994b): Fernsehen im Erleben der Zuschauer. Vom lustvollen Umgang mit einem populären Medium. München

Mikos, Lothar (2001): Fern-Sehen. Bausteine zu einer Rezeptionsästhetik des Fernsehens. Berlin

Mikos, Lothar (2002): Öffentlichkeit versus Privatheit. Daily Talks als Ende der Intimität? In: Tenscher et al. (2002): 87-102

Mikos, Lothar et al. (2000): Im Auge der Kamera. Das Fernsehereignis Big Brother. Berlin

Mikos, Lothar/Wulff, Hans J. (1996): Spielen und Darstellen im ,Glücksrad': Intertextualität und Intersubjektivität in Fernsehshows. In: Publizistik, 41. 452-465

Mohammadi, Ali (2002): Kommunikation und der Globalisierungsprozess in den Entwicklungsländern. In: Hepp et al. (Hg.) (2002): 164-185

Moores, Shaun (1993): Interpreting Audiences. The Ethnography of Media Consumption. London/Thousand Oaks/New Delhi

Morgan, Micheal (1984): Heavy Television Viewing an Perceived Quality of Life. In: Journalism Quarterly 61. 499-504

Morley, David (1988): Family Television: Cultural Power and Domestic Leisure. London

Morley, David (1999): Finding about the world on television news: some difficulties. In: Gripsrud (Hg.) (1999): 136-158

Morley, David (2000): Home Territories. Media, Mobility and Identity. London/New York

Morley, David (2002): Television, Audiences and Cultural Studies. London/New York

Mühlen-Achs, Gitta (Hg.) (1990): Bildersturm. Frauen in den Medien. München

Müller, Gudrun Christine (1999): Der europäische Fernsehabend. Köln

Müller, Eggo (1999): Paarungsspiele. Beziehungsshows in der Wirklichkeit des neuen Fernsehens. Berlin

Müller, Marion G. (1997): Politisches Parfüm. Die visuelle Vermarktung des Immateriellen. In: Röttger (Hg.) (1997b): 195-206

Müller, Marion G. (2001): vor Bild Amerika? Tendenzen amerikanischer und deutscher Wahlkampfkommunikation. In: Kleinsteuber (Hg.) (2001): 228-251

Müller, Petra (2001): Amerikanisierung der Berichterstattung zum Bundestagswahlkampf? Eine Medieninhaltsanalyse von tagesthemen, heute-journal und RTLaktuell/7vor 7 aus den Jahren 1987 und 1998. In: Rölle et al. (Hg.) (2001): 91-159

Müller-Benedict, Volker (2001): Wie viel Meinungsdruck erzeugt die „Schweigespirale"? Eine Abschätzung des Selbstverstärkungseffekts der öffentlichen Meinung mit Hilfe des synergetischen Modells. In: Zeitschrift für Soziologie 30. 103-115

Münch, Richard (1982): Theorie des Handelns. Zur Rekonstruktion der Beiträge von Talcott Parsons, Emil Durkheim und Max Weber. Frankfurt/M.

Münch, Richard (1993): Journalismus in der Kommunikationsgesellschaft. In: Publizistik 38. 261-279

Mytton, Graham (1999): Handbook on Radio and Television Audience Research. London

Neckermann, Gerhard (2000): Kinobranche im Umbruch. Filmbesuch und Kinostruktur in Deutschland. In: Mediaperspektiven 9. 406-413

Neidhardt, Friedhelm (Hg.) (1994): Öffentlichkeit, öffentliche Meinung, soziale Bewegungen. Sonderheft Nr. 34 der Kölner Zeitschrift für Soziologie und Sozialpsychologie. Opladen

Nelson, E.D./Robinson, B.W. (1994): „Reality Talk" or „Telling Tales"? The Social Construction of Sexual and Gender Deviance on a Television Talk Show. In: Journal of Contemporary Ethnography 23. 51-78

Neumann-Braun, Klaus/Müller-Doohm, Stefan (Hg.) (2000): Medien- und Kommunikationssoziologie. Eine Einführung in zentrale Begriffe und Theorien. Weinheim/München

Neverla, Irene (1991): Männerwelten – Frauenwelten. Wirklichkeitsmodelle, Geschlechterrollen, Chancenverteilung. In: Deutsches Institut für Fernstudien der Universität Tübingen (Hg.) (1991): Funkkolleg Medien und Kommunikation. Konstruktionen von Wirklichkeit. Studienbrief 7, Weinheim/Basel

Neverla, Irene (1998): Das Netz-Medium. Kommunikationswissenschaftliche Aspekte eines Mediums in Entwicklung. Opladen/Wiesbaden

Newcomb, Horace M./Alley, Robert S. (1983): The Producer's Medium. Conversations with Creators of American TV. New York/Oxford

Newcomb, Horace M./Hirsch, Paul M. (1984): Television as a Cultural Forum: Implications for Research. In: Rowland et al. (Hg.) (1984): 58-73

Newhagen, John E. (1998): TV News Images That Induce Anger, Fear and Disgust: Effects on Approach-Avoidance and Memory. In: Journal of Broadcasting and Electronic Media 42. 265-276

Nicolaisen, Bernd (1994): Die Konstruktion der sozialen Welt. Piagets Interaktionsmodell und die Entwicklung kognitiver und sozialer Strukturen. Opladen

Nieland, Jörg-Uwe (2002): Von der Bonner zur Berliner Republik? Aspekte des Wandels der politischen Kommunikation in der Populärkultur. In: Schatz et al. (Hg.) (2002): 163-186

Noam, Eli M. (1996): Cyber-TV. Thesen zur dritten Fernsehrevolution. Gütersloh. Verlag Bertelsmann Stiftung

Noelle, Neumann, Elisabeth (1974): The Spiral of Silence. A Theory of Public Opinion. In: Journal of Communication 24. 43-51

Noelle-Neumann, Elisabeth (1979a): Der getarnte Elefant. Über die Wirkung des Fernsehens. In: dies. (Hg.) (1979b): 115-126. Nachdruck in: Kunczik et al. (Hg.) (1990): 139-150

Noelle-Neumann, Elisabeth (1979b): Öffentlichkeit als Bedrohung. Beiträge zur empirischen Kommunikationsforschung. 2. Aufl. Freiburg/München

Noelle-Neumann, Elisabeth (1992): Antwort auf Dieter Fuchs, Jürgen Gerhards und Friedhelm Neidhardt: Öffentliche Kommunikationsbereitschaft. Ein Test zentraler Bestandteile der Theorie der Schweigespirale. In: Zeitschrift für Soziologie 21. 385-388

Noelle-Neumann, Elisabeth (2001): Die Schweigespirale. Öffentliche Meinung – unsere soziale Haut. neue, erw. Aufl. München 2001; im Orig.: (1980)

Noelle-Neumann, Elisabeth/Kepplinger, Hans Mathias/ Donsbach, Wolfgang (Hg.) (1999): Kampa. Meinungsklima und Medienwirkung im Bundestagswahlkampf 1998. Freiburg/München

Noelle-Neumann, Elisabeth/Schulz, Ruediger (1989): Federal Republic of Germany: Social Experimentation With Cable and Commercial Television. In: Becker et al. (Hg.) (1989): 167-223

Noelle-Neumann, Elisabeth/Schulz, Winfried/Wilke, Jürgen (Hg.) (1994): Publizistik/Massenkommunikation. Das Fischer Lexikon. Frankfurt/M.

Nordlund, J. (1978): Media Interaction. In: Communication Research 5. 150-175

Oberreuter, Heinrich (Hg.) (1996): Parteiensystem am Wendepunkt. Wahlen in der Fernsehdemokratie. München/Landsberg

Oemichen, Ekkehardt/Schröter, Christian (2000): Fernsehen, Hörfunk, Internet: Konkurrenz, Konvergenz oder Komplement? Schlussfolgerungen aus der ARD/ZDF-Online-Studie 2000. In: Media-Perspektiven 8. 359-368

Oemichen, Ekkehardt/Schröter, Christian (2001): Information: Stellenwert des Internets im Kontext klassischer Medien. In: Media-Perspektiven 8. 410-421

Ohlmann, Herbert (1996): Information, Timekeeping, Computing, Telecommunications and Audiovisual Technologies. In: McNeil (Hg.) (1996): 686-759

Oliver, Mary Beth/ Mahood, Chad (2002): Art. „Gender and the Media". In: Schement (Hg.) (2002): 353-357

Paletz, David L. (1979): Massenmedien und Wahlen. Zum Forschungsstand und seinen Tücken. In: Media-Perspektiven 1. 20-28

Palmgreen et al. (1985): Uses and Gratification Research: The Past Ten Years. In: Rosengren, K. E. et al. (Hg.) (1985): 11-37

Panofsky, Erwin (1947): Stil und Medium im Film. In: ders.: (1999): 15-57

Panofsky, Erwin (1999): Stil und Medium im Film & Die ideologischen Vorläufer des Rolls-Royce-Kühlers. Frankfurt/M.

Pardun, Carol J./Krugman, Dean M. (1994): How the Architectural Style of the Home Relates to Family Television Viewing. In: Journal of Broadcasting & Electronic Media 38. 145-162

Pantenburg, Ursula (1996): Die Organisation der Leitungsspitze von Rundfunkanstalten. Diss. Univ. Mannheim. Baden-Baden

Parr, Rolf/Thiele, Matthias (Hg.) (2001): Gottschalk, Kerner und Co. Funktionen der Telefigur >Spielleiter< zwischen Exzeptionalität und Normalität. Frankfurt/M.

Parsons, Talcott (1937): The Structure of Social Action. A Study in Social Theory With Special Reference to a Group of Recent European Writers. Glencoe/Ill.

Parsons, Talcott (1951): The Social System. Glencoe/Ill.

Patterson, Thomas (1993): Out of Order. New York

Pearson, Roberta E./Simpson, Philip (Hg.) (2001): Critical Dictionary of Film and Television Theory. London/New York

Peters, Bernhard (1994): Der Sinn von Öffentlichkeit. In: Neidhardt (Hg.) (1994): 42-76

Peters, Birgit (1996): Prominenz. Eine soziologische Analyse ihrer Entstehung und Wirkung. Opladen

Plake, Klaus (1999): Talkshows. Die Industrialisierung der Kommunikation. Darmstadt

Plake, Klaus/Jansen, Daniel/Schuhmacher, Birgit (2001): Öffentlichkeit und Gegenöffentlichkeit im Internet. Politische Potenziale der Medienentwicklung. Wiesbaden

Plasser, Fritz (2000): „Amerikanisierung" der Wahlkommunikation in Westeuropa: Diskussions- und Forschungsstand. In: Bohrmann et al. (Hg.) (2000): 49-67

Pleitgen, Fritz (1991): Dünne Suppe. Fritz Pleitgen über die Golfkrieg-Sendungen des deutschen Fernsehens im Gespräch mit Peter Ludes und Georg Schütte." In: medium 2. 18

Popper, Karl R. (1962): The Open Society and Its Enemies. 2 Bde. 4. Aufl. London

Postman, Neil (1982): The Disappearance of Childhood. New York

Postman, Neil (1985): Wir amüsieren uns zu Tode. Urteilsbildung im Zeitalter der Unterhaltungsindustrie. Frankfurt/M.

Postman, Neil/Weingartner, Charles (1969): Teaching as a Subversive Activity. New York

Prokop, Dieter (Hg.) (1973): Massenkommunikationsforschung. Bd. 2, Frankfurt

Prugger, Prisca (1994): Wiederholung, Variation, Alltagsnähe. Zur Attraktivität der Sozialserie. In: Giesenfeld (Hg.) (1994): 90-113

Prümm, Karl (1987): Der Fernsehkrimi – ein Genre der Paradoxien. In: Rundfunk und Fernsehen 35. 349-360

Pullen, Kirsten (2000): I-love-Xena.com: Creating Online Fan Communities. In: Gauntlett (Hg.) (2000): 52-66

Radcliffe-Brown, Alfred Reginald (1935): On the Concept of Function in Social Science. In American Anthropologist 37. 3-23

Ranney, Austin (1983): Channels of Power. The Impact of Television on American Politics. New York

Ratzke, Dietrich (1984): Handbuch der Neuen Medien. Information und Kommunikation. Fernsehen und Hörfunk, Presse und Audiovision heute und morgen. 2. Aufl. Stuttgart

Reeves, Geoffrey (1993): Communications and the ‚Third World'. London/New York

Reichertz, Jo (2000): Die Frohe Botschaft des Fernsehens. Kulturwissenschaftliche Untersuchung sozialer Diesseitsreligion. Konstanz

Reichertz, Jo/Underberg, Thomas (Hg.) (1998): Tele-Kulturen. Fernsehen und Gesellschaft. Media lectures in der Ausstellung „Der Traum vom Sehen". Berlin

Reimers, Ulrich et al. (1995): Digitale Fernsehtechnik. Datenkompression und Übertragung für DVB. Berlin u. a.

Renckstorf, Karsten (1977): Neue Perspektiven in der Massenkommunikationsforschung. Beiträge zur Begründung eines alternativen Forschungsansatzes. Berlin

Renckstorf, Karsten (1996): Media use as social action. A theoretical perspective. In: ders. et al. (Hg.) (1996):

Renckstorf, Karsten/McQuail, Denis/Jankowski, Nicholas (Hg.) (1996): Media use as social action. A European approach to audience studies. London

Renckstorf, Karsten/McQuail, Denis/Jankowski, Nicholas (Hg.) (2001): Television News Research: Recent European Approaches and Findings. Communications. Monograph Vol. 2. Berlin u.a.

Renckstorf, Karsten/Rohland, Lutz (1980): Nachrichtensendungen im Fernsehen. Bd. 2: Absichten, Interessen und Muster der Medienzuwendung. Konturen des „aktiven" Publikums. Berlin

Renckstorf, Karsten/Wester, Fred (1992): Die handlungstheoretische Perspektive empirischer (Massen-)Kommunikationsforschung. Theoretischer Ansatz, methodische Implikationen und forschungs-praktische Konsequenzen. In: Communications 17. 177-195

Richter, Horst (Hg.) (1981): Viele Stimmen, eine Welt: Kommunikation und Gesellschaft – heute und morgen. Bericht der Internationalen Kommission zum Studium der Kommunikationsprobleme unter dem Vorsitz von Sean McBride an die UNESCO. Konstanz

Ridder, Christa Maria/Engel, Bernhard (2001): Massenkommunikation 2000: Images und Funktionen der Massenmedien im Vergleich. In: Media-Perspektiven 3. 102-125

Ridder, Christa-Maria et al. (2002): Massenkommunikation VI. Eine Langzeitstudie zur Mediennutzung und Medienbewertung 1964-2000. Hrsg. von Klaus Berg und Christa-Maria Ridder. Schriftenreihe Media-Perspektiven. Hrsg. im Auftrag der Arbeitsgemeinschaft der ARD-Werbegesellschaften. Bd. 16. Baden-Baden

Riehl, Wilhelm Heinrich von (1851): Die bürgerliche Gesellschaft. Stuttgart

Riepl, Wolfgang (1913): Das Nachrichtenwesen des Altertums mit besonderer Rücksicht auf die Römer. Leipzig u.a.

Robinson, Michael J. (1976): Public affairs television and the growth of political malaise: The case of „The Selling of the Pentagon." In: American Political Science Review 70. 409-432

Roegele, Otto B. (1979): Massenmedien und Regierbarkeit. In: Hennis et al (Hg.) (1979): 177-210

Rogers, Everett et.al. (1995): Television Promotion of Gender Equality in Societies. In: Kalbfleisch et al. (Hg.) (1995): 277-304

Roider, Claudia (2001): Perspektiven einer europäischen Rundfunkordnung. Eine Untersuchung der gemeinschaftsrechtlichen Direktiven unter besonderer Berücksichtigung des Pluralismusgebots. Berlin

Röhl, Henning (1992): Die Macht der Nachricht. Hinter den Kulissen der Tagesschau. Berlin/Frankfurt

Rölle, Daniel/Müller, Petra/Steinbach, Ulrich W. (2001): Politik und Fernsehen. Inhaltsanalytische Untersuchungen. Wiesbaden

Römmele, Andrea (2002): Parteien und Wahlkämpfe – gestern, heute, morgen. In: Machnig (Hg.) (2002): 97-105

Roscoe; Jane/Marshall, Harriette/Gleeson, Kate (1995): The Television Audience: A Reconsideration of the Taken-for-granted Terms ‚Active`, ‚Social' and ‚Critical'. In: European Journal of Communication 10. 87-108

Rosenfeld, Howard M./Hancks, Margaret (1981): The Nonverbal Context of Verbal Listener Responses. In: Key (Hg.) (1981): 193-206

Rosengren, Karl Eric (1974): Uses and Gratifications: A Paradigm Outlined. In: Blumler et al. (Hg.) (1974): 269-286

Rosengren, Karl Eric et al. (Hg.) (1985): Media Gratification Research. Beverly Hills/London

Rosenstein, Doris/Seibert, Peter/Gompper, Renate (1994): Theatersendungen im Fernsehen der Bundesrepublik Deutschland. In: Schanze et al. (Hg.) (1994): 159-226

Röser, Jutta (Hg.) (1994): Fernsehshows der 90er Jahre. Alles Männer ... oder was? Münster/Hamburg

Röser, Jutta (2000): Fernsehgewalt im gesellschaftlichen Kontext. Eine Cultural Studies-Analyse über Medienaneignung in Dominanzverhältnissen. Opladen

Röser, Jutta/Knoll, Claudia (1995): Was Frauen und Männer vor dem Bildschirm erleben: Rezeption von Sexismus und Gewalt im Fernsehen. Studie im Auftrag des Ministeriums für die Gleichstellung von Frau und Mann des Landes Nordrhein-Westfalen. Düsseldorf

Rössler, Patrick (2000): Vielzahl = Vielfalt = Fragmentierung? Empirische Anhaltspunkte zur Differenzierung von Medienangeboten auf der Mikroebene. In: Jarren et al. (2000): 168-186

Rössler, Patrick/Kubisch, Susanne/Gehrau, Volker (Hg.) (2002): Empirische Perspektiven der Rezeptionsforschung. München

Rossen-Stadtfeld, Helge (2002): Verfassungsrechtliche Perspektiven des dualen Rundfunksystems. In: Medien & Kommunikationswissenschaft 50. 481-497

Roters, Gunnar/Klingler, Walter/Gerhards, Maria (Hg.) (1999): Information und Informationsrezeption. Baden-Baden

Roters, Gunnar/Klingler, Walter/Gerhards, Maria (Hg.) (2000): Unterhaltung und Unterhaltungsrezeption. Baden-Baden

Roth, Gerhard (1986): Selbstorganisation – Selbsterhaltung – Selbstreferenzialität: Prinzipien der Organisation der Lebewesen und ihre Folgen für die Beziehung zwischen Organismus und Umwelt. In: Dress et al. (Hg.) (1986): 149-180

Rothacker, Erich (1975): Philosophische Anthropologie. 4. Aufl. Bonn

Röttger, Ulrike (1997a): Campaigns (f)or a better world? In: dies. (Hg.) (1997b): 13-33

Röttger, Ulrike (Hg.) (1997b): PR-Kampagnen. Über die Inszenierung von Öffentlichkeit. Opladen

Rowland, Willard D. Jr./Watkins, Bruce (Hg.) (1984): Interpreting Television: Current Research Perspectives. Beverly Hills/London/New Delhi

Rubin, Alan M. (1986): Uses, Gratifications, and Media Effects Research. In: Bryant et al. (Hg.) (1986): 281-301

Rubin, Alan M. (2000): Die Uses-And-Gratifications-Perspektive der Medienwirkung. In: Schorr (Hg.) (2000): 137-152

Rubin, Alan M./Perse, E.M. (1988): Audience activity and Soap opera volvement. A uses and effects investigation. In: Human Communication Research 14. 246-268

Rubin, Alan M./Perse, E.M./Powell, R.A. (1985): Loneliness, parasocial interaction, and local television news viewing. In: Human Communication Research 12. 155-180

Ruddock, Andy (2001): Understanding Audiences. Theory and Method. London/Thousand Oaks/New Delhi

Ruhrmann, Georg (1989): Rezipient und Nachricht – Struktur und Prozess der Nachrichtenkonstruktion. Opladen

Ruhrmann, Georg (1994): Ereignis, Nachricht und Rezipient. In: Merten et al. (Hg.) (1994): 237-256

Ruhrmann, Georg/Nieland, Jörg-Uwe (1997): Interaktives Fernsehen. Entwicklung, Dimensionen, Fragen, Thesen. Opladen

Rupp, Hans Karl/Hecker, Wolfgang (Hg.): Auf dem Weg zur Telekratie? Perspektiven der Mediengesellschaft. Konstanz 1997

Ruppert, Wolfgang (Hg.) (1993): Fahrrad, Auto, Fernsehschrank. Zur Kulturgeschichte der Alltagsdinge. Frankfurt/M.

Rusch, Gebhard (1993): Fernsehgattungen in der Bundesrepublik Deutschland. Kognitive Strukturen im Handeln mit Medien. In: Hickethier (Hg.) (1993): 289-321

Rusch, Gebhard (1994): Kommunikation und Verstehen. In: Merten et al. (Hg.) (1994): 60-78

Rusch, Gebhard (1999): Kommunikation der Wirklichkeit der Medien der Wirklichkeit der Kommunikation. In: ders. et al. (Hg.) (1999): 7-12

Rusch, Gebhard (Hg.) (2002): Einführung in die Medienwissenschaft. Konzeptionen, Theorien, Methoden, Anwendungen. Opladen

Rusch, Gebhard/Schmidt, Siegfried J. (Hg.) (1992): Konstruktivismus: Geschichte und Anwendung. Frankfurt/M.

Rusch, Gebhard/Schmidt, Siegfried J. (Hg.) (1999): Konstruktivismus in der Medien- und Kommunikationswissenschaft. Frankfurt/M.

Russ, Eva Maria (1990): Das Fernsehspiel der siebziger Jahre. Untersuchungen zu unveröffentlichten Manuskripten. Frankfurt/M. u.a.

Salmon, Charles T./Glynn, Caroll J. (1996): Spiral of Silence: Communication and Public Opinion as Social Control. In: Salwen et al. (Hg.) (1996): 165-180

Salmon, Charles T./Kline, F. Gerald (1985) : The spiral of silence ten years later. An examination und evaluation. In: Sanders et al. (Hg.) (1985): 3-31

Salow, Friedrich/Martens, Frank (Hg.) (1992): Serie, Kunst im Alltag. Beiträge zur Film- und Fernsehwissenschaft. Bd. 43, Berlin

Salwen, Michael B./Stacks, Don W. (Hg.) (1996): An Integrated Approach to Communication Theory and Research. Mahwah, N.J.

Sanders, Keith R./Kaid, Lynda Lee/Nimmo, Dan (Hg.) (1985): Political Communication Yearbook I. Carbondale/Edwardsville

Sanders, Marlene (1993): Television. The Face of the Network News is Male. In: Creedon (Hg.) (1993): 167-171

Sarcinelli, Ulrich (1987): Symbolische Politik. Zur Bedeutung symbolischen Handelns in der Wahlkampfkommunikation der Bundesrepublik Deutschland. Opladen

Sarcinelli, Ulrich (1989): Symbolische Politik und politische Kultur. In: Politische Vierteljahresschrift 30. 292-309

Sarcinelli, Ulrich (1991): Massenmedien und Politikvermittlung – eine Problem- und Forschungsskizze. In: Rundfunk und Fernsehen 39. 469 -486

Sarcinelli, Ulrich (1998a): Mediatisierung. In: ders. et al. (Hg.) (1998): 678-679

Sarcinelli, Ulrich (Hg.) (1998b): Politikvermittlung und Demokratie in der Mediengesellschaft. Bundeszentrale für politische Bildung. Schriftenreihe. Band 352. Bonn

Sarcinelli, Ulrich (2000): Politikvermittlung und Wahlen – Sonderfall oder Normalität des politischen Prozesses? Essayistische Anmerkungen und Anregungen für die Forschung. In: Bohrmann et al. (Hg.) (2000): 19-30

Sarcinelli, Ulrich (2001): Politische Akteure in der Medienarena. Beiträge zum Spannungsverhältnis zwischen Amtsverantwortung und Medienorientierung bei Positionsinhabern. Landauer Arbeitsberichte und Preprints 12. Landau

Sarcinelli, Ulrich (2003): Demokratie unter Kommunikationsstress? Das parlamentarische Regierungssystem in der Mediengesellschaft. In: Aus Politik und Zeitgeschichte. Beilage zur Wochenzeitung Das Parlament. B43. 39-46

Sarcinelli, Ulrich/Jarren, Otfried/Saxer, Ulrich (Hg.) (1998): Politische Kommunikation in der demokratischen Gesellschaft. Ein Handbuch mit Lexikonteil. Opladen/Wiesbaden 1998

Sarcinelli, Ulrich/Schatz, Heribert (Hg.) (2002): Mediendemokratie im Medienland? Inszenierungen und Themenstellungsstrategien im Spannungsfeld von Medien und Parteilisten am Beispiel der nordrhein-westfälischen Landtagswahl im Jahr 2000. Opladen

Sartor, Ralph (2000): Symbolische Politik. Eine Neubewertung aus prozess- und rezeptionsorientierter Perspektive. Wiesbaden

Saxer, Ulrich (Hg.) (1985): Gleichheit oder Ungleichheit durch Massenmedien? Homogenisierung – Differenzierung der Gesellschaft durch Massenkommunikation. München

Saxer, Ulrich (1993): Lesesozialisation. In: Bonfadelli et al. (Hg.) (1993): 311-374

Saxer, Ulrich/Langenbucher, Wolfgang (1989): Kommunikationsverhalten und Medien. Lesen in der modernen Gesellschaft. In: Media-Perspektiven 8. 490-505

Saxer, Ulrich/Langenbucher, Wolfgang/Fritz, Angela (1994): Kommunikationsverhalten und Medien. Lesen in der modernen Gesellschaft. Gütersloh, 2.Aufl.

Schäffner, Gerhard (2000): Fernsehen. In: Faulstich (Hg.) (2000): 174-200

Schanze, Helmut (Hg.) (2001): Handbuch der Mediengeschichte. Stuttgart

Schanze, Helmut/Zimmermann, Bernhard (Hg.) (1994): Geschichte des Fernsehens in der Bundesrepublik. Bd. 2: Das Fernsehen und die Künste. Hrsg. von Helmut Kreuzer und Christian W. Thomsen, München

Schatz, Heribert (Hg.) (1996): Fernsehen als Objekt und Moment des sozialen Wandels. Faktoren und Folgen der aktuellen Veränderungen des Fernsehens. Opladen

Schatz, Heribert/Immer, Nikolaus/Marcinkowski, Frank (1989): Der Vielfalt eine Chance? Empirische Befunde zu einem zentralen Argument für die „Dualisierung" des Rundfunks in der Bundesrepublik Deutschland. In: Rundfunk und Fernsehen 37. 5-24

Schatz, Heribert/Rössler, Patrick/Nieland, Jörg-Uwe (Hg.) (2002): Politische Akteure in der Mediendemokratie. Politiker in den Fesseln der Medien? Wiesbaden

Scheler, Max (1960a): Gesammelte Werke. Bd. 8: Die Wissensformen und die Gesellschaft, hrsg. von Maria Scheler. 2. Aufl. Bern/München

Scheler, Max (1960b): Probleme einer Soziologie des Wissens. In: ders.: (1960a):15-190; im Org.: (1924)

Schement, Jorge Reina (Hg.) (2002): Encyclopedia of Communication and Information. Bd. 2. New York/Farmington Hills, MJ

Schenk, Michael (1995): Soziale Netzwerke und Massenmedien. Untersuchungen zum Einfluss der persönlichen Kommunikation. Tübingen

Scherer, Helmut (1990): Massenmedien, Meinungsklima und Einstellung. Eine Untersuchung zur Theorie der Schweigespirale. Opladen

Scherer, Helmut (1993): Das Verhältnis von Einstellungen und Redebereitschaft in der Theorie der Schweigespirale. In: Wilke (Hg.) (1993): 103-122

Scherer, Helmut/Brosius, Hans-Bernd (Hg.) (1997): Zielgruppen, Publikumssegmente, Nutzergruppen. Beiträge aus der Rezeptionsforschung. München

Scherer, Helmut/Schlütz, Daniela (2002): Gratifikation à la minute: Die zeitnahe Erfassung von Gratifikationen. In: Rössler et al. (Hg.) (2002): 132-151

Scheufele, Bertram (2001): Visuelles Medien-Framing und Framing-Effekte. Zur Analyse visueller Kommunikation aus der Framing-Perspektive. In: Knieper et al. (Hg.) (2001): 144-158

Scheyli, Martin (2000): Politische Öffentlichkeit und deliberative Demokratie nach Habermas. Institutionelle Gestaltung durch direktdemokratische Beteiligungsformen? Baden-Baden

Schicha, Christian (2003): Die Inszenierung von Authentizität und Emotionen. In: Knieper et al. (Hg.) (2003): 25-41

Schicha, Christian/Nieland, Jörg Uwe (2002): >Big Brother< und die Folgen ... In: Schweer et al. (Hg.) (2002): 424-442

Schiller, Herbert (1969): Mass Communication and American Empire. New York

Schiller, Herbert (1989): Culture, INC. The Corporate Takeover of Public Expression. New York/Oxford

Schiller, Herbert (1991): 'Not yet the Post-Imperialist Era'. In: Critical Studies in Mass Communication 8. 13-28

Schirrmeister, Claudia (2002): Schein-Welten im Alltagsgrau. Über die soziale Konstruktion von Vergnügungswelten. Wiesbaden

Schmerl, Christiane (1984): Das Frauen- und Mädchenbild in den Medien. Opladen

Schmerl, Christiane (1990): Frauenbilder in der Werbung. In: Mühlen-Achs (Hg.) (1990): 183-204

Schmidt, Hendrik (1989): Amerika vs. Europa? Die Frage anders stellen! In: Gellner (Hg.) (1989a): 77-81

Schmidt, Siegfried J.(Hg.) (1987a): Der Diskurs des Radikalen Konstruktivismus. Frankfurt/M.

Schmidt, Siegfried J. (1987b): Der Radikale Konstruktivismus: Ein neues Paradigma im interdisziplinären Diskurs. In: ders. (Hg.) (1987a): 144ff.

Schmidt, Siegfried J. (Hg.) (1992a): Der Diskurs des radikalen Konstruktivismus. Bd. 2. Kognition und Gesellschaft. Frankfurt/M.

Schmidt, Siegfried J. (1992b): Radikaler Konstruktivismus. Forschungs-perspektiven für die 90er Jahre. In: ders. (Hg.) (1992a): 7-23

Schmidt, Siegfried J. (1994): Die Wirklichkeit des Beobachters. In: Merten et al. (Hg.) (1994): 3-19

Schmidt, Siegfried J. (1999): Blickwechsel. Umrisse einer Medienepistemologie. In: Rusch et al. (Hg.) (1999): 119-145

Schmidt, Susanne (1994): Es muss ja nicht gleich Hollywood sein. Die Produktionsbedingungen des Fernsehspiels und die Wirkungen auf seine Ästhetik. Berlin

Schmitt-Beck, Rüdiger/Pfetsch, Barbara (1994): Zur Generierung von Öffentlichkeit in Wahlkämpfen. In: Neidhardt (Hg.) (1994): 106-138

Schmitz, Ulrich (1990): Postmoderne Concierge: Die „Tagesschau". Wortwelt und Weltbild der Fernsehnachrichten. Opladen

Schmitz, Ulrich (1993): Erfolgreich scheiternder Mythos. Aus der Grammatik der Fernsehnachrichten. In: Der Deutschunterricht 6. 32-43

Schneider, Irmela (1990): Film, Fernsehen & Co. Zur Entwicklung des Spielfilms in Kino und Fernsehen. Heidelberg

Schneider, Irmela (1991): Überlegungen zur Periodisierung des Spielfilm-Programms im Fernsehen. In: Kreuzer et al. (Hg.) (1991): 64-75

Schneider, Irmela (1994): Ein Weg zur Alltäglichkeit. Spielfilme im Fernsehprogramm. In: Schanze et al. (Hg.) (1994): 227-301

Schneider, Irmela (Hg) (1995): Serien-Welten. Strukturen US-amerikanischer Serien aus vier Jahrzehnten. Opladen

Schneider, Wolfgang/Ennemoser, Marco/Reinsch, Christiane (1999): Zum Einfluss des Fernsehens auf die Entwicklung von Sprach- und Lesekompetenzen. In: Groeben (Hg.) (1999): 56-66

Schön, Erich (1998): Kein Ende von Buch und Lesen. Entwicklungs-tendenzen des Lesens in Deutschland. Eine Langzeitbetrachtung. In: Stiftung Lesen (Hg.) (1998): 39-77

Schönbach, Klaus (1983a): Das unterschätzte Medium. Politische Wirkungen von Presse und Fernsehen im Vergleich. München u.a.

Schönbach, Klaus (1983b): Werden Wahlen im Fernsehen entschieden? In: Media-Perspektiven 7. 464-468

Schönbach, Klaus (1997): Das hyperaktive Publikum – Essay über eine Illusion. In: Publizistik 42. 279-286

Schönhagen, Philomen (2000): Evaluation des Integrationspotenzials von Massenmedien – theoretische und methodische Überlegungen. In: Medien & Kommunikationswissenschaft 48. 554-570

Schöttker, Detlev (Hg.) (1999): Von der Stimme zum Internet. Texte aus der Geschichte der Medienanalyse. Göttingen

Schorb, Bernd/Petersen, Dörte/Swoboda, Wolfgang H. (1992): Wenig Lust auf starke Kämpfer. Zeichentrickserien und Kinder. München

Schorr, Angela (Hg.) (2000): Publikums- und Wirkungsforschung. Ein Reader. Wiesbaden

Schramm, Holger/Hartmann, Tilo/Klimmt, Christoph (2002): Desiderata und Perspektiven der Forschung über parasoziale Interaktionen und Beziehungen zu Medienfiguren. In: Publizistik 47. 436-459

Schröder, Guido (1997): Die Ökonomie des Fernsehens – eine mikroökonomische Analyse. Münster

Schuler-Harms, Margarete (2000): Die Rundfunkordnung der Bundesrepublik Deutschland. In: Hans-Bredow-Institut (Hg.) (2000): 139-159

Schulz, Winfried (1982): Ausweg am Ende des Holzwegs. Eine Übersicht über die Ansätze der neuen Wirkungsforschung. In: Publizistik 27. 49-73

Schulz, Winfried (1985): Information und politische Kompetenz. Zweifel am Aufklärungsanspruch der Massenmedien. In: Saxer (Hg.) (1985): 105-118

Schulz, Winfried (1986): Das Vielseher-Syndrom. Determinanten der Fernsehnutzung. In: Media-Perspektiven 12. 763-773

Schulz, Winfried (1989): Massenmedien und Realität. Die „ptolemäische" und die „kopernikanische" Auffassung. In: Kaase et al. (Hg.) (1989): 135-149

Schulz, Winfried (1990): Die Konstruktion von Realität in den Nachrichtenmedien – Analyse der aktuellen Berichterstattung. 2. Aufl. Freiburg/München

Schulz, Winfried (1997): Vielseher im dualen Rundfunksystem. In: Media-Perspektiven 2. 92-102

Schulz, Winfried/Schönbach, Klaus (Hg.) (1983): Massenmedien und Wahlen. München

Schulz, Wolfgang (2000): ‚Menschenwürde' im Konzept der Regulierung medialer Gewaltdarstellungen. In: Medien & Kommunikationswissenschaft 48. 354-370

Schulz, Wolfgang/Seufert, Wolfgang/Holznagel, Bernd (1999): Digitales Fernsehen. Regulierungskonzepte und -perspektiven. Opladen

Schulz, Wolfram (1998): Die Kanzlerkandidaten Kohl und Scharping in der Medienberichterstattung. In: Dörner et al. (Hg.) (1998): 203-220

Schulze, Gerhard (1992): Die Erlebnisgesellschaft. Kultursoziologie der Gegenwart. Frankfurt/M.

Schütte, Georg/Ludes, Peter (1996): Medienvertrauen und Schlüsselbilderlebnisse. Eine Analyse von Schlüsselbildern in U.S.-amerikanischen und bundesdeutschen Fernsehnachrichtensendungen. In: Jarren et al. (Hg.) (1996): 213-229

Schütz, Alfred (1932): Der sinnhafte Aufbau der sozialen Welt. Frankfurt/M.

Schütz, Alfred (1962/1964/1966): Collected Papers. 3 Bde. Den Haag

Schwarze, Jürgen (2000): Medienfreiheit und Medienvielfalt im Europäischen Gemeinschaftsrecht. In: Schwarze et al. (Hg.) (2000): 87-126

Schwarze, Jürgen/Hesse, Albrecht (Hg.) (2000): Rundfunk und Fernsehen im digitalen Zeitalter. Die Sicherung von Medienfreiheit und Medienvielfalt im deutschen und europäischen Recht. Baden-Baden

Schweer, Martin K.W./Schicha, Christian/Nieland, Jörg-Uwe (Hg.) (2002): Das Private in der öffentlichen Kommunikation. >Big Brother< und die Folgen. Köln

Senden, Caroline von (1997): Fernsehspiel, Fernsehfilm. Die kleine große Bühne. In: Blaes et al. (Hg.) (1997): 240-245

Shannon, Thomas R. (1996): An introduction to the world-system perspective. 2. ed. Boulder/Colo

Sicking, Peter (2000): Leben ohne Fernsehen: eine qualitative Nichtseherstudie. 2. aktual. Aufl. Wiesbaden

Sieben, Günther/Schulze, Volker/Wachter, Annette (1992): Organisation der Medienbetriebe. In: Frese (Hg.) (1992): 1315-1326

Sieben, Günther/Schwertzel, Uwe (1997): Materialien zur Vorlesung Rundfunkökonomie II: Management der Rundfunkunternehmen – Teil I. Reihe Arbeitspapiere des Instituts für Rundfunkökonomie an der Universität zu Köln. H. 65. 2. Aufl. Köln

Siegert, Gabriele (2001): Ökonomisierung der Medien aus systemtheoretischer Perspektive. In: Medien und Kommunikationswissenschaft 49. 167-176

Siller, Peter/Pitz, Gerhard (Hg.) (2000): Politik als Inszenierung. Zur Ästhetik des Politischen im Medienzeitalter. Baden/Baden

Silverstone, Roger (1994): Television and Everday Life. London/New York

Simon-Zülch, Sybille (2001): Seifenopern auf den ersten Blick. Streifzug durch das deutsche Programm. In: Cippitelli (Hg.) (2001): 21-29

Sinclair, John/Jacka, Elizabeth/Cunningham, Stuart (Hg.) (1996a): New Patterns in Global Television. Oxford

Sinclair, John/Jacka, Elizabeth/Cunningham, Stuart (1996b): Peripheral Vision. In: dies. (Hg.) (1996a): 1-31

Skill, Thomas/Cassata, Mary (1983): Soap Opera Women: An Audience View. In: Cassata et al. (Hg.) (1983): 23-36

Soeffner, Hans-Georg (Hg.) (1988): Kultur und Alltag. Sonderband 6 der Zeitschrift Soziale Welt. Göttingen

Sorlin, Pierre (1994): Mass Media. London/New York

Spangenberg, Peter M. (1997): Wahrnehmung und Kommunikation im Leitmedium Fernsehen. Kommunikationssoziologische Untersuchungen zur Konstruktion von Wirklichkeit in audiovisuellen Medien. Habilitationsschrift, Universität-GH Siegen

Sparks, Glenn G./Sparks, Cheri W. (2002): Effects of Media Violence. In: Bryant et al. (Hg.) (2002): 269-285

Spieß, Brigitte (1992): Frauenbilder in der Fernsehwerbung. in: Bundeszentrale für politische Bildung (Hg.) (1992): S. 91-108

Staab, Joachim Friedrich (1990): Nachrichtenwert – Theorie. Formale Struktur und empirischer Gehalt. Freiburg/München

Staab, Joachim Friedrich (1998): Faktoren aktueller Berichterstattung. Die Nachrichtenwert-Theorie und ihre Anwendung auf das Fernsehen. In: Kamps et al. (Hg.) (1998b): 49-64

Staatsvertrag über den Rundfunk im vereinten Deutschland vom 31.8.1991, in der Fassung des Sechsten Rundfunkänderungsstaatsvertrages vom 07.06.2002. Abdruck in: Media-Perspektiven, Dokumentation I/2002

Stäheli, Urs (2000): Big Brother: Das Experiment >Authentizität< - Zur Interdiskursivität von Versuchsanordnungen. In: Balke et al. (Hg.) (2000): 55-77

Starcks, Michael (1994): „Producer Choice" und die öffentliche Aufgabe der BBC. In: Rundfunk und Fernsehen 42. 213-222

Stark, Carsten/Lahusen, Christian (Hg.) (2002): Theorien der Gesellschaft. Einführung in zentrale Paradigmen der soziologischen Gegenwartsanalyse. München/Wien

Statistisches Bundesamt (2003): Statistisches Jahrbuch 2002. Für die Bundesrepublik Deutschland. Stuttgart

Steinbuch, Pitter A. (2000): Organisation. 11. Aufl. Ludwigshafen

Steinert, Heinz (Hg.) (1973): Symbolische Interaktion. Arbeiten zu einer reflexiven Soziologie. Stuttgart

Steinmetz, Rüdiger (1999): Initiativen und Durchsetzung privat-kommerziellen Rundfunks. In: Wilke (Hg.) (1999): 167-191

Steinwärder, Philipp (1998): Die Arbeitsgemeinschaft der öffentlich-rechtlichen Rundfunkanstalten der Bundesrepublik Deutschland. Entstehung, Tätigkeitsfelder, Rechtsnatur. Eine rechtswissenschaftliche Untersuchung zur Entstehung, den Aufgaben und der Organisation der ARD. Baden-Baden/Hamburg

Sterling, Christopher H. (1984): Electronic Media. A Guide to Trends in Broadcasting and Newer Technology. New York

Stiftung Lesen (Hg.) (1998): Lesen im Umbruch – Forschungsperspektiven im Zeitalter von Multimedia. Baden-Baden

Stiftung Lesen (Hg.) (2001): Leseverhalten in Deutschland im neuen Jahrtausend. Eine Studie der Stiftung Lesen. Schriftenreihe „Lesewelten", Mainz/Hamburg

Stipp, Horst (2001): Der Konsument und die Zukunft des interaktiven Fernsehens. Neue Daten und Erfahrungen aus den USA. In: Media-Perspektiven 7. 369-378

Stock, Martin (1992): Der neue Rundfunkstaatsvertrag. In: Rundfunk und Fernsehen 40. 189-220

Straka, Gerald A./Fabian, Thomas/Will, Jörg (Hg.) (1990): Aktive Mediennutzung im Alter. Modelle und Erfahrungen aus der Medienarbeit mit älteren Menschen. Heidelberg

Straßner, Erich (1982): Fernsehnachrichten. Eine Produktions-, Produkt- und Rezeptionsanalyse. Tübingen

Strauß, Bernd (Hg.) (1998): Zuschauer. Göttingen u.a.

Streeter, Thomas (1984): An alternative approach to television research. Developments in british cultural studies at Birmingham. In: Rowland et al. (Hg.) (1984): 74-97

Stryker, Sheldon (1977): Die Theorie des Symbolischen Interaktionismus. In: Auwärter et al. (1977): 257-274

Stuiber, Heinz-Werner (1998): Medien in Deutschland. Bd. 2: Rundfunk. Konstanz

Sturm, Hertha/Brown, Ray (Hg.) (1979): Wie Kinder mit dem Fernsehen umgehen. Nutzen und Wirkung eines Mediums. Stuttgart

Sunshine, Cass R. (2001): Das Fernsehen und die Öffentlichkeit. In: Wingert et al. (Hg.) (2001): 678-701

Tannenbaum, Percey H./Zillman, Dolf (1975): Emotional arousal in the facilitation of aggression through communication. In: Berkowitz (Hg.) (1975): 149-192

Tenscher, Jens (1998): Politik für das Fernsehen – Politik im Fernsehen. Theorien, Trends und Perspektiven. In: Sarcinelli et al. (Hg.) (1998b): 184-208

Tenscher, Jens/Schicha, Christian (Hg.) (2002): Talk auf allen Kanälen. Angebote, Akteure und Nutzer von Fernsehgesprächssendungen. Wiesbaden

Theis, Anna M. (1992): Vom Umgang mit Komplexität. Organisatorische Konsequenzen des Dualen Rundfunksystems. In: Rundfunk und Fernsehen 40. 493-506

Theunert, Helga et al. (1994): Zwischen Vergnügen und Angst – Fernsehen im Alltag von Kindern. Eine Untersuchung zur Wahrnehmung und Verarbeitung von Fernsehinhalten durch Kinder aus unterschiedlichen soziokulturellen Milieus in Hamburg. Hrsg. Hamburgische Anstalt für neue Medien (HAM). 2. korr. Aufl. Berlin

Thiele, Matthias (2001): Spielshows und Spielleiter – ein Forschungsüberblick. In: Parr et al. (Hg.) (2001): 39-101

Thomas, M.H./Horton, R.W./Lippincott, E.C./Drabman, R.S. (1977): Desensitization to portrayals of real-life aggression as a function of exposure to television violence. In: Journal of Abnormal and Social Psychology 35. 450-458

Thomas, William I./Thomas, Dorothy S. (1928): The Child in America. New York; deutscher Auszug (1973): Die Definition der Situation. In: Steinert (Hg.) (1973): 333

Tichenor, Phillip J./Donohue, George A./Olien, Clarice N. (1970): Mass Media and the Differential Growth of Knowledge. In: Public Opinion Quarterly 34. 159-170

Tietze, Wolfgang/Schneider, Manfred (Hg.) (1991): Fernsehshows. Theorie einer neuen Spielwut. München

Tillmann, Klaus-Jürgen (2003): Sozialisationstheorien. 12. Aufl. Reinbek

Todtenhaupt, Anja Claudia (2000): Cyber TV. Die Digitalisierung der Film- und Fernsehproduktion, Münster

Toffler, Alvin (1981): The Third Wave. New York

Tomlinson, John (1999): Globalization and Culture. Oxford

Tönnies, Ferdinand (1887): Gemeinschaft und Gesellschaft. Abhandlung des Communismus und des Socialismus als empirischer Culturformen. Leipzig

Troitzsch, Ulrich/Weber, Wolfhard (Hg.) (1982): Die Technik – Von den Anfängen bis zur Gegenwart. Braunschweig

Tuchmann, Gaye (1971): Objektivity as strategic ritual: An examination of newsmens notions of objectivity. In: American Journal of Sociology 77. 660-679

Tullooch, John (1990): Television Drama. Agency, Audience and Myth. London/New York

Turecek, Oliver/Kopitzke, Oliver (1998): Digitales Fernsehen in Deutschland. Begriffe, Akzeptanzfaktoren, Beispiele. In: Klingler et al. (Hg.) (1998): 491-512

ULR (Unabhängige Landesanstalt für das Rundfunkwesen) (Hg.) (1998): Talkshows. Tabuverletzung oder Therapie? Dokumentation der Veranstaltung am 5. Februar 1998. Kiel

ULR (Unabhängige Landesanstalt für das Rundfunkwesen) (Hg.) (2000): TV-Movies >Made in Germany<. Struktur, Gesellschaftsbild, Kinder und Jugendschutz. 2 Bde. Teil 1: Hans J. Wulff: Historische, inhaltsanalytische und theoretische Studien; Teil 2: Jörg Petersen: Empirische Studien. Kiel

Vesting, Thomas (2001): Das Rundfunkrecht vor den Herausforderungen der Logik der Vernetzung. In: Medien & Kommunikationswissenschaft 3. 287-305

Vierkandt, Alfred (Hg.) (1982): Handwörterbuch der Soziologie. Neudruck, Stuttgart 216-235; im Orig.: (1931)

Vitouch, Peter (2000): Fernsehen und Angstbewältigung. Zur Typologie des Zuschauer-verhaltens. 2. Aufl. Wiesbaden

Vorderer, Peter (1992): Fernsehen als Handlung. Fernsehfilmrezeption aus motivations-psychologischer Perspektive. Berlin

Vorderer, Peter (Hg.) (1996a): Fernsehen als „Beziehungskiste". Parasoziale Beziehungen und Interaktionen mit TV-Personen. Opladen

Vorderer, Peter (1996b): Picard, Brinkmann, Derrick und Co. als Freunde der Zuschauer. Eine explorative Studie über parasoziale Beziehungen zu Serienfiguren. In: ders. (Hg.) (1996a): 153-171

Vorderer, Peter/Schramm, Holger (2002): Medienrezeption. In: Rusch (Hg.) (2002): 118-134

Wagner, Hans (1994): Von der Lust, in anderen Welten zu wandern. Unterhaltung – Sozialer Unterhalt. In: Bosshart et al. (Hg.) (1994): 126-143

Walitsch, Herwig (Hg.) (2002): Die Geschichte des Fernsehens. Nachwort zu: Abramson (2002)

Wallerstein, Immanuel (1996): National development and the world system at the end of the Cold War. In: Inkeles et al. (Hg.) (1996): 484-497

Wallerstein, Immanuel (1974): The modern world system. New York

Wallisch, Stefan (1997): Aufstieg und Fall der Telekratie. Silvio Berlusconi, Romano Prodi und die Politik im Fernsehzeitalter. Wien u.a.

Watzlawick, Paul (1976): Wie wirklich ist die Wirklichkeit? München

Watzlawick, Paul/Beavin, Janet H./Jackson, Don D. (2000): Menschliche Kommunika-tion: Formen, Störungen, Paradoxien. 10. Aufl. Bern

Weber, Stefan (1999): Was können Systemtheorie und nicht-dualisierende Philosophie zu einer Lösung des medientheoretischen Realismus/Konstruktivismus-Problems beitra-gen? In: Rusch et al. (Hg.) (1999): 189-222

Weber, Wolfgang Maria (1999): 50 Jahre Deutsches Fernsehen. Ein Rückblick auf die Lieblingssendungen in Ost und West. München

Weber, Wolfhard (1982): Die industrielle Durchdringung. In: Troitzsch et al. (Hg.) (1982): 282-349

Webster, J.G./Wakshlag, J.J. (1982): The impact of group viewing on patterns of televi-sion program choice. In: Journal of Broadcasting 26. 445-455

Webster, J.G./Wakshlag, J.J. (1983): A theory of television programm choice. In: Com-munication Research 10. 430-446

Wehmeier, Stefan (1998): Fernsehen im Wandel. Differenzierung und Ökonomisierung eines Mediums. Forschungsfeld Kommunikation. Hrsg. von Walter Hömberg, Heinz Pürer und Ulrich Saxer. Bd. 9. Konstanz

Wegener, Claudia: Reality-TV: Fernsehen zwischen Emotion und Information? Opladen 1994

Wehmeier, Stefan (2001): Ökonomisierung des Fernsehens. Ein Beitrag zur Verbindung von System und Akteur. In: Medien & Kommunikations-wissenschaft 49. 306-324

Weiderer, Monika (1993): Das Frauen- und Männerbild im Deutschen Fernsehen. Eine in-haltsanalytische Untersuchung der Programme von ARD, ZDF und RTLplus. Regens-burg

Weintraub, Jeff/Kumar, Krishan (Hg.) (1997): Public and Private in Thought and Practice. Perspectives on a Grand Dichotomy. Chicago/London

Weischenberg, Siegfried (1995): Journalistik. Medienkommunikation: Theorie und Pra-xis. Bd. 2. Medientechnik, Medienfunktionen, Medienakteure. Opladen

Weischenberg, Siegfried (1997): Neues vom Tage. Die Schreinemakerisierung unserer Medienwelt. Hamburg

Weiß, Hans-Jürgen (1998): Auf dem Weg zu einer kontinuierlichen Fernsehprogrammfor-schung der Landesmedienanstalten. Eine Evaluations- und Machbarkeitsstudie. Schriftenreihe der Landesmedienanstalten Bd. 12. Berlin

Weiß, Ralph (2000): „Praktischer Sinn", soziale Identität und Fern-Sehen. Ein Konzept für die Analyse der Einbettung kulturellen Handelns in die Alltagswelt. In: Medien & Kommunikationswissenschaft 48. 42-62

Weiß, Ralph (2001): Fern-Sehen im Alltag. Zur Sozialpsychologie der Medienrezeption. Wiesbaden

Weiß, Ralph/Groebel, Jo (Hg.) (2002): Privatheit im öffentlichen Raum. Medienhandeln zwischen Individualisierung und Entgrenzung. Opladen

Wember, Bernward (1983): Wie informiert das Fernsehen? Ein Indizienbeweis. 3. Aufl. München

Wenger, Esther (2000): Wie im richtigen Fernsehen. Die Inszenierung der Geschlechter in der Fernsehfiktion. Hamburg

Wenzel, Ulrich (2000): Poststrukturalistische Medienforschung – Denken im Vorrang der Zeichen. In: Neumann-Braun et al. (Hg.) (2000): 125-157

Wenzel, Harald (Hg) (1998a): Die Amerikanisierung des Medienalltags. Frankfurt/M./New York

Wenzel, Harald (1998b): Parasozialität und Vertrauen. Zur Bedeutung elektronischer Massenmedien für die soziale Integration der amerikanischen Gesellschaft. In: ders. (Hg.) (1998a): 80-126

Wiedemann, Joachim (2002): Deutschland-Trend 2001: 11. September, politisches Interesse und Mediennutzung. Ein Forschungsansatz der ARD-Medienkommission. In: Media-Perspektiven Heft 6. 252-262

Wilenski, Harold (1973): Massengesellschaft und Massenkultur. In: Prokop (Hg.) (1973): 116-151

Wilke, Jürgen (1989): Geschichte als Kommunikationsereignis. Der Beitrag der Massenkommunikation beim Zustandekommen von historischen Ereignissen. In: Schulz et al. (Hg.) (1989): 57-71

Wilke, Jürgen (Hg.) (1993): Öffentliche Meinung. Theorie, Methoden, Befunde. Freiburg/München

Wilke, Jürgen: Art. „Film". In: Noelle-Neumann et al. (Hg.) (1994): 15-41

Wilke, Jürgen (Hg.) (1999): Mediengeschichte der Bundesrepublik Deutschland. Bundeszentrale für politische Bildung. Schriftenreihe Bd. 361. Bonn

Wilke, Jürgen (2003): Kommunikations- und Mediengeschichte. In: Bentele et al. (Hg.) (2003): 151-168

Wilke, Jürgen/Schilling, Swea (2000): Fernsehprogrammhandel. Grund-lagen, Organisation, Akteure, Volumen. In: Brosius (Hg.) (2000): 93-108

Willand, Ilka (2002): Chatroom statt Marktplatz. Identität und Kommunikation zwischen Öffentlichkeit und Privatheit. München

Williams, Raymond (1974): Television: Technology and Cultural Form. London

Wingert, Lutz/Günther, Klaus (Hg.) (2001): Die Öffentlichkeit der Vernunft und die Vernunft der Öffentlichkeit. Festschrift für Jürgen Habermas. Frankfurt/M.

Winker, Klaus (1996): Fernsehen unterm Hakenkreuz. Organisation – Programm – Personal. 2. aktualisierte Aufl. Köln/Weimar/Wien

Winter, Rainer (1992): Filmsoziologie. Eine Einführung in das Verhältnis von Film, Kultur und Gesellschaft. München

Winter, Rainer (1995): Der produktive Zuschauer. Medienaneignung als kultureller und ästhetischer Prozess. München

Winter, Rainer/Eckert, Roland (1990): Mediengeschichte und kulturelle Differenzierung. Zur Entstehung und Funktion von Wahlnachbar-schaften. Opladen

Winterhoff–Spurk, Peter (1983): Fiktionen der Fernsehnachrichtenforschung. Von der Text-Bild-Schere, der Überlegenheit des Fernsehens und vom ungestörten Zuschauer. In: Media-Perspektiven 10. 722-727

Winterhoff-Spurk, Peter (1986): Fernsehen – Psychologische Befunde zur Medienwirkung. Bern/Stuttgart/Toronto

Wirth, Werner (1997): Von der Information zum Wissen. Die Rolle der Rezeption für die Entstehung von Wissensunterschieden. Opladen/Wiesbaden

Wittlage, Helmut (1998): Moderne Organisationskonzeptionen. Grundlage und Gestaltungsprozess. Braunschweig/Wiesbaden

Wober, Mallory/Gunter, Barrie (1988): Television and Social Control. New York

Woisin, Matthias (1989): Das Fernsehen unterhält sich. Die Spiel-Show als Kommunikationsereignis. Frankfurt/M.

Wolling, Jens (1999): Politikverdrossenheit durch Massenmedien? Der Einfluss der Medien auf die Einstellungen der Bürger zur Politik. Opladen/Wiesbaden

Wulff, Hans Jürgen (1998): Intime Plaudereien als Politikum? Die Bedeutung der Talkshows im Medienalltag. In: Unabhängige Landesanstalt für das Rundfunkwesen (Hg) (1998): 7-27

Wünsch,Carsten (2002): Unterhaltungstheorien. Ein systematischer Überblick. In: Früh (Hg.) (2002): 15-48

ZDF (1998): Aufgabe und Wert des öffentlich-rechtlichen Rundfunks für die Gesellschaft – am Beispiel des ZDF. ZDF-Schriftenreihe 54. Mainz

Zielinski, Siegfried (1989): Audiovisionen. Kino und Fernsehen als Zwischenspiele in der Geschichte. Reinbek

Ziemer, Albrecht et al. (1997): Digitales Fernsehen. Eine neue Dimension der Medienvielfalt. 2. überarb. und erw. Aufl., Heidelberg

Zillman, Dolf/Bryant, Jennings (1985a): Affect, Mood, and Emotion as Determinants of Selective Exposure. In: dies. (Hg.) (1985b): 157-190

Zillman, Dolf/Bryant, Jennings (Hg.) (1985): Selective Exposure to Communication. Hillsdale

Zillman, Dolf/Bryant, Jennings (1998): Fernsehen. In: Strauß (Hg.) (1998): 175-212

Zimmer, Jochen (1989): „Europäisches" Fernsehen. Programme, Probleme und Perspektiven. In: Gellner (Hg.) (1989a): 120-134

Zimmer, Jochen (1998): Auftrieb für fiktionale Fernsehproduktionen in Deutschland. In: Media-Perspektiven 1. 2-14

Zwaenepoel, Tom (1994): Fernsehkrimis „Made in Germany" – eine inhaltliche und sprachliche stilistische Analyse. Gent

Sachregister